蔣介石的日常生活

政大人文系列叢書

呂芳上 主編

政大人文中心
政大出版社 Chengchi University Press

政大人文系列叢書

蔣介石的日常生活

主　編—呂芳上
著　者—邵銘煌、任育德、劉維開、高純淑、李君山、鄭巧君、王奇生、黃道炫、黃克武、皮國立、羅　敏、楊維真、王正華、林桶法、汪朝光
發行人—吳思華
發行所—國立政治大學人文中心、國立政治大學文學院
出版者—政大出版社
校　對—鄭巧君、楊善堯
執行編輯—林淑禎
封面設計—談明軒
地　址—11605臺北市文山區指南路二段六十四號
電　話—886-2-29393091#80625
傳　眞—886-2-29387546
網　址—http://nccupress.nccu.edu.tw
經　銷—元照出版公司
地　址—10047臺北市中正區館前路十八號五樓
網　址—http://www.angle.com.tw
電　話—886-2-23756688
傳　眞—886-2-23318496
郵撥帳號—19246890
戶　名—元照出版有限公司
法律顧問—黃旭田律師
電　話—886-2-2391-3808
排版印刷—鴻柏印刷事業股份有限公司
初版一刷—二〇一二年十二月
定　價—新臺幣八〇〇元
I S B N—9789866475283
G P N—1010103874
政府出版品展售處——
國家書店松江門市：10485臺北市松江路二〇九號一樓
電話：886-2-25180207
五南文化廣場台中總店：40042臺中市中山路六號
電話：886-4-22260330

本書照片由中國國民黨黨史館提供，特此致謝

國家圖書館出版品預行編目 (CIP) 資料

蔣介石的日常生活 / 邵銘煌等著 ; 呂芳上主編 .
-- 初版 . -- 臺北市 : 政大出版社 , 2012.12
面；　公分 . --（政大人文系列叢書）
ISBN 978-986-6475-28-3（平裝）

1. 蔣中正　2. 傳記

005.32　　102000021

目錄

蔣介石的讀書生活 275

蔣介石的醫療 379

蔣介石的空間觀 435

導言

從另一個角度看歷史

■呂芳上
國史館館長

壹

或謂廿世紀下半葉，史學研究走入無主流的時代。歷史人類學的發展，新文化史、新社會史的流行，醫療史、性別史、弱勢族群史、日常生活史的研究受到重視，說明歷史研究走向多元。史家的確不再固守傳統，正試著用新方法、新角度看歷史。

日常生活（daily life）史學，表面上是把人們衣食住行育樂，看來瑣碎的歷史納入主體研究，企圖從前人的生活空間了解他們的思想與行動，更進而希望能透過新領域的建構，挑戰過去研究的窠臼，並突破傳統研究方法論的限制，亦即用新的角度與方法，看到不同往昔的歷史圖像。基於此，日常生活史研究有幾個特質：一、是「由下而上」的歷史研究，注意過去歷史上不發聲、默默無名或只有微弱聲音的人群，例如平民百姓、女性、弱勢族群的歷史；二、把研究重點放在一般例行重複的生活方式上，並在這種眞實的、人們的生活中，尋找出社會結構、歷史動力來。三、這種歷史很難從帝王將相家譜式的歷史記錄中找材料，於是日記、自傳、文集、方誌、碑刻、民間契約、文學創作、圖像等一般庶民多樣化的「遺產」，便成爲重要取材對象。從這些材料探求史料的生產關係、權力運作，追問史料流轉過程，增加對史料文字與歷史語境的理解，更是史學重新詮釋歷史的必要工夫。四、如果從研究對象內在理路的了解著手，尤其在轉型時代菁英分子的思想層面上，其複雜內涵更可由心路歷程和自我衝突及調適中，開闢心態史研究主題，從而考察社會劇變下的時代思想與社會關懷。[1]嚴格的說，蔣介石作爲日常生活史的研究對象，並不能滿足這一歷史研究法的條件和要求，但如果把蔣當作「凡人」，並以其有豐富日常生活史與心態史元素的日記作爲基礎，輔以相關著作、材料、圖像，並以日常生活史研究方法切入，重新考察蔣介石這個人，相信建構出來的歷史圖像，一定會更貼近眞實的「他」。

貳

最近幾年，蔣介石研究已成爲民國史研究的顯學。海峽兩岸、美國、日本，甚至英國學界，都有研究蔣的組織和國際會議，出版的論文和著作篇數，更是前所未有。這多半源於蔣介石相關史料大幅度開放，包括日記的公開。二〇〇九年起，在中正文教基金會的支持下，海峽兩岸，包括政大歷史系與北京中國社科院近史所爲主要成員的歷史學者，共同計畫逐年召開有關蔣介石研究的「神仙會」。我們的意思是選一個幽靜的地方，關起門來，遠離塵囂，脫去庸俗的意識形態，抓個過去不爲人注意的主題，無所不談。二〇一〇年一月在三峽大板根，以蔣的人際網絡，親情、友情、愛情作主題，天南地北的聊，揶揄中有嚴肅，輕鬆中不失眞誠，最後那個會議的成果，讀來的確教人耳目一新[2]，蔣的形象比起過去，大大具有人味兒。二〇一一年六月，賡續前緣，大夥兒又移師到花蓮的理想大地，作數日竟夕促膝之談。這回主題放在蔣介石的日常生活上，一方面趕時髦，嘗試用「日常生活史」的方法論評近代人物與史事，一方面也覺得日記提供了蔣作爲「平凡人物」的豐富資料，正可借題發揮。會議與論文集的形成，大抵如此。

說來這本論文集是有些特色的：第一，注意發掘過去對蔣生平研究一直被忽視的主題，例如電影觀賞、旅遊、行館、閱讀、省克生活、醫療、空間與時間等。文章有些是因史料而成型，有些靠概念來引導，均離不開日記作爲載體與日記本質的討論。第二，日常生活史要研究的內容，多半不會只顧及一個人、一天的生活，而是長時間、習慣性、具人性、有共性，涉及政治與社會結構意義的考察，因此邵銘煌教授、任育德教授討論電影，帶出近代電影史的發展，同時知道蔣以電影排遣時間的所思與所想。同樣的劉維開教授、鄭巧君小姐談蔣的旅遊，林泉之間的生動記述，需由此人、此時，此地，此情，此史的「五此」體會才有所得，這方面蔣可謂得其要竅。遊山玩水之外作政治思考的意境，則更不在話下。因旅遊相連繫的「行館」，特別是五〇年代後蔣在臺灣的駐蹕之地，表面是強人的時代產物，李君山教授利用原始檔案，指出許多行館均非旅居之所，實有其歷史性和實用性，更有不必是時人或後人所知的政治作用。對於住地的定點研究，高純淑教授以臺北的陽明山，王正華教授以南京湯山為例，均取與蔣關係密切的特定地點為中心，談人、論政、留意地方風土人情，題旨與意義的延伸，也是生活史難於忽略之處。

由於蔣介石早期日記以分類的形式出版，使研究者更容易掌握不同主題。黃克武教授利用《五記》中的「省克記」，討論蔣的思想淵源，陽明學與基督教義的綰合，理學靜坐與基督靈修，基督「罪感」與理學「恥感」的統一，表現於內省、記過、解夢上，為蔣心態史研究，提出極可思考的範例。同樣的，王奇生教授討論蔣介石的閱讀史，黃道炫教授有關蔣如何讀兵書，均從蔣一生讀過的二百多部書中，追尋一位「軍人政治家」、「儒將」的形成。比之於孫中山、毛澤東的確各有所好，各有所偏，但讀書與實用之間的空隙，仍大有討論餘地。專研近代中國醫療史的皮國立教授，在有限的資料下，由醫療角度觀察蔣的失眠問題、風流韻事的後遺症，甚至談到身體管理、公共衛生的相互滲透，可謂為人物研究別開蹊徑。從觀點切入看問題是研究的一方法，這一次的討論會羅敏與楊維真、林桶法三位教授注意時間與空間的掌握與配置，所謂以時空概念駕馭史料者約略近之。羅敏教授注意三〇年代對東南西北的策略分析中，指出蔣介石統北綏南、西北經營、北守南進到建設東南的過程，從時間中看進展，在空間中思謀略，腳步可謂分明；楊維真教授就蔣之剿共制黔，防粵桂，建設四川，結好滇龍，步步為營，在在顯示如果日本不發動侵略戰爭，蔣一統中國之謀畫實不能以一場夢幻視之。林桶法教授嘗試以時間處理問題，看到蔣不同階段有不同作為，不論讀書、旅遊均具有實用意義，其中不可忽略蔣是一位有理想又不失為實際主義的政治人物。汪朝光教授所謂蔣介石的生活政治觀，論及蔣與宋美齡關係的政治文化面，尤具此一意涵。

參

這本論文集的論文是比較傾向對「私人」的討論，這也是過去學界對蔣介石論述中較為缺少的面向。「公」「私」領域往往會互為滲透，因此私人生活的了解，大大有助於對公共事務作為的認識。這些論文絕大部分是以蔣介石的日記作為基礎的論述，證明日記公開以來，的確修正了長期以來某些人、某些地區對蔣的某些成見。許多人也同意日記不一定能顛覆民國史的書寫，但一定可以豐富民國史的內容，這些思考、分析和討論，不論過程、結果，不避諱、無框架、具創意，就是一個很好的說明。

日記文本只是一種孤立的史料，我們都有這樣的認知和經驗：史料互為參證是掌握歷史眞義的必要條件。這就如同日常生活史與政治史、經濟史、社會史、心態史息息相關，先有總體的了解，抓住看不見的東西，探究依牌理出牌與不按牌理出牌的結構因素與偶然因素，史料因此可以活化，歷史事實往往因之浮現，歷史詮釋因此可以昇華。在整個討論與切磋過程中，我們若有所得，是方法、是觀點，絕對不會是歡呼、崇拜或斥責；不貿然的爲蔣介石貼上「偉大」、「聖者」、「舵手」的標籤，更不會立刻以「悲劇人物」、「傳統主義者」、「失去中國的人」、「人民公敵」、「賣國賊」做總結。此次討論會邀約非同行的黃金麟教授提供「異」見，大家熱烈但平實地在衆聲喧嘩的討論中，見到歷史研究者智慧火花的迸放，我們的確讓一個歷史人物更具人味，賦予其更豐富的生命。

蔣介石的休閒生活

觀影劇——蔣介石生活的一頁

■邵銘煌
國立政治大學圖書資訊與檔案學研究所副教授

「遊藝與娛樂，俱人生不可少也。」[1]這是蔣介石委員長軍務倥傯之際的深切體會。外表一向莊嚴的蔣委員長，禁不住吐露心聲。時為一九三五年二月廿四日，他督師五次剿共告捷不久，駐節漢口。當天晚上，偕夫人等到一家俄國餐館用餐，精神愉悅，在日記上寫下他尚求美化生活的肺腑之言。由此觀察，遊覽山水、探訪名勝、與親友弈棋、同外賓打球、逗撫愛犬、訪魚問鳥、蒔花植樹、聆聽音樂、閱讀典籍、觀賞影劇，甚至打麻將、玩撲克等閒情逸趣，確實在蔣介石生活中留下豐美印記。無論政局動盪，或軍情緊急，不管野鶴漂泊，或承平重負，即至垂幕之年，都可見他樂此不疲的身影。

遊藝娛樂，可以調劑身心，美化生活，但是有的娛樂需要較高條件配合。觀看電影就是其一，特別在物質貧乏的年代，非一般人都能享受的生活樂趣。就蔣介石而言，亦復如此。可以說，蔣介石生活中常見的娛樂，覽勝與閱讀之外，就是看電影。

電影是外國人發明，再輸入中國。孫中山清末革命，浪跡海外，對這項新奇娛樂想必親眼目睹過。目前沒有資料顯示他曾經走進電影院看電影，排遣愁悶。不過，以他「性慕好奇」的天性，應亦爲一個電影愛好者。倒是一九〇三年九月，他回抵夏威夷檀香山，十二月十三日華僑志士曾爲他安排一次公開演講，宣傳反清革命、建立中華共和國，地點設在中國城的一家「美國戲院」。聽眾上千人，擠滿戲院。[2]此外，更有趣的是，孫中山結交一位從事電影事業的日本志友梅屋庄吉，曾經就電影有過一些互動。梅屋庄吉本來經營照相館，一九〇九年創建日本第二家電影製片廠M百代商會，發展電影事業。有一次，孫中山告訴梅屋，電影應給予民眾以知識。梅屋深受啓發，開始進口大批教育文化影片，而且拍攝日本第一部科教片《細菌研究》，宣導霍亂防治，受到民眾歡迎。較確切的記載，孫中山觀賞的一部影片，是一九一三年三月初訪問日本期間。梅屋與日本志友在「松本樓」宴請孫中山一行，還陪同遊覽淺草，最特別的是，爲他們放映辛亥《武昌起義》記錄片。[3]孫中山專注看完後，要求重映一次。之後，梅屋贈送孫中山一部拷貝留念，但現在仍不知流落何處。

孫中山一直關心至交梅屋的電影事業，不僅支持鼓勵，且曾表達投資意願。一九一七年二月，宋慶齡自上海寫給梅屋夫人的一封信中，提及爲利用電影教育中國民眾，倘能籌足資金，即願攜手興辦。[4]以孫中山當時的經濟條件，想要投資電影，談何容易。足見他早就意識到電影對民眾的渲染力。一九二二年年十二月，孫中山在上海錄用一位洋人侍衛馬坤（Morris Cohen）。據馬坤憶述：「宋慶齡是個電影迷，有時會安排放映會。」[5]馬坤又說：「廣州護法期間，當孫中山上電影院時，好吃的他便四處找美食，滿足口欲。」[6]

蔣介石追隨孫中山，經常在上海活動，是否曾應邀至總理寓所同觀電影，不得而知。有一段時間，他禁不住流連風月場所，尋樂解悶。此外，也會走進影院自娛。由一九二三年十月五日「晚，偕璐妹（陳潔如本名）、緯兒往觀影戲」、十二日「晚，攜緯國觀劇」、十九日下午「偕璐妹觀劇」、十二年四月六日下午「攜緯國母子觀劇」的記事，可見一斑。[7]其謂觀劇，指的是京劇，如一九二三年十月十九日觀賞的就是程硯秋主演的京劇。蔣認爲她的容貌和唱腔不及梅蘭芳。而影戲，似即爲電影之稱。

陳潔如生長上海，喜看電影，並不稀奇。一九二七年八月，她在張靜江兩女陪同下，搭乘美輪，離開上海，前往美國。途經日本神戶，登岸遊覽、用餐、購物，下榻「東方飯店」。晚上，她們一起喝咖啡聊天，隨行的張倩英問侍者，放映什麼影片？侍者回答：琵琶黛麗絲（Bebe Daniels）主演的「A Kiss In A Taxi」。彼此相視而笑，相偕進入舞廳觀賞。[8]這是一部愛情戲。此時，蔣介石與宋美齡將要結婚的消息尚未公開化。陳潔如才有心情觀賞。

三〇年代，是苦難的年代，卻也是電影史上大放異彩的時代。現代都市人以電影為休閒娛樂，逐漸形成風尚。文學家魯迅對電影情有獨鍾。其社交活動從請客吃飯逐漸轉變為請看電影。據他日記記載統計，他在生命後廿年間觀看了一百四十九部電影。電影成為魯迅生活中不可或缺的一部分，一份精神食糧。他坦白告訴友人：「我的娛樂只有看電影」。他節儉自持，看電影卻很講究，捨得花費，總是買頭等票、坐在樓上最佳的位置。他的摯愛許廣平不諱言，其一生最奢華的生活恐怕就是坐汽車、看電影。[9]魯迅特別喜歡美國好萊塢電影，言情、偵探、恐怖，無所不看。他日記中記下片名的有六十四部影片，只有一部是中國影片，即徐欣夫導演、蝴蝶等主演的《美人心》，餘全為外國影片。為了陪孩子，還曾看了三部動畫片。

與宋慶齡一樣，魯迅也是個電影迷。他欣賞電影藝術，看完之後往往會在日記中作評價。舉如：蘇聯片《哥薩克》，甚佳；《銀穀飛仙》、《人間天堂》，不佳；《侍人挖目記》，淺妄極矣；《荒島歷險記》、《珍珠島》，甚拙；《未來世界》，殊不佳。一九三二年十一月十三日，他和許廣平等人在國民大戲院看《銀穀飛仙》，覺內容不佳，中途退場。他逝世前十天，還觀看由普希金小說改編的《復仇艷遇》，視為「最大慰藉、最深喜愛、最足紀念的臨死前的快意」的影片，並向友人推薦不可不看。[10]

中國電影發展上，一九二七年至一九三六年間，本土電影顯著進步，有聲片誕生了，故有為黑白電影的黃金十年之稱。這個時期，蔣介石已經是政治舞臺上的風雲人物。電影出現在他生活中的頻率，逐漸增加。蔣介石一生持之以恆的，除了革命建國事業之外，便是勤寫日記。無獨有偶，他日記中不乏關於觀影戲、觀影劇的記事，有印象的記下片名，印象深刻的則發抒感想，產生共鳴的更觸動心靈。其中未記片名的亦不在少數。他看過的影片，以劇情言，形形色色，各有不同評價：對於無聊不堪入目者，輒中止放映或離席；就數量言，在大陸時期因動亂不安，觀看的影片不及臺灣時期。然而，從蔣介石好觀影劇的習性，可以貼近他的生活情趣，捕捉到真實蔣介石的一個面向。

壹、祈禱「西線無戰事」

蔣介石母親禮佛篤誠。受母教影響，他原本信佛。中壯之年改變信仰基督，終其一生。其轉變關鍵，自與宋美齡締結姻緣密不可分。長久以來，論者亦均以宋母倪桂珍要求蔣入基督教為答應女兒婚嫁的一個要件。《蔣中正日記》公開後，此一論調必須有所修正。中國大陸蔣介石研究學者楊天石即指出：蔣宋結婚前，宋家並未以蔣入教作為條件；直到婚後，宋母才希望蔣能受洗為基督徒。

宋母的期許引導自是蔣介石改信基督的主要力量。婚後兩年，蔣信仰基督的跡象日趨明顯。一九二九年十二月廿五日，他到南京勵志社，觀看耶穌影片，甚有感觸，記下當時心得：「其能生死如一，始終不渝，爲可法也。」[11]這場電影應是刻意安排，也發生啓示效用。四天後，蔣又到湯山，聽宋母講基督教義。[12]一九三〇年二月，「中原大戰」山雨欲來之際，宋母懇勸蔣介石入教。蔣答以對於教義尚未澈底研究，不便冒昧相從。[13]十月廿三日，是蔣人生作重大決定的日子。早上，他到上海，謁見宋母。宋母又申前言，勸他入教。蔣深感岳母慈愛，加上有討逆成功以後當受洗禮的約諾，且研究教義也有一段時日，乃順從宋母殷望。下午三時，請宋家好友江長川牧師在西摩路宋宅舉行受洗禮。

蔣介石之決定受洗，除親情呼喚之外，江長川牧師還提及一段感應故事。他回憶：

> 我在美國時，中國某一軍閥對中央政府間發生內戰。某日，在戰爭進行中，蔣先生教敵軍誘困於開封附近，四面幾被包圍，處此失望之境，蔣先生祈禱上帝解救，並聲言此次得救後，定即正式信仰基督爲救主。上帝對此祈禱即予接納，驟下大雪，爲此季所罕見，故使敵軍無法進迫，同時他的援軍已從南京由火車運到。結果不僅使先生的生命得以保全，且轉敗爲勝。[14]

江牧師指的就是中原大戰。蔣介石窮於應付危難是眞，至於上帝降大雪才得以保命之說，恐附會居多。惟自是而後，蔣堅認黨義是他的政治信仰，耶穌爲其宗教精神之基礎，「此生以基督爲唯一的模範，救人救世，

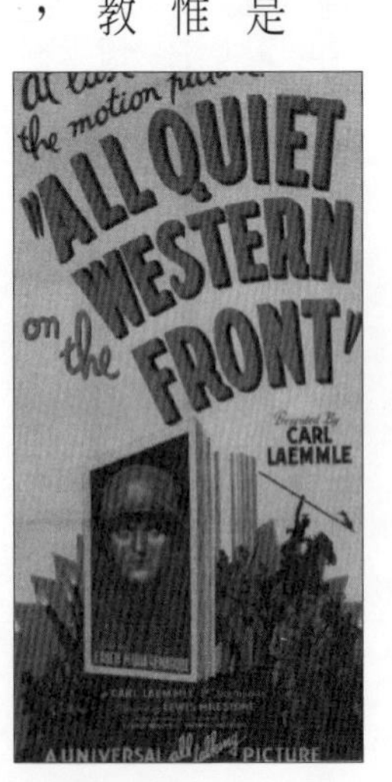

永矢不渝。」[15] 中原大戰是蔣介石領導北伐統一完成後，面對的一場大內戰。蔣介石時任國民政府主席，與反政府聯軍對抗周旋，相持半年，才瓦解敵對勢力。他在受洗為基督徒前一天，十月廿二日，首都南京各界熱烈舉行慶祝勝利及歡迎凱旋大會，十餘萬民眾參加慶祝討逆勝利活動。蔣主席以總司令身分在大會致詞，告訴民眾討逆勝利就是全國同胞的勝利，要保持勝利仍有賴全民努力。這次勝利更加提高蔣的聲威。凱旋大會次日，蔣又實現宗教仰上的承諾。可以想見，他心情之寬慰與愉悅。當晚，他在宋府觀賞《西線無戰事》影片，盛讚其情景逼眞，但惜甚慘耳。[16]

《西線無戰事》（英文片名All Quiet on the Western Front），一九三〇年美國環球公司出品的一部黑白電影，是根據知名反戰作家雷馬克（Erich Maria Remarque）創作於一九二九年的名著*All Quiet on the Western Front*改編，以第一次世界大戰為故事背景。德國與法國交戰，陷入膠著。兩國隔著戰壕對峙，每天不停相互砲轟陣地，都造成極大傷亡。在後方，政府也不停以民族、愛國主義鼓舞人心，徵募一批批新兵投入戰場。故事主角是德國的一班高中生，在導師鼓舞下，全班投筆從戎，展現愛國情操與視死如歸的鬥志。他們接受短暫而嚴厲的新兵訓練之後，便赴前線作戰。這批新兵驚覺前線處境之艱辛及戰鬥的慘烈。同學一個個陣亡，或受傷送到野戰醫院。這批青年漸漸發覺這是一場沒有意義的戰爭。

更可悲的是，少數生還者之一的保羅休假回到故鄉，發現後方的人仍在享樂，相信政府的宣傳，德軍就要攻占巴黎。回到學校，導師仍舊激勵同學志願從軍。保羅向學弟說明這是一場沒有意義的戰爭，年輕的生命應留在學校讀書，不要上前線當砲灰，反而被嘲笑懦弱。保羅懷著沉重心情，告別病重的母親，提早返回前線，戰友已死亡殆盡，僅存一老班長，連隊中新來一批像他們當年一樣天眞的少年兵。老班長因部隊補給困難，外出為新兵尋找食物。保羅跑出連隊，找到了老班長，兩人非常興奮。這時一架敵機飛臨，投下炸彈，老班長被炸傷。保羅盡全力背他到醫療站時，老班長已經斷氣。

雙方終於停戰，西線異常平靜。保羅從小喜愛蝴蝶，在一次勤務中發現戰壕外有一隻美麗的蝴蝶，探身伸手捕捉。敵方狙擊手看到人影，一槍中的。保羅成為全班同學最後一位捐軀者。這天德軍前線司令部的戰報上記載著：「西線無戰事」。保羅最後死亡的身影被奉為影史上的一個經典鏡頭。蝴蝶與硝煙的對比，深刻而尖銳地諷刺戰爭的殘酷。

《西線無戰事》小說作者雷馬克經歷一次大戰，小說中的主角士兵保羅正是雷馬克自身的投射。雷馬克小說對戰爭的殘酷提出很多疑問及反思。這樣一部反戰意味濃厚的電影，安排在中原大戰落幕之後觀看，別有一番用意。「甚慘」，乃蔣介石發自內心的省思，前一天他才在討逆凱旋大會上提及為內戰中死傷衆多的將士和同胞而感到「非常悲痛」的演詞。更早之前，他主持國民政府的總理紀念週，報告討逆大戰經過時，已經指出重大傷亡情況，略謂：逆軍方面合起來足足有六十萬兵力，死亡人數當然多得多。光是中央軍與逆軍死傷至少卅萬人，人民無辜犧牲還不算在內。[17] 外國電影情節，勾起他切身經歷，感受分外深刻，心中應也期望國家未來和平無戰事。然而，擺在眼前的一大內憂是中共坐大，他又被迫採取軍事作戰途徑來解決有礙國家統一的難題。無休止的征戰，就不得不面對軍民同胞死傷的慘痛。

此外，影片控訴戰爭之餘，也穿插宗教情節，如醫救傷兵的天主教醫院內布置十字架及耶穌像的場景。而最鮮明的一段，是主角保羅祈禱上帝幫助戰友科梅力菲的情節。科梅力菲受砲擊受重傷住院，右腳被切除。保羅等戰友前往探視，眼見科梅力菲痛不欲生，先是安慰說：「你還算幸運，只是缺一隻腳。」等到其他戰友離去，保羅單獨留下來陪科梅力菲。科梅力菲問保羅，可以醫好嗎？保羅安慰說，當然可以。可是科梅力菲表示沒有信心。保羅一再安慰，仍無法平撫科梅力菲悲傷的情緒，只好跪在病床前祈禱：「神啊，這位是科梅力菲，只有十九歲而已，還不想死，請一定要救他。」在蔣受洗入教之日，觀看的影片中出現這般宗教情節，安排者實在煞費苦心。可惜科梅力菲並沒有得到上帝眷顧，仍成爲當日第十七位死亡傷兵。

這部電影在美國上映時間是一九三〇年四月廿一日。影片發行全球，大受好評。次年三月獲得第三屆奧斯卡最佳影片與最佳導演兩項金像獎。但是在德國、義大利竟同遭禁映命運，直到二戰結束後才獲解禁。在中國，經電影檢查委員會審查通過，以原英文版無刪節形式在上海、南京等地影院上映。電影檢查委員會審定的《西線無戰事》宣傳海報稱：「歐洲大戰，各帝國主義者之互鬥也。德國兵士某，身經百戰，始悟此種戰爭之無意義，乃著為小說，寓意非戰。此片即取該項原作而演成。取材德國，以例其他。當此各帝國主義者因經濟恐慌而戰機又迫之今日，大可以為宣導和平之工具。特弱小民族，抵抗強權之戰爭，則又當別論耳。」一九三一年二月初，南京「世界大戲院」放映兩天。[18]刊登報紙的廣告宣稱：「全世界有影史以來第一部超逾一切萬國崇拜之巨片之王」、「德國雷馬克以生蘆神筆寫親歷戰壕之痛苦與慘像之巨著」。此外，還特別引用弔古戰場文：「鳥無聲兮山寂寂，夜正長兮風淅淅。魂魄結兮天沉沉，鬼神聚兮雲幕幕。日光寒兮草短，月色苦兮霜白。」強調此片呈現戰爭的慘狀比古詩訴說的大十倍。

南京「世界大戲院」上映僅兩天，隨即刊登「緊要啓事」，聲明：「《西線無戰事》為萬國崇拜之名片，本院尚抱提倡教育之旨，不惜巨資爭得放映權。茲接電影審查會第一號通令，自今日起停止映演。此片曾經該會審查核准，今復接禁令，實迫不得已。後遇機緣，清再重獻，以餉各界。」[19]其後，有無復出獻映，不得而知。惟從蔣介石看完影片後的評語觀察，在他心目中除「逼真」、「甚慘」之外，餘無不妥之處。電檢單位態度反覆，背後轉折原因何在，啓人疑竇。

緊要啓事

「西線無戰事」為萬國崇拜之名片本院尚抱提倡教育之旨不惜巨資爭得放映權茲接電影審查會第一號通令自今日起停止映演此片曾經該會審查核准今復接禁令實迫不得已也後遇機緣清再重獻以餉各界

貳、要讓電影有聲有色

三〇年代的中國，內憂外患不斷，在電影發展史上卻造就了第一個黃金時代。蔣介石身負軍事重任，也注意到電影具有娛樂與教化的雙重功能。

電影從默片到有聲，讓看電影更具魅力。一九二九年二月，美國電影《飛行將軍》在上海放映，打開外國有聲電影正式輸入中國的先河，高級電影院紛紛安裝有聲放映設備。在此之前，有些觀眾已經看過幾部外國攝製但不完善的有聲片，劇中人對話聲音還是沒有的。[20]雖然如此，卻也引發電影界對有聲片之新奇事物展開熱烈討論。中國最早的有聲片，是由天一公司於一九三〇初採用「蠟盤配音」方法攝製成的短片《鐘聲》，同年七月一場大火卻將這部成品付之一炬。[21]上海明星影片公司亦於是年六月開始拍攝《歌女紅牡丹》有聲電影，十二月下旬完成，一九三一年三月公映，同樣採用「蠟盤配音」，宣告中國第一部有聲電影問世。但嚴格來說，這只能算是一部「半有聲片」，因爲只有演員對話或唱戲時有聲音，周圍事物則靜悄悄的。這也是有聲電影初期的通病。但是一上映，盛況空前，在全國各大城市造成轟動。接著，友聯公司與大中華唱片公司合作，也在五月公映《虞美人》蠟盤配音的有聲片。二個月後，大中國和暨南兩影片公司合拍的第一部「片上發音」影片《雨過天晴》於七月上映。[22]電影配音技術日新又新，更增加其娛樂價值。

蔣介石委員長注視此一電影技術發展對宣教工作的助益，曾電囑江蘇省政府主席陳果夫：「電影教育重要，應即著手進行。」同時具體指示三點：一、電影劇最初開幕，必須將全球各國地圖與中國固有國界及東北地圖、臺灣澎湖琉球地圖各一幅，加上各失地時期歷史的說明，最好用軍校大禮堂教科之法影演之；二、岳飛之精忠報國、文天祥之正氣謀國、史可法之殉難遺書及關公班超等，可為軍人與模範各劇，亦另多編；三、各國亡國慘劇，以及亡國後身為亡國奴之苦痛，應描寫韻致，亦編為一劇。他決定籌十萬元為徵募影劇與電影場之基金，如不足還可另籌，請與賀衷寒同志積極進行。[23]

在此之前，賀衷寒有一電呈報蔣委員長，說明奉示籌畫攝製電影事宜，經與陳果夫會商過，惟勵志社的電影機由黃仁霖帶至華北攝製。陳果夫亦已電黃氏回南京協商。關於編撰劇本事，已轉約黨部對電影有經驗之同志著手編製，此外還擬重金徵稿。[24]

蔣委員長責成陳果夫與賀衷寒，即進行有聲電影事業，且關切進展情形，再電示二人：「望趕緊設備，勿延。」[25]可是進展不如期望，他乃下重語，說：「電影宣傳與教育重要，本黨中央對此發起數年，尚未見成效，殊為可恥。望於此限期促成，并望詳告近情。此事最要，當指定一主持專辦之人也。」[26]電影宣傳對於軍事訓練及暑期訓練班，同樣重要，所以蔣委員長也叮囑政訓處朱培德主任：「宣傳工具，以影戲為中心，尤須注重有聲電影。」並進一步指示：凡是新興各國之國民運動與航空防空有關的影片，及其軍營、學校、社會之精神生活，更應注重。排定時間、地點，由各省輪流交換演映，總使各省軍訓於每星期六和星期日都有電影可看。關於電影租借收集辦法，可與國民黨中央黨部及勵志社黃仁霖協商進行。[27]

當時，正値剿共軍事緊要關頭，對於影劇內容涉及所謂普羅情節者，格外受到檢查單位的注目。國民黨上海特別市執行委員會就曾急電在南昌的蔣介石委員長，指稱左翼分子田漢、沈端先、苗盾、錢杏村諸人年來混入電影界，盡量鼓吹意識至上並大量製造宣傳普羅之影片，如聯華公司的《母性之光》、《城市之夜》、《明天》，明星公司的《鹽潮》、《上海廿四小時》、《展覽會》、《春蠶》、《汪流》，藝華公司的《民族生存》、《肉搏》等影片，有宣傳階級鬥爭者，有鼓吹農民暴動者，有暗示貧富對立者，有挑撥各民族惡感者。但電影檢查委員會對於這些內容惡劣的純普羅作品，竟一一予以通過，實在怪異。該委員會甚至指控電檢會的作爲顯係倒行逆施，有虧職守，建請迅即查明、撤職嚴辦。[28]四天後，特別市委員會復電請蔣委員長應注意電影檢查工作，以免電影淪爲左翼分子宣傳工具，並即查明嚴辦惡劣宣傳影片。

關於中央電檢會功能失衡的情況，國民黨中央宣傳委員會主任委員邵元沖早先便已報告過蔣委員長，聲稱電檢會是由教育部派員四人、內政部派員三人會同組成。審查影片時，宣傳委員會才派員參加指導。近來兩部所派職員意見不一，感情用事，對於左傾色彩影片往往循情通過，指導員無法糾正，只有以不出席審查作消極抵制，致外間流言百出。他認爲此時出現前方積極剿共、後方復獨鼓吹造匪電影流行市面之矛盾現象，實非黨國之幸。故促請蔣委員長進行兩事：一、中央修改「電影檢查法」，規定所有電影檢查工作應由中央宣傳委員會主辦，統一事權；二、澈底改組電影檢查委員會，以息流言而利電影宣傳工作。[29]蔣委員長接受建議。不僅如此，爲了改進電影事業，在電影事業指導委員會下又組織一個「電影劇本審查委員會」，要求各電影公司擬拍攝影片的劇本先送審，再依通過的劇本拍攝，將來接受電影檢查時，可以減少因禁映及修剪的損失。後來，電影檢查委員會也改隸屬於該指導委員會之下，使劇本審查與電影檢查工作的意志統一。[30]

與上海特別市黨部持相同態度的，還有潘公展。他也向蔣委員長報告：「上海大光明戲院將映《生活》影片，宣傳共產，在美國尚且禁止，中央電檢會竟准映演；又現映《國際大祕密》一片，有共產國際歌及少年先鋒歌，亦未刪剪，殊爲不妥。請立令電檢會撤消准映執照，禁兩片放映。」[31]蔣獲報，認同有理，即令電檢會撤消准映執照及予以禁映。電檢會主任委員羅剛接電後即遵辦，次日覆電呈報：《國際大祕密》一片即日飭令該戲院停止放映外，並調回影片執照。至於《生活》一片，尚未送經電檢會檢查，按例不能登載廣告，除照章處罰外，一俟該片到京，當即遵令禁止映演。[32]除消極面查禁之外，蔣委員長也展開積極面籌製影劇的工作。他曾電囑江蘇省政府主席陳果夫及江西省政府主席熊式輝，著手徵集新生活運動劇本與影片。並將南昌總會所徵集者，托陳果夫送南京、上海各電影公司研究，提供五萬元作爲徵集獎金。如果有特別優良的影劇，則可加至十萬元，亦所不惜。[33]

五次剿共軍事獲得勝利前後，蔣介石觀看電影次數逐漸增加。如一九三四年九月十三日，在廬山，晚看影片；一九三五年一月十七日，在上海「晚看墨西哥革命影戲，甚有所感也。」[34] 一九三六年一年則至少看四部電影，如二月十四日晚，在南京看《三生石》影片。[35] 此外，四月四日、五月八日、七月十四日的晚上，都看「影戲」，只是沒有記載片名而已。西安事變落幕後，蔣委員長請假回溪口休養期間，有時到上海療傷，晚上也看影戲，如一九三七年二月十一日、五月十五日。《墨西哥革命》也好，《三生石》也好，均為劇情符合正面宣教意義的影片。

茲舉《三生石》電影為例。這部影片由王春元（原名王引）導演、上海聯華影業公司出品，一九三二年上映。劇情如下：中州有一群玉山，山中分東、西兩村，經常因爭地採石發生衝突。東村主人葉翁把村中事務都交給工頭陳振管理，其女青雯與西村少主王劍剛有情。一日，工頭陳振得知西村在礦中採得寶石，萌起貪念，乃和主人葉翁商量後，趁西村少主劍剛入城時，將主人王翁殺死，搶走寶石。又一日，東村主人葉翁偕女兒青雯帶寶石到城中估價，工頭陳振跟隨護送。西村少主劍剛看到後，與陳振搏鬥，青雯不慎掉下車。晚上，青雯誤入森林，遇到劍剛。但劍剛認為她是仇人之女，斥責她一頓。後來，陳振找到青雯，並捉住劍剛。劍剛被人救出後，殺死妄圖非禮青雯的陳振。劍剛勸導村民們不要再相殘，應和睦相處。

影片殺青在南京「首都大戲院」公映，刊登電影

首都大戲院

最新國片展覽
第四期大貢獻今日開始
今天起公映聯華鉅片
葉娟娟　王春元
聯合主演
三生石
劇旨息爭懺悔　表演真摯動人
情節曲折緊張　取景雄奇壯麗
打武驚心動魄　馬術神妙絕倫
言情旖旎纏綿　穿插妙趣橫生
聯華影業公司鉅片
下期開映
粉紅色的夢

廣告，號稱，劇旨：息爭禦侮；表演：眞摯感人；打武：驚心動魄；馬術：神妙絕倫；情節：曲折緊張；取景：雄奇壯麗；言情：旖旎纏綿；穿插：妙趣橫生。[36]就當年政治情勢言，影片中的東西村，可以影射中日兩國，也可以暗指國共兩黨，不管外侮內戰，都應息爭禦侮。蔣介石觀後，雖沒有像看墨西哥革命影片一樣明記「甚有所感」心得，惟是日日記他寫下：「夫妻同心，前途遠大也。」不也是受到影片劇情的觸動？

參、「大地」風雷

電影是一門藝術，也是科技工業。其有別於他門藝術的，是電影可以工業化生產，並大規模進入市場；加上電影逼眞如實的臨場效果，緊扣觀衆心弦，影響遠大於他門藝術。因此，電影不是單純的電影工作者之藝術創作，還會引發社會大衆討論及輿論關注。也因此對於影片題材與內容，政府不得不建立一套管理制度，北洋政府時期如此，國民政府時期也不例外，而又以國民政府實施較為澈底。一九三〇年二月，轟動一時的美國影片《不怕死》（Welcome Danger）上映，觀衆強烈反對，即被上海電檢會以「侮辱我華人處，令人髮指」為由禁映，出品者美國派拉蒙公司和上映者大光明影院登報道歉。是年十一月，國民政府立法院通過「電影檢查法」，公布實行。次年二月三日，行政院公布「電影檢查法施行規則」和「電影檢查委員會組織規程」，二月廿五日成立「電影檢查委員會」，確立全國統一的電影檢查制度。該委員會職權為：一、檢查本國製和外國製影片；二、核發准演執照和出口執照；三、取締不良之電影片或違章處罰各事項。「檢查影片規則」檢查標準為：一、不違反黨義和國體者。二、不妨礙風化及公安者；三、不提倡迷信邪說及封建思想者。

電檢法施行後，每年都有數十部電影中箭落馬。廿年三月廿五日《中央日報》刊登出一則「焚毀兩種影片」新聞，報導說：「南京市府前據社會、教育兩局會呈，《以假無常駭人》及《風流和尚》兩影片，有違審查標準之規定，應否通令全國禁映，並焚毀底片一案，特咨請內政、教育兩部核辦等情，已見前報。茲悉內政、教育兩部以該兩片既違禁令，自應禁止映演及焚毀，已通令各省市遵照。聞市府昨已分令社會、教育兩局遵辦具報。」[37]《假無常駭人》和《風流和尚》都是民國初期出色導演張石川的作品，沒想到在數年後竟然被南京國民政府的電影檢查會禁映了，主要原因在於影片題材低俗，內容充斥迷信低級趣味及煽情肉欲。不過，這兩部影片並非電檢會禁映的孤品。同年遭禁映的還有《火燒紅蓮寺》等一批武打神怪片。至於不倫不雅、違背善良風俗情節的影片，也難逃被刪修的命運。

三〇年代，國家多難，民族面臨危機。電影作為大眾娛樂，也被賦予一份莊重的足以激揚民心士氣的宣教使命。負責審查工作的檢查委員會格外謹慎執行職務，尤其反對西方文化侵略，電檢標準中即有禁止「頌揚帝國資本主義及地主資本家者」的條文。另一方面，當時電影院上映影片中，進口影片占相當數量。由於進口影片宣揚西方價值觀與生活方式，與中國社會文化有明顯差異，電檢會對進口影片檢查尤爲嚴密，如稍有違背檢查標準者，均予禁演，或加以修剪後才准演。針對外國影片，電檢會審查主要集中在兩方面，一爲浪漫、肉感的畫面，一爲辱華的情節，輕者刪剪，重則禁映。而美國影片的狀況較多，常在片中將中國人描繪成流氓壞蛋，對中國事物輒取對立的觀念，與中國人日益增長的民族自尊心，發生激烈衝突。這也促使電檢會對尚未入口影片有關中國題材之描寫加以關注，如有涉及辱華情節，則要求出品公司修改，否則即停止該公司進口影片之審查。外國公司來華拍片，電檢會規定須事先申請許可，拍攝影片內容也加以規範，不能出現：一、損害中華民族體面之事件；二、違反三民主義之表演；三、非本國善良風俗；四、含有迷信或怪異之事件。

美國片商感受到中國電影檢查制度的威力，不得不配合電檢會的要求。典型事例是美國好萊塢米高梅公司（MGM）拍攝中國題材《大地》的影片，引起一陣騷動。這部影片是根據美國著名作家賽珍珠（Pearl S ·Buck）生平最重要一部文學作品《大地》創作的。她在中國度過近一九五一年時光，爲自己取中文名字「賽珍珠」，終其一生與中國結下不解之緣。她熱愛中國人，視中國爲其第二祖國。一九三一年三月，《大地》小說在美國出版，一年銷售一百八十萬冊，連續廿二個月榮登暢銷書排行榜首位；第二年更榮獲普利茲獎，全世界先後有六十多個國家翻譯出版。一九三八年，賽珍珠因「對中國農民生活的豐富和眞正史詩般的氣概的描述以及她的自傳性的傑作」獲得諾貝爾文學獎。

但《大地》小說卻在中國受到不同層面的批評。魯迅認爲賽珍珠畢竟是一位生長在中國的美國女教士而已，她所察覺的不過一點浮面的情形。有學者認爲小說描寫失真，醜化中國；也有持小說蔑視農民與農村的見解。賽珍珠針對這些評論也作出回應，特別對蔣康戶教授「中國平民百姓根本不能代表中國人」的觀點感到悲哀。她認爲一些中國知識分子似乎不能抓住問題要點，這些普通民眾是中國的榮耀和力量所在。她不禁要問：如果一國家的大多數人不能代表這個國家，那麼誰能代表？她個人上百次的經歷，使她熟知蔣康戶

教授的態度，在對待工人的殘酷行爲中，在對目不識丁、忠厚老實農民的鄙視中，在對無產者利益置之不顧的表現中，暴露無遺。中國老百姓受到政府政治、軍事及文化的壓迫，比世界上任何一個民族都更多。[38]

賽珍珠筆下的《大地》具有神奇色彩，它將中國農民順應天命、固守土地的生活譜寫成一首田園牧歌，遠離城市的動亂及複雜的社會現實。這樣一部取材於中國而又廣受世人喜愛的作品，引起電影界興趣。一九三三年，上海明星影片公司率先發布將拍攝《大地》影片的消息，也決定由姚蘇鳳、張常人編寫劇本，張石川出任導演。但不知何故「明星」拍攝計畫沒有下文。米高梅公司獲知此事後，趕忙以十五萬

美元買下《大地》攝製權，拉開《大地》影片拍攝的序幕。

米高梅電影公司籌拍《大地》影片的動作，中國政府寄予關注。一九三三年十二月，米高梅公司前來中國拍攝《大地》，國民政府官員出面表示不滿，尤其是對《大地》描寫饑寒交迫的農民、小老婆、土匪搶劫等情節惱羞成怒，決心阻止拍攝任何讓他們感到尷尬的鏡頭。教育部官員接受南京一家報紙訪問，聲稱《大地》影片係根據布克夫人（即賽珍珠）小說爲藍本，對中國國情頗爲隔閡，有損中華民族尊嚴，製成後將在國際觀感上產生極大影響。該官員並透露外交部曾經提出交涉，禁止其來華取景。米高梅雖表態願意修改內容以便前往天津取景，但王部長爲了保持民族尊嚴與國家聲譽，仍令其更改片名、修改內容，否則不准其擅自攝製。[39]這位不具名的教育部官員，想必是電檢會成員，傳達的訊息自有相當代表性。

電檢會認爲：小說描寫的華人，均虛僞貪墨，幾無一正人君子，將使中華民族蒙受非常不利的影響。因此要求米高梅先將劇本送審，否則，日後在國內外任何地點查出該片，定當從嚴處置，且對該公司嗣後所有出品影片之檢查申請，概予拒絕。面對電檢會封殺中國電影市場的威脅，米高梅不得不派代表來華，與電檢會商議，達成攝製協定，同意由中方派員監督拍片，接受中方修改的意見，並於影片完成後主動送審。該公司一改以往好萊塢的驕橫作風，向中國政府妥協，保證不會出現汙蔑中國的劇情，同時也採取比較認眞負責的態度。在好萊塢歷史上，爲了拍攝影片而由製片公司與外國政府簽訂協定，這是個首例。

當時，蔣介石委員長正忙於剿共軍事，獲報特致電國民黨中央宣傳委員會所屬電影事業指導委員會主任委員邵元沖，指示速准米高梅在華攝製。電謂：

美國米高梅公司擬在華攝製「大地」一劇，已與庸之部長一度商談，覺該劇本經貴會修改後，尚無不合之處。弟意可加以相當指導，速准其攝取，以開中美兩國電影合作之新紀元。否則，即我不准，彼亦擅影也。其他一切，已命勵志社黃（仁霖）總幹事轉達。[40]

這通電令發生效果，米高梅製作單位獲准赴各地取景。據說，蔣夫人也從中斡旋。[41]不過，拍攝期間還是要接受中方指導。上海《良友》畫刊，曾經報導米高梅影片公司派遣工作人員來華拍攝實景情況，亦謂：國人初恐有辱國之處，多加反對。現經中央當局將小說事實稍加增改，並派幹員監督攝製，料想此片製成，於吾國體不致玷辱。[42]據賽珍珠回憶，當時有一幫極端愛國主義分子不願意讓米高梅人員拍攝中國農村和農民生活的實況，以免外國觀衆產生對中國不好印象。經美國駐上海單位調解，中國當局作出讓步，但還是處處設防，如：指定一個村莊，要求女人都

穿上乾淨衣服、頭戴鮮花，街道要鋪平，各家房子要修飾等。甚至試圖找來一臺鮮爲人知的美式拖拉機，代替在電影中出現的水牛。後來，賽珍珠又聽說，攝製組回到美國後，發現裝在錫盒內的電影膠片被硫酸腐蝕壞了，幾乎得重新拍攝。等到電影上映時只有十二分鐘膠片是在中國攝取，連著名的蝗災一段鏡頭也是在美國西部一個州拍攝。[43]

影片導演喬治・希爾率領一個攝製組到中國，拍攝一些背景素材和大量收集道具。米高梅還請華人技術顧問李時敏隨同來華，負責選擇拍攝地點，收集服裝、道具及招考華人演員。米高梅公司人馬到中國後，加聘「銀壇霸主」王元龍爲顧問。王元龍帶他們在上海拍攝要猴子和舊時中國男人服裝的鏡頭，在北平西直門外專拍典型的鴉片煙鬼、農村小腳女人，在天安門專拍窮苦的流浪漢。攝製組在華中、華北地區考察工作半年多。負責收集道具人員每天一早推車外出，車上裝滿新的生活用具，如碗、碟、鍋、油燈及農具等，在

各村間轉來轉去，換取農民陳舊破爛的器具，以及鋤、鐽、水車、打禾棒等農具。這種以新換舊的作法，讓米高梅公司得到大量道具。更特別的是，爲了效果逼眞，還買了兩頭純種中國黃牛運回好萊塢，等到影片殺青，中國黃牛與當地牛隻繁殖出卅多頭美華混血牛。

影片拍攝，一波三折。導演喬治・希爾在未正式開拍前自殺身亡，由維克多・弗萊明接替，但不久因病中斷合同。最後擔任導演的是薛尼・弗蘭克林。他銳意經營，在加利福尼亞州的契特華斯附近，租下五

百英畝土地，在那裡修建中國道路，種下中國莊稼，搭造中國農舍，開鑿一口中國水井，甚至修築一段中國長城，盡可能眞實地呈現中國情調。另一方面，男女主角保羅・茂尼和路易絲・蕾納也多次去唐人街體驗生活，模仿中國人舉止。中國政府依照協定，派杜庭修到好萊塢，檢查影片拍攝。他按月收取米高梅公司七百美金，又向各公司招搖，後來被調回國，改派駐三藩市總領事黃朝琴接替檢查工作。[44]始料未及的是，拍攝時間長達三年半。民國一九三七年一月，《大地》在美國公映，媒體稱爲是一部偉大的影片，並榮獲該年第十屆奧斯卡最佳女主角獎和最佳攝影獎。幾個月後，經過中國政府的檢查和刪剪，《大地》在中國上映，效果遜色不少。

電影版《大地》是好萊塢歷史上首部用現實手法認眞描寫中國的重要影片，也是三〇年代初中美文化交流的一次有益嘗試。它戲劇性地描繪中國農民的家庭生活時，大大修改早期好萊塢電影中的定型化中國人形象，不再將中國人表現爲奇怪、神祕、陰險、難以理解的人種，而是同世界上任何地方的人相似，在大地上生存，掖受生活的恩賜與考驗。它更成功塑造一種新趨勢，即美國銀幕更願意描述眞實的華夏而非幻想的中國。《大地》產生巨大影響力，使該影片從美國本土走向世界，爲二戰時期對中國的正面刻畫奠定基礎。不過，電影初在中國上映，中日戰爭已經爆發，還是引起一些抗議。一九三八年五月，《大地》影片在天津市由日人收買經營的國泰影院和光華影院同時上映。愛國青年學生組織所謂「抗日鋤奸團」散發傳單，告誡民衆不要觀看辱華的影片，甚至警告影院停止放映。影院不聽勸告，鋤奸團便在影院座席上放置爆炸物。五月卅日，兩家電影院發生爆炸，驚動全市。國民政府遷至重慶後，《大地》曾於卅一年間上映，民衆反應如何，有待探究。[45]

肆、奇幻歌舞

一九九八年，美國電影學院舉辦一次大規模的電影評選活動，一千五百餘位影評人、演員及電影製作人從一九一二至一九九六年間發行的四百多部影片選出一百部，代表廿世紀的優秀電影。其中僅有兩部卡通動畫片獲選，即排名第四十九的《白雪公主》及第五十八名的《幻想曲》。後者由美國迪士尼公司（Walt Disney Pictures）於一九四〇年十一月出品，它首創將卡通動畫和西洋古典名曲巧妙結合，以動畫故事烘托樂曲內涵，隨著旋律起伏、節奏緩急，畫面變化恰到好處，將視聽美感發揮得淋漓盡致。影片公司大膽斥資三百多萬美元攝製，也獲得第十四屆奧斯卡獎，但上映票房成績並不理想。片商也很快引進中國，票房一樣沒有起色。直到廿年後，這部動畫片才獲得較高評價。[46]

本片不是一部劇情片，卻是世界第一部立體音效的電影，富含藝術表現的創作，在電影史上占有一席之地。全片介紹八段名曲，由美國著名的費城交響樂團擔任演奏，大致分爲「故事音樂」、「無特定主題音樂」和「交響樂」三類，包括：（一）巴哈：D小調

觸技曲與賦格曲（Toccata and Fugue in D Minor）；（二）柴可夫斯基：胡桃鉗組曲（The Nutcracker Suite）；（三）保羅．杜卡：魔法師的學徒（The Sorcerer's Apprentice）；（四）史特拉文斯基：春之祭（The Rite of Spring）；（五）貝多芬：田園交響曲（Pastoral Symphony）；（六）龐開利：時辰之舞（Dance of the Hours）；（七）穆索斯基：荒山之夜（Night on Bald Mountain）；（八）舒伯特：聖母頌（Ave Maria）。其中只有由動畫明星米老鼠擔綱演出的《魔法師的學徒》一段描述簡單劇情：米老鼠是一位魔法師的學徒，奉命去提水，卻偷懶取巧，偷戴魔法師帽子，對一旁的掃把施展魔法，讓它代勞。自己則呼呼大睡，夢中還用魔法指揮海浪、星辰共舞，甚爲得意。等到水淹四處才驚醒，已不堪收拾。最後，魔法師出面，解除水患危機。情節簡明，配上樂曲、動畫，趣味十足，充分展現迪士尼風格。其餘各段則純粹在表現影像與音樂的巧妙結合，然畫面炫麗，樂曲動聽，實在賞心悅目。

一九四四年一月九日，蔣介石在戰時陪都重慶，觀賞這部動畫片後，發抒感想，謂：「美國製《幻想曲》影片，其音樂與影片結合之藝術殊足佩也。」[47]目前無法論斷這就是蔣看過的第一部卡通影片，惟可以肯定他對動畫片的興趣。

蔣介石內心對奇幻卡通及音樂的好感，與其形之於外的堅毅神態，似不相稱。還有一例可以佐證。同年十月卅一日，他六十八歲誕辰，特約美國駐華大使哈雷（赫爾利）、宋子文、戴季陶與經國、緯國共十人，在重慶林園官邸晚餐後，一起觀賞《月宮寶盒》影片。這部電影，英文片名「The Thief of Bagdad」，中文直譯為《巴格達小偷》。它融合魔幻、冒險、動作、音樂於一爐，而且突顯阿拉伯神話的氣氛，劇中有神奇巨人、變身妖怪、魔毯飛天等各種特殊影效，榮獲一九四〇年奧斯卡最佳攝影、藝術指導及最佳特效三項大獎。

電影上映時片名為《月宮寶盒》，不知從何而來。故事取材自阿拉伯神話，描述一個叫做阿布（Abu）小偷的故事。巴格達年輕國王阿麥（Ahmad）受會妖術的奸臣賈法（Jaffar）用陰謀詭計拘禁起來，自號稱王。阿麥王後來得到同牢男孩小偷阿布相助逃走。兩人結為好友。阿麥王在外偶遇漂亮公主，並與她相戀。奸臣賈法不但介入破壞，為了得到公主，更施妖法把阿麥弄瞎，把阿布變成一條狗狗。歷經一番冒險，最後阿布得巨人相助，用正義箭矢射殺賈法。阿麥重掌巴格達城，成為仁慈的國王。

蔣介石看完影片，寫下一段感觸：「以一小竊與王女能為愛情與忠義所激，甚至被囚，變狗為乞丐，歷盡無睥艱險，出死入生，百折不回，卒能達成其除奸殺敵，復位成婚，獲得圓滿之結果。可知眞理必能戰勝一切邪惡也。」[48]他眞的很用心看這部電影，更可貴的是末一句感言，寓有對艱苦抗戰的前途充滿信心之深意。

再看《心聲幻影》（Invitation to the Dance）一片，蔣介石的感受如何。這是集動畫、奇幻和歌舞於一爐的影片，美國米高梅公司於一九五六年一月出品，榮獲德國柏林影展的金熊獎。由美國家喻戶曉的舞蹈演員金凱利（Gene Kelly）領銜主演。他熱情、活力、奔放的表演風格，帶給觀衆無比歡樂。金凱利夢寐以求創造一個「無情節的演唱會」，終於如願以償。此片特色在於不用對話，而是透過舞蹈訴說三個故事。第一個是馬戲團的故事，在一片神祕土地上發生悲劇性的三角戀愛。金凱利扮演小丑愛上另一個馬戲團的女表演者，但她傾心的卻是另一個男特技演員。第二個是《玫瑰花環》的故事；第三個是辛巴達水手的故事。本來還有第四個部分——用流行音樂表現的《舞給我聽》（Dance Me a Song），但被刪除了。

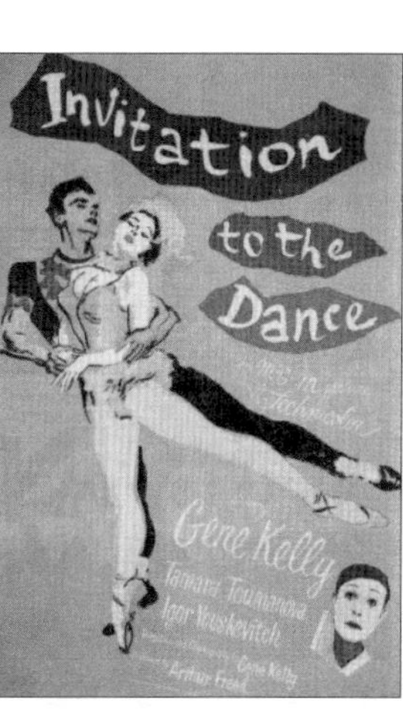

這部影片運用卡通動畫人物、蛇與眞人，巧妙融合，搭配音樂，一同舞蹈演出，與《幻想曲》有異曲同工之妙。電影自一九五二年拍攝，至一九五六年才上映，票房也不理想，但仍被認爲舞蹈電影的一個里程碑。蔣介石於一九五六年九月十六日，觀賞「美製新（心）聲幻影影劇，動而不言之謂也。」他的觀感，精要而且傳神。他眞的喜歡音樂藝術影片，一九六〇年十一月十三日，「晚觀影劇（音樂藝術片）」，甚佳。」[49]沒有記錄片名，只註記「音樂藝術片」。蔣介石觀賞影劇，評為「甚佳」者，必定是感受深刻。

此前一年，一九五五年十月卅一日，蔣介石六十九歲生日，偕夫人在桃園角板山行館共度，晚上觀賞美製《愛琳妹妹》歌舞劇。蔣認爲：「技術高明極矣」。用歌舞片祝壽，恰到好處，又能取悅，安排者深曉其中道理。由此可以推知蔣打從心底喜愛歌舞片的歡樂氣氛。

這齣歌舞劇是描述一九三〇年代一對來自俄亥俄州哥倫布市的姊妹花露絲（Ruth）與愛琳（Eileen），到紐約大都會尋找未來幸福的故事。一九三五年夏天，導遊帶領一群觀光客來到克里斯多福大街。姊妹下了火車，初來乍到，被騙租下一所公寓大樓的地下室，度過第一個可怕的夜晚。二人在人生地不熟情況下，棲身在小小地下室中，由於性格不同，對於新環境各有不同的感觸。姐姐露絲希望成爲暢銷作家，希望在紐約找到一份適合的職業。妹妹愛琳則憑著迷人的外表，想向戲劇發展。次日，露絲帶著手稿往見一家雜誌社編輯鮑伯，但被他批評得一文不值。鮑伯後來感到過意不去，找到露絲居住的地方，想要表達歉意，不料遇到愛琳。愛琳感覺愛情已降臨身上。

露絲遭遇許多挫折，總算找到報社記者的工作，也交到一些朋友。有一次，露絲前往布魯克林海軍基地，採訪巴西水兵。巴西水兵聽不懂採訪的問題，只想跳康加舞，並跟隨露絲回到住所。好玩的愛琳一同加入跳舞行列。一群人瘋狂地跳舞，任性的愛琳以擾亂社區安寧名義被逮捕。

愛琳被釋放後，不顧姊姊的擔憂，堅持進入旋風俱樂部，擔任夜總會歌手。俱樂部正在流行一種新鮮的「搖擺樂」。就在此時，愛琳發現姊姊愛上鮑伯。鮑伯也接受露絲的愛，爲她歌唱「這就是愛」。他們同聲唱出昔日家鄉特別喜愛的歌曲「錯音脫調的散拍樂」。姊妹終於發現紐約的確是一個奇妙的城市。

《愛琳妹妹》在一九五三年首映後，非常受歡迎，連映四百六十三場，一口氣囊括當年「東尼獎」最佳音樂劇、製作、作曲、女主角、原著劇本、舞臺設計、服裝、導演等八大獎項，同時也獲選爲當年百老匯十大名劇之一。蔣介石喜愛音樂，至於會不會跳舞，是値得探討的有趣話題。

一九五〇年十月廿六日，在角板山過六十四歲生日，「昨夜記事後，觀美國歌舞電影片。默禱後，十時半就寢。」十一月一日，「昨晚課後，觀美製音樂與游泳戲劇滑稽電影。其各種技術，可說登峰造極；尤其華麗精美，亦無以復加。但並無重大意義，不過取悅快於一時而已。」一九六〇年十一月十三日，「晚觀影劇（音樂藝術片），甚佳。」

滑稽影片，蔣介石也看，一九五七年十一月四日，「晚觀影劇美製《小茅屋》，頗滑稽。」一九五六年一月十九日，「昨（十八日）……晚觀唐白虎影劇，頗能消遣發笑也。」一九五一年九月廿九日晚，在高雄，「觀影劇（往巴西之路），甚滑稽可笑也。」一九七〇年三月廿三日，「晚觀《一池春水》，爲滑稽劇。」

伍、宗教電影

如前所述，蔣介石自一九三〇年受洗爲基督徒後，信仰虔誠堅篤。宗教活動成爲精神生活中不可或缺的一部分。早晚禱告，讀經，上教堂禮拜。在其日記中，經常可見爲國事家務祈求上帝賜予安適與制敵的智力。茲舉二三則爲例，說明如下：

一九四七年一月一日：

去年一年間之艱鉅，實集一九六〇年本黨革命以來之大難大險結算之一年。每逢不測兇險之到來，皆得化險爲易（夷），轉凶化吉。天父恩澤之深宏，誠令人與神妙莫測之歎。忍辱負重、自強不息之工夫，若非仰賴神力之護導，決不能致此也。

同年三月四日，舊曆二月十二日，爲夫人四十六歲誕辰，他感念夫人爲革命辛苦至今猶不得略有安憩，「惟默禱上帝，保佑其玉體健康，夫妻和睦，家庭親愛，不愧爲上帝子女，完成其所賦予吾人之使命而已。」當晚，他且設家宴祝壽，在和陳誠電話關心剿共軍情後，看影片，至十二時才就寢。[50]又一九五一年十月廿二日，花蓮大地震，死傷百餘人，房屋倒塌千餘間。蔣介石晚間得報，即令省主席吳國楨派員攜帶醫藥及款項，飛往賑濟。他掛懷災情，深感悒悶時，「惟祈上帝，佑我苦民，勿使過重爲禱。」

蔣介石的基督信仰，得力於夫人母親的引導與夫人的解經示意。一九三四年四月十五日，在江西南昌剿共前線，蔣夫人以新作《我的宗教觀》，就正於蔣委員長。蔣閱後甚稱其善。她在文中重述母親的宗教精神對蔣委員長影響很大，謂：「他的信仰基督教，完全由於我母親的勸導。爲了要使我們的婚約得她許可，委員長允許研究基督教義，並且誦習聖經。後來我發現他謹守規約。我母親去世後，也絲毫不變初衷。」[51]她知道宇宙間有一種人們無可企及的偉大力量，就是上帝的力量。上帝往往在祈禱中賜予啓示，用比自己更大力量給予幫助。回到現實世界，她指出：如今政治生活中充滿虛僞、策略和外交手腕。但相信這些並不是政治家最有力的武器。他們最有力的武器，祇有忠誠和正直。蔣夫人特別以聖經中所羅門王祈求上帝故事爲證，說：沙羅門並不要上帝賜給他財富、名譽和權力。他所要的是智慧，是救國的智慧。這正足以看出沙羅門的偉大。因此，人們必須有決心，有智慧，加上努力，就什麼事都能完成。[52]

物換星移，廿五年後，一九六〇年一月廿七日，農曆大除夕。蔣在晚課後，與親友廿人聚餐，觀賞《所羅門與示巴女王》影片，自記觀感爲「甚佳」。觀後，夫妻共同跪禱畢，就寢時已十二時半。[53]對照蔣介石侍衛日誌，有更眞實的記錄。當晚，廿一時廿六分，蔣偕夫人及蔣經國夫婦等十八人同觀電影。廿三時四十六分映畢，客人即辭去。零時十五分安寢。[54]這對於講究生活作息規律的蔣來說，除失眠之外，是罕見的現象。

《所羅門與示巴女王》影片，美國Edward Small Productions出品，英文片名「Solomon and Sheba」，一九五九年十二月廿五日在美國地區上映。中文片名則有《所羅門王》、《國王與蕩婦》等不同名稱。此片改編自聖經故事。其典故出自「舊約」列王紀：以色列的大衛王臨終前依照上帝的指示，把王位傳給兒子所羅門。所羅門王登基後，遵照父王遺願，虔誠地信奉上帝。據載，上帝曾諭示所羅門王：「不管要求什麼，我必可給你。」所羅門王不求長壽、富貴或任何世俗之物，而只求智慧。上帝乃賜予他智慧，並允諾如果所羅門王能遵循正道，也將賜給他種種物質的福報。

在上帝的恩典下，所羅門王擁有超人智慧，成爲以色列史上最英明的君王，不僅斷案如神，在外交、內政、經商與建築等各方面，表現出色。示巴女王仰慕所羅門王的才智，有一次，帶著許多香料、黃金和寶石到耶路撒冷交好，同時準備多道難題考驗所羅門王。所羅門王一一解答她的提問。示巴女王見識所羅門王的智慧，極爲折服，更對所羅門王信奉的上帝大力讚揚。所羅門王虔誠信奉上帝，起初把國家治理得很好，但爲了維持與周邊外邦的友好關係，以異族通婚方式取得結盟，而迎娶多位外邦女子。後來沉迷逸樂，受她們帶來的外邦神祇和儀式影響，漸漸失去對上帝的誠心，也忘記對上帝的承諾，導致所有信仰上帝的臣民都棄他而去。色列王國開始走下坡，內憂外患紛至沓來，使王國陷入巨大危機之中。

影片劇情主要突顯所羅門王與示巴女王的愛情，以及對上帝信仰的重要。在除夕團員夜，闔家觀賞這一部聖經歷史電影，其和樂氣氛不難想像。

此外，蔣介石觀看過的宗教性影片，諸如：（一）「士師記之曾孫歷史片」，蔣自記感想稱「實爲猶太人最佳之傑作，其於民族教育意義甚大也。」[55]根據猶太傳統，希伯來文舊約聖經是以三部分組成：律法書、先知書和聖卷。「士師記」被列爲前先知書的第二卷，前先知書記載的是以色列人從征服和定居迦南到王國建立和滅亡的歷史。（二）《聖女貞德》。[56]（三）《摩西十戒》上部，他認爲「甚佳」。[57]（四）《媽祖傳》，蔣與伯熊、仲虎二姪一起觀賞，認爲是國片中技術最好的影片。[58]實際片名爲《聖女媽祖傳》，國光影業公司出品，由周曼華、張小燕分別飾演媽祖和幼年媽祖，其他演員還有張慧、葛香亭、李行、李冠章、白鳳等。

在臺灣時期，蔣介石與夫人看電影，大都是安排在居所。唯有兩次，蔣夫人親至臺北市區戲院觀賞，都是爲了響應義演活動而應邀前往。

其一爲一九六一年十二月十四日晚，蔣夫人到「大世界影院」觀賞《賓漢》（Ben-Hur）電影。影片副標題是「基督的故事」（tale of the Christ），美國米高梅影片公司於一九五九年出品的長片，根據華萊士（Lew Wallace）名著小說改編。劇情敘述羅馬帝國富盛時期耶穌的事跡，透過一位名爲「賓漢」的貴族觀察。此片榮獲AFI百

年百大電影第一百名，更獲得十一項奧斯卡獎。

發行片商自十二月初起，連續刊登預告，號稱《賓漢》影片創造世界三項極峰：自有世界以來最偉大的電影，自有人類以來最輝煌的藝術，自有影史以來最榮譽的製作。據報紙報導，蔣夫人是應中央電影公司及米高梅公司臺北分公司邀請，出席該影片在臺灣的首映會。她走進影院大廳前，先在休息室內接受中國小姐馬維君獻花。當晚，還有政府高級官員、各國駐華使節等同座觀賞。[59]

其二為一九六二年十二月十四日晚，前往「遠東戲院」，觀賞《十誡》（The Ten Commandments）電影。美國派拉蒙電影公司於一九五六年出品，片長三小時四十分，是一部取材自《舊約聖經》出埃及記的史詩電影，講述猶太先知摩西領導以色列人出走埃及，並接受上帝耶和華頒授「十誡」的故事。片商自十二月初起連登電影預告，號稱「人類最動人的故事，世界最偉大的電影」，又聲明：「十四日下午七時廿分，為救濟大陸來臺義胞，優先隆重義映一場，全部收入悉數捐獻。」[60]義映票價，每張卅元至六十元，比平日票價高。蔣介石與夫人三年前已經看過，夫人本乎慈善心，應邀出席，共襄盛舉。派拉蒙公司遠東區總監督亨利克森致贈夫人一座「摩西像」，作爲紀念。[61]這尊像現仍擺置於士林官邸二樓。

陸、族群和諧電影

一九五二年四月廿四日，蔣介石晚課畢，餐後，觀看《阿里山風雲》電影，認爲：「此片雖有數處尚須修改，但在中國製片中，當推第一矣。」這部黑白影片描述清朝年間漢人通事吳鳳致力調和漢、番而捨己爲人的故事。原由上海萬象電影公司攝製，一九四九年五月，導演張英與編劇張徹到臺灣取景拍攝，不料完工時共軍已渡江進攻上海。及國民黨政府撤退抵臺，攝製組也就留下來。次年二月十六日，該片在臺灣上映，成爲臺灣影史上第一部劇情片。影片主題曲「高山青」，風靡一時，成爲電影音樂中的經典之作。蔣介石想必深受歌曲旋律與大義精神所感動。

事隔十年，同樣以吳鳳捨生取義故事拍攝的影片，還有臺灣省新聞處電影製片廠，片名《吳鳳》，是一部彩色寬螢幕電影，由男女主角王引及張美瑤主演。耗資三百餘萬元，費時五十五天，拍攝完成。一九六二年十二月廿日，舉行發表會。蔣介石在之前一個月，便先睹爲快。[62]觀後，頗爲嘉獎，加頒「成仁取義」片名。[63]影片劇情：吳鳳，從福建來臺經商，擔任通事，熱心助人，頗受山胞愛戴。他一心想要破除村民對巫醫的迷信，以及獵人頭當祭品的風俗。但連年天災，使村民覺得天怒難平息，決定再獵人頭祭神。吳鳳無法阻止，決心犧牲己命，便告訴村民，到時看到一個穿紅衣、戴紅帽、騎白馬的人，可以殺死他，割取人頭。村民照吳鳳的話，射殺了紅衣人，摘下頭套時才發覺是他們愛戴的吳鳳。

蔣介石肯定具有宣教意義影片，以頒片名表示獎勵，《吳鳳》是首例，也受之無愧。影片自十二月廿七日起，在臺北市國際、新世界、國都、寶宮、大中華、金山六大戲院同時上映，刊登「阿里山高，白雲悠悠。吳鳳精神，千古長留」的大幅電影廣告。觀衆大排長龍，創賣座新記錄。

《阿里山風雲》和《吳鳳》兩片，除了表彰捨生取義的精神之外，還有一層意義，就是宣揚族群和諧。蔣介石深知，反共復興大業要成功，必須人民團結一條心。因此，非常重視以發揮族群和諧、互助合作爲主題的電影。

再舉《永不分離》爲例。這部影片係農業教育電影公司（簡稱農教公司）拍攝，一九五一年十二月卅一日首映。上映前十一天（廿日）晚上，蔣介石在高雄澄清湖行館觀看，經國陪同在側。當時，農教公司由蔣經國擔任董事長，戴安國任總經理，配合政府政令，拍攝數部宣教意義電影。《永不分離》是其中一部主題正確、技術優越的電影。

影片劇情，是以臺灣省中部山脈、森林茂密、盛產木材的八仙山林場爲背景。政府新派林業專家衛民生擔任場長後，銳意革新，增產興利。隨衛民生到林場的人，除了總務曾懷忠外，大都是專門人才，與在林場多年的工務主任林山等人，同甘共苦，合作無間。並且增設子弟學校，教育員工子女，深受工人們擁戴。尤其是林山女兒林華最爲仰慕。林場中有個工頭蔡石柱，結黨營私，作惡多端，對衛場長興利除弊新作爲，恨之入骨。加上林華的冷漠以對，更增添蔡工頭的忿恨，所以常用外省人，來挑撥本省人的情感，與衛場長作對，甚至再三暗中謀害。一日，適有工人阿火觸犯場規被開除，蔡工頭及黨羽酒醉，將阿火勒死，僞稱係因不滿處分自縊，藉以煽動工人暴動。不料，被林山主任看到。蔡工頭又將他推下山崖，所幸林山被人救起。當蔡等一班人劫持衛場長並企圖殺害時，林山趕至現場，說穿阿火被害經過，同時蔡工頭的黨羽單木旺悔悟，挺身自首，揭發了蔡工頭及總務曾懷中心等共諜分子破壞生產建設的陰謀，終使眞相大白。從此，林場員工團結一心，永不分離，攜手合力，爲生產建設而努力。由此可知，該片主題在顧強烈否定省籍隔閡的陰暗面，進而襯托出生產建設的光明面。其中最鮮明一幕，就是藉由一位本省小姐說出：「有什麼外省人、本省人，你不要忘記都是中國人！」[64]一語道破，具有宣傳族群融合的政策意含，更揭穿共諜滲透分化的陰謀，充分反映當時臺灣社會的現實狀況。

對這部宣導族群和諧和防諜反共的影片，蔣介石當年雖沒有在日記寫下觀後感，但影片後來在澳州上映，轟動一時，博得當地報紙之盛讚。蔣介石獲報，特召見製片戴安國、導演徐欣夫、攝影莊國鈞、主演王玨、吳驚鴻，親致嘉勉。[65]亦可見他是重視的，而且也滿意經國之表現。

此外，一九五六年間也看過三部強調族群和諧的影片：

一爲《馬車夫之戀》。蔣介石與夫人於一九五六年五月六日晚上觀賞，寫下「此爲國製影劇最佳之片也」的評語。此片由唐紹華導演、王琛與林翠主演的黑白電影，同年九月十九日正式上映。劇情如下：新疆青年伊敏與瑪麗漢相戀，漢父嫌敏父是馬車夫，迫漢嫁有財勢的布拉特。伊敏乃離鄉出外發展，和舅舅去口內城讀軍校，當上軍官後回到故鄉。一別五年，父母已相繼去世，只留下二匹馬和一輛馬車給他。瑪麗漢亦已奉父命與布拉特訂婚。布拉特一直催婚，瑪麗漢不願意，每次都哭泣以對。瑪麗漢父母無奈，找布拉特家談退婚之事。男方堅持不讓，雙方不歡而散。在一次月光晚會後，布拉特找伊敏談判，要他離開瑪麗漢，不然就決鬥。伊敏選擇決鬥。決鬥時，伊敏不忍傷布拉特而中槍受傷，希望以自己的犧牲求布拉特還瑪麗漢自由。布拉特得知內情，與瑪麗漢父親均感動不已，答應解除婚約。伊敏在瑪麗漢照顧下康復了。惟戰火又起，伊敏毅然放下愛情，從軍報國。瑪麗漢將面紗送給他。戰爭結束，伊敏回到故鄉，但人事全非，瑪麗漢一家已不知去向。徒留伊敏對往事緬懷不已。

二爲《黃帝子孫》電影。蔣介石於一九五六年十月廿五日，臺灣光復十一週年紀念日晚上觀看，認爲「頗佳」，惟尚有須修正之點。[66]這是一部政治意味比較濃厚的黑白電影，強調臺灣人與大陸人本是一家人。臺灣省電影製片廠籌拍之初，原訂片名爲《我們是黃帝子孫》。一九五七年六月正式上映，國臺語發音。由外省籍的京劇名伶戴綺霞擔綱演出，

完全用臺語對白，不靠配音。

劇情大要：自大陸來臺的女老師林錫雲，在國校教歷史課。她說：「歷史告訴我們，無論是原來居住臺灣的、從大陸來的、和遠在海外僑居的，所有同胞都是黃帝的子孫。」班上有臺籍、蘇籍兩位學生因省籍觀念產生口角互毆。老師在下課時加以調解；放學後，又往訪臺籍學生家長林全文。訪談之下，方知爲同宗，且是近支。林翁於清末來臺，臺灣割讓予日本後，承師遺志，繼續教授中國文化。林錫雲與粵籍的齊亮霞、臺籍的連添珍最稱友善，三人都子然一身。亮霞與錫雲室友任燕因感情事發生誤解。錫雲男友黃漢興從中調解，誤會告冰釋，並爲亮霞帶來其兄亮虹尚在人間的佳音。原來亮虹在太平洋戰爭爆發時，於香港走失，移居美國，現隨觀光團來臺觀光。亮霞將添珍介紹予亮虹，兩人一見鍾情。適逢暑假，一伙相偕南下，沿途遊覽八堡圳林先生廟、吳鳳廟、鄭成功祠、赤崁樓等名勝古蹟。數對佳偶並擇定光復節在中山堂光復廳舉行婚禮。國校學生集體作畫爲其致賀，畫一笑口常開的巨人，身邊圍繞無數稚子，上題「黃帝的子孫」五個大字。[67]

《馬車夫之戀》和《黃帝子孫》都是配合政策拍攝的影片，旨在倡導消弭省籍隔閡及階級觀念。蔣對這兩片給予高度肯定，可見他已經注意到族群融合的重要性。

三是《關山行》電影。中央電影公司於一九五六年七月開拍，臺港影人合作的一部黑白影片。由易文導演，王元龍、李湄、葛蘭、王豪、鍾情、張小燕、魏平澳等合演。十月八日晚上，蔣介石與夫人觀賞，認為「甚佳，可慰。」

影片旨在宣揚不同階層應齊心合力克服困難，寓教於樂。劇情如下：一輛長途公共汽車，自臺北南下。車上載有風塵女子、醫生、少女、富商、奸商、攝影師、婦孺、罪犯等各色乘客。途中在山間遇到暴風雨，公路坍塌，進退維谷。全車人到附近一處農家避雨。司機與車掌緊守崗位，尋求生機，車上乘客則各懷鬼胎，互不相讓，關係益發緊張，終至不可收拾。經過女孩病重、村婦產子等事，衆人始領會要克服崎嶇路途，須同車共濟的道理，遂冰釋前嫌，協力搶修公路。最後，在合唱《一條心》歌聲中，繼續前進。

柒、影劇人生

當電影情節與人生經歷雷同，或有所投射，自易引起觀賞者共鳴。蔣介石觀影劇，娛樂之餘，相當投入。一九三四年四月，他在江西南昌剿共前線，十六日晚上看了一部電影，由於劇情甚悲，「公大為之感傷。自謂精神不快異甚。」[68]顯見其受電影劇情感染之深切。究竟何部影片具有如此威力，是與個人遭遇有關，抑僅出於同情心，頗令人好奇。

一、革命歷史影片

蔣介石自青年追隨孫中山，終身效忠革命。與革命歷史有關電影，尤其是情節涉及親歷的事件，其感受自然深刻。姑舉《秋瑾》、《碧血黃花》、《袁世凱》三片為例說明。以秋瑾革命事蹟為題材的電影，已有先例。後來香港新華影業公司重新拍攝，由屠光啓導演，李麗華主演，一九五三年十月十六日上映。次日，蔣觀看後，評為「頗佳」，且認為：「以香港環境而能攝製此等革命黨史影劇，應大加獎勵。」[69]意猶未盡，再度發抒感想，謂：

> 昨晚觀秋瑾影劇，提有姚志強（即勇忱）、王金發、陶成章等等之名，感想無涯。論其時革命黨地位與歷史，皆以背黨自私，不能善終。幸有秋、徐二先烈歷史。彼等之名，尚得附於革命之列。其實陶則詆毀徐烈士有帝王自私之謀，更以賣友求全，降敵自害，卒為袁賊所殺。而當時同志知交，其能善終者，惟竺友三（紹康）而已。悲乎！[70]

秋瑾大義凜然、從容就義的革命故事，深植人心，影片劇情符合史實。王、姚二人都曾經是革命黨員，但立場不夠堅定。尤其是王金發，一九一四年十一月，亡命日本期間，竟以鉅款賄賂段祺瑞親信，並由其母出面，向陸軍部投誠，請求免除通緝。袁世凱提出殺死蔣介石作為赦免條件。王聞言憤然回到浙江。次年五月，與同志姚勇忱到杭州活動，遭人設陷，被浙江都督朱瑞軟禁，六月二日槍殺於杭州陸軍監獄。一月後，姚勇忱也遭株連喪命。此即蔣所稱的不得善終。

一九一二年一月十四日，老同盟會員、光復會領袖陶成章在上海法租界金神父路廣慈醫院遭人槍殺。外界一直以爲刺殺陶成章的是陳其美主謀。其實毛思誠著《民國十五年以前之蔣介石先生》已透露，說蔣「決先除陶以定革命全局，事後自承其罪。」[71] 吳稚暉編《蔣介石先生年表》，亦以「公怒殺之」證實其事。如今，《蔣中正日記》表明是出自他的謀畫。蓋陶氏在同盟會革命期間因故不滿，攻訐孫中山總理侵吞公款，借革命私肥。辛亥革命後又暗助他人與陳其美爭奪滬軍都督一職。蔣介石制裁陶成章之舉，自認是基於革命黨之大義，毫無求功、求知之意，但始終未向孫總理報告。孫中山的確毫不知情。事隔多年，蔣在日記中還是認爲他做了一件孫總理想做而不能做的事。蔣謀殺陶成章之後，避禍日本，創辦《軍聲雜誌》。陶成章之死，亦即其所稱的不得善終又一例也。

《碧血黃花》影片，香港電影公司出品，由屠光啓導演，鍾情、顧媚、袁小田、魯奇等合演，一九五四年六月十八日上映。影片劇情：一位歷史老師在課堂上，向學生介紹青年節的由來、三二九廣州起義的歷史。福建林覺民離別愛妻，赴廣州參加革命；廣西韋義廷隨師傅李德山參加起義；四川喻培倫、培棣兄弟爭相赴義。合共

七十二位志士，在黃克強領導下起義，矢志推翻滿清，壯烈捐軀，名垂千古。

黃花岡七十二位烈士的故事，家喻戶曉。當時，蔣介石正在高田野砲兵第十三聯隊受訓，起義慘敗的消息必然在留日學界傳開來。《碧血黃花》電影上映前，蔣就觀賞過，重溫革命往事，認爲「甚佳」。[72]這部影片拍攝技術並無特殊之處，最高潮是出現在片尾一首激昂歌曲：

我們來看神聖的黃花岡，我們來看不朽的黃花岡，
碧血化爲怒潮，湧向珠江。黃花滿地，萬世流芳。
爲自由戰，要舉起刀和槍。爲自由死，要昂首上疆場。
燃起革命火花，燦爛輝煌，照耀神州，日月同光。
拯救民族，要認清方向。
爭取民權，要團結力量。
安定民生，要奮發圖強。
萬衆一心莫徬徨。
我們來看神聖的黃花岡，我們來看不朽的黃花岡，
歌頌碧血精神，黃花馨香。振臂高唱，國土重光。振臂高唱，國士重光。[73]

從「拯救民族，要認清方向」句以下，在宣示實行三民主義的使命，並配合國軍整備

軍容的畫面，最後以「振臂高唱，國土重光」結束。其藉革命歷史影片傳達反攻大陸的政治任務，寓意十分明顯。政府立足臺灣初期，需要加強民衆精神教育，電影是很好的媒介。蔣介石了然於胸。

一九五五年十二月九日，蔣介石在日月潭涵碧樓，觀看《袁世凱》電影，評語爲：「不甚精綵（彩）也。」此片也是由香港電影公司出品，一九五七年三月廿八日才上映。蔣卻在一年多前便已看過。影片劇情如下：袁世凱偕金夫人隱居河南，伺機東山再起。武昌革命軍起義，朝廷召袁世凱平亂。袁重掌軍權，迫使清帝退位，要脅國會議員選舉他爲大總統。後來又運作稱帝，接受日本「廿一條」要求。雲南護國軍起義，聲討袁世凱。袁氣病身亡，帝夢成空。

蔣介石親歷這一段歷史，更是一名反袁健將。他可能寄望影片能有些許啓示，但平淡無奇的劇情，顯然激不起他的興致。

二、杜立德轟炸東京

對日抗戰期間，蔣夫人宋美齡應邀訪問美國，從事外交活動，博得美國朝野友誼、同情與支持，也爭取到實質援助。最值得稱道的，是受邀在參、衆議院的演說。她嬌小的身軀，堅毅的神態，用經典的英語，傳達中國人團結抵抗侵略的表現，征服美國人心。一九四三年二月十八日，她在參議院演說時，特別舉述杜立德（James H. Doolittle）將軍在前一年四月率隊轟炸日本的故事，藉以強調中美兩國深厚友誼。她說：

> 今欲爲君述一小故事，以表明是項信念。當杜立特將軍率隊轟炸東京歸來時，貴國壯士之有不得不跳傘降落我國內地者。其中一人事後告余，彼不得不自機上跳傘而下，及降落中國陸地，即見民眾向彼奔趨。彼乃振臂高呼其所僅知之中國語曰：「美國，美國。」若就其字面解釋，即爲美麗之國。該壯士言：中國民眾當時高聲歡笑，幾欲與余擁抱，歡迎狀態，有如重睹其久已失蹤之昆仲然。彼復告余，彼見我國民眾不啻見其家人，而彼之來華，此尚係第一次。74

蔣夫人這一席話是有感而發，因爲她上年五月間才在重慶接見杜立德等美軍飛行員，並代表政府頒贈四等雲麾勳章，表彰他們英勇事蹟。

一九四二年四月十八日，杜立德中校率領八十位飛行員，駕駛十六架B-25雙引擎轟炸機，自航空母艦「大黃峰號」起飛，祕密飛往日本，分別轟炸東京、橫濱、大阪、名古屋、神戶等城市。美國發動這次突襲，是在一九四一年十二月七日日軍偷擊珍珠港四個多月之後。日方在無戰備預警下受到美軍機群空襲，震撼不已，旋抽調太平洋前線戰機回防本土，連帶影響同年六月在中途島（Midway）戰役的敗績。短暫的突襲，效應甚大，扭轉美、日在太平洋戰爭的態勢。

杜立德率隊突襲日本東京成功消息，當晚由中國傳到美國。第二天，美國各大報用頭版大幅報導，讚揚杜立德漂亮行動。下午，羅斯福總統在白宮舉行記者會，一位女記者問他，轟炸東京的飛機從哪個基地起飛？基於軍事機密，羅斯福只能幽默答稱：我想是從「香格里拉」。杜立德行動任務中，一位飛機領航員泰德・勞森（Ted W. Lawson）跳傘後，落在中國浙江省臨海縣境，身受重傷，被中國人民營救，送往「恩澤醫院」，做截肢手術，保住性命。勞森回國後，次年（一九四三）年一月，與一名報人作家Bob Considine決定合寫一部名為《東京上空卅秒》（Thirty Seconds Over Tokyo）的回憶錄，同年完稿出版。[75]勞森並透過友人引介，與米高梅（MGM）公司製作人Sam Zimbalist接洽，將回憶小說拍成電影。《東京上空卅秒》影片，一九四四年在美國上映，造成轟動。同年在重慶上映，片名為《轟炸東京》，次年又重映。[76]蔣介石當年似未觀看。直至一九五一年八月十四日傍晚，他在散步、入浴後，「觀影劇（杜立德轟炸東京），甚有所感。」[77]這部電影勾起他九年前的一段往事。

當年，B-25轟炸機完成任務後回航，按原定計畫，應飛往一千一百浬外的中國浙東衢州機場降落。美國艦隊在駛距日本約七百浬處，擊沉一艘日本巡洋艦，為恐日本有所戒備，杜立德等人不顧回程油料或將不足，提早二小時發動空襲。衢州機場收到美方經重慶輾轉通知美機提早到達的消息時，杜立德等機隊已在惡劣氣候中，盲目飛行，迫降中國東南沿海各地。美軍飛行員分別在浙閩、浙皖邊境上空跳傘，或死亡，或失蹤，或迷航。最不幸者，是降落日軍占領區而被俘獲的。蔣介石獲報，記下：「倭國各地被美空軍轟炸，警報未解除者達七小時之久，料彼所受精神之損失必大也。」[78]

杜立德行動令日本痛恨不已，日軍隨後發動「浙贛會戰」，以摧毀衢州機場為目標，展開報復。五月十五日，日軍發動猛烈攻勢，並使用細菌武器，實施「搶光，燒光，殺光」政策，蹂躪中國六萬方華里的區域。凡稍涉及幫助杜立德轟炸機隊者，皆遭報復。所有美國轟炸機隊員到過的鄉間民房，均被燒毀。中國人民慘遭殺戮。蔣委員長初期極為關切戰局，屢電顧祝同司令長官，指導機宜。至六月三日，衡量敵我情勢後，決定放棄衢州決戰的計畫，「以敵軍抽集在華各戰區最大限度之兵力，與其空軍之掩護，進攻衢州大機場所在地，志在必得。若我與之決戰，不僅無甚意義，而且徒耗兵力，不易補充也。不如改棄決戰，使之撲空，不能達成其擊破我主力之目的，而且保全我實力，猶可屏障贛湘也。」[79]

八日，國軍撤出衢州。但中國軍民死亡約廿五萬人，可說為杜立德空襲行動付出慘重代價。事隔多年，蔣介石重觀電影，無怪乎仍「甚有所感」。

參與這項轟炸行動的八十名飛行員，共有六十四名獲得中國軍民救助。五月間，由中國軍警護送下，飛抵重慶。蔣委員長夫婦接見他們，頒贈獎章，表彰他們的英勇。中國戰區參謀長史迪威將軍告訴杜立德，美國政府已經擢升他為準將。杜立德返美後，蒙羅斯福總統召見，並頒授他國會榮譽獎章。

三、萬紫千紅

一九五四年七月廿七日晚，蔣介石觀《萬紫千紅》影劇，感慨不已。自謂：「此片當在大陸未淪陷時所製，本爲共匪宣傳反對我政府之片，現在適爲譏刺共匪矣。所謂滄浪之水清矣，可以濯吾纓。」他特別援引春秋時代傳唱的「滄浪歌」：「滄浪之水清兮，可以濯吾纓；滄浪之水濁兮，可以濯吾足。」孔子、孟子也都提到。滄浪之水，意指漢水，用水的清濁隱喻政治的清明與混亂。濯纓，比喻超凡脫俗，志節堅貞。濯足，比喻去除世間塵埃，保持高潔品格。民國卅八年前後，大陸局勢動亂不安，各方壓力畢集，蔣選擇引退。政府遷臺後，他又復行視事，高揭反共復興大旗。

這部黑白電影，英文片名「Rich and abundant」，由香港南華影業公司於一九四八年三月出品，李亨、梁琛導演，新馬師曾、白燕、蔣光超等合演。劇情如下：女乞丐亞馨在街上偷油雞被警察追捕，藏匿在戲院後臺，幸得布景師梁堅佯認爲妻才及時解圍。梁堅家中訪客李步天願雇亞馨爲幫傭，亞馨生計得以解決。一日，她身穿主人衣服，李步天見到，驚爲天人，遂介紹給好色債主古叔爲妻，以清還債務。亞馨瞧見古叔交來聘金，方知李步天的詭計，便出走至堅家。亞馨和梁堅，朝夕相處，漸生情愫。惜好景不常，梁堅因失業要往別處求職。李步天爲擺脫古叔的債務，僞稱梁堅沉船身亡。亞馨悲傷不已，爲了保全腹中骨肉，只好聽從勸告下嫁古叔。她在古叔壽宴上巧遇梁堅的舊同事，獲知他已無恙歸家，當場昏倒。亞馨產下一子，古叔以為是自己骨肉，興奮過度，昏倒去世。她繼承古叔的遺產。李步天頓生貪念，聲言要平分產業，否則公開亞馨的祕密。二人糾纏中，李步天被家中二妾用酒瓶重擊斃命。二妾亦畏罪跳樓自盡。亞馨對梁堅舊情難忘，向他哭訴當日改嫁的苦衷。二人和好如初。她更以遺產幫助梁堅組織劇團，成績斐然。

影片以喜劇收場，正式上映時，蔣介石未能觀看，但知道被中共用作宣傳。等到退出大陸六年之後，仍然耿耿以懷。不過，單從劇情難以體會中共如何利用作為反政府宣傳。

四、金門灣風雲

蔣介石一九四九年來臺後，夢寐以求的就是反攻大陸，但時不我予，徒空留遺恨。在臺廿六年中，面臨最大生存威脅來自中共的武力解放。其中以一九五八年八月，共軍自廈門發動的密集砲戰，造成臺海二次危機。由於蔣總統堅定防衛決心與美國大力援助，危機獲得化解。此一事件對他捍衛中華民國安全具有重大意義。四年之後，國民黨文化事業中央電影公司與日本「日活」映畫公司合作拍攝《金門灣風雲》。這是中影繼與「大映」公司合拍七十釐彩色影片《秦始皇》之後的第二部中日合作電影。就電影論電影，與日本合作在技術及人員訓練方面，收穫很多，對於中影公司日後自力拍攝彩色影片、改進國產影片品質及使臺灣影片進軍世界市場的助益甚大。[80]

《海灣風雲》，原片名《金門灣風雲》。一九六二年二月，中影董事長蔡孟堅與日活公司達成合作攝製的協議。九月卅日，在中影士林新片廠舉行開鏡典禮。本片拍攝緣起，是想借用舉世矚目的「八二三」金門砲戰情景，編織成一個反共故事，行銷世界各地。同時把國軍堅強鬥志和雙十節壯大的閱兵場面呈現在銀幕上。該片劇情，是描寫一位中國女性楊麗春，因未婚夫採訪韓戰戰地新聞受傷，送到東京醫治，趕往東京探病，到達時未婚夫已不治死亡。她傷心欲絕之際，得到日本醫生武井的鼓勵安慰，重新鼓起勇氣，返回臺灣。後來，武井醫生因不滿日本醫學界的虛僞，流落爲船醫。數年後，兩人在金門重逢。日本醫生曾救治幾位被共軍砲擊的臺灣漁民，其中一個漁民小榮，就是楊麗春未婚夫的弟弟。這時，楊麗春在未婚夫父親安排下，將嫁給一位國軍上尉。楊麗春重逢武井醫生，陷入感情矛盾之中。未婚夫弟弟小榮又遭共軍砲擊受傷，經武井急救，才死裡逃生。楊麗春陪他回臺醫治，武井也跟到臺北。麗春趁即將結婚前，陪恩人武井醫生暢遊臺北，發生情愫。那年雙十節，楊麗春與國軍上尉預訂要舉行婚禮，金門砲戰爆發，上尉奉令急返前線，婚禮擱淺。

當年，「八二三」砲戰發生，各國記者先後湧至金門前線採訪戰爭新聞。全盛時有七十二人，共有六位外籍記者遇難，其中二人即韓國記者崔秉禹和日本記者安田延之於九月廿六日落海失蹤。原來電影情節還設定一段中日男女愛情，由「日活」巨星石原裕次郎飾演日本新聞記者，採訪金門砲戰而譜出戀曲。可是，後來男主角身分改爲日本醫生，王莫愁（藝名華欣）扮演的中國女子楊麗春投入他的懷抱。結局卻爲日本醫生受傷，楊麗春死亡。

在中共砲聲中，石原裕次郎肩負死去的愛人離去。

影片大部分在臺灣、金門兩地拍攝外景，國軍動用陸軍、海軍，全力支援。一九六二年十月殺青，十一月三日在日本上映，片名爲《金門島にかける橋》（架在金門上的橋）。在臺灣則直到次年三月重拍部分戲碼後，始於八月廿日起以《海灣風雲》片名

在臺北「第一劇場」首映。引起爭議的部分，主要是有人認爲中國女人與日本男人結婚的結局不妥，甚至有辱國軍形象。所以經修訂後的劇情是：國軍上尉奉令趕返金門前線，新娘突然想起掛在胸前的珍珠是武井醫生送的，爲了斬斷情絲，趕往金門找武井，到時武井已喪命於共軍砲火。楊麗春發現武井已死去，把珍珠丟在屍體上，投入國軍上尉身邊。與原劇情完全不同。

蔣介石對歷史古片《秦始皇》認爲「編演頗佳」。[81]但對於親身經歷的金門砲戰影片，觀感大不同。一九六二年年終，晚上全家聚餐後，同觀中日合作影劇《金門風雲》，卻覺得「甚無聊！」[82]相信中影公司獲知後定感相當意外。蔣在日記中並沒有說明不滿意的情節所在，惟從日後修訂的部分也不難察知。

五、狗戲

一九五七年十一月六日，蔣介石在士林官邸寫下日記：「晚觀影劇『狗』戲，甚佳。」

他沒有註記片名，推測係迪士尼公司推攝製的一部經典名片《老黃狗》（Old Yeller），描述人狗之間的動人故事，頗受歡迎。此片上映時還有《父親離家時》、《義犬耶拉》、《綠野黃毛俠》等不同中文譯名。作爲人類忠實朋友的狗，躍上銀幕，一直都有亮眼的票房。這部狗影片改編自小說。故事發生在一八六〇年代的德州鄉野。一個大男孩的父親爲了家計須離家一段時間，將一家之主責任交付大男孩。有一天，一隻老黃狗跑來家裡，居然賴著不走。大男孩一開始不太情願收養牠。在經歷過一連串事件，老黃狗不但忠誠地保護他們家人，更救大男孩一命。大男孩和老黃狗培養出深厚感情，成爲最佳搭檔。大男孩從和老黃狗的相處中，體會到生命責任與成長的眞諦。

蔣介石與狗關係深切，由來已久。他幼年時家中養過一隻狗，直到七十六歲高齡猶未忘懷。他曾在日記中寫道：

> 近日回憶，余在七八歲時有一條家狗，略如今日「佩郎」之大小。當我出野外郊遊時，彼常跟隨同行爲伴。當時不知其狗亦有情義，故不以爲意，至其年老脫毛病死。然與今日「佩郎」的醫藥與生活相較，不啻雲泥之別。關於幼年情形，每一回憶，輒生無限感想，故特記之。想起當時家狗對我親近有情，而余蒙昧無知，則其他事亦如此，可知矣。[83]

可以推知，電影情節不僅勾起他兒時的回憶，也投射在他的現實生活中。「佩郎」愛

犬與幼年家狗，今非昔比，讓他感想無限。到臺灣來以後，愛狗的習慣沒有改變。細閱《蔣中正日記》，提及他與「小黑」、「白小狗」、「佩郎」等愛犬互動之處甚多。有一次，他南下高雄視察，住西仔灣行館，剛巧兩隻愛犬皆生病入院治療，未能如常隨伴遊覽庭院，蔣頗感冷寂，自記：「可知生物對人之情感，不亞於人類也。」[84]顯見愛犬已成爲他生活中的良伴。

捌、巧妙安排

談論蔣介石的生活，不能不提及勵志社，而總幹事黃仁霖的角色和作用更不在話下。蔣觀看的影片與放映設備，可說是都由該社負責張羅。張茂才、朱長泰擔任放映工作。據其表示，在臺灣時期，蔣夫人主持的中華民國婦女反共聯合會（簡稱婦聯會）購置一套放映設備器材備用。蔣平日在官邸，或到外地遊覽、視察，下榻行館，他們都會備妥機具待命。至於影片，主要是向中央電影公司和行政院新聞局洽借。在士林官邸，一樓餐廳和會客室緊鄰，需要放電影時，兩個空間連接起來，布置成簡易的家庭電影院。機器架設在餐廳，會客室的一面牆，權充銀幕。蔣總統與夫人固定坐前座，親友賓客一旁陪坐。很可

惜，居然沒有留下一幀他們共賞電影的影像。

侍從人員跟隨左右，察言觀色，久而久之，最能領會主人好惡習性，如何討喜主人，也是一門學問。就看電影來說，在安排影片方面，可以見到他們的巧思。試舉二三例爲證。蔣介石伉儷情深，逢夫人生日或結婚紀念日，蔣日記中都會有所感言。現實生活上，對夫人生日也都會安排餐宴祝賀。一九五五年三月五日，夫人五十六歲誕辰，蔣介石設宴，約陳誠夫婦與史登浦等廿位友人慶祝，晚宴後，一同觀《一鳴驚人》電影。單從片名，讓人會心一笑。這是一部「幽默風趣超級狂笑的喜劇」。由唐煌導演，李麗華主演，香港麗華影業公司於一九五四年出品。劇情描寫銀行小職員一心攀龍附鳳，不惜挪用經理交托的款項，爲啞巴女兒秀秀治病，以便撮合她與上司兒子，卻反惹來女兒誤會，幾至功敗垂成。劇中啞女，不無自卑心理，但拒絕扮演受害者，欣然接受富家公子追求，表現敢愛敢恨。「啞女開口，一鳴驚人」。一九六六年十二月一日，結婚卅九週年之期，蔣偕夫人在日月潭歡度，晚觀《女巡按》影片，認爲「甚佳」。

一九五一年十月卅一日，蔣六十五歲生日，偕夫人與畫家黃君璧在阿里山共度，晚宴地方長官後，觀「昨日誕生」影片。一九五四年六月十八日，在陽明山官邸，蔣觀賞「父親大人」影劇，經國、孝文、孝武、孝勇陪觀。三代同堂，意義不凡。一九六六年七月七日，蘆溝橋對日全面抗戰開始之日，蔣在士林官邸觀賞《藍與黑》電影。一九六七年七月卅一日，蔣與夫人在梨山賓館觀《梨山春曉》電影。因時因地安排合適主題電影，實在用心良苦。

值得一提的是《藍與黑》電影，一部描寫抗戰離亂與青年男女的愛情故事。少女唐琪因為父親抗戰殉國，母親病死，而孑然一身，只好投靠天津姨母家。經表姐妹慧亞、震亞介紹，結識青年張醒亞。醒亞是個孤兒，二人互憐身世，漸生情愫。不料，姨母強迫唐琪嫁給漢奸王科長。醒亞姑父母也誤聽讒言，禁止醒亞與唐琪往來。唐琪不甘，毅然出走，到一所醫院當護士。院長覬覦唐琪美色，竟在酒中下迷藥，強姦她得逞。此事後被報章揭發，醒亞憤怒至極。唐琪為謀生計，入舞場當歌女，生活漸失常態，但醒亞仍癡戀著她。

這時，醒亞好友、抗日地下人員賀力自後方潛抵天津，勸醒亞應以國家利益為重，去大後方參加抗戰。醒亞要求偕唐琪同行，賀力漫應之，實則另有任務交給唐琪，並要求她仍留天津工作。唐琪為了抗戰而毅然應允，故未如約與醒亞同去後方。醒亞誤以為她沉迷於醉生夢死的生活，遂滿懷悲憤，隻身去重慶投身抗戰。不久，醒亞結識司令官的女兒鄭美莊。鄭愛醒亞英俊，而醒亞則因愛情受挫，對鄭未加深入了解便與之訂婚。美莊嬌生慣養，浪漫成性，暗中又與曹團副偷情。醒亞深受刺激。後來他在戰爭中腿部負傷，她竟撕毀婚約不辭而別。當醒亞感情再受創傷十分痛苦時，唐琪已赴滇西戰場。他們雖然距離遙遠，但醒悟到當初誤解了唐琪的醒亞卻信心倍增，相信和唐琪團聚的日子已為期不遠。

本片當年獲第五屆金馬獎優等劇情片獎、最佳女配角獎，以及第十三屆亞洲影展最佳影片獎。蔣介石領導八年抗戰，獲得勝利，成就輝煌。在七七抗戰週年紀念日，侍從人員特別挑選《藍與黑》放映，依常理言，蔣應感想良深才是。但他看完，就為在美國的夫人寫信去了。或許寫完信已經到就寢時間，所以日記裡沒有留下隻言片語的評語。不過，蔣也曾在次日才補記觀後感。而對這部描述抗戰男女故事的影片，仍無動於衷。謂其不認同劇情，又沒有不佳的評語。不堪回首，也許是他當下的心境。

較為不可思議的一次安排，是一九五八年十二月六日，在高雄西仔灣，看《老人與海》影片。蔣認為「甚佳，能發人深省」。《老人與海》（The Old Man and The Sea）是海明威（Ernest Miller Hemingway）於一九五一年在古巴創作的文學名著，也是他最後一部作品，一九五二年出版。作者以虛構故事描繪一個年邁的老漁夫必須面對的生存世界。老人多日出海沒有捕到魚，但仍不放棄希望，隻身來到一處人煙稀少的海灣，終於釣到一條前所未見巨大的馬林魚。大魚頑強抵抗。老人歷經幾晝夜的搏鬥，最後降服大魚，把它綁在小船側舷上拖行。月光照射下的海面，一片平靜，疲憊不堪的老人滿懷喜悅地駕

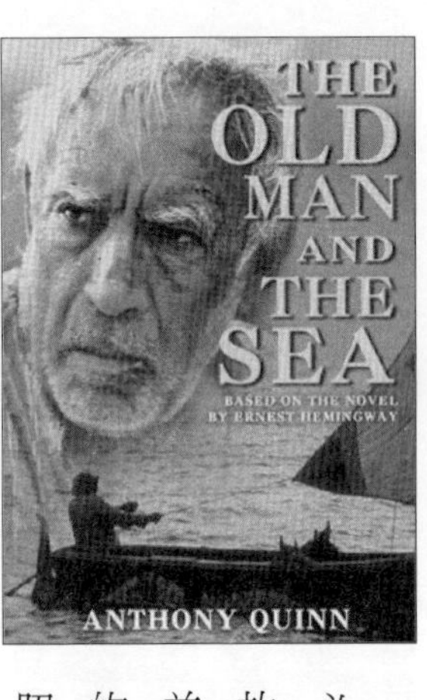

船返航，但一群鯊魚也循著血腥味尾隨而來，接著又展開一場死纏惡鬥，最後滿載著一身傷痕和一具空魚骨架。老人憑著堅強的意志從漆黑的大海中歸來，雖敗猶榮。這部傳世小說，曾多次被改編拍成電影。一九五八年十月上映的版本，獲得奧斯卡最佳原創音樂獎項，可謂人們記憶中最深刻的版本。《老人與海》電影在美國上映兩個月，蔣介石也觀看了。當時還在「八二三」砲戰期間，蔣已經七十二歲，步入老年。可以想像得出他在西仔灣望海的心境。聯想海明威筆下虛擬的老漁夫，他可也是一個堅強鬥志的老人。

六〇年代，蔣介石積極策畫並推動反攻大陸，信心非常重要。有關單位配合政策，攝製激勵民心士氣的影片。安排觀賞描述古代復國成功的主題電影，必能深獲領袖歡心。一九六五年十月廿一日、廿三日，蔣介石視察在金門防務，觀賞《西施》電影上集《吳越春秋》及下集《勾踐復國》，即肯定表示：「劇情甚佳，正合現時反攻復國之宣傳也」。[85]次年十月十九日下午，在士林官邸，與經國同觀《田單復國》電影，也認為「甚佳」。該片原片名《還我河山》，不僅具有時代意義，也反映父子的心願。廿七日，蔣八十大壽前夕，夫人自美回臺，家人為他設宴暖壽，孝章夫婦與子都參加。闔家觀賞《還我河山》電影下部。其實，蔣介石早在金門太武山勒石刻《毋忘在莒》，宣示效法田單復國決心。兩年前，他視察金門時，在「擎天廳」觀看《田單復齊》話劇，也認為「頗佳」。[86]刻石、話劇、電影，均環繞著春秋時代一則以寡擊眾、以智克敵的歷史典故，充分顯現蔣介石反共復國的堅決意志。故在觀賞《還我河山》下集之日，蔣日記寫道：「反共復國不在美援，而在本身之日新又新、自強自立。」此乃其肺腑之言，但更有國際政治現實上的困難和無奈。

玖、黃梅調與武俠片

一九五八年，香港邵氏電影公司投資拍製的電影《貂嬋》電影，在亞洲影展中獲頒最佳導演、編劇、女主角、音樂、剪接等五項大獎，帶動古裝黃梅調電影風潮，開啓中國電影史的新紀元。《貂嬋》在臺灣上映，華麗優美的歌舞，吸引觀衆，報以熱烈迴響，締造臺北市票房記錄。這一股黃梅調，風行近廿年。尤其是樂蒂與凌波主演的《梁山伯與祝英台》（簡稱梁祝），一九六三年四月廿四日在臺北市上映，更是風靡全島，連看數遍的影迷比比皆是。主角凌波訪臺時，萬人空巷，瘋迷程度被形容爲「強烈颱風」。電影業一窩蜂趕拍黃梅調電影。

邵氏公司繼《貂嬋》之後，接連拍攝多部黃梅調電影，如：一九五九年的《江山美人》、《兒女英雄傳》及《倩女幽魂》；一九六二年的《楊貴妃》；一九六二年的《武則天》及《王昭君》等，在歷屆金馬獎影展中頻頻獲獎。舉《江山美人》爲例，蔣介石於一九五九年四月二日晚上觀賞，認爲「國產片中之最佳片也」。這部電影由李翰祥導演，林黛、

趙雷主演。劇情改編自《遊龍戲鳳》的民間傳奇，即正德皇帝與李鳳姐的故事。劇情講述明朝正德皇帝怠惰慵懶，聽說江南風光如畫，決意微服私遊。遊至梅龍鎮，適逢酬神廟會，皇帝看到一名扮作天女散花的美貌少女，爲之傾倒。隨後來到龍鳳店，方知那名少女就是店主之妹李鳳，乃藉詞結識。李鳳見他風流俊俏，芳心竊喜。正德向她吐露愛意，兩人終於好事成雙。正德皇帝承諾回京後，當即下旨迎娶。不料，一回京便將李鳳置諸腦後。事隔一年餘，李鳳產下一子，苦候皇帝不至，又遭鄰里訕笑，而憂鬱成疾。三年後，正德皇帝才命人接李鳳赴京。李鳳將到京城，卻支持不住，魂斷荒郊。此片榮獲一九五九年第六屆亞洲影展最佳影片獎。邵氏電影公司亦自本片開始創下「邵氏出品，必屬佳片」的品牌。

黃梅調盛行時期，蔣介石看過多部這類型電影。如一九六三年四月十四日，觀《梁祝》影劇。同年七月八日，觀《紅樓夢》，認爲尚可。一九六三年九月廿四日，觀《趙五娘》，認爲劇情頗佳。一九六四年六月十四日，觀《雙鳳奇緣》。一九六六年十二月廿五日，觀影劇《扇中人》。不勝枚舉。

《梁祝》電影於一九六三年四月廿四日在中國、遠東、國都三家

戲院聯映，連續爆滿二個月，放映九百卅場，營收八百四十萬元，粉碎歷年來所有中西及日本影片的票房記錄。當時除了仍在鐵幕中掙扎的中國大陸，凡是有華人的地方，無不被「梁兄哥」凌波的風采迷倒。十月卅日，她到臺灣為蔣介石總統祝壽，車隊所到之處，人山人海。《梁祝》參加第十屆（一九六三年）亞洲影展，獲得四項金禾獎（最佳藝術指導、最佳彩色攝影、最佳錄音、最佳音樂）；同年參加第二屆金馬獎，獲得六項大獎：最佳劇情片、最佳導演、最佳女主角、最佳剪輯、最佳音樂、凌波最佳演員特別獎。蔣介石在影片正式上映前十天，便已先睹為快，但出人意外的，日記裡沒有一言片語的感想，值得一探究竟。不過，凌波後來於一九六七年十二月廿日到士林官邸作客，蔣夫人親自接待。夫人當年也可能是「凌波迷」之一。

《梁祝》將黃梅調電影推上高潮之後，好景不長，觀衆久看生膩，漸漸興致不再。有鑒於此，邵氏公司自一九六六年起又另創武俠片的新世紀。六〇年代中後期至整個七〇年代，形成武俠動作片的一片天。一九六七年，由張徹導演、王羽主演的《獨臂刀》，是首部創下百萬票房的武俠片，帶動一波武俠片風潮。原本不擅長拍攝武俠片的導演，亦紛紛開拍。蔣介石也趕上風潮，觀看不少部武俠電影。諸如：一九六七年十二月卅日，「觀半臂刀影劇，國片中之佳者也。」半臂刀，正式片名就是《獨臂刀》，蔣看的第一部武俠片。一九六八年八月三日，觀《天王劍》影片；八月卅一日，與夫人在武陵農場觀《雁翎刀》；九月廿九日，觀《大丐俠》；十二月卅日，觀《劍膽》。一九六九年二月十日，觀《快劍》影片，認爲「頗佳」。[87]二月廿一日，又觀《天下第一劍》影片。十二月廿日，觀《雙神劍》影劇。[88]一九七〇年三月六日，觀《餓狼谷》電影，還敘說劇情：「乃明代中葉，奸相賈守道陷害宋沅之故事。而由『游如龍』救出其妻女，而宋沅亦得出獄，一家團聚也。」四月十一日晚，觀《五虎屠龍》影劇，認爲「其武技乃較前另闢新途也」。六月十七日下午，觀《金燕子》，認爲「劇情甚佳」。一九七〇年八月三日，觀《龍虎鬥》。

蔣介石酷愛武俠電影行俠仗義的風格，以《金燕子》爲例。此片由鄭佩佩、王羽、羅烈主演，劇情如下：白衣大俠銀鵬自幼滿腹仇火，雖行俠仗義卻心狠手辣，異常自負。對女人都很冷漠，包括深愛他的名妓媚娘在內，唯獨鍾情於師姐金燕子。爲求見她一面，每次殺人之後，皆用「金燕鏢」留下記號，希望藉此逼師姐現身。除白衣大俠之外，還有黑色醉俠韓滔也迷戀金燕子。兩人爲了金燕子時常打鬥。金燕子面對一個有情、一個有義的兩位俠士，遲遲下不了決心選擇。一日，金燕子不慎被金龍會抓走。爲了救她，白衣大俠銀鵬殺死金龍會總舵主，並與其數十名手下激戰，拼盡全力，重傷累累。黑色醉俠韓滔卻只冷眼旁觀，不施援手。金燕子看眼裡，如何選擇已成竹在胸。

武俠電影表彰的俠義精神，不僅發揮宣教功能，且有高超武術打鬥的娛樂效果，蔣介石喜看武俠，自不在話下。

拾、家在臺北——代結語

蔣介石喜愛影劇，日記是最好的見證。最早記載，是一九二一年十一月八日晚上，還在治母喪期間，他「往溪西廟觀劇」，想必是鄉土劇，類似臺灣的野臺戲。早年他常往來上海，也有關於觀劇的記錄。其觀劇是戲劇還是電影，日記未書明，便無從查證。日記並未必一五一十記載觀影劇的瑣事，然已可約略察知蔣介石年輕時就有觀影劇的娛樂。到臺灣初期，有一次經國借來平劇電影，邀請他觀賞。蔣自謂：「余平生愛觀平劇以解憂悶，彼（經國）不知余私自立願：如不收復北平，此生不再觀平劇矣。」[89]他認為雖是電影仍為平劇，所以推辭了。此後，蔣沒能完全克制看平劇的娛樂，如一九六三年四月十日，觀賞電視平劇《魚藏劍》；一九六六年九月三日晚，觀看電視平劇《花蕊夫人》。[90]但確以看電影時候居多。蔣貴為領導人，不打高爾夫球，而以遊覽山水及散步作為養身運動，日常生活講求簡樸規律，唯以觀影劇為樂，終其一生。

在蔣介石侍從人員記憶中，不約而同提到官邸主人以觀賞影劇為日常休閒娛樂，且和家人、賓客同樂，工作人員也可以自

由觀賞。有的提到夜生活時，繪聲繪影，宛若親歷其境，但也有失眞的記述。如官邸人士回憶：蔣介石以作息爲重，看電影通常只看四十分鐘左右，最多不會超過一個小時。每次他看時間快要九點了，便高聲叫停，上樓去休息。多年以來，這已經成爲官邸的傳統。蔣介石從未看過一部完整電影。有些隨從人員甚至自我調侃，說進官邸以來，也從沒看過一部完整電影。[91]只要查證《蔣中正日記》，這樣的傳述不攻自破。

蔣夫人習慣夜生活，也是個電影迷，應無疑義。蔣介石看電影的熱度，與夫人不相上下。蔣觀影劇不限定在晚間。興致來時，下午看，連日看，或一日觀二部，甚至打破定時就寢的規律。如一九七〇年八月十四日、十五日下午（晡），蔣各觀賞《春梅》及《巴頓將軍》（下半部）電影，且都有感想。一九五二年四月廿四日，蔣一天就看了兩部電影，即午課後一次，晚課餐後再觀國片《阿里山風雲》。[92]一九六〇年一月廿八日，農曆除夕，與親友共賞《所羅門與示巴女王》影片，一口氣看完，至十二時半才就寢。再觀一九五八年二月廿日至三月十二日的日記，可知蔣在日月潭期間，廿天看了十二部電影。茲摘錄如下：二月廿二日，「昨午課後，……晚觀影劇後，晚課。」二月廿五日，「晚膳後，散步回，觀影劇。晚課。」二月廿六日，「晚觀電影《海底血戰》美片，極佳。」二月廿八日，「晚觀影劇，散步，晚課。」三月二日，「晚觀影劇後，晚課。」三月三日，「晚觀國製影劇《異國情鴛》。其編劇與劇情最佳，實爲突出之劇本也。」三月四日，「晚觀美製影劇，不佳。」三月六日，「晡與妻車遊魚池道上。晚觀影劇後，晚課。」三月七日，「晡與妻泛舟遊潭，約半小時回，膳後觀影劇。」三月九日，「膳後觀影劇」。三月十二日，「昨晚……晚觀影劇。」由以上記錄觀之，官邸侍從人員所謂「他是一個寧願犧牲電影而不願作息被打亂的人」之說法，不足採信。[93]

蔣介石愛看電影，平常不足爲奇。其在特殊狀況之下，猶不忘觀看影片，則令人側目。西安事變後二個多月，一九三七年二月十一日，蔣從溪口回到上海療傷時，「晚看影戲」。一九四八年十二月五日，蔣於晚課後，約宋希濂等聚餐，並觀賞文天祥《國魂》電影，自記「甚感」。當時，東北戰局大勢已去。一九四九年一月十六日，蔣在南京猶豫下野與否之際，觀看《清宮秘史》電影。四月廿四日，共軍將渡江南下，蔣決定離開溪口，動身前夕也看了《擠》電影，只是覺得幼稚之至。次日，即搭乘「太康艦」北上，至上海，下榻金神父路「勵志社」，作最後巡視，並搶運戰略物資。五月一日下午及五月五日晚上，各看了一部影片。[94]及共軍渡江，逼臨上海前夕，他轉搭「江靜輪」前往舟山島。五月十三日，在輪舟上觀看海軍學習的影片。[95]蔣介石素重養身，可是病痛不少，一生遭遇驚險無數，所幸皆能逢凶化吉。一九六九年九月十六日下午四時左右，蔣介石與夫人乘凱迪拉克座車外出，在陽明山嶺頭附近發生車禍，二人均受撞傷，經送榮民總醫院醫治一段時間。療養期間，有一次在病房走廊上，架設銀幕和放映器材，就看起電影來。[96]如九月廿八日，觀賞《以色列六日戰爭》影片。[97]十月十七日下午，回到士林官邸，又觀看《金劍門》電影，是一部武俠片，還認爲「頗佳」。[98]

原則上，蔣介石一定看完電影，遇劇情不佳及技術乏善可陳的影片，才會半途中止。還有精神不濟的時候，也會看到睡著，或未完就去睡覺。唯一例外，是一九五七年十月廿九日，觀看《明治天皇與日俄戰爭》日片，由於沒有翻譯，只好中止。茲舉例說明如下：一九五二年二月一日，「觀影劇，未終似覺入睡，乃就寢。」一九五二年二月二日，「觀影劇未終，入睡。」一九五二年四月十八日，「觀影劇，未終而止。」一九五四年十月廿三日，「觀國製電影《輕浮桃花逐水流》，覺無意義中途而止。」一九五五年七月十二日，晚膳後，「觀影劇《戀之火》，甚無意義。其技藝亦甚差也。」；十一月十日，「觀國產《春去也》影劇，覺不可觀而中止。」一九五八年一月十一日，「觀《野火》影劇，甚不行而中止。」一九六三年十月卅一日，「觀影劇，以劇情不佳中途即退。」

蔣介石觀影劇，固為了娛樂，但也頗用心，對於有些影片內容會表示觀感。好的影片用「甚有所感」、「甚佳」、「甚優」、「歎為觀止」等不同評價。其對於世界文學名著改編的電影，評價都很好。如：一九五八年一月九日在士林官邸觀賞《戰爭與和平》，認為是最佳品；同年十二月六日，在高雄西仔灣觀《老人與海》，認為「甚佳，發人深省」。

至於壞的影片，則用「無意義」、「甚差」、「幼稚」、「甚無聊」、「低劣」等貶抑詞語。舉如：一九四九年一月十六日，在南京觀《清宮秘史》電影，認無甚意義。一九五〇年八月十一日，看美國拳賽影片，認為其民族性幼稚可笑。一九五三年一月廿七日，觀國片電影劇，認為幼稚無比。一九五三年二月十日，觀國產電影《巫山盟》，覺幼稚。一九五五年三月廿一日，觀《大衆情人》影劇，認爲幼稚粗陋不能看。一九五五年七月六日，觀《黑手套》影片，認甚無意義。一九五五年七月十二日，觀《戀之火》影片，認爲甚無意義。一九五五年八月十三日，觀國製影片《終身大事》，認爲不甚精良。一九五五年十月十一日，觀《桃花江》影片，認爲技術極低劣。一九五六年十二月八日，觀國製影片，認爲甚差。一九六一年二月廿二日，觀《快樂天使》國片，認爲不合情理。一九六二年十二月卅一日，觀中日合作影劇《金門風雲》，認甚無聊。一九六五年十月六日，觀《女人女人》電影，認爲殊無意義。一九六八年九月廿九日，觀《大丐俠》影劇，認爲無意義。

蔣介石觀電影，僅書「觀影劇（片）」而不記下片名的情形，不在少數。謂其對該影片沒有好感，又不盡然。如一九五一年一月十三日，婦聯會在臺北賓館舉辦宴會，紀念蔣夫人回國一週年，並安排電影欣賞助興。蔣介石出席，宴會畢觀賞了一部英國一二一五年宣布大憲章的歷史劇。稱讚主角「小勞白生」之義勇精神，甚足動人，且認爲：「自觀影劇以來，以此爲最有意義之劇本也。」。一九五五年十二月廿九日，與夫人觀漢尼拔攻羅馬與戀愛故事影劇，認爲「堪歎觀止」。究竟是何影片，讓蔣給予如此高的評價，有待查考。但也有未記片名，卻寫下劇情和感想的。如一九四八年一月一日，「晚課畢，用餐後，觀影片。美國電影之進步，誠惟妙惟肖矣。」一九五五年九月八日，「觀影劇（戲館醫生與歌女十年之祕密），頗佳。」一九七〇年一月十六日，「晡觀影劇，爲江南四大才子之一的周文賓與王秀英成婚故事，有趣。」出現這種情形，是蔣疏略了，還是另有原因，有待探查。

據官邸人士稱，蔣介石觀看的影片，是由「勵志社」電影股股長袁道生出面，向公私立電影公司洽借拷貝。[99]蔣介石喜看戰爭片及愛國情操的電影，夫人較欣賞外國的文藝片、西部片。宗教影片，則兩人都喜歡。如爲外語片，會有武官在旁翻譯說明。[100]單純用國片、洋片作爲區別蔣與夫人對電影愛好的類型，不夠周全，其實兩人觀看的電影包含很廣，通常一起觀賞。經過一段時間，夫人對國製影劇也發生興趣。[101]基於安全與不擾民的考量，蔣介石觀影劇，都在官邸或行館。惟蔣夫人曾爲了義演而受邀到臺北市區電影院觀賞。相對而言，蔣介石觀看電影的數量，以國片居多，洋片次之，日片則屈指可數。蔣日記中提到的只有兩部日片，如一九五八年二月八日，觀「日製《明治》影劇，感慨頗深。」一九五七年十月廿九日，觀「日製影劇（明治天皇）《征俄戰爭》，認爲其藝術頗佳。後者日文片名爲《明治天皇と日露大戰爭》，描述一九〇四年日俄戰爭，兩國在旅順、二〇三高地及黃海等幾場海陸大戰，日本獲得全勝。此片由新東寶公司攝製，是年四月廿九日，日本天皇誕辰之日推出。影片竭力吹捧天皇仁慈和國民盡忠報國的思想，將日軍戰勝沙俄塑造成迷人的軍國主義神話。至於韓國片，僅見一九六三年七月十一日所記的《霸王妖姬》一片。此外，也在金門首次看臺灣歌仔戲，認爲大致與粵劇相同。[102]

蔣介石觀影劇，是抒解愁悶、煥發精神的一個方式。如一九四八年三月在南京勵志社，觀平劇解愁。一九六四年十二月廿四日，「昨……晚課後，觀《萬古流芳》之影劇解悶。」一九七〇年三月三日，近觀壯士血影劇，「爲燕王對方孝儒滅十族的故事。其中之方中恕（孝儒之子）、齊玉澄與羅金峰之女（琬兒）以一死諫其父，以救方中恕之浩氣，精神爲之一振。」

蔣精神爲之一振，其來有自。方孝儒是明代大儒，博學強記，通曉經史，文章蓋世。建文帝即位，召其至南京，委以翰林侍講學士之職。建文帝年輕，尚乏治國治軍本領。方孝儒甚受信賴和倚重，對建文帝赤膽忠心，全力扶持。建文帝害怕諸王坐大，擁兵爲患，採取削藩之策，遭到以燕王朱棣爲首的諸王反對。方孝儒乃爲建文帝起草一系列征討燕王的詔書和檄文。燕王朱棣攻下南京後，篡取皇位，迫令方孝儒爲他起草即位詔書。方孝儒反對篡位，寧死不從。燕王大喝：不草詔，滅汝九族！方孝儒針鋒相對說：莫說九族，十族何妨！朱棣反覆勸說，方孝孺依然不屈服。最後，從地上拾起筆來，大書四字「燕賊篡位」。朱棣大怒，命人用刀來從方孝孺的嘴角割到耳際，並將他投入牢獄。方孝孺仍不屈服，朱棣下令淩遲處死。朱棣怨恨未消，又下令滅其十族。方孝孺的九族加上朋友、門生一族，共八百七十三人，全部處死。方孝儒只見一義、忠貞不屈的高尚情操，博得世人尊敬。蔣介石潛心「明儒學案」，心領神會。觀看《壯士血》電影，雖爲武俠片，自亦感受深刻。

獨樂樂不如衆樂樂。蔣介石觀影劇，與親友同樂時多。如一九四一年元旦晚上，「在軍委會宴樂，觀劇。」[103]此處的劇指的不是平劇就是話劇，以抗戰話劇成分居多。同年十一月七日，下午，蔣在軍委會宴請俄國顧問，宴畢觀劇，十一時才回寓所。一九四六年十二月廿四日，制憲完成之日，與馬歇爾等廿餘人同觀。一九四七年三月廿二日，晚宴國民黨全體中央執行委員畢，「觀國產影片，技術惡劣極矣。」一九四七年十一月五日，約陳誠、吳國楨等全家子女聚餐後，觀美製《大河共和國》，關於美國統一歷史的影片。[104]又如一九五〇年十二月一日，在結婚紀念日宴諸廂友並觀電影。蔣也有獨觀影劇的時候，如一九五六年十一月四日，在西仔灣獨觀《風雨車牛水》影劇，認爲「國片中演技最佳者也。」一九六六年九月卅日在西仔灣行館獨觀《橋》電影。一九六八年十二月廿二日，在慈湖，晚膳後獨觀中製電影《一寸山河一寸血》。蔣之所以獨觀，夫人出國或未隨行外出，而親友也不在身旁之故。

蔣介石戎馬一生，觀戰爭影片較重效用。如：一九五一年十月廿日，觀《沙漠之鷹》影劇。一九六六年十二月二日，觀《戰車大決戰》影片後，通令各部隊應普遍放映，以資效法。實際片名爲《坦克大決戰》（Battle of the Bulge），美國華納兄弟影片公司出品，一九六五年十二月十六日上映。劇情描述第二次世界大戰期間，美軍與德軍在廣大沙漠展開的一場坦克殊死戰。又如：一九五六年六月八日晚，觀美製《直昇機大隊》影劇。一九五七年七月十五日，觀《攻擊》影片，認爲是軍事教育最優的一片，應普遍放映。一九五八年十一月廿日，觀影劇《百戰飛將》，認爲「甚佳」。一九六八年七月廿三日，在慈湖，觀美軍在越戰的影劇。一九六二年十一月五日，觀賞斯巴達三百勇士壯烈犧牲之電影，認爲「甚佳」。一九六八年十月九日，與勇孫在日月潭「觀英國攻擊德國船塢的忠勇冒險的影劇」。

蔣介石對於描寫大自然景觀及科幻電影，也持以濃厚興趣，顯示他好奇心的一面。舉如：一九五二年二月三日日記載：「十八時後，晚膳，觀影劇（天地末日），地球與火星相撞而毀滅之形容畢肖。美國人之求新及其思想之奇異，蓋如此也。」一九五四年八月二日，觀美製《原子怪物》電影，認為「頗好」。一九五五年十二月廿一日，晚觀美製沙漠奇觀影片，認為「各種動植物與大自然景色，可謂極藝術之大成」。[105]且進一步闡述影片的意義，說：「凡有生命者，莫不求生，亦莫不鬥爭，最後由毛鷹與大蛇激戰，終能戰勝巨蛇，驅除毒害。」甚而聯想到現實政治，「此乃以美國必能制勝俄共之寓意，作無形之宣傳乎？」一九五六年九月廿三日，在日月潭，晚觀美製（飛彈火箭）「另一星球世界之理想」，頗佳。同年十一月九日，在西仔灣觀《無敵機械人》影劇。一九六〇年十一月五日，觀美製原子能潛艇及其救世之意義，認為最新最佳的影片。一九七〇年三月七日，觀非洲野與地下之火山爆發景色之影片，認為「乃奇觀也」。

此外，還有各種不同類型的影片，走入蔣介石生活當中。諸如：（一）運動影片。一九五〇年八月十一日，觀美國拳擊賽影片；一九六三年十二月三日，觀電視中的第二屆亞洲杯籃球賽。（二）馬戲影片。一九五一年十月廿二日，「觀影劇馬戲，入神也。」一九五八年一月十二日，觀馬戲團影劇，認為頗佳。一九六四年，又觀賞李媚主演的《大馬戲團》電影。（三）驚險片。一九五二年一月十三日，觀《南美洲鬥牛故事》影劇。同年二月十五日，觀所羅門寶藏探險影劇，認爲「畢眞，實爲最佳之影劇也。」一九五八年十二月三日，在高雄西仔灣，「觀影劇『泰山搏命記』，頗佳。」這些影片，純粹提供娛樂功能。(四)滑稽有趣影片。一九五一年九月廿九日，在高雄，觀《往巴西之路》影劇，認爲甚滑稽可笑；一九五六年一月十九日，觀《唐白虎》影劇，認頗能消遣發笑；一九五七年十一月四日，觀美製《小茅屋》，認爲頗滑稽；一九六六年七月廿一日，觀《蘇小妹》影劇，頗感興趣；一九七〇年三月廿三日，觀《一池春水》滑稽劇。

當武俠電影方興未艾，寫實主義影片開始抬頭，反映政治環境與社會情勢。一九七〇年七月十六日，蔣介石自梨山抵達日月潭休養。八月二日，白天召見賴名湯，面告他「精誠計畫」兵棋推演的缺點，約一小時，後續修反攻作戰要領。晚上，與孝勇孫同觀《家在臺北》電影。次日，才寫下觀內心感觸。尤其是影片最後一段，讓他「愧作萬分」。他說：「卅六歲專心革命事業，且被新文化思想所誤，對於傳統倫理之慈孝親愛的行爲不加注重，反背道而馳，至今成爲一生的罪戾。」他爲母墓作的哀聯「禍及賢慈，當日頑梗悔已晚；愧爲逆子，終身沉痛恨靡涯」之句，不過來表達愧悔之忱於萬一而已。[106]蔣指的是一九二一年間，爲與髮妻毛福梅離異而頂撞母親的往事。

《家在臺北》電影是根據孟瑤的小說《飛燕去來》改編，中央電影公司於民國一九七〇

年出品，由白景瑞導演，歸亞蕾、柯俊雄、江明、張小燕、武家麒、李湘等合演。影片建構在男女感情和家庭倫理之上，並融入國家意識。劇情以三個自美歸國的華人故事爲主軸，即農學家夏之雲、水利專家吳大任、及事業有成的女強人冷露。他們搭乘同一班飛機返回臺北，各有各的心事，惟皆無留下的打算。他們回到家，處理事情後，也面臨去留的難題。經過深思熟慮，原本要離開的都決定留在臺灣，不再當異鄉遊子。此片榮獲一九七〇年度第八屆金馬獎最佳影片、最佳女主角、最佳剪輯等三項大獎，也在第十六屆亞太影展獲得最佳女主角及最佳編劇兩個獎項。

影片主戲在於吳大任一家。他留學美國，畢業後在美任水利工程師，十年未曾回國，家有老父、弟弟和幼子。妻子淑垣賣酸菜維生，含辛茹苦，任勞任怨，只盼望有一天丈夫歸來團聚。但他愛上一位美國女孩，回來要與妻子辦理離婚。他見到一切落後，心生厭惡，投宿旅店，對妻子冷漠。父親、弟弟和鄰居均表不滿憤慨。一日，吳大任約妻子到西餐廳，向妻子攤牌。甚至到南部找老友丁遲，希望幫忙說服妻子。丁遲指責他說：「夫妻關係就是道義」。大任終被妻子勤勞賢淑的品德感動，並看到臺灣水利建設的成就，決定留在臺北，闔家團圓。

蔣介石看完影片會有感觸，從一個月前的日記還可以找到跡象。七月一日晚上，餞別旅美經濟學家劉大中夫婦，「以酬其勞，亦爲鼓勵各方學人回國工作。」[107]七月四日，記稱：「病中無時不思念先慈與老家慈愛之深情，而更感過去忤逆不孝之重罪，自認一生所不能自恕者，惟此而已。」[108]且當時臺灣外交困頓，建設需要海外人才。影片題材切合國情和家庭倫理，突顯孝與義的精神。

在電影片尾，響起主題曲一段旋律：「我是一隻貪玩的小鳥，東南西北我到處逍遙。其實我已經太累了，疲倦的鳥，趕快回巢，啊，趕快回巢。臺北，臺北，臺北～。臺北，臺北，臺北～」八十四高齡的蔣介石，面對險惡的外交局勢與反攻大陸的想望難遂，這末段劇情撥動他的心弦。今生今世，臺北就是他的家了。

蔣介石與戰後中國電影

■任育德
輔仁大學全人教育中心兼任助理教授

壹、前言

電影從一八九六年八月，以「西洋影戲」、「電光影戲」名稱（簡稱影戲）傳入中國上海以來，在都市人的休閒生活中占有一定分量，在蔣介石、宋美齡夫妻的日常生活也不可免的與電影扯上關係，甚至成為新聞影片中的主角人物之一。以其公職身分及當時臺灣的環境言，蔣介石的電影喜好與注重電影教育功能的觀點，放在整體時代環境之間及影人之間所產生的連結及其可能的發揮。筆者透過在美國公開的《蔣中正日記》其中一九四四至一九六三為期廿年橫跨中日戰爭勝利、國共內戰與冷戰期間的片段資料，以戰後活動為主，和其他史料相結合運用，就臺灣製片環境介紹、蔣介石觀影經驗、導演個案部分作討論，以對此獲得一些理解。

貳、臺灣製片環境

在一九四五年後臺灣電影相關檢查法源，最初是長官公署宣傳委員會公布之地區法源——臺灣電影審查暫行辦法，其後逐步引入中華民國政府遷臺前中國大陸相關法規。一九四八年十一月廿六日公布「電影檢查法」，規定電影之檢查及取締事宜，由內政部電影檢查處負責處理；對於映演執照之申請與發放、檢查費等更詳作規定；針對違反情事者亦規定行政處分及罰鍰。當內政部電影處派員來臺設置辦事處後，亦重新整理臺灣准演證發放方式，改爲限期制度，逾期者需重新送檢。一九四九年底，臺灣省政府教育廳根據內政部電影檢查處擬定之「戡亂時期處理國產影片補充辦法」宣布，凡投共叛國之影人，在未附共前所攝電影已核准映演者，其姓名在片頭廣告海報本事說明及其他宣傳品上，一律予以刪除或塗去；其附共後所攝影片一律禁演。在淪陷區拍攝電影，一律禁演並沒收。此時，內政部電影檢查處也取代地方單位，執行臺灣電影檢查法及戡亂時期處理國產影片補充辦法工作。[1]因此，在臺灣實行電影檢查、影片檢扣之相關法源大致建立。

此後，對於一九四九年以前中國大陸拍攝電影的管制，中華民國政府於一九五一年五月由內政部公布「電影片檢查標準」，同年九月九月公布「戡亂時期國產影片處理辦法」，對大陸影片及一九四九年以前的影片設限，以避免左派影片流入。至於電檢執行機構，在隨後略有變更。大致上，該機構至一九五四年改隸行政院新聞局，一九六七年劃歸教育部文化局，一九七三年八月文化局裁撤後，電影審檢工作重歸行政院新聞局職司。審檢機構之整合，實與蔣介石在一九五三年七月廿二日於國民黨第七屆四十八次中央委員會常務委員會指示有關：「無論電影、書刊以及機場等之檢查，其機構雖由有關機關派員共同組成，但執行者應由一機關主管專人負責。行政院與臺灣省政府應即研究改進。」[2]

蔣介石顯然同意用公營單位介入影片拍攝，甚至是作爲「反共抗俄」有形無形戰爭的一環，主導拍攝影片內容的構想及作法。他曾在《民生主義育樂兩篇補述》如此說：

城市裡，群眾的閒暇大部分用到商業化的娛樂上。那些組織娛樂來營利的人，爲了爭取多數主顧，便一意迎合群眾的口味，更使他們作爲商品來出賣的娛樂，漸趨於低級。無論是戲劇、音樂、電影、廣播或是舞蹈，甚至報紙雜誌的文藝，在今日，都不免走向低級趣味的道路。所以國家如對國民的閒暇和娛樂問題，沒有計畫來解決，其結果就是讓那些組織娛樂來營利的市儈來代替國家解決，這是何等嚴重的事情……國家對於群眾的閒暇時間，放任不問的時候，國際共黨匪徒們便從這裡下手。他的方法是用煽惑的文藝來迎合群眾的趣味，用僞造的歷史來滿足群眾的求知慾，再用陰謀的組織來吸收群眾的信仰。共匪所以能夠在群眾中發展，就是這個道理。[3]

我們在革命建國過程中，電化教育事業必須先要由國家經營，更要特別重視電影的內容與廣播的節目，充實其內容，提高其品質，以達成保持與增進國民心理康樂的目的。[4]

上引言論顯然是用跟共產黨打「宣傳戰」思維，涵蓋並合理化國家與政黨主導電化事業經營、電化教育方針及影劇拍攝內容。一九五〇年代的國語片製作中心在香港，因其匯集軟硬體及人材，臺灣本地年產國語片數量則大不如香港。臺灣本地在一九四九年前首家公營製片廠的電影攝影場（其後更名為臺灣電影製片廠，簡稱臺製）缺乏硬體設備，僅能放映電影，無法從事拍攝劇情片工作，以新聞影片拍攝為主要工作。其次，一九四九年後陸續遷徙至臺的電影機構，主要是政府機構：包括南京農業教育電影公司製片廠（簡稱農教）移師臺中；中國電影製片廠（簡稱中製）棲身岡山，構成官方控制的主要製片廠。傳播學者曾指出片廠遷臺具有四項意義：一、以政府所屬電影機構為主，使政府更穩定掌握電影發展主導權，發展出與戰前中國電影以及戰後香港以民間為主相當不同的產業與體質。二、來臺影人以技術與新聞影片人才為主，影響電影創作走向；中國文人電影傳統因此中斷。三、遷徙造成自然的分流與清流現象。香港更因此成為兩岸角力的延伸地。四、由於一九四九年底，大陸進入鎖國階段，電影生態面臨重組。國片市場僅剩臺、港、新馬，以及少數僑地。在有限的市場規模與臺港兩地的激烈競爭下，影響了臺灣電影的發展。[5]

在總動員會議第廿八次會報，蔣介石指示：「電化教育不但收較速，而且易於普及，教育部應於本年內督飭臺灣各製片廠，拍竣臺灣歷史教育影片及社會生活教育影片各一部，闡明臺灣之歷史，日據時期臺胞生活與當前生活之比較，務使臺胞均能珍惜當前之地位與生活」。[6]臺灣省新聞處下轄電影製片廠便著手計畫攝製闡明臺灣歷史之《我們是黃帝子孫》（定名爲《黃帝子孫》），強調臺灣與中國大陸之歷史淵源，即爲政治指示注入電影宣傳的例證。執政者在強調兩岸歷史淵源之虞，也要強調現階段生活優於往昔，期盼臺民支持政府。確實，偶爾在蔣介石日記中，也看得到他構思反共預備方針中，出現「復興祖國與重建家庭之影劇本、無家可歸與鵲巢鳩居之劇本、共匪喊話廣播之誘惑與騙入匪區後之眞相實情完全相反，後悔莫及之影劇本與由匪區逃出回來官兵之宣傳」。[7]符合官方思維的影片實例，或許以中製拍攝《奔》爲例，用共幹悔悟脫離做主題，電影的放映確實讓蔣介石下了「甚佳」的感言。[8]一九六一年由民營片廠拍攝的《一萬四千個證人》，在放映給蔣介石觀看時，獲得「在國產影片中，最佳之編影也」。[9]這再度反應黨政當局透過公營（並擴及民營）影片公司指導電影宣傳。官方重視並關注電影對於公衆的作用，「寓教於樂」，教導什麼內容，對於劇本內容的關注與審查，往往是電影公司經營者要非常注意的事情。在一九六〇年代擔任國民黨營中央電影公司總經理的龔弘之言透露箇中滋味，他雖並非編劇專才，卻須加入公司劇本小組，主要是政治環境十分敏感，電影傳播太廣，無遠弗屆，其影響力及接觸面不可預測，中影片中一場一景及一字一句不能馬虎，甚至表現的形象及聯想一點偏差不得。尤其聽說「《蚵女》一炮而紅後，蔣老總統及夫人，也是中影片子的基本觀衆，幾乎每片必看」，這使龔弘對每部片子的製作規畫，尤其是編劇部分事必躬親，一點都不敢疏忽。[10]

參、蔣介石戰後觀影經驗中的公與私

對蔣介石而言，看電影本身這件事情具有多重意義，有公，也有私，有社交，有娛樂。公與私、社交與娛樂彼此交疊，未必能清楚界分。

首先，招待外賓時，聚會所造成的社交意義，可能大於影片本身的內容。不妨稍爲注意電影播放題材與邀請賓客，便知一二。諸如以國民黨總裁約宴國內外賓客，包括黨政要人、參與全會中央委員、約宴俄國大使、駐外大使、美國駐華陸戰隊司令。[11]顯然觀賞電影是與餐宴有關的附帶活動，具有一定社交性質，由勵志社（日後整併入聯勤總部特勤服務處）執行相關工作。[12]這類場合所放映的電影題材，偏近時事話題的新聞影片，也會放映性質輕鬆，博君一笑性質的新聞影片，如蔣介石約請暹羅代表團餐宴後，觀賞影片就是「余在上海所映影片及美國官兵在北平各種生活動作」，顯然賓主盡歡，因爲作爲東道主的蔣心情頗佳，記下較多感想：「令人發笑，美國實不愧爲青年民族也」。[13]這裡較爲特殊之處爲新聞影片的主角之一即東道主，在政治與文化古都北京活動的外國人動態，又同時呈現於外賓眼前，寓藏推銷與國民外交的用意。至於因公需要觀看的軍事影片，有時也切實給他在事過境遷後反思並體認現實的想法。如「到國防大學觀美製第二次大戰中之中途島及瓜達原乃爾島與地中海各實戰影劇，頗有所感，自覺在我國以十八世紀之程度，而要擔任廿世紀中葉之戰爭，焉能不敗。但我國居然仍能對日獲得最後之勝利，是乃完全由民族精神之力量所致，故大戰期間所受之一切恥辱，反不覺爲異矣。」[14]這確實讓他再度確認廿世紀中期的中國，於軍事與國家整體尚未進入現代化的現實。

對於家人親友聚會的場合，電影另有一層成員情感交流的性質，特別是電影題材涉及成員動態、家鄉故居時，放映電影就形同是喚醒親友共同對家鄉的記憶。放映電影的來源與主題乃以蔣介石返鄉及掃墓期間，隨行攝影師拍攝之活動記錄爲主，這類家庭活動電影至少在一九四七年就已出現。比如一九四七年十二月二日，蔣介石在一場四十餘人，包括蔣介卿夫人及蔣經國在內的餐宴，歡聚一堂的氣氛下，成員大部散去後，放映家庭影片顯然是很適合的一件事。蔣介石就表示「觀回鄉電影甚樂也」。[15]一九四九年一月下旬，蔣介石下野返回奉化後，在遊覽附近山水林木之餘，也帶攝影師同行。如二月間「遊覽指導照相、拍電影，瀑布兩側岩壁、妙高臺、獅子臺各面風景可說盡入境頭矣，今日攝相最爲詳明乎。」[16]將家鄉景物攝入影片及相片，也成爲蔣介石抒解思鄉情懷的管道之一。比如在一九四九年七月初在臺灣大溪，宋美齡不在身邊，做完晚課後的蔣介石於睡前即觀看家鄉影片以解寂寞。[17]因此，一九五七年間，蔣經國請情報人員潛入溪口拍攝照片，被蔣介石視爲無上至寶，因是從一九五二年以來，首度獲知故鄉實情。[18]蔣介石在臺灣遊覽活動也同樣拍攝電影，在內部欣賞。[19]逢年過節親人共聚一堂，放映家庭影片也是活動之一，因爲「家庭團圓快樂爲人生至寶」，甚至參與觀看的兒孫輩活潑戲嬉戲，因此不願及早入睡，顯然亦帶給身爲大家長的蔣介石樂趣。[20]在家庭聚會中，播放電影也是流程之一。如蔣宋結婚廿三年紀念日，[21]除邀請親友外，放映電影也不可少。

由於蔣介石夫婦爲基督徒，宋美齡且在臺灣發起組織婦女祈禱會，定期集會，活動流程在祈禱、讀經、演講外，往往也有影片放映。在這類場合所觀賞影片或許就以宣教性質濃厚之記錄影片與宣教劇情片爲主，目的或屬堅定個人信仰。如一九五一年一月卅一日，宋美齡、曾寶蓀、陳譚祥、戴費瑪琍（Mary Twining）等人參與發起之婦女祈禱會成立一週年紀念，當日餐聚後衆人即觀賞《科學證道》影片，蔣寫到「甚有益趣也」。[22]如果是在平常觀影，主題碰觸宗教題材，似也引起蔣之共鳴與讚賞，如觀看猶太人士師傳記電影，即勾起他中國民族主義情懷，以爲這是「猶太人最佳之傑作，於民族教育意義甚大也」。[23]宋美齡曾爲響應片商舉辦義演，而親臨戲院欣賞富有宗教性質之劇情片《賓漢》及《十誡》。[24]

蔣介石意識到公共人物身分，甚爲重視形象呈現。以他作爲影片主角的新聞影片，在正式對外發表前，由蔣事前審視。他會審視拍攝效果、技術，評審是否達到滿意的效果。他顯然明瞭影片放映出去的宣傳影響力，有好的技術可增進影片總體成就，有助展現作爲國家象徵及個人公衆形象。在字裡行間，他對於中國影片製作技術不如外國，顯然頗爲在意。一九四四年間，美國曾拍攝以中日戰爭報導之新聞片，蔣介石觀後認為「頗有精彩，惜非本國自製也」。[25]顯然，蔣之所以感歎，不只是中國抗戰努力，是否有效藉由各種傳播廣泛受到外國體認與關注。更重要的部分是在於，攸關民族題材之影片，並非出自本國人之手，而是由外國人所為，這才是他「惜」之關鍵。而之所以如此，自因國片技術製作技不如人。在蔣心中或許還是潛藏著民族情緒在觀看抗戰影片。因此，當他一九五〇年三月一日公開宣布復職，廿餘日後影片經過後製，蔣即在官邸觀看之，並因「技術進步」而感欣慰。他顯然覺得新聞影片技術進步，也代表有機會國外相比肩。此後的年度重大活動，如有閱兵活動，觀看拍攝影片結果顯然就是一種考察。[26]擔任國防部總政治部主任、兼任農教電影公司董事長的蔣經國曾經主編拍攝一部有關蔣介石生平之介紹影片，在完成剪輯配音作業後即請蔣介石親自觀看提供意見。蔣或基於父親立場，對該片抱持基本肯定態度，但仍要求技術與細節，認為「尚多改正之處」。[27]此後，他曾下令「對以往戰役記錄影片應著手調查有無保存，對有價值者應按需要翻印應用。」一九五六年五月廿四日，由國防部總政治部第五廳及陸、海、空、勤各總部暨憲兵保安各司令部等單位執行調查。[28]這自然也是一種要先留存資料有多少，再進行作戰相關檢討儲備用的作法。

當蔣介石觀看國片時，使用的衡量標準經常放在技術、情節，但也摻雜以黨化程度、宣傳主義程度高低標準，後者可能就與情節有關。如蔣曾認為一部塞外風景影片勝過蔡楚生（一九〇六－一九六八）導演之《前程萬里》，但在黨化與主義宣傳仍有不足。[29]此片當指重慶中製拍攝之抗戰影片《塞上風雲》，國民黨若期盼致力將電影演員拉入話劇演出之編劇陽翰笙（一九〇二——一九九三）編出濃厚國民黨政宣題材，實緣木求魚。如由國民黨在一九四一至四三年間整頓轄屬中製及中央電影攝影廠，改組人事，到一九四三年底恢復拍片，顯示意欲主導影片製作符合宣傳走向，和蔣此一評語也正相互呼應。此亦顯示蔣觀看國片與西片標準「內外有別」。掌控與主導基本方針雖未於國共相爭中取得主導優勢，於遷臺之後仍未有變，在前述審檢及製片公司整合可見一斑。有些影片或在不符蔣心中尺度，在觀賞過程中即遭擱置，如一部暢銷國片《春去也》，就被他「中途停止」。[30]

以《蔣中正日記》從一九四〇年代後期到一九六〇年代前期內容初步所見，蔣介石觀賞的外國影片以西片——特別是美國片爲主，歐語片跟日本片不多，應該是與臺灣市面放映影片有關。其實放映國片曾於戰後臺灣風行一時，但因單幫客購買良窳互見舊片上映；又有香港大中華與國泰兩家公司在戰後香港片廠陸續重建，粵語片業者在成本考量下，搶拍成本低、出品快，而不講究劇情內容之影片，造成在臺放映中國影片一度水準低落。進入彩色攝影的西片，儘管內容良莠不齊，但因聲光效果較佳，吸引臺灣的觀衆。彼時國片僅有百分之廿放映天，西片已有百分之七十以上放映天。[31] 一九四〇年代後期《一江春水向東流》之反映時代之國片亦曾在臺灣映演，獲得不錯口碑與票房。但在中國大陸軍事局勢日趨緊張的情況下，至一九四九年三月上海國片影院已鬧片荒。臺灣則因片商將存放影片運來，得到片源而未告匱乏。至一九四九年底，上海出品國片來源斷絕，國片轉而仰賴香港永華、長城等影片公司供應。至一九五〇年放映影片中，美國影片已占三百九十三部，國片一百八十五部，因中日邦交恢復而得上映之日片僅有七部，美國影片已占上風。[32]加之受過西洋教育的宋美齡喜歡看西洋影片，環境與人的因素，都影響到選片偏好。

其實，蔣介石坦承觀影之樂，畢竟是放鬆心情的休憩時段活動之一。但在抗戰及國共戰爭期間，觀影機會較有限，有時也未放在心上。一九四四年十月，爲堅持史迪威（Joseph Stilwell, 1946）解任中國戰區參謀長及駐華美軍司令，雙十節當晚，父子三人同觀影片，但蔣正爲交涉已到最後關頭，尚未得結果而憂心，影片未看完即就寢，[33]顯然心情煩悶影響觀影情緒。但羅斯福同意將史迪威調離中國，十一月一日蔣邀約赫爾利（Patrick J. Hurley, 1963）、宋子文及二子晚餐，飯後觀看《月宮寶盒》（The Thief of Bagdad, 1940），即因小偷與公主之愛情與小偷具有公義心理，雖「歷經無數艱險，出死入生，百折不回，卒能達成其除奸殺敵，復仇成婚，獲得圓滿之結果，可知眞理必能戰勝一切邪惡也」。[34]他顯然將自身心情移轉至觀影上，視男主角與自己等同爲正義之化身，戰勝邪惡，便在日記寫下較爲少見之觀影感想。

蔣介石在臺灣的生活，觀影娛樂機會較多，除保持活動、搭車兜風、視察各地之外，其實行動範圍有限。他坦承，做總統受到拘束：「總統生活與行動實太拘謹固定，不能自動，但爲國家體制與政府規範，無論對外對內皆不能不建立其規模……此種生活雖惟其所願，而亦不能不受此拘束也」。[35]既然有所拘束，透過電影找尋一些樂趣，就是休閒消遣了。

以《蔣中正日記》獲得之印象，在當時一般民衆喜歡看，但次數不多的狀況下，蔣介石在官邸與度假期間觀賞影片，在當時自是相當特殊。官邸侍衛回憶，放電影時蔣會招呼有空的侍衛一同觀賞，這也是他們在官邸內的少數娛樂活動之一；[36] 也有侍衛眷屬表示，蔣看過的影片會送到附近眷村播放。[37] 此舉有「共樂樂」的性質。

在一九六一年臺灣電視公司每星期天播放假日平劇前，觀看影劇確是蔣的休閒消遣之一。也因爲如此，身體若有異狀，蔣介石就減少觀影活動，以保養身體健康優先。比如說一九五二年五月，他眼睛血管破裂，即休息近半年不觀影劇。[38] 一九六二年四月起，因進行攝護腺手術前後身體條件不佳，關注自身健康已忙碌不堪，也減少觀看電影。從該年二月廿日觀看電影《六壯士》（The Guns of Navarone, 1961）後，直到九月十八日才看電影《萍水奇緣》。[39] 或許，觀賞影片次數之多寡也與其個人健康狀況呈正相關之情形。據侍衛人員稱，一九六七年後，蔣介石爲保護眼睛，就很少再看電影。[40]

蔣介石即便平日觀賞影片，也注意時間分配與運用。他是生活有固定步調與行事的人，有人曾稱，蔣早睡早起，會把電影放到一個段落後休息就寢，將一部影片分開幾次看完。不像妻子晚睡，當日晚上看完電影。[41] 此種作法或較接近有家用錄影機時代觀衆之習慣。唯侍衛所見蔣介石已有相當年事，體力不如壯年，未必能以此回推早年作息。蔣不否認，觀看到聲光製作技術精良的美國影片相當開心，爲之偶爾晚睡無妨，這就是娛樂效果之證。但蔣介石又不忘以道學姿態表示，電影娛樂效果只有一時：「昨晚課後，觀美製音樂與游泳戲劇滑稽電影，其各種技術可說登峰造極，尤其華麗精美亦無以復加，但並無重大意義，不過取悅圖快於一時而已，十一時始寢」。[42]有時看到美國電影內容題材奇幻（如談火星與地球相撞），他也會發表議論，認爲是「思想奇異」的產物。[43]他也藉觀看美國電影之機，議論美國民族性，如觀拳擊賽場面，「處處表現其民族性之幼稚可笑也」。[44]此時爲美國發表中美關係白皮書剛滿一年、韓戰爆發二月，他可能將心中對美國政治人物的不滿，無意間投射到電影觀感內。

也許對蔣介石而言，寓教於樂的娛樂電影最是好看，如揉歷史題材（不論正史或野史）、冒險、動作各類型於一爐的影片。一九五一年三月，因婦聯會爲宋美齡回國一年舉辦紀念宴會，在主持者挑選電影以娛樂性爲重的考量，有妻子相伴觀影，加上故事題材吸引下，蔣心情頗佳，讚賞主角「小勞伯生」義勇精神動人，以爲是「自觀影劇以來，以此爲最有意義之劇本也」。[45]此處之「小勞伯生」即一般所言羅賓漢，比對相關電影後可能爲美國哥倫比亞公司三部羅賓漢電影系列之第二集（Rogues of Sherwood Forest, 1950），顯然選擇最新又可取得放映影片拷貝給蔣介石夫妻及邀請的嘉賓共賞，乃選片者之工作。[46]至於像眞實歷史事件文學化再拍攝成電影者，《杜立德轟炸東京》（Thirty Seconds Over Tokyo）便讓他「甚有所感」。[47]顯然就是因爲勾起他領導中國抗戰決策的回憶，讓他將眞實切身經歷與電影描述揉在一起。看到古代歷史人物傳記影片，也不由得思考其成功之道，例如觀看由約翰韋恩（John Wayne）領銜主演的美製《征服者》（The Conqueror, 1956），其「侵占王罕後第一事，即殺了其叛王罕國叛主謀之降將，實爲其成功第一之因素也。」甚至他還延伸思考對於叛將必須「殺無赦」，這或許也是他總結多年政治經驗的感歎，認爲自己功敗垂成就因爲急於求成，或相信可以「革命」予以「感化」，而忽略人性「好利」特性。[48]同樣由韋恩主演的《血巷》（Blood Alley, 1955）反共色彩濃厚，即獲讚譽。由於蔣是砲兵出身，所以他關注軍事影片《攻擊》（Attack, 1956）中涉及戰爭領導人題材，認爲具有軍事教育意義，可在部隊中普遍放映。[49]個人經歷應當是蔣對軍事與動作題材情有獨鍾的一大原因。一九五八年五月六日，爲蔣經國慶生舉辦家宴後觀看《桂河大橋》（The Bridge on the River Kwei, 1957），描述緬甸英軍戰俘營在日軍驅使下建築橋樑過程之故事，可能因爲劇情緊湊與背景、製作等相關配合均佳，蔣介石一次看畢，等做完晚課就寢時已是深夜一時。當日歡樂的氣氛，顯然爲出版法修訂案在立法院引發爭議期間煩惱頗多的蔣介石，起了氣氛緩和的作用，才會讓年逾古稀者晚睡。

若非歷史題材，具有動作性與明星陣容的美國好萊塢商業影片，亦爲蔣介石所觀看及稱讚，尚包括《森林皇后》（African Queen, 1951）「勇武情狀畢〔逼〕眞」，[50]《所羅門王寶藏》（King Solomon's Mines, 1950）「覓取所羅門寶藏探險經歷畢，眞實爲最佳之影劇也」。[51]當然，在蔣介石於日記寫下看完印象深刻的美國電影中，也有偏向內心情感表現者，諸如《戰爭與和平》（War and Peace, 1956），認爲「最佳」。[52]《明日是永遠》（Tomorrow is Forever, 1946）、

《茶與同情》（Tea and Sympathy, 1956）。《戰爭與和平》中有楚楚動人的女主角奧黛麗赫本（Audrey Hepburn）和兩位男主角亨利方達（Henry Fonda）、米爾法拉（Mel Ferrer）的糾結戀情，配上拿破崙侵略俄國、俄國奮起反抗的大時代背景，大製作場面確實有其可觀之處。今人對《明日是永遠》所知不多，但放在戰後復員的時代環境與優秀演員搭配言，或許可理解何以蔣對之感歎有加。在奧森威爾斯（Orson Wells）導演之黑白劇情片，揉入青年參戰、因戰亂夫妻勞燕分飛容貌變易，重新相逢時後的艱難選擇等情節，經歷戰亂之後的人心對之自是感觸良多，或許也觸動了身爲領導人的蔣介石？至於《茶與同情》是由同名舞臺劇所改編之電影，英籍女演員黛博拉寇兒（Deborah Kerr）擔綱舞臺劇與電影版女主角，詮釋到位深刻，裡頭涉及性別認同、同志、師生戀等議題。蔣介石觀影時，顯然並未受到道德羈絆，並給予「教育意義頗佳」評論，[53]或許也是出乎一般既定印象及觀感之事。但由此可知，欲以簡單方式概稱蔣喜看戰爭片及愛國情操濃厚影片，或只愛國片不愛西片，[54]即未必精準。

肆、史詩影片導演個案：卜萬蒼與李翰祥

若從《蔣中正日記》所得概略印象，蔣觀賞國片（包含港片）的數目增多大概是從一九五四年起，國片數目漸增，或因片源來源逐步穩固。以一九五〇年代前期拍片數目最多的

農教公司言，農教在拍片資金上，雖有中央撥款，或銀行借款及美援運用，但影片成本不易回收，或資本回籠緩慢，使得全年只能拍攝一部或半部影片。一九五三年五月廿日，蔣介石曾指示：「臺灣各電影製片廠應即統一起來，（按：中委會）第四組可本此原則邀約有關單位機關主管人員協商進行」，[55]研議近一年尚未得出最後方案。一九五四年三月，蔣介石到臺中視察，體認農教公司在上映戲院與資金周轉的困難，為加強運用電影的宣傳力量起見，蔣介石便批示：將臺灣電影公司（原隸屬省黨部，後改歸中央財務委員會，經營影片發行與戲院管理）與農業教育電影公司（陳立夫以農民銀行資金成立，拍攝影片）合併，由蔣經國出任籌備主委，由國民黨主控，以戴安國為新中國電影事業公司董事長，情治系統出身、向總政治部蔣經國借將的李葉（原農教公司總經理）為總經理。此時一貫製片、發行、映演部門的電影公司在臺灣出現，正式開始較具規模的上下游一體作業。臺北市國片第一條放映院線也在民間公司運作下產生。[56]香港影片能夠銷入臺灣，排入院線放映，也是因為臺灣在爭取港九影人，成立相關組織，擔負協助工作等所致，最終才有港片拷貝播放給蔣介石看之情況。

臺灣民間於一九五五年起陸續拍攝，並屬庶民喜好之臺語片似未出現在蔣之觀影記載，顯示蔣之偏好與庶民有所差異及疏離。這一現象或與語言差異與影片在多樣題材中夾雜離奇神怪元素、是否受到政府重視（政策輔導、資金補助）與推行國語、電化教育政策均有關連。臺語片於一九五六至五七年間拍攝數曾達一百七十八部，使《徵信新聞》舉辦首屆臺語片金馬獎，至一九六〇年起經歷一波下滑後，又於一九六二至六十三年間拍片數量回升，一八六五年甚有報紙舉辦十大臺語片票選，但臺語片聲勢此後逐步下滑，加以電檢與電影輔導政策、資金來源不穩定、拍攝環境簡陋、急就章拍片等因素，終使臺語片歸於沉寂。[57]

臺灣官方既有心於國語片製作，臺海兩岸對峙角力也擴及港九影人及影業。一九五三年十月起，港九影人陸續訪臺，甚至由張善琨、王元龍發起成立港九電影戲劇事業自由總會（簡稱自由總會），以張善琨為首與臺灣官方建立親密關係，該組織亦接受臺灣官方及黨方經費支助。[58]蔣介石除接見影人外，亦頒獎《碧血黃花》、《小鳳仙》等三部影片工作人員。有關方面撥專款拍攝港臺合作片、易文導《關山行》（一九五六）。自由影人以義務拍攝碧血黃花表忠。張善琨的永華公司獲得臺灣貸款。[59]政府為加強該會作用，更規定所有港九自由影人的片子運往臺灣，都要有自由總會證明。已映過的影片，如有演職人員未加入自由總會經人檢舉，也要禁映。後來政策放寬，如在自由總會成立之前設置者，有演職員仍未入會，只要剪除片頭姓名就可過關。如在該會成立後攝製者，有類似情況即應禁映。[60]加入自由總會的公司，對於旗下演員動態就需關注，否則演員萬一為左派公司爭取拍片後，原公司將因影片無法獲得許可入臺播放而造成難以估計之損失。[61]所以臺方用商業市場與電影檢查、底片壓稅辦法及影片輔導辦法、協會證明等制度相互結合的方式，將影人爭取過來，再以商業市場與提供製作基地拉住意欲打開市場出路的影人。電影史研究者相繼指出，一九六〇年代臺灣公民營電影機構同時存在，共同奮鬥，使得臺灣電影在一九六〇年代有了首度起飛。[62]

在這樣的背景下，港臺兩位拍攝古裝史詩電影題材導演之執導影片進入蔣介石的觀賞片單，並在臺灣開拍影片，或許就不用感到太過意外。就是卜萬蒼（一九〇三－一九七四）及李翰祥（一九二六－一九九六）。拍攝及製作影片所需器材、資源、人力等資源整合，不止是跟隨好萊塢片廠的史詩片風潮，顯示港臺影人的合作，同時也是引進技術人才，補強臺灣電影產製欠缺環節，將國家反共政策與蔣介石著重民族意識予以具體落實的展現。

卜萬蒼出身攝影師，轉任導演後編導《桃花泣血記》，於一九三〇年代曾和田漢合作《三個摩登的女性》、《母性之光》等片，上海成為「孤島」之後曾為張善琨拍攝歷史題材影劇。一九四八年移居香港，為李祖永的永華公司拍攝明星陣容雲集的《國魂》，於一九四九年十一月間在南京映演。十二月初對徐蚌會戰仍抱一絲希望的蔣介石的確看過該片，並心有所感地在日記上提及讀正氣歌之「人生自古誰無死，留取丹心照汗青」，心神為之一振。稍後還提到他讀文詩「白髮三千丈，丹心百鍊鋼」句，終於在現實情境之下「澈悟此丹心百鍊鋼之意義也」。[63]足見在當時他對《國魂》之欣賞，並以文天祥之不屈服於敵人之甘言誘惑為期許。此片與導演對當時因為兵馬倥傯而心緒起伏低落、緊張不已的蔣介石，顯有振奮意義。如此，蔣即運用電影敘事「不屈」象徵鼓舞軍心民心，「飭屬加印拷貝卅份，運至前線及各地，以發揮先賢衛國精神，而振士氣」。[64]從動機與時機均不令人感覺意外。

由於卜萬蒼在當時香港影壇與自由影人圈中具資深地位，在第一次香港影人訪臺致敬團中極具代表性，獲得蔣介石召見，並且執導自由影人向臺灣致敬之《碧血黃花》。一九五〇年代後期至六〇年代間陸續接觸彩色影片拍攝，爲邵氏公司與電懋公司拍攝影片，在拍攝時裝片商業票房不佳的壓力下，轉回擅長的古裝片，拍攝李麗華擔綱的《武則天》及以臺灣大鵬劇團爲班底的平劇電影《梁紅玉》，後者也是臺灣首部彩色京劇戲曲片。前者的女主角則獲蔣介石稱讚。[65]臺灣首部彩色劇情片亦是古裝題材的《吳鳳》，製片者臺灣電影製片廠廠長（勵志社出身、前國防部康樂總隊隊長）龍芳（一九一四—一九六四），亦邀請卜萬蒼執導且來臺取景，選用臺語片演員張美瑤擔綱女主角，蔣介石在上片前先行看過試片，[66]該片以演員陣容整齊、製作技術相對嚴謹、漂亮的臺灣風景等特色，獲得商業市場成功。[67]

卜萬蒼自稱電影拍攝技巧「得益於平劇之處甚多，如劇本分場分鏡頭的組合，常可以從平劇劇本中得到良好的啓示」，香港電影公司老闆「處處爲生意眼作想，也是由於市場太小，誰也不肯做賠本生意」。他理想的電影「是要用娛樂性的手法，去灌輸教育的目的，如果在電影上板起面孔說教，是不行的。好的電影總是在『骨子裡』帶著教育性」。[68]卜顯然希望「寓教於樂」，電影拍攝不能全以商業考量爲唯一衡量標準的觀點，嘗試要在臺灣找到發展空間。用中國人熟悉的戲劇素材、忠孝節義人物製作電影，選擇強調某些成分以和政府政治文化與政策相融合，期盼此一價值深入觀影群衆，係臺灣公營片廠負擔之宣傳宿命。卜氏和臺灣公營片廠既有共同教育大方向，彼此即可合作。因此，在《吳鳳》成功經驗，以及港片古裝片風潮影響之後，卜氏以自資新光影業公司投入平劇電影拍攝計畫，訴諸富有民族意識及反侵略主題的《梁紅玉》獲得空軍總司令陳嘉尙支持，空軍大鵬劇團全體演員是「遵守隊規，大家都一文錢酬勞也不要」配合演出。[69]這種官方關係的建立及全力協助，有幾分與中共新編京劇並攝製影片《楊門女將》互別苗頭的味道。兩岸在冷戰時期的政治角力，同樣延伸至戲劇與電影創作，挪用熟悉故事各爲己用如出一轍。[70]竣工之《梁紅玉》，據看過試映記者表示「完整地保存了平劇的傳統。不過就一個電影觀衆來說，更好的似乎是動作多於唱工」。[71]記者從電影拍攝的鏡頭移動與敘事、動作搭配的流暢性著眼，因此指出卜萬蒼拍攝時並未完全從電影角度出發。果眞給記者說中，該劇美學基礎正對戲迷胃口。對比試片記者還先看到電影的戲迷蔣介石，就給予《梁紅玉》「頗佳」的評語。[72]以時間序列排比，無法排除蔣介石看過試片反應，影響影片剪接結果之可能。

卜萬蒼拍完古裝劇情影片《趙五娘》轉往香港電視圈發展，蔣介石也看過該片，給予評語「劇情頗佳」。[73]顯然夫妻分離、歷經離亂重逢、有否變心與最後的選擇，對蔣介石有其吸引力。從幾部影片的觀感來看，他也對於卜萬蒼在國片的藝術成就與長處何在，有所體認。

當時從影資歷不深，學藝術出身，卻頗肯下功夫學習的李翰祥，也已創出票房佳績，從香港永華公司起家，養成對劇本寫作的興趣以及對視覺藝術的講究和軟調傳奇題材的喜好。之後轉入邵氏公司，拍攝彩色國語歌舞片《貂蟬》、《江山美人》、《梁山伯與祝英台》等片，前二片及演員在亞洲影展中均獲獎，後者更獲票房成功，在自由影人中有「金牌導演」之稱。[74]李氏此時拍片顯有取材自中國歷史情節的古裝史詩片走向，他因與邵氏公司爆發財務紛爭，決意出走，希望在臺灣建立更爲理想的製片環境。[75]這也使得李翰祥勢必要尋求臺灣政界的支持以達成其目標，他顯然體會到張徹所言「在臺灣搞電影不能擺脫政治關係」之箇中三味。[76]一九六三年十一月間，蔣介石在爲國民黨九全代表大會中爲副總裁產生方式煩心之餘，仍不忘觀看香港電懋發行新片《諜海四壯士》解悶，並給予頗佳評語。會期間，他召見邵邨人「談臺港電影事業之合作意見」，四天後看了該公司的《楊乃武與小白菜》。[77]與往後事情對證，或許已有撮合港臺影人在臺合作之想法，並有所行動。

李翰祥在臺準備擴張新成立的國聯影業，與陸運濤（一九一五—一九六四）的香港電懋合作發行時，即與身爲救國團主任的蔣經國見面，獲得後者嘉勉李翰祥「發展自由祖國的影業的決心」，歡迎他「多拍攝具有民族意識的影片」。[78]這個見面是有意義的，當時李翰祥與香港邵氏公司合約未滿，又欠片款未清等於雙重違約，因此邵氏聘請律師向香港法院提告，並對臺灣三家公營製片廠發函要求不可收容李在臺拍片。臺製廠龍芳不理邵氏要求，收容李翰祥，並且臺製獲得省府撥款提供拍片資金。[79]如果光用龍芳「惜才」一語，或難精確涵蓋此舉所蘊含之政治與經濟層意義。李翰祥必須尋求並掌握政治背景作後盾，以利在臺拍片，他就直接打到蔣介石父子這一層。蔣介石看過《武則天》、《楊乃武與小白菜》、《梁山伯與祝英台》，也親自和李翰祥見面，由各公營電影公司經理陪見。[80]這些小事或許也反應李當時在黨政人士心中確有分量。過兩天，李翰祥在《中央日報》發表〈「街頭巷尾」觀後〉，在應景話語之外，以專業角度說出：該片具有濃厚的人情味，可牽動觀影者的心；更重要的是富有濃厚的寫實風格，導演李行吸收國外手法而巧妙消化使用於影片中，在當時臺灣拍攝影片中可說突出。[81]很巧合的是，在李翰祥這篇文章出現後三天的晚上，蔣介石也看了《街頭巷尾》，四天後蔣召見中影公司主持人。[82]李翰祥在報紙上的推薦可能有些作用，讓蔣想看一下這部話題之作，只是無法知道蔣之觀後感。不過，從李行因爲該片獲得龔弘主動約晤，[83]日後在中影作爲「健康寫實」路線的執行大將，內外環境因素多重交織可能超乎後人所想；高層的許可，當不可忽略。

李翰祥來臺拍片，確實讓臺灣電影界不管資金、人才、市場，都能與香港、南洋等其他地區聯繫；並由香港引入新技術。針對後者，資深影人沙榮峰曾表示：李從香港帶來大批邵氏的木工、漆工、雕工及水泥工，搭設布景又快又好……李回國初期，幾乎每天晚上都有圈內人去觀摩，他拍攝七仙女使用乾冰，製造祥雲朵朵效果。從此臺灣拍片，也有人使用乾冰。[84]至於前者，最重要的應該就是香港電懋（老闆陸運濤親臺色彩濃厚）與邵氏集團在歷經十年來搶拍相同題材與爭取影人的惡性競爭後，在胡晉康出面調停，與李翰祥讓步還款後，終於協商談判息爭：不競拍相同題材影片、不作惡性宣傳、李翰祥拍竣《七仙女》可在東南亞上映。[85]李翰祥與陸運濤是有機會大展身手，臺灣官方在資金網絡得以流通的條件建立之下，也確有要當亞太電影製作中心的雄心壯志。

一九六四年六月間，陸運濤夫婦來臺參加亞洲影展。蔣介石特頒書面致詞，表示「電影事業……啓發性靈、傳播知識之功能，及其闡揚倫理與博愛之深遠影響，從而堅定吾人對自由生活方式之信念，並增進各國人民間感情與文化之交流」。「影展之競賽觀摩以提高製作之普遍水準，加強各國間之文化合作與交流」。[86]這段發言確實展現以影展促進交流，隱隱流露讓臺灣成為東亞在日本之外的影業中心的壯志，且其已透過公營製片廠體現。政府的確希望在東南亞事業甚大的陸運濤帶動國片事業繁榮，也能進一步促進與星馬的政治、經濟交流關係，對其到訪安排高規格接待，並安排喜好古文物與攝影專精的陸運濤至臺中參觀故宮古文物。[87]但一九六四年六月廿日晚間，臺灣豐原上空發生的空難，導致電懋的陸運濤伉儷、周海龍、王植波，臺灣製片廠廠長龍芳，臺灣聯邦公司夏維堂，港九自由總會主席胡晉康和臺灣省新聞處處長吳紹璲重要人士喪生。事後國民黨中常會開會檢討時，蔣介石盛怒並斥責力保中影公司總經理龔弘的新聞局長沈劍虹以消氣，[88]沈劍虹跟龔弘的職位最後仍然保住。

李翰祥也因為陸運濤等多位支持之影界要人殞命而元氣大傷。香港電懋——國泰製片公司收縮電影製作業務，李翰祥喪失港方及東南亞資金聯繫與院線網。臺灣方面，臺製廠新主管楊樵因影片攝製期及影片長度過長不斷追加預算而資金不足，獲得沙榮峰主持的聯邦支助才又決定拍攝。李翰祥曾信誓旦旦地跟省政府黃杰保證靠國際市場銷售可打平預算，並提升臺製廠的國際能見度，加以省府與高層之政治考量才取得增資。拍攝期間蔣經國曾視察清泉岡拍攝現場。耗資新臺幣二千六百萬拍竣的《西施》，分上下兩集，後發行濃縮版，在臺北首映觀衆計卌七餘萬人次，票房收入達五百零六萬元，爲當年十大賣座國片第一名。李翰祥也獲得金馬獎頒發最佳故事片導演獎。但李原定計畫以外埠銷售抵償其出資之構想成效不彰，造成原訂與臺製廠合作計畫取消。但省府因政治考量而不敢如民間公司一樣以訴訟催討李氏積欠資金。[89]一九六七年間，李翰祥又動用政治關係向省政府求援時，省府曾與國民黨方文宣高層協商，最後介入整頓李翰祥的國聯公司，執行銀行貸款，並引進僑資和國聯公司合作拍片，力圖維持其運作。[90]李翰祥以新養舊的財務槓桿技巧終於支撐不住龐大開銷，終因重複拍賣所獲日本片額度而官司纏身，一九七〇年國聯公司宣告歇業，李翰祥返回香港重入邵氏公司旗下拍片。以港臺合作拍攝史詩片模式，將臺灣公營片廠當做華語片電影工業生產基地的計畫，也宣告結束。

伍、結語

李翰祥返回香港拍片，以男女風月與影壇軼聞爲題材，於一九八〇年代赴中國拍攝「清宮系列」三部曲，可說是將他多年懸念予以落實。一九九〇年重返香港，老年蹇運。一九九六年返回北京拍攝《火燒阿房宮》期間，十二月十七日心臟病發逝世。中影公司在總經理龔弘帶領下，堅持「健康寫實」路線，提昇技術、運用青春演員入鏡培養出新一代電影演員、宣揚政策的陽光面，同時以臺灣風土民情入鏡等因素作用下，在臺灣娛樂市場取得成功，可說是爲黨營電影公司在政治任務與經濟利益找到平衡點，在臺灣電影事業發展中確可記上一筆。

電影類型與偏好，確屬個人性情及美感喜好而異，電影藝術創作亦係於適才適性中，配合電影工業從資金、人才交流等上下游流程環環相扣，才有辦法形成一部精彩及扣人心弦之影片。若欲單以一種力量獨好獨行，實無異於扼殺創新發展之可能。或許可以慶幸的是，在蔣介石與國民黨治下，以電化教育爲原則之臺灣影業，並未爲一家一人之利之好形成唯一之指導原則，得以保存一線發展生機，在日後由創作者呼應時代心聲與內外環境變遷，得以開啓一九八〇年代的「臺灣新電影」風潮。

【討論】

呂芳上：

蔣介石的電影跟旅遊其實蠻有意思的，電影不一定是他的最愛，他的最愛是平劇，在大陸的說法是京劇。你如果看到他一九四九年一月十日他的日記就曉得，他來臺之後有不看平劇的宣示，如日記裡面提到如果不光復大陸，他不看平劇。蔣經國用錄影帶給他看，他拒絕，他說經國不懂他的內心世界。所以這裡面的意思，就是娛樂本身也有政治意涵在裡面。當時電影與政治對他來講是不易分開的，這涉及看電影本是一種娛樂，但不只是娛樂而已。

徐思彥：

我想請教各位看過《蔣中正日記》的學者一個問題，到底蔣介石喜歡不喜歡京劇，剛剛呂芳上的第一句話就回答了這個問題。我記得當年羅敏到胡佛研究所去看《蔣中正日記》的時候，我還請羅敏幫我留心一下有沒有這方面的記載。羅敏第一次告訴我沒有，後來又補充了兩條。在我的電腦裡面有兩條關於蔣介石看京劇的記載。剛剛呂芳上說蔣介石其實以前很喜歡平劇，以後我們在這方面也許有一點文章可作。我想請教第二個問題就是，剛剛的報告說到電影的問題，我不知道蔣介石如此喜歡看電影，看了這麼多電影。他對於當年的大陸和後來的臺灣電影業乃至電影人有什麼影響。我提這樣的問題還是跟京劇有關，因為我們講到京劇的話可以上連到清朝，下連到中華人民共和國。我想這個問題茅海建有比較多的研究，京劇之所以有今天的地位，跟清朝宮廷的喜歡是有絕對關係的。我們都知道其實老佛爺不僅只喜歡看，而且她自己還要演，還要粉墨登場的。茅海建的書裡面，講到了京劇跟政治的關係。我記得有一位比較優秀的學者，原來是上海社科院，後來到澳大利亞去的葉曉青教授，她研究過清廷對於京劇臺詞的限制和要求修改，甚至對於京劇演員的限制。當年的京劇演員也是比較有地位的，像譚鑫培這樣的人是在宮廷裡拿俸祿的。到了中華人民共和國時期與政治的關係更密切了。現在有一個特別活動，就是每年的新年前夕有一個新年京劇晚會，全體中央政治局常委一定要出席的。這些政治局常委一定會集體亮相，不管你喜歡不喜歡，不管你有沒有興趣，每個人都一定要到場的。

講到京劇和政治的關係，八個樣板戲我們就不講了，有兩個特別的例子。一個就是程硯秋，程硯秋的入黨介紹人就是周恩來，我想作為一個藝人有這樣的待遇可能是少見的。還有一個就是馬連良，馬連良是吸鴉片的，一九四九年以後他能夠繼續吸，據說也是中共中央特許的。

我就請教各位，像蔣介石這樣如此喜歡電影，對臺灣的電影界和電影人士有沒有影響？有怎麼樣的影響？

汪朝光：

我先說一下，當然蔣介石的觀影經歷我不能跟他比。但我還是先要提一下，就是在我到過的所有城市中，臺北的觀影環境是最好的。確實最好，為什麼？因為臺北的晚間電影可以看到夜裡一點鐘，所以我在臺北看電影從來不會影響我的工作。基本上我是九點以後才去看電影，日本這麼好的一個地方，晚場電影八點半就結束了。我在日本每每是要脫離工作去看電影，這就讓我很沮喪。而且臺北電影的放映面非常之寬，比香港好多了，香港基本上是放映美國電影為主，臺北有很多歐洲電影。這是屬於我個人的觀影經歷，不能跟蔣介石比。我看了兩篇論文，我覺得很有意思。其實我本來很想寫，我也注意到，我先說一個具體的事，就是蔣介石的日記裡確定了，一九四八年十二月五日他跟宋美齡看了描寫文天祥的電影《國魂》，因為在程季華編的《中國電影發展史》裡面特別寫了這件事。是說當年國民黨失敗前夕，蔣介石通過《國魂》這部電影要去鼓動國軍高級將領的反共意識、堅守意志，要效忠於黨國的意識。這件事在《蔣中正日記》裡其實是得到確證的，所以我的第一個感想就是跟其他好多事連結起來，傳媒的說法我們一定不能低估，當年人的一些說法我們也一定不能低估。現在很多人因為種種原因，對當年好多說法其實是抱著一種懷疑態度。但事實上，現在根據我們揭密後的史料，當年的許多說法確實是成立的，是有所本的，只是我們捨去了另外一方面的說法，我覺得這是我的一個感想，譬如說孔祥熙貪汙案，很多事情當年報紙的報導其實是在後來的史料中得到確證的。第二個我很感興趣的就是蔣介石看《清宮秘史》的評價是：「無甚意義」。我一想這個確實很有意思，《清宮秘史》是一九五〇年初在中國大陸放映的，當時中共的高級幹部普遍都看過這部電影，而且普遍的反響還算不錯，只有毛澤東從中看出了這部電影的惡劣之處。所以我覺得在這個問題上毛澤東與蔣介石是有暗合之處，蔣介石也覺得這個電影，對中國人來說沒什麼意義，毛澤東則認為不僅是沒什麼意義，而且是很有害的電影。但是像劉少奇、周恩來這樣的人也看了，後來都檢討沒看出其中有什麼問題來，而且反而看得津津有味。所以這個也是我覺得很有意思的方面。但是我想接著剛才呂芳上說的，其實看電影對蔣介石來說到底是純娛樂還是有其他方面的含意？我覺得這點確實是值得探究的。因為從邵銘煌的文章裡可以看出，蔣介石其實很多指示是強調電影的宣傳性。如果國共比較的話，其實電影的宣傳性，電影對國家民族的建構問題上，國共之間有相當的一致性。從一九三〇年代開始，國民黨也非常強調電影的宣傳性，和它對民族建構的意義與國家建構的意義。我就想起一九四九年中共建政以後，對電影當然是高度強調，而且從列寧的話語得到經典的啟示。蘇聯成立了電影部文化局，當時我們一切照搬蘇聯，也要成立電影部文化局。這件事被毛澤東阻止了，說我們不能什麼都跟蘇聯學，我們還得是文化部電影局，還是文化大電影小，電影是文化的一部分，這點我覺得毛澤東的看法是對的。所以我覺得，邵銘煌的文章裡好多我以前沒看到的資料，有關於蔣介石對於電影的指示等，確證其實他還有很多是宣傳方面，不完全是娛樂性的。還有一個我好奇的，就是蔣介石看電影不一定是在電影院看，而是在他家裡看，在一個特定的場所看，這個時候他看的電影和民眾看的電影其實不一定是相同的，譬如說他裡面看了《西線無戰事》，其實邵銘煌就寫到，《西線無戰事》上映時是被當時國民黨的電影檢查所查禁的。所以一個查禁的電影蔣介石在他的家庭裡仍然可以看到，這個時候他跟民眾之間還是有點不同的。另外我覺得還有一個非常有意思的，中共高級幹部中，只有《楊尚昆日記》非常詳盡，《楊尚昆日記》裡記載他所有的活動，其中一個非常重要的活動就是看電影。楊尚昆幾乎每天或者每個星期都在看電影，但是我也注意到楊尚昆，他從一九四九年進北京城之後，到一九六五年他的日記結束，十七年期間他總共只看過十二、三部美國電影，這十二、三部美國電影，他寫出片名來的，只有三部，一部是一九四九年以後中國大陸唯一一部公映的美國電影叫《社會中堅》。嚴格說這個電影是一個獨立電影，是反應工人罷工的電影，不是美國的主流電影，但是這是一九四九年到一九七九年這卅年期間，中國大陸唯一公映的一部打著「美國電影」旗號的電影。第二部他看的是奧黛麗赫本的《羅馬假期》，他的評價很好。第三部電影叫做《空頭公司》，我不知道這是什麼電影，他沒有任何評價。其他的電影他沒有寫片名，但基本上是負面的評價，譬如說他寫到看了一個美國寬螢幕的反共電影，以及看了一個美國電影是汙辱中國人的，但是我不知道這些是什麼電影。但是我想《楊尚昆日記》至少對這一方面的記載不是特別有隱含的，譬如說他看了中國大陸電影，就是我們今天看的一些紅色電影，他的評價也是很枯燥、很乏味或者很沉悶。他也看蘇聯電影，他有很多看蘇聯電影的記載，他的評價也很客觀。所以我覺得，如果從看電影的角度來看，至少在當時，楊尚昆本人的內心世界，確實不認同美國電影。是他認為美國電影不好看，還是政治上的原因？我個人分析更多是從政治角度，因為他不認同美國，他不認同資本主義，所以他也不認同美國電影。所以我覺得這兩者之間，對建立這樣一種關係，很有意思。另外《楊尚昆日記》裡還說到，他記載唯一看過一九四九年以前國民黨時期的電影，是一部反應國民黨特務活動電影叫《熱血》。他說毛澤東在城南莊看過國民黨拍的電影，看完之後毛澤東自己批評自己犯了自由主義，然後給聶榮臻跟薄一波寫信批評自己看了國民黨拍的電影是自由主義。楊尚昆在西柏坡組織中共的幹部，他當時是中共中央辦公廳主任，連續兩天看了這部電影。他的想法在日記裡頭說，我以為幹部看看不要緊，後來認為自己還是犯了自由主義。連繫到毛澤東看完這部電影自己批評自己犯了自由主義，他就在日記裡寫到，毛澤東如此嚴肅的態度應該引以為原則。所以，其實他看電影還是跟國民黨時期連繫起來，他確實非常有政治觀。但是一九四九年以後楊尚昆的日記沒有記載他看過一部臺灣出產的電影，好像蔣介石的日記裡也沒有記載他看過一部中國大陸出產的電影。《楊尚昆日記》記載他看過很多香港電影，歌舞片、娛樂片都有很多，證明至少在這個時段兩岸之間當時是完全隔絕的，互相看不到任何對方的電影。我從第一次臺灣到現在已經十二年了，我一直想找當年中製、中影出品的反共電影，看看是怎麼拍的。我跑到西門町中央電影公司的本部去問，他們都說：「找不到，這電影哪有呀。」我問過張力，他有沒有看過反共電影，他說看過早就沒印象了，都是些刻板的宣傳。陳永發的解釋是，國民黨失敗了，實在沒有辦法在電影裡把自己呈現出一個非常英勇的形象，因為大家就會質疑，那你這麼英勇怎麼就失敗了呢？不像共產黨拍的電影，儘管是宣傳，但它跟實際的歷史進程確實是一致的，所以他可以理直氣壯的、非常藝術化的宣傳他的革命的成功。所以我記得有一次有位臺灣大學的教授，他的專長領域是音樂，他就跟我們說，你們中國大陸拍的電影裡面紅色的音樂，譬如說《上甘嶺》的主題曲，確實非常的大氣，非常的動聽，而我們反共的音樂，確實沒做出來。我聽到呂紹理唱的歌曲，我也深有同感。

呂紹理：

接著汪朝光的話題，我會選秦孝儀版的總統蔣公紀念歌，是因為聽起來稍微大氣一點，相較於蔣緯國作詞的那個版本。聽了這場報告有幾個聯想，剛剛前面幾位，包括呂芳上跟汪朝光都提到好像看電影不是休閒，而是政治。我對於這點倒是有不同的觀察，其實我覺得很多的行為是一體兩面，它反應的是一個人在他的生活當中，對於休閒的某種投射。因為他可能既是休閒，但是當中又對他政治產生不同的影響。就好比在座的我們天天都在看書，看書既是工作也是休閒，其實學術研究也是休閒，就像來花蓮開會既是考察也是旅遊。所以這當中不是可以一刀兩切的，我們只是要問每種不同的人在休閒活動當中多少都有他正常工作的一種投射跟投影。所以從休閒當中，我們可以反過頭來看這個各種不同的面相。

王奇生：

剛才呂芳上說蔣介石最愛是京劇，可是我看《蔣中正日記》好像沒有這個印象，他好像看京劇的次數不太多。但是剛剛提到的史料我是看到，就是蔣介石說大陸不收復他不看京劇，那這個能不能反推過來說，京劇是他的最愛，但我又有一點點不認同。電影也不是他的最愛，我覺得他的最愛還是旅遊，這是他最大的興趣。另一個我懷疑他很多時候是陪宋美齡看電影，而且經常是看了一半就睡覺去了。因為他的作息時間非常有規律，他絕對不會因為看電影就把自己的時間搞亂。我看有個侍從官的回憶，他說蔣介石看電影經常是看一半，看不完他就睡覺了。有的時候，他看一半明天晚上再繼續看。

汪朝光：至少我看到的記載，他沒有記載說他看了一半他就走的，你這個說法是哪裡來的。

王奇生：我剛剛講的是侍從官的回憶。

陳立文：因為我也去訪談蔣介石侍從人員好幾次，邵銘煌的文章裡面有提到。侍從官很多回憶是他晚年的，蔣介石晚年確實沒有辦法支持那麼久，所以他常常是看一半，有時候他會說明天再看，可是到了明天他可能忘了。但是我覺得這個沒有根據。

呂芳上：我補充一點，蔣介石的日記裡面卅九年一月十日提到：「余平生愛觀平劇」、「四九年來臺北以來，經兒屢勸我觀平劇以解憂悶，彼不知余已私自立願：如不收復北平，此生不再觀平劇。」

任育德：但是蔣介石後來也看了，因為軍中劇團一開始演了，他去巡察時人家演給他看，他不看成嗎？

陳立文：而且他每年生日的時候，經常杜月笙夫人都會來。

王奇生：他是看到收復中國大陸無望，所以不得不看。

任育德：杜月笙夫人也派姚谷香去唱戲。

王奇生：所以蔣介石的話不能常信。

任育德：臺灣出現電視臺之後，每個星期天晚上有電視平劇，蔣介石會看。

王奇生：一九四九年前後確實有差異，包括看電影、包括旅遊可能都有不同。我看到邵銘煌論文第一頁有一張照片，那張照片真的非常少見，蔣那麼開懷大笑，這是我第一次看到。而且照片中，其他人都沒笑，包括宋美齡都沒笑。到底是一個什麼電影讓他這麼開懷。

還有一點這個場地，不是一個家庭的電影院，這是一個非常大的場合在看。另外談到旅遊，我看他的日記印象深刻的一點就是旅遊這一塊，他遊記寫得非常細緻，而且文字非常漂亮。蔣介石很少寫詩，但是他有幾次是因為旅遊而寫詩的。我不知道在旅遊詩之外還有沒有寫過其他的詩，或是到臺灣來之後有沒有寫過詩。蔣介石的詩下次我們可以專門討論。

金以林：

剛才諸位所談從旅遊到電影，都賦予了一些政治意義。中共領袖也有一種休閒方式，從延安時代開始就喜歡跳舞，一直跳到文革前。無論是毛澤東還是周恩來、劉少奇，幾乎所有領袖都跳。我相信跳舞相對來講政治含意少一點，中共許多領袖都是在跳舞的時候成就了一段姻緣或演繹一些故事。

徐思彥：

我糾正金以林一句話，中共跳舞不是純娛樂，在文革中最明顯的就是毛澤東通過跳舞認識空政文工團的一個女演員，叫劉素媛，通過她把一些指示傳下去，所以不是純娛樂。

汪朝光：

徐思彥這點我要糾正一下，我認為有點誇張，所謂通過空政文工團的傳遞，只是個說法而已。

徐思彥：偶爾。

汪朝光：只是偶爾，不代表他只通過這個渠道。同樣的他可能也指示空軍司令員，所以我覺得毛澤東只通過這個渠道傳話就有點誇張。

高純淑：剛剛王奇生提到那張照片，我也不知道是什麼時候，不過應該是在大陸時期，因為宋美齡旁邊是戴季陶。我覺得這場也不一定是看電影，邵銘煌覺得他笑的很可愛就把他放上去的。我剛剛報告的時候有提到《金門灣風雲》的問題。給我的感覺就是說蔣介石看電影是不是在審查，或者是他下面的人認為他看過以後就沒問題。這裡發現，所有電影都是他看過以後，最快兩三天、一個禮拜上映，當然也有拖到一年以後才上映。《金門灣風雲》原來設定的角色，好像跟後來上映的不一樣。就是說，他看電影還有審查的意味，當然可能他本身沒有這個目的，可能下頭的人認為他看過之後就沒問題。

任育德：

謝謝在座各位提的一些問題跟意見，其實我覺得蔣介石他最愛一定是京劇，電影當然是相關的一種。我覺得電影跟政治在很多場合也許是融合在一起的，當時海峽兩岸在爭奪香港導演與演員，而香港導演與演員也需要市場，就看誰提供的資源比較多。這個情況比我們想像的還要複雜。當然臺灣在這樣的一個狀況下，或許是到七〇年代之後，國語片逐漸取回主導地位。這時候的中影是從資金、製片跟放映，一體的上下游市場，在國語片有他的主導作用，而他的戲劇與拍攝技巧也越來越進步了。可能臺灣的五六年級生在小時候都看過一部電影《筧橋英烈傳》。《筧橋英烈傳》宣揚中國空軍英雄的對日抗戰英勇事蹟，絕對是讓臺灣很多小朋友對空中戰將的英勇印象深刻，這難道不能說是一個成功的宣導？另外還有一個是《英烈千秋》，大家可能都記得柯俊雄扮演張自忠英勇自裁的時候，場景安排日本軍喊「中國軍魂萬歲！」，形成一個震撼性的結尾。這樣的政宣片不能說沒有劇情或欠缺吸引人的要素，恰好相反。中影公司從蔣介石到蔣經國父子在電化教育方針下一系列的關注，是有一定的作用在。中影公司到八〇年代拍起所謂臺灣新電影，與參與者的改變有關，使他們製片的方針更加地接近臺灣社會的想法，又無意間帶動了一個新的電影風潮，這其實並非政治人物的預期。這對整個臺灣社會來講，也許他還是一個必須去重新正視的一個部分。謝謝大家的批評指教。

蔣介石的遊憩

蔣介石的旅遊生活[1]

■劉維開
國立政治大學歷史學系教授

壹、前言

旅遊是蔣介石日常生活中重要的一個部分，[2]以往受限於資料，特別是蔣氏本人沒有書寫過「遊記」等相關文字，研究者鮮少注意及此。近年來，因《蔣中正日記》的開放，透過日記可以看到蔣氏關於旅遊的種種記事，包括對遊覽過程的詳細記錄、心情抒發，或觀賞景點的所思所想等，方才較爲完整的呈現出蔣氏的旅遊生活。[3]有學者注意到蔣氏在日記記事中呈現的「故鄉情結」，進行以「故鄉」爲主題的討論，如方新德之〈從《蔣介石日記》看蔣介石的故鄉情結〉、[4]高純淑之〈蔣介石的『古鄉』情懷——從來臺後日記中的觀察〉等，[5]其中有部分內容涉及蔣氏的旅遊，但主要仍以「故鄉」爲主，並非對其旅遊生活之探討。本文擬從蔣氏在日記等資料中，對旅遊的相關記事，分別從旅遊的時機與形態、蔣氏的旅遊記事，以及旅遊期間相關活動等方面，探討其旅遊生活，並藉以理解旅遊在蔣氏思考國事、決定大計等問題上所起的作用。

蔣介石的旅遊生活，因大陸時期與臺灣時期的空間概念不同，方式亦不相同。本文以蔣氏於一九四九年以前在大陸時期的旅遊為探討範圍，時間以蔣氏於一九二八年任國民政府主席主持國政起，至一九四九年蔣氏自總統一職引退，下野返鄉止。

貳、旅遊型態

蔣介石身負國家領導重任，如何能在日理萬機的繁忙公務中，抽空進行旅遊活動，實為探討其旅遊生活時，需要先瞭解的問題。就蔣氏所留存大陸時期相關資料分析，以其辦公地點，即戰前、戰後的南京及抗戰時期的重慶為中心，他的旅遊活動大致可以分為三種型態：

第一是赴各地公務活動行程中進行的旅遊：所謂公務活動，是指蔣氏平時至地方巡視，或戰時赴前線督師時，順道或抽空參觀該地或鄰近地區之名勝古蹟，此種旅遊方式，亦可稱為「巡遊」。如一九二九年十一月，蔣氏北上河南，督師討伐西北軍叛變，戎馬倥傯之中，抽空赴許昌等地遊覽，據日記所記：一日，抵郾城部署一切；三日，自郾城抵許昌，入城巡視縣署，感歎：「此為曹孟德舊都，而今已不成都矣。」十三日，自許昌經禹縣、白沙到郜郕，上午遊覽郜郕北門外之周公廟，觀廟內測景臺及銅壺滴漏等古蹟，記道：「其地風景甚佳，山水環繞，不亞於古鄉，惟乏森林而已。戰場得此名勝，甚於旅行遊覽矣。郜郕古事甚多，吾能到此則幸矣。」廿日，自許昌往繁城鎮，參觀受禪臺，為三國魏王曹丕接受漢獻帝禪讓，登基稱帝之地，臺前有碑，為受禪碑。廿一日，經鄭州，抵開封，遊覽城中，食黃河鯉魚，曰：「其味無比，誠不愧為名產也。」廿二日，結束河南之行，自許昌南旋，經黃山陂、新安居，記道：「略有高地，可以對北防備也。」廿三日，抵漢口，轉武昌，遊楚望臺及軍校庫，見舊槍炮甚多，記道：「修理可應用，惜辦事人不能廢物利用，實事求是耳。」[6]再如一九三六年四月，蔣氏赴川、滇、黔三省，計畫西南國防，十二日，自漢口搭飛機至宜昌，步登東山公園，由昭忠祠到東山寺，再往寶塔附近參觀工事，巡視市內街道，讚歎「宜昌風景頗佳」。十三日晨，由宜昌乘民商輪溯長江西上，沿途觀賞兩岸風光，感歎「江山莊嚴，心神戰慄而已」。十六日，抵重慶，十七日，自重慶以飛機到成都。廿二日，自成都搭機到昆明，廿三日，遊城北蛇山。廿四日，乘飛機自昆明，經富民、羅次、元謀、苴卻、仁和，折西飛行，沿江至金江縣，經賓川、姚安、牟定、祿豐而返，飛行視察約二小時半。廿五日，自昆明飛抵到貴陽。廿六日，正午往圖雲關、林場、新飛機場，傍晚登黔靈山遊覽。廿八日，自貴陽到長沙。卅日，自長沙以飛機到星子，遊秀峰，居慈庵。五月二日下午，由秀峰移住金井橋新屋之慈庵，記道：「此處風景之幽勝，實超絕一切，巫峽之壯麗，萬不及金井三峽之雄偉幽勝，而瀑聲之雄壯深長，令我神馳，不知所之矣。」三日，往海會寺，主持特訓班開學典禮。四日，下山，至九江，以軍艦東下。[7]此種型態的旅遊區域十分廣泛，除了西北的新疆、西藏及東北的黑龍江、吉林等地區外，幾乎都有他的足跡。蔣氏對於新疆頗為嚮往，曾記道：「每聞友人向余述及新疆形勢與物產之豐饒，輒為之心馳神往，尤其吐魯番與伊犁等地之情況，以及漢滿蒙回四城之組織與風俗習慣，更欲急於親往視察，作為施政之參考。吐魯番實漢唐以來，對西方進出口之通商惟一要埠，無異於海禁開後之上海也，新疆之關於我中華民族之生存，實無異於我東北四省，而其資源之豐富與國防之重要，則尤過之而無不及也，豈不令人夢魂縈懷乎。」[8]一九四二年八月為處理新疆問題，至甘肅、青海巡視，規畫一切，但以情勢複雜，而未便入新。

第二是度假性質的旅遊：蔣氏往往利用公餘時間，離開辦公場所，到特定的地點，進行一段較長時期的休息。蔣氏在抗戰前及戰後，最常前往的特定地點，是溪口及廬山，抗日戰起，兩地淪陷，蔣氏只得藉由想像，聊慰思念之情，曾謂：「對於廬山與故鄉，幾乎每寢不能忘懷」。[9]抗戰期間，因國內外事務繁重，這類旅遊活動較少，嘗於一九三九年八月預定前往南川金佛山遊覽，但又感歎「預料八月間必為內外政務最重要最緊急之時期，故時時想往遊，終不能一日離渝，去年在武漢，在軍事倥傯，尚遊雞公山三日，而今年竟無一日之暇也」。[10]

溪口為蔣氏故鄉，地處浙江四明山系支脈雪竇山系，周邊有徐鳧岩、千丈岩、三隱潭、妙高臺等自然景觀，自唐、宋以來，爲浙東地區重要旅遊地點。蔣氏對於故鄉十分依戀，返鄉次數頻繁，論者稱其「不但在三次下野後均即返奉化溪口，而且平時也頻繁回鄉，體現出一種特殊的故鄉情結」。[11]蔣氏返鄉，往往一住多日，尋幽探勝，遍訪周邊景點；而故鄉風光亦爲其最懷念者，在外地欣賞風光每每引發思鄉之情，如抗戰初期至武漢，與夫人宋美齡在東湖邊眺望湖光秋色，別有風景，記道：「頓增西湖與古鄉之感。江山依然，風景如古，戰況國情，悽愴萬千」；[12]或與故鄉山水比較，如感歎「四川山水雖多，然無幽秀明峻遊息之區，欲求一稍息休養如古鄉之山水，不可得也」。[13]

廬山與溪口情形不同，除休閑外，蔣氏亦在此處理公務，駐節地牯嶺有「夏都」之稱。[14]蔣氏曾於一九二六年底克復南昌後至廬山，在牯嶺召集軍事會議，而固定於暑期至廬山處理公務，成爲慣例，則與剿共軍事有關。蔣氏於一九三二年六月赴漢口督師剿共，途中登廬山於牯嶺召集贛、粵、閩三省剿共軍事會議及豫、鄂、皖、贛、湘五省剿匪會議，對中共展開第四次圍剿。此後至一九三七年全面抗戰發生，除一九三五年因駐川剿共未登廬山外，蔣氏每年均有幾個月的時間，在該處休息兼處理公務。[15]亦有專程前往者，如一九三七年三月，蔣氏以「近日精神萎頓，心如懸磬，腦若蜂巢，急思休養，以免壞事」，[16]乃於九日偕宋美齡及親友同登牯嶺，休息四日，「優遊自得」，[17]於十三日離牯嶺赴九江，乘永綏艦返京。[18]蔣氏十分喜愛廬山景色，曾謂：「廬山，誠不忍舍去也」，[19]一九三三年以英國女傳教士巴莉夫人贈予宋美齡之牯嶺別墅爲駐蹕廬山時的官邸，一九四八年八月親題

「美廬」二字，遂稱「美廬別墅」。[20]蔣氏在廬山的足跡遍及各主要景點，如御碑亭、訪仙亭、廬林、大天池、小天池、黃龍潭、黃龍寺、仙鶴洞、仙人洞、觀音橋、三疊泉、海會寺、含鄱口等，其中含鄱口「登高望遠，山南北諸勝一覽無餘」，[21]尤爲其喜愛前往處，形容該地「遠望鄱陽湖，風景之美，不可言喻」，「誠一仙境也」。[22]海會寺創建於明代，清咸豐三年毀於兵災，後重建。寺位於五老峰下，距牯嶺卅五里，蔣介石於一九三三年在此處開辦軍官訓練團，團本部設於寺內，並以自闢牯嶺經女兒城、獅子峰之西谷、木瓜洞、太極館、白石寺，而到海會寺之路徑，定名爲「革命之路」，自記：「浩浩蕩蕩，遠望湖光，瞻彼老峰，赫赫威武，蒼蒼青天，悠悠白雲，一步進一步，一步緊一步，艱險蹬蹭，焉得阻我前進，前途光明，主義完成，不經艱險，那得坦途，創造堅忍，毋自忘其五千年黃冑光榮，勿暴棄，勿蹉跎，願我同胞，攜手偕行，共上革命之路。」[23]

第三是辦公場所或官邸周邊地區短距離的活動。蔣介石於一九二八年至一九三七年十二月離開南京前，及一九四六年五月國民政府還都南京至一九四九年一月廿一日下野回鄉，這兩段期間的辦公場所均在南京，官邸位於黃埔路中央陸軍軍官學校內，稱「憩廬」；[24]另於紫金山附近小紅山有別墅，最初稱「蔣主席小紅山別墅」，後稱「國民政府主席官邸」，戰後常駐於此。[25]蔣氏對於南京的風景，十分喜愛，曾稱讚「南京風景之美，甲於全國」，歎道：「雄壯巍巍，誠不愧爲首都也」。[26]常在公餘之暇，至市內或近郊景點遊覽或野餐，包括玄武湖、[27]臥虎禪林、洪武門、萬福林、[28]北極閣、氣象臺、天保城、雞鳴寺、豐潤門、紫霞洞、古林寺、靈谷寺、常遇春墓、小紅寺、紫金山、明孝陵、莫愁湖、燕子磯、雨花臺、湯山等；有時亦至鄰近地區，如無錫、句容、鎮江、焦山、江陰等遊覽。

在南京諸景點中，紫霞洞為其最常前往者，以一九三一年為例，前往七次之多，一九四八年亦有六次。一九四七年於該地修築「正氣亭」一座，蔣氏親題亭額及楹聯，並請時任國民政府副主席之孫科撰〈正氣亭記〉，說明建亭緣由，曰：「卅四年秋九月，日本降。其明年春，國府還南京，主席蔣公既率群工祭告於我國父之陵。暇輒扶杖其間，以致其敻思，一日自紫霞洞西陟層岡，遠眺天闕，喜其山川之勝，林壑之美，屬就巖下伐石建亭，將與國人共遊賞之。」[29]然而據《日記》記事，蔣氏對紫霞洞風景之喜愛，起自一九三一年，至一九四六年則有建亭之構想。紫霞洞位於紫金山南麓，近鄰明孝陵，地理位置甚佳，一九三一年三月廿一日，蔣氏與吳敬恆、蕭萱等於該地遊覽、野餐。蕭萱時任監察院監察委員，通堪輿之學，以該地形勢甚佳，於次日與蔣氏再至該地，並為之解說，蔣氏「頗覺有趣」。[30]五月廿三日，蔣氏與堪輿家劉松君同至紫霞洞及紫金山中峰，觀察形勢，謂：「劉松君乃一誠實之堪輿家也」。[31]抗戰勝利，一九四六年五月五日國民政府正式還都南京，九日，蔣氏蒞紫霞洞視察。十一月十七日，與夫人同遊紫霞洞野餐，以該處為紫金山正脈，有建亭之構想。[32]於一九四七年春指示國父陵園管理委員會及國民政府文官處聯合辦理，旋即展開各項工程，於一九四七年十二月全部完成。[33]該亭地理位置甚佳，前臨紫霞湖，右鄰紫霞洞，左毗觀音洞，相傳爲蔣氏自選墓地，[34]是否眞確，不得而知。但蔣氏於十二月十三日偕夫人至新建完成之正氣亭前野餐，記道：「正午與妻到紫金山正脈新建之亭前野餐，據蕭紉秋稱正穴即在此亭之下。余實愛其形勢之中正遠大而又齊莊也。」[35]或可理解蔣氏建亭之緣由。一九四八年，蔣氏又有重建紫霞洞之工程，並親自設計新屋圖樣，勘察屋基，亦可見他對該地之鍾愛。[36]

全面抗戰發生，國民政府於一九三七年十一月廿日發表宣言，移駐重慶；蔣介石於十二月七日離開南京，十四日抵武昌，旋即暫駐武漢，指揮軍事。一九三八年十月，武漢撤守，蔣氏由長沙，經桂林，於十二月八日抵重慶，駐長江南岸黃山之雲岫樓，嗣後大部分時間居住於此。此外，蔣氏在重慶還有三處官邸：一是位於市區的德安里一〇一號曾家岩官邸，爲蔣氏處理國務、接待賓客的主要場所；一是林園官邸，位於歌樂山麓，原爲國民政府主席林森官邸，故名「林園」，一九四三年十月，蔣介石繼任主席後，保留林森生前所住樓房爲紀念堂，另行擴建新屋，於一九四四年五月入住；一是小泉官邸，位於重慶南郊南溫泉花溪畔，因蔣氏身兼中央政治學校校長，抗戰期間該校從南京遷至南溫泉，官邸爲蔣氏蒞校時臨時休息或住宿，通稱「校長官邸」。蔣氏在重慶大抵以四個官邸爲中心，在周邊地區，包括汪山、黃山、蔣山、汪家花園、老君洞、清水溪、水晶灣、歌樂山、老鷹岩、九龍坡、南溫泉、浮圖關、鵝頸嶺李園、東山、北碚等，進行休閑旅遊。汪山、蔣山與黃山山勢相連，汪家花園、老君洞爲其中主要景點。浮圖關位於重慶西南，山勢雄偉，爲戰略要地，抗戰期間中央訓練團設置於此；一九四一年三月，更名爲「復興關」，並手書關名鐫於石上，稱：「改浮圖關爲復興關，以勵國人，并自勵也」。[37]老鷹岩在歌樂山上，以山崖上常有老鷹棲息，名之；一九二七年修建成渝公路時，在此地鑿通隧道，地名改稱「山洞」。老鷹岩一帶，鬱鬱蔥蔥，環境優美，包括前述林園官邸及孔祥熙、居正、何應欽、重慶市長等黨政要員官邸修建於此，國民政府部分機關，如陸軍大學等設於此地，並有重慶市政府駐郊區辦事處，林森曾親題「小陪都」三字，以誌其盛。[38]

參、旅遊記事

蔣介石雖然喜愛旅遊，但是在他的論著中卻少有「遊記」等關於旅遊的文字，不若孫中山有〈遊普陀山誌奇〉、[39]林森有《峨嵋青城紀遊》傳世，[40]反而在《日記》中記有豐富的旅遊情節。毛思誠爲編撰《蔣介石年譜》而分類摘錄蔣氏日記，共分九類，其中有「旅遊」類；[41]抗戰期間，王宇高、王宇正於編纂《事略稿本》同時，依照毛氏之類抄模式，分五類輯錄蔣氏日記，其中之一爲「游記」，亦可見旅遊在蔣氏日記中的分量。

蔣氏在日記中對於旅遊之記事，內容並非一致，如行程較長，則記錄較爲詳細，如前述一九三六年四月十三日至十六日，自宜昌搭船溯江西上至重慶，歷經四日，一路觀賞風光，日記中對於出發抵達的時間、沿途所經地點、風物民情等，詳細列出：

十三日：「八時半，由宜昌乘民主商輪溯江西上，經南津關、峽門口、平善壩，入西陵峽，行一小時餘，到黃顙洞（北岸）附近，見有高山上大山洞，直穿山背，成月洞橋形，可由其穴洞見後山，甚爲珍奇，故特記之。再經南陀、黃陵峽、新灘、香溪、秭歸、巴東、無渡橋，入巫峽，至巫山大麥沱灘泊也。三峽風景，先人已多記載，非餘筆墨所能形容，故不如從缺，但以余之所感，可以一語概之，曰：『江山莊嚴，心神戰慄而已』，凡入峽壯觀，而不起中華自豪自強之念者，非黃帝子孫也！大禹功在萬世，尤足資余之模楷。」

十四日：「五時半由巫山大麥沱啓椗，六時入瞿唐峽，即所謂風箱峽也。八時前見灩澦石，即白帝城下也。瞿唐之奇妙，尤爲三峽之首，誠壯觀哉！八時到夔城，登陸入城視察，由南門入縣署，遊鮑超花園，往東門，參觀奉節中學、永安宮故址後，回船，溯江西行。六時後到萬縣，到陳家壩視察飛機場，再渡江，遊公園及視察縣署，回船已九時矣。自夔門以上，山河平凡，無足記載。夔門雄險，難怪川人自大也。」

十五日：「黎明由萬縣開船，正午過忠州，四時到酆都，登名山，俗稱天子山，即陰與王方平修道之處也，後人誤傳爲陰、王二人，意以爲陰間之王，改稱爲閻羅王也。酆都城內，市街寬暢，民眾體格較良，絕不如世俗所想像之陰閉也。遊畢，登船啓椗，晚泊湯石。」

十六日：「本日八時過涪陵，十二時過長壽，四時半到重慶。」「巡視市街，秩序較前進步矣。」

再以遊覽中南海、故宮爲例，亦可見遊覽時間、環境及心情等因素，與日記記事詳略或有關連。

蔣氏每至北平，因中南海爲北平地方軍政機構所在地，鄰接故宮，大多會順道遊覽兩處，但每次參訪之後所記，並非一致，如一九二八年七月北伐軍事結束，全國統一，蔣氏蒞臨北平，赴西山碧雲寺祭告孫中山，期間曾至故宮參觀，記道：「遊覽太和、中和、保和三殿，殿宇之宏大，不如門樓，保和殿則更小矣。游武英殿，古董甚多，玩具亦精，國家元首而以此爲寶，則焉得而不亡也」；[42] 一九二九年六月，因馮玉祥所屬西北軍發生異動，以「護黨救國」與中央對立，[43] 蔣氏巡視北平，穩定北方局勢，再蒞故宮參觀，記道：「只感宮殿生活爲一變相之牢獄，其腐敗汙穢，雜亂不堪名狀。觀其歷代帝王之像，以順治爲首，次則乾隆，其餘無足觀者也，只可作爲遺跡而已」。[44] 兩次所記均爲感想，內容亦相當簡要。一九四五年十二月，蔣氏偕夫人於抗戰勝利後首次蒞臨北平巡視，宣慰民眾，至中南海探訪軍事委員會委員長北平行營主任李宗仁，視察北平市政府，順道遊覽中南海，再以一天的時間參觀故宮。或許因時間較爲充裕，且抗戰勝利，心情愉悅，日記中對於此次遊覽記事，內容與之前相差甚多：

十二日：「十一時與妻到中海勤政殿行營訪李主任，巡視後即到瀛台、豐澤園、懷仁堂、居仁堂、春藕齋，經聽鴻樓、萬字廊，觀石室後，經芳華樓而出南海，到翠華樓飯館與李德鄰、蕭一山二同志便餐。……下午觀太廟後，到景山憑弔崇禎殉國之古槐，登萬春亭後，遊觀德殿與壽皇各殿。殿內塵土寸許，狼藉不堪矣。」

十三日：「十一時半入天安門，遊覽三大殿後，再遊武英殿畢，到絳雪軒午餐。『勤看』伴遊也。下午自鐘粹、承乾二宮後，即轉坤甯宮、交泰殿、乾清宮，出隆宗門，轉養心殿，經西六宮，由漱芳齋經澄瑞亭，出順貞門，再轉貞順門，經珍妃井、倦勤齋、符望閣，折至祺閣、頤和軒、樂壽堂、養性軒、甯壽宮、皇極殿，出錫慶門，乘車出北上門，回寓已四時半矣。今（十三）日窮一日之力，禁城內之宮殿已識其大略。惟外西路之延春、英華等殿舊址，以及雨華閣、春禧殿等猶未涉足耳。大內以樂壽堂、養性軒爲最華美，皇極殿之堂皇甚於乾清宮，此爲乾隆所建築。想見其人規模之宏偉矣。」

十四日：「（下午）三時，先到十一戰區長官部（舊慶王府），再到市政府巡視後，入福華門，入紫光殿，再遊萬善門、大悲殿，望水中亭畢，即到懷仁堂對黨政軍各主管人員訓話約一小時半，再與軍官訓話畢，回寓。」

其中除個人感想外，並逐一記下經過的各個景點，及行進路線，至爲詳細，由此亦可見蔣氏之注意力集中，對於地理位置的方向感甚強。

蔣氏的旅遊記事，除記錄行程外，亦有途中所見所聞。以一九四六年十月臺灣光復後首次來臺爲例，日記中對於經過的地方，參觀的各個地點，包括淡水砲臺、日月潭發電廠工程、基隆砲臺等，留下了詳細的記錄。臺灣對蔣氏而言，是嚮往已久的地方，早於一九二一年由廣東至上海途經基隆，欲登岸遊覽而不可得；[45]一九三五年七月，與駐日公使蔣作賓談及臺灣相關事務，記道：「不禁神往矣！」[46]一九四六年十月廿一日下午四時，蔣氏偕夫人搭機抵達臺北松山機場，日記記道：「下機乘車直駛草山溫泉，沿途但覺日本風習之深，想見其經營久遠之心計，而今安在哉？……晡與夫人乘車巡遊臺北城中，晚課後，入溫泉浴，與夫人對弈後，十時半即睡」。廿二日下午往圓山忠烈致祭後，經北投往淡水港，巡視舊砲臺故址，「營舍猶存，榕樹未衰，見劉銘傳手書『北門鎖鑰』營額，不勝感慨。即在球場俱樂部左側，與夫人各手植樟樹一株而回」。廿三日上午「十時半由臺北起飛，經新竹上空，十一時半抵臺中，駐市長官舍，午餐。一時半由臺中乘車，經霧峰、草屯、龜子頭、埔里，沿途民衆學子排列歡迎，八年抗戰，今得收復臺灣，見到臺胞，私心竊慰。四時到日月潭，駐涵碧樓東間，湖水之綠，山色之秀，風景可謂佳絕，此誠余平生所理想之風景也。五時乘汽艇遊湖，有劉鈺銳經理導行解釋。日月之水利，由濁水河引隧道廿公里入於潭，再由潭闢隧道四公里到發電廠，自民國九年開始，中經三年停頓，復由美國工程師繼續設計，及借美金二千五百萬元，至民國廿五年始得完成，據稱此爲本年六月以前世界之第一工程也。見此不能不佩日人之不憚工程艱鉅也」。又：「昨（按：廿三日）晡巡事潭中隧道出入口之工程畢，已六時餘，甚歎日人不憚工程之艱鉅，更覺其鍥而不捨恆心之可佩」。廿四日「六時後起床，體操後，即出庭中遊覽朝景，空氣清新，風光美麗，尤以幽靜雅逸更爲難得。俗塵煩囂之人得此，不禁歎世外桃源即在於此矣。……十時後乘車至水底坑第一發電廠，見水源與電廠模型全景，更覺工程之艱鉅與大觀矣。巡視電廠約半小時，即乘車回涵碧樓，已下午一時許。午餐後觀高山族女舞蹈。二時出發，循昨日原路回臺中市，沿途民衆歡欣排列迎送，比昨日更爲擁（按：應爲「踴」）躍，草屯市下車巡視區公所。臺中市民與學子列隊送行者十餘里，其情不自禁，敬仰之心流露於行動聲色者，誠不能以筆墨所能形容也」。廿六日「朝課後獨自遊覽草山一匝，至第一賓館，此處幽雅，勝於余所住之第二賓館也。……下午三時與夫人乘車巡視基隆社寮與綠丘二砲臺，日人所建築綠丘新臺仍甚舊式，殊所不料。巡視市政府，對萬餘群衆訓話後，遊覽內港碼頭，此乃廿五年（按：漏一「前」字），余由粵經此，欲登岸遊覽而不可得之所也，感想千萬。晡乘火車由基隆到臺北市，仍回草山。」廿七日：「十時由草山出發，在長官公署招待記者後，即上機起飛。下午一時半，順經武嶺家鄉，遙望母墓一匝，即向上海直進，二時半到滬。」[47]蔣氏此次臺灣之行，僅至中部即返回臺北，事實上，蔣氏原本計畫與夫人在日月潭多休息一日，再轉往臺南，後因蚊蟲太多，恐染患瘧症，決定返回臺北，遂中止南部的行程，日記記道：「（廿三日）晚課後，與夫人商談明日之行程，本擬休息一日，留連其風光之幽美也，後因蚊多，且易陷瘧症，故決回臺北，以時間不及，中止臺南之行」，[48]就此而言，蔣氏記下的旅遊中所見所聞，不僅為個人保留美好的回憶，亦為當時的風土民情，提供了重要的參考資料。

旅遊對蔣氏而言，亦是回憶往事的觸媒。一九三八年八月，蔣氏於軍務繁忙中，抽空偕夫人至豫鄂交界處之雞公山休息數日，自記：「山地清靜高爽，又得觀覽雲海，心曠神怡，無異出火坑，而入清涼洞天矣」，[49]於雞公巖瞭望全山，憶及幼年事，曰：「幼年時，常往外家葛溪，經駐嶺下時，見其山高而陡，每想如此地形，不怕敵人來攻，若僅用木石由山上投擲而下，再設法阻塞其道路，則敵雖不死，亦必受重傷矣。此種意念，至今思之，自覺可笑，亦可貴也。如決積水於千仞之谿，如轉圓石之千仞之山者，形與勢也。」[50]一九四六年二月，蔣氏偕夫人同遊錢塘江鐵橋，「在橋上東望蕭山，北眺六和，雄偉壯嚴，未易多見」，乃憶及廿歲時遊學杭州情景，曰：「曾憶廿歲初，遊學杭州，回甬時買棹渡江之險，與西興航船之苦，而今則得在余手中建築此希有之大橋（廿六年夏建成），而且在今日親臨其境，能不自知足乎？」[51]亦有至特定地點，感懷往事者，如漢口，蔣氏曾於一九二六年在此地與俄國顧問鮑羅廷發生嚴重爭執，一九三五年三月，國民政府軍事委員會委員長武昌行營開始辦公，蔣氏於二月廿一日至漢口，主持相關事宜，行館設於中央銀行漢口分行，此處即為一九二六年在武漢時居住地點，記道：「余今所駐漢口之中央銀行書室，即民國十五年冬，會鮑爾廷相爭之地，回憶當時之孤苦危厄與忍辱茹辛之險景，至今猶有餘痛也。而今赤鮑安在哉？凡事應一照公理與良知遵行，自無不成之事。」[52]濟南則爲一九二八年五三慘案發生地點，一九二九年七月，蔣氏自北平南下，過濟南，天熱異常，至省政府後花園遊覽，記道：「蒙難舊地，無任感慨。所擬之句尚未作成，姑書之『雁影淚淵躍，魚樂向天潛，鶯聲驚征夢，風狂虎猛飛』，此句示當去年五三倭軍尋釁前一刻之景象」。[53]一九四七年五月再至濟南，三日，巡視遷至新址之山東省政府，旋轉往省政府舊址，即一九二八年五三慘案發生時之駐地，時已全毀，蔣氏深感惋惜，記道：「出巡舊省府，即十六年余在此遭遇五月三日慘案之地，不料全部毀滅矣。此爲余平生心愛之一地，尤其是後花園與珍珠泉之清泉尾雨更爲難忘之地，然而已一無所有，惟見濁水凋木，乃在五三近午時最初聞槍聲處攝影後，悵惘而回，甚歎戰事之殘酷，何物日寇與赤匪竟使美景古跡殘破無遺如此也。」[54]

蔣氏在旅遊中所見所思，亦有特殊意義，包括對人物或事件之品評，如一九三二年二月往遊河南洛陽附近之司馬懿墓，見僅一土堆，感歎記道：「如與關公陵較，則知事業留後，乃在德行，而不在智巧，更不在子孫榮華也」；[55]一九三五年五月，自貴陽至昆明，探訪雲南省主席龍雲，途經五華山附近之逼死坡，爲明永曆帝殉國處，不禁痛憤係之，曰：「吳三桂之獸性禽行，留爲民族千古之羞也」；[56]一九三五年十月返溪口，往寧海城視察，路經方孝儒義井亭，記道：「據傳，其親友八百六十三人爲其殉難，無人爲之埋葬，其家犬盡將此死尸拖入於井內，最後此犬亦自沉於井內，嗚呼！可謂烈矣！聞之肅然起敬」。

[57]或是對歷史文物維護之感歎，如一九三二年二月遊龍門石窟，盛讚石刻「誠無上珍品，亦世界惟一之壯觀」，亦惋惜「寺宇佛像之雕刻皆毀，所殘者不及萬分之一」，記道：「中國人之無智，洛陽人之無能，致使古物毀滅至此，不僅不能對祖先，亦無以對天地」。[58]一九三六年十月底，蔣氏再至洛陽，於歡度五十生日後，留駐該地策畫剿共軍事，暇時則至周圍地區遊覽，對文物損毀情形頗爲傷感，指示整理修復。十一月九日，視察龍門，過河，登香山寺，設計修復古跡，觀洛河大橋，「樂觀大增」；十二日，由洛陽乘車經偃師至參駕店午餐，登鵝嶺，經轘轅坂，到少林寺視察，曰：「其昔日規模之大，實所罕見，惜今已爲十七年時馮軍砲毀不堪，何必欲摧殘文化如此其甚也！」十三日，視察登封城後，赴嵩陽書院遊覽，觀嵩陽碑、漢柏，記道：「見唐代嵩陽觀碑之巍峨精巧，又見漢柏之老大，余所未見，天目之大樹王不足以比擬也。書院地址之中正偉大，可與海會相比擬，不到書院，不能見嵩山之崇偉也，擬從速修復」，經崇福宮，觀啓母觀，觀嵩嶽廟，「其規模宏偉，實過於北京之三大殿，不到嵩嶽廟，不能知我中華建築之莊嚴，惜多殘廢，宜加整理修復」，登門樓，自記：「遠眺郜郕周公廟不能明見，然十八年戰爭時在郜郕，欲游嵩嶽而不可得，今竟得達此志矣。本欲重游郜郕，與登造峻極，以時不及，亦欲有所待也」，出廟，遊覽太室闕後，乘車回偃師轉返洛陽。[59]

而在旅遊記事中，蔣氏亦有觀察周邊事物之體悟，如一九三〇年三月廿日上午八時自湯山經句容，十時抵鎮江，曰：「途中見太陽圓明，精神爲之爽暢，因之聯想及地球與各行星皆為球形，凡天然物體，其原始皆為球形，球形圓，故不能平而祇可以均，又以其圓，故動則循環不變，乃為之斷曰：事物可均而不可平，惟循環而能不變，古之所謂平天下，與今之所謂國際平等者豈不難哉？但人力則不能不盡耳。」[60]再如一九三五年三月，蔣氏蒞貴州，指示剿共軍事，以景仰王陽明，於四月廿八日偕夫人專程至修文縣龍場，同遊王陽明之居所陽明洞，曰：「自遊古迹與聖域以來，未有感想如今遊龍岡之切也。觀其手植梅柏挺秀，更覺其手澤之深，讀其〈玩易窩記〉，至『視險如夷，而不知其夷之為扼也』句，不禁嚮往係之」。[61]有時亦會記下其心境之變化，如一九四六年二月廿二日，上午與夫人同遊雷峰塔舊址基地、岳王墓、玉泉、古珍珠泉、靈隱寺，至樓外樓午餐，登寶石塔遠眺，下午遊覽錢塘江鐵橋，回程經虎跑泉飲茶，再至樓外樓買棹遊湖而歸。蔣氏以此次所遊覽各地皆為舊遊之地，然年紀、心境不同，所見亦不相同，而有所悟，自記：「今日所遊覽各地皆為重遊之地，然老年遊目更能入勝，乃悟觀事察局一如遊覽景色之能深察遠懷，少不如老也」。[62]

肆、旅遊作用

蔣氏喜愛旅遊，學者分析其原因，為：（一）蔣自幼年起即喜好遊覽，積久成習，乃至成為其一生生活中重要的一環。（二）蔣愛讀書，對中國地理、歷史、名人文集等，多所涉獵，均增其尋幽訪勝、求睹史蹟的意念。（三）蔣所遊覽者，多爲其曾經居停或舊遊之地，其中當有不少是出於懷舊心理而爲之，俾撫今追昔，感念緬懷。（四）藉此洗煩滌慮，舒緩緊繃的心情，並活絡一下筋骨。（五）置身於自然山水、名勝古蹟中，易萌生靈感，獲得啓示，而增進其內涵修養。[63]而對於其自幼喜好遊覽，則多歸因於家鄉奉化溪口武嶺有山水之勝，「公生此山水勝處，自幼便愛遊覽」；[64]蔣氏亦嘗謂：「山水實爲我終身惟一之侶伴也！」又曰：「山者定靜而厚重，此吾之所以樂山也；水者清澹而和平，此吾所以樂水也；惟山與水，確爲吾一生之眞友哉！」[65]然而究其實際，應該與早年軍旅生涯有關。在行軍過程中養成觀察身邊事物的習慣，包括觀賞周邊山水，且以此爲樂，解除行軍之疲困，嘗謂：「行軍而兼得便觀玩山水，亦一樂也」。[66]如一九二五年三月，率軍東征，由水口經梅縣，一路觀賞風景，記道：「一路山水秀麗，雨後晚煙如畫，非行軍不能得此樂趣也」。[67]他曾以夜間行軍時觀賞月色爲例，對受訓軍官說：「在夜間行軍很疲困的時候，遇著月色很好，我們就可以指明月亮告訴一般部下說：『大家看，這月光多清白光明呵！』這樣一來，他們便自然而然都能注意到月色之光明美麗，無形中精神爲之一振，忘掉行路的艱苦了！明月固然是最好賞玩的天然景物，其他如高山、大川、幽谷、深澗，以及雲影、波光、松濤、泉響、鳥語、蟲鳴一切的事物，莫不有天然的詩情畫意，堪以娛人耳目，暢悅心神，即無不可供我們利用，隨時指點給一般部下叫他欣賞！使他愉快！而且多多欣賞天然的景物，一定可以啓發幽邃的心智，開拓偉大的胸襟，涵養高尚的德性。古人謂太史公文章之雄奇，即得力於遊覽名山大川；文字如此，軍事亦然。」[68]他表示自然界的一切，無論日光雲霧、電雷風雨、山川草木、鳥獸蟲魚等，「無不具有偉大深刻的感動力——一種眞摯的生動而自然的美妙之處，可供我們無窮的欣賞，啓吾人悠然的深思，直接調暢身心，涵養性靈；間接就可以增進品德，開發智慧；而且多與自然界接觸，還可藉以鍛鍊體魄，涵養精神」。[69]一九三〇年六月，中原大戰北上督師，八日自歸德到野雞岡，計畫構築新陣地，夜晚出營遊覽，曰：「月白風清，如此良夜，余得披星戴月，在戰陣上領此夜景，是亦從軍之樂也」；廿一日，自柳河站以飛機往駐馬店，曰：「白雲青天，心神爽暢，所見佳景，得未曾覩」，已而又曰：「窮宇宙之現象，極萬物之奇觀，壯哉逍遙游也」。[70]

旅遊對蔣氏而言，實際上成爲一種習慣，即使身負黨國重任，亦不忘利用時間出遊，如一九三四年四月底由南昌赴廬山，至五月五日，以次日將返南昌，而「來廬十日，應接外使，與討論軍事，幾無暇晷」，決定暫時放下公務，與夫人等一同出遊，至竹林寺，登訪仙亭野餐。[71]該亭爲蔣氏於一九三〇年所修建，他十分喜愛此處景色，稱讚「乃一幽勝之境」，並謂：「未知何日得以安居度生於此耶。政治事業不能脫離，而此心未嘗一日忘於林泉之間，而尤樂於故鄉風物也」。[72]

蔣氏對於旅遊不僅喜愛，亦會用心規畫，探尋新的景點。以蔣氏一九四九年一月下野後的生活爲例，他回到溪口老家後，即放下繁雜的政務，悠遊於山水之間。學者曾參閱這段期間的蔣氏日記，說：「從日記中可以清楚地瞭解到，蔣回奉化後，大部分時間並沒有花在處理政務、軍務和召見軍政官員方面，他每天至少有半天以上的時間是花在遊山玩水或含飴弄孫上了」。[73]就「遊山玩水」的範圍來看，蔣氏自下野返鄉至離鄉赴滬的三個月間，走過奉化、寧波、鄞縣、象山、寧海等地，遍覽山水美景，而他在這段難得閒暇期間，除了重溫以往觀賞過的風景外，並閱讀相關遊記，查訪以往未曾或鮮少前往的景點。三月十八日閱讀《奉化縣誌》中〈四明山記〉及黃宗羲〈九題考〉等，「於是再覓石窗之意，油然而興」，廿日閱《奉化縣誌》，再生造訪石窗，以及遊覽鮚埼亭、金峨寺、鄞城山等古蹟的念頭，曰：「甚願再訪石窗一次，以及東鄉之金峨與南鄉之鮚埼亭、鄞城山諸古跡，未知果有此福否？」[74]石窗爲四明山景點之一，蔣氏曾於一九二一年前往遊覽，閱讀兩文之後，興起再度前往的念頭，經規畫路線後，於四月十三日成行。蔣氏於當日日記，詳細記錄到石窗的時間、沿路經過地點、途中所見所聞、地形等，鉅細靡遺，實可視爲一篇遊記，並認爲早年所到石窗，「爲假冒而非眞今日所遊之石窗」，曰：「朝課後，八時一刻由妙高臺出發，經徐鳧岩登蛛蛛嶺至北溪，僅二小時三刻鐘；由北溪經大俞至石窗，其情形大略與沈明臣〈遊四明山記〉所述者相似，但並未有如此美麗與險峻而已。其地乃在華蓋山之東，對面間融一溪而已。余在一九二一年冬游石窗，有北溪盧姓者導遊者，乃爲假冒而非眞今日所遊之石窗也。在石窗之右窗閑坐一刻時，先由中間大窗口而入，中經隘口，伏身而進，至右窗，其實爲一普通隘狹之石洞。其左窗石洞則與其餘三窗之洞不通也，盤桓約三刻時而返。其洞口至巔上之大岩，高約十餘丈，其上有水滴至洞前。窗洞皆向西北華蓋山，惟其巔上則樹草木茂盛，不覺其為一岩巔，觀四窗則不如觀岩石較有意思耳。二時半回大俞，在其對岸岙背大路旁之竹林席地午餐畢，經百步階至仗錫之西，所謂六龍泉、三峽與潺湲洞之前略憩攝影。其路傍有一大岩可觀，余示侍從將在此石上鐫字，恐即為再來石，因時已不早，未能進至岩前詳勘耳。到仗錫近半路許，其寺如舊日衰敗不堪，僅有一半僧住也。問其過雲岩在何處，則茫然不知所答。問之附近李姓者，亦不知有過雲石，只知再來石與潺湲洞，指余以所在之方向，實即同在三峽附近，但余只見三峽二字。其實仗錫風景顧此而已。四時半由仗錫起程，經屏風岩，鐫『四明山心』四大字，即在路旁，可觀也。仍經蛛蛛嶺，回妙高臺，時已七時半。」[75]

蔣氏以旅遊作為其日常生活中重要的一部分，目的當在舒解心情，如一九二九年七月，為處理對俄絕交事，心甚悶鬱，連日出遊，然而「心之抑鬱猶未散也」；[76]一九三一年十月，國際聯盟理事會特別會議，討論中國東北問題，以「尚無結果，英美形勢似較前略佳，但事在自強而不在人助也」，乃與夫人由小紅山別墅，散步至紫霞洞麓，自記：「患難中得此雅逸，聊舒憂慮也」。[77]然而此一舒解心情，並非只是單純的生活調劑，更多的時候是「休息是為了走更長遠的路」。如一九三七年七月，盧溝橋事變發生，中日全面戰爭難以避免，八月九日，蔣氏至廬山海會寺主持軍官訓練團畢業典禮後，即至牯嶺休息，「使精神略有休息，以應以後之大難也」，至十一日回南京。[78]在此期間，「考慮組織人選，戰術戰略，內政外交，敵我優劣之形勢」，[79]「籌畫華北戰備，手編抗倭戰術」，[80]實際上在思考國防、政治問題，並修訂文稿。蔣氏認為「在林泉間，精神暢舒，性情雅逸，故心思專一，對於國防與政治，皆能發幽抉微也」，[81]長期追隨蔣氏之秦孝儀亦以其體認，謂：「佳山佳水，是洗煩滌慮的去處，也就是清明在躬的去處。總統的間嘗命駕於山水之間，卻是另外有其更大的目的——更大的定靜安慮的作用的」，「總統喜歡泛舟於一碧無際的巨浸大澤，也喜歡徘徊於奇峰絕巘飛泉懸瀑之間。……每到一處，便會從山水之間軒豁其更高遠的意境，也接受更多的啓示，尤其是會從山水之間得到神明如日之昇的精神和活力」。[82]因此思考國事及文稿修正，正是蔣氏在休假旅遊中最常進行的工作

一九三七年十二月初，南京情勢危急，國民政府已移駐重慶，蔣氏於七日晨乘飛機離開南京，前往廬山，降落星子，宿觀音橋行館；次日，遊三峽澗南亭，自記：「吸納無限清氣，靜聽泉音如在仙鄉，戰時得此休暇，考慮全局，詳計存亡成敗之道，非此不可也。」[83]九日上午在三峽澗上聽泉，「靜思時局與前途，除抗戰到底外，別無他道」，下午上牯嶺，感歎：「蕭條極矣！」[84]十一日，得南京戰況緊急，擬〈我軍退出南京告全國國民書〉；十四日遊三峽澗，再改正告全國國民書，自記：「今日惟一要務在於決定和戰問題與認定國家存亡之關鍵。」[85]是日至武昌，主持南京失陷後的新局面。再如一九四七年十二月廿五日，《中華民國憲法》開始實施，進入憲政時期，國民政府宣布明（一九四八）年三月廿九日召開國民大會，選舉行憲第一任總統。蔣氏於一九四八年二月赴牯嶺休假期

間，除修改《新剿匪手本》初稿完成外，並思考政局發展，決定推胡適為行憲第一任總統候選人，自記：「本月在廬山住十八日，本擬修養靜慮，各種重要問題皆能有一決定，以期全局有一整個方案也。不料入山後傷風一週，未能工作，而且氣候不甚良好，心神亦不甚佳。故在山只能修改新剿匪手本初稿完成，其他以匆促回京，皆未作具體之方案。惟最後半日在遊觀音橋途中，對於本人在國大時為國、為黨、為革命、為主義之利益，與個人之出處，已有具體之決定，頗引為慰。」[86]而所稱「具體之決定」，即為「今日形勢，對外關係只有推胡適之自代，則美援可無遲滯之藉口；黨內自必反對，但必設法成全，此為救國之出路也。」[87]

蔣氏為軍人出身，從日記中可以發現旅遊除了飽覽山水之美，怡情養性外，亦有觀察山川形勢、思考重要決定等目的。在全局思考上，蔣氏曾於抗戰初期，對其一九三四年及一九三五年至西北、西南之遊歷，記道：「如余廿三與廿四年不到西北視察與西南剿匪，則不知我國力之雄厚與偉大，就不能決定抗戰之大計。凡所經之地，自北平跨八達嶺，越城，經宣化、張北、大同而至歸綏，至今相隔五年，而腦海中歷歷如在目前。此種錦繡河山，民族遺產，何能放棄尺寸與片刻也。倭寇欲為之強占，其可能乎？因之知遊歷之功效，較任何努力為大也。」[88]一九四二年九月，蔣氏出巡甘肅、青海、寧夏、陝西等省，對於東部與西部之國防規畫更為明確，記道：「中國應以天山與昆侖山，為西部國防之鎖鑰，而以阿爾泰山與希馬拉耶山為其屏藩（外衛）；東部以鴨綠江與黑龍江為國界，而以長白山與內外興安爲鎖鑰。即東以山海關外東三省爲東花園，西以玉門關猩猩峽外新疆、西藏爲西花園，即以新疆爲我國前門之廣場，而嘉峪關實爲東西緯線之中也」；[89]亦使其對於河西、新疆、綏西與寧夏現狀實情，益加明瞭，實有助於建國計畫，謂：「河西與新疆土地不但尚未開發，而人民且未開化，此乃不到實地未能測見也，乃知西北建設開發與開化須同時並舉，此其所以較難耳」，認爲此次西北之行，「對於我國整個形勢與國防要旨方領悟大要，是爲人生學識又進一步也」。[90]特定問題上，如一九三二年一二八事變發生後，國民政府遷洛陽辦公，蔣氏於二月三日抵洛陽，會商對日抗戰計畫，五日由洛陽往鄭州，行經黑石關以東至汜水之間，觀察地形，覺得有遷都西北之必要，記道：「自黑石關以東至汜水之間地形複雜，雖有飛機大砲亦無所施其技，更知有遷都西北之必要也」。[91]再如一九四九年四月七日，蔣氏一早八時半由金峨寺出發，「經田衖至樓隘，特訪蔣氏祖祠，再至金紫廟，謁見金紫神像後，乃行經蕁湖至吳家埠午餐。下午三時到鮚埼，循埼麓遊覽沿海風景，至費宅之東，眺望象山港獅子口，參觀蚶塘與鮚浚，乃回至下陳乘車，五時回慈菴」，[92]就其四月廿五日離開溪口，由獅子口登艦入象山港一事來看，此行除遊覽外，目的實在爲離開溪口的路徑預作準備。

蔣介石平日外表嚴肅，然而在旅遊時，透過同行者的記述，卻可以發現他親切平易的一面。蔣氏早年就讀奉化龍津中學之英文教師董顯光曾於一九三〇年十一月初，應邀赴溪口作客。[93]他表示蔣氏在家鄉過著鄉村紳士的生活，「本地人就歡迎他這樣的平易近人，看著他那種樸實無華的儀態，誰也想不到他就是全國最敬仰的領袖人物」，「我常看見他站在湍急的溪邊看著逆流而上的魚群感到興趣，他最喜歡在山頂溪源坐了竹筏一瀉千里地順流而下」。[94]前司法院院長居正曾於一九四九年四月，受李宗仁之託，代轉致蔣氏親筆函，赴溪口後停留七天。在此期間，居氏幾乎每日均隨蔣氏往各處遊覽，蔣並親自導遊，記道：「老主人（按：指蔣氏）導遊鞠侯岩，……回程不數里，主人指示岩高處有一洞內，遙望儼然猴頭，并有身手。循途至二隱潭、三隱潭，……出潭不遠，主示石笋，高不可仰，大則不知若何圍也。前行越溪，主人又告以妙高臺東巨岩頂，像獅子嘯天；再上至千丈岩，下岩觀瀑，旁有一石，刻煙聲二字，主人命予可寫字刻上，答不敢現醜，由是逕回溪口」。[95]而在宋美齡的記述中，除了親切外，更多了浪漫的一面。

蔣氏出巡，宋美齡大多同行，在她的資料中，有兩篇隨蔣氏出遊的文章，一為〈閩邊巡禮〉，發表於一九三五年二月，係蔣氏於一九三四年一月為平定閩變，赴福建督師，隨行所記的感想；一為〈西南漫遊〉，係蔣氏於一九三五年督師西南，歷川、黔、滇三省，隨行於途中致國民革命軍遺族學校男女同學之三通書函，首函於四月發自貴陽，次函於五月發自成都，末函於七月發自峨嵋山。兩篇文章為蔣氏旅遊提供了重要的參考，並可補充蔣氏日記所述，豐富蔣氏旅遊生活的內容。如一九三三年十二月卅一日日記，蔣氏除回顧一年遭遇，感歎：「嗚呼！一波未平，一波又起，以余個人謀之不臧，而使國辱民困，所部犧牲勞苦至此，每念往事輒為夢魂不安也。所幸夫妻和睦，愛情益堅，家庭之樂，聊以自慰也。」對當日活動記道：「本日上午辦公，與妻往越王山上談天，而謀攻延平與水口之心未得，稍安也。……晚旁與妻再登越王山，瞭望後回館，晚處理一切，靜坐，批閱。」[96]而在〈閩邊巡禮〉中，宋美齡亦記有當日活動，曰：「除夕那天，我和丈夫在周圍的山中散步，我們發現了一株花蕊怒放的白梅，那眞是吉兆！在中國文學裡，梅花五瓣，預示著福、祿、壽、考以及（我們大家最希冀的）康寧。委員長很細心地折了幾枝回來。那晚點起紅燭的時候，他把梅花放在一個小竹筐裡送給我，作新年禮物。……你們或許明白我何以願意和丈夫在前線共嘗艱苦，他具軍人的膽略，又有詞客的溫柔呢。」[97]兩相對照，〈閩邊巡禮〉的內容生動活潑，同時呈現出一個與外界嚴肅形象不同的蔣介石，這也是日記中見不到的「羅曼蒂克」。[98]再如一九三五年四月十三日，蔣氏記道：「晚傍妻強我外出散步，遊龍門，山明水秀，天朗氣清，腦筋頓覺新明，對於計畫，盡我心力，至於成敗則上帝主宰也。」[99]〈西南漫遊〉中則寫道：「貴陽……城南有清溪。我曾與委員長到那裡溪旁散步。這條清溪很迂迴的流過一個秀麗的小山峽，名叫龍門洞，峽旁高巖上面有人刻了許多字，有的年代已經很久。據說溪水完全流入洞中，就不見了，但是這句話不甚可靠。我們親自去視察過這個洞，一部分的溪水流入洞中，但是其餘的水，蜿蜒如龍，流入山間去了。在這寂靜的山峽裡，美麗的野玫瑰在石上結成天然的文繡，鳳尾草和各種不知名的野花錯錯落落的到處點綴著，使得這個地方顯得又幽靜又秀麗，這是因爲無人居住的緣故。」[100]爲蔣氏所述「山明水秀」、「腦筋頓覺新明」，提供了重要的補充資料。

伍、結語

蔣介石身為國家領導人，軍政事務繁忙，但是十分重視生活情趣，在日理萬機之餘，不忘休閒活動，藉以調劑身心。一九三五年二月，蔣氏至武漢部署剿共軍事，廿四日，偕夫人在漢口俄國餐館共進晚餐，感覺精神漸悅，於當日日記記道：「可知遊藝與俱樂，不可少也」，[101]其中「遊藝」的「遊」，古時即指「旅遊活動」而言。[102]旅遊是蔣氏日常生活中十分重要的一個部分，大陸時期以戰前、戰後的南京及抗戰時期的重慶為辦公地點，區分他的旅遊方式，大致可以分為三種型態：一是赴各地公務活動行程中進行的旅遊，區域相當廣泛，除了西北的新疆、西藏及東北的黑龍江、吉林等地區外，幾乎都有他的足跡；二是度假性質的旅遊，利用公餘時間，離開辦公場所到特定的地點，如江西廬山或家鄉溪口等，進行一段較長時期的休息；三是辦公場所或官邸，即南京或重慶周邊地區短距離的活動。

蔣介石雖然十分喜愛旅遊，但是在他的論著中卻少有遊記等相關文字，只能透過日記或日記類抄中對於旅遊之記事，了解他的旅遊活動，看到蔣氏生活中的另一個面相。蔣氏喜愛旅遊，除了天性外，究其實際，應該與早年軍旅生涯有關。蔣氏在行軍過程中，養成觀察身邊事物的習慣，包括觀賞周邊山水，且以此為樂，解除行軍之疲困，日後即使身負黨國重任，公餘之暇亦不忘出遊。蔣氏之旅遊，除欣賞山水，調劑身心外，亦在觀察山川形勢，作爲國防、軍事等問題決策之參考。文稿修正或思考國事，更是旅遊中最常的工作，旅遊中的所見所思，亦有特殊意義。

綜合而言，蔣介石的旅遊生活呈現出公領域以外的另一個面相，同時透過旅遊相關記事，也可以清楚的理解蔣氏除了國家大事外，對於地方事務關心的來源。就「旅遊」本身而言，目前已經是一門專業學科，許多學校設有相關科系，「旅遊文化」是其中一門主要的課程，包括旅遊的動機、旅遊的消費、旅遊景點的開發、旅遊與中國文化的關係等。蔣氏的「旅遊生活」，除了作爲以蔣氏爲旅遊者的討論外，亦可將其視爲「旅遊文化」的一個主題，從其他的角度進行探討。

蔣介石的草山歲月——從日記中的觀察

■高純淑
國史館簡任秘書

壹、前言

臺北近郊的草山，在日治時期即爲臺灣北部著名的風景區，一九四九年蔣介石來臺之後，一九五〇年三月改名爲陽明山，蔣介石長期「駐節」之下，使之成爲黨政軍的決策中心。蔣介石逝世之後，陽明山的政治色彩逐漸淡化，一九八五年陽明山國家公園成立，陽明山又回歸風景區的原貌。

本文擬就蔣介石來臺後之日記及相關資料，刻意避開軍政外交等重要議題，僅就瑣碎的生活記事，觀察蔣介石在草山的閒淡歲月。

貳、黨政軍決策中心的形成

陽明山原名草山，地跨士林、北投兩地，據臺灣府志記載：「草山以多生茅草，故名。」屬硫磺盛產之地，土人取以易鹽米，從明鄭時期便有漢人與原住民交易的記錄。至一八九三年五月，德商歐利首建俱樂部於北投。日治時期積極開發，劃為風景區，訂有都市計畫，所有公路開闢，自來水、溫泉系統之規畫，以及公園區之擬定，均已略具規模。[1]草山北投在日治時期，被《臺灣日日新報》讀者票選為臺灣八景十二勝之一，[2]一九三七年二月臺灣總督府指定成立「大屯國立公園」，範圍約為今陽明山國家公園與淡水河對岸的觀音山。因日人愛好溫泉，並引進泡湯的休閒觀念，洗浴溫泉、觀櫻活動，盛於一時。為滿足一般大衆及私人或機關等泡湯的需求，日人在草山搭建多處溫泉旅館、別墅及招待所，溫泉建築的選址，大都視野良好，兼具有休憩及賞景的機能。[3]

一九四六年十月，蔣介石與宋美齡夫婦，在「共黨談判糾纏」[4]之際，離開南京前往臺灣巡視，參加臺灣光復周年慶祝大會。廿一日下午四時，飛機抵達臺北松山機場，此為蔣氏夫婦首次踏上臺灣的土地。下機後乘車直駛草山溫泉，「沿途但覺日本風習之深，想見其經營久遠之心計，而今安在哉」[5]。此次巡視前後六天，除廿三日南下前往臺中、日月潭巡視，住宿涵碧樓外，其餘皆住於草山第二賓館。廿六日臨走之前，「獨自遊覽草山一匝，至第一賓館，此處幽雅勝於余所住之第二賓館也。」[6]顯然，蔣介石對草山的最初印象相當滿意。

一九四八年十月，大陸局勢惡化，蔣介石安排陳誠到臺灣休養，「不必憂慮時局」。[7]十二月十日蔣介石致函吳稚暉到臺灣休養。[8]陳誠、吳稚暉的休養地點就是在草山。一九四八年十二月底，陳誠接任臺灣省政府主席之後，奉命赴京述職，一九四九年一月廿一日，座機飛抵定海上空，適蔣介石宣告引退，臨時接獲指示飛杭州，稍後蔣亦飛臨杭州，雙方短暫會晤後，陳再飛南京謁代總統李宗仁及行政院長孫科，廿五日返臺。返臺後即準備澎湖兩處，及臺北、陽明山、大溪、日月潭、高雄、四重溪等八個地方，供蔣選擇作為臨時駐用之所。[9]這些處所正是蔣來臺的路線及暫居之處。由是可以知道蔣來臺與陳誠的安排有密切的關係。[10]

一九四九年六月廿四日，蔣介石抵達臺北，入駐草山第一賓館，這間日治時期設置的貴賓招待所，即是在一年八個月前蒙獲蔣介石的注意，以「幽雅」稱之。[11]此後蔣介石即以此處為其主要居所，策畫黨政軍改革相關事宜。

一九四九年五月下旬，蔣介石置身臺灣的消息首度披露報端後，工作幹部先後來臺，聚集草山，在第二賓館會商草擬改造方案。谷正綱、陳雪屏、張其昀、唐縱、陶希聖、[12]周宏濤，都出現在草山，[13]並配售新屋居住。其後，于右任、居正、馬超俊、李文範等大老來臺，亦暫時安頓於草山。[14]八月一日總裁辦公室在草山正式開始辦公。[15]為政府遷臺作準備。

蔣介石以革命事業必須重頭做起，並須籌辦高級訓練機構，作重整革命事業之基礎，積極籌設革命實踐研究院，「其地址以淡水爲最宜」[16]，最後還是在一九四九年十月成立於草山，稱「陽明山莊」，由蔣介石自兼院長，萬耀煌爲主任。一九五三年成立分院於臺北木柵中興山莊，一九五九年本分院合併集中木柵辦理，一九七五年遷返陽明山莊。

一九五〇年三月一日，蔣介石復行視事後，「總裁辦公室」隨即撤銷，三月卅一日遷入陽明山腳下的士林官邸，但是陽明山官邸、陽明山莊、國防研究院[17]仍在，草山還是蔣介石的決策中心。一九六六年十一月十二日陽明山中山樓的落成啓用，爲陽明山的政治氛圍再起高峰。

一九六五年，蔣介石爲紀念孫中山百年誕辰暨復興中華文化，亟思興建造一座具有國際水準之建築物，藉以緬懷孫中山創建民國之艱辛及弘揚並綿延中華文化於不墜。於是由國軍退除役官兵輔導委員會主任委員趙聚鈺等十人組成「興建委員會」，[18]建築師修澤蘭女士負責建築設計與空間規畫等事宜。選定於陽明山建築中山樓。

一九六六年中山樓落成之後，成爲蔣介石接待賓客、總統國宴、總統茶會，舉行黨務會議、軍事會議的重要場所，逐漸取代圓山大飯店、臺北賓館，甚至總統府的功能。尤其在國際人士訪華之時，蔣介石多是以中山樓爲接待場所，並在此舉行會談，例如：泰國國務院院長他儂元帥、澳洲總理荷特及日本佐藤榮作首相來訪等等，甚至於美國總統尼克森在一九七一年四月特派已退休之資深大使墨菲（Amb. Robert Murphy）爲其私人代表

（Personal Representative），專程來臺與蔣介石密談有關中華民國在聯合國安理會席次問題時，其地點亦在中山樓，足證中山樓在此一時期的重要地位。達官顯要與中外嘉賓常聚於此，儼然爲臺灣政治權力之核心所在（蔣介石在中山樓各種活動詳見文後附錄）。

陽明山管理局的創立

一九四九年六月，蔣介石擇定草山爲駐節之所，黨政軍的決策中心，於是產生特殊的地方組織——陽明山管理局。臺灣省政府於一九四九年七月決定設置草山管理局，將原屬臺北縣之士林、北投兩鎮劃爲管轄區域，以便建設風景暨督導該區內各項行政及地方自治業務。草山管理局於一九四九年七月十四日開始籌備，商借臺北市省立商業學校暫作臨時籌備辦公處，八月十日遷往草山衆樂園公共浴池辦公。八月廿六日臺灣省政府將當時臺北縣所轄的士林鎮及北投鎮劃出成立草山管理局，以境內的草山命名，並任命施季言[19]爲局長。嗣以衆樂園原址撥充開辦服務處之用，於十一月十二日遷移逸園辦公。

一九五〇年三月臺北縣參議員周碧、[20]曹賜固，士林鎮民代表會主席邱有福，士林鎮鎮長丁雲霖，北投鎮鎮民代表會主席洪來福，北投鎮鎮長廖樹等，「爲紀念有明一代學者王陽明先生之戡亂精神與知行合一學說，建議將草山改稱爲陽明山，藉以激發全國人民愛國情緒，力行精神，以爭取反共抗俄之最後勝利」。[21]三月卅一日經臺灣省政府委員會第一四三次會議通過改稱爲陽明山。草山管理局於四月廿六日改稱爲陽明山管理局，草山警察所於同月廿九日改稱爲陽明山警察所，所轄各機關團體銜名，所有草山字樣，一律改稱爲陽明山。[22]陽明山爲山岳群之總名，舊名菁山改名紫陽山，以紀念紫陽先生朱熹；紗帽山改名香山，以紀念孫中山故鄉香山縣。[23]值得注意的是，更改地名並非同時進行，一九五〇年代陽明山管理局的出版品，紗帽山仍稱紗帽山，直至一九七二年二月《陽明山新方志》出版時，已改稱香山，合理推測爲紀念一九六六年紀念孫中山百年誕辰時的「傑作」。

一般認爲陽明山管理局的設立，乃「仿江西省廬山風景區設置廬山管理局的辦法」，[24]惟陽明山管理局臺北縣政府手中接管士林、北投兩鎮的地方行政與自治事務，打破國民政府過去管理局不兼管地方行政事務的慣例。

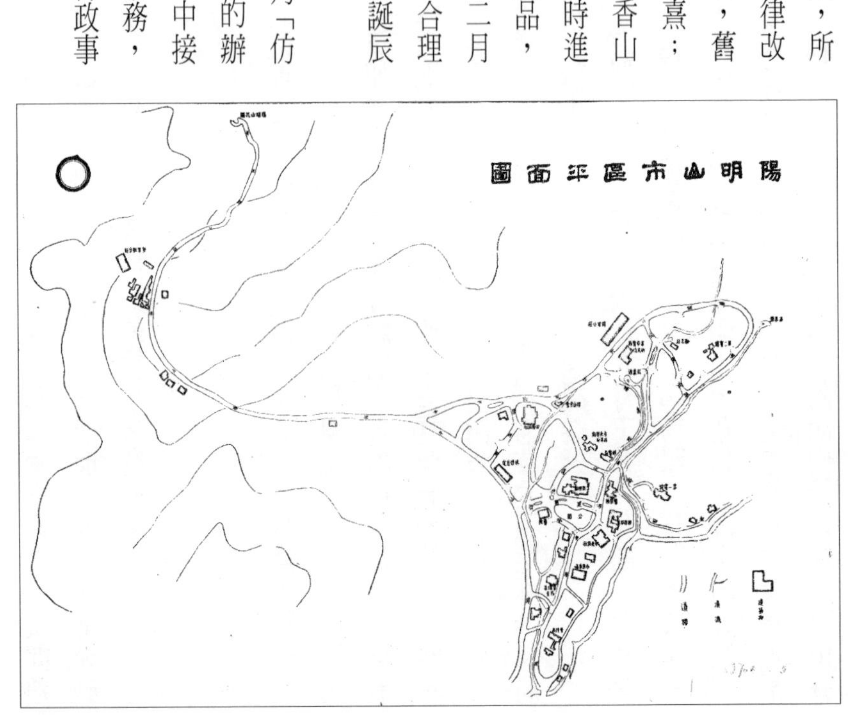

陽明山管理局定位為縣級行政區，接受臺灣省政府（後改隸臺北市政府）監督，辦理臺灣省（後為臺北市）委辦事項及督導區內地分自治事項。轄區內有民選的縣議員參加臺北縣議會，審議該局年度預算及施政報告，經費均由臺灣省政府專案補助該局轄內地方建設。如此設計起因於陽明山管理局轄區當時為蔣介石的駐節地，是中樞黨、政、軍的眞正決策中心，為了服務決策中心常駐的需要，自然必須賦予陽明山管理局地方行政權。然而管理局本身無法源設立議會，故「借用」臺北縣議會為其民意機關，在臺北縣議會裡提出施政報告並答覆質詢，形成有趣的民意寄生現象。

陽明山管理局置簡任局長一人，由臺灣省政府任命，級別與光復初期五大縣（臺北縣、臺中縣、臺南縣、新竹縣、高雄縣）縣長相同，尚高於編制為薦任的三小縣（花蓮縣、臺東縣、澎湖縣）縣長。陽明山管理局兼負保衛中華民國決策中心的重責大任，因此局長一向由將級軍官或黨政機要官員派任，形同蔣介石的另一個侍衛長，地位實質上高於其他民選縣市長。陽明山管理局歷任局長依序為施季言（任期一九四九年八月—一九五二年八月）、陳保泰（任期一九五二年八月—）、[25]周象賢、[26]郭大同、潘其武、[27]金仲源。

一九六七年七月一日，臺北市脫離臺灣省，升格為直轄市。陽明山管理局士林鎮及北投鎮劃入臺北市，全稱為「臺北市陽明山管理局士林區」及「臺北市陽明山管理局北投區」。士林區及北投區，仍由縣級行政區陽明山管理局管轄。直到一九七四年一月一日，臺北市政府去除陽明山管理局的地方行政權，改稱「臺北市陽明山管理局」，只負責風景區維護與管理。北投區和士林區始由臺北市政府直接管轄。一九七七年管理局降爲管理處，改歸臺北市政府民政局管轄，不再是市府的第一級單位；其後管理處一再降級，目前僅爲工務局公園路燈工程管理處的陽明山公園管理所。而曾由陽明山管理局管轄的中山樓則於一九八六年改隸國父紀念館陽明山中山樓管理所，二〇一二年五月廿日復因行政院組織調整，改隸國立中央圖書館臺灣分館。

宛如故鄉的陽明山水

從日記中觀察，蔣介石在日理萬機之餘，其生活有悠閒的一面。陽明山是他的決策中心，也是他休閒的好去處。

「陽明山公園在陽明山中正路二段，距陽明山市區約二公里。步行卅分鐘可達，原爲日人山本信義所有，光復後由煤礦公司所接管。」[28]陽明山公園歸李建興、建成、建川、建和兄弟的海山煤礦所有，一九六三年十月廿五日臺灣光復節，李氏兄弟將陽明山公園呈獻蔣介石總統，蔣介石決定交與地方政府管理，成爲名符其實的公園。[29]

蔣介石對陽明山公園的規畫，一草一木都非常在意。日治時期日人在草山大量栽培櫻樹舉辦賞櫻活動，蔣介石則指示多種梅樹，以慰思鄉之苦。在日記中時常記下陽明山賞梅的感觸：「與妻遊覽陽明（後）公園，欣賞梅花，清香無比，不能聞見此古色古香者已六年矣，頓起古鄉之念，又觸舊年度歲之風味矣。」[30]「回寓即與妻往陽明山後公園賞梅，尚有未謝花朵，清香餘味尚在也。」[31]其實日人種櫻、蔣氏種梅，概其意相近也。

蔣介石對其故鄉雪竇山山水，尤其是三隱潭，稱至不已，返鄉期間，「日輒一游三隱潭」。[32]據蔣介石的描述：「先至第一潭，潭在峽谷中，大不過丈餘，而深莫能測，一脈水出，下經第二潭、第三潭，而入大溪，……蓋第三潭爲一大巖窟，寬二丈，高百米突，峭壁迴合如蓋，日光自罅隙而入，照見細流涓涓自右來，明皪如珠子跳躍。」[33]和陽明山的瀑布十分神似：「南磺溪從大屯山沖洩而下，形成陽明瀑布，過了福壽橋的險崖，跌出一個十多公尺高，瀑面更寬的瀑布來，這就是大屯瀑布，再往下狂奔闖入峽谷，遇到峰頂橋畔的急坡，形成一片苔綠濃重的水瀑深潭。」

圖片出處：《臺灣風光全集》（1969年）

陽明山管理局的資料顯示，陽明山有三個瀑布，「第一瀑布在陽明山市區至第一展望中途，爲臺北市水源，……瀑長十餘丈，水勢洶湧直瀉，有如萬馬奔馳，由第一展望俯瞰，宛如白練，令人歎爲觀止」。[34]蔣介石取其名陽明瀑，「其高超過千丈岩，其壯與美則優於廬山秀峰之馬尾泉也」。[35]「第二瀑布在紗帽山麓福壽橋畔，距陽明山市區不遠，瀑長三丈，闊約丈許，四時水量如一，終年直瀉，晝夜不停。」[36]「此外尚有離陽明山公園不遠之溫泉瀑布，爲水量不如第一、第二瀑布之大耳。」[37]根據蔣介石在日記中的記載，時常散步遊覽的是「公園外之小隱

潭」，[38]初名「小盤古」，後蔣介石改其名為「小隱潭」，[39]並由宋美齡題字立碑。小隱潭是蔣介石最喜歡的景點之一，蔣介石時常獨自一人，或與宋美齡，或帶孝文、孝武、孝勇諸孫散步遊覽，一九五九年六月廿二日，蔣孝文由美回來，蔣介石特別帶其與孝武遊覽小隱潭，「以其出國時曾在此處照相拜辭也」。[40]

靜野山林中的閒淡歲月

蔣介石在宛如古鄉的陽明山水中，溫泉浴與散步、車遊度過他的閒淡歲月。

溫泉浴

據當年陽明山管理局的描述，「陽明山溫泉泉源在七星山南麓，地為陽明山溫泉路，全分東西兩流，東流泉水乳白色，富硫磺質，溫度經常為攝氏七十二點五度，一般家庭旅社內之溫泉浴室多採用之。西流泉水呈黑綠色，含硫磺質較少，溫度則較高。兩泉流量俱豐，宜治皮膚病、腺病、神經痛、婦女病等。」[41]「另有頂北投溫泉一處，泉質似陽明山溫泉，含鐵質成分較多，此地環境幽靜，風景清幽，建築多為巨室別墅，宜於靜養。」[42]

蔣介石素喜溫泉浴，在南京時期，近則到湯山，遠則到廬山度假，溫泉是主要的誘因。一九四六年十月廿二日抵達臺灣第一天晚上，蔣介石就接觸到草山的溫泉，「晚課後入溫泉浴」。[43]感受如何，不得而知。一九四九年五月來臺入居草山之後，「入浴」成為日常生活重要的部分，在日記中幾乎每天都提到「入浴」一事，而絕大部分是溫泉浴。即使是一九五〇年三月卅一日遷入「士林新寓」後，[44]經常上陽明山回第一賓館（或稱草堂、前草廬）[45]入浴，有一回「遊碧潭後乃回草山入浴」。[46]洗溫泉的地點多數在第一賓館，偶而會到管理局[47]或頂北投[48]入浴。至於近在咫尺的新北投溫泉似乎不受蔣青睞，「以皮膚關係，後草山石灰質溫泉反映不良也。」[49]

散步

「步行卅分鐘可達」的草山公園，是蔣介石散步、賞花、觀月、野餐的「後花園」。除了觀月之後，時間幾乎是下午午課後。

蔣介石遊陽明山公園統計表[50]

時間	陪伴者	形式
一九四九、七、卅一（四）	孫輩	野餐
一九五〇、一、九（一）	蔣經國	遊覽
一九五〇、三、廿四（五）		賞櫻
一九五〇、三、廿六（日）		遊覽
一九五三、七、廿二（三）	小黑犬	散步

一九五三、七、卅（四）	宋美齡	遊覽
一九五五、一、八（六）	宋美齡	賞梅
一九五五、八、廿七（六）	蔣孝武、蔣孝勇	遊覽
一九五五、九、卅（五）	蔣經國、蔣偉國全家	（中秋節）觀月
一九五七、一、一（二）	宋美齡	賞梅
一九五七、三、四（一）		遊覽
一九五八、六、廿八（六）		遊覽
一九五九、三、十五（四）	蔣孝武、蔣孝勇	賞杜鵑
一九五九、三、廿（五）	蔣孝武、蔣孝勇	觀瀑
一九六三、六、二（日）	宋美齡	散步
一九六四、一、十二（四）	宋美齡	遊覽
一九六四、二、十四（五）	蔣經國	賞櫻
一九六四、九、十三（四）		遊覽

車遊

根據日記的記載，蔣介石喜歡「車遊」，在南京時如此，在重慶時如此，在臺北亦如此。蔣介石日常生活作息安排，午課後，大約下午四時左右，如果天氣允許，會和宋美齡坐車到臺北近郊兜風，這是他行之多年的「散心」方式。

蔣介石車遊臺北近郊統計表

時間	地點	陪伴者	備註
一九五〇、一、廿九（日）晚上	臺北	宋美齡	
一九五〇、二、一（三）晚上	臺北	宋美齡	
一九五〇、二、五（日）下午	基隆	宋美齡	
一九五〇、二、廿五（六）下午	淡水	宋美齡	以今晚防空演習即回
一九五〇、三、三（五）晚上	臺北		（元宵節）
一九五〇、三、五（日）下午	臺北	蔣孝文、蔣孝章、蔣孝武	
一九五〇、三、七（二）晚上	臺北	宋美齡	
一九五〇、三、十一（六）下午	金山	宋美齡	
一九五〇、三、十二（日）晚上	臺北	宋美齡	
一九五〇、三、廿九（二）下午	北投	宋美齡	
一九五〇、三、卅（三）下午	北投	宋美齡	海邊散步聽浪

一九五〇、四、一（六）下午	大溪	宋美齡	
一九五〇、四、十六（日）下午	楊梅		車遊新竹未果
一九五三、一、六（二）下午	淡水	蔣孝武、蔣孝勇	
一九五三、一、九（五）下午	東區	蔣孝武、蔣孝勇	
一九五三、四、六（一）下午	碧潭	宋美齡	
一九五三、八、十二（三）下午		宋美齡	
一九五五、四、八（五）下午	基隆	宋美齡、孔令傑	一路禾苗甚秀爲慰
一九五五、四、十（日）下午	山上	宋美齡	
一九五五、六、三（五）下午	頂北投	宋美齡、孔令傑	視察招待所
一九五五、六、廿六（日）下午		宋美齡	
一九五五、九、廿三（五）下午		宋美齡	
一九五五、九、卅（五）晚上		宋美齡	（中秋節）
一九五五、十、十六（日）下午	淡水	宋美齡	
一九五五、十一、六（日）下午	山上	宋美齡、宋伯熊、宋仲虎	
一九五五、十一、十（四）晚上	臺北	宋美齡、宋伯熊、宋仲虎	

一九五五、十一、十二（六）下午	山上	蔣孝武、蔣孝勇、宋伯熊、宋仲虎	
一九五五、十二、廿九（四）下午		宋美齡	
一九五七、一、卅一（四）下午	大溪	宋美齡	（春節）觀沿途鄉俗
一九五七、二、十二（二）下午	陽明山		本擬登峰觀雪而未果
一九五七、五、二（四）下午			
一九六三、一、廿五（五）下午	山上	宋美齡	（春節）
一九六三、一、廿六（六）下午	淡水	宋美齡	
一九六三、一、廿七（日）下午	山上	宋美齡	
一九六三、二、十七（日）晚上	市區	蔣經國	
一九六三、二、廿三（六）下午	陽明公園	宋美齡	櫻花尚未盛開
一九六三、三、廿二（五）下午	陽明公園	宋美齡	杜鵑盛放，而櫻已凋謝
一九六三、四、一（一）下午	山上	宋美齡	
一九六三、四、十二（五）下午	基隆	宋美齡	
一九六三、四、十四（日）下午	市區		
一九六三、四、廿一（日）下午	淡水小基隆	宋美齡	禾秧皆已欣欣向榮矣

一九六三、四、廿九（一）下午	角板山	宋美齡	
一九六四、一、廿六（日）晚上	臺北	蔣孝勇	以解苦悶
一九六四、三、七（六）下午	山上	宋美齡	
一九六四、三、八（日）下午	山上	宋美齡	
一九六四、九、十一（五）下午	麥帥公路	宋美齡	至基隆視察市容，並未改正
一九六四、十、四（日）下午	金山、基隆	宋美齡	
一九六四、十、十八（日）下午	麥帥公路	宋美齡	

從上表不完整的統計看來，蔣介石真的非常喜歡車遊，頻率非常高，通常是午後，尤其是在晚飯前，[51]少數在晚飯後，目前還沒有看到上午車遊的記錄。車遊時通常都有宋美齡相伴，蔣經國、蔣孝文、蔣孝章、蔣孝武、蔣孝勇、孔令傑、宋伯熊、宋仲虎都曾經陪伴「車遊」。車遊地點最近就是陽明山，「車遊山上一匝」，最遠想到新竹，結果到楊梅就轉回程。據蔣介石侍衛官應舜仁的說法，「近距離的散步，是坐車到陽明山、北投、士林繞一圈，頂多三、四十分鐘。大圈就是從陽明山到北投、淡水，再從忠烈祠大圓環轉過來，差不多一個鐘頭。再大一點的圈子是走麥克阿瑟公路，到基隆，走金山、野柳、淡水那邊回來，起碼一個半鐘頭到兩個鐘頭，這是我們經常走的兩條路線」。[52]

至於蔣介石熱衷「車遊」的目的何在？可能有幾種情況：

排遣心情，療養目力：例如一九六四年一月廿六日，宋美齡爲肝膽病所苦，蔣介石在晚餐後帶著蔣孝勇車遊臺北，「以解苦悶」，這是一種情況。蔣介石年紀漸老，目力日衰，在一九五〇年三月一日復行視事當天，即指示「自今日起，公文由周（宏濤）秘書口述，而後指示要旨代批之，如此乃可節省目力，而只用耳力較易也。」[53]五年之後（一九五五年三月七日）自覺「近年來看書成癖，只要在家，就非看書修文不可，故目疾日增，此乃無可奈何之事，故一有閒暇，只能在院中散步或乘車外遊，聊養目力疲倦而已」。[54]車遊可以離開書卷，暫時休養。

視察建設，關懷民情：蔣介石車遊沿途藉機觀察農作或市容，常會以「一路禾苗甚秀爲慰」，「禾秧皆已欣欣向榮矣」，有時會「至基隆視察市容，並未改正」爲憾。一九五〇年一月八日，與蔣經國「赴淡水海濱視察工事，無人管理，可歎。」[55]於是一月廿二日，與宋美齡「到淡水視察工事回」；[56]二月十二日與蔣經國「遊淡水海濱視察工事」，[57]二月廿五日再與宋美齡「車遊淡水」。[58]三度視察，非至改善不可。

保守祕密，商談國事：根據醫官熊丸（一九一六—二〇〇〇）對蔣介石的觀察：「他對守祕十分重視，因爲他在房裡講話，守在房外的侍衛官都聽得到，所以他在房裡很少談國家大事。他要談事情，往往會坐進車裡，因爲他的座車設有隔音設備，能將前座隔離，許多話他都與夫人在車上談。有時若不坐車，他會特地到花園等較隱密的地方談話。」[59]從日記中觀察，此說可能性極高。一九六三年一月廿六日蔣介石與宋美齡車遊淡水時，及談到宋子文想來臺訪問的事情：「談子文又想來臺訪問，余予以拒絕。」[60]即是一例。

餘論

一九六九年九月十六日下午，蔣介石夫婦的座車在陽明山仰德大道嶺頭附近發生車禍，帶來極其嚴重的後遺症，此後蔣介石身體健康逐漸走下坡。這年（一九六九）春天，座落於陽明山後山的「中興賓館」開始興建，次年（一九七〇）竣工，做爲蔣介石避暑及招待中外貴賓使用之場所。

蔣介石遷居中興賓館時間前後跨越三個年分，實際上曾數度進住，第一次爲一九七〇年五月九日起至同年十月六日返歸士林官邸，[61]其間在賓館曾多次接待外賓，五月廿五日接見美國生活雜誌發行人亨利魯斯三世（Henry Luce III, 1925-2005）夫婦，六月十七日接見美國參議院議員諾蘭（William F. Knowland, 1908-1974），並茶會款待國際筆會第三屆亞洲作家會議及中國古畫討論會人員。[62]另曾在賓館宴請嚴家淦（一九〇五－一九九三）副總統與財政部賦稅改革委員會主任委員劉大中（一九一四－一九七五）夫婦以及政府高級官員，以申祝賦改成功，奠立爾後臺灣經濟發展的基礎。此爲蔣介石在賓館內舉行僅有的一次盛大宴會。[63]十月十二日蔣介石忽又決定返回中興賓館小住十日，嗣於廿一日返回士林居住。

一九七一年一月十二日，國軍軍事會議假中山樓舉行，蔣介石為配合主持會議的需要，自十二日會議開幕之日移居中興賓館，以減少上山、下山的車行時間，使有更充裕時間貫注於會議的進行，直至同月廿三日會議結束後，下山返回士林居住。四月底，氣候已燠熱，蔣介石先行遷居中興賓館，宋美齡暨其來訪的大姐宋靄齡（一八八九—一九七三）則於五月初方離士林官邸進住中興賓館。[64]

是年五至九月中，蔣介石夫婦均安居於中興賓館。在此期間，中華民國在聯合國的代表權與席位，又面臨「排我納匪案」的挑戰，蔣介石關注此一事件的發展，曾先後四次於五月十五日、七月廿一日、八月六日及九月九日，在中興賓館邀集副總統兼行政院院長嚴家淦、總統府秘書長張群（一八八九—一九九〇）、副秘書長鄭彥棻（一九〇二—一九九〇）、行政院副院長蔣經國（一九一〇—一九八八）、國家安全會議秘書長黃少谷（一九〇一—一九九六）、外交部部長周書楷（一九一三—一九九二）、中國國民黨中央委員會秘書長張寶樹（一九一一—一九九九）、副秘書長秦孝儀（一九二一—二〇〇七）等黨政要員商議因應對策。[65]八月六日召見回國參加亞太地區使節會議人員。[66]九月中蔣介石赴日月潭度假，十月初返回臺北，仍居住於中興賓館，直待雙十國慶前夕始搬回士林官邸居住。[67]

一九七二年五月蔣介石連任第五任總統後，於月底先行遷居中興賓館，安度其平靜而有規律生活，七月下旬忽以心臟病發，迨八月七日晚離開中興賓館，遷至石牌榮民總醫院治療休養，從此永別親自督建的中興賓館。[68]

一九二〇年八月十三日蔣介石在日記中說道：「我與林泉，盟之夙矣，功成退隱，切莫遲遲。」[69]草山或許就是蔣介石踐盟之處。初到臺灣的蔣介石感謝上帝：「今日天父賜予如此美適之寶島，一面予我休養身心之機會，一面予我反攻復國之準備，古今歷史其復有如此之受者乎？」[70]縱然蔣介石最後反攻無望，復國難成，閒淡的草山歲月，或許是其一生難得的滿足。

附錄：蔣介石在中山樓各種活動表

時　間	活　動　大　要
一九六六、七、廿六	巡視中山樓興建情形。
一九六六、十一、十二	主持中山樓落成典禮，發表紀念文，明定國父誕辰紀念日為中華文化復興節，並舉行餐會及茶會，招待參加典禮人士及外賓。
一九六六、十二、廿六	中國國民黨第九屆中央委員會第四次全體會議開幕。
一九六七、二、十八	中國國民黨知識青年黨部同志暨教授春節年會。
一九六七、二、十八	茶會款待海空軍遺屬軍眷。
一九六七、三、廿九	款宴泰國國務院院長他儂（Thanom）元帥及夫人。
一九六七、五、一	為美國軍事顧問團團慶茶會招待美軍在臺官員及眷屬。

一九六七、六、七	主持中國國民黨第十二次黨務工作會議，並表揚一九六六年度示範小組長。
一九六七、六、十	接見上伏塔部長。
一九六七、六、十	茶會款待各國駐華使節。
一九六七、六、廿六	三軍聯合參謀大學聯合畢業典禮。
一九六七、六、廿七	接見參加中美經濟發展會議中美經濟學者四十四人，並由張群秘書長、蔣經國部長等作陪。
一九六七、六、廿九	接見宏都拉斯外交部長卡利亞斯夫婦。
一九六七、七、一	茶會款待即將離任返國美軍協防司令耿特納（Willian E. Gentner Jr.）將軍及夫人，並由張群秘書長、蔣經國部長、美駐華大使馬康衛（Walter McConaughy，1908-2000）夫婦及美軍顧問團團長戚列拉（Richad G. Ciccolella）將軍夫婦等作陪。
一九六七、七、三	接見泰國海軍總司令差倫上將夫婦，並以茶點款待，並由海軍總司令馮啓聰上將及泰國駐華大使查必恭夫婦作陪。
一九六七、七、三	接見智利參議院外交委員會主席塞普維達夫婦，並由中央銀行總裁徐柏園作陪。
一九六七、七、四	接見印尼僑領梁錫佑。
一九六七、七、五	茶會款待將於八月一日就任美國海軍軍令部長穆勒（Thomas H. Moorer, 1912-2004）海軍上將，並由美協防司令耿特納中將、我國國防部長蔣經國、參軍長黎玉璽、海軍總司令馮啓聰上將等作陪。

一九六七、七、五	主持動員會議。
一九六七、七、七	接見上伏塔外交部長羅在美。
一九六七、七、七	接見日本防衛廳聯合幕僚會議議長天良英上將。
一九六七、八、五	爲馬拉威共和國總統班達舉行國宴，並由政府各首長及各國駐華使節作陪。
一九六七、八、八	接見第四屆亞洲足球賽遠東區預賽各國代表。
一九六七、八、十	主持海外華文文教會議揭幕典禮。
一九六七、八、十一	馬拉威總統班達辭行並獻贈象牙雕刻禮品。
一九六七、八、十二	接見中華文化復興運動發起人及回國學人。
一九六七、八、十四	贈勳美國醫藥援華會（American Bureau for Medical Aid to China）主席阿姆斯壯。
一九六七、八、十五	接見日本衆議員。
一九六七、九、四	以茶會款待伊朗駐華大使，並由外交部部長魏道明作陪。
一九六七、九、四	以茶會款待來華訪問菲律賓外交部長羅慕斯夫婦，並由菲律賓駐華大使劉德樂夫婦、外交部部長魏道明夫婦等作陪。
一九六七、九、八	設宴款待日本首相佐藤榮作。
一九六七、九、十一	第一屆世盟大會開幕典禮。
一九六七、九、十二	接見泰國空軍總司令汶趨上將及空軍參謀長卡莫上將。

一九六七、九、十二	接見日本首相隨行記者團加藤嘉行等十五人。
一九六七、九、廿二	接見旅美原子科學家李政道博士。
一九六七、九、廿二	接見美國總統科學技術特別助理賀尼克博士。
一九六七、九、廿五	接見教廷駐華大使高理耀（Giuseppe Caprio,1914-2005）。
一九六七、九、廿五	在世界反共聯盟第一次大會致詞。
一九六七、九、廿七	蔣介石總統暨夫人以茶會款待參加第一屆世盟大會的各國代表及視察員二百多人，並由秘書長張群、參軍長黎玉璽夫婦等作陪。
一九六七、九、廿八	設宴款待資深優良教師及華商會議全體代表。
一九六七、十、十二	以茶會款待返國獎學專家朱蘭成等十八人，並由嚴副總統家淦、資政陳立夫、國防部長蔣經國、中央研究院院長王世杰、國防研究院主任張其昀、臺大校長錢思亮、清華大學校長陳可忠等作陪。
一九六七、十、十二	接見來華訪問澳洲國會議員寇登夫婦。
一九六七、十、廿	設宴款待全球回國僑胞。
一九六七、十、廿	接見美國戰術空軍司令狄索威夫婦。
一九六七、十一、十二	主持國父誕辰暨中華文化復興節紀念典禮，參加人員有嚴副總統家淦、考試院長孫科夫婦及高級文武官員、民意代表、學術文化人士、海外歸僑代表、各界代表一千餘人。
一九六七、十一、十二	主持中國國民黨中央五中全會開幕典禮，會期自十二日至廿二日共十一天。出列席人員共六百餘人。

一九六七、十一、十七	接見沙烏地阿拉伯農業部長米沙利。
一九六七、十一、十八	主持中國國民黨第九屆中央評議委員第四次會議暨中央委員會第五次會議。
一九六七、十一、廿一	接見菲律賓華僑反共抗俄總會文藝聽訪問團。
一九六七、十一、廿二	接見澳大利亞衆議員惠通夫婦。
一九六七、十一、廿二	接見菲律賓僑領揚起泰等十餘人。
一九六七、十一、廿三	在中國國民黨第九屆中央委員會第五次會議閉幕典禮聽取報告決議。
一九六七、十二、十一	主持國軍第十三屆軍事會議開幕典禮。
一九六七、十二、十四	於國軍第十三屆軍事會議聽取美方報告。
一九六七、十二、十八	主持國軍第十三屆軍事會議閉幕典禮。
一九六八、二、十	宴請全國大專教授、校長共八百餘人（教授同志春節年會）。
一九六八、三、六	以茶會招待立法、監察委員共六百餘人，由政府各首長作陪。
一九六八、三、廿九	在中華文化堂主持中樞紀念革命先烈暨春祭陣亡將士典禮（青年節慶祝大會），政府首長暨各界代表、先烈眷屬等一千六百餘人陪祭。對青年學生一千六百餘人訓話，並以餐會招待。
一九六八、五、一	爲美軍顧問團十七週年團慶，以茶會招待美軍在華官員和眷屬約一千人，作陪者有參軍長黎玉璽、外交部長魏道明、國防部長蔣經國、參謀總長高魁元暨美國駐華大使馬康衛夫婦、美軍協防司令邱約翰、參謀長陶波特夫婦、美空軍三二七師師長蔡斯夫婦等。

一九六八、五、五	以茶會招待中央黨政軍及省市政府高級官員，共七百餘人。
一九六八、五、十	茶會招待各國駐華外交使節和夫人，共五百四十餘人，並由政府高級首長作陪。
一九六八、五、十七	以餐會接待多明尼加外交部長阿密雅瑪，並由嚴副總統家淦、蔣經國部長、魏道明部長等卅餘人作陪。
一九六八、五、廿二	設宴款待中央評議委員會委員。
一九六八、五、廿八	接見巴拉圭商工部長莫理諾。
一九六八、五、卅	接見菲律賓華僑青年團。
一九六八、五、卅	接見土耳其新聞界訪問團。
一九六八、六、一	接見美國專欄作家勃朗。
一九六八、六、十九	主持國家安全會議第十次會議。與會人員有蔣經國主任委員及吳大猷博士等四十餘人。
一九六八、六、廿	以茶會款待美軍太平洋總司令夏普上將夫婦及美國國防部太平洋地區研究員道更先生，應邀作陪者有美國駐華大使馬康衛夫婦、美軍協防臺灣司令邱約翰夫婦、美軍顧問團長戚列拉夫婦、我方作陪有參軍長黎玉璽夫婦、參謀總長高魁元夫婦、海軍總司令馮啓聰夫婦等。
一九六八、六、廿四	以茶會款待來華參加中泰經濟合作會議泰國代表團長乃樸和全體團員；作陪者有經濟部長李國鼎及工商協進會理事長辜振甫。

一九六八、六、廿四	接見國際大學校長會議各國代表（美國新西澤州斯利狄更生大學校長薩馬丁若夫婦等十餘人）作陪者有孫科、王世杰、黃少谷、張其昀、林語堂、鄭彥棻、閻振興等。
一九六八、七、一	主持陸、海、空三軍聯大暨中央警官學校畢業典禮。中午餐敘，參加典禮人員九百餘人。
一九六八、七、二	接見多哥駐聯合國常任代表歐尹。
一九六八、七、二	接見美國哥倫比亞新聞學院副院長貝克博士。
一九六八、七、四	接見菲律賓前總統麥克塞塞夫婦。
一九六八、七、五	接見來華訪問澳洲眾議員康德修爵士，並由外交部常務次長沈劍虹作陪。
一九六八、七、六	茶會款待由美國返國名建築師貝聿銘等四十餘人，並由國防部蔣經國部長及經濟部李國鼎部長等作陪。
一九六八、七、十	主持國家安全會議第十一次會議。
一九六八、七、十	以茶會款待來華訪問美空軍第十三航空隊司令戴維斯中將夫婦，並由美駐華大使馬康衛夫婦和我空軍總司令賴名湯上將夫婦作陪。
一九六八、七、廿七	接見美國駐聯合國常任代表色爾大使和助理國務卿希思科，作陪者有外交部長魏道明和美國駐華大使馬康衛等。
一九六八、七、廿七	接見來華訪問迦納共和國友好訪問團長迦納農業部長艾多瑪柯和隨員六人，由外交部蔡維屏次長陪同晉見。

一九六八、七、廿九	以茶會款待來華參加第四屆中韓經濟合作會議韓國副總理兼經濟企畫院長朴忠勛、無任所長金允基、韓國駐華大使金信、外交部次長黃鎬乙，並由我經濟部長李國鼎、次長張繼正等作陪。
一九六八、七、卅	茶會款待中央研究院院士錢穆、郭廷以、李方桂、楊聯陞、王世濬、魏火曜、樊璣和海外回國講學學人鄭家駿、陳培生等六十餘人，張群秘書長、考試院孫科院長、國防部蔣經國部長、教育部閻振興部長、中央研究王世杰院長均應邀作陪。
一九六八、八、二	接見美國軍援局長華倫中將。
一九六八、九、三	秋祭慰問先烈遺族。
一九六八、九、十	接見第一屆亞洲青年育樂營各國代表。
一九六八、九、十三	接見美國總統經濟特別助理布來克夫婦。
一九六八、九、十六	主持國軍實踐會議開幕典禮。
一九六八、九、廿	主持國軍實踐會議閉幕典禮。
一九六八、九、廿五	接見烏拉圭眾議院副議長柯士丹索。
一九六八、九、廿七	接見越南農業及土地改革部長張泰京。
一九六八、九、廿七	主持中國國民黨第六屆中央評議委員第六次會議閉幕典禮。
一九六八、九、廿八	款宴鄧萃英、錢穆、朱重民等四百四十多位大中小學資深優良教師。
一九六八、十、十二	茶會招待參加十月慶典回國僑胞。

一九六八、十一、十二	主持國父誕辰紀念大會。
一九六九、二、廿六	茶會招待中國國民黨知識青年黨部同志。
一九六九、三、廿七	接見美國海軍陸戰隊第三兩棲部隊司令科須曼。
一九六九、三、廿七	接見法國軍事及策略評論家包飛將軍。
一九六九、三、廿七	接見荷蘭國會議員訪問團。
一九六九、三、廿七	接見派駐馬爾地夫大使劉新玉。
一九六九、三、廿七	接見派駐新加坡商務代表張彼德。
一九六九、三、廿九	主持中國國民黨第十次全國代表大會開幕典禮。
一九六九、四、二	接見泰國陸軍副總司令乃吉上將。
一九六九、四、五	接見來華出席中韓越三國中央銀行總裁會議代表。
一九六九、四、七	茶會款待出席中國國民黨第十次全國代表大會海外代表。
一九六九、四、九	主持中國國民黨第十次全國代表大會閉幕典禮。
一九六九、四、十四	主持中國國民黨總理紀念週。
一九六九、四、十四	接見塞內加爾駐聯合國常任代表鮑義。
一九六九、四、十四	接見德國之聲廣播電臺華語部副編輯陸鏗。
一九六九、四、卅	茶會款待各國駐華使節、在軍服務的聯合國專家和外籍教授。

一九六九、五、一	爲美軍顧問團團慶茶會款待駐華美軍官員及眷屬。
一九六九、五、三	接見伊朗外交部長扎赫第。
一九六九、五、六	接見西班牙國防研究院院長狄艾茲中將。
一九六九、五、廿七	接見獅子山國總理史蒂文斯。
一九六九、五、廿九	接見西德國會議員華格納。
一九六九、五、卅一	國宴款待越南總統阮文紹夫婦。
一九六九、六、廿四	接見澳大利亞衆議院議長艾斯頓夫婦。
一九六九、六、廿七	接見出席中美人文社會科學會議代表卜克豪等卅人。
一九六九、六、卅	主持三軍聯合參謀大學將官班開學典禮暨中央警官學校應屆畢業典禮。
一九六九、七、一	接見澳大利亞衆議員巴納德。
一九六九、七、三	接見土耳其議員訪問團議長波茲貝利。
一九六九、七、八	接見美國共和黨衆議員戴文思基。
一九六九、八、十一	接見達荷美駐聯合國常任代表左爾奈。
一九六九、八、十一	接見德國籍教授若爾丹夫婦。
一九六九、八、廿五	接見美國國會議員訪問團。
一九六九、八、廿八	接見美國法制委員會理事長雷恩。

一九六九、八、廿九	接見賴索托總理約拿旦等四人。
一九六九、九、一	接見美國眾議員席克斯。
一九六九、九、四	接見日本前首相椎名悅三郎。
一九六九、九、九	接見榮獲世界少年棒球冠軍臺中金龍隊全體隊員。
一九六九、九、九	接見田徑女傑紀政。
一九六九、九、九	接見模里西斯財政部長凌嘉度。
一九六九、九、十一	接見哥斯大黎加駐聯合國常任代表桑契茲。
一九六九、九、十二	接見美國退伍軍人協會主席帕屈克等人。
一九六九、九、十三	接見玻利維亞駐聯合國常任代表蓋瓦拉夫婦。
一九六九、九、十六	主持第十四屆軍事會議開幕典禮暨軍事校班聯合畢業典禮。
一九六九、九、廿三	主持第十四屆軍事會議閉幕典禮。
一九六九、九、廿八	款宴全國大中小學資深優良教師暨出席第七屆世界華商貿易會議代表。
一九六九、十、十八	茶會招待旅居世界各地回國僑胞。
一九六九、十、廿三	國宴歡迎尼日共和國總統狄奧里夫婦。
一九六九、十一、十二	主持國父誕辰紀念典禮暨文化復興節大會。
一九六九、十一、十五	接見旅居美國科學家王頌明夫婦及其子女。

一九六九、十一、廿	茶會款待中日合作策進會出席年會代表。
一九六九、十一、廿五	在亞洲國會議員聯合會第五屆大會開幕致詞。
一九六九、十一、廿六	茶會款待亞洲國會議員聯合會第五屆大會與會人員。
一九六九、十一、廿八	主持國防研究院第十一期開學典禮暨三軍軍官學校政工幹校聯合畢業典禮。
一九六九、十二、廿	主持三軍大學戰爭學院將官班研究員畢業典禮。
一九七〇、一、十三	接見美國第十三航空軍司令葛迪昂。
一九七〇、一、十三	接見日本外籍記者協會訪問團。
一九七〇、二、十七	款宴中國國民黨知識青年黨部教授同志。
一九七〇、三、十九	接見宏都拉斯外交部長杜戎博士。
一九七〇、三、十九	接見獅子山國上訴法院院長山姆博士。
一九七〇、三、廿五	接見日本首相長子佐藤龍太郎。
一九七〇、三、廿九	主持中國國民黨第十屆中央委員第二次全體會議暨中央評議委員第三次會議開幕典禮。
一九七〇、四、二	主持中國國民黨第十屆中央委員第二次全體會議閉幕典禮並設宴款待出席人員。
一九七〇、四、卅	茶會款待各國駐華使節。

一九七〇、五、一	爲美軍顧問團團慶茶會招待在華美軍官員眷屬，在茶會中分別接見美國駐華大使馬康衛夫婦，美軍協防臺灣司令部約翰中將，美軍顧問團團長蔡萊少將夫婦等。
一九七〇、五、十八	接見世界銀行總裁麥納瑪拉夫婦。
一九七〇、五、十九	接見美國駐越南海軍司令祝畢特中將夫婦。
一九七〇、五、十九	接見美國軍事顧問團海軍組組長盧美士。
一九七〇、五、廿三	茶會款待國際新聞學會來臺觀光會員。
一九七〇、五、廿六	接見巴拉圭海軍總司令魁諾乃茲等人。
一九七〇、六、廿	茶會款待國際筆會第三屆亞洲作家會議及中國古畫討論會各國代表。
一九七〇、六、廿二	接見菲律賓前總統馬嘉柏皋夫婦等五人。
一九七〇、六、廿四	接見菲律賓華商聯總會理事長高祖儒、莊清泉等人。
一九七〇、六、廿五	設宴款待出席中國國民黨黨務工作會議代表。
一九七〇、六、廿七	召見派駐馬拉威大使趙鏞。
一九七〇、六、廿七	召見派駐玻利維亞大使曾憲揆。
一九七〇、六、廿七	召見劉大中等人聽取稅賦改革報告。
一九七〇、七、四	茶會款待亞洲國會議員聯合會第八屆理事會各國代表與觀察員及其眷屬。
一九七〇、九、四	接見巴貝多衆議院議長白朗艮爵士。

一九七〇、九、四	召見派駐沙烏地阿拉伯大使田寶岱。
一九七〇、九、四	召見派駐玻利維亞大使胡世勛。
一九七〇、九、八	主持國防研究院及陸海空三軍官校暨政治作戰學校應屆畢業學員生聯合畢業典禮。
一九七〇、九、九	茶會招待七虎和金龍中華少棒隊隊員及家屬。
一九七〇、九、十	接見哥斯大黎加外交部長法西奧。
一九七〇、九、十一	接見比利時參謀長魏瓦里歐中將夫婦。
一九七〇、九、廿六	茶會款待世界反共聯盟會議各國代表。
一九七〇、九、廿八	設宴款待資深教師。
一九七〇、十、三	接見國際貨幣基金會執行董事徐柏園。
一九七〇、十、四	接見日本衆議院議員大野伴睦。
一九七〇、十、四	接見日本首相左藤榮作次子佐藤信二。
一九七〇、十、六	召見臺北市長高玉樹垂詢臺北市政建設。
一九七〇、十、八	國宴款待中非共和國總統卜卡薩。
一九七〇、十、十二	茶會招待全球歸國僑胞三千人。
一九七〇、十、十六	接見哥斯大黎加前總統艾桑地。
一九七〇、十、十七	接見日本國會議員灘尾弘一、高見三郎。

一九七〇、十、廿	接見英國英中文化協會會長羅吉斯等人。
一九七〇、十一、十二	主持慶祝國父一百晉五誕辰及文化復興節大會致詞。
一九七〇、十二、十七	茶會款待第一屆中美中國大陸問題研討會人員。
一九七〇、十二、廿六	茶會款待第六屆亞洲運動會代表。
一九七一、一、十五	主持國軍第十五屆軍事會議。（會期兩天）
一九七一、一、十六	接見美國前駐韓聯軍統帥克拉克上將。
一九七一、一、十七	接見越南衆議院議長阮伯良等人。
一九七一、一、十七	接見日本參議員長谷川仁。
一九七一、一、十八	接見日本衆議員訪華團一行十六人。
一九七一、一、廿	接見日本全國獅友協會會長安岡正篤。
一九七一、一、廿	接見韓國議員柳珍山、鄭成太、片鎔浩。
一九七一、一、廿一	主持國軍第十五屆軍事會議閉幕典禮。
一九七一、一、廿二	主持三軍大學將官班畢業典禮。
一九七一、一、卅	茶會招待留美學聯籃球隊隊員。
一九七一、二、八	款宴中國國民黨出席教授年會同志。
一九七一、四、十五	國宴款待剛果總統莫布杜。

一九七一、四、廿三	與美國總統尼克森「私人代表」（Personal epresentative）莫非（Amb. Robert Murphy）舉行會談。
一九七一、四、廿四	召見派駐上伏塔大使徐懋禧。
一九七一、四、廿七	親臨行政院行政業務檢討會議訓話。
一九七一、四、廿九	接見土耳其記者公會主席祁羅南等人。
一九七一、四、卅	茶會款待各國駐華使節人員。
一九七一、五、一	爲美國軍事顧問團團慶茶會招待美軍官員及眷屬。
一九七一、五、三	接見美國巡迴大使甘乃狄。
一九七一、五、十二	款宴中國國民黨黨務工作會議人員。
一九七一、五、十五	接見越南第一軍區司令黃春覽。
一九七一、五、十五	接見韓國合同參謀會議議長沈典善。
一九七一、五、十七	國宴款待沙烏地阿拉伯國王費瑟。
一九七一、五、廿一	接受美國聖若望大學校長凱希爾授贈榮譽人文科學博士學位。
一九七一、五、廿一	接見韓國成均館大學校長卜東昂。
一九七一、六、八	接受哥倫比亞新任駐華大使杜希洛呈遞國書。
一九七一、八、十四	茶會招待美國衆議員訪問團。
一九七一、十、十一	茶會招待來華慶祝國慶特使及貴賓。

一九七一、十、廿	茶會招待回國祝賀十月慶典僑胞並致詞。
一九七一、十、廿八	款宴出席中國國民黨臨時會議之中央委員及顧問。
一九七一、十一、十二	主持中樞紀念國父誕辰暨慶祝第六屆中華文化復興節大會。
一九七二、二、廿	主持國民大會第五次會議開幕典禮
一九七二、三、六	主持中國國民黨第十屆中央委員第三次全體會議開幕典禮。
一九七二、三、十	款宴出席中國國民黨第十屆中央委員第三次全體會議人員。
一九七二、三、廿五	主持國民大會第五次會議閉幕典禮。
一九七二、五、廿	宣誓就職中華民國第五任總統。
一九七二、五、廿三	茶會招待回國慶賀總統就職僑胞。
一九七二、六、十六	接見瓜地馬拉總統阿拉納夫婦。
一九七二、七、十八	接受沙烏地阿拉伯新任駐華大使丹佳尼呈遞國書。
一九七二、十一、十一	接見中國國民黨第十屆四中全會主席團主席等十人。

蔣介石在臺行館之初探（一九四九—一九七五）

■李君山
國立中興大學歷史學系助理教授

第壹節　前言

一、本文主旨與研究方法

一九四九年四月，共軍渡過長江，占領南京不久，時任中國國民黨總裁的蔣介石（一八八七—一九七五）最後一次離開故鄉浙江奉化，在大陸東南、西南地區奔波，籌維戰事。五月以後，他先駐節澎湖，稍後飛高雄，展開了他晚年在臺灣的生活。由於軍書旁午、行止未定，其在臺起居之行邸（以下統稱「賓館」），最初係由東南軍政長官陳誠（一八九八—一八六五）所提供，也成爲蔣在臺設置賓館之始。一九五〇年三月，其復行視事，重回中華民國總統職位，同時也搬入臺北士林官邸。此後直到其逝世，臺灣各處的總統賓館陸續建立。

然而，對於「總統賓館」這一歷史主題，至今卻未見到依據檔案、有系統的學術研究出現。相關討論仍僅限於媒體宣傳、或地方文史工作者的介紹而已；且其重點，往往集中於蔣介石個人的操守行事、乃至各類官邸祕辛等。例如近年兩部探討總統賓館的記錄片，一是導演洪維健（一九五〇—）在二〇〇四年自資拍攝的《風雲行館》，強調的便是蔣在臺主政廿六年（一九四九—一九七五）間，竟以超過每年一幢的速度，蓋了大量賓館的批判觀點。[1] 另一部則是公共電視在二〇一一年底發行的《最後的禁地：蔣介石臺灣行館揭秘》，其特色是片中訪問了部分尚在人世的蔣介石隨扈，談到蔣介石伉儷的各項生活情況。[2]

因此，本文的主旨，係利用總統府庋藏的部分檔案，針對蔣介石在一九五〇、六〇年代較重要的幾座賓館，進行探討。這些賓館，當年多由總統府管理；而其設置，也與設想中的反攻大陸或保衛臺灣計畫有關。由於總統賓館數量龐大，全面性的研究，目前尚難著手；研究方法上，以總統府轄下、兼具統帥指揮功能的核心賓館，選擇性地介紹，也屬必要的範圍設定。

本文章節安排，將分五節，除了前言、結論外，第貳節「賓館建立與大本營位置」將探討蔣介石自大陸到臺灣，成立賓館的慣例和作用；來臺初期，由東南軍政長官公署所提供的重要賓館；以及高層對於統帥指揮位置之選定，與若干總統賓館間的關係等。第參節

「賓館增設和反攻大陸計畫」則介紹一九五八年「八二三」砲戰以後，賓館進入增建的高峰期，包括慈湖、角板山、頭寮等賓館工程，和準備反攻大陸的「國光計畫」之間的關聯性；並穿插一九六一年臺美關係僵持，蔣介石在日月潭涵碧樓久住的經過，以說明總統賓館在軍事、外交方面的各項作用。第肆節「賓館管理與結束轉用」的重點，將放在賓館周邊的警衛、防空措施；和蔣介石逝世之後，各賓館的結束及轉用等諸問題。

二、本文研究上的問題

本文的研究上，所面臨的問題，主要乃爲名稱統一和範圍設定。名稱問題上，有關蔣介石生前的各處住所，目前多以「官邸」或「行館」稱之。惟考諸檔案，當年均係以「賓館」或「招待所」爲名興建。其間的微妙差別，「官邸」或「行館」似乎私人擁有的意味較濃，而「賓館」或「招待所」則以公共交際爲著眼。故本文除了標題使用「行館」一詞，來符合一般習慣外，內文統稱「賓館」，以求與檔案一致。

範圍問題上，由於所有官邸、賓館，產權都不屬於蔣介石個人，名義上全爲公產；且用途各異，多數作爲官邸之外，也兼充外賓的招待所。而分布全臺的總統賓館，當年也並未歸於單一機構管理，許多是由地方政府或公營事業，就近負責。再加上後期許多賓館，係由主事單位，如行政院國軍退除役官兵就業輔導委員會（簡稱「退輔會」）主動建設。蔣介石生前蒞臨的次數有限，甚至某些還是備而未用，但對外也是限制開放。所以公私難分，界定和分類都有其難處。

例如陽明山中山樓，一九六五年興建時，二樓即備有總統伉儷的專用休息室；蔣在工程期間，也介入了整個設計和規畫。[3]惟若將中山樓列入總統賓館之一，恐怕又非盡宜。國民黨過去的組訓重地木柵「青邨」，內中的木柵賓館（見【圖表一】），情況或許亦復如此。反之，總統府遷臺後，所轄地產一度甚夥，有第一賓館（今陽明山新園街一號，即「草山御賓館」）、第二賓館（陽明山「革命實踐研究院」近側）和頂北投賓館（今陽明山紗帽路嚴家淦故居）等等，蔣介石或曾短暫利用，或轉借孫科（一八九一－一九七三）、嚴家淦（一九○五－一九九三）等人起居，能否列入蔣的賓館，同樣難於確定。

【圖表一】蔣介石在臺賓館概況

時間	賓館名稱	風雲行館調查	記略
第一階段	澎湖第一賓館	V	一九四二年修建，原日本軍官招待所，一九四九年五月十七日進駐。
	高雄西子灣賓館	V	日人所建，傳爲彭清約宅邸，一九四九年五月廿五日進駐。
	墾丁賓館	V	一九四九年六月十四日進駐四重溪。
	大溪賓館	V	日人所建，原公會堂，一九四九年六月廿一日進駐，一九五六年增建。
	陽明山官邸	V	臺糖所建，一九四九年六月廿四日進駐，今湖底路草山行館。
	阿里山貴賓館	V	一九四九年十一月四日進駐避壽。

階段	行館		說明
	日月潭涵碧樓	V	一九四九年十二月廿四日進駐，生前最常停留。
	角板山復興賓館	V	日人所建，原太子樓，一九五〇年十月廿五日進駐。一九九二年毀。
第二階段	士林官邸	V	一九五〇年三月完工遷入。
	臺北博愛路賓館		原美國駐臺領事官邸用地，蔣充作午休之所，稱博愛賓館。
	大埔陽明營房		一九五五年起建，據云從未進駐，一九六二年底移交國光作業室。
	大貝湖澂清樓	V	一九五八年十二月落成，最早築有防空指揮所。一九六三年十一月廿六日蔣改「大貝湖」爲「澄清湖」。
	慈湖賓館	V	一九五五年購地，一九五八年起建，一九六一年落成，築有防空指揮所。
	角板山花園賓館	V	一九六〇年起建，面積最廣，築有防空指揮所，規模宏大。
	頭寮賓館		日人所建，原大溪檔案庫，一九五八年增購地皮，一九六一年重建。
第三階段	谷關青山山莊		①一九六三年八月廿八日至卅日，蔣介石首度遊覽中部橫貫公路（資料來源：汪士淳，前引書，頁二二一—二二）。沿途各賓館，當在此前後陸續興建。 ②表中「松雪樓」史無明文；〈先總統蔣公時期各地賓（行）館一覽表〉（見【圖表九】）中，合歡山地區僅列「天池別館」一處。
	天祥招待所		
	清境山莊		
	梨山賓館	V	
	武嶺農場招待所		
	合歡山松雪樓	V	
	福壽山莊賓館	V	
	天池達觀亭賓館	V	
	宜蘭武陵賓館	V	

階段	賓館	標記	備註
第三階段	宜蘭棲蘭賓館	V	
	宜蘭太平山賓館	V	
	中興賓館	V	最晚起建，一九七〇年完工，今陽明書屋。
	八卦山行館		
	南投廬山賓館	V	史無明文。傳聞係今「警光山莊」。
	南投溪頭賓館	V	傳聞係「竹廬」。
	花蓮文山賓館	V	史無明文。
	嘉義農場賓館	V	蔣介石生前從未進駐。
	金山松濤小屋	V	史無明文。
	木柵賓館	V	史無明文，傳聞於「青邨」之內。

附註：

①資料來源：洪維健編導，《風雲行館》；〈先總統蔣公時期各地賓（行）館一覽表〉（一九九三年三月十七日），《介壽館警衛安全》，總統府檔，檔號0077/2215367/7/3/270。

②表中三大階段、與未加V記號者，乃筆者自行補充。

因此，到底蔣介石所設賓館，總數若干，至今也沒有定論。《風雲行館》列出廿七處地點（見【圖表一】），係屬目前最廣泛的調查數據。然片中將「中正紀念堂」入列，顯然並非學術作法。《最後的禁地》亦稱有廿七處，全片卻始終未加解釋位於何處、如何算出。【圖表一】係綜合各家說法與檔案中的紀載（見【圖表九】），按照興建的時序，分之爲第一（一一九四九）、第二（一九五〇—一九六二）和第三（一九六三—一九七五及不明者）階段，所整理出來的結果。如果「史無明文」的五處、以及二處官邸一併統計在內，已知的總數爲卅四處。

當然，這卅四處曾經存在的官邸、賓館，重要性不能等量齊觀；至少大埔和嘉義農場二處，蔣介石生前即從未進駐。本文所能敘及，亦僅第一與第二階段的建設，且各館篇幅多寡並不一致，晚期興建的賓館只能存而毋論。此係受限於檔案的緣故，也說明了蔣介石各賓館至今仍欠缺信史的事實。

第貳節　賓館建立與大本營位置

一、統帥指揮位置選定

一九五〇年韓戰爆發後，政府在臺局面稍定。十月，由周至柔（一八九八—一九八六）、蔣經國（一九一〇—一九八八）主導的「政治行動委員會」向總統蔣介石呈遞了《臺灣防禦戰中最高統帥指揮位置選定之意見具申》一份，針對假想中的臺灣防禦戰，預作劇本寫作（scenario writing）或劇本分析（scenario analysis）。件中坦承：臺灣南北狹長、叢山縱斷、東西隔絕；戰事發生，頗有被敵遮斷、逐次鉗擊、席捲兩端之虞。預估解放軍一旦登陸，「必對我各區採取各個擊破、逐次蠶食主義」。故守軍作戰指導，應如「常山之蛇」，擊首則尾應，擊尾則首應，擊中則首尾俱應（見【圖表二】）。[4]

有鑒於此，則最高統帥之指揮位置，以能適應戰況，隨時集中陸海空軍主力為著眼。故需未雨綢繆，密作分駐數區、狡兔三窟的準備。其應注意之要件，包括周圍地區宜有要塞或堅固工事，使能從容指揮；附近當有機場、海港，以便空運、海運部隊；通訊、交通、防空設備必須良好；且應儲備糧彈物資，作至少一年持久防守的打算。所以經行動委員會實地偵察旗山、阿里山，還有臺灣東南山區後，「深感其無利用之價值」；強調統帥指揮位置，絕不可位於山地，蓋補給困難，部隊無法持久，緊急時更不便利用海空軍等。[5]

因此，該件主張將本島概分為北部、南部及東部三個地區，最高統帥為求適時指揮各區軍事，位置應祕密分設於臺北市郊（臺北區）、高雄要塞內之壽山（臺南區）和花蓮市附近之水源地（東部區）。戰事初起，指揮須置於臺北區；爾後視戰況，而適時移動。至不得已時，則堅持一區，利用海空運輸，集中兵力，遂行決戰。[6]

箇中，「臺北區」判斷解放軍可能在宜蘭、新竹或淡水等地登陸，逐次集結，以圍攻臺北。故統帥初期位置，以在陽明山、圓山或大溪等地為適當。因通信靈活，距離市區也近，一日間於上述三地，數易位置，也無虞影響指揮。如至後期，戰況不利時，再變更位置於基隆要塞內，可直接由海上轉用援軍，挽回頹勢。[7]

「臺南區」則壽山附近防禦工事，應令高雄要塞司令部先行加強。高雄港及岡山機場可以隨時利用；必要時，也可令海軍總部於左營軍區內，密設機場。戰況不利時，守軍即轉移到鳳山以東、四社溪下流之河川右岸，沿九曲堂－旗山，以迄臺南之線，作持久作戰的準備。[8]

「東部區」之花蓮市水源地附近，房屋較少，可先密築工事，並預作防空及通信諸設施。花蓮港和機場，需再加強防護；港棧、碼頭應令海軍總部籌畫，以便將來充分利用云（見【圖表二】）。[9]

綜觀該件所述，可以發現：第一，設想中的臺灣防禦戰，其作戰指揮，必在臺北外圍遂行，且需「狡兔三窟」始能運作。曾經擔任陸軍總司令的劉安祺（一九〇三－一九九五）也提到：「臺灣如果發生戰爭，絕對不能在臺北市指揮，因爲市區交通等，各種線路的干擾太多，一定要在郊外」；「市區干擾太多、也不安靜，不能思考問題。總之，要狡兔三窟才行」。[10]

第二，蔣介石生前在各地設置的賓館，與前揭件中列舉的最高統帥指揮位置，如陽明山官邸（今湖底路「草山行館」）、大溪（大溪、慈湖、頭寮、角板山各賓館）、壽山（西子灣賓館）等，都若合符節。即如圓山（大直要塞）、基隆要塞、高雄要塞，至今也都仍屬軍事重地。顯現出過去未曾受到注意，蔣介石各賓館作爲戰時大本營，與臺灣防禦戰之間的軍事連結關係（見【圖表二】）。

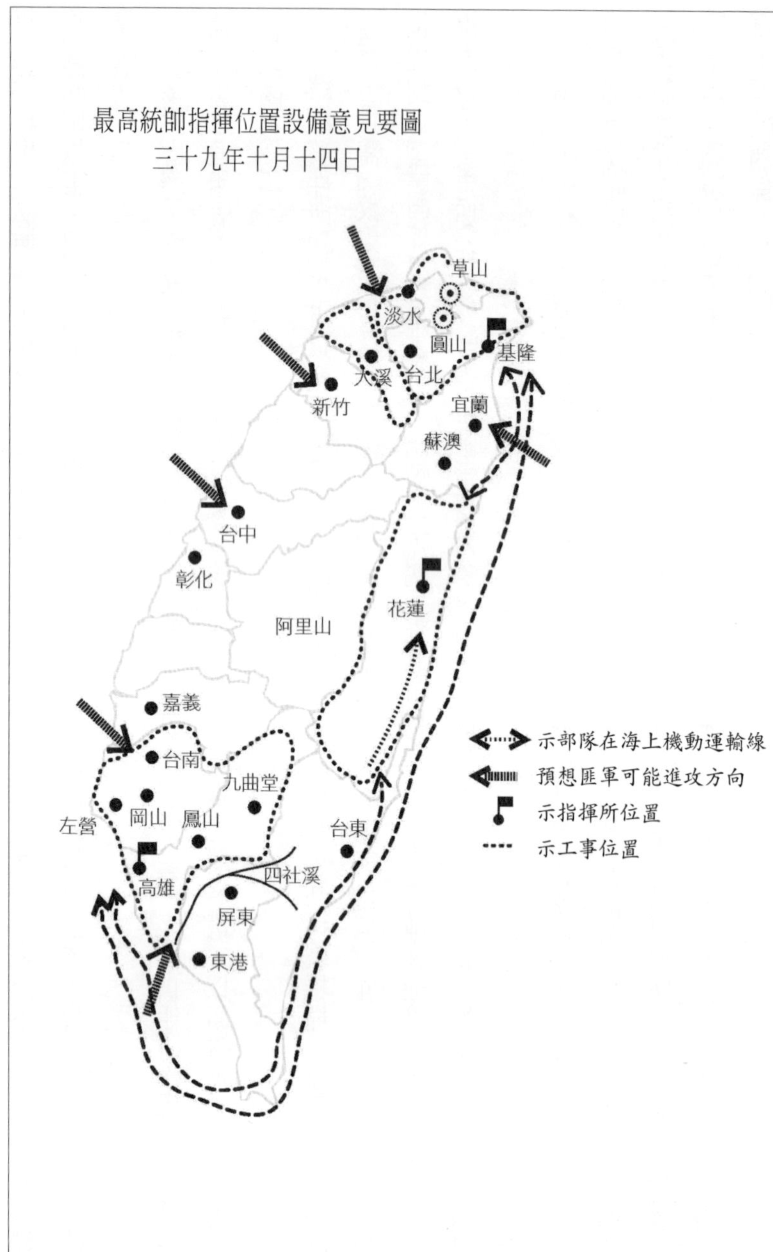

【圖表二】最高統帥指揮位置設備意見要圖（一九五〇年十月十日）

第三，蔣經國在臺灣防禦戰中，擘畫主持的角色。事實上，各賓館工程，多曾經蔣經國親往視察，才拍板定案；或者逕由彼主導的退輔會興建。則由《最高統帥指揮位置選定之意見具申》的提出，到各賓館的設置，身爲「最高統帥」之長子，以及政府遷臺後，情治單位最重要的負責人，蔣經國的幕後角色，殆屬一以貫之了。

二、蔣介石賓館之成立

蔣介石長期身爲中國政府的最高領導，在全國各地擁有賓館、官邸，成例已久。大陸時期最著名的，當屬江西廬山的「美廬」，和重慶南郊的黃山官邸。抗戰期間，與蔣積不相能的駐華美軍司令史迪威（Joseph W. Stilwell, 1883-1946）曾在日記中，將黃山官邸譏諷爲「花生米的鷹巢」（Peanut's Berchtesgaden）。[11]「peanut」係對蔣的蔑稱，蓋嘲笑其之無髮；「Berchtesgaden」則爲納粹政府夏季駐地，希特勒（Adolf Hitler, 1889-1945）著名別墅「鷹巢」（Kehlsteinhaus或Adlerhorst）的所在。史氏殆目蔣之行邸爲獨裁者的象徵了。

而美廬在戰後，自一九四六年七月十四日至九月廿六日，蔣介石曾於此長居兩個多月。時值馬歇爾（George C. Marshall, 1880-1959）調處國共關係，蔣應係有意離京避暑，對美表達不滿。馬則鍥而不捨，演出「八上廬山」，以求化解僵局。[12]賓館在外交上的如此運用，後來一九六一年蔣又曾藉涵碧樓，對甘迺迪（John F. Kennedy, 1917-1963）政府施行過。[13]

不過，自一九四九年一月隨侍其父，隱遯故鄉奉化溪口的蔣經國，則強調「寧靜致遠」之道，謂蔣介石出外旅遊，都是為了國家考慮、或處理要務：

> 仁者樂山，智者樂水。父親自本年一月廿一日引退以來，家鄉遨遊將閱四月。在此百餘日中，雖心懷邦國，而閒情逸致，不減當年。蓋亦唯有在寧靜中，更能致遠耳。此時中樞無主，江南半壁業已風聲鶴唳、草木皆兵，父親決計去臺，重振革命大業。[14]

四月共軍渡江，南京失守，臺灣省主席陳誠電請蔣介石命駕來臺時，強調「駐節所在地點，亟宜早日確定」；「關於馬公島情勢，職業已實施勘查，深覺該地交通、通訊頗為不便」，「除積極布置此間官邸外，謹祈早日命駕」云。[15]故蔣來臺初期官邸、行館，蓋皆由陳誠所提供。

關於行館的最初選擇，實際有其臺灣本土的歷史淵源。緣自日治時期，當時的臺灣總督府，就負有接待日本皇族來臺考察、遊歷的例行任務。因此在具有指標意義（如軍事、政治、產業或名勝）的各處景點，原已建有多數貴賓館、招待所。[16]當一九四九年兵馬倥傯、物力維艱之際，省政府蕭規曹隨，沿用過去日人慣例和資源，供予蔣起居休憩，應屬自然之事。

其次，早在日治時期，為了招攬內地（日本）人來臺觀光，順便作為政績的宣傳，殖民當局曾有「八景」、「十二勝」等的選拔活動；[17]並編有《臺灣鐵道旅行案內》、《臺灣觀光の栞》或《旅の栞》之類圖書，提供臺島旅遊資訊。這些景點開發與動線設計，很快便和官方接待活動結合。所以據統計，屬於八景的日月潭，日本皇族就曾五次蒞臨。[18]而屬於十二勝的草山（陽明山），更高達十九次；大溪五次；角板山五次等。[19]這些景點，日後也都和蔣介石在臺賓館的設立，密切相關。

有趣的是，由於當年日本皇族來臺頻繁，民間以訛傳訛，於是各處景點，每每充斥「太子樓」、「太子湯」之類傳說，以一九二三年東宮皇太子身分來臺的裕仁親王（一九〇一－一九八九，即後來的昭和天皇）相號召，形成所謂的「太子現象」。[20]蔣介石在臺賓館中，至少馬公、角板山和涵碧樓三處，也都曾有「太子樓」的別稱。但若吾人考諸當初裕仁的行程，[21]則蔣所設各館，和裕仁的交集，趨近於零。箇中僅有「草山御賓館」，於蔣抵臺之初，曾短暫駐蹕，稍後即移居「草山行館」。[22]至於馬公視察，裕仁係宿於「金剛」號戰艦內；角板山只有分派御使差遣宣慰而已；[23]日月潭更始終未曾涉足。

三、蔣介石輾轉抵臺

一九四九年四月廿三日南京失守，廿五日蔣介石離開奉化。五月十七日至廿五日曾於馬公停留，駐節澎湖貴賓館。馬公港自日治時期，即爲軍用要港，不對外開放。日本皇族因軍職身分、或視察軍務等背景，包括太子裕仁，僅一九二三至一九三五的十二年間，就至少造訪港區十四次以上。[24]澎湖貴賓館原係一九四二年建成，作爲招待日本高級軍官之用。一九四九年蔣駐留後，更名爲澎湖第一賓館。爾後蔣每赴金門途中，乃至一九五八年「八二三」砲戰期間，抵澎督軍，皆以此爲蹕所。[25]

一九四九年五月廿五日，蔣介石始飛高雄，駐節西子灣賓館，並於六月一日巡視高雄要塞。[26]西子灣在日治時期，已闢有海水浴場；而高雄港的建設，更曾被總督府視爲重要政績。所以自裕仁以下，日本皇族途經高雄，多宿於壽山貴賓館，視察高雄港設施，搭配港岸地點參訪、乘坐遊艇遊港，成爲當年時興的「標準套餐」。[27]

西子灣約在太平洋戰爭時期，爲日本軍部封閉，光復後由國軍接收。賓館建築，原係充蔣臨時起居之所，後經總統府接管，將周邊命名「蒲園」。[28]惟「產權誰屬，向未澄清」；迨廿年後，一九六九年九月總統府清查時，曾向軍方和高雄市政府徵詢，已因「光復後由各單位輾轉接管使用」，覆文均稱「無案可稽」。[29]園內建物，編爲特一、三、四、五、六號等五幢，只有特四號「爲彭醫生產權，原由國防部承租」。[30]「彭醫生」應即彭明敏（一九二三—）二伯、長老教會人士彭清約（一八八八—一九六九）。據云該屋日治時期已供高級軍官使用。[31]其餘四幢自一九六九年以後，始由國防部列爲營產。[32]

一九四九年六月廿一日，蔣介石自高雄北上，進駐桃園縣「大溪賓館」。大溪舊稱「大嵙崁」，曾入選臺灣「十二勝」之列。早在一九二〇年代，已有公路直達；加上由桃園發出的臺車（輕便鐵道），經此可以通至角板山，[33]所以總督府接待日本皇族一遊，不下五次。

[34]賓館建築，原係日治時代公會堂，位今大溪鎮普濟路「中正公園」內，後臨大漢溪、下扼武嶺橋。光復後，爲來臺國軍占用，一九四九年遂轉供予蔣。鄰近的日式道館「武德殿」，也由隨節人員與憲兵駐紮。[35]

蔣來臺初期，每得有暇，常藉大溪賓館爲靜思著述之所。一九五〇年一月十五日曾在此撰成〈中國存亡與東方民族之自由獨立之成敗問題〉一文；並手記「如果革命失敗，臺灣淪亡時，必以身殉國，則不必再另有遺囑矣」之悲壯語。[36]一九五六年在公會堂後方加蓋屋舍，乃成今日規模。[37]

一九四九年六月廿四日，蔣始抵臺北，在東南軍政長官公署會議上致詞。當日移居草山，決定就地組織中國國民黨總裁辦公室，裁決軍國大政。[38]未幾，以湖底路草山行館爲官邸。該處原屬「臺灣製糖株式會社」招待所，光復後由「臺灣糖業公司」（即臺糖）接管。蔣直到翌（一九五〇）年三月士林官邸完工，始行遷離；草山行館改稱「陽明山官邸」或「草山招待所」，繼續充作夏季避暑與招待外賓之用。[39]其修理養護，仍由臺糖公司撥款負責。[40]

四、戰時大本營之轉移

惟其最初，各賓館並未兼具戰時大本營的功能或設備。一九五〇年六月韓戰前夕，總統府曾預定當時臺北南郊蟾蜍山「臺灣省農業試驗所」所屬三幢建築，充爲總統、府秘書長、副秘書長和參軍長等之疏散辦公室。[41]不過，考慮到地形逼仄、收容超員，總統蒞臨，警衛工作不易維持等因素，[42]一九五五年初，總統府和行政院開始規畫三峽大埔「陽明營房」工程，內中設置總統、副總統和行政院長官邸，是爲賓館與大本營結合之始。[43]

約在陽明營房興建的前後，高雄大貝湖招待所（後改稱「澂清樓」）也著手動工。招待所位於湖畔仁山半島上，面積約十二點五公頃，由國防部設計，臺灣銀行出資，於一九五八年十二月落成。[44]其特別之處，是稍後在近側山丘下，開鑿了防空坑道，全長約二百公尺，以作爲未來作戰的地下指揮中心。其時間較慈湖、角板山坑道爲早，也可說是蔣介石賓館與大本營結合的另一嘗試。招待所旋由省府令飭當時的「高雄工業給水廠」負責，並不歸總統府管理。[45]一九六三年蔣又指示將「大貝湖」改名爲「澄清湖」。[46]

所以一九五八年四月，總統府第三局制定最早版本之《總統府各賓館管理規則》時，由該局列管者，已有：①博愛路賓館；[47]②角板山賓館；③大溪賓館；④陽明營房大埔賓館；⑤西子灣賓館等五處。[48]另加士林和陽明山兩官邸。箇中，士林、陽明山、博愛路、大溪、角板山等五處，名義上係由臺灣省政府委託總統府代管，每年省府編列預算一百五十萬，撥交後者維護之用。[49]截至一九六一年六月，各賓館管理情形如【圖表三】。

【圖表三】總統府各賓館管理情形（一九六一年六月）

賓館	產權所有	經管單位	編制	省府撥交代管費開支
士林官邸	省府	——	——	一九五八年度——一百廿一萬三千七百九十三點六四元 一九五九年度——一百四十萬八千二百廿二元 一九六〇年度——一百四十六萬六千四百一十點九五元
博愛賓館		總統府第三局		
大溪賓館			管理員仇定海	
角板山賓館			管理員沈志華	
陽明山官邸（草山行館）	省府、臺糖兼有	——	——	
大埔賓館	——	總統府第三局	管理員胡勇恆	——
西子灣賓館	——		管理員董裕昌	——

不過，蔣介石對於大埔官邸，顯然並不滿意；或許陽明營房戰時將有五百人麕集辦公，起居其間，也諸多不便。據日後總統府資政陳立夫（一九〇〇－二〇〇一）所草《慈湖紀念碑》稿記載，一九五五年，即陽明營房起建的同時，蔣蒞止大溪慈湖，以其靈秀頗似故里奉化溪口，遂有意築屋，作爲滌塵小憩之所。[50]慈湖原稱「洞口」，地屬大溪鎮頭寮草嶺山。[51]湖分前、後，水道相通，是爲桃園縣農田水利會灌溉用貯水池（當地稱之「陴」「陂」）。[52]

先是一九五五年六月，蔣介石面諭時任國防會議副秘書長的蔣經國，指定草嶺山附近土地一方，可購作建築房舍之用。[53]經調查，其地權半屬臺灣省政府林產管理局，半屬板橋林家「大永興業公司」。緣因林家先祖林平侯（一七六六—一八四四）道光年間為避新莊閩、粵械鬥，曾遷居大溪開墾，死後即葬於大溪三層之故。[54]總統府乃透過省府，向已故「臺灣省商會聯合會」理事長林熊徵（一八八八—一九四六）遺孀林智惠（高賀千智子）商租。林家最後捐出十九公頃，由省府訂約，免費借用卅年。[55]卅年屆滿，一九八六年，因蔣介石靈櫬已奉厝該處，總統府又命省府進行徵收。遂由華南銀行董事林明成（一九四三—）出面贈與，產權登記為省有，由省府秘書處管理。[56]

然而草嶺山一帶，另屬桃園縣慶山煤礦區，地下礦權分為「臺陽礦業公司」與縣民林○○所有。經總統府派員面商臺陽董事長顏欽賢（一九〇一—一九八三），當允不予開採。惟林○○方面，堅欲索償六十餘萬元。負責溝通的省府秘書長謝東閔（一九〇八—二〇〇一）乃呈報總統府，請用公權力抑之：

> 礦權部分，請鈞〔總統〕府令由國防部，以「軍事上需要」之理由，分函經濟部及本〔省〕府，命令將該處礦區停止開採。此項辦法，對臺陽公司，係為一種約束；對於林○○，則可抑低其要求。[57]

不過，全案最後由蔣經國裁決：「由國防部下令徵用一節，似覺不妥，全部請省府辦理可也」；將來房舍建造經費，也由蔣再行設法云。省府終以廿八萬餘元之代價，徵購了林氏礦權。[58]

第參節　賓館增設和反攻大陸計畫

一、慈湖賓館工程

一九五五年購地之後，整座慈湖賓館的開發，皆係由蔣介石個人乾綱獨斷，在極端保密的情況下進行。按：蔣的領導風格，曾參與「國光計畫」、規畫反攻大業的海軍中將王河肅形容道：「許多計畫或研究，必須按照總統的想法去貫澈，他下張條子，讓你去揣摩」、「蔣公的許多想法，沒人敢持不同的意見；即使有問題，也不一定敢說」。[59]慈湖經驗，也屬類似的單向決策方式，故在規畫上一變再變，用途也往往不明。[60]

一九五五年十月，草嶺山土地徵收完成，或許礙於經費困難，賓館工程遲未進行。延至一九五八年二月，決定挪用大溪、角板山兩館防空設備費近二百卅萬元。總統府第三局長劉牧群（一九〇五－一九七九）遂呈府秘書長張群（一八八九－一九九〇）、參軍長黃杰（一九〇二－一九九五），報告與行政院接洽結果：

> 關於〔民國〕一九五六年二月間，本府為籌建大溪及角板山兩地防空設備，曾由行

【圖表四】慈湖賓館工程圖

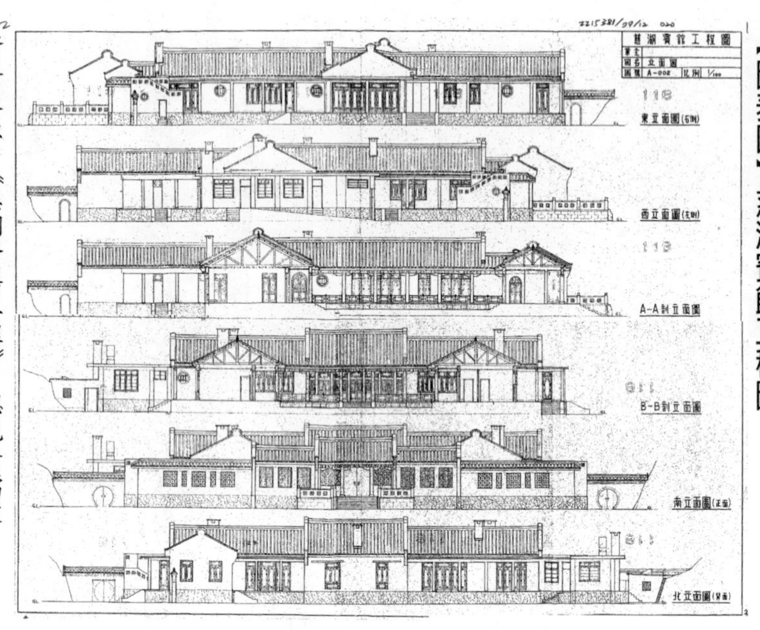

資料來源：《慈湖修繕工程》，總統府檔案，0060/22153381/79/12/020。

政院俞〔鴻鈞〕院長核定經費二、二九五、一五〇元。嗣奉總統批示緩辦。該項費用迄未動用。現奉參軍長指示，在大溪至角板山間地區，籌建賓館房屋一所，令洽用前項經費。經由行政院桑副秘書長錫菁，面報俞院長，囑去函請將前核定之防空設備費，如數移作建築之用。[61]

實則項目挪用，於法不合，行政院對之，似持保留態度。故經張群、黃杰具名函請院長俞鴻鈞（一八九九－一九六〇）後，政院答覆該款「事屬急需，准由庫依照《國庫法》第十二條規定，以緊急命令，如數簽撥」；惟又云「仍候彙案，辦理追加預算，送請立法院審議，完成法案後，再行函達」等語。[62]

府方則顯然對送請立院、追加預算的說

法，有所疑慮。因此又與洽商，院方始表示，該款業以緊急命令，如數簽撥，即可領取。但使用如有變更，須再予以書面聲明，且須用據銷結案等。[63]頗見院方立場之無奈。

經費既撥，賓館即行動工。至一九五八年八月，「八二三」砲戰前夕，退輔會榮工處長趙聚鈺（一九〇九－一九八一）奉命辦理「大溪福安里房屋工程」，函請總統府開立證明，以向省府林產局，申配所需木料。劉牧群又呈張群解釋：

查福安里房屋，即係總統指示，在洞口（慈湖）之房屋。為保密起見，對外用上項名稱。該項建築工程，係由國軍退除役官兵就業輔導委員會蔣主任委員經國，飭交該會工程組辦理。[64]

由簽呈可知，該案也是經蔣介石直接交付蔣經國，密飭退輔會進行，總統府內並未預聞。賓館初步工程至一九六一年底竣工。[65]因產權屬於省府，後續工程與亭園布置，總經費約五百零四萬元，係由臺灣銀行支付。其後每年，臺銀還編列預算五十萬元，撥交總統府，作為後者名義上「代管」慈湖賓館的維護費用。[66]

根據當時總統府侍衛長胡炘（一九一四－二〇〇二）記述，其首次隨蔣介石伉儷赴慈湖，係在一九六一年三月一日，此或亦蔣首次入駐該館。胡的第一印象是十分隱密，適合休息養生。附近猶留有煤礦山道，已高齡七十四歲的蔣介石一路健行，展現體力。惟賓館屋舍依然不足，警衛只能分散七處駐紮，胡曾議請增建警衛營房。[67]

這段時期，蔣在大溪一帶密集活動，且頻頻於陽明營房召開會議，說明了反攻準備的緊鑼密鼓。然而一九六一年八月廿三日卻傳出「陣前換將」，著由原金門防衛司令劉安祺接替羅列（一九〇七－一九七六），擔任陸軍總司令。[68]原因除了陸軍戰備不理想之外，據說自臺北縣大埔陽明營房，至桃園縣三民鄉角板山賓館的公路（即今臺七乙線），修築一再延期，也有牽連。該路攸關反攻大計，正所謂「狡兔三窟」，蔣在戰事展開後，將可能隱身山區各賓館間。賓館數量迅速增加的緣由在此，從大埔到三民的公路，重要性也在於此。[69]

二、角板山雙賓館

一九五〇年以後，隨著大陸戰事告一段落，蔣介石才有在臺長住的餘暇。十月廿五日適其六十三歲的舊曆生日（九月十五日），蔣伉儷首度赴角板山澤仁村賓館避壽。當日自記：「一時出發，經大溪至洞口（慈湖）下車換轎，經八結、水流（東），而登角板山駐也」，「五時到達，心神為之淨靜」等語。[70]

角板山在日治時期，已屬「十二勝」的旅遊勝地。日人自廿世紀初，積極從事「理蕃」工作，一九一〇年經過慘烈戰役，鎮壓了大嵙崁群十七社。總督府乃在今復興鄉公所附近，新設駐在所，強迫泰雅族人遷徙，始成角板山社。[71]加上一九二〇年代，由桃園發出的臺車，已可迅速抵達山區，角板山遂成為總督府宣揚「理蕃」成果的「樣板蕃社」。總計一九二五至一九二八的四年間，日本皇族即頻繁造訪了五次。總督府還特爲彼等，開設了山區電信線路。直到一九三〇年代，隨著日月潭水力發電事業、阿里山林木事業，陸續興起，角板山的「樣板」地位，始被取代。[72]

所以一九五〇年，當地還遺留日治時期修建、俗稱「太子樓」的宮殿式檜木建築一幢，成爲最早的角板山賓館。該館和大溪賓館，產權原皆屬於省府，一九五七年正式交由總統府接管使用。[73]後於一九九二年四月燒毀，改建成今中國青年救國團「復興青年活動中心」。

角板山賓館因其清幽隱邃，一九六〇年代曾爲蔣介石常駐之處，甚至將景區一隅命名爲「妙高臺」。[74]一九五三年十月底，蔣上山以避個人六十六歲壽誕，重遊內溪觀瀑時，憶及故鄉雪竇寺千丈岩瀑布有感，還難得口占七絕一首：「每來角板必相訪，迎客歌聲穿瀑聲；瀧壯魄雄千丈勢，何如雪竇澤高深」。[75]

由於元首常駐，角板山時時成爲權力輻輳之所。一九五〇年臺灣光復節，時任臺灣省主席的吳國楨（一九〇三－一九八四）恩倚正隆，據稱蔣排除了行政院長陳誠和陸軍總司令孫立人（一九〇〇－一九九〇），單獨邀彼伉儷慶生。吳回憶道，該時公路只通至山腳（應即洞口，今慈湖）；往上需乘滑竿，抬行兩小時。吳當夜在山，向蔣建議：可將國民黨一分爲二，自然形成兩黨政治；蔣則超然其上，仍爲最高領袖。吳日後自認，這回關於臺灣民主發展的討論，是蔣開始疏遠他的導火線。[76]

一九五三年五月，正值韓戰停火的關鍵時刻，中共將入聯合國的謠言再起。廿一日蔣在角板山自記：「如果聯合國一經允許共匪朱、毛僞政權加入，則我代表應毅然退出聯合國，以保持我國家民族（漢賊不並立、正邪不並存）之人格。……此對（蔣）廷黻之指示也」。此條殆爲日後「漢賊不兩立」一詞的起源。[77]蔣並在山中審閱《民生主義育樂兩篇補述》，廿七日又記：「在角板山避囂一週，清理重要積案。如育與樂二章補述稿之審閱，對《戰爭原則》之審閱，以及卅一年日記全部審閱完畢，《論語》全部重理一遍，此皆重要工作也」。[78]延至十一月十四日，遂在國民黨七屆三中全會上，公開宣讀《補述》一文。[79]

自一九六一至一九六五的五年間，既屬反攻大陸之國光計畫推動的高潮，也是蔣介石賓館數量大幅成長的階段，兩者之間實有關聯。先是一九六一年四月間，「國光作業室」進駐陽明營房，專責規畫反攻作戰。[80]五月二日，蔣蒞營房巡視，在作業室召開「特別會談」，由國防部報告試射「勝利女神」飛彈的「神箭演習」準備概況，及海軍登陸作戰檢討。十七日蔣伉儷即赴角板山賓館休假。[81]

所以一九六〇年，慈湖賓館正在大興土木的同時，蔣又命於角板山賓館附近，原「毒蛇研究所」，時已改制衛生所之地址，另闢「花園賓館」一座。例由省府出資，委託退輔會施工，於一九六二年四月完工。[82]總統府內遂稱太子樓爲「老賓館」、花園賓館爲「新賓館」或「復興賓館」。新賓館占地五點六九九八公頃，是爲蔣各賓館中，面積最大者。[83]落成時，猶有一插曲，未知因經費所限、抑趕辦不及，賓館部分傢俱廿六項，曾透過當時聯勤總部外事處，向財政部長嚴家淦座落臺北市重慶南路和愛國西路口的招待所「大同之家」借用。[84]

三、日月潭涵碧樓

角板山之外，蔣介石常流連遊憩的另一勝地是日月潭。自一九三四年水力發電廠完工以後，該處原已成爲全臺「八景」之一。一九四九年十二月廿四日，蔣初至日月潭，即寓於「涵碧樓」，並在此跨年。一九五〇年一月二日，就地召集陳立夫、黃少谷（一九〇一－一九九六）、谷正綱（一九〇一－一九九三）等黨政要員，舉行日月潭會議，成爲稍後國民黨「改造運動」的發軔。延至一月四日始北返，前後盤桓竟達十二日之久。[85]可見蔣對日月潭之獨鍾。

涵碧樓位於日月潭涵碧半島上，半島突出湖中，海拔七百八十公尺，形勢險要而獨立，是鳥瞰湖景的極佳地點。最早有日人伊藤，於一九〇一年修造木構別墅一幢（即今「涵碧樓紀念館」），作爲私人的招待所，命名「涵碧樓」。一九三四年以後，日本皇族頻頻來遊，遂指定爲駐蹕所，由臺中州廳接管，並擴建爲二層樓的建築，增加八間貴賓房，包含東、西廂房、餐廳、會議室等設施。從此，該樓由一介富豪人家的度假別墅，一躍而爲官方招待所。[86]

一九四九年以後，涵碧樓成了蔣介石的行館。但同樣叫「涵碧樓」，實有旅館、行館之分。「涵碧樓大飯店」屬於民營，是爲六層樓高的中國宮殿式建築，一九九八年經民間企業收購，改建成爲今貌。涵碧樓行館則原係石灰泥土牆木屋，至一九六六年始興築三層西式洋房，產權歸官方所有。兩棟建築毗鄰相連，然而一民一官，並不相同。[87]且涵碧樓行館始終未列入總統府財產，殆由臺中州廳轉爲地方政府管理，一九九九年「九二一」地震前已告傾頹。[88]

一九六一年國光計畫之急進，實際與中華民國對美國甘迺迪新政府關係的起伏跌宕，若合符節。當時臺北方面的疑慮，其來有自，緣因一九六〇年甘氏尚在競逐總統大位期間，其密友鮑爾斯（Chester Bowles）先已於著名的《外交季刊》（Foreign Affairs）撰文鼓吹「一個獨立的中臺國」（independent Sino-Formosan nation），主張應該「重新考慮中國問題」、「我們最好不惜費時，使臺灣在聯合國內獨立的地位，得到承認」云。[89]加上美國大選，盛傳臺灣當局介入甚深，以支持原艾森豪（Dwight D. Eisenhower, 1890-1969）政府副總統尼克森（Richard M. Nixon, 1913-1994）當選，甘迺迪亦未必釋懷。[90]所以一九六一年初，甘就任後，臺美關係即警報頻傳。

先是一月間，針對聯合國的中國代表權問題，美國國務院擬以「兩個中國」爲方向，制定新方案，取代過去十年「緩議」的拖延辦法。蔣介石爲此大感不悅，聲言不惜退出聯合國。[91]四月，甘迺迪政府又考慮派團，赴外蒙觀察、並商承認事宜。正巧此時，國光作業室進駐陽明營房，反攻實兵規畫也排上了日程。十四日蔣伉儷同赴金門視察，一待就是九日，係遷臺以來，留駐前線最久的一次。[92]儘管屬於祕密行程，惟仍可能形成對美壓力。

不料六月又傳出美方將批准「臺灣共和國臨時政府」大統領廖文毅（一九一〇－一九八六）由日赴美簽證的消息。所以廿日，蔣介石拒絕了美國國務院邀約蔣經國往訪的想法，並向美國駐華大使莊萊德（Everett F. Drumright, 1906-1993）屢番抗議。[93]七月一日莊持國務卿魯斯克（Dean Rusk, 1909-1994）的覆電，晉見解釋，仍然未能令蔣滿意。[94]

莊退出後，當天下午，蔣出人意表地，吩咐侍衛長胡炘，準備翌日赴日月潭。結果這趟出巡，在涵碧樓一住就是三個星期。或許也為了對美國表示態度，蔣即連邀請了海內外意見領袖和政府部長級以上官員，為期一週，以共商反共復國大計的「陽明山會談」，都沒有出席。[95]

七月二日蔣抵涵碧樓以後，一面悠遊日月潭，參觀教師會館、文武廟及臺電招待所；一面心繫反攻大計和對美外交。兩天後，包括副參謀總長賴名湯（一九一一－一九八四）、海軍陸戰隊正、副司令鄭為元（一九一三－一九九三）、袁國徵（一九一七－一九八二）都奉召趕來，報告陸戰隊的戰備情況。[96]但或許蔣最期待的訊息，卻一直等了兩個星期，十七日始由副總統陳誠與外交部長沈昌煥（一九一三－一九九八）捎來。[97]甘迺迪親筆致函，同意不予廖文毅簽證、推遲承認外蒙、中國代表權將再協議方案；最後請蔣另派要員，赴美協商。當日，蔣顯然一掃陰霾，日記肯定甘函「為各國元首來函中，最具熱情與誠切之函件」。[98]

十七日下午，衆人在涵碧樓集議，決定改由陳誠赴美。翌日，美國駐華代辦葉格（Joseph Yaeger）至涵碧樓謁蔣，呈遞甘迺迪原函。蔣南下駐蹕，殆已有成，北返的時間，也終於確定爲廿二日。侍從人員都鬆了一口氣，孩子般地笑鬧了一番。[99]

四、頭寮賓館的擴建

一九六一年七月蔣介石長駐涵碧樓，可以相當程度說明，行館在政治活動上的微妙作用。蔣身爲一國元首，在斥責美國大使之後，即有日月潭之行；並在重要的陽明山國是會談中缺席，相信美方一定會有外交情報，而生其想像。所以另一方面，蔣又極重視美方情報人員的幕後操作。事實上，蔣南下後兩天，七月四日，美國中央情報局駐臺辦事處主任克萊恩（Ray S. Cline, 1918-1996）已奉命回國溝通。廿二日蔣返臺北，廿四日即接見了克氏，聽取有關白宮的說法。爾後各案解決，也多賴此管道的運用。[100]

七月以後，聯合國代表權、外蒙入聯等案，仍然懸而不決；蔣介石對國光計畫之督促，也毫不放鬆。臺海已屆颱風季節，本不利發動登陸；入冬以後，盛吹由西向東的高空季風，空軍作戰亦感困難。是蔣對於美國背棄中華民國、尋求和中共建交的疑慮，使其欲孤注一擲？還是希望透過軍事準備的壓力，逼使美方有所回應？實有值得玩味之處。至少克萊恩當時轉呈華府國安當局的建議，即指中華民國政府準備鋌而走險（dangerous adventures），包括一項自殺式的登陸大陸行動云。[101]

蔣介石接見克萊恩的翌日，七月廿五日，即重開特別會談，針對將軍沃該地，研究作戰狀況；此時國光計畫已訂定發動登陸的D日，並開始研究細部計畫。但八月海軍報告灘頭作戰計畫時，蔣又指示，應以福州馬尾附近的港尾半島爲目標。[102]其同時，甘迺迪政府仍在爲外蒙入聯案，反覆勸說臺方；蔣則意欲修改一九五五年《中美共同防禦條約》限制其反攻的相關內容。

十月廿四日，蔣七十四歲舊曆生日，家人爲解其抑鬱，在新落成的慈湖賓館，邀約杜月笙（一八八八－一九五一）夫人、京劇名角姚谷香（姚玉蘭，一九〇四－一九八三）清唱暖壽。隔二日，聯合國通過外蒙入會案，臺、美半年來的外交爭議，終告底定。[103]節氣入冬，十一月廿三日，蔣命將國軍戰備加強進度，延至明年三月中旬。[104]一九六一年籌備反攻的高潮，就此過去。

一九六二年一月，退輔會榮工處長嚴孝章（一九二一－一九八六）告知總統府第三局長吳順明（一九一一－一九九三）：

> 近又奉指示，慈湖賓館尚需添建容納約一百廿人之附屬房屋數幢，建築費將由臺灣銀行支付。又查目前尚有正在建築中之頭寮賓館、及角板山花園賓館兩處房屋，均將於本月底完工。[105]

函中所及各案，通由退輔會轉達總統府，可見也是蔣介石直接交辦給蔣經國者。箇中，頭寮賓館的前身，原係大溪鎮福安里的集會所，乃日治時期由官民共同出資所建，充作教習日語之處，計木造會所卅坪與廁所一間。光復後因年久失修，廢置無用。一九五〇年經大溪警察分局讓借總統府，招商勘修，一度成爲油庫；嗣又改爲大溪檔案庫，[106]供府內機要室庋藏蔣介石事略、檔案、書報二百卅箱。蔣極爲重視，凡檔案地點或移動，均需事先簽奉親批。[107]

延至一九五八年八月，亦即慈湖賓館動工的同時，蔣經國奉其父面諭，擴建檔案庫：「大溪頭寮檔案庫庭院範圍，著即照指示原則，妥予公平向業主洽購」。總統府遂按每甲四萬元之地價，徵購庫房周邊半甲多土地，預算由府內特別費支出。[108]部分土地仍屬板橋林家，終由「林公熊徵學田委員會」董事會出讓。[109]

一九六一年三月，蔣介石初次入駐慈湖賓館之時，頭寮賓館亦正大興土木。二日，蔣親往視察（見【圖表五】）。據隨侍的胡炘手記，蔣對於房舍的方位，極爲重視。應係於堪輿上，有所意

【圖表五】一九六一年三月二日，蔣介石巡視頭寮工程現場

圖中著軍服者，即侍衛長胡炘。
資料來源：汪士淳，《漂移歲月：將軍大使胡炘的戰爭紀事》，頁一三三。

見。賓館擴建目的，在於反攻作戰發起時，充爲總統府疏散之用；格局則屬臺灣農莊的方形，內有天井，附近有山有水。

但矛盾的，是儘管蔣事前指示鉅細靡遺，賓館完工後，負責施工的嚴孝章還是挨了罵。蔣指斥他，把那裡裝潢得像皇宮。本來要戰時辦公之用，這一來會被外界非議，應該簡樸才對。同期進行的角板山新賓館也是一樣，蔣責備建築師，浴室裝修過於奢侈等等。[110]

一九六二年八月，頭寮賓館落成，[111]定名「復興山莊」；同時將日治時期設置的防空洞修復使用；[112]集會所木造建築則予拆除。[113]至此，總統府在短短兩（一九六一－一九六二）年間，便陸續接管了慈湖、角板山和頭寮等三座新賓館。

第肆節　賓館管理與結束轉用

一、後慈湖疏散區開發

蔣介石曾自認「反攻軍事準備，在（民國）一九六〇年時代，就已經接近完成」，[114]所以一九六二年三月，國光計畫又一度箭在弦上。甘迺迪政府爲謀勸阻，屢派要員來臺謁蔣。[115]蔣介石反攻之志一時難伸，仍繼續加強島內防務，十二月下令將陽明營房內，屬於總統府方面的疏散辦公房屋，包括大埔賓館，全部交還行政院，轉撥國防部，充作「國光作業室」規畫反攻之用。府方疏散計畫，自亦隨之大改版。

一九六一年底，慈湖賓館初步竣工後，相關的增建訊息，就不斷傳出。一九六二年初，榮工處即曾奉命，預備在賓館添建容納一百廿人的附屬房屋數幢，建築費將由臺銀支付等。[116]延至年底，蔣介石又指示在慈湖左側堤岸，已築成的地基上，分建總統府各局辦公處各一所，每局平房三至五間。[117]所以一九六三年一月，總統府提出構想，將府秘書長、副秘書長、參軍長等疏散房舍，置於頭寮至慈湖兩地之間；慈湖賓館左側，則修築府內各局的辦公廳舍。[118]

但原計畫到了一九六三年七月，慈湖附屬房屋（代號「甲地」「甲房」）開始動工時，則已改稱「前慈湖招待所」，用途亦非為疏散辦公。[119]工程各費共兩百八十四萬餘元，蔣介石仍命交由省府，轉飭臺銀撥款。[120]其間歷經設計變更，和九月間「葛樂禮」颱風侵襲，甲房延宕到十月下旬才告落成。

而當陽明營房移交之際，一九六二年十一月，國防部作戰次長室接到總統府侍衛長胡炘的函告，下達蔣介石口諭：

> 大溪後慈湖新開公路附近，所測量之建築基地十處，俟該路工程完成後，利用築路工人，先平乙、丙、丁、戊、己五處建築基地。

胡並告：此案係由退輔會嚴孝章主持，預定轉用開闢慈湖公路的陸軍預備第四師「力行總隊」兵力，先行整理地基，以利爾後營舍建築等語。[121]

作戰次長室完全不明層峰意向，僅能表示「本室未曾經辦此項建築案件」；並揣度「經研判該五處整平後，可能爲戰備工事，或防空設施之需要等」，因此要求後勤次長室接辦。[122]後次室只能「使命必達」，依照總統府侍衛室指示的範圍，再向板橋林家「大永興業公司」收購土地，以備運用。[123]這就成爲後慈湖疏散區「乙房」「丙房」「丁房」「戊房」「己房」工程之發軔。[124]

所以後慈湖疏散區，在蔣介石最初的想法中，係測量了十處基地，只是首批先建五處官舍。動用的兵工，則屬陸軍預四師力行總隊。該師師長爲陳守山（一九二一－二〇〇九），而總隊乃「以工代刑」，係將陸海空軍五十七個單位送到各軍事看守所羈押的罪犯，集結起來，避免他們在牢裡不事生產。[125]一九六二年十月，預四師開始兼管力行總隊，隊員一度多達一千五百多人。主要承攬工程，除了後慈湖的挖濬、築路和整建外，還有副總統陳誠橫溪疏散區的防空壕設施等。[126]蔣介石也曾親臨工地巡視。然而慮及監外服役的風險，該總隊一年半後即告裁撤。[127]

一九六三年十月以後，總統府秘書長、副秘書長、參軍長等疏散房舍，確定改設後慈湖，納入復興營房，緊跟著推動。然亦由於蔣的決策習慣，乙、丙、丁、戊、己等五處，一如它處建設，也採取分批、逐步增建方式。十月乙房單獨發包動工，成爲「後慈湖招待所」（又稱「第一官舍」）；經費仍來自臺灣銀行，故產權屬之。[128]

其餘四房工程，卻一波三折。力行總隊所築各基地，原本未經完整的評估與踏勘，加上「使命必達」的限期壓力，和一九六三年九月葛樂禮颱風的侵襲，以致已有丁、戊、己等三處塌方。[129]延至一九六四年初，丙房（第二官舍，總統府秘書長疏散辦公室）只好先行開工；其餘各處，復交國防部補行整基工程。[130]鑒於丁房（第三官舍）基地一時難以清理，遂改而先建戊、己（第四、五官舍，分為府副秘書長、參軍長疏散辦公室）兩房，於同年十月動工。[131]丙、戊、己三房經費，則來自行政院所撥「國防整備臨時費」（又稱「疏散辦公房屋建築費專款」）一百四十五萬餘元，故其產權乃屬總統府。[132]至於丁房，則至一九七〇年六月方予補建完成。[133]

由於後慈湖疏散區的規畫，事涉元首安全及總統府侍衛室職權，故決策必待由上而下，惟有層峰表達意向，賓館工程和用途，始能確定。這種單向決策的結果，就使得前、後慈湖疏散區的整個開發過程，顯得迂緩且多變。甚至直到一九七二年，後慈湖新建五處官邸的使用對象，依舊沒有完全定案。[134]

二、賓館增建與管理

從慈湖、頭寮到角板山，各賓館的增建過程中，實際反映著一九六〇年代，蔣介石個人領導風格，乃至整個決策體系、疏散計畫，著重貫徹領袖意志的某些特徵及問題。首先，就是前已述及的單向決策現象。由於賓館的管轄與警衛，事涉元首安全，故相關規畫畫或改變，必待由上而下，府院部會都難於置喙。蔣也常以手令、乃至口諭，直接要求進行各項工程；退輔會或軍工局也只好「使命必達」，盡力完成任務。

然而，建設工程，牽涉到自然、環境各項條件，未經完整的評估與踏勘，往往會帶來不少後遺症。後慈湖五處官舍，初時位置的選定，全係基於蔣個人指示和督責，故興建後屢生崩塌，在維護和修繕上，帶來很大的困擾。一九六六年以後，軍方屢邀學界人士徐鐵良(一九一七—)、林朝棨(一九一〇—一九八五)、王源(一九二五—)等進行研究，確定該批建物所在，乃屬煤層灰色頁岩、和細沙岩風化土所構成的滑動岩層，有自然走動可能，根本不適宜作為建地。[135]

其次，正如胡炘在其侍衛長任內，近距離觀察蔣介石之所得，指蔣對於建築很有興趣。[136]包括頭寮辦公室、角板山新賓館及陽明山中山樓等，都親自參與設計，並和建築師討論，可說已經成為一種嗜好了。蔣以造屋當興趣，還自有一套，誰都不敢亂做主張；而且是逐步增建，因為這樣才有彈性云。[137]

一九六三年慈湖招待所(甲房)施工期間，蔣曾密集巡視，總計自七月七日至十月四日，三個月間至少親臨工地十一次(見【圖表六】)。[138]既印證該時，其在大溪一帶活動之頻繁；而所提示的事項，至為廣泛，從建物附近相思樹砍伐與否，到各房間用途或門窗位置，不一而足。以至九月八日上午，甫蒞慈湖工地，親予指示；下午五時又將負責人員召至陽明山官邸，修正設計。九月廿五、廿六日情形亦復如是，特為召至角板山賓館。說明了胡炘「嗜好」「興趣」的觀點，和蔣謹小愼微的一貫領導風格。[139]

【圖表六】蔣介石對慈湖招待所工程指示統計表（一九六三年十月）

層峰對慈湖甲種房屋暨防空洞工程指示事項遵辦情形統計表（一九六三年十月五日）

回數	日期/時間	指示事項
一	七月七日 下午四點	①避免砍樓梯間附近之相思樹兩棵； ②樹木照原設計平面圖向右移五公尺。
二	七月廿日 下午四點卅分	①正廳中間柱三根取銷； ②左邊間增加四公尺×六公尺房一間； ③垂詢防空洞坍方情形，並指示研究另開一支洞。即遵辦開始測量，研擬三種方案呈核。
三	七月廿八日 下午五點十分	①取消樓梯間後面砌花磚； ②諭知再研究防空洞增加支洞方案。
四	八月十一日 下午五點卅五分	①樓梯間平臺向後加寬二公尺； ②一〇九室通至一一〇室開一門。遵即開始鑿除樓梯中間柱，及向後挖土。十二日下午復奉指示，不再加寬；及一〇九室通至一一〇室間，不再開門； ③指示開防空洞支洞，照所擬第二方案施工，並親自察看位置； ④垂詢防空洞坍方情形，及何時可以完工。經報告坍方部分採用打板樁方法施工，因清理坍方，較爲費時，預計本年底可完工。

五	六		七
八月十八日 十點十分	九月八日 九點卅五分	九月八日下午五點 於陽明山官邸召見	九月廿二日 下午四點五十分 偕夫人蒞臨
巡視房屋工程約十五分鐘，無指示。	①底層一〇七浴室改爲更衣室；②底層一〇八浴室加門一樘通走廊；③底層一〇六室後面延長部分改爲浴室、廁所，並由室外加一門；④底層一〇六室隔牆取消；⑤增加一間之後段，另隔一間；⑥底層一〇五室至增加部分加一門；⑦二樓二〇七室通後面走廊加一門；通二〇六更衣室加一門；⑧二樓二〇六更衣室通前面走廊加一門；⑨二樓二一〇、二一一浴室合併爲一間浴室；⑩二樓二〇九室通二一五室加一門。	①底層增加浴室、廁所，隔牆向一〇六室移進一公尺；門改在移進一公尺之走廊上；浴室內並增加一壁櫥；②一〇六室改爲L型房間；通至前面小間之隔牆拆除。	①垂詢施工情形，及何時完工。報告因「葛樂禮」颱風，沖毀大溪橋引道，材料中斷，影響工作十天，需十月廿日方可完工；②底層一〇六室改爲衣帽間，原與增加一間之隔牆恢復；③二樓正客廳加壁櫥二個；④二樓正廳右邊客廳磚隔牆拆除，改爲活動折疊門；⑤二〇七浴室加大至後走廊，並增加壁櫥一個；⑥二〇六室改爲一間小浴室；⑦二一六室走廊間加一壁櫥；⑧二樓走廊至小陽臺磚牆拆除，開一圓拱雙扇門；⑨一二樓樓梯平臺兩側磚牆拆除，各加圓洞窗一個；⑩二樓樓梯間兩側磚牆，改爲門窗；⑪三樓平臺壓頂牆，左右各開一出入口，通至兩邊平臺；⑫前面護坡踏步平臺加大；⑬兩邊間平臺，增加壓頂牆；⑭客廳、飯廳、走廊壁燈欠佳，夫人指示改善。

編號	時間	內容
八	九月廿五日 下午五點十分	①底層正廳後牆，改爲八扇落地窗；②底層一〇七室壁　拆除；③底層一〇九室與一一二室對調用途；一〇九室通至一一一室廚房加一門；④底層左邊樓梯間，改爲佣人浴室、廁所；⑤二樓正廳及左邊客廳後牆封閉不要；⑥二樓兩邊客廳前面，改爲推門（原爲拉門）；⑦二樓正廳壁櫥，向內移二點四公尺；⑧屋頂牆四週避雷線，即遵照改爲暗線。
	九月廿六日 下午五點 於復興（角板山）賓館召見	①樓下正廳後窗，改爲四扇推門；②樓下一〇七室通客廳，開一配菜窗，並通至一〇九室開一門；③一二樓正廳及兩邊客廳前面，門均照復興（角板山）新賓館門式，改爲四扇推門。
九	九月廿八日 八點四十分	①樓下正廳後面門與前面門同樣大，剩餘兩邊做兩小門，不一定要開，但須能活動；②一二樓正廳及左右廳房正面門，均改爲向外開；③樓下一一一室廚房爐灶移向左面，通室外門移在原爐灶位置；通一一二室門封閉，改通至一〇九室加一門。
十	十月三日 下午五點廿五分	①二樓樓梯間兩側，不加窗仍砌磚牆；②二樓走廊至小陽臺圓門，不需紗門，只需板門上半圓裝玻璃；③二樓正廳及右客廳後牆，原有窗封閉，仍用磚砌。
十一	十月四日 下午四點廿分	①一樓樓梯下加隔牆，做成兩個房間；一〇五至一一七房間當中，加開一扇門；②報告慈湖防空洞第一號洞坍方廿四點五公尺，已清除完畢。混凝土已灌卅二公尺，四米洞在開挖土方中；③第二號洞已完成四十四公尺；④第三號洞已完成十二公尺，尚有廿六公尺，現正積極加派工人趕工中。層峰面示「好、好」。

所以一九六四年，前慈湖招待所曾發生鋼柱賠償的一樁風波。先是三月初，蔣介石視察新落成的工程，發現門前尤加利樹涼棚的第六根鋼柱，恰巧立在門口約一公尺處，認為妨礙進出，當令改作，與花磚欄杆對齊。然而施工單位評估，如此將牽一髮而動全身，其它鋼柱受到化糞池和排水溝影響，無法生根，必需縮短距離或予以延伸，方能辦理。[140]正往復協調間，不料廿一日蔣再度巡視，謂涼棚僅為所植樹苗長高，一兩年後即需拆除，故不必採用鋼柱，諭令改用木柱。[141]最後，鋼柱的供應商「中國力霸公司」於六月間提出補償要求，終由國防部軍工局認賠了事。[142]

其後不久，一八六五年五月，蔣又命於招待所近側，建一相連之簡報室（兵棋室）；[143]並前、後慈湖各房屋頂、水泥路面，均需髹飾迷彩，以資防空。[144]估計經費一百廿二萬餘元，循例由臺灣銀行撥款辦理。[145]施工單位或許鑒於過去反覆修改的教訓，特另列出五萬元預算，以「備第二次變更設計用」云。[146]

三、賓館警衛與防空設施

蔣介石賓館當年之所以給予外界神祕之感，重要原因之一，乃因其警衛與設施，係皆由總統府侍衛室負責。即連擔任總統府整體維安、和賓館管理的第三局，都無職權過問。

按：中華民國總統的侍衛組織，最早可以追溯到黃埔軍校的警衛排、國民政府陸海空軍總司令部侍衛班。一九三三年二月，軍事委員會侍從室成立，下設警衛組，由侍衛長直接領導。警衛組成員，多屬浙江籍，爲蔣鄉親故舊及其子弟，或中央軍校畢業學生。[147]

一九四二年十一月起，俞濟時（一九〇四－一九九〇）擔任軍委會委員長侍衛長。抗戰勝利後，軍委會、侍從室皆告裁撤，侍衛組織屢經變革；但總統安全，仍由俞負責。一九五〇年三月，蔣在臺復行視事，總統府始設侍衛室，惟初期工作，是管理武官；元首護衛，則歸府內第二局（局長俞濟時）擔任。直到一九五六年五月，俞解除相關任務；警衛督導，實際改由蔣經國接手。侍衛室、侍衛長才開始負責總統維安工作。[148]

所以從賓館的管理和設施來看，總統府侍衛室、侍衛長在職權上，曾有明顯增長的現象。初期的侍衛長如劉牧群（任期一九五〇－五三）、吳順明（任期一九五五－六〇），都是卸職後，始轉任府內各局長。[149] 吳順明任內，一九五八年，由於第三局和侍衛室之間，賓館管理權責多所重疊，參軍長黃鎮球（一八九八－一九七九）曾制定原則爲：（一）平時警衛任務，由第三局監督指揮；（二）總統蒞臨時，直接受侍衛室指揮調度等。[150] 此後，侍衛室銜蔣之命，越過各局，直接對外，交涉賓館設施的情況，即屢見不鮮。[151]

一九六〇年代初，正值反攻準備緊鑼密鼓，蔣對保密的警覺非常高，處理方法也極嚴密，不對無關者談機密，不到時候不交辦。所以隨侍在側的侍衛長，事權愈專、角色愈重。繼吳順明擔任侍衛長的胡炘，在一九六一年奉到蔣介石指示：以後作戰公文，均由侍衛室轉呈，不要經過府內第二局與秘書陳叔同（一九一一－二〇〇四）。一九六二年八月，蔣重申前諭，軍事公文全令侍衛室負責，黨政始歸陳經手，以求迅捷。隨後，蔣經國也將國家安全局的公文，逕交侍衛室專辦。[152]

元首在賓館的出警入蹕，既全由侍衛室主導；箇中最重要的慈湖賓館、角板山新賓館，同期進行的兩防空洞工程，因係戰時指揮之所，攸關反攻大計，自然亦皆由侍衛長辦理。一九六一年底，慈湖賓館初步竣工後，為加強作戰機能，防空洞和全區給水計畫工程，也接續進行。慈湖防空洞特由時任侍衛長的胡炘，逕交國防部專辦。[153]一九六二年十月，國防部軍工局委託經濟部「聯合工業研究所」開始鑽探構築。[154]

然而，其後過程枝節叢生。先是一九六三年七月，現場坍方廿四點五公尺。接著蔣介石親蒞視察，要求就原設計，另開一支洞，而增為三洞齊開的工法趕工。[155]又經九月間「葛樂禮」颱風侵襲，工程延宕到一九六四年四月，始得完工驗收。原發包總價為一百六十五萬餘元，至完工時，實做總價已追加至二百九十三萬餘元之譜。[156]洞內鑿有指揮所、廚房和戰備水池等設施，規模宏大。指揮所為層峰戰時坐鎮的中心，高四公尺，原以木結構鋪建了天花板、板壁和地板等。[157]不料初為節省經費，設計了迴風管，欲利用乾空氣進入洞道，解決潮濕問題；[158]卻因指揮室位置隱蔽，氣流不暢，不過四月，木構部分即開始霉爛，蔣巡視後曾要求改善。[159]

另外，一九六二年四月，角板山新賓館落成後，蔣介石即著手興修附屬地下防空指揮所。蔣先是命侍衛室傳諭，將新、舊兩賓館間「中正公園」土地，以國防部名義收購，費用由總統府負擔。但用地既購、補償已發，計畫又變；指揮所位置，改設新賓館後側坡下之現址。一九六六年十二月侍衛室奉諭：「復興鄉新賓館，通往老賓館小路旁，簡○○之房屋，可以買過來，自其屋旁，向山內挖一防空洞。該房屋保留，不要拆掉」等語。[160]

由於蔣的想法複雜，軍方只好由陸軍供應司令部出面，會同鄉公所，與簡姓人家協調。最後在角板山中正路鬧區，新建鋼筋水泥二層樓店面一幢，作爲交換，花費了省政府遷建和地上物補償各費十三萬六千元結案。[161]一九六七年以後，「復興隧道」工程始交第一軍團興工；惟因選址適在賓館下方，加上土質鬆軟，過程飽受建物龜裂、土方坍塌和颱風侵襲之苦。[162]延至年底，才告完工，是爲一略呈L形的鋼筋水泥坑道，規模宏大，可比慈湖防空洞。內設指揮所、衛生間，原鋪有木構小塊拼花地板。[163]

四、時局變遷與賓館轉用

一九六五年六月，士林官邸發生孫姓車夫槍擊事件。[164]侍衛室隨於八月五日通函總統府，命由各賓館管理員，統一指揮各館現有第三局與警衛隊人員，以專責成。[165]總統府第三局也制定《總統府各賓館（招待所）統一管理辦法》，規範各館管理員工作準則；[166]同時律定各館名稱（見【圖表七】），頗可見當時府內所轄的規模。[167]

【圖表七】總統府各賓館管理情形（一八六五年八月）

賓館		產權所有	第三局 管理員	第三局 工友	警衛隊 軍官	警衛隊 衛士
士林官邸		省府				
陽明山官邸		省府、臺糖				
博愛路賓館		省府				
大溪賓館		省府	仇定海	駱魁友 姜若伍	何乃細	王仁洪
慈湖	慈湖賓館	臺灣銀行	吳錦楣 任夢旦	楊敬忠 姜子美 唐阿雙	鄭隆慰	徐興柏 賀賢文 張鴻福（划船）
慈湖	前慈湖招待所（甲房）	臺灣銀行		朱文炳 林國華		
後慈湖	後慈湖招待所（乙房）			翁金全 徐德和 高惠慶 周阿根		
後慈湖	後慈湖第一官舍（丙房）	總統府				
後慈湖	後慈湖第三官舍（戊房）	總統府				
後慈湖	後慈湖第四官舍（己房）	總統府				

	復興山莊（頭寮賓館）			楊長法 王有根		
角板山	角板山賓館（復興賓館）	省府	沈志華	俞福生 張俊山 張壽良		
	角板山招待所（新建）					
	西子灣賓館		董裕昌 徐正祥	鄭全忠 徐林	方興中	方英豪 徐志勇

至是，經過五年（一九六一—一九六五）的整建，蔣介石規畫中的戰時大本營，可謂大備。不料，一九六五年八月六日的「八六海戰」、十一月的烏坵海戰，海軍接連受挫，反攻大陸的國光計畫宣告擱置。確保臺澎金馬，終於取而代之，成爲優先任務。

此時，賓館建設進入第三階段（一九六三—一九七五），數量反而大增，多數係退輔會於中部橫貫公路等處所闢農場之附設賓館（見【圖表一】）。一九六〇年五月中橫公路通車。一九六三年八月廿八日，蔣介石由臺中成功嶺，首度前往谷關、青山電廠，感歎景致有如溪口。廿九日到達梨山，視察福壽山農場，晚上息宿棲蘭山莊。卅日抵宜蘭機場，搭機南飛，轉赴高雄西子灣，宴請外賓，隨即飛返臺北。[168]則沿途如谷關、天祥、清境、梨山、武嶺、合歡山、福壽山、天池、武陵、棲蘭和太平山等賓館，當在此前後陸續興建。

另外，隨著外交形勢的逆轉，元首安全更加受到注意。一九六六年慈湖防空洞曾予整修，針對蔣的指揮室，另行加裝送風管，以配合除潮系統，加強通風。[169]一九七一年三月，鑒於角板山、慈湖和西子灣等三處防空洞，夏季洞內「潮濕漏水，情況甚壞」，已無法使用，總統府乃編列預算八十七萬餘元，著手整修。[170]

稍後，第三局局長烏鉞（一九一五－二〇〇八）簽呈「茲為適應時代需要，擬由局建議國防部，研設現代核子防護設施」。[171]國防部遂將慈湖與角板山防空洞整修，交予第一軍團負責；西子灣工程由陸戰隊司令部籌畫；防毒與防核設施，則交陸軍供應司令部比照外島防護工程進行，委由唐榮臺北機械廠施工。[172]總經費追加至四百七十七萬四千餘元，由國防部支出。[173]

然而防核設備，必須加裝濾毒機、機房、防震、防爆、通風、鐵門及部分坑道之不鏽鋼頂殼等；其中如濾毒、通風機件，猶需向國外採購。[174]工程浩大，延宕經年，總計慈湖設置防火門三樘、防毒密閉門五樘、風管一百公尺；角板山防火門二樘、防毒密閉門三樘、風管八十公尺。濾毒通風機、機房、急救間與消毒間各一，[175]直到一九七三年三月，兩洞防護設備始行驗收。[176]同時拆除洞內原有木構地板，改鋪PC地板和紅色塑膠地毯。[177]

時值臺美關係逆轉、中華民國退出聯合國、《上海公報》簽訂等外交危機期間，或許為加強戰備，一九七一年七月總統府侍衛室又要求國防部，在慈湖和角板山修築直昇機場。慈湖降落場位於賓館大門入口處左側，角板山降落場位於介壽國小操場。[178]總經費八十八

【圖表八】後慈湖官舍年久失修的檔案照（一九八六年十月）

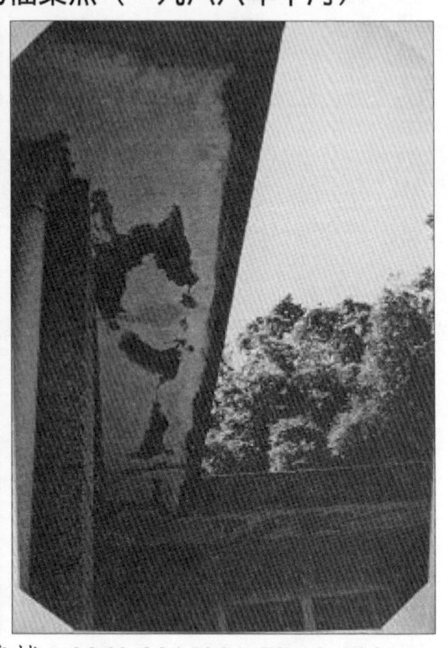

資料來源：《慈湖修繕工程》，總統府檔，0060/2215381/79/13/110。

萬六千元，由國防部支付，[179]於翌年元月完工。兩處都加裝夜航照明設備、鋪設韓國草皮。[180]

一九七五年四月，蔣介石逝世，所遺留的龐大賓館群，也到了繁華落盡的階段。七月，行政院長蔣經國指示，將大溪和角板山老賓館，交由桃園縣政府接管，開啓了賓館轉移的序幕。[181]一九八五年七月，角板山直昇機降落場在介壽國小要求下，交還校方，改爲體育場使用；[182]慈湖降落場也約在同時廢除。

一九八八年一月，總統蔣經國逝世。五月，總統府再議修後慈湖五棟官舍的屋漏問題（見【圖表八】）時，結論已是「該官舍暫無使用可能，擬僅就屋頂修漏部分、及簡易必修項目，重新編列預算」；最後亦僅通過管理員所居住的「丙棟」修繕費卌六萬餘元而已。[183]

延至一九九三年三月，總統府所轄各賓館，已轉移殆盡，僅餘角板山新賓館一處，轉移情形如【圖表九】。當時發生駐衛的憲兵單位在未知會總統府的情況下，由憲兵司令部逕自撤哨的事件。[184]或許此案的影響，一九九五年七月廿四日，總統李登輝（一九二三—）批准了將新賓館轉交桃園縣政府，並開放爲公園的簽呈。[185]從一九四九到一九九五年，長達一九五七年的總統府賓館歷史，終於告一段落。

【圖表九】先總統蔣公時期各地賓（行）館一覽表（一九九三年三月）

項次	名　稱	位置	管理機關	備　考
1	慈湖賓館	大溪	國防部	現改爲慈湖陵寢。
2	頭寮賓館（復興山莊）	大溪	國防部	現改爲大溪陵寢。
3	大溪賓館	大溪	桃園縣政府	位於大溪公園內，現開放供人參觀。
4	角板山復興賓館	復興鄉	桃園縣政府	位於角板山公園，現開放供遊客參觀。平時由青年救國團管理。
5	角板山賓館	復興鄉	總統府	原名「角板山花園賓館」，目前總統府唯一保留之總統賓館。

6	中興賓館	陽明山	臺北市政府	部分房屋由黨史會借用，儲存總統府機要室資料。
7	青山山莊	谷關	青年救國團	
8	天池別館	合歡山	臺灣省政府	
9	涵碧樓	日月潭	臺灣省政府	
10	阿里山行館	阿里山	林務局	
11	墾丁賓館	屏東	墾丁國家公園管理處	部分開放爲旅館。
12	梨山賓館	臺中縣	國軍退除役官兵輔導會	部分開放爲旅館。
13	溪頭行館	臺中縣	農林廳	臺大實驗林場。
14	八卦山行館	彰化	青年救國團	
15	澎湖行館	澎湖	青年救國團	
16	大同鄉棲蘭行館	宜蘭	國軍退除役官兵輔導會	
17	澄清湖賓館	高雄	高雄自來水廠	
18	天祥招待所	花蓮	青年救國團	
19	清境山莊	南投	國軍退除役官兵輔導會	開放爲旅館。
20	福壽農場招待所	梨山福壽山	國軍退除役官兵輔導會	

21	武嶺農場招待所	梨山	國軍退除役官兵輔導會
22	嘉義農場行館	嘉義縣	國軍退除役官兵輔導會
附註	以上各賓館，均由憲兵司令部派遣憲兵駐守，維護安全。民國六十五年移交有關單位後，駐守憲兵陸續裁撤。		

第伍節　結論

蔣介石賓館係一歷史現象，其之產生與消失，皆和蔣個人的需要及偏好有關。蔣自大陸時期即喜出外旅行或郊遊，強調「寧靜致遠」之道，故賓館多設於山明水秀之處，以便其籌思國家大政。但除此之外，賓館的位置偏遠和交通不便，往往也可爲各類政治談判，帶來轉圜或緩衝的餘地；甚至因爲晉謁不易，有助於隱匿層峰決策的意向。來臺之後，由於反攻與保臺的軍事需要，賓館又多了一層戰時大本營的考量，以作爲統帥指揮的所在。這是蔣介石賓館設立的各項政治作用。

蔣介石生前賓館的總數，至今並無完整的統計，這牽涉到所謂「賓館」的定義問題。事實上，所有官邸、賓館，產權都不屬於蔣個人，名義上全爲公產；當年也並未歸於單一機關管理，許多是由地方政府或公營事業，就近負責；後期許多賓館，係由主事單位主動建設，蔣蒞臨的次數有限，甚至是備而未用；某些地點（例如中山樓和青邨），則僅屬專用休息室，能否計入「賓館」的行列，也值得商榷。

以本文蒐集的檔案資料，最明確的官方記載，係爲一九九三年三月總統府表列的〈先總統蔣公時期各地賓（行）館一覽表〉（見【圖表九】），內有廿二處賓館，均曾由憲兵司令部派員維安，是相當可靠的統計。不過，賓館總數顯然不止於此；如果加上坊間的調查，包含五處傳說中的地點，則官邸、賓館總數當在卅四座左右（見【圖表一】）。

這卅四座官邸、賓館，若按興建的時序，約可分爲一九四九年之前、一九五○至一九六二年之間、和一九六三年以後等三大階段。臺灣由於其歷史發展的特殊性，早自日治時期，相關的貴賓館、招待所即已遍設。所以一九四九年播遷之際，東南軍政長官兼臺灣省主席陳誠，就將原有設於各觀光景點的官方招待所，撥交蔣介石使用，其數約有八所（見【圖表一】）。

一九五○年以後，隨著大陸戰事告一段落，蔣才有在臺長住的餘暇。該年初，蔣遷入士林官邸；爾後自一九五八年起，賓館建設始進入高潮期，截至一九六二年，包括澄清湖、慈湖、角板山和頭寮等七處（見【圖表一】）陸續落成。這批新建館邸，多與該時反攻大陸的規畫有關，附設龐大的地下防空工程，形成當年蔣介石賓館群的核心。

一九六三年以後，一方面是反攻大陸計畫漸告擱置，另一方面隨著中橫公路通車，沿途由退輔會所興建的總統賓館，卻大量增加。這些賓館多屬休閒遊憩性質，加上不久蔣即在陽明山發生車禍，健康情形每下愈況，再登山區、蒞臨賓館的機會應相對有限。後期各館的重要性，當無法與前、中期相比。

當然，這卌四處曾經存在的官邸、賓館，重要性不能等量齊觀；本文所能敘及，亦僅第一與第二階段的陽明山官邸（草山行館）、臺北博愛路、大溪、慈湖、頭寮、角板山（二處）、大埔、涵碧樓、西子灣、澂清樓和澎湖等十二座館邸。但這些相信已能涵括蔣介石賓館群的主要組成，是最具歷史意義的代表部分。蔣在這裡作成關鍵決策、召開重要會議，間或會見國際政要，曾經是臺灣政治最核心的舞臺。

然而總統賓館的普遍設立，畢竟是強人時代的產物。首先，其產權公私難分。儘管多數係由臺灣銀行出資，歸屬臺灣省政府財產，惟兩單位並無主導運用的空間。而且館邸興築的地點選擇，當年蓋皆出自蔣介石一人意旨，若干用地屬於山林水土保護區，不僅難以合法，還帶來維修上的負擔。一旦人亡政息，產權、修繕問題，就變成中央或地方政府的長期困擾。

其次，由於館邸與蔣介石個人起居，密切相連，很自然成爲政治上的象徵物。當政治猶處封閉的階段，館邸既常被用作個人崇拜的教育場所；等到政治開放以後，館邸又變爲現成的「特權」「獨裁」證明。趙孟貴之、趙孟賤之，意識形態之爭，始終圍繞著賓館問題；各界往往不能心平氣和地，討論其歷史價值，甚至還傳出「草山行館」遭縱火的陰謀論等。

最後，由於賓館設立不盡合法，容易招致社會批評，所以蔣介石逝世不久，蔣經國即著手賓館群的未來安排。其中，多數係轉移予中國青年反共救國團，充作青年學子寒暑期活動場地。原屬退輔會者，因多爲山區廣闊、人跡罕至之地，館內保存似乎反而更見完整。至於位居遊旅勝地者，若干則開放爲旅館、或活化爲餐廳（見【圖表九】）。隨著臺灣近年歷史失憶，刻意或無意地隱藏痕跡，有關蔣介石總統賓館的事物，難免快速流失的趨向。

從蔣介石對戰後觀光事業的指示看戰後觀光事業的發展

■鄭巧君
國立政治大學歷史學系博士生

壹、前言

臺灣具有多變的天然地形、豐富的風土民情，這就觀光事業而言，代表有許多且珍貴的自然及人文資源。在戰亂紛擾的時代並不利於從事觀光活動，到了戰後，也須歷經一段時日待政治、社會、經濟皆穩定之後，才能再度發展觀光事業。一九四九年蔣介石撤兵來臺，對於臺灣的建設其著眼點皆在於要能夠反攻大陸，因此蔣並不是一開始就注意到觀光事業。一九五〇年起美援到來，使臺灣經濟逐漸復甦，一九五三年韓戰停戰協定正式簽訂，一九五四年簽訂「中美共同防禦條約」使臺灣無法馬上展開軍事反擊，因此使島內有喘息的機會，在政治、經濟穩定、民心安定的情況下，觀光事業才有機會得以展開。然而蔣介石對於臺灣觀光事業的期許，並不如其在《民生主義育樂補述兩篇》中所提到的「……其風景的遊賞，對於國民的身心康樂，亦直接發生重大的影響」，[1]而是希冀於觀光事業能帶來的經濟、政治效益。

貳、發展觀光事業的動機

戰後臺灣經濟飽受通貨膨脹壓力，外貿長期逆差，國際收支嚴重失衡，以致外匯貿易政策幾全為應付國際收支平衡問題而費盡心機。一九四九年幣制改革時，政府公布「臺灣省進出口貿易及匯兌金銀管理辦法」，並申明以「增加生產，節約消費，促進出口貿易，俾省內經濟得以穩定，對外貿易收支得以平衡」為目的，但實際上僅在應付外匯之不足。且因通貨膨脹影響，此一辦法未能收到實效，而外匯準備旋於一九五〇年底即陷於枯竭狀態。[2]同時期雖有美援的協助，但是美援的經費有規定使用的項目，並無法自由運用，因此臺灣仍須求其他管道來增加外匯及經濟自主權。此時，觀光事業便是其中一項選擇。

觀光事業是屬於國際交易當中「無形貿易」[3]的部分，觀光事業可提供服務（輸出本國勞務）及其他無形而有價值的項目（例如風景名勝），但並無實際的貨物輸出。而觀光旅費收支即為勞務收支中的一項，理論上屬於無形貿易的一種。這種無形輸出貿易的特色是：

1.輸出產品多面化：農工產品的輸出，多屬於大宗輸出，同一顧客僅購買少數一、二種產品，觀光事業的輸出卻包括許多採其他方式永遠無法輸出的勞務及商品，例如旅館、內陸運輸、餐飲、娛樂等服務業的服務，及許多無法擠入外銷行列、全憑個別旅客喜愛挑選的富有當地色彩的紀念品或特產，而且又是以零售方式達成。此一特色，可以使觀光旅客的支出分配到整個經濟的各個部門，進而成爲這些部門的所得，因此由觀光事業帶來的國家財富，不致集中在少數人手中。

2.輸出方式最簡單：一般商品的輸出均須經過包裝、運輸、保險及報關等複雜手續與過程，交貨地點亦須依契約規定，通常在顧客所在地或在發貨國家的船上或飛機上。而觀光事業的輸出，是觀光客親來輸出國，以餐宿、遊樂、購物、享受等直接的純消費方式將外匯留下，既無需一般商品輸出所需的手續與程序，亦無需擔憂交貨時間的延誤與交貨前商品的損耗，且交易的達成均以現金爲之，無任何風險。[4]

3.不受輸入國保護措施的限制：一般商品輸出，常會受到輸入國政府設限、關稅等保護措施的限制，而觀光事業則不然，一國或地區只要具有足以吸引觀光客的觀光資源，及具備服務觀光客的各項設施，便足以吸引觀光旅客，賺取外匯收入，是一種不受限制的無形輸出事業。[5]

國際收支平衡、經濟自給自足是一九五〇年代艱困經濟下的重要目標，[6]而觀光事業不失爲一項賺取外匯的有效管道，蔣介石曾於一九五六年在總動員運動會報上指出「外國記者曾告以許多外國友人欲來臺旅行觀光，故此實可增加外匯收入」，[7]此後更開宗明義地指示「舉辦觀光事業之目的，乃在爭取外匯」、「發展觀光事業爲推展輸出及增加外匯收入之有效途徑，余對觀光事業期望殷切」、[8]「觀光事業最易賺取外匯，要多作宣傳，不必吝費」，[9]因此蔣對戰後觀光事業的期許，一開始是以獲得外匯爲目的，期望能藉由增加觀光外匯收入來改善國際收支上的不平衡，進而促進臺灣在經濟上的自主能力。

參、發展觀光事業的條件

外籍旅客的消費能帶來外匯，停留的時間越長，消費的金額越多，因此能讓旅客過夜以增加旅遊天數的觀光旅館、引人入勝的風景區，以及能運輸旅客的交通設施，皆是發展觀光事業的條件。而在戰後初期的臺灣，爲使觀光事業能吸引外籍旅客，因此亦須藉由國外專家的協助來改善觀光事業。

一、觀光旅館

既然要從觀光事業上賺取外匯，那麼就必須「對旅館之興建，風景區之整理，道路之改良，均須有良好之規畫」，[10]觀光旅館是觀光事業中重要之一環。有足夠的觀光旅館，才能招待來臺之旅客。一九五六年，當時臺灣省觀光事業委員會、省（市）衛生處、警察局訂定客房數達廿間以上即可稱爲「觀光旅館」，此係觀光旅館業之由來。由於我國旅館業因管理制度不同，分爲觀光旅館業及一般旅館業，觀光旅館業係指經營國際觀光旅館或一般觀光旅館，對旅客提供住宿及相關服務之營利事業。一般旅館業係指觀光旅館業以外，對旅客提供住宿、休息及其他經中央主管機關核定相關業務之營利事業。本文以下以觀光旅館爲討論重點。

觀光旅館素有「觀光事業的水庫」之稱，觀光旅館數量不足，建築設計及品質太差，提供的服務不能令人滿意，均將阻礙觀光事業的發展。[11]有足夠的旅館房間數，才能容納旅客，而旅館的品質與房間數量的多寡亦爲旅客選擇觀光地點的考慮因素。由於興建旅館所需經費龐大、回收率較慢，但蔣仍鼓勵民間投資興建觀光旅館，其原因不外乎能吸收外資、對經濟有所助益：「去年余曾指示高雄市區設立現代化之旅館一所，以供外賓居住，……建築旅館雖需動用經費，但事後仍可於營業中收回，歐美與日本多均注重旅行觀光事業，以應國際人士來往之需要，兼以吸收外資，我國實有仿傚之必要」，[12]除了民間，蔣介石亦要求「臺灣省政府遷臺中後在臺中須建築設備完善之旅社一所，以便外賓下榻之用」，[13]由於臺中是省政府所在地，而日月潭亦是著名的觀光景點，因此蔣指示：「關於籌畫臺中興建設備完善之旅社一節，余以爲如能收購或租用臺中吳家花園，加以修葺，即甚合用，否則將八卦山招待所整理改建亦可」。[14]

二、風景區

風景區之整理與規畫，也是蔣介石認為觀光事業應注意的重點。臺灣在規畫風景區方面，可從日治時期的八景十二勝開始，但這是經過官方及民衆「投票」後選出來的風景區，政府方面並無實質的設立計畫。戰後，一九五三年六月十四日，臺灣省文獻委員會另選定臺灣八景：玉山積雪、阿里山雲海、雙潭秋月（日月潭）、大屯春色、安平夕照、清水斷崖、太魯閣幽峽、澎湖漁火。[15]但仍僅是選出「風景名勝區」，尚未有明確的設立計畫。一九五七年一月廿五日，臺灣省觀光事業委員會第二次全體委員會議，通過「發展臺灣省觀光事業三年計畫綱要」，預計以三年時期推動臺灣觀光事業發展。第一年計畫為整建關子嶺、八卦山、青草湖、墾丁、日月潭、獅頭山、大貝湖（現澄清湖）、圓山、烏來、碧潭等風景區及興建臺中、臺南、高雄、基隆招待所並改善民營旅行社與餐廳設備。此外，亦將擬定各種辦法，加強觀光服務品質及國際宣傳。第二年計畫是將其他觀光風景區，如阿里山、知本溫泉、太魯閣、臺南大圳、阿公店水庫、臺南市古蹟予以整頓、維護，並指導改進原住民歌舞，保留純樸風格，以增加觀光資源。第三年計畫則是將前一年未完成計畫，全部完成，使觀光資源連成一體。[16]

蔣要求各項發展觀光事業之推進，必須使構想與實際情況相符合「以整建風景地區而言，如烏來、野柳等地，顯然尚鮮進步，尤其烏來之汙穢蕪雜，目前仍無觀光價值」，[17]他希望風景名勝必須經營良好，「例如野柳地區，天然觀光條件甚佳，如注意經營，即能吸引大量遊客。」[18]臺灣本島之風景區，曾由觀光事業委員會於一九五八年劃出了廿一個地區。但到了一九六八年，除了陽明山、石門水庫和中興新村此三處已按照該會十年前原定計畫和藍圖加以整建外，其他各區與原有構想尚相差甚遠。其所以致此，經費不足，乃至根本沒有著落，是一個主要原因。[19]

三、交通設施

交通設施的便利與否，會影響整個觀光旅遊的運轉與活動。由於國際旅客來臺所使用的交通工具係以航空運輸為主，海運所占比率甚微，國內旅行則以使用陸上交通工具為主，航空次之，因此蔣介石指示「發展觀光事業，道路最關重要。但一般公路之舖設，每僅止於名勝所在地之街衢或近側，並未直接抵達風景區，如野柳、烏來均是，……又墾丁公園為南部規畫區，該處柏油路亦應設法舖建……」、[20]「發展觀光事業，不徒在亭臺樓閣之興建，而務在注意觀光道路之寬闊平穩與公共場所之清潔衛生。機場、車站、碼頭等處，尤為觀光者首先接觸之場所，特應保持其高度現代化之水準」。[21]

四、國外專家的協助

早在一九五八年，美援太平洋區觀光資源調查團即派遣專家海利、克利門及阿比、蘭迪司兩組專家來臺調查臺灣的觀光資源，作爲期九天的考察。[22]美國政府與太平洋區旅行協會（Pacific Area Travel Association，簡稱PATA）共同發起調查太平洋區內各地之觀光事業，於一九五八年由商務部委託華盛頓捷基公司（Checchi & Company）承辦，爲美援太平洋區觀光資源調查團[23]。所需經費由國際合作總署（International Cooperation Administration）[24]撥付，調查範圍即以環太平洋國家[25]爲主。美援太平洋區觀光資源調查團調查目的爲發展太平洋觀光事業作爲經濟開發之來源，如何使觀光事業在國家經濟發展中發揮最大效能。美援太平洋區觀光資源調查團認爲臺灣地處西南太平洋要衝，位於日本與香港之間，對發展觀光事業有利。再加上臺灣有東方古老之文化與眞正中國人民生活習慣之特色，即此已足吸引旅客，何況尚有優美風景，故在觀光資源方面不成問題。

蔣介石認爲「觀光事業之成敗與否，端視管理工作之良好而定，……余以爲似可選派若干得力人員前往觀光事業發達國家考察，有計畫、有目的的吸收其經驗，並著重其管理方面之成就」，[26]或是「如能約聘一、二有經驗之外國顧問代爲策畫設計，當亦有助於各種基本工作之建立，希省政府切實注意及之」。[27]一九六八年交通部邀請美國夏威夷觀光專家何奇博士與伊凡斯柯，於該年四月底來臺，作爲期一月之調查研究，何奇博士認爲應簡化入出境手續，設置國外服務推廣機構。何奇博士則建議及早建立基本觀光統計資料制度，以爲市場研究及釐訂政策之依據，並提出具體改進措施以供參考。同年度，日本觀光振興會應觀光事業委員會之邀，會同日本運輸內務二省派遣觀光事業專家五至七人，辦理有關本省觀光事業開發建設之詳細規畫工作。28

肆、發展觀光事業之效益

蔣對於觀光事業是有所期待的，除了外匯收入之外，建立良好形象、從事國民外交及宣慰僑胞，皆是發展觀光事業所能帶來的效益。

一、增加外匯收入

圖表一為一九五六—一九七五年間來臺觀光旅客人數及外匯收入一覽表。其中，一九五八年發生金門八二三炮戰、一九七四年中共與越南為了西沙群島所進行的海戰使得局勢不安定，進而影響旅客來臺的意願之外，每年的旅客人數及外匯收入皆為正成長。

圖表一：一九五六至一九七五年觀光旅客人數及外匯收入一覽表

年　別	人　數	年成長率(%)	占全世界比率(%)	外匯收入(千美元)	年成長率(%)
1956	14,974	—	—	936	—
1957	18,159	21.3	—	1,135	21.3
1958	16,709	-8.0	0.03	1,044	-8.0
1959	19,328	15.7	0.03	1,208	15.7
1960	23,636	22.3	0.03	1,477	22.3
1961	42,205	78.6	0.06	2,638	78.6
1962	52,304	23.9	0.06	3,269	23.9
1963	72,024	37.7	0.08	7,202	120.3
1964	95,481	32.6	0.09	10,345	43.6
1965	133,666	40.0	0.12	18,245	76.4
1966	182,948	36.9	0.14	30,353	66.4
1967	253,248	38.4	0.18	42,016	38.4
1968	301,770	19.2	0.22	53,271	26.8
1969	371,473	23.1	0.24	56,055	5.2
1970	472,452	27.2	0.28	81,720	45.8
1971	539,755	14.2	0.30	110,000	34.6
1972	580,033	7.5	0.29	128,707	17.0
1973	824,393	42.1	0.38	245,882	91.0
1974	819,821	-0.6	0.39	278,402	13.2
1975	853,140	4.1	0.40	359,358	29.1

二、建立良好形象

蔣介石很在乎臺灣形象的好壞，其認爲以觀光旅社爲名的場所及酒家酒吧等，不僅傷風敗俗，誘使少年墮落，進而以非法行爲取得金錢來藉資揮霍，以致於形成嚴重的治安問題。[29]就此蔣曾要求行政院下令要臺灣省政府禁止縣市不准再增加酒家、茶室、黃色咖啡室。[30]但由於此無法律或行政命令之依據，而且人民有選擇職業之自由乃憲法之保障，欲以行政命令限制人民選擇行業，最終則不了了之。

除了民情風俗，在旅館及風景區方面，蔣亦要求要給旅客良好的觀感，因此其曾指示「日月潭民營旅館，均甚汙穢，……此種風景地區攸關國際觀瞻，省政府應即予以注意改進」、[31]「關仔嶺、烏來等風景區民營旅館之汙穢與各種建築任意構築情形，亦與日月潭相同，臺灣省政府對此問題，應作全面之研究改進，不可僅以日月潭一地爲限」、[32]「臺北市目前各式旅館紛紛建立，其中在設備、管理、接待各方面，仍多參差雜陋之處，每使外來旅客產生不良印象，希臺北市政府注意督導改進」。[33]

由於觀光是沒有文字的宣傳，蔣介石希望來臺旅客看到的是在他領導之下進步、乾淨、有水準的臺灣及人民，除了旅館，蔣對於環境衛生、旅遊從業人員的素養等頗爲重視：「外人來臺者日衆，宜在基隆、高雄、臺北等地區，由政府指定若干素著信譽內部整潔衛生之商店、餐飲，以應外人需要，嚴禁抬價，此事雖小，但關係國家信譽，地方政府應特別注意」、[34]「目前外人臺來遊覽，此間若干旅館、商店、及計程車司機、三輪車等，每有抬高價格，不當需索情事，致使視為畏途，裹足不來；或則導引至不良處所冶遊，造成惡劣印象，凡此，警務處與其他管理單位，均應注意取締」。[35]然而在蔣的三申五令之下，仍有外籍旅客向蔣宋美齡投訴：「美國司寇樂柯小姐來臺購買火車票、旅館費等，均被臺灣導遊索以高價，但事實上卻受最低等之待遇，旅客離臺後，即函蔣夫人訴苦，謂在臺旅遊受導遊之騙」。[36]蔣介石得知後，隨即要當時的省主席黃杰查明真象，並通令所有旅行社，不得有欺騙旅客之行為。隔年，亦再次重申哄抬虛報、欺矇外客等事關涉國家信譽，並指示若有商店故意抬高物價以欺騙外客者，便將吊銷執照或予以其他適當處分。[37]

當時臺北松山機場為外國旅客往來之地，換而言之，臺北市是外國旅客來臺的第一站，「對於來臺國際旅客在機場之接引人及旅舍之侍應生，應隨時予以訓練，主持人員尤當不斷檢查，不斷督導，不斷改進，觀光事業委員會並應負責作全面安排與考察，以提高質水準」，[38]蔣期望外國旅客能對臺灣留下好印象，因此除了松山機場，蔣對於旅客來臺首站的臺北市亦多所注意：「關於觀光事業之發展，尚須加緊努力，臺北市更應特別注意，其努力之途徑，第一為改善交通……，第二為矯正旅館弊害……，第三為不二價運動推行……」，[39]臺北市往往為外來旅客來訪的首站，其市容的美觀與否，影響著外來旅客對臺的第一印象。一九五〇年代末期，在人口激增的壓力下，原先限制臺北市發展的政策轉為鼓勵發展，加上一九五九年臺北市為順應經濟政策出口轉向的前提，積極以改善都市空間的市容為主要手段，以期能夠吸引外資進入臺灣。[40]因此臺北市城樓之重建，實為應付臺北市人口急遽發展及交通量之需要。但就觀光方面的要求，則是要把城樓做成中國的象徵，使外國旅客能覺察到身在中國。[41]

三、從事國民外交及宣慰僑胞

「觀光事業之發展，有助於對外宣傳，及社會經濟」，[42]在退出聯合國之後，觀光事業在「外交」及「宣慰僑胞」的功用更為顯著：「觀光事業為具有多目標綜合性之事業，尤其對於宣揚我國文化，開拓華僑事業，增進國際間之互相瞭解與合作，具有重大意義」。[43]臺灣於一九七二年首次組成觀光友好訪問團，觀光友好訪問團之組成目的，係在於：一、鞏固美、日兩大觀光市場。為消除觀光旅客因我退出聯合國後不再歡迎外來觀光客之恐懼心理，藉由出訪來表示及宣傳我國仍歡迎外籍旅客來臺觀光；二、開拓新的觀光市場。為避免過度依賴美、日兩國，欲開拓歐洲及紐、澳觀光市場。[44]由於觀光友好訪問團之出訪，正值我國甫退出聯合國之際，推廣觀光事業的同時，亦介紹當時臺灣之政治、社會情形，以消除旅客對於臺灣政經環境不安之情緒，其中，由於歐洲地區觀光友好訪問團所經各國均與我無外交關係，任務最為艱鉅。同時亦藉此機會從事國民外交及宣慰僑胞。

各訪問團於訪問各地，舉辦「宣慰活動」，安撫各地僑胞。以一九七二年的觀光友好訪問團為例，共宣慰僑胞四十二次、共二千一百六十人，其中以美加人數最多，達一千三百人。[45]一九七四年的中華民國北美觀光友好訪問團，亦為僑胞演出八場文藝節目，與會者達三千五百人。[46]一九七二、一九七四年觀光友好訪問團，其宣傳主題除了強調臺灣政治修明、國民友善而好客、社會安定及獨特而優美的自然風光，中華固有文化與文化亦為宣傳要項之一，一九七四年的觀光友好訪問團雖未有觀光小姐隨行，但各團規畫之節目以「中華文化」為主，以日本地區觀光友好訪問團的表演節目表為例，其節目有天女散花（舞蹈）、陽春白雪（琵琶獨奏）、漢宮秋月（南胡洋琴合奏）、國畫揮毫，當年紅極一時的華人歌手潘秀瓊所唱的「不能不愛他」也登上了表演節目，另外，充滿臺灣風情的「望春風」以及「高山青」（舞蹈）亦在表演內容之一，[47]可見臺灣除了「中華固有之文化」，亦有臺灣本身的特色。除了告訴外籍旅客來臺可體驗中華文化之外，另一方面，向僑胞展示臺灣即「祖國」，積極鞏固海外華僑對臺的向心力。

伍、結語

蔣介石在《民生主義育樂補述兩篇》中提及：「大自然界中最有益於人類的身心的，莫過於空氣、日光和水，而山林川原之間，即是空氣、日光與水最充分的地方。所以在國家建設計畫中，山林川原的整理與設計，不僅對於國計民生為不可再緩的重大問題，而且其風景的遊賞，對於國民的身心康樂，亦直接發生重大的影響」，[48]此段話語被認為是其對觀光旅遊之看法。然而在戰後，蔣則是把「風景的遊賞」拿來作為充實反攻力量之用：「觀光事業具有多方面的利益，值得倡導，但不可因此而使人誤會，以為我們在臺灣作苟安之計，……以發展觀光事業為例，我們主要的是從觀光事業有助於經濟之發展著眼，亦即從其有助於反攻力量之充實著眼，決不是苟安，更非享樂」，[49]對於觀光事業中所欲招攬的旅客則是以外國旅客為主，目的在於外國旅客所能帶來的外匯，並且建構旅客對臺灣的良好印象。就此而言，反倒比較接近首任臺灣省觀光事業管理局局長蔣廉儒對「觀光」的定義：「觀光是沒有煙囪的工業，沒有教室的教育，沒有文字的宣傳，沒有會議的外交，沒有口號的政治」，也是蔣介石對觀光事業所寄之厚望。

【討論】

張　力：我想對李君山的論文提出一些意見，我想「行館」的意思應該再考察一下，行館這個詞應該怎麼用，是不是「行棧」，一個國家領導人到外面住的地方。另外，除了你所蒐集到的行館，是否還有一些其他的行館，可能是某個機關或某個機構所有的，他們可能只是因為蔣介石當時住了這個地方，因此就保留，不給其他人住，希望他能再來住。現在還有一個，叫做白宮。例如他到左營的時候，他可能不是住澄清湖。至於文山賓館，聽說他沒有住過，也許現在還保留著。而題目我覺得可以發揮一些現實的作用，或許可以改為〈蔣介石先生在臺行館的歷史與現實〉，討論蔣在行館裡做些什麼事情，思考國事、接見外賓，我想一定都是做這些事情，而不會在裡面生孩子，所以一遇到事情，他都會在賓館裡。我覺得可以放進現實的意義，他過世後，他的行館就放著不動，這幾年為了促進觀光，能改建的就改建，有的仍是放著荒廢，若你能把掌握的資料做個比較的話，有哪些地方靠著行館增加了不少的觀光客，也許可以給政府做個參考，行館可以有吸引觀光客的作用。

汪朝光：

我是有個建議給鄭巧君，你在討論蔣介石對戰後觀光事業的指示，我覺得有兩個東西可以放進去討論。就本島的部分，救國團占了太重要的部分，它是長期滲透臺灣觀光產業，包山包海，全臺灣沒有一個單位像救國團有這樣的力量，有些華僑來臺，甚至是歸國學人的參訪，很多都是救國團在幕後規畫。因此我覺得需要討論救國團，這個政府的白手套。另外是出入境管理，在臺灣談觀光要面對一個現實的矛盾。你要推展觀光，你就要打開門戶，但是臺灣也要反共抗俄甚至是戒嚴的這部分，一天到晚怕國民逃亡，或是怕匪諜滲透進臺灣，因此在國境管理、出入境管理這部分是非常嚴格的，蔣介石也知道這對觀光事業不利，也因此要求要有些調整，但整體來講，在入境管理並沒有做太大的改變，我的建議是你在談蔣介石對臺灣戰後觀光事業的指示時可以有更多的筆墨去談內在的緊張及矛盾，這是一段矛盾的歷史，一方面要談觀光、吸引外國人來，但另一方面在國境管理卻是不能鬆手的狀況，因為牽涉到戒嚴的這部分，這形成對觀光的箝制，我覺得這是在談蔣介石對戰後觀光事業時所不能迴避的現實。

劉維開：

除了汪朝光提給巧君的問題，我從另一個角度來看，建議妳可以加一些實例來說明，故宮博物院的北遷，跟蔣介石在處理觀光事業是有密切的關係，從霧峰到現在的外雙溪，從北遷的決策到地點的選定，為什麼要到那個山凹裡面，而且這時間點是國際觀光年，他是一個整體的，我想這部分可以探討。而且除了入出境的問題，還有外匯管制，這些都是可以考慮的問題。

另外是李君山的文章裡提到行館的問題，裡面用到的是洪維健的「風雲行館」，另外還有兩部關於行館的記錄片可以參考，一部是鳳凰衛視拍的，訪問官邸的侍從人員，明確的說哪些地方是他常去的。另一部是民視的「臺灣演義」，也是透過官邸人員提供的相關資訊，一個個地方去採訪，例如這裡沒有列的馬公行館，這些東西可以拿來做為參考，而且除了檔案資料以外，透過侍從人員的回憶，可以增加一些相關的資料。另外文章中提到臺北賓館，這應該是博愛賓館，因為你後面引用的總統府的檔案裡面，寫到博愛路臺北賓館，這應該是博愛賓館，這是以前老先生常去休息的地方，距離國史館很近。另外李君山和高純淑都提到陽明山的第一賓館及第二賓館。第二賓館現在已經不在了，位置大概是革命實踐研究院的下方，一九四九、一九五〇年，有很多重要的活動都在那個地方舉行。蔣介石第一次來是住在第二賓館，後來他覺得那地方不好，才改到第一賓館。現在有個問題，第一賓館是不是草山行館，第一賓館和草山行館應該是不一樣的，我們現在知道草山行館在湖底路那裡，第一賓館應該是後來孫科住的地方，在新園街，但現在常常把第一賓館和草山行館混在一起，草山行館的重要性遠大於第一賓館，因為草山行館後來包括接待外賓等做了蠻多的事情，這些地理位置將來應該有圖附在資料上會比較清楚。另外高純淑的論文中有提到草山公園，這個草山公園是前山公園還是後山公園，而蔣介石的日記裡很常提到在後山公園散步，因為後山公園是不開放的，前山公園是開放的，文章中所說的瀑布，從後山公園下去可以看得到。

呂紹理：

我覺得遊憩跟時間空間有密切的關係，第一個我聯想到的是蔣介石有多少可支配的時間，是彈性的還是定時的，這牽涉到他是否有規律的在安排他的休閒生活，我想這點或許可以納入休閒或觀光的背景考量。例如高純淑有談到他常常去車行，查了一下日曆，發現他車行的時間在週末所占的比率相當的大，或許也是因為週末政府不辦公，他不需要見政府官員而比較有彈性支配的時間，可以和星期的規律聯繫在一起。這是跟時間有關的面向。另外我也覺得這裡面有很多觀光的空間，這涉及到蔣介石認為什麼樣的空間可以被觀看，在這之中他有做些什麼空間的想像，或許這也可以放進來考察。而蔣介石從大陸到臺灣，對個人而言是一個非常大的時空轉變，蔣介石到臺灣來後是否有因此而改變一些他生活的習慣，或是他是否有把他在大陸的一些空間觀念和時間認知帶到臺灣來，譬如說我們認為慈湖是因為他想像在家鄉，這就是一個鄉愁的想像，而把臺灣做一些改變。因此觀光或行館的設立是不是有這樣的意涵在裡面。對鄭巧君的論文我有個建議，你把一些後面的政策放到蔣介石的指示裡面，這兩者之間是否有絕對必然的關係，例如交通設施的部分，你所提到的交通建設是在十大建設裡面，是否蔣介石有說過具體的指示。另外臺灣的旅遊應該是「被觀光」而不是「觀光」，因為當時臺灣要出去其實是比較困難的。

我有一次參加有關休閒旅遊的研討會，有一位社會學的教授叫做蘇碩斌，他也是研究旅遊史的專家。他提了一個蠻有趣的分野，他把觀光、旅遊跟探險分開來談，觀光是廣為人知的地方，旅遊是去自己不知的地方，探險是去人跡罕至地方。我想其實就我們今天的意義來講叫做考察，他既考察但是又兼有某種旅遊的成分在裡面，但是似乎在他日記裡面表現出來的也許是一半一半，是既有考察又有旅遊，或是寓考察於旅遊，或是寓旅遊於考察之間。蔣介石的旅遊可能跟一般人的旅遊還是不太一樣。我們今天出去旅遊可能需要旅行社，或是現在即將來的自由行，還是需要某種旅遊機構。那麼蔣介石旅行的社會條件是什麼？是不是有隨扈幫他買車票還是不用買車票直接就去了？那另外就是他住哪裡？他有行館，大陸不一定有很多地方有行館，他住的地方是誰去安排，那他要去看的地方即便是考察，是他個人就可以決定的？還是屬下刻意幫他安排？譬如說我比較熟悉日本時代的臺灣，有些日本的貴族或是官吏到臺灣考察，其實名為考察也是在旅遊。他們到地方遊覽，因為對於當地的情況都不瞭解，所以都是臺灣總督幫忙安排。我很少看到有日本的官員反對說我不去哪裡，所以就是聽從地方安排去考察。我不知道蔣介石的西北巡視或是考察，是他想去看就可以看得到？還是地方底下的人幫他安排的？這中間還是有一些他看到的東西說不定是別人幫他安排好的，是一個被展示的，精心策畫的。當然即使部屬安排得好好，他也可能看到某些縫隙，在日記裡面寫出來的。是我比較好奇的地方。

黃克武：

我覺得今天談的問題都很有現實意義，陸客自由行馬上就要開始了，應該加強一些和蔣介石有關的觀光景點，並做深入的研究，若走馬看花就沒有意思，但若能加強歷史深度則是比較好的。例如陳文茜做一個節目，就是在談草山行館、士林官邸等蔣介石相關的地點。其中我想要請教高純淑有關中山樓的部分，中山樓有沒有拉攏國大代表的意涵，像是中山樓裡面有些打麻將的地方，就是國大代表在投票前還可以舒舒服服的打麻將，這可能要進一步去談中山樓的象徵意義，和實際政治操作上的意涵。剛才聽你講，空間就是權力，如果不把空間和權力結合在一起，我覺得這些描述就會變得太平面，一定要把政治運作的權力結合在一起，才能看到它的意涵。李君山的這部分我也覺得非常好，從學術的角度、比較紮實地來看行館，但這裡要注意的是行館和賓館的概念，可能在文章一開始就要說清楚，如果不說清楚的話，像你把臺北賓館放在第一類，這其實和其他性質是不一樣的，是否要界定成行館是領袖在外駐紮的地方，而他住的地方有些叫行館有些叫賓館，但賓館的性質其實是行館。另外，賓館是否對外開放？因此把行館和賓館界定清楚，有些問題就比較能夠清楚明白。

林桶法：

行館和賓館還是需要釐清，行館一般來講，比較是有政治目的和各方面目的，所以我們不要管它名稱，若我們能把它界定清楚哪些是行館、哪些是賓館、哪些是離館。像是他為了去木柵開會而去住了一兩天，而你把它叫賓館或行館都不對，若我來界定，我會叫它離館。我覺得可以把它界定清楚，譬如圓山飯店，它本來就是一個行館，但蓋好後蔣介石覺得它太豪華了，所以才把它轉型經營、做為接待外賓等等，所以我認為若把它釐清，就是一個很大的貢獻。而你分的這一二三四類，我反而不知道這一類二類的標準在哪裡，但若不照名稱，而是照性質區分，像陳誠幫他準備的那八個地方，都可以稱為行館。

金以林：我先簡單補充兩條小史料。一是抗戰勝利後，孫連仲在北平給蔣介石留建了一個行館，現在叫友誼賓館，就在東城區的後圓恩寺胡同。二是我去過毛澤東在廬山的行館，和陽明書屋非常相似，都是平房，外面有長長的迴廊。另外還有一個小問題請教在座的諸位，蔣介石確實特別喜歡車遊，即使在特別緊張的時候也不忘車遊。我在抄寫一九四八年下半年蔣的日記，遼瀋、淮海（徐蚌）、平津會戰已經打得一蹋糊塗的時候，蔣介石幾乎每週都在日記裡提到三到四次車遊，大都是晚上或夜裡，由蔣經國陪同，臺北的陽明山我也去參訪過，周邊的路不是很寬，但蔣介石還是這麼頻繁的車遊，這保安是怎麼做的？這是我比較好奇的。

汪朝光：我覺得李君山的研究可以和大陸的行館結合起來，不止北京有、南京有，莫干山也有，他有好多地方，我就不多說了。另外我覺得鄭巧君的這篇文章，戰後蔣介石對觀光事業的指示，而裡面最早說的是一九五六年，最晚是一九七〇年，在大陸對戰後的概念基本上是指一九四五到一九四九年，一九四九年以後我們一般不再用戰後的概念。一次世界大戰之後，我們會明確寫一戰之後，這個「戰後」的概念基本上是二戰之後，且界定在一九四五至一九四九年，若臺灣在一九七〇年也叫戰後，會不會戰後得太長了，所以我覺得這題目不如就訂成一九五〇、一九六〇年代蔣公對觀光事業的指示，是不是更明確一點。另外，我覺得文章裡面是用了許多會報，因為現在《蔣中正日記》已經開放了，雖然一個博士生不一定有條件可以去看，但如果可以用到蔣五〇年以後的日記，對旅遊的一些看法和指示，就和文章更密切，但這方面我們只能期待黃克武了。

張　力：

以前有位老師對仰德大道有些意見，這道到底是什麼道，但我想我們為了促進臺灣觀光事業，我們要有現實意義，仰德大道我們可以做一個民國重要人物的住宅或是在這路線上規畫個觀光路線。大陸常常有出版民國軍政人物在臺的最後歲月，來臺後住什麼地方，以及最後葬在什麼地方，這些可以規畫成一條線，就可以看出它的觀光意義，像大陸如何運用蔣公行館來做為觀光賣點，也是可以做一個比較。而汪朝光剛剛說的戰後，確實是這樣的意思，有這樣的誤解，像我以前幫國史館館刊翻譯英文題目的時候，有好幾篇是講戰後，每個人戰後的年代都不一樣，所以我覺得標題不明確的地方應該要盡量避免。

呂芳上：

因為提到國史館的問題，除非是第三次世界大戰爆發，否則永遠是戰後，今天的問題其實滿有意思的。我有一兩個問題，李君山所謂的行館，臺灣的行館，是不是跟日本有關係？日本太子來臺灣，建了很多行館，這些行館是由蔣介石再把它列為行館，（李君山：跟陳誠有關係），所以這就有歷史淵源在裡面，我覺得全部把這些歸到蔣介石身上，我也不覺得公平，所以這歷史聯繫可以再強調一下，是臺灣原本就有這些行館。另一個，賓館，現在城鎮中太多「賓館」了，所以這用詞的確要先解釋一下。另外，研究臺灣觀光旅遊或行館，都要跟大陸時期聯繫在一起，大陸時期蔣介石住的有哪些地方，他對廬山特別有興趣，而到了臺灣他喜歡去哪些地方，這可以做一個比較。另外，是不是可以留意有「移情作用」，譬如說臺灣有很多中山路、中山堂、中正路之類，有重慶南路、成都路等，把中國的地理觀念搬到臺灣各大城市來，這裡面有大陸時期蔣介石的經驗移到臺灣來，所以這移情作用，在研究蔣介石的時候可以去思考的。

吳淑鳳：

我剛上網查了一下蔣檔的目錄，可能我們現在都是從行館、賓館的字眼來看，可是在一九三七年的時候蔣介石指示設立賓館，這賓館其實是「迎賓館」的意思，特別是「蒙藏館」，我想當時的賓館應該是有政治的目的。剛開始國大代表和立法委員來到臺灣的時候，多數都住在臺中，到臺北開會就要有居住的地方，所以這部分可以考量。另一個問題是來自鄭巧君的問題，我也是上網查了一下，我想題目改成來臺後觀光的局勢，我想這應該會明確一點。另外有關於重要的旅行社，例如中國旅行社，我想一開始的問題是沒有對內觀光的問題，這個我是有點存疑。另外我剛好有訪問到一位去日本工作相當久的人員，當時確實有「被觀光」的情形，政府會主動邀請華僑，或是留學生，特別是有左派意識的留學生，以及日後可能會對政治有影響力的人，或是大學教授，政府特別會在國慶的時候邀請他們回來，他們也有一些參觀的景點，這是應該要去考量背後政治目的。另外有關於車遊的部分，股票分析師他們有句話叫「遠離戰場」，就是當股票市場最混亂的時候你要懂得退開，這樣才能站到最高點去思考戰局下一步要怎麼走。所以我看車遊，我覺得是解除壓力，還有跟同行的人密商的目的。

高純淑：

興建中山樓可能不止在拉攏國大代表，還有華僑，教師節的時候也會宴請教授。另外劉維開提到的第一賓館、第二賓館，也就是我們現在草山行館的位置。另外李君山在報告時所提到的陽管局，但其實這跟石門水庫管理局是不一樣的，它是有行政的權力，舉例來說，在陽管局那個時代，身分證字號跟臺北市、臺北縣是不一樣的，是Y開頭，這樣的身分證很稀少，但這當然包括蔣介石的身分證。另外給鄭巧君一個建議，這個實例應該滿多的，例如《蔣中正日記》裡提到極樂殯儀館的遷移，他就大罵內政部長連震東怎麼這麼久都還沒有搞定，怎麼選個位置選這麼久，這就是要改善市容，另外羅斯福路的拓寬跟改善市容也有關係。

李君山：

第一個，有關賓館的討論非常痛苦，因為權力可以模糊所有的界線，換句話說蔣介石的公領域和私領域是不分的，因為他的權大到可以模糊中間的界線，所以賓館到底是他在用，還是國家在用，不知道。譬如說慈湖賓館是省政府的財產，現在是桃園縣政府的財產，可是卻放他的靈櫬，這就變成了他的家廟，但他說這是國家象徵，是國家的宗廟，所以我覺得蔣介石是公私不分，所以我覺得要討論他的私人時間如何運用是沒有意義，因為連他個人的健康都是國家機密，他有沒有生病，都是國家機密，所以我要強調的是，在討論賓館的時候分類很困難，真的很難分清楚他公領域和私領域的範圍。第二個是張力提到的，賓館的研究、行館的活化，這比較是產業研究，像是鄭巧君做的總體營造，這其實很複雜，因為牽扯到縣政府，蔣介石的地位在臺灣還是尷尬，像桃園縣政府就把它當成一個大利多，就把兩蔣文化園區做得很好，可是其他的縣政府不見得配合，像西子灣賓館後來是交給中山大學在管，所以這方面牽涉到總體營造、產業研究，我覺得這已經不是歷史學者能夠去處理的，因為牽涉到許多產權，而且我的研究裡賓館從一開始就不是由一個機構在管，有的是總統府，有的是日月潭管理局在管，有的是陽明山管理局在管，由地方當局在管，因此涵碧樓這麼重要一個地點怎麼一下子就拆掉了，我們也搞不清楚，另外，保存的狀況也不一致，我想這部分我沒有辦法細講。另外有關第一賓館、第二賓館的問題，我想要強調第二賓館可能比較單純，第二賓館就拆掉了、現在找不到，第一賓館的名稱是改過的，一九五〇年的時候總統府的檔案裡這個防空洞是寫第一賓館防空洞，可是我去查過新園街孫科住的那個沒有防空洞，所以在寫第一賓館防空洞講的是草山行館防空洞，這應該是沒有問題的。後來草山行館改名字了，新園街那個就叫第一賓館，因為孫科的兒子後來出來講說他錢不夠用，在一九八〇年代後期，當時已經是李登輝在當總統，那時候已經叫第一賓館，就是新園街那個。這也就是另一個麻煩，賓館的名字改來改去，博愛路那個到底是博愛賓館還是臺北賓館，真的搞不清楚，我對蔣介石的私領域真的理解很少，像剛剛提到的大同之家，一講我大概就理解了。最後一個是有關於賓館的來源，我也覺得這是一個很大的麻煩，很多是底下的部屬奉承長官，所以他們會把好的地點拿出來，就像剛剛林桶法講的，陳誠幫他準備了八個賓館，蔣介石不見得個個都愛，可是基本上，底下的人給他，他就住住看，所以我分的第三類，橫貫公路上的賓館很多都是退輔會的農場，就在裡頭弄個賓館給他住，但蔣介石到底住過幾次也不知道，像蔣介石不太去阿里山，阿里山的迎賓館就住了三次，因為太遠了。所以我覺得這些問題的釐清，還有很長的路要走。

鄭巧君：

謝謝各位給我的建議和提點，這些我都會再做補充及加強，謝謝大家。

劉維開：

蔣對於旅遊的記述之詳盡，觀察之細微都可以看得出來。類似這樣的情形，其實在日記裡面寫得蠻多的。「游記」收錄到一九四三年，一九四三年以後，我們還是要到日記裡面去找，特別是到臺灣來的部分，在日記裡面其實他是寫得蠻多的，還包括了很多當地人的風俗、風土民情，都記在裡面，這是很特殊的。另外剛剛紹理兄提到的問題，其實我在剛開始的時候就提到就是說蔣的旅遊大概可以分為三類，如果用我分的這三類跟您提的分類標準來看的話，我想蔣最多的應該是考察兼旅遊。他住的地方應該是當地安排的。而且從他住的地方，他其實還可以有很多的聯想。譬如說我在這文章提到引了兩段，一個是他到漢口，住的行館，就是中央銀行。他住在那裡就想到當初鮑羅廷罵他的事情。然後他到濟南去巡視，他去參觀山東省政府的舊址，他就想到五三慘案發生時，聽到消息的情況。這些大概都是他在旅遊過程當中聯想的一些情形，可是我們現在要回過頭來講，我們現在處理這些問題，跟過去的情況可能有點不太一樣。當時是不是會像現在有那麼詳細的一個安排，我自己的想法並不盡然。因為你如果看他的日記裡面記載的，什麼洛陽人之無智，去看龍門那個地方之後去罵那個地方。如果那個地方如果真的那麼糟糕，或者說環境真的那麼差的話，當地政府帶他去看，那不是自己找罵挨嗎？所以我在想就是那個時期可能對於處理這些所謂的長官的蒞臨視察、考察這些事情情況可能跟今天有點不太一樣，這就聯想到昨天我們談的一件事情，就是蔣公出遊的時候他究竟有沒有隨扈？像現在總統出行是五部車，當時蔣公出來的時候是幾部車跟著，如果照現在是五部車，為什麼會發生陽明山車禍？這是一個問題。

高純淑：那是他自己的隨扈車撞的。

劉維開：我的意思是，在有隨扈車的情況下，車禍還是會發生。由這件事來看，如果按照現在的總統出行的標準，基本上是不太可能。現在總統出行，一路上安排要全線都管制的。可是過去的話，是不是這樣的一個情況？更何況在大陸時期？所以有些情況，可能我們必須要回到當時的環境，再去看這些問題，會比較恰當一點。

金以林：補充一點這方面的現實意義，我兒子在北京讀高二，學校要求他們五個同學做一個作業，如果自由行，怎麼來臺北旅行，他們就上網找，從桃園機場租車，到圓山飯店的價格是多少都標註得非常清楚。到圓山飯店入住後的第一個景點就是要看太原五百完人塚，然後經士林官邸上陽明山看蔣介石行館，再有林語堂故居、閻錫山故居等，我看他們做得很有意思。現在大陸有非常多的國民黨粉絲，被稱為「國粉」。我想這是重要的現實意義。

蔣介石的讀書生活

蔣介石的閱讀史——以一九二〇至一九四〇年代《蔣中正日記》為中心的探討

■王奇生
北京大學歷史學系教授

西安事變期間，張學良與蔣介石之間有過這樣一段對話：

張：委員長人格實太偉大。但有一點不無令人遺憾，余覺委員長之思想太古太舊！

蔣：何謂古？何謂舊？又何謂太古？

張：委員長所看之書，多是《韓非子》、《墨子》一類，豈非太舊？

蔣：余不知爾所看之新書幾何，且爾之所謂新書者係何種書籍？爾是否以馬克斯資本論與共產主義之書籍爲新乎？爾可將爾所看之新書擇要問余，余可爲爾詳解也。須知精神之新舊，不在所看之書新舊；爾豈知爾等之所視爲新書者，余在十五年前，已不知批閱幾次矣。

張：舉一例以言，委員長滿腦筋都是岳武穆、文天祥、史可法，總覺趕不上時代……。[1]

因爲看了蔣介石的日記，所以張學良知道蔣介石正在看什麼書。相隔七十年之後，《蔣中正日記》向學界開放，筆者有幸先睹爲快。蔣介石讀過哪些書，愛讀哪些書，自是筆者查閱蔣日記的一個興趣點。查一九三六年的《蔣中正日記》，蔣是年所閱讀的書，主要有四種：《中庸》、《韓非子》、《墨子》、《孫子》，確如張學良所言。

長期以來，學界研究精英思想史，習慣從精英人物所發表的言論著述中去挖掘，卻甚少追尋精英思想的淵源和形成過程。即使追尋，也多從前後世代精英思想的相似處入手，間接推斷其源流傳承關係。其實，精英思想的型塑，與其閱讀吸收的過程密不可分。考察閱讀與思想的互動，閱讀活動與思維觀念的形成，閱讀對人生觀和事功實踐的影響等，比孤立靜態地分析一個人的言論文本，更能拓展思想文化史的研究空間和視野。

作爲近代中國一位舉足輕重的政治人物，蔣介石的閱讀習慣，閱讀方式，閱讀取向、閱讀嗜好以及閱讀反應等，均值得我們饒有興味去探討。蔣不僅數十年持之以恆地寫日記，也數十年持之以恆地讀書，並將其讀書書目和讀書感懷記載於日記中。這爲我們研究其閱讀史提供了豐富的第一手資料。本文之作，即以《蔣中正日記》爲基礎，輔以其思想言論文集，試圖粗略勾勒一幅蔣介石的閱讀史圖像。

壹

蔣介石是一個軍人政治家，一生重視軍隊，重視武力，瞧不起坐而論道的文人書生。但他本人卻酷愛讀書。蔣一生讀過多少書，自然難以考量。一九二〇至一九四〇年代的《蔣中正日記》顯示，一般每年約讀書十種左右。一九二〇年代看書較多，一般在十種以上，多至廿餘種；一九三〇、一九四〇年代看書漸減，一般在十種以內，少則三五種。蔣的讀書習慣不是快速的泛讀，而是緩慢的精讀。讀每一本書他都要從頭至尾讀完，少有中輟。其中有少部分書是常年反覆讀，讀三五遍甚至數十遍。筆者粗略統計，一九一九至一九四五年間，《蔣中正日記》所記的閱讀（含聽講）書目近二百種，其中古籍（經史子集）約八十多種，近籍（清末民國時期所著譯）約百餘種。[2]對一個現代知識分子而言，這一閱讀數量自然不算多。但對一個內憂外患頻仍時期的黨國元首來說，這一數量已相當可觀。若考慮其精讀、複讀的閱讀習慣，足以令人敬佩。

當然，蔣介石的讀書數量遠遜於革命前輩孫中山。據姜義華研究，上海孫中山故居現存的西文藏書中，除去孫中山去世後宋慶齡繼續在這裡居住時增添的少量書籍外，出版於一九二四年以前的著作接近一千三百多種，加上在廣州粵秀樓被炸時的西籍數百種，孫中山本人購置和收藏的西文書籍當在一千八百種以上。[3]當然，藏書未必皆讀，讀書未必皆藏。但就閱讀數量而言，蔣不如孫，應是無疑的。

蔣孫閱讀的不同，數量尚在其次，更主要的差異表現在閱讀類別上。孫中山五十多年的生命歷程中，有長達卅多年的海外生活經歷，其語言運用、知識結構、思維方法，都深受西方的影響。孫所讀的，主要是西文書籍，範圍涉及政治學、經濟學、社會學、哲學、歷史學和自然科學等眾多領域的代表性、前沿性著作。蔣介石雖然也曾留學日本，但時間不長。外國語言方面，蔣先後學過日文、英文、德文、俄文，但都未能精通到可以熟練閱讀外文原著的程度。蔣日記中所記的閱讀書目均是中文書，未見有直接閱讀外文書籍的記載。

蔣所閱讀的書目中，近籍的總量看似超過古籍，其實蔣讀古籍的時間居多，因很多古籍是反覆閱讀，據蔣日記載，其中讀過二遍的有十三種（《孟子》、《孔子家語》、《詩經》、《尚書》、《曾國藩家書》、《曾國藩日記》、《曾胡治兵語錄》、《王陽明集》、《王船山集》、《聰訓齋語》、《明夷待訪錄》、《明儒學案》、《張居正傳》），讀過三遍的有六種（《易經》、《左傳》、《禮記》、《曾文正公集》、《胡文忠集》、《通鑒輯覽》），讀過四遍的有一種（《大學》），讀過六遍的有二種（《中庸》、《孫子》）。蔣好看古書，讀古文，一九三二年九月十五日的日記中規定自己「每日早晨必看古書一篇」。蔣不僅自己讀，還要求他的兩個兒子讀。蔣經國剛從蘇聯回來時，蔣介石給他布置的首要任務即是讀古文：「要多讀古文，並須讀得爛熟，背之再背；大約每篇古文至少要讀一百遍以上，到月底並須將從前所讀書全部理習一遍；如尚生疏，則再誦讀，必將再能背誦，毫無阻格，然後方休。如此則三個月之後，約可卅篇長文可以背誦，則文筆必暢通矣；若能有百篇古文爛熟於胸中，則能成文豪矣。」[4]

蔣介石少年入私塾讀四書五經，受傳統教育；十六歲始入學校，受新式教育。那時所謂新式教育，其實是半新半舊。蔣一邊習英文、算術，一邊仍讀《禮記》、《周禮》、《周秦諸子》、《說文解字》和《曾文正公集》等書。

科舉廢除後，蔣先入保定軍官學堂，繼入東京振武學校學習軍事。民國初年，又一度遁跡東京。據蔣親自修訂過的年譜記載，在日本留學和流亡期間，除與軍事相關的教材外，主要閱讀王陽明、曾國藩、胡林翼三人的文集，並以王、曾二集作爲其政治學之根柢。除此之外，年譜中沒有讀其他新書的記錄。[5]

要知清末民初留學日本的中國青年，如梁啓超那樣「肄日本之文，讀日本之書」，朵頤大嚼，目不暇給者[6]，只是一部分，可能還是小部分；而多數人其實猶存舊式讀書人的觀念、心態和閱讀嗜好。這批人在童蒙時期所受舊式教育留下的印痕實在太深，幾乎剛邁出私塾之門，便登上了出洋之舟，出國之際，隨身都攜帶著大批的經史子集，如胡適初入美國康乃爾大學時，課餘讀的是《詩經》、《爾雅》、《老子》、《墨子》等書[7]。只是胡適的閱讀嗜好在留美不久以後就很快「西化」。蔣介石雖然留學過日本，卻依然保守著傳統讀書人的閱讀嗜好，而且是終身不渝。

蔣所閱讀的經書，基本上在四書五經的範圍內。[8]蔣讀經書，多是反覆讀。尤其是《大學》、《中庸》，少年、青年、中年時期均有閱讀。一九三四年九月，蔣在廬山給軍官團專門講解《大學之道》。他憶述其青少年時期讀《大學》的經歷說：「我回想以前幼年時候，先生教我讀《大學》《中庸》，不知道背誦過多少遍。我到十八歲的時候，在箭金學堂，顧葆性先生從新要我再讀這一本《大學》……，到了廿八歲的時候，總理爲我們講明《大學》一書的價值，我重新又來看。」他最終得出的結論是：「《大學》之道，乃是我們中國最基本的政治哲學」；「《大學》這部書，將一切做人做事的道理，都包羅無遺，發揮盡致。可說其是由內在的德性之修養，到外發的事業之完成，爲一貫不斷進取開展的過程，乃是本末兼賅、惟精惟一、修己治人、明體達用之道。我們知道政治是管理衆人之事，《大學》一書，把個人的內在修省以及向外發揚的道理，發揮到了極致，可以說政治上基本的原理全在於此。」[9]

同樣，蔣對《中庸》也推崇備至。蔣日記中，多處記錄讀《中庸》的感懷：

一九二九年二月十一日，讀《中庸》完，讀至「誠者，自成也」句，及「無聲無臭，至矣」等句，甚愧。

一九三一年一月廿日，晚讀《中庸》，頗有心得，甚以少年師友不良，德業不講，及至今日，欲正心修身孝友，已失之晚矣。

一九三一年一月廿二日，今日讀《中庸》至末篇，甚有所感，「聲色之於以化民，末也」一句，心爲之驚悟。

一九三二年十二月廿七日，昨晚在艦中看《中庸》完，看至「以人治人，改而止」一節，不禁自悔忠恕之不立也。又看至「無聲無臭」一節，又歎生平之不能靜敬也。

一九三六年三月，蔣在南京陸軍大學專門講解《中庸要旨》，認爲「《大學》以格致誠正爲本，而《中庸》一書，亦以愼獨存誠的『誠』字爲體，……《中庸》是『本體論』，而《大學》則是『方法論』，乃是我們中華民族四千年來古聖昔賢遞相傳習的『道統』」；並稱「我們如果能細心研究《中庸》一書而得其要旨，則立身處世，便可以受用不盡，也可以說是已得我國古代哲學之精義而無待於外求了。」[10]

無論是讀書筆記，還是專題演講，蔣對《大學》、《中庸》的解讀，均是以立身處世和修身養性爲基點。雖然認爲《大學》之道蘊含著政治的基本原理，是最基本的政治哲學，其實也是從「修己治人」立論，亦即先加強個人的內在德性修養，然後對外發揚而及「治人」「治國」。蔣反覆強調，《大學》《中庸》所說的「格物、致知、誠意、正心、修身、齊家、治國、平天下」那一段話，把一個人從內發揚到外，由一個人的內部做起，推到「平天下」止，是中國固有政治哲學之精微博大、高明切實之處，爲外國的政治哲學家所不及。[11]

除了《大學》《中庸》，蔣所選讀的其他古籍，亦多是古聖昔賢內省修德之作，邊讀邊反省自勉，甚至直接用作戒懼自己「暴戾」個性的藥方：

讀《出師表》：

一九二三年十二月廿六日：今日看《古文觀止》，至前後出師表，不能掩卷，此文非根於天性、忠智兼全，不能作也。

讀《朱子全書》：

一九二九年七月十八日：今日看《朱子全書》，始恍然自覺，久不見聖賢書，難怪性心日下也。

讀《孟子》：

一九三二年十月十四日：讀《孟子》至「人人新其新，長其長，而天下平」句，及「上無衣，下無學，賊民興喪無日矣」句，爲之愧惶無地。

一九三二年十二月六日：看《孟子》至盡心章下卷，甚思將中華中心思想研究一番，以指導民族之出路，恨無過目不忘之力，然必期其成也。

讀《白沙學案》：

一九三二年十二月十三日：今日看《白沙學案》完，頗有所得，自恨修養不早，以致矜燥無常也。

讀《黃黎洲集》：

一九三三年五月十四日：今日看完《王（黃）黎洲集》，自問智德進步不少也。

讀《胡敬齊居業錄》：

一九四一年五月廿七日：近月暴戾日增，今日看《胡敬齊居業錄》畢，亦難見效，奈何。

讀《明儒學案》：

一九四一年六月卅日：本月反省錄：看《明儒學案》每日無間，對於性命之道自覺略有所得，當此大難大任，若不潛研哲學，中有所至，何能克底於成耶。

一九四一年九月卅日：本月反省錄：一、褊急煩躁、疾言遽色之病初少而未多，終是修養不足之故。日日看《明儒學案》，積聖賢之書，仍不能戒懼自勉，可恥可痛，然對於命性道理之眞諦，能時加研究耳。

如衆所知，蔣介石十分推崇曾國藩，一生受曾國藩的影響非常大。一九〇四年，十七歲的蔣介石首次讀《曾文正公集》，一九一三年和一九一五年兩次複讀。此後，又多次閱讀曾國藩的日記、家書、書牘、雜著、嘉言鈔以及《曾胡治兵語錄》等。他讀曾國藩的書，著眼處總在立志養氣，立品修行一點上，言行處處以曾國藩爲楷模：

一九二五年二月十日：看曾公日記，以恭恕敬三字相戒，可爲規範矣。

一九二五年三月廿三日：看曾公日記，急思立志，重新發奮爲雄。

一九二六年三月八日：昨今二日看曾公嘉言鈔，乃知其拂逆之端，謗毀之來不一而足，而彼勸其弟以咬牙之志，悔字訣與硬字訣，徐圖自強而已。

一九三〇年八月廿日：觀曾公日記，乃歎其修養之深，爲學之切，後生可不自勉乎。

一九三〇年八月廿五日：閱曾公日記，爲之興感，此公於修己治人之道，講求甚精，吾擬學之，靜敬澹一之箴，久忘乎！

即使看《曾胡治兵語錄》，蔣的興趣點也不在具體的治兵之術，而仍執著於形而上的道德人心：

一九三一年六月廿六日：近看《曾胡治兵語錄》，愈覺有道，於此人心散墜，世事紛亂之際，非從倫理與道德精神勵國民之正氣，決不能拯救危亡，又非在上一二人為之提倡，則欲全賴此下層基本工作，決不能濟事也。

對於胡林翼，蔣介石敬佩的也是胡氏刻苦砥礪之德，甚至一度自稱崇拜胡公超過崇拜曾公：

一九二二年四月十一日，胡公之言、德、功三者，皆有可傳，而曾公獨稱其進德之猛，是可知其虛心實力，皆由刻苦砥礪之德育而來，其辦事全在於「賞罰嚴明、知人善任」二語中用工夫……崇拜胡公之心，過於曾公矣。

貳

除了修身進德，蔣閱讀古籍的另一個重要取向，是有關軍事政治的謀略與治術。修身進德的典籍，蔣一生閱讀不間斷。相對而言，蔣閱讀有關謀略與治術的書籍，主要集中在一九三〇年代前半期。這個時期，蔣面臨地方實力派和中共的嚴重挑戰，黨內派系鬥爭亦十分激烈，自身權位尚未穩固，也因此急需從古代政治家和思想家的典籍中尋找治國平天下的祕方。

《孫子》是蔣閱讀次數最多的古籍之一。一九三〇至一九三七年間，《蔣中正日記》中幾乎年年都有讀《孫子》的記載，且每有歎爲觀止之慨。此外還讀過《孫子釋證》、《孫吳兵略問答》和《吳子》等書。蔣讀《孫子》強調學以致用，從中汲取軍事謀略與治兵之術：

一九二五年三月廿七日：下午看《孫子》十三篇完。《孫子》一部書，惟在專一迅捷，審機察勢而已。專一者，集中之謂乎？

一九二五年十月十日：看《孫子》七篇。看至虛實，不禁歎爲觀止矣。孫論兵，非吳子所能及其萬一也。

一九三一年七月二日：船中看《孫子》完，甚覺有益。再以反間之法告各將領愼用之。

一九三一年七月三日：上午在船中看《孫子》至軍事止，甚矣！孫子所謂「奪其所愛」與「在順詳敵之意」二語，作戰計畫盡於此矣。

一九三五年三月十六日：本日看完《孫子》與《孫吳兵略問答》，其言「九地」戰術，皆以設伏隱蘆、出其不意爲主旨，甚矣。

除孫子兵法外，蔣偶爾也從《胡文忠集》（胡林翼）、《陸宣公集》（陸贄）等書中汲取兵略與政術。

一九二二年三月廿五日：看胡文忠集，其言多兵家經驗之談，千古不可磨滅，非知兵者不能言，亦非知兵者不能知其言之深微精確也。

一九三〇年二月七日，看陸宣公集，其論關中事宜，與兩河淮西事，言「重內輕外」、「息兵養民」、「兵在得將」諸條，甚合現時之處置也。

在諸子百家中，蔣對《管子》和《韓非子》也十分推崇，認爲《管子》一書「乃窮古今政治學之精理」，「此書之於政治學，猶孫子之於軍事學也」，並認爲「學政者，不讀管子，而惟新書是求，未有其能也。」[12]據《蔣中正日記》，他閱讀《管子》的時間是一九三四年，相隔五年之後，蔣介石指定「幹部應讀書籍」（共十一本）時，將《管子》列爲首選。[13]

蔣閱讀《韓非子》的時間是一九三六年西安事變前夕，對該書的讀後感是：「此書實政治哲學之精者，爲首領者更應詳究，而余之心理無一不合也。」[14]韓非提出「以法爲主」，法、術、勢相結合，爲中國第一個統一專制的中央集權制國家的誕生提供了理論依據。蔣十分認同這位集法家思想之大成者，並有暗相契合之感。

與《韓非子》同時閱讀的還有《墨子》。西安事變被軟禁期間，蔣自稱「閱《墨子》自遣」。[15]但日記中沒有留下閱讀《墨子》一書的感想。張學良正是看到蔣介石在讀《韓非子》和《墨子》而說蔣思想太古太舊的。

除此之外，蔣偶爾也會從儒家典籍中汲取一二權謀治術。如一九三四年六月十二日日記中有這樣的文字：「恨不早習《禮記》，所謂元老天子者，何能依賴！」這個時期，蔣對黨內元老多表失望甚至厭惡。可能是《禮記》中的相關論述，使他有感而發。

國民政府成立初期，地方實力派各據一方，與南京中央相頡頏。蔣試圖從帝制時期控制地方藩鎮的歷史中吸取經驗教訓。如他看《聖武記》後發表了如下感想：

一九二八年十一月十六日：今日看《聖武記》第二冊完，前清對於藩鎮與封建制，似勝於歷朝也。觀此而歎立國之難與駕馭之艱，可不戒哉！

在中國古代政治家中，蔣對王安石和張居正情有獨鍾。一九三五年四、五月間，《蔣中正日記》中連載對張居正和王安石的讀後感：

四月廿六日：看《張居正傳》，甚有所感。

四月廿七日：看《張江陵評傳》，其氣節才情與時遇，不禁有古今同轍之慨也。

五月二日：看張江陵治術篇，不禁心神嚮往於何止矣，手錄其要語十餘條。

看完張居正傳後，緊接著看王安石的文集：

五月八日：看《王荊公》。

五月廿五日：看《王荊公集》完，凡國家民族當存亡絕續之交，必有新制度適合於其時代者以替代之，而又能持之以久遠，乃可轉危爲安，轉弱爲強，今果有此乎。

一九三六年二月四日，蔣介石決定要求政府各部長讀《張居正評傳》。三年之後，又指定王安石和張居正的傳記和文集爲國民黨幹部應讀書籍。[16]蔣慨歎自己所面臨的處境、時機與王安石、張居正兩人當年的際遇十分近似，感覺自己的才情與政治抱負，也不讓前賢，故而生發「古今同轍之慨」。

除了王安石和張居正，蔣介石在一九三五年還看了《貞觀政要》、《平川方略》、《商鞅傳》等古籍。[17]

值得注意的是，蔣介石所讀古籍中，史書並不多。日記顯示，蔣唯讀過《史記》、《通鑑輯覽》和《清史輯覽》，其他史書未見載錄。一九二四年預定要讀的書目中有《漢書》和《資治通鑑》，但是否讀了，不見記載。

更令人注目的是，蔣對中國古典文學似乎興趣不大。古典詩、詞、曲、賦未見涉覽。古典小說看過《西遊記》、《水滸傳》、《儒林外史》，是否看過《紅樓夢》，未見記載。當然日記並非什麼都記，尤其是消遣性的書籍，很可能看過而不記。日記中有時只記看小說，而未記具體書名，推想蔣看現代小說的可能性不大，應是看古典小說。

大體而言，蔣介石讀古籍，要麼側重形而上的進德修身，要麼著眼形而下的兵略政術，總之要有助於「修、齊、治、平」。單純知識性和趣味性的書籍，如各類雜書稗史等，甚少旁騖，當無疑也。

蔣愛讀古書，認爲「中國古書之精切於人生」，讀來「味如膠醇」，相比如下，「現代之書，不足論矣」。[18]蔣介石讀古籍的結果，不僅認爲古籍勝過現代之書，更感歎中國傳統哲學思想博大精深，遠爲歐西所不及。如讀《明夷待訪錄》後發表感想說：「此書從前讀之不覺其趣，今日讀之，乃覺詳審澈悟晚，中國政治思想屢有超過西歐，惜人不自求諸近耳。」[19]

類似的看法，在蔣日記中屢屢可見。如認爲中國「仁義道德之王道」遠勝於西方「功利強權之霸道」。[20]感喟「國人近講哲學，專尙歐西之書，而將我國固有優美之哲學，置之不講，此今世文人之所以爲民族千古罪人也，痛哉。」

亦因爲此，他以爲「挽救國家，只有恢復民族性，與注重孔孟陸王之道也，故必先在端正人心始。」[21]

一九三一年一月十日，近日甚思研究哲學，覓一系統而研究之，以爲收其放心之本也。

一九三一年八月三日，今日看《陽明集》，認此爲救國之本，當提倡之。

值得注意的是，蔣介石要以中國固有的「仁義道德之王道」來挽救國家和民族，必須解決一個問題，即必須從國民黨的意識形態上調協孫中山的三民主義與中國固有道統之間的關係。作爲國民黨的第二代黨魁，蔣必須繼承孫中山的黨統才具有合法性。而孫中山的三民主義學說，主要源自其西學背景。而這一點正是蔣介石所欠缺的。在不可能顛覆三民主義另創黨統的情況下，蔣介石要想以孔孟陸王之道作爲全黨的意識形態，惟一的辦法，就是將三民主義儒家化。《蔣中正日記》中，有這樣一條記載，十分引人注目：

一九三七年七月六日，看《三民主義哲學基礎》完，此書已看完十遍，實不忍掩卷也。惜乎季陶現在精神與勇氣遠不如前矣。

《三民主義哲學基礎》是戴季陶於一九二五年寫的一本小冊子，書名應爲《孫文主義之哲學基礎》。查《蔣中正日記》，大概自一九三二年開始看這本書，到一九三七年已看過十遍。此時作者戴季陶早已意氣闌珊，而書卻被蔣介石當作寶典反覆閱讀還不忍釋卷。這可能是蔣介石除《聖經》外閱讀次數最多的一本書。蔣介石自然也讀過孫中山的原著，日記中也留下了相關記錄，但讀的次數並不多。[22]這似乎讓人匪夷所思。其實原因很簡單，戴季陶在這本小書中提出的一個核心觀點，即認爲「中山先生的思想完全是中國的正統思想，就是繼承堯舜以至孔孟而中絕的仁義道德的思想」[23]正好爲蔣介石解決了上述意識形態難題，完成了三民主義儒家化的理論建構。

參

蔣介石愛讀古籍，並不意味著他不讀新書。蔣讀古籍，大多是常年反覆閱讀，沒有明顯的階段性，而看新書則不同，不同時期有不同的興趣，而且很少重複閱讀。

一九一九年新文化運動隨五四愛國運動而聲勢日張，已是卅三歲老青年的蔣介石也多少有所濡染。當時知識界以辦雜誌、看雜誌爲時髦，蔣介石也一邊「閱《新潮》、《新青年》、《東方雜誌》，揣摩風氣」，一邊讀《新村記》、《易卜生記》、《鄂爾斯泰人生觀》、《俄國革命記》等書，跟蹤新思潮。[24]五四時期看過這些書刊，至少不算落伍。

一九二〇年一月一日，蔣在日記中預定全年的學課，除習俄語、英語外，「研究新思潮」亦列入其計畫。查一九二〇至一九二三年間蔣所閱讀的書目，新書刊有《新青年》雜誌、《中國哲學史大綱》、《杜威講演集》、《馬克斯經濟學說》、《馬克斯學說概要》、《共產黨宣言》、《馬克思傳》、《平均地權論》、《德國社會民主黨史》、《群衆心理學》、《世界大戰史》、《軍制學》、《交戰及統帥學》、《經濟學》、《福爾摩斯偵探案》等。

內中較引人注目的，自然是讀馬克思學說。五四以後，各種各樣的社會主義學說風行中國。周作人描寫當時的情景說：「現在稍有知識的人（非所謂知識階級），當無不贊成社會主義」。[25]在這樣一種時代大潮中，蔣介石對馬克思的學說產生了閱讀興趣也在情理之中，而促成這一興趣的，是一九二三年孫中山派蔣介石赴俄考察。正是赴俄考察期間，蔣比較集中地閱讀了數本介紹馬克思學說及其生平的書籍。

九月廿四日：今日看《馬克思學說概要》完，頗覺有趣。上半部看不懂，厭棄如絕者再，看至下半部，則倦不掩卷，擬重看一遍也。

十月十日：上午習俄語。下午看《馬克思學說概要》之經濟主義，複習第三遍完，尚不能十分瞭解，甚矣！馬克思學說之深奧也。

十月十八日：上午習俄語，看《馬克思傳》。下午看馬克思學說，樂而不能息卷。

日記中生動地記載了蔣介石在旅俄期間閱讀馬克思書籍的情形：感歎深奧，反覆閱讀，感覺有趣，樂不掩卷。這大概是蔣介石一生接觸馬克思學說並對之產生濃厚興趣的唯一一次。從俄國回來後，似未再讀，而且此後日記中再也沒有相關閱讀記錄。如果要總結蔣介石讀馬克思書籍的過程的話，可以這樣歸納：沒有前序，沒有後續，讀時興趣盎然，過後形同陌路，時間不過數月，顯得十分突兀。按理蔣介石從俄國回來時，孫中山聯俄容共還剛剛開始，在此後的三四年間，蔣介石一度還相當左傾，爲何嘎然而止，日記中未見說明，此問題的答案還有待其他史料的檢證。西安事變時，蔣介石對張學良聲稱自己在十五年前對馬克思資本論與共產主義書籍「已不知批閱幾次矣」，即指這一次（應是十三年前）。

在蔣介石閱讀史上，另一引人注目之處，是在北伐前後的數年間，蔣一度對各國革命史及與革命有關的書籍，懷有濃厚的閱讀興趣。時間大約從一九二五年一直持續到一九三四年。先後看過《俄國革命史》、《法國革命史》、《土耳其革命史》、《俄國共產黨史》、《俄國共產黨之建設》、《列寧叢書》、《革命心理》、《變亂與革命技術》等。尤其是《俄國革命史》和《法國革命史》兩書，一九二六、一九二九、一九三一年均有閱讀記錄。蔣介石的閱讀習慣，新書很少複讀，這兩本書則是例外。

蔣介石爲什麼會對各國革命史及與革命有關的書籍懷有濃厚的閱讀興趣？

在中國革命史上，一九二〇年代是一個重要的轉折時期。清末以來持續十餘年之久的「革命」與「改良」之爭因辛亥革命而告終。然而經過民初短暫的民主憲政之不成功嘗試後，革命的呼聲再度在中國掀起。與晚清由單一黨派主導革命不同的是，一九二〇年代的革命激變爲多個黨派的共同訴求。國民黨的「國民革命」、共產黨的「階級革命」與青年黨的「全民革命」幾乎同時並起。雖然三黨在革命目標和革命對象的設定上不盡相同，但都競相揭櫫「革命」大旗，且均以「革命黨」自居。革命由過去的一黨獨導發展爲多黨競舉的局面。在三大黨派的大力宣導下，不僅「革命」一詞成爲一九二〇年代中國使用頻率極高的政論詞彙之一，而且迅速彙聚成一種具有廣泛影響且逐漸凝固的普遍觀念，即革命是救亡圖存、解決內憂外患、實現國家統一和推動社會進步的根本手段，改良及其他救國途徑（如教育救國、實業救國、學術救國等）被視爲緩不濟急和捨本逐末。革命高於一切，甚至以革命爲社會行爲的唯一規範和價值評判的最高標準。[26]

北伐時期，國共合作開展國民革命，國民黨自視爲革命黨。一九二七年國共分家後，共產黨認爲蔣介石「叛變」了革命，成爲「反革命」；而國民黨仍自視爲革命黨，蔣介石亦自視爲革命領袖。國民黨雖然名義上執掌全國政權，但因面臨地方實力派和中共的挑戰，故認爲「革命尚未成功」。蔣介石將統一和穩固政權的一切舉措都視爲是革命的繼續。亦因爲此，他反覆閱讀各國革命史，並非認同革命的意識形態，而是力圖汲取各國革命成敗的經驗教訓，借鑑各國革命的方法與技術。他看完《俄國革命史》，「甚覺有益也」[27]；看《法國革命史》，「乃知俄國革命之方法制度，非其新發明。十有八九皆取法於法國及改正其經驗也，可寶貴也。」[28]

一九二七年九月，蔣介石第一次下野後，計畫出洋考察一年。他擬定的考察計畫中，準備去日本學軍事與經濟，到德國學哲學、經濟與軍事，赴法國學政治與軍事，往英國學政治與經濟、海軍，到美國學哲學與經濟。唯獨計畫要「在土國學革命」。[29]當然，他最終只去了日本，赴土耳其學革命的願望沒有實現。一九三二年十二月八日，蔣介石請李維果給他講土耳其革命史，「甚歎革命之主義，領袖人格與制度組織，及時機與地點之重要。」

南京政府成立後，蔣介石還多次表示迫切希望閱讀和研究俄法革命史。如一九二八年九月廿二日日記寫道：「亟欲研究法國革命史與俾斯麥歷史一番，使有以法則也。」一九三二年四月三日日記又稱：「近日急思求學，而終未得暇，俄法革命史與國際情報學，非速看不可也。」

一直到一九三八年一月十六日的日記，還有這樣的記載：「看《土耳其革命史》，自覺智慧學識之欠缺，忍心耐力之不足，所以遭此困厄也。」

除了各國革命史外，蔣介石還閱讀了下列數種革命書籍，並在日記中記下了自己的閱讀感想：

(1)《列寧叢書》：蔣介石看這部書的時間是一九二五年十一月，認爲書中所言蘇聯勞農會與赤衛軍的組織與意義，以及分析帝國主義破產的原因，均非常細密；並稱道蘇聯聯合和訓練民衆的經驗值得借鑑。[30]看《列寧叢書》的同時，蔣還看了《太戈爾傳》，並將列寧與太戈爾作了一番比較：「太戈爾以無限與不朽，爲人生觀之基點，又以愛與快樂爲宇宙活動之意義。列寧以權力與鬥爭爲世界革命之手段，一以唯心，一以唯物。」並稱他本人在哲學上「重精神」，亦即傾向唯心。[31]

(2)《革命心理》：蔣介石看這部書的時間是一九二六年三月。蔣稱看完這本書後，「乃知革命心理，皆由神祕勢力與感情作用以成者，而理智實極微弱條件也。憎惡嫉妒虛榮熱忱乃爲性格變遷之原因，亦其有理也。」又認爲「恐怖與憎惡二者，乃爲暴動之原，感情神祕與集合之勢力在革命心理學中占一要位，而宗教式信仰不爲革命心理惟一之要素耳。順應時勢，迎合心理爲革命領袖惟一之要件。吾何能之。」[32]值得注意的是，蔣看這部書的時間正是中山艦事件前夕。事件的成因，主要是極端多疑的蔣介石基於其個人猜忌，誤斷有一個汪精衛、蘇聯顧問季山嘉與中共聯手的倒蔣陰謀，在很大程度上是蔣介石自己神經過敏的結果。這部書所言神祕勢力以及恐怖與憎惡之心理因素，很可能與當時蔣介石的心態暗相契合，甚至可能對蔣發動中山艦事件起了催化作用。

(3)《變亂與革命技術》：蔣介石看這部書的時間是一九三四年五月，聲稱看完這本書後，「乃知革命爲一深妙之藝術，既須深謀遠慮，又須臨機應變，應時制宜也」；佩服義大利莫索利尼「深謀遠慮，策略步驟之良，組織之強也」。他還將全書要點加以歸納並記於日記中：「對外重策略，對內重紀律，合法與暴力之分別，軍隊革命爲手段，議會革命爲目的，憲警與衝鋒隊之長短，防護與奪取之方法，交通機關與政府機關之重輕，中心區域與重要據點之占領與控制，罷工與襲擊之比較，掃除反動各種組織之策略，與參加反動之陰謀，議會之叛徒與國家之忠僕之分，此乃革命技術之內容也。」[33]不難發現，其中很多「技術」被蔣介石學以致用。

(4)《黨的建設》：這部書是中共中央於一九三八年上半年印發的黨內幹部教材。蔣介石看這部書的時間是一九三八年十一月，讀完之後，認爲共產黨的「教育與經驗是由其國際百年來祕密苦痛幽囚中所得之教訓而成，故其紀律最嚴，方法最精，組織最密，任何黨派所不及……。」「殊覺有益於我也」。[34]不久，蔣將這部書指定爲「幹部應讀書籍」之一。[35]國民黨中央將該書翻印成袖珍鉛印本，令全黨幹部參閱。[36]

肆

蔣介石閱讀新書，比較注重實際應用。一九三二年蔣介石的閱讀經歷即鮮明地表現出這一特徵。

九一八事變給蔣介石以沉重打擊。一九三二年二月十九日，蔣介石看完《日本侵略中國計畫》後寫道：「開卷有益，乃知吾人前日對外交之忽略而致有今日之失敗，悔無及矣，以後應每日抽暇看書一小時，而且對外交尤應注意也。」兩天之後，他又看《日本侵略滿蒙計畫》，「益覺本身知識之淺，誤國自誤之罪也。」

二月廿九日，蔣介石組織「力行社」。該組織的名稱在很長一段時間內被外間誤傳爲「藍衣社」。三月二日蔣介石在日記中稱：「上海我軍撤退，反動派造謠更甚，軍民皆爲之歸怨余，幾成怨府，乃知反動之力甚大，非鐵血不能解決。」三月三日，蔣介石開始看《俾斯麥傳》。四月廿日日記載：「看俾斯麥傳，深有慨也，故批曰：病弱之國，惟鐵與血，危與死四字，乃能解決一切也，尤以利用危機以求成功爲政治家惟一特能也。」蔣顯然希望仿效俾斯麥的鐵血主義來組建力行社，以法西斯手段鎮懾國內的反對派。

作爲特務組織，收集情報十分重要。四月廿一日，蔣介石給力行社確定情報課程和情報組織法。爲此，他專門找來一本《各國情報活動之內幕》閱讀，「閱之手難釋卷，甚恨看之不早也。」四月廿二日日記稱：「今日窮一日之力，將《各國情報活動之內幕》看完，爲近今最愛最要之書，此爲董照光先生所訂，從政者非知此不可也，得益非淺。」

也是在這一年，蔣介石請各方面的專家來給他講課，內容涉及西方各大國的政治制度、國際經濟大勢、蘇聯計畫經濟、各國統計制度、統計學、土地學、教育學以及中國礦產資源、幣制等專題，範圍相當廣泛：

五月十一日：聽各國統計制度，以日本統計局與資源局，及此二委員會之制度，最爲周密甚矣，立國之周也。吾人若不急進何能立國，無論何國，未有不視其人口生命與糧食之計統，爲立國之本。

五月十四日：上週聽完統計學與土地學……以後培植人才，以土地丈量、戶口調查、警衛、修路爲最要。

五月十七日：聽馬寅初先生講國際經濟之大勢。

五月十九日：聽國際經濟之趨勢。

五月廿五日：看俾斯麥傳，聽國際經濟。

六月十七日：翁（文灝）講中國煤鐵礦業之品質，東三省幾占百分之六十以上，而全國鐵礦，爲倭寇所有權，約占百分之八十二以上，驚駭莫名，東北煤鐵如此豐富，倭寇安得不欲強占。中正夢之今日始醒，甚恨研究之晚，而對內對外之政策錯誤也。

六月十八日：翁講中國各省礦質之分量。

七月廿八日：聽講美國政府制度，與英國比較，互有優點，而其大國定總統獨裁制，各邦分立，又定直接民權制，其法院之尊嚴，尤不可及也。

七月廿九日：聽法國政治制度，其用意在防總統制，而又防人民幼稚，不能得總統人選，故議院選舉總統，又防一院專制，故事事以兩院並重，但其缺點則在內閣不能解散議會，故政治時時被議會牽制，不能久持也。

八月四日：余於政府則仿美國總統制，於立法則仿德國經濟會之三院制，於選舉則地區與職業制並重，於中央與地方許可權關係則仿法國制。而司法與審計及預算制，則另加研究也。

八月五日：聽講俄意制度。

八月九日：聽楊端六（講）幣制。

十月十二日：聽劉秉麟談蘇俄設計經濟，甚有所感也。

十月廿一日：看蘇俄設計經濟綱要後，批搭付印。

十二月二日：聽李維果講德國復興史與胡適之談教育方針與制度。

十二月八日：聽李維果講土耳其史，甚歎革命之主義，領袖人格與制度組織，及時機與地點之重要。

從廣義的角度看，聽講也是一種閱讀。因此筆者有意將蔣介石的聽講納入其閱讀史的主題下討論。聽講什麼，請什麼人講，自然由聽講人蔣介石決定。相對於傳統的閱讀，每次聽讀的時間一般較短，而效率也可能因此更高。由於閱讀必須依賴現成的書刊材料，當某一問題急需瞭解，卻缺乏適當的參考書籍時，請專家講解，自是一個不錯的選擇，而且專家講解可能更具時效性，也更切合實際。此後，蔣介石的聽講仍不定期舉行，但沒有一九三二年那樣頻繁。

由於蔣介石不能直接閱讀外文原著，其閱讀範圍勢必受到限制。比如有關西方哲學思想、政治學說等方面的書藉，蔣的閱讀就十分有限，除五四時期接觸過馬克思和杜威的學說外，抗戰時期閱讀黑格爾，就要算是其閱讀史上值得記下一筆的事了。

一九三八年十二月五日，蔣介石開始看《黑格爾辯證法》。在此之前，蔣介石看過不少中國傳統哲學的典籍，但似未看過西方哲學方面的書籍。爲什麼突然會看起黑格爾的辯證法來，在十二月七日的日記中，蔣介石給出了答案：「革命鬥爭而不知辯證法方法論，如何能不失敗呢。」原來還是爲了「革命鬥爭」的實際需要，因此也將黑格爾的辯證法指定爲「幹部應讀書籍」之一。

蔣介石對黑格爾辯證法的閱讀興趣，前後持續了將近三年的時間。這對政治人物蔣介石而言，自是非同尋常。更令人稱奇的，是下面這則日記：

一九四〇年十二月十八日：昨夜因晚餐後研究黑格爾哲學太遲，故又失眠不寧，今晨八時後方起床。

竟然因研究黑格爾哲學太晚而至失眠，簡直到了癡迷的程度。而且並非普通的「閱讀」，而是「研究」。要知《蔣中正日記》中並不濫用「研究」一詞。而對黑格爾哲學，蔣中正日記中不止一次地寫著「研究」二字：

一九四〇年十二月廿日：研究黑格爾哲學，今日方悟眞我即宇宙與天人合一之眞理，不禁喜爾無窮。

一九四〇年十二月廿一日：本週心神最覺愉快淡定，研究黑格爾學述，至其成熟系統一章，發現自我與宇宙及眞理之所在，對於人生與靈性生活，至此乃得更進一步之認識矣。

一九四〇年十二月十七日的日記中，蔣介石還直接摘引黑格爾學述中的話作爲「雪恥」欄的格言：

雪恥：自我之眞命脈與精神的眞生活，不在其過失之矛盾之本身，乃在超拔過失與矛盾的歷程中。凡小我限於此形器世界中，實有不可避免之過愆與矛盾，但過愆可以隨時改革，矛盾亦可隨時拔除，故自我之眞正表現，即在於不斷的自覺的征服自身此時之缺憾，

> 及拔除自身的時時矛盾歷程中也。（黑格爾學述）

從上列表現看，蔣介石應在相當程度上認同甚至信仰黑格爾的學說。然而，相隔半年多後，情況似乎又有所變化：

> 一九四一年七月三日：……黑格爾矛盾學說與中國陰陽消長學說對比，乃知中國哲學爲可貴也。

本以爲他開始向西哲靠近，沒想到轉了一圈，最終又回歸到中國傳統哲學。

伍

以上對蔣介石一九二〇至一九四〇年代的閱讀史，作了一個初步的梳理。雖然讀書的數量不能和革命前輩孫中山相比，但對一個身處亂世而又獨裁的國家元首而言，於戎馬倥傯之餘，還能閱讀如此數量的新書古籍，已屬難得。

西安事變前一個月，蔣介石在日記中這樣寫道：

> 從前只以豪傑自居而不願以聖賢自待，今日乃以聖賢自期而不願以豪傑自居矣。[37]

無論以豪傑自居，還是以聖賢自待，或者以革命領袖自視，蔣介石的閱讀基本上是圍繞兩個目標而展開：一是「正心、修身」；二是「治國、平天下」。讀古籍似更有益於前一目標，讀新書似更有助於後一理想。他重視進德修身，關注兵略政術，常看革命書籍等等，均具有明確的實際目標。與目標關係不大的知識性、消遣性、趣味性的書籍，甚少旁騖。

一個人的閱讀取向，既與其政治地位和社會角色密不可分，也與其時代環境、教育背景密切相關。一九〇五年清政府下令廢科舉時，蔣介石已十八歲。這意味著蔣介石的教育背景是在科舉時代奠定的。甚至可以說，蔣介石是中國最後一代舊式讀書人中的一員，亦因爲此，他的知識結構，他的思維方式，他的志趣愛好，他的行爲規範，更多地與傳統士人相近。他對古籍的閱讀興趣明顯超過對新書的興趣。他對修身進德的刻意追求，對中國傳統文化的強烈認同，與革命先輩孫中山顯然有異。

由於蔣不能直接閱讀西書，他所閱讀的新書，或爲翻譯過來的西書，或爲國人自撰的書籍。清末民初以來，雖有大批西書被譯成漢文，但實際的印刷流通恐不能估計過高。如新文化運動在史家的描繪中是如何的風雲激蕩，如何的氣勢如虹。但細察當時人的記載，有些情形並不儘然。鄭振鐸在一九二〇年初出版的《新社會》雜誌上撰文說，一九一九年的中國出版界，確實非常「熱鬧」，但這種「熱鬧」主要表現在傳播新思想的定期雜誌的繁榮，而圖書業則仍停留在「談鬼神」，論「先知術」以及黑幕志怪小說之類書籍的熱銷，有關哲學科學的書出得極少。[38]五四時期，中國「新書業」還剛剛起步，新書的出版機構也沒有幾家。「往後，因爲受軍閥的壓迫，新書業竟陷入於『毫無生氣』的時期。」[39]直到一九二〇年代末新書業才逐漸繁榮起來。

當文化處於中西新舊交接轉型之際，無論是譯書還是國人自撰，基本上還處於粗淺的販賣階段。在新書出版相對落後的情況下，閱讀古籍也是一種自然的選擇。一九二五年，《京報副刊》曾就「青年愛讀書」作過一次問卷調查。調查結果顯示，在列舉的六十三種「青年愛讀書」中，古籍有卅九種（六十二％），新書刊廿四種（卅八％）。在最愛讀的前十種書中，古籍八種，新書只有二種。[40]這個時期的青年人，正是五四新文化運動中成長起來的一代。他們愛讀古籍居然超過愛讀新書，這一結果可能大出我們的預料。

青年人尚且如此，已邁入中年門檻的蔣介石愛讀古籍似乎更在情理之中。

由於篇幅的限制，本文僅粗略考察了一個層面上的問題，即蔣介石讀過些什麼書，愛讀些什麼書，至於閱讀與思想的互動，閱讀活動與思維觀念的形成，閱讀對人生觀和事功實踐的影響等問題，只能留待另文探討了。

為了更細緻、更完整地呈現蔣介石的讀書情況，筆者根據《蔣中正日記》及《蔣介石年譜初稿》所載，編輯整理了一個年表，供有興趣者參考。

附：蔣介石閱讀年表

年代	書名		讀書計畫、閱讀感想、劄記
	古籍	近籍新書	
一八九四	大學 中庸		
一八九五	四子書		
一八九八	詩經		
一八九九	尚書		
一九〇〇	易經		
一九〇一	左傳		
一九〇二	左傳		
一九〇三	禮記		
	周禮		
一九〇四	周秦諸子 說文解字	曾文正公全集	
一九一三		曾文正公全集	

一九一五		王陽明、曾文正、胡文忠三集、巴爾克戰術	民國卅四年間，余覺進德不淺，專在悔字上注重：每悟昨非，而今猶不足也，曾文正、王陽明、胡林翼全集，研究至再，覺有心得，甚至夢寐之間亦不忘此數書也。……回滬後，乃即東渡亡命，專攻理學，力求品性，亟思悔改昔日之非也，曾文正全集看完，而目力亦傷矣。
一九一八	經史百家簡編 明鑒易知錄	鬼語 中國哲學史 佛學淺說 太平天國外記 西洋通史 民國野史 天演論 平浙經略 參謀演習記 日俄戰史 防海紀略 陣中勤務令 戰略論 高級戰術 野戰炮兵基礎戰術 參謀要務 拿破崙本紀	三月十日：鬼語當爲基督教徒所著，……靈魂學，余亦極願研究者也。

一九一九	春秋 陸象山全集 歷代通鑑輯覽 聰訓齋語	胡文忠全集 曾文正家書 政治學大綱 軍事常識 日本軍制學 俄國革命記 經濟學原論（孟舍路） 國民經濟學原論（津村秀松） 新村記 易卜生記 托爾斯泰人生觀 歐洲地圖大演習 戰況地圖 新潮雜誌 新青年雜誌 東方雜誌	八月廿四日：自擬兒童應讀之書，曰爾雅，曰詩經，曰易經，曰左傳，曰孟子，曰莊子，曰離騷，曰三才略，曰讀史方輿紀要序，曰九通序十種，其餘如史記菁華，經史百家簡編，亦宜熟讀也。
一九二〇	水滸傳 儒林外史 歷代通鑑輯覽	中國哲學史大綱（胡適） 世界大戰史 軍制學 經濟學 杜威講演集 國民經濟學原論 新青年雜誌	今年想學的東西，想看的書，大約如下：⑴俄語、⑵英語、⑶經濟、⑷哲學、⑸軍學、⑹歷史、⑺拳術、⑻新思潮的研究、⑼國防軍事計畫、⑽地理、⑾戰史、⑿軍制、⒀美日與中國關係、⒁商務、⒂公法、⒃教育。

一九二二	歷代通鑒輯覽	科學泛論（古力基） 交戰及統帥學	自七月起守制中應看讀諸書如左：禮記、詩經、書經、易經、春秋（以上應看之書）；史記菁華、楚辭離騷、項羽記、莊子、韓非子、唐詩（以上擇要應讀之書）；胡文忠集、王安石集、李文忠集、曾公集、巴爾克戰術、孫吳子。
一九二二	左傳 尚書 六韜	洪楊演義 石達開日記 曾文正公書牘 胡文忠全集 交戰及統帥學 福爾摩斯偵探案	八月卅一日：看洪楊演義，晚看石達開日記，不能釋卷。天朝內訌，英雄末路，古今同慨。 九月一日：看石達開日記感慨不置，石公用兵慣飄忽振盪，其行軍慣在邊陲幽徑，使人不可窮究，故能出奇制勝。三年之間往來於長江左右岸十省，悠游自在，不覺艱難困苦之爲何。彼雖自言長於攻而短於守，此其不避嫌疑，不急入川，則東南各省，如贛、如浙、如皖、如鄂亦必能得地固守，稱雄一方。惜乎天朝內爭，石公仗義，逼其入川，卒爲群山隘路所困，而不能達其定川之目的，可不歎哉！由此可知，邊陲僻徑爲出奇要道，然而輜重不濟，土寇爲患，道途險惡，時期難定，皆足制其死命，石公之敗，足爲吾人之一大教訓也！
一九二三	心經 佛經 西遊記 古文觀止	馬克思學說概要 共產黨宣言 馬克思傳 蘇維埃聯邦共和國憲法	七月十五日：今日在船看小說解悶。 九月廿四日：今日看馬克思學說概要完，頗覺有趣。上半部看不懂，厭棄欲絕者再，看至下半部，則倦不掩卷，擬重看一遍也。 十月四日：上午複看馬克思學說概要。

（接下欄◀）

一九二三		德國社會民主黨史 平均地權論 新疆遊記 蒙古地志 經濟學 群衆心理學（黎朋） 社會心理學	十月十日：下午看馬克思學說概要之經濟主義，複習第三遍完，尚不能十分瞭解，甚矣！馬克思學說之深奧也。 十月十八日：上午習俄語，學琵琶樂，看馬克思傳。下午看馬克思學說，樂而不能息卷。 十二月廿六日：今日看古文觀止，至前後出師表，不能掩卷，此文非根於天性、忠智兼全，不能作也。余自以爲文筆多有與此篇相若者，誦讀數十遍。
一九二四		中國哲學史講話 西洋史 普法戰史 拿氏戰史 日俄戰史 歐戰史 戰時正義 巴爾克戰術 中國地理 亞洲地理 世界地理 統計學 心理學 社會學 經濟學	預定閱讀書目：五經、四子書、孔子家語、左傳、戰國策、六韜、孫子、吳子、管子、莊子、韓非子、離騷、史記、漢書、資治通鑑、清史輯覽、古文辭類纂、古文觀止、諸葛武侯集、岳武穆集、文文山全集、戚武毅叢書、曾國藩全集、胡林翼全集、左宗棠全集、駱秉章全集、李鴻章全集、樊山批牘。

一九二五	吳子 孫子 大學 中庸 易經 論語 史記 顏氏家訓 練兵實紀（戚繼光） 戚繼光治兵語錄 古文辭類纂	曾文正公雜著 曾公日記 曾公家書 曾公昭忠祠各記 左宗棠文集 歐戰後○軍編制問題 軍人精神教育（孫中山） 軍人之勇 將帥之拿破倫 經理學教程 經濟思想史 民生主義 列寧叢書 各國革命史 新社會觀 太戈爾傳 年羹堯事略 春豔秘史	三月廿六日：午後，看孫子之第十一篇。軍事不外於審測敵情，判別地形，奇正虛實，遠近險易，迅捷活動，團結軍心，並敵一向而已。 三月廿七日：下午看孫子之十三篇完。孫子一部書，惟在專一迅捷，審機察勢而已。專一者，集中之謂乎？ 四月十七日：近日甚想看書，而總不能靜心，故擬多購小說，以收此心。然後再看他書也。 十月十日：舟中看吳子完。看孫子七篇。看至虛實，不禁歎爲觀止矣。孫子論兵，非吳子所能及其萬一也。 十一月六日：看將帥之奈波翁完畢，甚佩其積極的精神，至老不滅，而其敗於傲慢與不知足也。……筆記奈波翁戰略要語。 十一月十日：晚看列寧叢書第五種，其言勞農會與赤衛軍之組織與新犧牲之價值，帝國主義之破產原因，甚細密也。 十一月廿一日：晚讀古文，列寧叢書，其言權力與聯合民衆爲革命之必要，又言聯合民衆以主義的感化與訓練爲必要的手段。皆經歷之談也。
一九二六	史記 菜根譚 孔子家語 陽明格言	曾公嘉言鈔 曾胡治兵語錄 建國方略 革命心理 法國革命史	一月卅一日：隨美人之意，畫豪賢之像，或對美人讀書辦事，乃可減少忿怒而振精神也。 三月三日：昨夜看革命心理一書，起至今日，看至九十八頁矣，乃知革命心理，皆由神祕勢力與感情作用以成者，而理智實極微弱條件也。憎惡

（接下欄◀）

一九二六	史記 菜根譚 孔子家語 陽明格言	俄國革命史 俄國共產黨史 俄國共產黨之建設 經濟思想史 政治社會史 新青年雜誌 嚮導雜誌 東方雜誌	嫉妒虛榮熱忱乃爲性格變遷之原因，亦甚有理也。 三月四日：終日在校看革命心理下卷，乃知法國革命甲古班黨全以其信仰之強固、嫉妒與殘暴專橫以成其勢力也。然而終不可恃也。 三月五日：終日在校看革命心理一書完。恐怖與憎惡二者，乃爲暴動之原，感情神祕與集合之勢力在革命心理學中占一要位，而宗教式信仰乃爲革命心理惟一之要素耳。順應時勢，迎合心理爲革命領袖惟一之要件。吾何能之！ 三月八日：昨今二日看曾公嘉言鈔，乃知其拂逆之端，謗毀之來不一而足，而彼勸其弟以咬牙立志，悔字訣與硬字訣，徐圖自強而已。今日疑慮略減，而總不能釋然耳。 六月九日：下午看法國革命史，乃知俄國革命之方法制度，非其新發明，十有八九皆取法於法國及改正其經驗也，可寶貴也。
一九二七	聰訓齋語 唐詩	東西文化及其哲學 邏輯學 人性論 哲學之故鄉 總理自傳 孫中山講演集 革命方略 日本史	五月三日：開政治會議畢，往觀雨花臺地形，其要塞實不適用也，其形勢亦不如天保城之險要。回途往書坊看書。

一九二八	清史輯覽 聖武記	五權憲法 信仰之意義 政治學大綱 西洋近世史	九月廿二日：下午假眠後，看西洋史完，亟欲研究法國革命史與俾斯麥歷史一番，使有以法則也。 十一月十六日：今日看聖武記第二冊完，前清對於藩鎮與封建制，似勝於歷朝也。觀此而歎立國之難與駕馭之艱，可不戒哉！
一九二九	聖武記 中庸 孫子 朱子全書 眞西山心經	慕沙利義（莫索里尼）傳略 拿破崙傳 法國革命史 俄國革命史 聖經 耶穌教之人生哲學	民國十八年要事表：八、看書：聖武記、拿破崙、彼（俾）士麥傳、清史掌故、俄法土（耳其）德國革命史、四書、政治經濟學、歐戰史、周禮、春秋、易、西洋史 四月十三日：看慕沙利義（莫索里尼）傳略完。彼團結退伍軍人之實力，而提倡愛國主義，並組織其政黨，訓練成熟，而又值意內閣腐敗苟且之局，此其所以成功也。共產投機恫喝之陰謀到處皆然，觀此更知共產之不能不消滅也。 五月廿六日：看法國革命史既完，擬複看一遍。 七月十八日：今日看朱子全書，始恍然自覺。久不見聖賢書，難怪性心日下也。存養省察之要，在乎誠敬而已。 十二月廿四日：看耶穌教之人生哲學，甚以人心思亂，毫無定力爲憂，惟有宗教以範圍之乎！
一九三〇	陸宣公集 孫子兵書	巴爾遺著 清代通史	今年工作：應看之書：俄國革命史、土（耳其）德美各史、清代通史、經濟學史、國民國家經濟學、政治思想史、人生哲學、社會學、心理學。

（接下欄◀）

一九三〇	離騷 通鑑	曾公日記 新約全書	二月七日：看陸宣公集，其論關中事宜，與兩河淮西事，言重內輕外，息兵養民，兵在得將諸條，甚合現時之處置也。 七月十五日：今日看完新約全書，尚未深加研究。特再看一遍，惟耶教乃救人救世、損己利人爲本，當信奉之。 十二月廿日：以後每日晨起看通鑑一小時。
一九三一	大學 中庸 離騷 孝經 孫子釋證 孫子 莊子 王陽明年譜 陽明集	中國哲學概論 信仰的意義 俄國革命史 中山全集 孫文主義之哲學基礎 曾胡治兵語錄 曾公文集	一月廿日：晚讀中庸，頗有心得，甚以少年師友不良，德業不講，及至今日欲正心修身孝友，已失之晚矣。 一月廿二日：今日讀中庸至末篇，甚有所感，「聲色之於以化民，末也」一句，甚爲驚悟！ 六月廿六日：近看曾胡治兵語錄，愈覺有道，於此人心散墜，世事紛亂之際，非從倫理與道德鼓勵國民之正氣，決不能拯救危亡，又非在上一二人爲之提倡，則欲全賴此下層基本工作，決不能濟事也。 七月二日：船中看孫子完，甚覺有益。再以反間之法告各將領慎用之。 七月三日：上午在船中看孫子至軍爭止，甚矣！孫子所謂「奪其所愛」與「在詳順敵之意」二語，作戰計畫盡於此矣。 八月三日：今日看陽明集，認此爲救國之本，當提倡之。

<table>
<tr>
<td>一九三二</td>
<td>孟子
中庸
貞觀政要
明夷待訪錄
明儒學案
帝范（李世民）</td>
<td>日本侵略中國計畫
日本侵略滿蒙計畫
田中奏章
俾斯麥傳
各國情報活動之內幕
情報學
以下爲聽專家講座：
各國統計制度
統計學
土地學
國際經濟之大勢</td>
<td>二月十九日：看日本侵略中國計畫，開卷有益，乃知吾人前日對外交之忽略而致有今日之失敗，悔無及矣，以後應每日抽暇看書一小時而且對外交尤應注意也。
二月廿一日：看日本侵略滿蒙計畫書，益覺本身智識之淺，誤國自誤之罪也。
四月三日：近日急思求學，而終未得暇，俄法革命史與國際情報學非速看不可也。
四月廿日：上午批閱後，看俾斯麥傳，深有慨也，故批曰：病弱之國，惟鐵與血、危與死四字乃能解決一切也。尤以利用危機以求成功爲政治家惟一特能也。
四月廿一日：看各國情報活動之內幕，閱之手難釋卷，甚恨看之不早也。
四月廿二日：今日窮一日之力，將各國情報之內幕看完，爲近今最愛最要之書，此爲董照光先生所訂，從政者非知此不可也，得益非淺。
九月十五日：每日早晨必看古書一篇，近日心燥性急，不能存心養性，何以爲人子，何以立大業也。
十月一日：晚看唐人帝範完，曰：「古之帝王視天下事爲一己之事而負責爲之，未始不可也。唯欲以一己而享受天下之福利，大不可也。讀古書而不知取捨抉擇，斯害也已。」
十月十四日：今日爲我四十六初度之日，父母生
（接下欄◀）</td>
</tr>
</table>

<table>
<tr><td>一九三二</td><td>孟子
中庸
貞觀政要
明夷待訪錄
明儒學案
帝范（李世民）</td><td>中國煤鐵業之品質
中國各省礦質之分量
美國政府制度
法國政治制度
俄意制度
幣制
蘇俄設計經濟
蘇俄設計經濟綱要
德國復興史
教育方針與制度
土耳其史</td><td>我、望我者，我所爲所成者幾何？讀孟子至「人人新其新，長其長，而天下平」句，及「上無禮，下無學，賊民興，喪無日矣」句，爲之愧惶天地。
十二月五日：晚看孟子至盡心章下卷，甚思將中華中心思想研究一番，以指導民族之出路，恨無過目不忘之力，然必期其成也。
十二月十一日：今昨兩日在艦看明夷待訪錄完，此節從前讀之不覺其趣，今日讀之，乃覺詳審澈悟晚，中國政治思想屢有超過西歐，惜人不自求諸近耳。
十二月十二日：上午，在艦看明儒學案，味如膠醇，現代之書，不足論矣，乃知中國古書之精切於人生也。
十二月十三日：今日看白沙學案完，頗有所得，自恨修養不早，以致矜燥無常也，哀哉。
十二月廿七日：昨晚在艦中，看中庸完，看至「以人治人，改而止」一節，不禁自悔忠恕之不立也。又看至「無聲無臭」一節，又歎生平之不能靜敬也。國人近講哲學，專尙歐西之書，而將我國固有優美之哲學，置之不講，此今世文人之所以爲民族千古罪人也，痛哉。</td></tr>
<tr><td>一九三三</td><td>大學
孫子</td><td>變亂與革命技術</td><td>一月九日：近日看王陽明語錄，甚忍未發之中工夫重要，故時時修養，而放心暴戾愈甚，無論講</td></tr>
</table>

（接下欄◀）

一九三三	孫吳兵略問答 黃黎洲集 王陽明語錄 王船山集 王船山思問錄		演、閒談，不自覺其失言失態，事後悔悟無及，若不再從存養省察做起，則暴棄殆盡，何以立業，何以修身，戒之。 五月十四日：今日看完王（黃）黎洲集完，自問智德進步不少也。 九月十五日：讀武穆滿江紅詞，「三十功名塵與土，八千里路雲和月」，「壯志飢餐胡虜肉，笑談渴飲匈奴血」諸句，不禁爲之神色飛舞，甚矣。武穆精神爲之不死矣。
一九三四	管子 吳子 大戴禮 六韜 孔子家語 貞觀政要 勾踐範蠡傳	變亂與革命技術 舊約聖經 兪大猷傳	一月廿四日：讀兪大猷傳，乃知古之立業者，挫折困頓之艱難，更覺天下之厚賜於中正矣。 二月十七日：讀管子之權修與立政，其言三本，四固，五事，七觀之篇，乃窮古今政治學之精理，學政者不讀管子，而惟新書是求，未有其能也。 三月六日：看管子卷六完。此書之於政治學猶孫子之於軍事學也。 五月十日：本日看變亂與革命技術至「拿翁尊重法律，及議院革命的機構上」一節，深有所感，乃知革命爲一深妙之藝術，既須深謀遠慮，又須臨機應變，應時制宜也。 五月廿六日：看變亂與革命技術．莫索利義（墨索里尼）章完，甚歎莫氏深謀遠慮，策略步驟之良，組織之強也。 九月廿二日：本日讀詩涵養性情，頗有進步。

（接下欄◀）

一九三四			九月廿五日：讀詩心田和緩。 九月廿七日：讀詩，涵養自得，心神較爲怡悅也。 十月九日：車中讀詩，覺有益於修養心神也。
一九三五	千家詩 論語 孟子 孫子 孫吳兵略問答 貞觀政要 王荊公集 平川方略 商鞅傳 李衛公傳	政治學 新約聖經 張居正評傳	三月十六日：本日看完孫子與孫吳兵略問答，其言九地戰術，皆以設伏隱廬、出其不意爲主者，甚矣。 四月廿七日：看張江陵評傳，其氣節才情與時遇，不禁有古今同轍之慨也。 五月廿五日：看王荊公集完，凡國家民族當存亡絕續之交，必有新制度適合於其時代者以替代之，而又能持之以久遠，乃可轉危爲安，轉弱爲強，今果有此乎？ 九月一日：看政治學，研究總統制與內閣制及王權之運用較有心得。 九月廿八日：讀孟子，覺句句有味也。
一九三六	中庸 韓非子 墨子 孫子	子產評傳	二月四日：勸告各部長讀張居正評傳。 十一月廿一日：看韓非子完，此書實政治哲學之精者，爲首領者更應詳究，而余之心理無一不合也。
一九三七	荀子 孫子	三民主義之哲學基礎	三月七日：預定：今年看顧亭林集後，應看清史與明史……。 七月六日：看三民主義哲學基礎完，此書已看完

（接下欄◀）

一九三七	武訓		十遍，實不忍掩卷也。惜乎，季陶（戴季陶）現在精神與勇氣不如前矣。 年底日記，有一書籍目錄，可能是預定閱讀書目：一、鹽鐵論；二、陸正宣集；三、顧亭林集；四、顏習齋集；五、鬼穀子；六、左文襄集；七、王船山集。
一九三八	中庸	土耳其革命史 組織與訓練 黨的建設 黑格爾與辯證法	一月十六日：看土耳其革命史，自覺智慧學識之欠缺，忍心耐力之不足，所以遭此困險也。然而引起國際注意與干涉，暴露敵人之野心則已達其目的矣。 十一月十二日：自本日起看共產黨密件「黨的建設」小冊，殊覺有益於我也。 十六月十九日：複看共黨「黨的建設」。 十二月六日：今日看黑格爾辯證法始。 十二月七日：革命鬥爭而不知辯證法方法論，如何能不失敗呢？ 十二月十四日：昨晚起感冒甚激，故今日終日臥床休養，惟看辯證法如常。 十二月十九日：下午看「黑格爾與辯證法」一書完，對於我思維當有補益也。 十二月卅一日：今年看書不多，除家庭禮拜、新約全書外，又看完土耳其革命史、黑格爾辯證法，與共黨密件之黨的建設一書，頗有心得也。

一九三九	鬼穀子 荀子	行政組織 基層組織 縣各級組織 政治訓練釋義 黨史經要 中共策略與路線 組織幹部意見書 勞動服務原令 五權憲法 孫文學說 軍事基本常識 曾公政治思想	一月一日：一年大事計畫：看清代史與美英俄德史、鬼穀子。 一月七日：預定：幹部應看書籍之指定：管子、王安石、張居正、黑格爾辯證法、黨的建設、三民主義、民權初步、五權憲法、建國大綱、建國方略、峨嵋訓練集。 三月三日：本日看完行政組織，昨日看完基層組織二書，自覺出乎意外之成功，初以爲預定一月時間看完，而今竟窮半日之力即能看完，凡事只要知其重要，而不可或缺，則必如饑之於食，渴之於飲，而無不速成也。 六月廿日：看縣各級組織完，此爲第三次矣。 九月廿六日：本日看荀子君道與臣道篇完，獲益甚大。 十二月卅一日：回顧：看鬼穀子、荀子與勝利的生活等書，勉強完成，而今年講演與製作亦較往年爲多，而且有進步，此足以自慰也。
一九四〇			一月一日：一年大事計畫：看清代史、日本史、俄德英美法意史。 二月十一日：看黑格爾學述，甚有益趣。 二月十八日：近日對於朱子「太極即在自我內心之中」，與「我心即太極」之說頗能領會。然未克深徹研究爲愧耳，看周公集傳，對於康浩、無逸等書，今反不能句解，何耶？ 二月廿七日：切思對於中國歷史關於民族精神，

（接下欄◀）

一九四〇	中庸 孫子 忠經（馬融撰） 四書新編 周公集傳	宗教比較學 黑格爾學述 黑格爾傳 朱子太極學說 信仰的意義	如秦皇、漢武、唐太、明太等史事，有一番新啓發也。 二月廿九日：看黑格爾學述與朱子太極學說，頗多心得，惜無暇深討，看周公集傳，亦甚有益也。 五月廿八日：午間在敵機轟炸中看周公集傳四十頁。 九月十二日：雪恥：「人在幼年時受父母師長之威權壓力，到年長時必發生反動，就要謀脫離權威，而求獨立，在那時候所發生之心理，往往粗暴、倔強。這個心理的過渡是充滿了痛苦。正如鷹隼在脫換羽毛時，病弱無力，他要得到他的新的利喙，須將舊有之在石上猛擊，彼此脫落。」此爲信仰意義中之言，我讀至此，惟有痛悔無地。而吾少年時之人生可謂於此描寫殆盡矣。 九月廿五日：看完黑格爾哲學，甚覺有味。 九月卅日：看信仰的意義，對我研究眞理問題得到一個解決，此本月中心神最大之進步也。 十二月十六日：下午看黑格爾學述，此書最覺興趣。
一九四一	吳康齊語錄 胡敬齊居業錄 明儒學案	組織的運用	一月六日：預定：讀歐洲文藝復興史，定本年所看書。 五月十六日：下午會經扶與作孚時，色溫和，乃看吳康齊語錄之效也。 五月廿四日：讀胡敬齊居業表手不釋卷，此書今日讀之更覺有益與有味矣。

（接下欄◀）

年			
一九四一		組織的運用	五月廿七日：近月暴戾日增，今日看胡敬齊居業錄畢，亦難見效，奈何？ 六月十四日：看明儒學案每日不間斷，甚有所得。校閱十九年事略，於我反省更有益趣，故心神較安。然疾言遽色仍不能除淨，而於存心養性之道，則久能持存耳。 六月卅日：看明儒學案每日無間，對於性命之道自覺略有所得，當此大難大任，若不潛研哲學，中有所至，何能克底於成耶。 九月卅日：褊急煩躁、疾言遽色之病初少而未多，終是修養不足之故。日日看明儒學案，積聖賢之書，仍不能戒懼自勉，可恥可痛，然對於命性道理之眞諦，能時加研究耳。 十一月廿三日：下午看學案，至顧涇陽所謂不較之道，乃對於政客所提之案，憤氣漸平矣。
一九四二			一月三日：明儒學案已看完，準備閱讀宋元學案。 三月卅一日：看宋元學案六卷，性心似有增進，而實未進也。筵席間對文伯（張治中），當其所部訓斥，是自失體態，本月最不敬之大者，驕矜傲慢，不克自製，切戒之。 四月十八日：看宋儒學案照常不斷，但未求甚解耳。 五月十三日：自昨晨至今爲邱吉爾演說憤激不平者，幾乎有廿六小時之久。至午刻此心漸平，憤怒漸解。乃至午後看伊川學案，至「艮其背、不獲

（接下欄◀）

一九四二	宋史 宋元學案 貞觀政要 易經	印度地志 緬甸地志 中國與越緬略史 思想與時代（雜誌） 近三百年學術思想史（梁啓超著） 健全國民黨（葉青） 黨的根本問題	其身」一節，更覺無爲與忘我意義之重要，此心雖覺寬大舒暢，較之戰勝敵國爲快，乃知克己自反之學，必須從寬緩、忍耐始也。 五月廿三日：英美態勢只有勢利，而無盟約可信，在此半月中更益明瞭，余受此刺激，始雖憤怒，不能自制，而卒能克制自持，不加計較。經此大關，於我處世之道，或有進步，此乃尙有古人日看宋元學案之益。 六月廿日：本週看柏拉圖教育思想與北宋外患和變法各篇，皆有心得，是雜誌不可不看也，以余平時以爲非大部經史集，則不足觀也。 六月廿七日：看中樞行政論、建都論，甚多裨益，看學案亦每日無間，心氣似較平和，是一進步之象。 七月九日：本晚看學案，至呂和叔吊說，乃悔當日治母喪之非禮，不孝之罪莫大也。壯年好新立異，而對古人立國立人之禮，以爲繁瑣虛僞，甘冒不韙，及今追悔無及，可悲也乎。 七月十八日：本週看宋元學案四卷，較往週爲多，對武夷時政論、西垣童蒙訓以及毛祖璿充二公事略，暨謝山（注：全祖望，字謝山）金紫園廟碑序，皆有心得，然心氣時動，不能持養，尤以美國態度一史蒂華（注：即史迪威）事不能忘懷，何其小耶。 七月廿五日：本週看學案較多，心氣亦較和合，但尙未至包融和粹之境。對史蒂華事，雖對己強

（接下欄◀）

一九四二	宋史 宋元學案 貞觀政要 易經	緬甸地志 中國與越緬略史 思想與時代（雜誌） 近三百年學術思想史（梁啓超著） 健全國民黨（葉青） 黨的根本問題	制自反，然終是憤悶不平，然對帝國主義應爭則爭，不可以克己復禮爲主，否則，彼反加輕侮，以爲可欺也。 七月卅一日：本年自三月以來至本月卅一日，已看宋元學案十五冊，在此軍政忙迫之中看此，日無間斷，殊堪自慰。 八月十三日：下午看學案，與公俠談話，尚未失態。此乃看書修養之功也。 八月十五日：對僚屬訓示尚能嚴正自持，而不失之暴戾，對差役亦常自反省，未如往日之傲慢，是看學案之效也。 八月廿二日：近讀朱子學案，至黃勉齋狀其行曰：「終日儼然端坐一室」；又曰：「其可見之行，則修諸身。其色莊，其言厲，其行舒而恭，其坐端而直。」讀此甚覺吾坐立不端，容止無定，何以希聖。 八月廿五日：上午批閱，看張南軒學案，後即看梁啓超所著顏李學術，盡半日之力一氣看完，極歎顏李學術之偉大，實爲漢唐以來罕有之大儒，而其學說完全與我行的道理相同。往日余以爲余之「不行不能知」之發明，乃發前人所未發，孰知習齋先生「不知只是不行」一語，以先我而發矣，甚覺自慰。庸之屬我於孔誕日發表孔學宗旨一文，幸而以心不自安，故中止，否則對孔學以宋明學案爲根據立說，又多欲一番改正矣。吾於此對於宋明程朱王陸之說更增疑問矣。

（接下欄◀）

一九四二	一九四三
	宋元學案 孫子 孟子 貞觀政要 孝經
	飲冰室集（梁啓超） 中國近三百年學術史（梁啓超） 論中國學術思想變遷之大勢（梁啓超） 新民篇（梁啓超） 李鴻章（梁啓超）
九月廿九日：晚看龍川學案。余以爲水心與龍川皆宋學者之特出者，一矯當時道學空談性命誤國之弊，可佩也。 十月四日：下午看象山學案，覺三陸理論勝於朱子，是益友與難兄難弟之衆勝於朱子之孤乎。 十月十二日：看蔡西山學案律呂本原篇，全不可解，未知此生複能假我餘暇，以研求此學否。 十月卅一日：看學案，隨看隨忘，幾乎所看者完全遺忘，連學案人名與目錄，比刻所閱者即可茫無所之。但繼續閱讀，未取中拙，此乃近年來讀書有恆之樂，亦德業進步之由，自去夏以來，自覺爲一劃時代之進步。所謂患難困窮，乃玉汝於成者，信乎？嘗讀孟子困心衡念、動心忍性句，不覺手舞足蹈，樂不自禁矣。 卅一年總反省錄：一、看宋元學案至七十四卷，尚有四分之一未能看完。	三月三日：下午審閱國家整個建設計畫之序言稿及看希特勒幕後三千余科學家一文，皆足爲余建國參考之材料。 三月廿三日：看各國青年組織與訓練完，實增益不少也。 四月一日：上午批閱公文，看俄國青年團綱與團章完，下午摘取俄國青年之組訓，後與緯兒往青年團視察，獨自研究青年組訓。 五月廿四日：本月心緒鬱結，沉悶異常，腦重氣

（接下欄◀）

一九四三	
	宋元學案 孫子 孟子 貞觀政要 孝經
	先秦政治思想史（梁啓超） 盾鼻集（梁啓超） 清代學術概論（梁啓超） 自由談（梁啓超） 中國史敘論（梁啓超） 康有爲傳（梁啓超） 西洋科學沿革史（梁啓超） 堯舜爲中國中央君權濫觴考

昏，不僅心靈停滯，而且生氣幾乎消失。及看草廬學案，應思陰陽消長人生矛盾之所在，乃覺禍福無常，憂樂互易之道，頓感心愉神懌，天人一體矣。

六月廿七日：宋元學案全部看完。

七月四日：經書必須在晚年誦讀，方能領會其中聖人作書之要旨也。

八月三日：晚看中國近三百年學術史起。

八月五日：下午看學術史，甚感此書看之在晚矣。

八月七日：看學術史，幾乎不忍釋卷。

八月八日：下午看學術史，至五昆繩止，習齋恕穀之言，皆先獲我心之言。自去年在蘭州略注此書，自以爲對於我中國學術傳統之觀念徹底改變，皆由此書得益而來。……本週看梁任公著近三百年中國學術史，讀至顏李學案，手不能釋卷，更覺此書之重要也。

八月廿三日：下午看學術史全冊完畢，今年又多增一產業，看書之收穫，任何富貴皆不能比量也。

九月四日：看中國學術思想變遷之大勢史完，甚覺有益，此後對於本國學術思想，乃得一具體而有系統之概念矣。

九月廿七日：晚看李鴻章完，看此更覺俄國之陰狠與可危以及合肥之無識與誤國矣。

十一月五日：下午看美國外交部編印之和平與戰爭白皮書完，閱畢此冊，使余對美國外交與國際政治又多加一層認識矣，得益頗多。

（接下欄◀）

一九四三	宋元學案 孫子 孟子 貞觀政要 孝經	國家思想變遷論 和平與戰爭（美國白皮書） 康梁與總理之淵源（中央週刊） 各國青年組織與訓練 各國員吏制度 三民主義具體實施方案（孫中山） 唐代文化之研究（論文）	十一月廿一日：美國務院所發表和平與戰爭之白皮書，第二遍重看完畢，實爲對美外交政策研究之基本材料也。 十一月廿八日：日間與夜中看梁著之自由談，手不釋卷。 十一月廿九日：終日在行館看梁啓超著之自由談，多有價值之文，惟其善變之豪傑一文，乃顯示其爲無宗旨之政客自辯地步，如梁專爲學者或終身從事於教育而不熱中政治，則其於國家民族之獲益爲多也，惜乎舍其所長而自用其短，至今猶不免爲後人所不齒，然其著作實多裨益於我民族之復興，關於常識者，尤卓稱也。 十二月十二日：下午記事，後看梁著康南海傳，頗覺有得。以敵黨之言論傳記昔日一概吐棄，不加研究，此種以人非言之習慣，乃非政治家之風度，近月來閱讀飲冰室集，乃爲我學問與見解之增益，決非其他文集所能比也。 十二月十九日：本週關於邊沁、孟德斯鳩、亞利斯多德、達爾文、頡德、亞丹斯密以及學術思想之左右世界等篇皆看完，自覺無甚心得，其實無形中增進學術非淺也。 卅二年感想與反省錄：尤其今年看書最多，關於國學心得益多，此爲廿餘年來所未有之進修也。惟禍患之來，毀譽之心與得失之見，尚未能掃除盡淨，終不能將泰然自得之氣象成爲習慣，此應爲今後特加戒勉之工夫。

一九四四	貞觀政要 明儒學案類鈔	飲冰室文集 生計學學說沿革小史（梁啓超） 作文教學法（梁啓超） 佛教心理學淺測（梁啓超） 要籍解題及其讀法（梁啓超） 新民篇（梁啓超） 國學入門書要目及其讀法（梁啓超） 歷史研究法（梁啓超） 中華通史（章嶔） 清代通史序例（蕭一山） 聖經記事 荒漠甘泉 史密亞丹經濟學理 拉斯基論文（大公報星期徵文）	一月十四日：晚看史密亞丹經濟學理（第二次）完，得益不少。 一月十五日：複看飲冰室生計學（經濟）第二次。 一月卅一日：本年看書計畫之擬定。 二月廿八日：下午看通史至宋神宗止，甚歎革新變法之艱危也。中國士人徒爭成見，只有主觀而毫不知政治，以客觀爲主也。 三月廿一日：下午看通史至神宗止，感想萬千，並記錄數則，聊志近狀而已。 三月廿二日：下午批閱公文，後看通史至高迎祥、李自成、張獻忠消滅止，關於明末內憂外患之經過，與攻守得失、存亡勝敗之由來，自覺心得更多矣。 三月卅一日：三月反省錄：三月分所看之書，中華通史丙編看完，其他如飲冰室之新民說、生死觀等等，也看大半。又貞觀政要第一本亦已看完，本月看書亦不少也。 四月十五日：看明儒學案類抄，對養心修身甚爲有益。當此橫逆交加之時，惟有克自抑制，自反自強，以待其時局之變化而已。 四月十七日：下午看通史至清代完。在此五十日之中，對後五代至清沒之史事，能通再研究一番，不僅於學問有進益，而於今後政治外交之處理，亦能以近世史的觀點爲基礎，而於事業之前途補益必非淺少。病中能每日不斷進修完畢課業，雖在極度憂患之時，而能於學業自持不輟，殊堪自

（接下欄◀）

一九四四			慰。 四月廿一日：看明儒學案類抄立身篇第二遍完，益感此書於修養之重要，而不可離也。此次病中，屢受俄英美之侮辱威脅，□爲近年來對外無上之恥辱，而乃一以緘默不言處之，能深切□功自悔，時見他人多是而自我多獨，自覺動心忍性，增益我所不能者甚大也。此或於我往□性又一進步之階段乎。 四月廿八日：終日看通史至安祿山滅亡止。近日看唐史，益感治國齊家之難，令人不勝其臨深履薄之虞，故對黨事，必須以百□處之，勿使鬩牆之禍，□爲黨國貽無窮之患也。 四月卅日：雖注重看書修養，而對部屬暴戾憤怒之氣，仍不時發洩，可知修養未有進步也。
一九四五	宋元學案類鈔 左文襄集	朱舜水年譜（梁啓超） 荒漠甘泉 左文襄在西北（秦翰才） 孫文學說	十月十日：荒漠甘泉「心雖碎，腦雖枯，迷路的小羊不可不看顧，舊的傷痕尚未愈，新的傷痕又來了，但是眼睛望著加略的，怎敢不揮淚前進。」余讀此不禁爲之深歎，聖徒之窮困險阻，古今一轍也。 年底「雜錄」：今讀荒漠甘泉（四月廿九日）。世人所謂之順利亨通在神看來卻是失敗；人所看爲失敗的，在神看來卻是成功。又云那些被世人看爲無價值、無能爲、無所成功的人，也許在神的道路上卻是有所成功的人云。余讀至此恍然知余之身世，自幼至今，無時不在被人認爲無價值、無

（接下欄◀）

一九四五			能爲、無所成功的人。邱吉爾以美國提攜中國獨立爲幻想，即此一例。往年國內之馮、閻、唐、白，國外之鮑爾廷（鮑羅廷）、季山嘉，乃至近衛、田中、東條，以及希特勒、墨索利宜（墨索里尼）等，何一認余爲有能爲之人，而今安在哉？此乃因著我肯作別人所稱爲失敗、無能爲之人，而能日日仰望神，時時與神密切聯合，以供給我心靈的需用，故余至今已能置存亡生死於父神之前，一切惟神之命是聽。此余所以更自信，所以能勝過敵人一切者，非我之所能爲，而是因我能愛敵人，亦因我肯安靜地讓神去對付我之敵人，而我亦肯忍受敵人苛刻的待遇，乃知此皆爲神在我們身上之一份旨意，是必要我爲其工具，以成就其旨意而已。
一九四六	宋元學案類鈔 桃花扇 孫子 孟子	荒漠甘泉 聖詠 列王紀略（聖經） 余之少年傳略（勉盧著）	一月一日：靜坐課業已越卅年，朝夕默禱，讀經與鍛煉體力亦有十五年之久，未敢一日或間。而去年一年間校閱吳譯新約，每日無間，又讀宋元與明儒學案，三年強勉，亦得於去春畢業，嘗引以爲慰也。 一月十六日：下午讀孟子至「天下無道，小役大，弱役強，順天者存，逆天者亡」一段，不勝戒懼。 一月十七日：自悟晚課校閱吳譯新約聖樹德書完，至此聖詠即「詩經」與「新約」皆全部校閱完畢矣。在此憂患痛苦之中得以畢此一業，甚足自慰。

（接下欄◀）

一九四六			一月十八日：晚課讀賈抄孟子數篇，對於國際外交之道研究甚切也。 年底「雜錄」：每讀孟子，未有不感歎千萬，惟有以弱國之道自持，而以建國之責自強也。 十一月廿六日：看報至共黨機關報文匯報完全反對政府者，每日必覓先誦看，甚有益也。 民國卅五年反省錄：本年學問看書工夫最少，所可述者惟校閱宋元學案類鈔，但亦未及其半，而校閱事略亦只到廿二年八月爲止。以上半年全爲政治協商會議及其所謂綜核小組會議所困擾，加之本黨二中全會、參政會第四屆會議與青年二屆代表大會，最後又爲國民大會各種錯綜複雜情形所牽纏，而馬歇爾在華終年之重壓，使人未能喘息片時，此實爲最大之難點。然余之耐心與信心亦因之而倍增。故去年一年間憂患最多而忿怒之氣則比較減損矣。然而暴戾與妄念時發，並未泯絕。惟朝夕禱告靜默，每次總在半小時以上，有增無減，而午餐後則又增一次禱告也。自反恒心未損，可於讀經看荒漠甘泉與聖詠每日未輟驗之也。讀經除新約又讀一遍以外，舊約第三遍亦讀至歷代志略上卷，惜乎記憶力太差，屢讀屢忘，此亦少年不努力之過也。
一九四七			六月廿三日：閱讀共匪對戰後國內外幾個基本問題之分析，與各種主要工作之糾正與指示一書， （接下欄◀）

一九四七		曾文正家書 整風文集	不勝感慨其積極自反精神之發揚也。吾黨實慚愧萬分。 九月二日：閱毛匪「整風之決定」講稿，本日前後連看其中共中央決定等文字五篇，甚恨讀之不早也。……閱讀共匪整風文集，視爲至寶，不閱此集，不能認識共匪之堅強，亦無法消除共匪禍患也。 九月六日：朝課後看共黨整風文集《改造我們的學習》與《在職幹部學校及關於延安學校的決定》。後研究戰局。後再看整風文集。正午到大天池野餐，遊覽自得。下午仍看整風文集。 九月卅日：研讀共匪整風文獻，幾乎手不釋卷，極有益也。 十一月廿六日：研讀共黨整風文獻之黨內鬥爭章，甚覺有益。
一九四八		舊約 荒漠甘泉	五月九日：本日精神消沉已極，甚有萎靡不振之象。屢讀聖經與荒漠甘泉五月十日一課「我不能再忍受了……我連一分鐘都不能支持了」及「神給我消息，你要休息，要知道我是神」一節，即難得稍慰，但仍不能安定。
一九四九	四明山志（黃黎洲）	荒漠甘泉 三民主義 中國革命戰爭的戰略問題（毛澤東）	六月廿五日：昨下午看毛澤東所制《中國革命戰爭的戰略問題》，頗有益於我也。

一九五○	孟子		五月一日：深以研讀孟子養氣章，每夕背誦，廿餘年無或間斷而未得功效爲愧也。 五月六日：民族正氣篇之發表，實爲生平重要工作之一。積卅年讀孟之工夫而成此萬言之講詞，十餘年來欲講而未聽輕出，如此其鄭重可知，在此危機困幅之中而草成此篇，更覺自貴矣。 五月十九日：下午午課後讀總理第一次代表大會各訓詞約四篇。又讀其在黃埔最後告別訓詞一篇，更覺有味也。 五月廿一日：重讀大亞洲主義遺教。
一九五一	千家詩	中國存亡問題 現代武器與自由人 戰爭論（克勞塞維茨）	民國四十年大事預定表：本年應看書籍：甲．孫子之研究，乙．辯證法之研究（理則邏輯學），丙．管子，丁．韓子，戊．論孟與大同篇，己．孫文學說與三民主義，庚．中共幹部教育及共黨工作領導與黨的建立之研究，辛．共黨整風運動之研究，壬．中國存亡問題，癸．武士道精神 一月十七日：（昨）閱讀《現代武器與自由人》一書摘要，頗有意義，此乃經兒閱讀及摘要呈閱者也。 二月廿八日：自認抗戰前後不讀《中國存亡問題》爲憾。 六月五日：近日對於辯證法與理則學之研究，更感興趣，認爲非此不能革命與創造也。

（接下欄◀）

一九五一	千家詩		六月六日：令高級幹部看曾胡全集，印送曾公家書，此爲培養德性之道。 七月一日：朝課後聽讀克氏戰爭論戰略一般原理之部，更覺剿匪期間戰略錯誤之可恥，惶愧無已，擬將失敗經過製成回憶錄。 八月十一日：克氏戰爭原理研讀數遍，並將譯文切實批改，甚恨不在十年前早讀此書，及今得讀猶幸未晚，頗覺自慰，以平生甚願自著同樣方式與理論手冊，以備自覽，不料克氏先得我心而已，爲我代著矣。 八月十三日：對研讀克氏戰爭原理工作總算是初步告一段落，前後翻覆研讀已不下四五遍，但猶不能將其全部大意融會貫通，更可知老年讀書之艱難，悔恨少不努力，已無反矣，惟自覺得此於我學識與事業必有甚大補益也。 十二月廿一日：1.菲特列二世著作；2.亞歷山大戰史；3.拿翁戰史，爲明年預定研讀之書。 十二月廿五日：令經兒研讀卅四年日記，此爲現實經歷教訓，比讀任何歷史皆爲有益耳。

說明：本年表，一九一七年以前部分和一九二四年主要依據中國第二歷史檔案館編《蔣介石年譜初稿》（檔案出版社一九九二年版），一九一八—一九二三、一九二五—一九五一年部分主要依據《蔣中正日記》。

蔣介石與中國傳統兵書

■黃道炫
中國社會科學院近代史研究所研究員

以黃埔軍校校長起家的蔣介石，半生戎伍，軍事色彩極為強烈。在長期的戎馬驅馳中，蔣介石精研傳統兵書，力圖從中國傳統軍事思想中汲取養料。從黃埔軍校開始，蔣在軍事教育中就將傳統兵書作為重要內容，此後更時時注意，屢屢提及。面對傳統兵書這一龐大體系，蔣在誦讀、消化之餘，也力圖善為運用。其練兵和軍事訓練中對傳統兵書內容多有借鑑，而在當年的多事之秋，隨著國內外環境的變化、軍事重心的改變，其所關注的兵書也會隨之變化。體味蔣介石對傳統兵書的借鑑、運用，對瞭解蔣介石軍事觀念乃至中國傳統軍事思想，均具一定意義。

壹

傳統中國兵書是蔣介石重要興趣之所在，一生經常反覆揣摩，研讀不已。其中，讀得最多、談到也最多的首推《孫子兵法》。就臺灣出版的其個人《全集》粗略統計，當中提到孫子和《孫子兵法》達八十五次之多，僅次於孔、孟、曾國藩居第四位。從黃埔練兵到晚年在臺灣實施軍事訓練，《孫子兵法》始終是他的重要參考書。他高度評價孫子和《孫子兵法》，認爲：「講到我國古代的軍事哲學，要推孫子兵法爲最精微。」[1]強調：「孫子、吳子，更是研究戰爭科學與組織戰爭的基本書籍。所以我不憚繁複的申說，就是要大家特別注意這幾冊古書，以求其確有心得才好。」[2]

《孫子兵法》（又稱《孫武兵法》）爲春秋末年齊人孫武所撰，是現存最早的兵書，全書約五千九百字，共十三篇，分別爲「計篇」、「作戰篇」、「謀攻篇」、「形篇」、「勢篇」、「虛實篇」、「軍爭篇」、「九變篇」、「行軍篇」、「地形篇」、「九地篇」、「火攻篇」、「用間篇」等，其中「計篇」主要論述戰略運籌和戰爭謀畫問題，是全書的靈魂。因此，蔣介石雖然對《孫子兵法》引用甚多，涉及到其多個篇章，但最重視的又是「計篇」，尤其強調其所提出的「五事」的軍事原則。

所謂「五事」，即軍事戰略的五個要素，蔣介石提到：「我國最早的戰爭原則，要首推孫子所講的「五事」（正確地說，這五事就是作戰的基本要素）；這五事，就是「一曰道」、「二曰天」、「三曰地」、「四曰將」、「五曰法」。[3]蔣並用近代的語言分別將五事解釋爲：要明確作戰的目標——主義，利用天時，判別地利，提高將領作戰能力，嚴明部隊紀律。「五事」概括了軍事戰略的基本原則，蔣對「五事」的闡釋和強調，證明他已經把握了《孫子兵法》的核心內容。

作爲一個近代軍事家，蔣介石對軍事戰略中的精神力量比之技術謀略更爲重視。所以在強調「五事」同時，蔣進一步以《大學》的「危、微、精、一」及「定、靜、安、慮」爲「五事」的軍事戰略提供精神、心理的支援。強調戰爭的指揮者和參加者必須具有高度的精神修養，明瞭生死、仁忍之辨，這樣才能夠產生巨大的精神力量，以這一精神力量與軍事戰略結合產生的軍事行動，就不僅是一種科學的戰爭，更是一種藝術的戰爭，晚年他將其總結爲：「現代戰爭，是科學的戰爭，但是指導戰爭的最高境域，是屬於科學以上的，那就是說，戰爭非但要求其科學化，更要求其藝術化。」[4]

除《孫子兵法》外，蔣介石一生廣泛涉獵中國傳統兵法典籍，如《吳子兵法》[5]、《司馬法》[6]、《唐太宗李衛公問對》[7]、《尉繚子》[8]、《三略》[9]、《六韜》[10]等，這六本兵書和《孫子兵法》合稱爲「武經七書」，是宋代以前中國軍事著作的代表，蔣在向部下講演兵法時，對這些著作均有提及。此外，經常閱讀的還有《孫臏兵法》、《諸葛心書》、《揭宣兵經》等，戚繼光、曾國藩、胡林翼等的治兵語錄也是他的床頭書。黃埔練兵時，他將《六韜》、《孫子》、《吳子》及戚繼光、曾國藩、胡林翼等著作列爲重要選讀書目，[11]同時參照移植戚繼光「連坐法」在黃埔軍中推行實施，談到：「從前中國練兵的人，如明代的戚繼光，他是拿廿分來計算練兵成績的……廿分之二是甚麼？就是『連坐』。」[12]一九二〇年代末，在重印戚繼光練兵著作時，高度評價戚繼光和曾國藩、胡林翼等，稱許：「戚元敬氏《紀效新書》及《練兵實紀》，爲孫吳而後言兵者最切實用工作。有清一代，曾知兵者，莫不奉此爲治軍準繩；咸同之間，湘鄉曾氏，益陽胡氏，尤取法乎是，而竟湘軍之功者也。余從事軍旅，荏苒數載，於戚氏遺書，寢饋與俱，心得之益，獨深且多。」[13]顯示對曾、胡的高度重視，其生平編撰的唯一一本軍事著作就是黃埔時期手訂的《增補曾胡治兵語錄》。

貳

蔣介石對傳統兵書的興趣，當然是和現實需要緊緊結合在一起的。中國是個戰爭頻仍的國家，分久必合，合久必分，在治亂迴圈的過程中，大量的戰爭伴隨了歷史的進程。傳統兵書從長期戰爭的經驗中提煉出相當多的戰略戰術原則，在軍事理論和實踐上達到相當高的水準。作爲軍人，蔣介石對兵書有著本能的興趣，兵書是他豐富軍事自身素養的重要源頭之一。

蔣介石留日期間，主修軍事，但振武學校本具速成性質，所學也多屬軍事基礎，蔣介石從中獲益尚屬有限，他自己回憶，在軍事學方面，眞正入門還是一九一四年：「是年余於軍事學研究，覺有心得，舉凡士官學校之課程，皆聘日人小室教授而實習之。」[14]此後，他對曾國藩等極感欽佩，除人格修養外，其練兵實績也爲蔣所注重。一九二〇年代，當蔣介石負責練兵、主持黃埔軍校時，他最為重視，向學生、部下提及最多的是《曾胡治兵語錄》。《曾胡治兵語錄》由蔡鍔編輯，是曾國藩、胡林翼治軍、作戰的言論選錄，其中還包括選編者的大量按語，編輯於一九一一年。全書共分十二章，前十章談治軍，包括「將材」、「用人」、「尚志」、「誠實」、「嚴明」等，後二章談作戰，包括「兵機」及「戰守」。該書包含了近代的作戰經驗，曾、胡又是白手起家的練兵好手，加上蔡鍔的精彩點評，具有較高的借鑑價值。蔣介石對書中強調的嚴格練兵、選將，治兵應恩威相濟，「愛民為治兵第一要義」等觀點都多所強調，而書中推崇的「慎」、「穩」的戰略戰術方針對蔣介石本人的軍事思想也有重要影響，他曾就戰略戰術問題發表看法說：「戰術上要取守勢即以守為攻，戰略上要取攻勢即以攻為守。」[15]將戰略戰術的重心放在守上，這和曾胡的基本觀點是一致的。一九二四年，為向軍校學生推薦該書，蔣又為該書增補《治心》一章，改題為《增補曾胡治兵語錄》，發給黃埔軍校人手一冊。

一九三〇年代，蔣對《曾胡治兵語錄》的重視仍一如既往，指示：「《曾胡治兵語錄》一定要看，其中「兵機」和「戰守」兩章，格外要用心研究一番才好。」[16]在「剿共」戰爭中，尤其強調該書的作用。一九三三年十月，他在南昌行營講《剿匪成敗與國家存亡》，列舉了應讀的十二種軍政書籍，其中就有《增補曾胡治兵語錄》、《曾國藩剿撚實錄》。[17]針對紅軍擅長利用地形展開游擊戰、伏擊戰的特點，他特別推薦對利用地形作戰有深入闡述的《孫吳兵略問答》，強調：「這本書的內容，雖不如孫子十三篇範圍之廣，但是已將十三篇中最要緊的『九地』篇，作最精要的闡述，特別是現在我們在江西剿匪，這本書所講的原則，格外用得著，所以我特別提出來要大家研究。」[18]

這一時期他所提到的傳統兵書範圍更爲廣泛，尤其當抵抗日本侵略進入其視野後，對戚繼光的軍事著作的強調引人注目。戚繼光是明代抗倭大將，他訓練、指揮的「戚家軍」在抗倭戰爭中取得了輝煌的勝利。蔣介石在一九三〇年代內憂外患，面臨日本侵略巨大壓力的環境中，對戚繼光表現出非同一般的重視，和這一層背景應密切相關。他告訴部下：「戚繼光所著的《練兵實紀》，人家亦以爲這是幾百年以前陳舊的東西，到現在當然不適應。哪裡曉得，我從前在黃埔，就是根據這本書所講的原則來訓練一般學生，結果收了現在這樣的效果。現在這本《自衛新知》，是我去年在崇仁總指揮部所得到，而拿來翻印的。我覺得以現在中國的環境和國情而論，要抵抗帝國主義而努力自衛爭存，就要照這本書所講的道理來做。」[19]可見，蔣是把戚繼光的著作和抵抗外敵聯繫在一起的。蔣所提到的《自衛新知》，原名《洴澼百金方》，舊題惠麓酒民（袁宮桂）編。該書匯輯歷代防禦戰略、戰術及其得失的有關評論，從制器、練兵、清野、積貯、預備、方略等不同方面闡述了戰爭準備的具體方法，有一定參考價值。三〇年代中期，蔣對該書一再推薦，十分重視，親自將其更名爲《自衛新知》印行下發，希望「有軍事與政治之責者，知所取法，而裨於攻守綏戢之前途。更名曰《自衛新知》，蓋仍取醫家營衛之指，神明變化，依古法而不背於時宜耳。」[20]抗戰時期，在給部下的講演中也數次強調：「《自衛新知》這部書，不僅是練兵的要務，可說完全是教練民衆講求自衛切實有效的方法。如果我們能夠使民衆照這樣做到，再因時因地加以改良，我們抵禦外侮的力量，不知要增加多少倍！」[21]

抗戰爆發前後，又有一部和用兵有關的著作進入蔣的視野，此即論述賑濟、救荒方略的《康濟錄》。從這部關於民政的著作中，蔣希望屬下學到動員民衆的道理，如他在抗戰爆發前向部屬推薦次書時所說：「如果我們能夠以教兵的方法來教民衆，使民衆都『軍事化』，都有組織，而可以聽指揮，運用自如，就可以發揮莫大的力量。敵人侵入我們的土地，我們就一定能將敵人消滅……我們能將這許多民衆加以組織和訓練，教成軍隊一樣，隨時可以運用，那麼，無論敵人的武器怎樣精良，武力如何強大，都打不了我們！」[22]一九三七年七月，在開辦廬山暑期訓練團期間，蔣指示陳誠將《康濟錄》等書分發給學員，人手一冊。[23]

抗戰甫一爆發，蔣介石要求：「各省政府應立即轉令所屬各縣長，趕速召集各縣村長，予以三日短期訓練。就按照中正所撰的這本抗敵戰術匯錄與《自衛新知》、《康濟錄》等書，和他們扼要講述，告訴他們組織民衆，嚴查保甲，指導自衛，防止間諜漢奸的活動，以及防空、防毒等辦法。」[24]抗戰行將結束時，蔣又指出：「根據歷史的經驗，大戰之後，必有大疫大荒；因此，我們各將領在這大戰行將結束之際，不能不講求預防的方法，而要研究預防的方法，就必須參考前賢的著作，借鏡歷史的教訓……有兩部書也值得大家研讀的：一部是《康濟錄》……另一部是《自衛新知》。」[25]從這些事例可以看出，蔣對傳統兵書確實是精研不已，並根據形勢發展力圖從中吸取可用的營養。

參

傳統兵書誕生於中國傳統社會，既有有益的成分，也有當時時代的印痕，如盲目忠君觀念、迷信思想、將士兵工具化的非人道傾向。在熟讀傳統兵書同時，蔣介石相當程度上接受、繼承了這些觀念。他大力宣揚盲目的獻身精神，強調盡忠，視被俘爲可恥，這既有他那個時代的特徵，也有蔣個人的思想特色。他要求軍人以服從命令爲天職，強調軍人要「不怕死，亦就是要死中求生，方才可以眞正不死；就是爲了主義而死了，亦是同生一個樣子的」。[26]黃埔一期生冷欣回憶：「蔣公的訓教，直抵死關，聲聲言死，予人當頭棒喝，使受教者無所規避，目不轉睛地正視死亡，以先烈爲模範，而逐漸將死亡意義提高至一昇華境界。將死亡的陰森與冷淒，化爲光輝與可親，反使死亡具有一種莊嚴壯麗之美。」[27]這應該是蔣介石當時練兵思想的眞實反映。從培養官兵的絕對效忠態度出發，在多次的講演中，他反覆告誡部下：「如果殺不到敵人，或反將被敵人俘虜或已被俘虜的時候，我們就用這把劍來自殺，以保我清白之身，還之於我們的父母，上官和國家，不讓敵人來侮辱……我們一定要明瞭這個意義，隨時要有殺身成仁的決心。」[28]

顯示蔣介石對儒家精神的承繼態度，蔣介石在談論、推薦傳統兵書時，往往將其和論孟學庸聯繫在一起，而且以後者作爲前者的範導。如廬山訓練時從軍政角度講《科學的學庸》；晚年在臺灣對屬下將領從哲學及精神修養角度講《孫子兵法》，講「危、微、精、一、中」和「定、靜、安、慮、得」等。這些，雖然表明其對孔孟學庸、宋明儒一系思想的熟悉，但以儒家精神範導其兵學思想，頗有難得要領之感，而對一般將領大談儒家的義理之學，也難免對牛彈琴，遠不如直接就戰爭談戰爭來得實際。蔣介石談兵書，講軍事，和他一貫的言行風格可謂一脈相傳。當他指導屬下將領讀書時，既告訴他們「將書本上所講的道理與自己實際的經驗和閱歷互相印證」[29]的大道理，同時像「一本書拿到手，在未看正文之前，應當首先將卷首之序文緒言和目錄先用心看完一遍」[30]這樣具體的方法也悉心指導，但效果正如他自己所言：「這幾年以來我們革命軍一般官長有一種最不好的習氣，就是不注重研究學問，一天到晚，只想升官發財，大家都視學問爲無用，以研究爲多事，一切馬馬虎虎，過去就算，所以結果弄得不學無術，既不知彼，又不知己，正如盲人騎瞎馬，感覺一切沒有把握，前途危險，自信喪失。」[31]

大陸時期，蔣介石對國外軍事著作也有涉獵。他後來提到：「就我個人的軍事思想來說，有兩部書給我的影響最大，一部是《巴爾克戰術》，這部戰術書，是德國一個普通文人所著的，而並不是出於有名的軍事家之手，但是德國一般軍人，都對這部書非常尊重，幾乎奉爲寶典，所以日本初譯《巴爾克戰術》書的時候，是保守祕密，禁止出售的。第二部是克勞塞維茨的《戰爭論》。這部書在日本初譯的時候，亦是祕密的，他們每一軍人，亦都視爲寶典，並且公認這《戰爭論》的重要，是與我國孫子兵法有同等地位。當時我在日本，對這兩部書，特別設法覓了來，都先後看了數遍。尤其是《巴爾克戰術》，總看過六遍以上……愈讀愈覺有味，終至不忍釋手，就是在戰場上，也要隨時披閱，其引人入勝如此。可惜我所最愛讀的這兩部書，都是圈點過幾回的，不幸於民國八年，在福建永泰作戰時，完全遺失了。」[32]作爲驅馳於戰場的軍人，自然，對拿破崙等大軍事家蔣也不會陌生。一九二〇年代末，蔣在日記中專門論及拿破崙和毛奇戰略的區別：「拿翁之戰略，爲陣地前之開進，毛奇之戰略，爲陣地中之展開。世之爭噪，相尙不已。余以爲戰略無一定之式，應以陣地前之開進爲主，而不能偏廢陣地中之展開。故兩式應並用不背。有時則陣地前之開進，或用陣地中之展開，不能拘泥也。余去年在魯則用兩翼展開，且越其固城不攻，是以陣地中之展開，乃以毛奇爲法乎？然而平時主師拿翁之戰略也。」[33]不過，總體看，與對傳統兵書的極力推崇比，大陸時期的蔣介石對外國兵書關注相對較少。

一九四九年遷臺後，蔣介石加強對西方軍事著作的研究，專門組織翻譯克勞塞維茨的《戰爭論》，並細加研讀：「聽讀克氏《戰爭論》戰略一般原理之部，更覺剿匪期間戰略錯誤之可恥，惶愧無已，擬將失敗經過製成回憶錄。」[34]一九五二年年初，他預定的該年閱讀書目有：「甲、菲特立二世著作；乙、亞歷山大戰史；丙、拿翁戰史；丁、克氏戰爭論；戊、歐洲史。」[35]西方歷史和軍事理論著作成爲他研習的重點，這和他這一時期總體上更加強調吸收西方思想是相應的。不過，即便如此，其對中國傳統兵書的信任從未動搖，一九五二年，蔣介石在向高級將領發表長篇講演時，告誡其必須牢記《孫子兵法》所謂「道、天、地、將、法」五事，強調：「現代戰爭的原則，雖然『須依兵器及裝備而發生變化』，但是總離不開這五事的範疇。我今天所以要提出這『五事』來，並加以闡釋的意思，乃是要你們在研訂戰爭原則的時候，不可忽略了這『五事』裡的基本要素，就是道（主義）天（時間）地（空間）將（精神）法（紀律）五項原則。」[36]實際上，這也幾乎是蔣介石發表的最後一篇長篇演講，中國傳統兵書在其心目中，有其不可動搖的地位。

客觀而言，和對中國傳統思想具有相當體認一樣，蔣介石對傳統兵書的熟悉程度也非同一般，其半生軍事成就和這一點當不無關係。至於後來在與中共交手時的黯然敗北，原因複雜、頭緒繁多，遠非單純軍事方面所可概括。而且，兵書固然可以幫助人們豐富軍事知識及謀略，但具體到各人的理解和運用，卻還是存乎一心。

修身與治國——蔣介石的省克生活[1]

■黃克武
中央研究院近代史研究所研究員兼所長

壹、前言

隨著《蔣中正日記》的公布，以及與此相關的史料如《蔣中正總統文物：事略稿本》、《蔣中正總統五記》等書的出版，揭露出蔣氏的公私生活與內心世界，也使我們得以觀察到以往不爲人知的歷史面向。[2]這一批史料尤其顯示了蔣氏在「私領域」與「公領域」之間的種種思考與行止。[3]其中，《蔣中正總統五記》一書中的「省克記」收錄了蔣氏日記之中關於自我反省的記載，這一部分的史料可以讓我們瞭解到蔣介石如何修身，並思考其修身與治國之間的關係。[4]

「省克」即《論語・學而》所謂：「吾日三省吾身」中的自我反省，省克二字爲宋明理學的專有詞彙，指省察與克治，亦即：反省與體察關於自我行為中的過失，透過檢討與修正的動態過程，以達到個人境界的提升。蔣氏省克觀念主要源於宋明理學中的王陽明學說，不過他在信仰基督教之後，又將理學之修身與基督教之信仰綰合為一，[5]是以蔣氏省克思想同時包括傳統理學與西方基督教兩方面的淵源。本文將依賴蔣氏《日記》、《蔣中正總統文物：事略稿本》與《蔣中正總統五記》中的「省克記」、「學記」等材料，對蔣氏的省克生活作一描述與分析，並進而思考其歷史意義。

貳、蔣氏省克思想的淵源：理學與基督教

蔣介石的省克生活主要奠基於其自幼所研習之宋明理學，尤其是其中的陽明學說。對蔣介石來說，它是王陽明心學之中的「致良知」與「知行合一」之人生哲學的一個環節。王陽明思想首揭「致良知」，以良知做為行為準繩，良知之於人，其功能類似「舟之有舵」，能引導吾人朝正確之方向前進。根據陽明哲學，在人們決定「致良知」的人生方向之後，接著有三個「行」方面的功夫：第一是「居敬存養」，按照王陽明的解釋，「居敬」便是存養工夫，以敬來存養其心，亦即「存養此心之天理」；第二是「省察克治」（簡稱省克），指在道德修養上先要求自我反省，識得病根所在，然後再做真實切己的「克己」工夫，以克除人欲，這也就是王陽明所說「破心中賊」；第三是「事上磨練」，指道德情感和道德意識的

培養必須在具體的實踐中得到運用和體認。在上述修身理念之中，「存養」是積極的作法，以「立其大者」，而「省察克治」則是消極的作法，重點在於檢討生活的缺失。最後存養與省克的工夫必須落實於具體的生活與事功之上，才算達成了修身之目的。

蔣介石的省克思想雖受傳統理學觀念之啓迪，不過也有一些新的成分。誠如拙文所述，蔣介石的陽明學在近代思想史上是接續了梁啓超所開創的一種結合了傳統的「江右王學」與日本明治時代作爲近代國家倫理基礎的近代陽明學的思想系統。[6]因此，宋明理學，尤以梁啓超所開創的近代中國陽明學，奠定了蔣氏以修身爲基礎、進而以日本明治時代爲典範，建立一個以倫理思想爲根基的現代國家。[7]在此情況下，梁、蔣兩人採取類似的修身方式，就不足爲怪了。梁啓超於一九〇二年出版的《德育鑑》一書中，即有「存養」與「省克」兩章。梁啓超在「存養」篇指出：「修證之功有三，曰存養，曰省察，曰克治，三者一貫」；在「省克」篇亦曾說明：「克治與省察相緣，非省察無所施其克治，不克治又何取於省察？既能存養以立其大，其枝節則隨時檢點而改善之，則緝熙光明矣。」[8]可見存養、省察與克治三者是分不開的。蔣介石的想法與此相同，他所謂的省克，正是結合了存養、省察與克治三者。在其私人生活之中，省克是十分重要的一部分，也是蔣介石每天例行性的工作。

蔣氏省克思想的基礎雖在陽明學，[9]然後來他接受基督教信仰，又使他的思想發生一個重大的變化。一九三〇年十月廿四日他受洗成爲基督徒。受洗當日，他曾表示：「在上海受洗禮後，曰：人慾至今，橫流已極，幾無止境，欲防微杜漸，亦無其道，惟有使人人精神上，受一種高尚和平之信仰，克自戒勉，或足挽救世道人心於萬一。余為革命黨員，今又受耶教洗禮，故三民主義為余政治行動之信仰，耶穌教義乃余精神惟一之信仰，從此以後，以基督為余模範救人救己，永矢忽怠！」[10]此後，他的省克理念便出現了一個轉折。大致上說，蔣氏早年採取傳統理學式的修養工夫，以日記寫作、靜坐與讀書等為主（如朱熹即主張「半日靜坐，半日讀書」），[11]受洗之後，蔣氏之修身在形式上則採基督教之禱告。「省克記」一開始的部分即記載：

公少秉母教，母教嚴，時時自儆惕，不敢少縱。少長，知先世有四勿居士，而以「勿欺心」為首。及十九歲，從鄞顧清廉先生游，見顧先生治性理之學，尤重變化氣質，益知省察、克治、存養之功，乃為人所必不可少者也。[12]

由此可見自年輕時開始接觸的「性理之學」對他產生了重要的影響。蔣介石在一九三〇年代受洗為基督教徒之後，又將理學工夫與基督教徒堅信上帝啟示的「靈修」結合在一起。[13]他強調從「宗教的靈性、精神的修持和思維的追索」來建立「對宗教的信心」，[14]這時禱告開始成為蔣氏省克生活的重要部分。一九四五年四月一日，他在日記中記載：「本日為耶穌復活節，朝午夕禱告五六次，耶穌神靈復現於吾前，殊為驚喜。」[15]總之，在蔣介石一生中，靜坐與禱告並行，而他從來不曾感覺到兩者之間的衝突。[16]

然而如進一步分析理學與基督教對蔣氏的影響，我們將發現蔣氏的自我反省雖在形式上結合了理學與基督教，其理論基礎仍是傳統的宋明理學，而不在基督教。美國哥倫比亞大學黎安友（Andrew Nathan）教授曾提出了一個很重要的觀察，他採取吳百益 *The Confucian's Progress: Autobiographical Writings in Traditional China*[17] 一書中的說法，認為蔣氏的省克活動是承襲傳統中國「自訟」的方式。[18]這一種自我批判雖然是憑藉本身所寫的文字，發抒內心的自我聲音，但卻是從外在的觀點（或說外部審判者的聲音）來批評自己。這一種方式與西方大多數日記從內在深沉的罪惡感來作自我批判，形成一個明顯的對比。[19]的確，如果我們參考王汎森有關明末清初士大夫「修身日記」的研究，可以發現這一傳統雖受到通俗宗教「功過格」觀念的影響，卻仍屬於儒家正統的修身方式之一。這尤其展現在中國士人對於「罪的拔除」的看法之上，傳統佛、道教均有拔除罪惡的方式，功過格之中也有功罪相抵的精密計算，然而，晚明以來士人的修身日記卻缺乏「罪的拔除」的儀式性安排，這使得士人依賴日記修身並無法獲得罪惡感的抒解，因而使罪過永遠跟著自己，而必須做永無止境的反省。[20]這也是墨子刻（Thomas A. Metzger）在討論宋明理學與近代中國政治文化時，談到中國士人有難以消解的「待罪倫理」（「probationary ethic」）。[21]蔣介石的省克生活很明顯地是跟隨著此一傳統。換言之，如果借用 Wolfram Eberhard 在 *Guilt and Sin in Traditional China* 一書中的說法，[22]在蔣介石的身上，基督教的「罪感」始終未能完全改變、轉化從宋明理學而來的「恥感」。「雪恥」（意指消除外人給你的羞辱），成爲蔣氏日記中最常看到的用語，而在蔣氏著作中幾乎看不到他強調基督教「原罪」的觀念，並非偶然。

蔣氏的「恥感」來自一種自我的責任感，而此種責任感主要源自於「天地父母生我」與「總理期我」兩大原因。其中，爲了報父母恩而避免不孝、毋忝所生，尤其是最爲關鍵性的因素。[23]蔣介石將不孝與「恥」相結合，最清楚地表現在一九三四年二月十九日的日記之上，他在「雪恥」一欄中寫到：「不能盡孝於親，爲一生最大之恥辱。」[24]可見蔣介石省過的基礎在於儒家的孝道觀念，是以個人透過父母與宇宙連結所產生的責任感與宗教感，來力求消除自身之缺點。[25]這樣的想法無疑地屬於傳統儒家式的修身。在這方面最好的例子是蔣介石在《蘇俄在中國：中俄卅年經歷紀要》一書中所寫過的一個短序。這本書英文版的副標題即是《七十自述》（*A Summing-up at Seventy*）。一九五六年十二月一日，蔣介石寫到：

歲月如矢，革命未成。今年已是我七十初度，今日又是我夫婦結婚卅年紀念。我夫婦於此共同檢討已往之工作。其間最感惶恐而不能安於心者，就是對我二位先慈報國救民之遺訓未能實現其一二。迄今大陸沉淪，收復有待，人民呼援日益迫切，其將何以慰國人喁喁之望，而報慈親鞠育之恩？茲將所著《蘇俄在中國》之手稿首獻於二位先慈蔣母王太夫人、宋母倪太夫人靈前，自矢其不敢有負遺訓，勉爲毋忝所生而已。中正敬誌。[26]

十二月七日蔣介石在日記中又提到：「後天即爲先慈九十三歲誕辰，將如何紀念，惟有以《蘇俄在中國：中俄卅年經歷紀要》奉獻於靈前以慰之，然而亦不能補償我不孝之罪耶！」[27]由此可見，擔心自己的「不孝之罪」是蔣氏不斷自我檢討的原動力。

他常常閱讀《孝經》也與此一精神有很密切的關係。例如，他在一九三四年五月十三日寫道：「晚誦《孝經》立身行道，揚名於後世，以顯父母，孝之終也」；[28]又如六月十四日爲其母王太夫人忌辰，他手寫《孝經》開宗明義章，曰：「甚思遺留後人，使其孝弟立業，以補吾過也。」[29]一九三七年二月十一日，在溫讀《孝經》之後，他又記下：「立身行道，揚名於後世，以顯父母，孝之終也。」[30]一九四三年七月四日亦曾寫道「本週誦讀《孝經》，更有心得，可見經書在晚年誦讀，更能領會聖人作書之要旨也。」[31]由此可見，孝是蔣介石思想中的一個核心觀念，並影響到他的省克生活。

蔣介石省克思想的基礎雖是儒家的孝道，然亦受到來自基督教的影響。對蔣氏來說，基督教雖未能使他產生一種類似西方式的「罪感」（即「原罪意識」），卻對他有兩個比較重要的影響，幫助他在精神上的修煉。首先是使他能夠面對橫逆、困境而能堅忍不拔，這一點與《孟子．告子下》所說「天將降大任於斯人也」的精神是配合的。一九三五年三月，蔣介石在這一個月中幾乎每天都抄寫《聖經》保羅之言，藉此鼓舞自己。例如他曾抄寫「無論是患難困苦逼迫飢餓赤貧危險刀劍槍砲，皆不能動搖我們的信心。」[32]一九四三年，在抗戰最艱難的時刻，他每日晚禱之前，都會閱讀考門夫人所編的基督教見證選集《荒漠甘泉》。這一本書的主調是：約拿的信息（the message of Jonah），[33]鼓勵人們在面對災禍、悲劇、侮辱和失敗之時都應該堅忍不拔。蔣介石在鼓舞人心的資訊與故事旁，用筆寫下自己的感想。[34]這種將挫折視為是上帝對成就事業者所做之考驗，是蔣介石自《聖經》中所得到最重要的啓示之一。

基督教的第二點重要影響是讓他重新思考「人定勝天」的原則，此一想法可能與近代嚴復譯、赫胥黎著之《天演論》，鼓舞人們在物競天擇的世界中發憤圖強之意念有關係。蔣介石於一九三〇年之前的日記中常常寫下「人定勝天」，如一九三〇年一月一日：「早起，記雪恥之道，曰：『立志養氣，立品修行，人定勝天』。自是日始，每日書此三語以自儆。」[35]後來，在接受基督教信仰之後，卻不再書寫此四字。換言之，蔣氏過去「戡天役物」的豪情，在基督教影響之下轉為對上帝的崇敬與接受上帝之啓示。[36]不過蔣氏企圖成為「完人」、「聖人」、「豪傑」的道德理想並未完全被泯除，儒家成聖成賢的觀念仍深植其心，並與接受上帝之啓示的想法相融合在一起。總之，蔣氏省克思想的基礎是儒家孝道觀念與基督教靈修，這樣的想法使他努力接受上帝的啓示，不斷改善自己，冀望能夠成聖成賢而毋忝所生。

參、蔣氏省克生活之實踐：反省內容

在理學與基督教的雙重教誨之下，蔣介石幾乎每日都進行對於個人道德、知識缺失的反省活動。他所反省的對象首先是生活舉止、個性脾氣與情欲發抒等方面缺失；其次則包括知識不足、處事不當等。蔣氏一生都不斷試圖與個人的種種缺點對抗，期望能成爲一個聖賢。一九三一年三月廿一日，他曾感歎地說：「憶少時聞人稱道古人，如孔孟朱王之學術，周公文武之事業，常自思念，可惜已前有古人矣，否則，此學術，此事業，由我而始，豈不壯哉！常存不能做自古以來第一聖賢豪傑之歎」，[37]由此可見透過自我反省，而希望能夠成爲聖賢、豪傑之志向長存其心。

蔣介石常常檢討的第一類型過錯是個人生活習慣與個性方面的問題。其一是懶惰。他常常擔心自己因失眠而晚起，或睡過了頭（他稱爲「濡滯」）。在「省克記」之中，反省這方面之缺失的材料甚多：

> 因病不能如常早起，自責曰：「懷安偷惰，以待來年，德業其能長進乎！」[38]
>
> 三日晨，爲友人催醒起床，甚惶歉，曰：「誓此後至遲六時起床。」[39]
>
> 晨起較晏，來賓已滿座矣，因甚歉惶，曰：「以後應早起，不得少渝〔逾〕六時起牀之常規也！」[40]

爲了能有規律的生活，蔣氏決定每日都應該晚上十點睡覺、早上六時起床。對蔣介石來說，無法安眠或是體力漸衰，或是因修養不到家，而使諸事煩心、心神有愧所致，故應儘量避免。一九四三年五月十九日，戰事正急之時，他寫到：「內外危急，余能夜間酣睡，天君泰然，蓋已盡其在我，至於成敗得失，聽之於天，此修養已有進步乎？」[41]可見對蔣介石來說睡眠與心性修養之間有十分密切的關係。

此外，蔣介石也擔心夜晚失眠將是一個凶兆，或是代表心神衰退，或是顯示禍患將至。一九四〇年他到廣西柳州柳江羊角山，準備在此召開「桂南會戰檢討會」這時，日軍獲得情報派飛機來轟炸，使他險遭不測。這段期間，他有兩週的時間幾乎天天失眠：

> 昨夜失眠，直至今晨四時以後，方得睡去，然未到五時半又醒，爲從來所未有也，豈體力心神已衰退至此乎？抑爲禍患之預兆乎？可不敬畏自制以免天罰乎？[42]十日來之失眠不安，其或即今日被炸禍患之預兆乎？天之未喪斯文也，倭寇其如予何，雖然，今日之危，間不容髮，余生平行動太大意，應切戒之！[43]兩週以來，惟昨夜睡足六小時，失眠之症，從此或能脫卻乎？勉之！[44]

蔣介石檢討的第二種生活上的過錯是舉止失態，或因驕矜、暴戾與急躁而發怒罵人（如「暴怒形諸口舌」、「擲杯撕卷」），甚至動手打人。第三種過錯是奢侈無度與好名之念。第四種是情慾方面的困擾，包括思邪心蕩、狹邪之行、手淫等。蔣氏在一九一八年十二月卅日的日記中記載：「近日朝醒，色念甚濃。」一九一九年的日記中提到自己「荒淫無度」、「淫欲難制」、「邪僻又起」；一九一九至一九二〇年的日記中更是反覆地記載有關放縱與自制的糾纏，「世間最下流而恥垢者，惟好色一事。如何能打破此關，則茫茫塵海中，無若我之高尚人格者，尚何為眾所鄙之慮！」（一九二〇年八月七日）。[45]關於色欲方面的問題，在蔣氏與宋美齡結婚之後似乎較為收斂，大約在四十七、四十八歲之後，色欲即不再是困擾著他的嚴重問題（如一九三五年二月二日，他曾說「色慾漸滅，修養到不動心地步，自信可能也」；[46]一九三五年十二月卅一日「本身性質之變化，形而上者為多，忍耐公正，日有增進，躁急雖未全改，而私慾色慾，已滅絕矣。」[47]

除了個人修養方面的過錯之外，他亦反省自己知識不足、用人處事之不當與戰事失敗等。一九四八至一九四九年之際，因國共內戰失敗、國民黨政府退守臺灣，此時蔣介石反覆反省的問題是為何剿匪失敗、又為何使大陸淪陷。例如，在一九四八年一月的日記中，他檢討剿匪失敗的原因，約有以下數點：

過去剿匪之所以失敗者，其原因多半為：一、疏忽大意，不明匪情。二、急舉輕進，被匪所算。今後剿匪要領，要以偵察研究周到，準備謀定後動，尤以不輕進不輕退，多置第二線兵團與預備隊為要領。蓋匪之實力不大，而且已到其最大限度，只要我國軍不為其所敗，而反予之補充養大，則各種條件我皆優勝於匪，只要假以時日，不難就殲，何必求速也。[48]

此外，蔣介石針對一九四九年山河色變的挫敗，曾在私下與公共場合，進行多方面的檢討，其中軍事方面包括國軍在組織、宣傳、諜報戰等方面不如共軍；黨務方面包括國民黨派系傾軋、黨紀敗壞（如幹部腐化墮落）、不能貫徹總理遺教等；以及教育和文化等方面的因素，因而開始全面的改造。[49]整體而言，他所反省的過錯主要是儒家傳統之中所謂「尊德行」、「道問學」與「經世」等三方面的個人表現。

肆、蔣氏省克生活之實踐：記憶與省克

上述的各種過錯是蔣介石每日反省的對象。爲了能改正這些缺點，蔣介石常常「靜坐省過」、做「朝課」與「晚課」、禱告等來自我檢討，並利用傳統「功過格」的方式將自己所犯的錯誤予以記過，來作自我警惕。蔣氏在日記之中常常會規畫「課程表」，每日早上六時至八時即是「朝課」時間，其內容包括體操、讀經、靜坐、禱告等四項。[50]同時，每日的日記有「雪恥」一欄，記載當日最重要的注意事項。對他而言，雪恥即是對於過錯的反省，也是自我追求道德提升的重要方法。

爲達成有效的自我反省，蔣介石仰賴一套特殊的記憶術，一而再、再而三地來提醒自

己，要吸取失敗經驗以悔過自新。這方面的作法不但源自儒家以日記、鈔書來修身的傳統背景，也很可能受到基督教的影響。在基督教中記憶是悔罪傳統中相當關鍵的一部分，明末清初來華傳教士利瑪竇即擅長記憶術，撰有《記法》一書，他教導中國士大夫建立一所「記憶之宮殿」來悔罪反省、充實知識，而有名於時。[51]

蔣介石的運用記憶術來省過的方法主要有以下幾點：

一、**勤寫日記**：他長期維持日記書寫的習慣，並要求屬下以不同形式摘錄、抄寫、整理其內容以備隨時參考。蔣介石不但在《日記》之中記載自己的過錯與悔悟的細節，並在一定期間（每星期、每月、每年都要做回顧性的反省）還會加以整理、審閱。如「是日公擬將作一文，曰：擬將去年經過之錯誤與缺點敍述一篇，以為今年之借鏡補過之資」、[52]「朝課後審閱舊日記。」[53]蔣介石還規定自己，「以後當日記治軍、用人、看書三者各一則，以自課也。」[54]對他來說，《日記》既然如此重要，那麼不記日記就是一件很嚴重的過錯。一九二八年九月十四日，他寫到：「不記日記已有十日，如此弛懈荒落，尚何論雪恥？更何論革命？」繼而「搥胸自責良久」，並「補記之。」[55]蔣介石還鼓勵軍校學生效法以日記省過的作法，「詰誡軍校第三期畢業生，關於省察之方，曰：『各位關於自己在校歷史，要從頭回想，未進校前，曾做何事？進校後又做何事？前之思想、習慣、行動如何？後又如何？一一筆記之，暇時取觀，最得警悟之方！如見有思想、習慣、行動不是處，即改之；若過且過，苟且敷衍，為人無根據，無把握，其必潦倒一生，無所成矣！』。」[56]總之，對蔣氏來說，撰寫日記最重要的目的即是爲了自我反省。

二、**反覆閱讀日記**：蔣介石認爲日記不但須日日書寫，且需要反覆閱讀。對他來說，閱讀自己的日記甚至要比觀覽其他史書更有價值。一九五一年的總反省中，他提到：「本年修養與學業自覺無進步而且漸有倒退之象，對於過去之妄念邪思亦時起時落，未能消除盡淨，殊足慚愧，寸心內疚無已，應切戒之。腿痛雖痊而目疾閃光始終未愈，但舊日記自卅三年至卅七年各冊皆已審閱完畢，可說最有補益於我，此比閱覽任何歷史所不能得者。」[57]

三、**靜坐默禱，或抄寫、背誦聖賢與經典之佳句與《聖經》的篇章**：例如一九一七至一九一八年間，他每晚默唸以下的句子，「近三年來，每晚靜坐時所默念以自儆者：一、孟子養氣章；二、曾文正主靜箴；三、緜緜穆穆之條；四、研幾之條；五、一陽初動，萬物資始之條；六、靈明無著之條。」；「民國七年，公年卅二，是年每晚靜坐默念自儆者：一、萬象森然，沖漠無朕；二、去人欲，存天理；三、心體、意動、致知、格物四句要訣；四、靜坐收心之條；五、紛雜思慮之條。」[58]一九四九年十月六日，蔣介石面對美國公布白皮書等困境，他以默唸聖人箴言來自我勉勵：「余自八月初受艾其生白皮書之侮蔑，九月間復遭康納利在其議會之汙蔑可謂極人也未有之枉屈與侮辱。余惟有以自反來接受其誣陷，毫不予之計較。此乃每日朝餐默誦『不愧不作』與『自反而縮』、『何憂何懼』箴言之效歟？」[59]

四、作曲唱歌：在這方面有幾條史料，一九二八年十一月廿一日，「晨六時，船過懷遠，起牀四眺，念及濟南慘案，因作歌曰：『五月三日是國仇，國亡豈許你悠游？驕傲懶惰無廉恥，不懼大禍來臨頭！親愛精誠，團結一致，共同來奮鬥！革命革命，犧牲犧牲，黑鐵赤血，求我國家獨立平等又自由！獨立！平等！中華民國眞自由』！又曰：『北伐雖完，志未酬，男兒壯志報國仇，革命革命報國仇，國仇未報死不休！』歌畢，曰：『苟不以此自勉勉人，非夫也』！」[60]此外，蔣介石喜歡唱岳飛作詞的〈滿江紅〉以自勉。[61]

五、設立座右銘：蔣介石常作箴自儆或做對聯，有時並請總理書寫置於座右。例如，「民國八年，公年卅三，是年公益嚴克制，凡事必自反，勇於改過。書選己德性之所欠缺者四字，曰：『靜敬澹一』。乞總理書之，並自爲文加以說明，揭於座右。」[62]（見附圖）此後，這四個字（或作「靜敬澹定」）成爲蔣介石自省時非常重要的警語。又如，「民國十二年，公年卅七，春初，在福州軍幕，作箴自儆曰：『父母期我，克成完人，小子今日，遇惡滿身，曷不痛矣？日新又新；而今而後，庶葆天眞』。」[63]「記六語以自勵，曰：立志養氣，求才任能，沉機觀變，謹言愼行，懲忿窒慾，務實求眞。」[64]在對聯方面，蔣介石曾撰寫過幾個非常有名的對聯。一九二三年「遊鼓山時，嘗撰一聯曰：『養天地正氣，法古今完人』。返上海，請總理書之。又自撰二聯，其一，曰：『從容乎疆場之上，沉潛於仁義之中』。其二，曰：『窮理於事物始生之處，研幾於心意初動之時』。亦請總理書而懸諸座右，以自儆焉。」[65]此外，最爲人熟知的對聯還有「生活的目的在增進人類全體之生活，生命的意義在創造宇宙繼起之生命」[66]、「以國家興亡爲己任，置個人死生於度外」（寫於一九七二年）等。

六、旁人提醒、規勸：蔣介石身邊的侍從人員、部屬偶爾會提醒他一些應注意之事，但眞正能規勸他的人可能只有宋美齡。一九三〇年十二月九日，蔣在日記中提到他身邊無論愛他或怕他的人都想利用他，而「誠意愛輔我者」只有他的妻子宋美齡。[67]他在日記中常會提到「美妹規我」，然有時亦記載兩人吵架，顯示蔣介石不願接受她的看法。[68]

伍、夙夜匪懈：蔣氏的省克生活與夢境

蔣介石除了靠記憶術來自省之外，夢境也與自我反省有關係。這反映出蔣氏對於夢境的看法，對他來說，睡眠與夢境都是生活的一部分，應該予以管制。誠如上述，他認爲失眠就是修養不夠的表現，同樣地，晚上做惡夢也是智德不足的反映。因此，在起床之後皆需立刻檢點。例如：「晨起言曰：心神不安，夢魘號乘，自反不縮，能無愧怍！」[69]「九日晨起，曰：昨夜夢中驚覺，念及軍隊散漫，國家雜亂，一至於此，不禁爲之汗出沾枕！嗚呼！此由余智德不足，事事不能澈底，所以陷害國家也，能不悔悟奮發乎！」[70]「夜之所

夢，必爲日之所思，所思未能誠正，而且有目下之趨勢，此人生之至危也，應如何戒懼而改之！」[71]蔣氏所反省的不只是自責式的夢境，還有先輩之教誨與具督促性質的夢境。例如，他曾夢到孫中山與廖仲愷等革命前輩，表示他一直掛念著總理對他的期許：「昨夜夢見總理與廖仲愷，一如生時討論革命方略，總理意亟欲收復南京，余告以軍事準備未成，尚需略待也。」[72]

除了針對現實人事與先人期許的反省外，蔣介石還有一些近似預言式的夢境，很值得注意。例如，他認爲有些夢境的出現代表治國失誤之警訊，應予以警惕。如一九五一年二月八日，他在午覺時做了一個夢，醒來後加以解釋，認爲是空軍逃機事件之兆：

午睡時，忽聞有聲稱「沒有什麼被他們拿去，天公就快要亮了」，醒後乃覺是夢，心異。約見周至柔，命令其截留敵之遊船藥品時，不料其報告謂上午有劉榮廷者偷開驅逐機逃逸無蹤，但其留有六函說明決不投匪，而去另一國家反共云。殊爲駭異，乃悟午夢之兆，其第一語印爲此耳，但心仍不安之至。

（昨）就寢爲逃機事終夜未得安眠，如爲友邦發覺，何以見人。至柔自私之害非甚少也。未知其果能因此覺悟革心乎！（朝）以逃機事告妻，妻覺默禱時現象光明，此事不致擴大慰之，余等以午夢之意告之。與經兒商談空軍總部整頓方針……與至柔商討整頓空軍辦法，並加訓誡。接至柔電稱逃機已在琉球爲美軍扣留並其願以極密方式，將人機皆歸還於我，不經外交手續。此乃麥帥以至誠待我之表示，如為其國務院所知，則美必以此為不援我之藉口矣。[73]

此外有些夢境則是上帝保佑的象徵或為事業成功之佳兆。例如，「夢中有老人在余頭上抹油，惡其無禮，醒後思之，此乃耶和華佑予之兆也」；[74]「夜夢渡過危橋，到達彼岸，此為近來所未有之佳兆也，應益勉之！」[75]「今晨初醒之前，夢斬長蛇，分為數段，猶見其能活動，本歸於死；最初另見一人，甚魁梧，活動甚力，不易捕捉，最後為余所獲，其量甚重，努力提視，乃知其為傀儡，余即棄擲於地，醒後頗以為奇，此或倭寇與傀儡，今年必敗之朕兆乎？余當益自勉焉！」[76]這一個夢可能源自《史記．高祖本紀》所記載劉邦醉斬白蛇的故事，象徵蔣氏的帝王氣魄與力戰日軍的企圖。

此外，還有兩則顯示未來太平康樂與共毛必滅的夢境：

今晨醒後又夢入故鄉，見當鋪門前溪水陡漲，然其勢甚平。泳者由南北歸向余而來，帆船四五前後出現，乃為水漲勢平，一片太平康樂之景象也。[77]

昨夜夢獨駕輕舟，操縱自如，安登彼岸。登陸之前在舟中見有毛蟲一尾，其形短而粗，余惡之以足踐踏之，陷於他物之中，狀似已斃，即使不斃，當亦已負重傷不能復起作祟矣！此或上帝佑我中華，示我以共毛必滅之預兆乎！[78]

一九六九年的夢境則指向反攻大陸的神聖使命將能順利達成，「夢見一個瘦弱老人，囑咐兩個青年兒子，約他到寓中會面。老人對他說：『你三年之內必定成功』。邊說邊走出門去。」[79]

對蔣介石來說，惡夢代表了自身道德的缺失，或是無法平心靜氣來面對困境，故需要加強反省。另一方面，好夢則成爲他在總理或上帝的庇佑之下，努力實現理想的鼓勵。蔣介石在《日記》中對夢境的仔細記載顯示他自我省克的範疇不但包括白天有意識之下的種種作爲，也包括夜晚（或許無意識或潛意識）作夢時心中的恐懼與期待。

陸、結語

從蔣介石的日記，以及從日記中抄錄出「省克記」等史料，我們可以瞭解蔣介石以「朝課」、「晚課」來作自我反省是他日常生活之中十分重要的一部分。整體觀之，蔣氏的省克生活具有以下的特點：第一、蔣介石省克思想之淵源是宋明理學修身工夫與基督教靈修結合而成的一種理念。此一想法使蔣氏對自身過錯有強烈自責，並企圖改正過失，以符合父母、總理之期許，並跟隨著上帝之指示。第二、蔣氏省克之理論雖結合了理學與基督教，然主要是以「孝」爲基礎的「恥感」，而非基督教中的「罪感」。換言之，基督教最核心的「原罪觀念」並未對蔣氏有深刻的影響。三、他所反省的內容包括日間的行爲舉止，以及夜間睡眠時之夢境。夢境對他來說是日間思慮的結果、是未來的徵兆，也是神啓的表現。四、蔣介石發展出一套很細緻而有效的記憶術，尤其環繞著日記書寫與反覆閱讀日記之內容，來作爲省過、悔悟的方法。上述這一套方法使蔣氏有效地管理自我之身體與行爲。

上述的認識如何幫助我們給予蔣介石一個更適切的評價呢？在中國近代史上蔣介石一直是一個評價懸殊的歷史人物，或是尊爲完人、或是貶爲獨夫。這兩種評價顯然都與事實不盡相同。的確，蔣介石不是完人，很多人都指出蔣氏有許多的缺點，包括能力不足、脾氣暴烈、性格頑固、拙於反省等，因而導致許多重大的挫敗。例如徐復觀在一九五六年蔣氏七秩大壽前，曾應《自由中國》寫了一篇祝壽文章〈我所瞭解的蔣總統的一面〉。[80]文中指出：

> 政治地位太高、權力太大、而又保持得太久的人，常常妨礙他與客觀環境事物作平等底接觸（在平等接觸中，始能瞭解客觀事物），於是常常僅根據自己的直覺慾望來形成自己的意志，常常把由權力自身所發生的直接刺激反應，誤會爲自己意志在客觀事物中所得到的效果。……於是頑固代替了堅強，經常陷入於與客觀事物相對立不下的狀態，……而蔣公自身似乎也不曾跳出這種格局。[81]

上述的觀察顯示蔣氏因地位太高，無法接觸客觀事物而作「平等底接觸」，因而形成了頑固而不知反省的個性。此一觀察固然有其價值，顯示出其他人所觀察到的蔣介石；不過我們不應忽略，蔣介石也有努力反省、力求改過的一面。從「省克記」的材料可見，蔣介石是一個具有反省能力、道德感很深，且責任心很重之人。他不斷地面對自身道德、知識與事功方面可能有的缺失，而力求改進。此一人格特質與思想傾向成為蔣介石能成就一生事業的重要因素。我們如果想要公允地評價蔣介石一生的功過，必須同時考量其缺點與長處，而這兩方面不必然是矛盾的。

蔣介石的省克生活也反映出他對於倫理與宗教的重視。並對一九四九年之後，以傳統的「倫理」來搭配五四運動所揭櫫的「民主」與「科學」，作為中華民國國家建構之基礎有深遠的影響。一九四九年之後的中華民國不但在教育上強調以人文精神為主的傳統倫理道德，也在社會生活上給予各種宗教活動一定的滋長空間。一九六〇年代中期蔣介石又推動「中華文化復興運動」，來對抗中國大陸的文化大革命。此一文化復興運動不但強調「內修自律的工夫」，而且「把倫理道德涵泳於日常生活教育之中」，以使每一個人「自進於正人君子之域。」[82]這些政策都與蔣介石個人的想法和作法相互配合。

蔣氏此一思想傾向不但源於梁啟超所開創的中國近代思想史上的「調適傳統」，[83]同時也與一九五〇年代以後的新儒家思想有親近性。港臺新儒家如唐君毅、牟宗三與錢穆等人，支持蔣氏的反共理念與中華文化復興運動等政策，即源自雙方在思想上的親近性。綜上所述，蔣介石的省克生活不但表現出以傳統理學為基礎，並加進中國與日本近代的陽明學，以及基督教信仰而摶成的思想特徵，更反映出一九四九年之後他以「繼往開來」之精神，強調倫理、民主與科學三者作為治國基調的思想基礎。

【討論】

黃金麟：

王奇生與黃道炫兩人的討論有一個很好的參照，從王奇生的書目整理中，可以看到蔣介石在一九二五年開始讀《孫子兵法》，持續到一九三〇年代。不過到了一九五〇年代，蔣介石開始接觸克勞塞維茲的《戰爭論》時，深覺相見恨晚，認為如果早點讀到《戰爭論》，則剿匪戰事就不會失敗了。《蔣中正日記》中都已記下這樣的悔悟，如此蔣介石閱讀《戰爭論》後的體驗，與其既有的中國傳統軍事知識，是否有一中西軍事知識交流後所產生的新感受？對《孫子兵法》有沒有新的想法？而非停留在一九三〇年代的閱讀經驗。

陳進金：

蔣介石的讀書，會不會也有出自於排解時間的時候？例如他在一九二二年陳炯明叛變，與孫中山搭艦艇逃亡時，閱讀《福爾摩斯偵探案》，所以出自於排解時間的現象應該是有的。

此外，一般我們讀書通常會有兩方面的目的，一種是形而上的哲學思辨、道德充實，一種是形而下的實用目的。兩位在報告中都強調了蔣讀書以實用功利為主，但如何從實例中看出蔣介石讀書的實用性考量？例如在哪些戰役中，我們可以看到蔣介石實踐了他閱讀兵書的知識，這還有待進一步的觀察。

黃克武：

我認為蔣介石讀克勞塞維茲是受胡適的提醒與影響。胡適介紹蔣介石讀《戰爭論》，蔣介石馬上找人翻譯，並且親自在譯文上修改文句，後來蔣介石出版《蘇俄在中國》的理論基礎都來自克氏的《戰爭論》。

林桶法：

蔣思想中的基督教因素與儒家因素，其實很難劃分清楚。例如蔣說到聖人時，可能是指基督教中的聖子、聖靈，或是基督教與儒家都有的天命觀念；還有性理愛人，並非儒家專有，基督教也有對愛的解釋。所以如何將兩者畫一個歸類的準則呢？而蔣介石讀這麼多書，在個人的立功立德立言、或是國政大事究竟有何幫助？我個人的感覺是豐富了他的演講稿內容。

劉維開：

關於蔣介石對基督教信仰的態度，從資料看來，我個人的認知是蔣介石在受洗為基督徒後，基督在他心中的地位超過一切，如果基督與總理並舉時，總理是在基督之後。至於蔣介石是否有想過將基督教成為中國國教，這裡有一個例子。蔣介石在一九三八年的復活節，寫了一篇文章，「為什麼要信仰耶穌？」秦孝儀編的《先總統蔣公思想言論總集》沒有收入，而張其昀編的《先總統蔣公全集》則收入補編中。在這篇蔣介石是從革命的觀點來談為何信仰基督：因為領導革命的總理是信仰基督，所以我們也要信仰基督。這篇演講稿是蔣介石闡述基督信仰的文章中較為特殊的一篇，其他大多是對聖經經文的解釋。

而蔣介石真正在公開場合談他是基督徒，則是在一九三七年。在西安事變之前，他對基督的信仰已有相當的理解，在西安事變後，信仰則更加堅定，並且決定向外傳道。抗戰後期，重慶有謠傳他外遇，他為自己的辯駁，以他是基督徒，所以是不會做這些事的。

張　力：

我的疑問是如何定義讀書的「書」？有些書目看起來更像是報告，如《黨的建設》，比較像情報。再者他的閱讀習慣，那些是他會重複一讀再讀的書，原因是什麼？我覺得對他的閱讀行為最能分析的材料，是他自己記下的讀書心得，或是為書所作的序。

陳群元：

一九三二年時蔣介石讀了〈日本侵略中國計畫〉、〈日本侵略滿蒙計畫〉，與〈田中奏摺〉，這與當時的國際情勢密切相關，〈田中奏摺〉目前被認為可能是份偽書，則當時蔣介石如何看待這份文書？為什麼要看？是否有懷疑過它的真偽？如果蔣介石深信不疑，則田中奏摺可能就達到其本身的宣傳目的。

呂紹理：

蔣介石怎麼知道這些書？會是誰提供？誰介紹？購買途徑又是什麼？這樣就可以回答到陳進金剛剛的疑問，就是那些書是打發時間用，那些是求實用，那些是好奇，也可以反映他對知識的想法和觀點。

至於儒家與基督教在詞語上有相當多的接近性，可以相互轉用，不見得是對立，但這當中的轉用，以及其中公、私之間的關聯是什麼，或許可以進一步追問。

楊維真：

在剿共階段，蔣介石自己也制定了《剿匪手本》，不知在裡面參考傳統兵書的成分多不多？但至少蔣介石對《孫子兵法》、戚繼光《紀效新書》、《曾胡治兵語錄》等兵書是熟悉的。此外，從蔣介石閱讀的兵書中，可以看到他偏重閱讀戰史類與人物傳記，對大軍作戰是相當忽略的，這可以解釋他到臺灣後看到克勞塞維茨《戰爭論》中文譯本時的驚喜。不過追溯到大陸時期，《戰爭論》其實早已引進中國，並有一些軍事家做過論述，例如蔣百里、楊杰等人，但他們與蔣介石的關係都不好，是否也進而影響了蔣介石對大戰略的看法？譬如他就曾對軍校學生抨擊楊杰只知空言戰略，而無法落實。

徐思彥：蔣介石是如何讀書的？是全看或只看某些章節？對照中共高層人物，如林彪，他有讀書班子，會先幫他挑選，節省林彪閱讀的時間。

呂芳上：蔣介石應該還是自己看書，沒有讀書班，但身邊人會提供圖書資訊，如身邊的侍從人員陳布雷之類的人。不過蔣介石的知識來源不只限於書籍，如蔣介石對徐復觀的延安考察報告相當激賞。

蘇聖雄：

我認為基督教與儒家兩方的詞彙難以這樣劃分，有一點可以注意的是教會與牧師所使用的「詞彙」影響很大，會影響信眾。研究蔣介石的牧師或許可以幫助思考蔣介石的信仰內涵。

黃道炫：

蔣介石讀完《戰爭論》後，對《孫子兵法》並沒有任何貶低，但對他的軍事知識背景有很大的增強。至於實用性，是非常難觀察的。

陳立文：

儒家與基督教在蔣介石的思想中確實是並存的，基督的用語在被中國牧師轉化後，更難分別中西，因此兩者的劃分更加困難。

呂芳上：

還有一個問題，我不曉得跟黃克武的想法有沒有一樣，我以前也提過一個問題：蔣介石常常在心中尋求敵人，所以說反省、省克其實都是在內心裡面去找敵人來克服；毛澤東不一樣，在外面製造敵人，然後來搞階級鬥爭，以他們兩位來比較是非常有意思的，蔣介石不會在外面製造敵人，大概最多是恨共產黨，那是政治力量上的權衡衝突，那你說刻意製造社會的敵人，蔣介石這一方面他沒有辦法、也不會這麼做，但是蔣介石內心一直在反省自己內部一個敵人、在克服自己的敵人。所以這裡面如果作一些比較的話，也是蠻有意思的一個問題。

金以林：

我想做一些簡單補充。我覺得說蔣介石「克己」，我認為往往不是在內心找敵人，而更多顯示他無力扭轉的習慣。我自己小時候也有寫日記的習慣，我也看過別人的日記，往往都是我自己改不了的毛病才在日記裡寫，自己能做到的，例如我天天都能刷牙我就不在日記裡寫；我做不好的才會在日記裡寫。實際上我感覺不是說他尋找敵人，而是他面對自己、克服自己的毛病。

吳淑鳳：

其實我剛剛聽劉維開說黃克武要寫夢境，我就非常感興趣，可是一看：怎麼只有這麼少？我知道夢境的記錄其實是很少的，那事實上以前我們在談到夢境的時候，其實就是，他夢到什麼？為什麼要記錄下來？如何解夢？可能是後面兩個層次的問題。

其實，這裡提到一個夢境是說他夢到斬蛇。然後你又提到劉邦醉斬白蛇的故事，我記得是一個赤蛇跟白蛇，其實都是有神話的部分，如果是從解夢的角度來看，蔣介石斬了蛇就不可能成為帝王啊！

另外就是我不太清楚黃克武那個夢境是不是後面的還沒找到？那如果說差不多只有這些的話，也可以顯示一個問題：年齡越大的時候蔣介石其實都還繼續作夢，可是他記錄不下來，因為他醒過來就忘記了，這是一個解釋問題。

張　力：黃克武如果把夢來做研究的話，我覺得應該把佛洛依德的東西放進去，這裡作一個印證，跟他自己解讀可能完全不同。我記得通常佛洛依德講「蛇」的東西都跟性有關係。

黃克武：呂芳上講內在的敵人，因為我前面一開始有講陽明理學中提到「破心中賊」認為心中是有賊的，必須把賊找出來，我想這一點可能在蔣介石內心，就是他不斷在找賊，這個跟你講的我不知道一不一樣；毛澤東的情況看來是比較不同，因為毛澤東背後有馬克思主義的社會階級矛盾觀察，我覺得這還是蠻有趣的。

至於吳淑鳳談到的夢以及張力談夢的問題，這個問題我覺得，的確，目前蒐集得還不是很多，剛開始蒐集而已，我覺得應該不只這幾條，我們在看的過程裡面，現在目前我大概蒐了七、八條，後面那個部分因為沒有《事略稿本》現在沒蒐到，可能《蔣中正日記》上面我還要再找。我想如果把他的日記跟《事略稿本》相關的夢全部集合在一起的話，可能會有一些更深入的分析，也就是張力所講的：不能單從蔣介石的角度去解他的夢，他解他的夢反應他本身心理的傾向，但這些夢究竟反應了怎樣的內容？可能還得再做分析。

蔣介石的醫療

抗戰前蔣介石的日常醫療經驗與衛生觀

■皮國立
中原大學通識教育中心歷史組助理教授

壹、前言

蔣介石來臺灣後，衛生署曾彙整編輯了一本書，把蔣對醫療衛生的發言滙集起來，顯見蔣對臺灣的醫療衛生頗爲重視，該書開宗明義即言：「清潔衛生是一個做人的起碼條件。」[1]這非常耐人尋味，因爲縱觀各國政治上的領導人物，恐怕很少人像蔣這麼重視「衛生」的。那麼，蔣對「衛生」事務的重視與觀點，是怎麼開始的，其背後有無一條歷史的脈絡可供探討呢？在日常生活中，蔣一向對自己的身體甚有自信，他也有許多獨特的養生之法，有不少通俗研究已做了初步論述。[2]本文著眼於探索早期（抗戰前）蔣在日常生活中個人的醫療與身體觀，是如何形成的？而它對公領域的事務——包括在軍隊管理、國家發展上，有無任何關係。[3]由於這方面的資料相當龐大，所以本文的策略是僅處理蔣個人的經驗，在國家事務上的影響，僅部分輔助說明，主要是希望扣緊蔣與日常生活這兩個主軸，並依據時間先後的脈絡來鋪陳蔣的個人經歷，以免全文過於跳躍。

《蔣中正日記》的公布，使得民國史的研究興起了新的熱潮，並且，從蔣的日記來重新反思民國史，更成了新興「蔣學」的重點。雖然談「改寫」民國史仍言之過早；然而，日記敘事之主要內容，即爲蔣之日常所見所聞與個人經歷的薈萃，它不單牽涉到蔣個人傳記之研究，可以讓蔣從「神壇」上走下，不僅做「擁蔣」與「反蔣」觀，而是將他視爲一個有血有肉的「歷史人物」來研究。[4]身爲一個重要的政治人物，其個人患病之細微經驗，還不一定有特別的意義，但他在政治生活上所受的磨練與日常經驗的積累，及其所見所聞，卻細膩地形塑了中國現代衛生與身體觀之藍圖。是以蔣對日常生活之敘事，就可以做爲研究民國史的延伸資料庫，提供我們各種視角的佐證。目前蔣的日記尚未正式出版，閱覽頗爲不易，但可以先從有節抄蔣日記和其函電、演講等資料的《蔣中正總統文物．事略稿本》（以下簡稱《事略稿本》），[5]以及蔣早年秘書毛思誠所抄錄部分日記內容與後來編修的《蔣介石年譜》（以下簡稱《年譜》），[6]做爲一個初步入門的工具，先行搜索蛛絲馬跡，來初步建構一個有血有肉的歷史人物。

至於切入的視角與研究方法，也必需有所創新，即撇開政治上的成王敗寇、善惡評價的、非此即彼的二分論述，轉而運用醫療、衛生與身體史的視角來撰寫蔣的日常生活史。這個領域的研究，在臺灣雖然比較新，但也已有十年以上的歷史，此處不擬細部討論。[7]唯須指出，這個領域一開始的研究就是以「社會史」為基調，包括日常生活的種種面向，[8]但是醫療史與政治史之間的關係，始終沒有好好開展，這也是該研究目前的缺憾之一。[9]所以本文藉著一次醫療衛生、身體與政治史的結合，希望能激盪出一些新的火花。[10]

貳、個人生活經驗——一九二四年前的蔣介石

一個人的日常生活經歷，不可能一成不變。與其所接觸的人、看到的事情乃至心中有所感觸，及至後來擔任的工作和職務，進而將心中理想付諸實踐之過程，其實都有脈絡可循。

蔣在一九二八年元旦慎重地訂立了每日作息時間，規定自己每晨六時起床，晚上十時就寢。結果在一月三日時，他七點才起床，竟用力擊床自責說：「人多輕我、笑我，而我固自謂有志，不以人之輕笑在意，今何尚貪睡昏惰不起耶！介石乎！爾苟不奮勉自強，堅忍自立，無不敬不貳過，復何以能完成革命乎？」起床後，蔣立刻寫日記反省，曰：「立志養氣求賢、任能、沉機觀變、謹言慎行、懲忿窒慾、務寔求眞。」這是蔣當時立下的自勵之語。[11]但這已是北伐的後期，此時的蔣已經在思索未來的中國要走向何種改革道路了，雖然，他後來一直不斷強調「立志」和嚴以律己的重要性，但在此之前，蔣還經歷了好色之

徒、上海十里洋場的投機者、刺客，以及「做遊俠浪人之傾向」。這些已非新鮮事，黃仁宇的解讀頗有道理，他說：「蔣介石最大的困擾則是找不到一個現代性的楷模，適合於當日中國之環境和他預備領導之群衆。即以軍隊而論，其本身即爲社會產物，當組織新社會尚未曾著手之際，不能立即期望個人『預度』此新社會內『應有的』行動標準。」[12]筆者以爲，蔣擔任軍校校長以前的作爲，大抵就是如此。

若以個人的醫療與身體史角度來看，蔣幼年時以頑皮著稱，常受意外傷害，曾自言：「中正幼年多疾病，且常危篤，及癒，則又放嬉跳躍，凡水火刀棓之傷，遭害非一，以此倍增慈母之憂。」[13]這段經歷，已有學者做過細部梳理。[14]即至青年時期，蔣實未特別注意身體健康的問題，能掌握或運用的醫療資源也不多。但也就是這些個人的經歷，使他瞭解到自己的某些缺失，將對身體產生負面影響，甚至推想至整個國族衛生、強健身體之重要性。此時期他尚未明顯表達身體與政治之間的連結，蓋蔣當時仍未找到自己在政治上的定位，所以仍未有站在比較高的視角來省思中國問題之可能。

一九〇九年那個冬天，蔣從振武學校畢業，升入日本高田野炮兵第十三聯隊爲士官候補生。對這段時期的生活，《年譜》有如下之記載：「其時天氣洹寒，雪深丈餘，朝操刷馬，夕歸刮靴，苦役一如新兵。嘗奮然曰：將來與臨邦作戰，情況當不只如今日而已，是固尋常，有何難耐者。故咬定牙根，事事爭先，不自感覺其苦。而日本兵營階級之嚴，待下之虐，與營內之整潔，皆於此親見之。」[15]可見早期日本之軍校生活，對蔣影響甚大，它形塑了蔣日後對軍隊生活與整潔衛生的種種想法。另外，蔣的某些經歷，恐怕形成了他在中國人「不衛生」與「國族衰弱」之間，一種負面的連結，這和魯迅早年的經歷有些類似，這些屈辱感都來自日本的嘲笑與輕視。[16]一九〇七年蔣就讀保定軍官學堂時：「一日課間，日本教官於講衛生時，取一立方寸之土置案上，謂學生曰：『此土計可容四萬萬微生蟲。』已復曰：『此土有如中國，而土上之微生蟲，有如中國之四萬萬人民。』公聞而憤甚，乃立碎土爲八塊，瞠目反詰之曰：『日本有五千萬人，是否亦如五千萬微生蟲，寄生於此八分之一之立方土上耶。』教官語塞，愬諸學校當局，然以曲在日本教官，未甚督過之也。」[17]清末民初，致病之物多以微生物或微生蟲稱之，它存在於「臭惡之氣中」，而且最能傷人、害人。[18]以此來比喻中國人之生活，恐怕以「不衛生」與「危險」之形象脫不了關係，是十足貶低之用語。[19]蔣在此與之後的軍校生生涯，都受到這些來自日本對中國負面評價之深刻影響，這是不能忽略的面向。[20]

至於在個性方面，蔣早年即自知其脾氣和個性上的缺點，他在一九二三年時反省說：「某日晨醒，自省過去之愆尤，爲人所鄙薄者，乃在戲語太多，爲人所妒嫉者，乃在驕氣太盛，而其病根皆起於『輕躁』二字。此後惟以拘謹自持，謙和接物，寧人笑我迂腐，而不願人目我狂且也。」[21]蔣雖言自己「輕躁」，但很顯然的，他後來非常討厭別人或他的部屬也出現這些行爲。筆者對心理史學並未深入研究，不敢妄下斷言，但是蔣把早期自己的缺點，作爲改造中國人身體、行爲和舉止的可能性是存在的，而其欲達成的某些身體控管技術，又依其「自省」的經驗出發，強調「個人」的自覺，這一點後面還會論及。

失眠，是蔣身體上的一大毛病，此病根之起源甚早。曾擔任蔣私人醫生的熊丸就回憶說：「蔣先生的睡眠一向不太好，大概因為平常事情多，心情較沉重之故。且他平常上床時間太早，這也是睡眠時間不好的原因之一。我幾乎每天都要給他一些藥，以幫助他睡眠。」[22]失眠恐怕與蔣常常過分擔憂、愛發脾氣的個性高度相關，早在一九一九年六月，蔣就以陳炯明「外寬內忌，難與共事」，故憤而求去。在一封信中，他寫下自己因精神上受到苦痛，乃發生「耳鳴、腦暈、胃傷、腹瀉不止」，並謂「偶有思慮，則徹夜不寐，若非及時攻治，必成痼病。」並謂希望能加以休養云云。[23]另外，一九二四年三月蔣回信給胡漢民時指出：

弟本一貪逸惡勞之人，亦一嬌養成性之人，所以對於政治只知其苦，而無絲毫之樂趣，即對於軍事，亦徒仗一時之奮興，而無嗜癖之可言。五六年前，懵懵懂懂，不知如何做人，故可目為狂且也。近來益覺人生之乏味，自思何以必欲為人，乃覺平生所經歷無一非痛感之事。讀書之苦，固不必說；做事之難，亦不必言，即如人人言弟為好色，殊不知此為無聊之甚者至不得已之事。自思生長至今，已卅有七年，而性情言行，初無異於童年，弟之所以能略識之無者，實賴先慈教導與夏楚之力也。迨至中年，幸遇孫先生與一、二同志督責有方，尚不致於隕越，然亦惟賴友人誘掖與勖勉之力耳。至今不惟疲玩難改，而輕浮暴戾更甚於昔日，如欲弟努力成事，非如先慈之夏楚與教導不可，又非如英士之容忍誘掖亦不可也。[24]

蔣此時並不熱中政治，和同志之間相處似乎也有問題，僅有幾位知己，這主要還是基於他個性上的缺失，以及沒有後來他所說的「立志」問題；政治目標尚未能確立，當然也就沒有一種「個人的自覺」產生，而後者，正是他今後將會一直拿來當成演講的素材。

從家書中，也可看到蔣對身體與疾病的一些看法。在一九二三年寫給蔣經國的一封信中談到：「我接到你九月廿四日晚同所寫的信，非常喜歡，你說你的身體比上年不好，又覺很是愁悶。我前次寫信給你，要你身體自己當心，並且要勤習體操。你每日早晨起床的時候，可以自練柔軟體操或啞鈴體操。」他解釋蔣經國的流鼻血症狀和頭暈乃「十五六歲的人身體發育時候必有的徵象」，並言「看書到一個鐘頭的時候，必定要休息遊戲十分鐘，因為用功讀書，總是低下頭來的，低頭的時候太久了，自然就要頭暈的，就是出鼻血也是這個緣故。」[25]可見蔣認為身體可以靠個人之鍛鍊而達到健康之目的，而對於身體狀況的一些解釋，蔣也很有自己的看法，認為蔣經國的頭暈和流鼻血是發育中的自然現象。

至於蔣的風流韻事，更是常被拿來作文章。在陳潔如之前的一九二〇年初春，蔣於法租界租屋，和妾姚氏同居，「身常染恙（沙眼、蟲牙）」。王太夫人甚至由故鄉至此照顧蔣，過了短暫母子相依的日子。後來五月廿日時，蔣又罹患傷寒症，進入篠崎醫院診治，約待了廿七日出院。這個醫院應是日人開的西醫院所。一九二二年農曆新年後兩天，蔣思念親人，寫信給蔣緯國，說他自己舊病經常發作，頗可憂慮，這個「舊病」指的是什麼呢？信中並無交代。[26]但至年底時，蔣又「因目病不能用功矣。」[27]隔年（一九二三），蔣回到溪口，汪兆銘寫了一封信給蔣，大意說：「得來書，知目疾未愈，甚以為念。目疾關係重要，而病原病狀非眼科專家不能剖明，決不可以意為之，致終身受累。村居極好，苦無良醫，兄為治癒目疾計，必須來滬，瑣事斷不擾兄。」汪勸蔣要聽醫生的話，他說自己也生病了，醫生說要靜養一個月，結果汪不聽，急著下樓至書室小坐，結果晚上果然大咳不止。有了這樣的經歷，汪對蔣說：「醫生所言固不可違，只有忍耐而已。」[28]後來，蔣回憶他在一九二三年上半年的經歷有謂：「久困目疾，不能閱書，不能治事，憤欲自殺者再。繼而自慰曰：『天欲吾負黨之使命，豈其損此精明，靜養待愈而已。』」[29]在當軍校校長以前，蔣的生活不能算是嚴謹，早歲沒有私人醫生，蔣對養生一事似乎並未特意重視，但於一九一五年時，已注意「朝夕靜坐」之功。[30]這段時期蔣身體不時有一些小毛病，但是基本上影響不算大。整個生活習慣上除靜坐外似無規律化的傾向，似乎也沒有後來早睡早起之生活習慣。至於一九二四年冬，寫給經國之家書曾說：「緯兒在滬出痞（痧），你去看過否，現在有否痊癒？」[31]可見蔣也會使用傳統之病名，這不牽涉中西醫之爭，可能僅是家鄉的慣用語，用中醫病名來詮釋的吧。[32]

參、軍校校長與北伐時期

蔣早年即喜愛曾、胡、左、李之書與戰法、戰史等書，似不特別喜愛研讀王陽明之著作[33]，雖在一九一八年已有記載蔣「頻年夜坐習靜，……至是歲則增王陽明萬象森然，沖漠無朕之條、去人欲存天理之條、靜坐收心之條」等要目[34]，但見其早先所讀之書，似未見特別喜愛陽明學之書籍，與後來所形成的想法還是有所差異。[35]反倒是在民國十三年十月，蔣將《增補曾胡治兵語錄》輯成，即希望黃埔同志每人都有一本。[36]後來修身、齊家的這些功夫，一直到新生活運動之前的整個哲學思想，並沒有在早期即成形。許多蔣對身體之想法與日常衛生之概念，除了基於個人經驗以外，最先影響他的恐怕還是一種軍隊內之文化教養和現代化的衛生觀與身體管理技術。

蔣自從受命當了軍校校長之後，在自我期許與要求方面，有了正向的增強。他曾對陳潔如說：「我很有野心」、「我不以做一個普通的領導人為滿足，為了更加使你可以看重我——有了孫先生的影響力和關係，我的前途會順利。」[37]這是蔣開始嶄露頭角之刻，也是蔣將他私人的身體與衛生觀點化為一種公共的政治論述——軍隊文化與管理技術的開始。

蔣於一九二四年四月廿六日正式入軍校視事後，就展開一連串密集之「訓話」。他說：「要看一個軍隊優劣，只須看他帶兵的人怎樣。今天有幾位對於上級官長行禮，似乎缺少請神，這就是自己個人心意上不誠的表現。你不尊重你的上級官，你的下級要看你的榜樣，也就不尊重你了。」[38]蔣不單只希望成就一種上教下、官帶兵的制式分層關係，而這裡面還存有中國傳統的上下倫理與道德分際，蔣說：「我最所盼望於諸同志的，就是大家相親相愛，和衷共濟，如同手足一般。」[39]蔣將「仁愛」的道德精神融入具現代性身體控管的技術中，他曾說：「官長要注意兵士的冷熱與衛生，有掀去棉被毛毯者，要幫其蓋好。」[40]他著眼的不僅是在軍隊規則、衛生法條等生硬的規章，還將儒家的思維放入衛生觀的培養內；而這種思想的形成，恐怕也與蔣在日本受訓時，見日本軍人「待下之虐」的經歷，[41]及其當校長時的日常生活所見吧。一九二五年十一月廿一日蔣即言：「近來士兵告發的困難苦痛太多了，而且親眼看見的亦不少，甚至有排長以糞塞士兵之口，或痛打毒罵，而士兵之飢凍不管，更屬視爲常事。」[42]蔣也許是希望建立一種中國式的軍隊管理；更有甚者，這種分層的、上教下的身體管理，又充分展現在蔣認爲「衛生」是需要被教導的，而負責任與考評者，往往都是長官，蔣對他們的要求往往比士兵更爲嚴格，蔣曾說：「軍隊裡面最巧妙的東西，就在最粗淺東西當中。」要關心士兵生活、有沒有吃飽、身體狀況如何等等；還說軍隊就像一個大家庭，官長要好好對待士兵，「寒則衣之，病則醫之」，這樣不但可以減少逃兵，也可以使士兵成爲好子弟、好國民。[43]

從蔣的言論中可以看出，軍隊內的醫療與衛生，和身體管理有密切的關係。當兵就是爲了要和敵人拚鬥，所以必須保持身體健康，蔣對此相當重視。對初入軍校的學生，必請醫官詳加檢查，見到身體過於虛弱的，蔣謂：「據醫官說恐怕不能十分耐勞，所以校中不能容納，這幾位最好在校外爲黨服務。」其他瑣碎的要求，包括拖槍和行禮時姿勢要正確、不能對著長官笑，這有礙軍人的精神；而且，衛兵還必須「儀容要莊嚴，服裝要整齊清潔。」[44]這一些概念顯然衍生自日本軍隊的習性，與蔣早期所受的軍校教育有關。[45]蔣以自己的經驗，來說明軍隊學習的特性，他對軍校生說：「你們要曉得過了這三個月的初學期之後，比現在還要決活幾倍，你們到那個時候，才眞正領受軍隊生活的興趣及意義了。以前我們國民黨辦不好，革命不能成功的緣故，就是黨員沒有訓練。你們要曉得軍隊的生活，是人生的眞正生活，因爲軍隊的生活什麼東西都要獨立的。凡是他人不屑做的事，我們軍隊裡都要自己來做完全，要脫了依賴的惡根性，比如你們現在在寢室掃地，總算是學生自己做的一件工作，但是我們在校裡的生活，不單是掃地一樣。凡是燒飯、煎茶、挑水、洗衣、揩地板、出糞缸，這種事將來都要自己來做，因爲人家所做的事，我亦能做的。」[46]這些軍隊教育中蘊含大量身體控管的機制與規律化要求，而衛生的日常生活，也被規範在其中，確實是比民國一般人的日常生活更被要求「衛生」與「規律」。蔣認爲一個人衛生與否，將影響個人行爲中的自覺與獨立精神之展現，而「個人的自覺與自強」，往往比長官的教導、或甚至法規的完備更爲重要。[47]

從長官之教導、個人自覺之產生，到塑造一個衛生、負責、獨立的人格與身體，是蔣的一種階段式軍隊化教育理念。[48]其中，「衛生」更是重要項目，一九二四年五月廿七日，蔣說：「昨天我到衛兵室裡，看見鹹菜、鹹魚以及不洗的濕襪、草鞋等物，都放在裡面，以致室內發生臭氣，這是很不衛生的，並且要發生疾病，趕緊就要搬出去。以後在衛兵室內，務要每日揩掃二回，總要使得清潔而合於衛生才好。」[49]幾乎在軍校開訓後的幾個月，蔣皆著重反覆宣示與視察幾個身體控制之條目，包括紀律、衛生、整齊清潔、鍛鍊身體、吃苦耐勞等等項目，由是可見「衛生」在蔣經營軍隊時的重要性。「衛生」除了與個人的現代性將發生關係外，它也和實際的軍隊管理有相當實質層面的關係。蔣認為，大多數軍人都不是戰死的，而以病死的居多。[50]故蔣非常注意士兵疾病的問題，他時常巡視病院，也藉此掌控士兵裝病請假或藉口生病而滯留醫院等問題。[51]一九二四年五月廿日，他對第一期軍校生訓話時說：「近來生病的人有十三個之多，可以出操的時候，總要勉強來出操才好，因為缺一天的功課，就少一天進步，將來與別人不能一效了，況且人的精神，是愈用而愈出、愈練愈精的。如果生病的人能夠提起精神下操，輕的病自然會好的，因為人類應該與天然界對抗，不可為天然界壓倒的，尤其是我們革命黨員，不能屈服於天然界，這就是人定勝天那句話。」[52]這句話顯示蔣認同身體的健康與意志力，乃出自個人之意志與日常鍛鍊，良好之精神和強大的意志力可以克服疾病。故蔣特別重視一個人外在身體所展現的「精神」，一九二五年四年十四日，蔣對第三期入伍生演講〈軍人的動作與紀律〉時說：「我們中國人的習慣，走路時總是兩眼向地下看，前面有什麼東西，就不留心，看不見，戰時更不消說。外國人走路時，兩眼總是看前面的，挺胸凸肚，精神勃勃。須知眼向地下看時，對於體力發達上很有妨害，因為眼向地下看，腦子就低下來，時間持久，腦筋就很痛苦，所以無論做什麼動作，眼要平看才好。」[53]其實對這些身體動作之要求，並不只是一種枝微末節的要求，只要瞭解其背後反覆說明此話語的意圖，就可以知道其論還是與衛生、健康有關。

蔣還非常注意巡視傷兵醫院，這讓他形成了日後注意軍隊「經理」以及「軍醫」這兩類人的觀察。一九二五年二月十九日，蔣來到病院慰勞在東征時受傷之士兵，「公以衛生隊逃亡，醫治無人，傷者饑痛呻號，見之欲泣，乃曰：『軍醫不良，經理無方，軍隊要素三失其二，準備欠周，咎在予一人也。』」[54]蔣曾多次視察傷兵，早在東征時期就已有「野戰醫院」之設置。一九二五年，蔣對士兵溫情喊話：「你們的勞苦，本校長無一時不放在心中，我自己從到白芒花以後，十天當中，每天體熱發燒，沒有痊癒，但我決不能休息。因為孤軍深入重地，你們幾千人生命都寄託在我身上，稍有疏忽，必致全軍覆沒，所以我一定要負責，使你們安全，使你們不生病、不疲勞、不凍餓。所以我一方面代你們處處著想，使你們不致遇著危險，作無益的犧牲，一方面盼望大家自己保重身體，每禮拜終要吃一次金雞納霜丸，夜間放哨的弟兄，第二天早晨終要給他吃碗薑湯，發泄寒氣，免得感受風寒。」[55]蔣當時雖身有微恙，但還是注意到他的子弟兵之健康，「金雞納」是當時普遍用於退熱的西藥，每個禮拜吃一次，應該是預防重於治療的意義。至於喝薑湯來「發泄寒氣」，則是傳統醫學的理論。可見蔣在照顧士兵的健康上，是不分中西的，講究實效。蔣在一九二五年七月十九日宣令：「自是日起，軍校晨設麵包、晚豆飯（以赤豆三成、米七成合煮），校中多有罹腳氣病者，醫稱食物中毒，與地氣亦有關係，沖心即不治，乃以此為預防法。」[56]食物中毒應是西醫的說法，至於腳氣與地氣之間的病因連結，則屬傳統中醫的疾病觀，[57]此處解讀也是中西醫觀念各占一半，而蔣最重實效，對病因之解釋反不定於一者，這與蔣的軍人個性大概有所關係。

尤其是對軍醫之重視，是蔣在軍校校長時期的深刻體認。蔣除了認為軍隊衛生要有「個人自覺」和「長官教導」外，也希望有軍醫協助基本的衛生管理，一九二五年四年十三日，蔣下〈軍校整頓令〉，談到：「整頓各事物，應先從現在毀廢雜亂之處著手，如朽敗牆屋，應即拆卸，各處無用之物，如爛木廢料，應即分別整理，儲藏使用或發賣，以無用化為有用，方能收整頓之效。此節凡辦事人員，均應注意實行，勿得疏忽。」又，「各處長及各部隊長，每日在校至少須巡查一周，管理處長早晚更應親自檢驗。凡有上下房舍塵土、垃圾、破磚、漏壺等積穢，以及廚房、廁所之清潔．與關於衛生諸事，應即會同軍醫處切實整理，方不負職務。」[58]但也就是在這段期間，蔣正經歷東征與北伐的大小戰役，常常苦惱於軍醫素質低下的問題，大概可以從三件事情看出來：屢次巡視傷兵醫院、調動或發布新的軍醫任命狀，或成立新的軍醫病院等。六月廿五日記載：「公宵旰焦勞，而又遭國難，校中軍醫處腐敗，教育長受攻擊，內外皆不幸事，刺戟深矣，病乃漸劇。」蔣在煩惱國事之餘，主要還是憂心軍校的種種問題，特別是軍醫，蔣透過不斷的調動，來安插他較滿意的人選。[59]更有甚者，當年八月廿六日，蔣在下令軍校各部整輯歷史論述之材料時，即指出幾項各部匯報之重點，其中就包括了死傷、疾病（全年生病人數、病名統計）、衛生項目（軍醫、藥品數量、病名、生病者全年統計）等，可見蔣很注意疾病統計、醫藥衛生要編入軍事歷史的重要性。[60]而軍醫也負責將蔣的一些對衛生之想法，付諸於軍隊日常生活的實踐，例如一九二五年七月廿三日中令清潔衛生，命令曰：「暑中最易發生疫症，屬軍醫處長、院長，切實督責各部隊軍醫等，於清潔衛生，認眞辦理，尤須於廚房、廁所、暗溝、浴室、倉庫、飯廳、寢室等處，每日派軍醫輪流檢查，灑石灰粉或避疫水，而對於飲料及菜蔬，會同管理處切實注意指定。總須求其清潔，不發生疾病爲度，以後每月將以上各處詳細檢查一次，並督責其大掃除爲要。」[61]而蔣這樣的看法與經驗，也成爲今後南京國民政府夏令衛生運動的張本，而其運動之高潮則是新生活運動內的各種衛生舉措。陳調元曾言：「衛生運動，爲中央年來提倡七項運動之一，繼以蔣委員長提倡新運，首重清潔，各地風行草偃。」[62]整個時令、季節性的衛生運動之成形，大概可以從這些地方觀察出來。[63]

一九二五年十一月廿三日這天下午，蔣視察野戰病院，該院呈現「腐敗不堪，傷兵飲食無時，看護乏人，煎熬痛苦，公以院長喪盡良心，只圖飽私，罔恤生命，大叱辱之。」[64]十二月三日，又巡視醫院一次，[65]至十一日，即查辦軍醫處處長金誦盤，乃責其失職之罪。[66]一九二六年二月五日傍晚時，蔣再次巡視病院，見病生呻吟，大歎：「觸目非部下棺材，即同志呻吟苦狀，焉得不為心摧。」[67]顯示蔣為之甚感憂傷，至十八日時，又調「勞書一（軍醫處軍醫）為入伍生第三團衛生隊隊長。」[68]同年七月一日，發布〈北伐部隊動員令〉，下令「成立野戰衛生處，組織病院（凡三所，定名一、二、三後方病院，）及野戰救護大隊，並設立衛生材料庫。」[69]八月廿八日又發電令：「金誦盤推進醫院。電曰：長沙總司令部陸處長轉達金處長誦盤覽：長沙病院，著迅即推進至嶽州，衡州病院如已移至株州，即將該院推進。如長沙病院推進時，該院之病傷兵，可與紅十字會醫院，或其他醫院交涉，請其代為收容，醫藥各費，由我照付。仰迅速遵辦，毋得延誤為要。總司令蔣。」[70]接著，在九月廿四日電曰：「長沙總司令部軍醫處陳（方之）處長鑒：第三軍傷病官兵，此間已到六百餘人，聞第二軍傷病亦頗多，即將續到，各兵站醫院，不敷收容。著將預備病院，迅移萍鄉袁州，開設收容所治療，以便兵站醫院隨軍推進，並宜加派醫官，多帶藥品前來為要。總司令蔣。」[71]十月六日下午，蔣又一次至醫院探視傷兵，見傷兵在草地上呻吟，感到「心情痛楚，凍寒不忍。歎曰：『余近檢查懈疏，使屬員玩事，士兵受苦，自問罪尚可贖乎？以後戒之！』回行營，憤悶無已。」[72]隔天，蔣又一次至傷兵醫院探視傷兵，隨即發出電令曰：

> 樟樹俞總監、長沙總司令部朱處長、陳處長鑒：前方各病院，多辦理不善，傷兵在院，既無被服，又缺藥料，風餐露宿，形同囚犯，每一臨視，輒為痛心。如此

革命，徒重罪孽，於民無益，而親愛之士卒陷死矣！此皆兵站與前方軍醫處辦理不善，準備不周，而中正督率無方之過爲尤大也。務請諸公，顧念前方傷兵之痛苦，對於病院，須格外整頓，看護周到，換藥洗衣，飲食住宿，務須清潔整齊，不使我忠勇將士，傷者加重，而重者致死也。以後每院須準備傷兵者替換之襯衣褲及被單軍毯棉衣，以收容人數之量，而倍備數；如準備收容五百傷兵之院，務須準備千套，被服藥料亦然，茶水粥飯，尤宜清潔溫熱。吾人既不能同士卒在火線上共生死，亦當謀受傷士卒減少痛苦，務請悉心研究，竭力改良，勤勞奉公，巡查督察，不使屬員偷懶，傷者受苦，稍以求心安理得則幸矣。如何整頓？盼復！中正。[73]

由此可見蔣對傷兵之重視，而新軍醫之培植，實爲蔣當時最急切的政策之一。他總是認爲中國的軍醫沒有專業素質，一九二五年八月十五日，蔣在〈上軍事委員會改革軍政建議書〉即指出，軍醫在內的六個戰爭必備之專科，雖目前沒有經費難以籌辦，但可以先小規模試辦，在黃埔軍校內設專科或於其他陸軍學校規併等，並派專人負責，以期能夠速成。[74]在八月十七日時，又在行政會議中討論整頓衛生隊及各師軍醫處案，皆顯見其重視軍醫之程度。[75]而此時蔣接觸的幾位軍醫，例如金誦盤、褚民誼、郭琦元、陳方之等，當然都是西醫，沒有疑問，他們皆有德國或日本學習西醫之背景，這點與後來英美派的軍醫很不同。[76]由於本文非探討軍醫制度，只是凸顯蔣個人的日常生活觀察，以下再將焦點轉回他自己的醫療經驗。

做為一位軍校校長，蔣此時已經有私人醫生了，例如陳方之。[77]而且至少在此時期，蔣已經奉行靜坐、運動、練拳、吐納等健身功法，這一套學自傳統中國士人保養健康的方式，應是受曾國藩或新儒家的影響。[78]當然，這時蔣仍受一些小毛病的困擾。首先，與他的情緒起伏有著極大的關係，例如一九二五年六月廿三日發生沙基慘案，蔣「切齒腐心，體度高熱，朝來不自勝，已乃強起，赴省垣北校場集合士兵講話，約一小時，幾暈倒。十時回埔校，處理一切。下午，臥病於要塞部。自是日記冊上，公日書仇英標語，用以自針。」這是列強給他的恥辱，但蔣此時未有一個完整的全國領導人之視角高度，大概多是在日記中抒發而已。另外，同年十一月五日蔣「五時起，獨步望月，旋逛公園，見衛兵枕槍馳臥，前哨無人，怒而大苛。公曰：『凡所且見，無不令人痛傷，嗚呼，吾黨，如何能完成革命耶。』」[79]至十一月十八日，「公因副官處人員辦事玩忽，恚甚，以物擲地，幾欲殺人矣。」[80]足見蔣脾氣依然火爆，部屬的日常生活有欠規矩，常導致他怒不可抑。一九二六年二月十八日，蔣甚至感覺「公私兩敗，內外夾攻，欲憤而自殺。」[81]故蔣時常反省自己的壞脾氣，希望能靜養心性、不亂說話，行為不要輕浮躁動來勉勵自己。[82]這也是蔣個性上的特色：蔣常被人認為望而生畏，不愛說話，其實這是蔣一種內斂的表現，可能有時也在克制自己的脾氣，但絕不代表蔣不在觀察和他見面的每一位人。事實上，在他仔細觀察後，通常已有自己的定見，只是不說而已。[83]

其他像是感冒頭疼類的小病，也有記載。例如一九二六年六月八日，蔣「回東山寓，體熱高至一百度，發汗，當夜復元。」[84]同月廿九日，「傷風又作」。[85]一九二六年七月十九日晚，「以傷風早睡」；隔天，蔣又「體發熱，精神困頓，屏紛攝養」[86]。這都還算是比較小的毛病。更令蔣困擾的，可能是鼻病、牙痛和梅毒。一九二五年七月二日，《年譜》記載蔣入頤養院割治鼻瘤。[87]八日時，「在長洲司令部辦公，因勞苦過度，（鼻）血管破裂，甚險急。」隔天，又繼續流鼻血不止。至十日上午，情況爲改善，跑到醫院就診，沒想到在門口即撲倒、竟不省人事。被緊急扶上床，約過十分鐘，醫來輸血。原來是塡塞鼻孔的手術不良，「熬痛不堪」，晚上並住進醫院。十一日，醫生要取出鼻中塞布，竟又取不出，蔣痛苦難耐，至中午方才取出，整個過程「如解倒懸」，凡住院（頤養院）共十二天。[88]對於蔣的鼻病，陳潔如有如下之回憶：

突然間介石竟罹患了一次嚴重的鼻出血症。大量鼻血流了出來，我嚇壞了。我再怎樣嘗試也無法使流血停止。我使他躺下仰臥，給他敷上幾條冰冷的濕毛巾，仍然無效。最難辦的是，他拒絕安臥不動，我請校醫急急跑上樓來施行急救，但是他也無力止住那些慢慢流出的血。既然這樣，我就想趕快將介石送往醫院。雖然他不斷表示抗議——尖銳刺人的抗議，但我不理，仍將救護車叫來。「我不要去醫院。我有太多的工作要做！」（筆者按：蔣叫著）在許多方面，我總是軟弱讓人，但遇到這樁事，我不聽他的，決心一意孤行。在醫院中，醫生說我做對了，因爲這個病很嚴重。他稱這病爲「鼻症」（epistaxis），是由一種小腫瘤造成的。用藥一小時後，流血止住一些，但未完全停止。介石流了太多血，因而感覺身子很虛弱。他眼睛閉著，滿面愁容，氣色非常蒼白，眞把我嚇昏了[89]。……醫生嚴格要求病人靜止不動，但介石短暫休息一會之後，看見血不流了，便要回家。他眞是一位頑強的病人，拒絕聽醫生的囑咐。他不時要說話，到處轉動，於是又淌血了。護士照醫生的交代處理，才將血止住。下午黃昏時，醫生再來，叫我多對介石說話，藉以防止他自己多說話。……第二天一早，醫生來給介石開更多藥物，但這位病人還是不能安靜，不肯躺住不動。醫生只許他進飲鮮橘汁。每一餐，他都堅持要我用一支吸管親自喂他，這種種怪相簡直就像一個難纏的嬰兒。介石甚至拒絕護士小姐們服侍他，使她們都有受侮之感。他硬要我給他做每樣事情。他只於心中願意的時候，才肯喝下橘汁，因此我不得不又要給他逗趣，又要顧到他心中的奇思異想，這種工作眞是難上加難。[90]

如果陳潔如的話可信，至少可以看出蔣是一位不太合作的病人，有「私」一面的硬脾氣，或許也有爲「公」不得不挺身的、強烈的責任感。至於牙齒的毛病，也長年困擾著蔣，例如一九二五年五月廿五日，蔣牙痛，[91]在八月十九、廿、廿一、廿二日，蔣又陸續治療牙齒，[92]一九二六年七月二日，也有醫牙的記載，[93]至當月十一日，找了一位湖南湘雅醫院的外國醫師來幫忙拔牙，這個位外國醫生對蔣的看法是：他不像一般中國人「東問西問」，很乾脆。[94]牙齒的毛病，在日後還時不時的出來困擾著蔣。

至於蔣得梅毒之事，《陳潔如回憶錄》中也有不少記載。陳潔如一開始發現她身上長了疹子和像是癬的紅疤，蔣帶其去看一位好友——李（Tien Li）大夫。據陳言這位醫師是柏林海德堡，考克學院及漢堡特羅本學院的畢業生，專精細菌學和性病。後來陳做了梅毒血清診斷法（Wassermann test）的檢驗，證實罹患梅毒，陳非常生氣，蔣則解釋：「這病是輕度的，用六〇六針藥就可以完全治癒。」這是蔣自己的舊毛病。[95]對於梅毒，在民國時期並非絕症，好好控制確實可以治癒。可以看出，蔣信任的還是具有德國醫學背景的西醫，而細菌、免疫等現代醫學名詞，蔣應該都不陌生。更爲重要的是，蔣許下了放棄飲用所有酒類，甚至茶和咖啡的誓言，而他後來眞的做到了。[96]蔣和陳的這段往事，顯示蔣漸漸形成並且強化的「自省」、「修身」的功夫，蔣在認識宋美齡之後的自持，有目共睹，自不用多說。[97]至於蔣得梅毒，或許在其擔任軍校校長之前；及至擔任校長之時，他已經非常注意個人身體與行爲之間的克制、禁慾與健康的關係，一九二五年十一月四日時，他著文痛揭軍官弊端，談到：「駐軍繁華靡麗之廣州，少年軍人血氣未定，逸則思淫，每當夕陽西下，聯翩外出，深夜不歸，或竟連霄外宿，連上床鋪等於虛設，而此種行動，尤以連長爲多，蓋以連長握有經濟之權，而身體亦較自由故也。」[98]這已經說明蔣體認到過度「身體自由」本身是有害的，它將造成一個人的貪縱享樂，蔣後來屢次把這種身體自我控管的重要性和淫蕩、浪漫等負面語彙做相互對照。至一九三四年五月，蔣對空軍訓話時就說：「如果品德不好，也往往足以摧毀身體。例如行爲浪漫、放僻邪侈，就可以發生殺身之禍。如前次美商駕了一駕運輸機，從空中掉了下來，就是因爲他在前一天晚上喝酒跳舞，到了飛行的時候，還是筋疲力竭酒還沒有醒的原故。又如前年在滬杭間掉下一架飛機，也是因爲他駕駛的人剛在新婚三天之後，這雖然不是品德不好亂嫖的原故，但也可見縱慾淫心之奇禍。」[99]以這樣的思考來歸納意外之原因，是否過於武斷了？但或許蔣的心中眞的做如是想。後來，蔣對軍官團訓話時也曾說：

在租界以內以及外國人所能達到的地方，有的是妓女、鴉片、金丹、賭場、洋貨以及一切使人墮落的陷阱。用種種方法在那邊引誘你們，要使你中國的軍人，弄得烏煙瘴氣。昏天黑地。做一個頹唐腐敗半死半活的糊塗鬼。所以大家要曉得，你們離開了軍官團，只將到九江附近，或是出軍官團的大門，就有許多的邪魔和敵人的偵探看著你。如果到了九江市內，就更有無數的敵人，用種種方法在那邊引誘你們，不使你做人，而要使你做鬼，這種環境是何等的險惡，所以我們要格外的當心，格外的自重自愛，不可隨便放鬆、浪漫一點。把自己的高尚人格和寶貴的身體隨便蹧蹋，永遠做一個被人家恥笑輕侮的糊塗鬼。[100]

至於蔣攻擊共產黨時，更是用了種種類似其早年日常生活中不好的經歷來加以說明，一九三一年往開國民會議第四次會議時說：「凡赤匪蹂躪之區，……利用青少年好奇心理之弱點，煽惑青年男女為種種反叛家庭之慘害舉動，而社會唯一基礎之家庭為所破毀矣。他方更乘青年血氣未定之弱點，誘使一般男女自由縱欲，則家庭之新生命又為所戕賊矣。若使此種破滅社會基礎之禍患未除，則中國民族非至滅種不止。」[101]凡此種種，對身體的那種規訓、戒律、禁慾之戒律，不能不說與蔣自身的經歷與反省所得的經驗知識有關，漸漸推及至「嫖賭菸酒」都是不好的行為，[102]成了蔣日後反覆申論的一種言論趨向。

一九二五年十一月七日早上六點，蔣起個大早，望見「朝旭出升，雲呈五色，頓覺神志一軒。」不自覺的喃喃自語，自云：「邇多憤氣，凡以國人萎靡不振，皆為可殺，此實已甚，戒之戒之。」[103]蔣覺得自己「殺氣」太重，但也覺國人「萎靡不振」已到極限，這包含了精神和身體兩方面。從軍校校長的觀察視角出發，蔣已經形成了好的人格、好的衛生、好的身體這三者關係之連結。從培養軍人到改造國民，蔣邁入了下一階段的擘畫。

肆、南京國民政府時期蔣的「私」領域日常衛生與醫療體驗

基於之前的一些經驗，蔣對醫療衛生和身體之管理有一些組織性的想法，而許多政策或想法之出現，我們都要考慮其歷史的延續性，它們都不是無中生有的。有關南京國民政

府時期以及之後的衛生史論述，學界研究不算少，[104]不論是從國際外交、[105]國家施政，[106]還是從地方建設，都已有不少著墨。[107]但直接從蔣的立場和視角出發的研究，還是比較欠缺的。蔣基於自己所見所聞的想法或檢討日常生活之點點滴滴，在新生活以前，其實已累積了大量的、有關衛生之想法。究言之，私領域之經歷不見得一定會成為公領域的一種實踐，雖然它們有時是密切相關的；另一個更重要的意義應該是，我們希望來看看做為一個平凡人的身體、一位國家領導人身體，在此時的一些日常生活經歷。

首先，蔣每每掛在嘴邊的，還是他在日本讀軍校的身體經驗，並經常拿出來和他的部屬分享。他說：「我少年時體格就不好，到廿歲以後，到日本學陸軍，在高田聯隊入伍的時候，自己才加意鍛鍊，在積雪最深的地方，我自己用雪來擦身體，並在冬天用冷水洗澡，這樣刻苦鍛鍊，後來我身體才慢慢強健起來，身體強健，精神也當然好起來。我根據自己的經驗，就可以斷言，好的身體天生成的只有五分，其餘五分全靠鍛鍊。」[108]可見蔣認為個人身體的健康要靠後天自我鍛鍊，他對健康的追求，常展現一種個人主義式的自信。甚至，蔣會將這種個人經驗告訴正在患病的友人或部屬，強調自信和自我鍛鍊的重要。例如蔣光鼐因病請辭其職務，蔣回電慰勉時說：「精神愈用則愈出，志氣愈提則愈盛。盼以強毅之氣，奮克敵之誠，則宿恙亦當不難霍然。」[109]

在中原大戰後，蔣發了一陣牢騷，他認為檢討這次戰爭中軍隊所暴露的缺點，就是體格不好，甚至不及敵人。體格不好一定精神不好，什麼都做不成。蔣分享自己鍛鍊體格的經驗：「我們在從前求學時代，功課上並沒有注意到鍛鍊體格，但我自己要希望體格好，便想方法去鍛鍊，用各種方法去實地練習。早晚用冷水洗身，一早起來，無論怎麼冷的天氣，一定用冷水洗臉；洗臉以後，還做各種運動，所以到於今雖已四十多歲，體格還並不覺得減退，希望以後大家都能十分注意。學校的教育，第一就是體育，體育好了，纔可講德育智育；如體育不好，那德育智育也就不能長進。」[110]另一個有關身體的則是表現於動作上的要求，蔣認為這次戰爭本軍在「體操技術」與使用「大刀拳術、跳高跳遠」等方面都略遜敵人一籌，他說：「敵人能用大刀同我們步槍機關槍衝鋒，始終沒有間斷過，由這一點看來，就可知敵人技術的精熟。技術精熟了，對於自己的膽量志氣都能長進。所以以後對於拳術及大刀等的使用，以及各種跳高、跳遠等等，格外要多加學習。」[111]這是談鍛鍊的內容，除了西方之體育運動外，蔣也不排斥做些傳統的「國術」運動，這是非常特別的論述。

除個人經驗外，還有蔣在日常生活中的所見心得。蔣認為中國人體格和精神都太虛弱了。他看到租界區的外國人軍隊和員警，談到：「在馬路上行軍或出操時，多麼整齊有精神，體格又多麼強壯，其實這些軍隊在外國的防軍中並不算好，但是和我們比較起來已覺好了。強壯、整齊、清潔這六個字，是軍人最要奉守的。」這大概已經形成新生活運動中的某些想法，而且他基於經營軍校之經驗，認為身體強壯不難達到，只要施以「三個月良好的訓練」，壞身體亦能變好。[112]而且蔣認為，身體不好，精神必定不好，這種人「什麼事都不能做」。如果中國人體格可以強壯，那外國人一看就不敢欺負中國人了，蔣甚至認爲，軍人什麼術科和學科強都沒有用，因爲身體一敗，「便什麼都要打消」。[113]而中國人身體衰弱的「病夫」形象，蔣認爲是長期處在帝國主義壓迫下，中國人養成了一種「萎靡懦弱的習慣」，從彎腰駝背、浪漫腐敗，一直到沒有紀律和精神不佳、衣服穿不整齊等作爲外在表現。[114]

蔣的這些觀察非常細膩入微，可以說他平時就非常注意人的舉止、禮貌、規矩、整潔等這些外在身體表現，做爲評斷一個人的標準。熊丸曾回憶說：「蔣先生很重視時間觀念，所以要見蔣先生，必需提早半小時到才行。」見客時蔣「很注意對方的服裝、儀態，以及講話方式，談過話後還會在見客名單上畫勾。在見客名單中每位客人的名字上都有四個框，蔣先生將勾畫哪個框，對每位請見或約見者的未來前途，都將有極大影響。」[115]而其日常遊歷、省親所見，也往往可以展現他討厭骯髒、不整齊、不衛生的個人主觀認知，例如蔣在一九三一年四月回到故鄉時，即抱怨說：「滿地都是牛糞，骯髒得不成樣子。」[116]十二月在故鄉時，蔣在早上至樂亭，「修整室屋，潔治器物。」蔣去做的竟然是整理清潔屋室。[117]隔年一月，蔣在故鄉接見族人，舊地重遊，「會見外家上下輩多人，歡甚，巡視舊屋，見樓上不如從前整潔，公又憂之。」[118]至一九三三年初，蔣又再次掃墓時，則有這樣之經歷：「上午會客後謁祖考及考與亡弟瑞青墓，見封植加修墓地，皆比前整潔，良以爲慰。」[119]這些記載，可見蔣把「整齊清潔」不只代表他對人的要求，環境上的美觀整潔，也是其極為重視之事，而這些環境都會影響蔣的心情與觀感。又有一則故事，乃出自熊丸的回憶，他說：

……傳說德國總統曾請德國大使程天放吃飯，程天放拿起手巾擦了叉子，德國總統馬上叫人換了一副叉子，不料換了叉子程天放又擦，主人又吩咐再換一副，大家都說程天放不懂餐桌禮儀。有一回程天放和蔣先生一塊吃飯，蔣先生便對程天放說：你們做外交官的人，餐桌禮貌一定要注意。程以為蔣指的是這項傳言，急忙辯解說那是謠傳之故事，蔣立刻回應說：我不是說那回事，而是要你吃飯不要發出聲音。[120]

可見蔣時時處在一個「觀察者」的角色，而他也常覺得別人（特別是外國人）在不斷「觀察」中國人的缺點。蔣深信透過這些細微的觀察，很多缺點都可以被指正出來，所以談蔣在政治領域的規畫，就不能忽略蔣這種來自個人的細微觀察。

至於這段時期，蔣已漸漸具備國家領導人的視野，操煩之事也更多了，這讓他的身體和情緒都時不時的出現一些小毛病。例如一九二九年十月九日這一天，蔣「上午批閱，到政治會議，手撰告國民書。下午會客、休息，歎曰：『衛生不講，體力衰弱，將何以對所生也。』晚到湯山沐浴，浴畢，即回京批閱，至深夜始睡。」[121]可見蔣認為體力不佳也是一種「不衛生」的體驗，而且蔣總是會和儒家的孝道連結在一起，當他身體不佳時，蔣常常歸結於是自己脾氣不好，導致身體發生疾病，有失孝道。例如他曾說：「今日兩次發怒，肝火之旺，必損內臟，奈何不愛惜父母之遺體如此哉？且凡事之錯於怒時甚多，故古之聖賢於戒怒懲忿，必大用其功，余尚能希賢希聖，以到於希天乎？」[122]蔣用了傳統醫學的「肝火」來說明損傷內臟和其背後不孝的意義，耐人尋味，因為蔣常常在談到自己脾氣時，就會舉中醫的理論或歷史來說明身體的狀況或勉勵自己，例如謂：「本週體氣皆好，惟以所部辦理不力，心甚躁急。」[123]中國醫學素重精、神、氣，這些都是蔣形容自己身體狀況時常用的語彙。又有一次蔣早起自省曰：「余近來心急氣浮，故言行皆不穩重，呂新吾有言：『意念深沈，言辭安定，艱大獨當，聲色不動』，余何不能如此哉？昔秦有良醫曰和、曰緩，漢有大度良相名曰劉寬，『寬和』二字，當為余之藥石名，速服此藥，以期病瘳。」[124]醫和、醫緩乃戰國時代名醫，蔣對中國醫史恐怕也略有涉獵？應該是蔣閱讀《左傳》的心得吧。[125]而蔣常常覺得身體的毛病，皆與自己的心情或脾氣有關，例如《事略》記載：「傍晚，公覺腦痛如刺，因自省曰：『吾其病根已深乎？何不保養父母之遺體耶，何不達觀於宇宙之外耶。』」[126]當蔣覺得精神不濟時，他也會小休片刻，但還要找個理由來說服自己，例如蔣有一次要凌晨一時出發至另一地巡視，準備已經妥當，他還是要抽個時間補充睡眠，並說：「不敬其身，不愛精神，亦不可也，戒之！戒之！」大致還是從身體和精神兩者之健康來思考。[127]

蔣把自己的身體設定為國家領導人的身體，不只是一種「個人」的私有身體，所以蔣常常會為了公事，而呈現一種不願看醫生，硬撐下去的脾氣與自信，一九三一年三月十日記載：

晚醫生來檢查公之身體，體溫九十七度，脈搏六十六跳，血壓九十度。公因而自歎曰：「吾之身體虧損如此，將何以擔任國家大事哉？嗚呼！思我陣亡將士之可憐，念彼頑固政客之可恨，處境困難如此，我身安得而不虧損？然吾身雖弱，吾心自壯，吾氣自雄，吾惟自求其無愧於心，生死以之可也。」[128]

十一月十六日又記載：

公昨夜十二時後睡，今晨四時而醒，覺腦暈甚烈且痛，欲起床不能。六時，聞鐘聲乃強起，行虔禱如常，然精神與肢體皆甚疲乏，且身有熱度，不願就醫。會客後，立即往開代表大會開第二次正式會議，仍爲主席。[129]

不管個人身體之狀況如何，蔣總是會想到那些忙不完的公事，甚至有時對軍校學生或員警訓話完畢後，回到官舍後還自我肯定說：「今日訓話必有效果也。」但往往經過一天勞累或憂心後，往往眩暈、失眠、發熱等身體不適之症顯現，還要自我勉勵一番：「身負鉅責，敢辭勞乎？」當天晚上，蔣對另一團體竟訓話至晚上十二點，可謂備極辛勞。[130]

蔣雖然有時對一些身體上的小毛病採取硬撐的策略，但有一個始終困擾他的疾病，他不得不去面對的，就是牙痛問題。一九三四年底，蔣經歷的一連串牙痛和拔牙的夢魘。十一月廿八日這天，《事略》記載：「公以牙疾修養在家，然仍批閱擬電令如故。即見王寵惠、孔祥熙等，謂對胡妥協，使其出洋，對倭諒解，使其對俄」云云。[131]隔天立刻「拔除病牙兩枚」，還不能稍事休息，痛苦中仍「與王寵惠、孫科等討論問題。」[132]眞可謂一刻不得閒。又至十二月二日，《事略》記載：「公因牙疾，拔除上顎當門牙兩枚，仍批閱看書。」[133]至四日，竟又「拔除上顎左前方病牙二枚，因其骨內尚有隱牙，醫生想破骨取去，用鐵鎚硬拷，終不能破，仍未拔出，而流血較多，公精神仍旺，病中仍批閱看書，未嘗休息。」[134]這有點慘不忍睹，不知蔣的牙患了何病？但還沒結束，雖六日時，蔣「牙病漸愈，牙根腫漸退，仍假眠批閱，研究各種計畫、會客。」[135]但至隔天早上，「公延醫拔除下顎大牙一枚，喟然歎曰：『是乃最後之病牙也。夫禍患之來，長生於微，亦猶是也。非拔本清源，則患常間而作。今病牙既除，精神安逸，吾其除國中害人之最大者乎。幸赤禍痛剷殆盡，吾其專心併力於攘倭呼，此乃復興民族所必經之步驟也。』」[136]這一拔，總共失去七顆牙，蔣可謂在牙痛問題上受了不少苦，但還是沒有完全好，在西安事變後，牙竟又痛了起來，這是後話。在抗戰之前，除西安事變時意外導致的脊椎傷害外，蔣未有其他大病纏身。一九三四年十月廿六日早上，蔣曾至協和醫院檢查身體，下午會客後，晚上又至醫院就寢。廿七日記載：「公在北平協和醫院檢查身體，肝胃腸膽皆無恙。」廿八日則繼續檢查體格，均健全無病。一直至廿九日，繼續檢查身體，則是「各部皆甚強健，毫無病狀。」[137]

蔣也常關心部屬、朋友、妻子的病情，從這類電文往返中，都可以窺見蔣的一些醫療與身體觀。首先，蔣對身體的小毛病雖常採忽略或硬撐之策略，但對宋美齡的病倒是呈現一絲不苟、謹愼爲上的態度。宋在一九三六年患病時對蔣說：「新藥俟詢醫生購就即寄，妹日來頗感不適，昨日轉劇，嘔吐六次，心跳慢弱，今日已略好，諒無大礙，請釋遠注。」蔣則回覆表達關心之意，除詢問疾病爲何外，也說：「最好能入醫院靜養也。」[138]這是他對愛妻的關懷，但他對自己健康之要求，則未必如此細緻。一九三五年七月，何應欽報告蔣，言汪兆銘膽結石舊疾復發、發燒，醫生診斷後說必須開刀治療，汪還未決定怎麼辦。蔣則回覆，他甚掛念汪之病情，請汪務必安心調養，必可康復，希望汪持續向他說明病情，以表關懷之意。但蔣在這封電稿上還加上了：「最好能不用手術治療」的個人見解，而汪後來回報蔣，說明膽囊化膿之情形，蔣也回覆：「總以力避施用手術爲宜。」可見蔣對外科手術仍抱持不信任，非不得已不要開刀之態度甚明，[139]這或與蔣早年割治鼻瘤、敲牙齒所受的痛苦、負面之印象有關吧。至於一九三四年，蔣曾電陳景韓說，他下個月初返回廬山，請他那時來見面，而如果蔣緯國可以一起前來，則希望能介紹一位叫密拉醫生來割治蔣的喉症。[140]可見若非不得已要動手術，蔣恐怕還是相信外國醫生的外科技術。關於醫療之先後次序，蔣也有某些堅持的原則，例如林馥生於一九三五年六月電蔣，報告其開刀後病況轉佳，現在是否可轉回上海看醫生，請示蔣的意見。蔣則回覆：「應以主治醫生之意見爲斷。」[141]蔣的意思應該是，是否轉地換一位醫生診治，應依原主治醫生的看法爲主。這顯示蔣認爲眞正有病就應該信任原主治醫生的意見。當然，眞正遇到疾病時，蔣還是會帶有主觀性的選擇，包括要醫生配合他想要的治療，顯現他做為一位病人的頑強面。

伍、西安事變後蔣的疾病醫療史

西安事變是近代中國的一個重大歷史事件，自不待多論。當時，蔣介石在逃跑時因跳牆而導致跌傷胸椎，事變結束後，蔣到杭州西湖別墅休養，[142]各地名醫匯集該地，來為他解決身體上的病痛。一開始，蔣的私人醫療團隊顯然無法處理得宜，蔣並沒有完全恢復健康。蔣的私人醫生鄭祖穆向他報告：「西安事變時，鈞座脊椎受傷，當蒙召職診治，瞬已四月。……即日以來，鈞座腰部之疼痛而言，實足以證明脊椎之損傷迄未告愈，而又發現牙齒與肩部之隱痛，更可證明鈞座不惟體健未復，且加風濕診象，設不早為根本療治，前途將生變化。」過幾天，鄭又報告蔣，說到：「應立即會同牛醫生於京滬間擇一設備完善之醫院再施行一次檢查，於必要時或再加聘骨科專家會商根本治療辦法，以期早復康健。雖國是紛繁萬幾待理，鈞座固步可一日小休也，特以傷病之身，此時不加診治則遷延日久，影響於鈞座健康甚大。」[143]可見經過鄭等人一段時間之治療，蔣的傷並未好轉，還顯現風濕、牙痛和肩痛等問題，加上蔣公事繁忙，康復之日似遙遙無期。顯見西安一摔，後果甚嚴重。蔣的愛徒戴笠，則大膽提出讓中醫來治療的構想，戴笠報告蔣說：「杭州有虞翔麟者，精傷科，在滬杭設有傷科醫院。年來警校學生因駛車、摔角等受傷者，均請其醫治，多能迅愈，鈞座脊骨之傷，可否由生請其前來診治，因醫傷科，中醫有時實勝於西醫也。」[144]可惜蔣並未採信，蔣對於這類難治的疾病，還是相信西醫的診斷。這種選擇中西醫問題，對於政治上的大人物而言，往往取決於病人之喜好。戴笠就非常相信中醫，在抗戰後，中醫陳存仁曾接到一位自稱馬先生的電話，說要請他診病，來到其宅邸後，投了名片由兩個人帶入宅中。那兩個人說找不到「馬先生」，要去打電話，獨留陳一人在宅中，陳因緣際會，曾看過這個宅邸的設計圖，他知道此宅有「機關」，他回憶說：

正在這時，我見到機關密室的按鈕，一時好奇心起，隨手把按鈕一按，一扇門應手而啓，裡面有一個人，正在剃鬚。一見到我，他神色駭然地問：「你是誰？」我說：「我是陳存仁，有一位馬先生請我來看病的，有兩個陪我的人因爲找不到馬先生，已到樓下去打電話。因爲在造樓時我知道這地方有密室的按鈕，所以試按一下，就走了進來。」那位剃鬚的人笑了起來，說：「請坐，我就姓馬，希望你以後不要對任何人講起這個按鈕。」說罷我就坐下來，等他修完鬚。他一面說：「我向來喜歡吃中國藥，新近，我的頸項間生了一個大核。有兩個中醫看過，他們消來消去消不掉，現在經過時先生介紹，請你來看一下。」這位馬先生說：「用什麼醫法，就由你做主，不過我不願意接受刀割，或是用藥使它腐爛。」[125]

後來陳將之治好，那個人給了陳一塊金錶和一張他的照片，上有簽名，這時陳才赫然發現，此人即大名鼎鼎的戴笠。

蔣不採用中醫之治療，並不意味著蔣討厭中醫藥，因爲在同一卷檔案中，確實有證據顯示蔣將某人提供治療傷科、外科的著名中藥「雲南白藥」交與鄭祖穆，並委託全國經濟委員會衛生實驗處化學室來進行分析，最終的化驗結果顯示：「結果呈澱粉及植物膠之反應，不含一般贗鹼或金屬毒質。」[146]這份報告歷時三年才化驗出來，蔣在受傷時才想起詢問鄭醫師化驗之結果，頗令人感到費解。當時楊慶恩於一九三四年就已經將該藥申請註冊，就其成分而言，確實有治療跌打損傷之用。[147]但也許蔣最終仍未使用該藥，而是採用西醫的治療方式來治療其傷痛處。關於治療蔣的傷，蔣還是比較採信聽鄭祖穆的意見，鄭後來報告蔣說：「靜養數月即可復原，而鈞座診治將近四月，迄未見有顯著之進步者，實以未能獲得完全之休養故也。所謂完全之休養者，即一、不辦公；二、不會客；三、不動靜。聽醫生之診治，絕不因外來任何事物而稍勞其身，照例醫治脊椎病者，須仰臥或仆臥或臥於石膏模型中數月之久，不稍移動，如是則恢復健康固易事也。」鄭以爲蔣爲何遲遲不能康復，是因爲蔣「以國事爲重」，不能盡心休養所致。並言：「茲以介卿先生治喪事畢，職意應立即會同牛醫生於京滬間擇一設備完善之醫院再施行一次之檢查，於必要時或再加聘骨科專家，會商根本治療辦法，以期早復健康。」[148]鄭的意思是應該再進行詳細檢查或會同骨科專家來治療蔣的傷，他自己也只能給些基本意見，對於蔣的狀況一時還處理不來。

現有記載，助蔣治傷最有功的醫師當是黃厚璞。黃於一九六五年寫下當年替蔣治病的經過。他曾就讀美國紐黑文物理醫學研究所，後來在一九五四年還寫過《按摩術與體育治療》一書，強調按摩本爲中國所有，後經瑞典人在動作上加以研究，遂成爲有系統的科學技術。他強調按摩又叫「機械動力治療」，與藥物配合，可收物理和化學治療合璧的功效。[149]黃於一九三〇年回到中國，經介紹至中央醫院報到並工作。黃回憶說：「三〇年代之初，物理療法在中國是非常冷門的，所以買儀器的經費上常出現問題。」[150]西安事變發生後，蔣受背脊傷所苦，黃回憶說：「當時上海、南京兩地的著名華洋醫師雲集杭州診治，想盡了一切辦法，吃藥打針上石膏打支架，應有盡有。只是他背部疼痛，不時隱約出現。」後來蔣向劉瑞恆以及上海骨科醫院的牛惠霖醫生、南京鼓樓醫院的鄭祖穆等人商議，提出「叫南京中央醫院的理療科給我想個辦法？」早先，張靜江曾發生車禍，請黃治病，當時蔣就曾看過所謂物理治療的科學儀器，蔣當時就好奇地問過這些儀器有何用途？黃回答說：「加速癒合，其次是放鬆疼痛。」這樣的因緣際會，加上劉瑞恆的推薦，黃就受邀去給蔣治病。當時帶了一大堆醫療器材，爲了避免鬧出笑話，鄭祖穆還特別充當實驗品，試了一下電流，才算準備完成。經過一番折騰，總算見到蔣，並開始治療，關於這段過程，黃回憶說：

蔣一見我們墊儀器的舊破毛巾，馬上瞪眼說：「毛巾怎麼這樣破啊？」我說：「這破毛巾是作機器墊的，不用作治療。」蔣轉而命令黃仁霖：「趕快給他們買幾條新毛巾！」我這釘子一碰，就更加膽怯了，生怕再出別的毛病，遂向蔣解釋治療進行中的感覺和電流增強、異常情況等等。開始治療，王委良協助放置電極電墊照料病人，我倆如履薄冰，如臨深淵。經廿分鐘治療後，蔣覺得背部的疼痛減輕，脊骨也稍緩鬆些，臉上才略有笑容，並說：「若是我的背脊再痛，還要叫你們來治。」我忙回答：「聽命，聽命。」

可以說蔣對新式的醫療技術的接受度頗高，至少他不排斥試試看。至於重視「破毛巾」這種小細節，也是蔣一貫的生活態度。據蔣的陳述，孫中山非常重視吃飯和穿衣兩件事，它們是「做大事的基礎」。蔣解釋說：「我們中國人不單是吃外國飯吃得不像樣，就是吃中國飯也吃得不規矩。有的凳子不坐，兩腿屈起來，甚至吃飯不用筷子，隨便用手拿，吃完以後，碗筷隨便亂丟，不管地上多髒、桌子多髒。」至於穿衣方面，蔣說：「十個人至少有九個人是頭一個扣子不扣，既然不扣扣子，那麼要這個扣子，有什麼用處呢？不扣扣子對於一個人的態度精神有很大的關係，扣起來與不扣的人比較，態度精神便差得遠了。」[151]這大概也給別人蔣什麼都管的印象吧。熊丸也回憶說：「蔣先生十分重視中國傳統禮儀，但對西式禮節也很尊重。他對自己的言行十分注意和謹慎，也十分重視請客時位子排序，每次請客一定親自排坐。……即使是請吃中餐，也是中菜西吃。」[152]和蔣相處過的人，都有一種蔣很重視細部規矩、禮節的印象。

蔣看病時也很有個性和脾氣，黃回憶說：「蔣從來也不曾讓我們再做一次，因為蔣休養作風，不是按照醫囑，而是醫生得聽病人命令，我們也習慣了。」經過這樣持續治療一段時間，蔣的病情漸漸好起來了，已能從平臥之狀態起來，在椅子上坐著會客。[153]也幸好黃的治療發揮了一定的功用，那麼，那個困擾蔣的牙齒問題呢？熊丸回憶蔣的日常養生時曾說：「他（蔣）對自己的身體健康也很重視，對衛生也很當心。他的生活一直都很規律，最喜歡吃家鄉食物，如紅糟肉和黃魚。他因西安事變時後背部受傷、渾身酸痛，骨科醫師牛惠霖建議他去拔牙，把牙齒全拔掉後酸痛自然好轉。蔣先生聽了建議，便把牙齒全部拔掉，酸痛也果眞痊癒。但裝假牙容易萎縮，兩年後假牙不適用，往往磨破口腔，形成潰瘍，要治療還要將假牙拔下，很不方便，這跟蔣喜歡吃一些軟軟爛爛的食物有所關係。」[154]原來，蔣嫌困擾，為一勞永逸計，竟把全部牙齒拔掉了！

陸、結論

為什麼要以日常生活史來研究政治人物，簡單的說就是要凸顯政治人物的眞實生活與個性，此乃歷史研究重視「人」的核心理想，看似零碎的生活瑣事與日常觀感，片片拼湊出了歷史人物鮮活的好惡與性格。任何一位重要人物的言論，其實都是一個研究近代史的資料庫，特別是像蔣如此重要之人而又留下如此多檔案、史料的例子，值得學界持續關注。[155]本文在消極的一面，論述了蔣在私領域的醫療衛生觀點，而積極的來說，蔣的日常生活經歷，其實反映了他的所見所聞，也浮現政治史上幾個重要的施政規畫——那是蔣站在領導人的高度上，將帶領近代中國如何前進的歷史藍圖。本文礙於篇幅，無法再梳理更多史料，但已粗略提及，民國時期的許多運動、政策，其實與蔣個人之擘畫頗有因果關係，許多政策背後所蘊含的，是基於蔣日常生活所見、所聞、所經歷，而產生之感想；並且，蔣是軍人，軍人還是較重視實用性，這一點不能忽略，所以蔣在許多私人的醫療行爲上，頗有自己的主見，而一旦出現他無法處理的症狀，則會交給其所信任的醫生。另外，蔣早年受日本、軍隊管理的影響甚大，年輕時的某些荒唐歲月，及至軍校校長的歷練，確實成爲他日後轉化至政治領域言論的內涵。但必須注意，這些思想，皆與日本和西方式的改革理想略有不同。蔣在修身和軍隊管理方面，希望多融入一些儒家的道德和修身之理論，而更多的是與傳統連接在一起了。後來爲讀者所熟悉的新生活運動，其內容也已充分顯示在蔣的日常觀察與言論中，這讓我們可以從蔣的個人觀察，從另一個角度來理解民國時期的政治發展。

就本文所選取的切入點——醫療衛生主題來看，蔣展現的是一種強烈的個人主義傾向，不論在公還是在私的一方面，蔣的想法都占了極大的分量。目前沒有任何證據顯示蔣喜歡閱讀公共衛生的書藉或任何中西醫類的著作，但蔣卻對中、西醫學的某些知識非常重視，特別是與他個人的經驗和實際功用做一個結合。就蔣的思想而言，內在還存有從現代的衛生概念中，反推回到個人行爲的適當性，例如儀容、整潔與個人精神、意志之間的密切關係；蔣一直強調「個人」的自覺與行爲之表現，顯見他認爲現代軍人的標準，很大的程度上取決於一種個人的修養與自覺，這又可以解釋蔣並不只強調現代化的組織管理或法規，眞正重要的還是一個個人的主觀自省，如同擁有資格「審查」衛生與否的權力，不見得是由具備現代衛生知識的衛生人員或軍醫來主導，而往往落在具備仁愛、有責任心的「個人」（長官）身上；當然，這種衛生不可能「公共」，這與某些公衛專家的想法實有所落差，一個「個人」又「傳統」的身體政治，不完全是現代公共衛生的精神。這不可避免的凸顯蔣在規畫某些政策的局限性，但也正因爲軍醫或專業衛生人員不足，當時中國的上層，實在負擔不起一種「公共」的責任，於是，蔣只好依賴一個有「自覺」的個人，一個「衛生」的個人、可以透過類似軍事化的訓練來學習並完成塑造的國民，可以培養控管好自己的精神和行爲規範。而身體強健的人，就不需要「國家」來特別加強管理，這都是考察蔣的思想時不可忽略之處。

【討論】

王奇生：

皮國立的論文寫得非常紮實，我看好像是蔣介石侍從所寫的回憶，蔣介石在晚年時候非常配合醫生，非常怕死，一點點小毛病就驚慌，趕緊叫醫生過來看。要是拿這一點跟毛澤東比較就很有意思。毛澤東是一個很不聽話的病人，醫生的話基本上不聽，生活也是毫無節制、毫無規律，對於養生的觀念完全漠視，問題是蔣介石似乎也沒比毛澤東長壽。照樣不運動、照樣吃肥肉、照樣長壽。

第二點就是蔣介石到底信不信中醫？好像沒看到有直接的材料，在《蔣中正日記》中我好像沒看到有看中醫的記錄。剛才好像有一個戴笠寫給蔣介石的信，建議他就診於中醫？我覺得從這條材料便可以反推，如果他是很堅信中醫的，戴笠犯不著上這樣一個條子，我估計是不是蔣介石也不那麼信中醫，以致於戴笠去開導他。因為國民黨高層和中共不一樣，國民黨高層太多受過西方的教育，像孫中山、陸皓東這一批人對中醫基本上就是排斥態度，而且一直影響到一九四九年以後臺灣的中醫，共產黨對中醫就非常禮遇，陳立夫說：共黨非常可惡，唯一可愛就是將中醫發揚光大。

羅　敏：

皮國立論文裡提及蔣介石早年患有梅毒，這在他日記裡是有記載的，包括他的用藥，我在整理他早年日記時是讀過的。

李朝津：

皮國立在結論提到所謂「中國式的現代性」，我對於這個詞彙比較不能理解，「日常生活」與「現代性」關係究竟是怎麼樣？也聽了幾位中國大陸學者拿毛澤東出來比較，我們常常說，國民黨比較尊重傳統、特別是有關儒家的，中共的話就比較反傳統；不過事實上談日常生活好像剛好倒過來，蔣介石或國民黨比較西化，特別是在日常生活裡面，那中共比較從大傳統裡面反傳統，譬如說生活方面比較是中國式。為什麼會有這樣的差異呢？

另外也想到某些問題，譬如說：蔣介石讀書、對中藥的態度、對中醫的態度，好像跟孫中山有點關係，孫中山是西醫，所以一直不相信中醫，當然孫中山也是一個很虔誠的教徒，然後孫中山也很愛讀書，我記得故事是說胡漢民評孫中山，說他欽佩孫中山的其中一件事，就是孫中山失敗以後仍能靜下來看書，並且，遭逢越大的失敗，所閱讀的書部頭越大。當然我們都知道蔣介石是很崇敬孫中山的，蔣介石究竟受到孫中山多少影響？而他所謂的西化概念是否有從孫中山而來？

楊維真：皮國立的論文寫得非常紮實。不過談到「衛生」概念，政大歷史系楊瑞松教授曾研究過有關「東亞病夫」此一議題，跟這個議題關係比較密切。也就是說，個人的衛生固然重要，然而它還聯繫到國家是否強盛的問題，「強國」、「強種」、「強身」應該是一脈相承，所以蔣介石注重衛生知識並不令人意外。除了早年蔣介石在日本讀軍校重視衛生的經驗外，我想受到當時中國救亡圖存的整體氛圍影響，時人對衛生應該是比較重視的。此外，我覺得文章裡面可能要處理到鴉片問題，因為鴉片是蔣介石在一九三〇年代非常重視的問題，他透過國家力量禁絕吸食鴉片，以落實國家衛生的觀念。至於文章所提，中國人為什麼痰多？這可能跟吸鴉片、吸香菸有關，吸食這些東西久了以後痰自然就多。所以蔣介石對於吸鴉片、吸香菸都很反感。我看到資料曾提及蔣介石在一九三五年入川剿共時到了重慶，當時他看到重慶香菸廣告很少，很高興，但對於充斥淋病、梅毒、性功能障礙等藥物廣告卻感憤怒。我想這些資料或許可以提供參考。

林桶法：

皮國立文中提到，或是剛剛王奇生也提到的《蔣中正日記》裡沒有蔣介石就診中醫的記錄，其實是有的：如果看過一九五〇年代日記的話，應該知道蔣介石失眠的時候，他就找中醫師來幫他醫治，剛開始一次、二次好像還有一點效果，後來聽說也沒什麼效果他就不再請中醫師了。所以並不是沒有，在日記裡面其實有出現中醫的紀錄，但是比較來看，他確實比較相信西醫是真的。

楊善堯：

皮國立文中有一段提到關於蔣介石談軍醫的部分，當時蔣介石所用的軍醫他們都有德國的或日本的學醫背景，跟後來的英美派其實不太一樣；在一九三四到一九三六年的陸軍軍醫學校，以及後來一九三六到一九三七年更名後的中央軍醫學校，校長是劉瑞恆，他是留學美國哈佛大學，屬於英美派路線。

當時英美派跟德日派所採用的教法跟語言完全不一樣，像德日派採德文教學、英美派採英文教學，除使用語言之外，整個醫學教學理論上也不盡相同。後來蔣介石在一九三七年請張建擔任中央軍醫學校教育長時，甫一上任，就整個把中央軍醫學校原本的英文教材全部改為德文，讓中央軍醫學校學生很不習慣，他們還要花一、兩年的時間重讀，從德文開始學起，再學習德文的醫學教材。

一九三四年張建從德國拿到博士學成歸國後，受主政廣東的陳濟棠委託，在廣東省創立廣東軍醫學校，該校因校長張建的因素，全部都是採德文教學系統，後來跟中央軍醫學校合併後，學校所用的醫學教材及教育概念等，都是以德日體系為主的教學路線。

黃金麟：

皮國立的文章。追溯一九二四至一九三四年之間，這部分我過去在研究新生活運動時比較沒有特別去追究，我覺得他這部分交待得很清楚，蔣介石的私生活如何影響他後來對公共衛生轉化的可能？或是我們所謂「化私為公」的變化？至少就一九二四至一九三四年之間我覺得資料的使用相當漂亮。

然而，我同時要提醒皮國立兩個部分。第一個是有關於蔣介石主動設計「國術訓練所」的部分，因為我剛好口試過中正大學一個學生，他寫的就是有關國術運動這部分，整個國術做為一個「運動」，到一九二八年「國術」才被國民政府採取，這跟張之江的推動是有直接關聯的。就這部分來講，一九二八年之後，國民政府內部就已經有許多輿論希望統一國術，因為它有太多拳種門派，南拳北腿、門派林立的狀況。那時企圖在國民政府裡面設立一個部門，甚至成立一個專門學校來推動國術，甚至全國推行，這當然與國祚衰微是連結在一塊。但是因為事權不明，跟教育部有很高的重疊，在立法院也沒過關，但國民政府還是撥給特別的費用。所以，是處在一個由一些黨政要員推動，想要變成國家支持，但卻沒有成功。一九三一年蔣介石甚至主動設計了「國術訓練所」，這是對的，但蔣介石是在張之江的推動下做的。

另外一個是「化私為公」的聲稱。前面整個論述談一九二四至一九三四年的部分，以及後來新生活運動的推動。我同意的確有跟他個人生命史，他自己的遭遇連在一塊，但是在多大的範圍裡面，「化私為公」的命題是有效的？因為不太能夠做很有效的說服，雖然他有這個生命史，但是你很難說這個生命史構成他一九三四年運動的開展，甚至包括在軍隊推動這一部分，就像剛剛前面楊維真提到，公共衛生這部分的發展不一定是連在一塊兒。公共衛生的發展上有它自己的路向；這個部分是從晚清而來，慢慢醞釀的，涉及所謂國族競爭的問題。到了民國初年有它發展的條件，所以醫療衛生部分是已經有那一條線在那裡。它不是一個蔣介石本人身體不好，然後就能夠開展出來的結果。要談「化私為公」，我覺得可以，但是不能把已經在社會場域裡面萌生的公共衛生發展就把它擺在一邊。你可以說，他個人生命經驗讓他更注意這一部分，甚至在勢頭裡面往前推進一步，但是沒有公共衛生原來的基礎，他一個人沒有辦法成就這一切，他的生命史也無法化成國族意識建構的新開端。

吳淑鳳：其實一個人多夢就是代表睡眠品質不好，在中醫說法是「肝鬱」。這種人其實對自己的自我要求比較高，不太容易快樂，所以蔣介石其實對自我生活要求很高。剛剛王奇生說蔣介石好像也沒有比較長壽，如果是這樣的人，其實活到這個歲數我覺得應該算是長壽，我覺得蔣介石本身其實是要求太高的人，這樣的人容易傷身，可是他有活到這樣子的歲數，可能他對自我生活規律的一些要求是有幫助的。

張　力：皮國立的文章裡面有一些小結論可能需要商榷一下，譬如說他知道塩規跟硫規藥品，很驚訝他不但知道，而且可以依據這個來配藥，我也不知道情況怎麼樣，是不是在當時有這樣的知識並不是太令人驚訝的事？從我們的時代看六、七十年前，的確感到如此驚訝。

由於你寫的文章可能大部分的人不太清楚，有一些提到的人物或一些史實可能要多加清楚的交代，譬如說你提到給鄧士萍的電文，這個電文講到：「本校明年應試半罐頭科。」這裡「本校」應該是指軍醫學校，然而鄧士萍到底是一個什麼樣的人？我不清楚前面有沒有介紹到，否則大家可能會覺得很詫異，一下子還不能意會到；然後你的判斷當時德日派軍醫在軍醫角色上的重要性，講起來還是頗不放心，我看不出前後的關聯，他為什麼不放心？劉瑞恆當時的高度到底是衛生部部長還是只是一個軍醫、署長？為什麼他會「不放心」？還是說只是再跟他商討一下什麼事情？到底是怎麼樣的狀況？我不是很清楚。

呂紹理：

我有兩個聯想與一個問題。第一個聯想是，過去也有聽演講的觀察，剛剛聽兩位的報告之後，好像可以證實我的觀察，就是蔣介石應該有程度蠻高的潔癖，不只是精神上還有生活上的潔癖，精神上可以表現在他不斷反省自己的日記、務要「省克」；生活上討厭臭的東西，包括放屁、痰、不潔的毛巾他都感覺到厭惡，要除之而後快！所以似乎這裡面有一種心理跟生理還有生活之間的連結，不曉得我這樣的觀察是否正確。

另外衍生出比較具體的問題是我現在對於物質的日常生活感到好奇，不知道蔣介石是不是天天都洗澡？有沒有天天都洗衣服？誰幫他洗衣服？有沒有天天刷牙？剛剛聽皮國立說他拔了七顆牙齒，顯然他不刷牙，所以他的口腔衛生是部分，他的潔癖是部分的，不是全體的。當然我們現在這樣講有點苛求，是以我們今天的標準來講，不過也許可以看他的日常生活當中有沒有牙刷、擠牙膏這樣的東西。這是一個非常小的問題，但是我很好奇他會不會天天洗澡？當然我知道過去的人要天天洗澡也幾乎是不可能的事情，但是至少就他這種很有潔癖的傾向來說，他對自己的身體清潔究竟要求到什麼程度？這是我很好奇的地方。我不知他刷牙或洗澡會不會寫在日記裡面？

王奇生：我比較好奇他的個人衛生與清潔觀念跟宋美齡有什麼關係？因為我知道毛澤東跟江青結婚以後兩個人很不協調，毛澤東平常不洗腳，江青很難適應他這一點。那麼拿蔣介石跟宋美齡來講，宋美齡的家庭出身背景完全西化，包括個人衛生、清潔觀念、醫療觀念，蔣介石是否在這些方面跟宋美齡有不協調，或是受宋美齡的影響？好像我在他的日記裡面還沒有看到這方面的記載。

呂芳上：剛才羅敏講過，民國七年到八年日記裡面是有淋病用藥的記錄，也有記錄他去上海一間日本醫院中治療性病，這裡面反映一個問題：那時候他的生活的確是有風流浪漫的一面，皮國立的文章中反映了另外一個問題，他的衛生觀念有多少來自日本？我覺得他在日本那段時間應該受到的影響比較大，因為日本比較注重衛生，這些觀念來自於日本。

因為蔣介石對於孫中山是非常敬佩的，所以孫中山對他是有影響的。孫中山對西醫是很相信，因為他是西醫出身，他對中醫沒有興趣；記錄可以看到，孫中山在過世之前癌症肝硬化的時候，最後是胡適勸他用中醫，當然最後中醫去看是無效。但是可以看到孫中山對於中醫是不太相信，我相信這可能也影響到蔣介石。

另外有一個比較有意思的，在蔣介石身邊的人，像CC的二陳，都是相信中醫，而且跟中醫是關係密切。陳果夫身體一向不好，久病成名醫，所謂「名醫」，就是變成中醫師了！陳果夫的日記裡面可以看到他變成自己會開中醫的藥方；至於說陳立夫，去看看他跟中國醫藥學院的關係就知道了。所以覺得這也蠻有意思的，就是他身邊的人之中，有些人對中醫還是非常熱中的。

羅　敏：

我剛才聽到討論宋美齡對蔣介石的個人衛生的影響，其實我覺得還有另外一個維度要關注，就是他的精神健康，這個是更重要的。因為蔣介石在一九三〇年代日記經常提到放鬆是必不可少的，因為在非常急迫的環境下做很多事情，他告訴自己必須急則緩之，有時候都是宋美齡或宋靄齡強行拉著他出去放鬆，所以從精神與衛生的角度更可能會到一種調節跟緩衝的作用。

劉維開：

我針對皮國立的文章提一些意見。剛剛呂芳上提到二陳，二陳是對中醫有相當的研究，二陳對蔣介石的影響，使我現在想到另外一個人了，就是蔣夫人的國畫老師鄭曼青，如果在我印象沒記錯的話，鄭曼青幫蔣介石開過藥帖，所以在某種程度上，與鄭曼青跟官邸之間的關係多少還是會有一點聯繫的。另一方面，在國史館的《蔣中正總統文物》的〈特交檔案〉裡面，有一份蔣介石在西安事變之後的病歷，印象中是牛惠霖開的。牛惠霖與牛惠生兄弟是當時國內著名的外科醫生，在醫學界的地位十分重要，兩個人的母親是宋美齡母親倪桂珍的姐妹，與宋美齡是表兄妹，從這方面來看，可能跟蔣介石在西醫方面還是有一些關聯性。

陳群元：

我有一個比較細的問題，如果皮國立知道的話還請解說。蔣介石對於衛生非常看重，不管是對個人或者是對公眾，那我比較想要進一步知道，蔣介石他對於公眾衛生的要求是不是有一個群體的針對性？他是否只要求他關注的群體，其餘則全不要求？另外，這種要求有沒有時間、場合上的彈性存在？畢竟我們都知道當兵時，平時的內務可以非常有紀律，但作戰的時候戰場上似乎很難維持，蔣介石自己是軍人，那他是怎樣去面對這種特殊的情況？

黃克武：

呂紹理講的非常有趣，個人清潔跟精神上潔淨的相關性。「公」跟「私」之間怎麼連在一起？我覺得比較有趣的就是說蔣介石個人身體衛生看來是受日本觀念影響蠻大的，剛才呂芳上講的，這個方面他好像對自己控制還蠻嚴格的，所以他好像不需要反省自己不乾淨，然後宋美齡大概也沒罵他說你很臭之類，所以他在個人清潔衛生方面我覺得他認為自己可以做得到。那他所反省的我覺得這兩者是有關，就是說這種外在清潔的要求，因為這跟新生活運動是有關的，因為新生活運動的一個基本要求就是說透過外在衍生到內在，我不知道大家當兵的時候有沒有排長叫你皮帶環要擦得很亮，為什麼？因為皮帶環擦得很亮就很有精神，那種內在跟外在是有關的，我覺得對軍人來說這一點是相當明確。我覺得蔣介石在自己的內在精神要求這一面應該是跟衛生的實踐是結合在一起的。

皮國立：

我大概簡單回應一下大家給我的建議，非常謝謝大家。首先是王奇生說蔣介石和毛澤東的對立，我覺得很有趣，蔣介石的確是像呂紹理講的有潔癖，毛澤東則是完全沒有潔癖，他也不怕髒，非常不怕髒。然後跟中醫的關係，我最近也有注意到一九四九年以後中醫在中國的命運好像差很多，尤其是毛澤東在一九四九年以後真正讓中醫去負擔公共衛生的行政任務，這是第一次中醫真正站到公共衛生的行政舞臺，這是毛澤東給中醫帶來的重大影響，可是蔣介石在公共衛生上是完全不問中醫的意見，這是一個很特別的比較。

羅敏、呂芳上有提到淋病和梅毒，這部分我也非常希望看到《蔣中正日記》，因為這部分沒有看到日記，有點遺憾。

再來羅敏講到精神衛生的關係以及楊維真講到鴉片跟煙的關係，我認為楊維真提供的建議非常好，我以前沒有注意到鴉片跟痰的關係，我摘錄與衛生有關的資料也大概有十幾萬字，那裡面有大量關於鴉片、禁煙的資料，因為我這篇文章篇幅很大，所以沒有辦法再處理下去，就只好擱著，但是楊維真這個意見我會特別注意。

李朝津講到國民黨比較西化、共產黨比較中國式。我也覺得李朝津的觀察非常的正確，如果推到剛才講到軍醫問題的時候，這篇文章有牽涉到軍醫，我對軍醫不是很瞭解，但是我稍微看了一下，我發現，國民黨的軍醫不管怎麼變都是西醫居多，呂芳上也有跟我講到國民黨也有使用中藥的，但是共產黨很多都是大規模使用中藥來治療他們軍隊的疾病，這個跟國民黨的軍醫系統很不一樣，我覺得這個可以再研究。

林桶法講到一九五〇年代有用中醫治失眠、還有劉維開講到鄭曼青這個問題，我也覺得很有趣，將來有機會一定會補上去，因為蔣介石看中醫的資料真的蠻少的。

楊善堯講到德日派與英美派的軍醫部分，我覺得這個問題也不錯。我說的「早期」是德日派，是他在軍校的時候，差不多到了國民政府統一以後，軍事學校建置時開始出現大量英美派的軍醫。剛剛劉維開提到像是牛惠霖等人，包括伍連德、牛惠霖、劉瑞恆在內，他們都是中國醫學會的，反中醫反得很厲害，這些人都跟宋美齡甚至蔣介石還有汪精衛關係都非常好。至於剛剛講到的張建，我也有跟呂芳上報告說過我看了張建的資料，就是蔣介石在陳濟棠叛變以後，接收陳濟棠的軍醫學校，知道了張建，張建是受德國軍醫系統訓練出來的，身上穿著整齊挺拔的軍服，蔣介石一看到他便吩咐他接中央軍醫學校校長，所以軍醫系統又融入德國派的風格，臺史所的劉士永也有注意到英美派跟德日派軍醫在軍醫系統裡鬥得非常嚴重，像張建就是一直被英美派打擊，但是這個問題我沒有研究，所以也只能點到為止。

黃金麟講國術的問題。民國以來大量「國」字輩名詞，如「國醫」、「國術」、

「國畫」等名詞都冒出來，這個現象蠻有意思。另外黃埔陸軍軍官學校的技擊教練好像有請過黃飛鴻，黃飛鴻有當過黃埔陸軍軍官學校技擊教練，黃飛鴻也是廣東人，不知道是不是有教無影腳，這個我覺得非常有意思。再來是黃克武提的「化私為公」，我也覺得這個結論下得太快，應該再注意一下。

呂芳上及劉維開都講到CC派二陳的問題，我在《蔣中正總統文物》裡有看到陳果夫曾特別提了「中藥科學化」的計畫呈給蔣介石看，希望蔣介石來看看中藥科學化行不行得通，但當時我沒有特別去看，因為我知道近史所雷祥麟有做到瘧疾的部分，所以沒有特別去看，不過雷祥麟好像沒有注意到這則史料。

吳淑鳳講到「肝鬱」和「腎虧」，是的，我覺得除了「肝鬱」以外，他本人應該有「腎虧」，因為失眠嘛！民國初年有大量關於失眠的資料顯示為神經衰弱、腎虧、肝鬱、思慮過度、腦神經錯亂；我有跟呂芳上提過，西安事變以後，還有人說張學良是腎虧、神經衰弱所以才會腦筋錯亂綁架蔣委員長，必須服用補腎藥方才不會神經錯亂，我覺得這是文化史裡面很有意思的。

最後陳群元講到公眾衛生。我倒是沒有印象蔣介石特別針對哪一個群體，除了軍隊、員警以外，蔣介石似乎會側重軍警人員衛生的要求，其他好像我沒有特別注意到這方面，我可以回去再看一看。以上回應如果還有遺漏的話也請再私下討論，我會盡力修正和回答，謝謝。

蔣介石的空間觀

蔣介石的政治空間戰略觀念研究
——以其「安內」政策為中心的探討

■羅敏
中國社會科學院近代史研究所副研究員

作爲政治家，蔣介石之所以能在一九二〇、三〇年代先後消滅北洋軍閥和內部地方割據勢力的挑戰，成長爲「全國公認的領袖」，[1]一個非常重要的原因，就是他的戰略思維與運用能力明顯要強於其同時代的地方政治人物。與蔣同時代的政治家也是對手的周恩來曾評價稱：「蔣介石作爲一個戰術家，他是一個拙劣的外行，說他是個戰略家也許還湊合」，「他的政治嗅覺比軍事嗅覺敏銳」，「這便是他得以戰勝其他軍閥之所在」。[2]

「九一八」事變爆發之際，蔣正處於內外交困之中。他在日記中是這樣描述的：「局勢日趨緊急，粵變有蔓延之勢，赤匪有猖獗之象，北方尚未穩定，倭患正在醞釀，加之洪水成災，哀鴻遍野，此誠天災人禍，內憂外患交迫之時，險象環生，大局嚴重，未有如今日之甚者也。」[3]爲了應對這一古今中外前所未有之危局，蔣所堅持的基本政策是「攘外必先安內」。「安內」是這一政策的前提和中心。

蔣之「安內」政策的首要目標爲中共，其次則爲國內處於割據狀態的地方實力派。從空間分布看，以蔣爲首的南京政府的統治根基依然未出長江中下游流域七省之範圍。而中共在其中心勢力範圍內的武漢、南昌、南京等地附近先後建立了中央、湘鄂贛、鄂豫皖、湘鄂西和閩浙贛等幾大根據地，遊擊區達到一二四縣以上，蔣三度圍剿均未奏效。當時的地方實力派中，除去東北的張學良與蔣關係密切外，南方的粵桂是反蔣的大本營，西南的川滇黔、西北的晉陝甘青基本都各自爲政，不受南京控制。

蔣對如何「安內」是有先後緩急之別的，並根據國內外形勢的變化而不斷調整。一九三二年年底，蔣在永綏艦中思索對內的「基本政策」，認爲：「第一步肅清赤匪，整理政治，以鞏固基本勢力，保全中心區域」，「對西北掌握、西南聯絡，對南部妥協，對北部親善、放任」。[4]一九三三年熱河失守後，蔣對北方的政策由放任轉爲統制，於三月六日北上保定，撤換張學良，以「鎮攝北方爲革命基礎」。[5]至一九三四年年中，隨著剿共形勢的變化，蔣對南方的粵桂反對勢力由消極「妥協」轉爲積極「平定」。自一九三四年七月十日以後，蔣每日都將「平粵計畫」列入日記的「注意欄內」，「以爲自檢」。[6]

目前學界關於九一八事變後蔣介石應變圖存問題的相關研究，大都圍繞其對日政策的形成過程，即如何「攘外」這一層面展開討論，而對其「安內」政策在實踐中的具體演變過程尚缺乏全面系統的研究。[7]本文嘗試依據蔣介石的日記，透過其對政治空間觀念的認知，和他在地理空間上移動的軌跡與範圍，力圖揭示其空間觀念和軌跡變化背後所蘊含的「安內」政策演變的資訊。

壹、安定北方

在一九三〇年代特定的時空背景下，蔣介石作爲國家領導人的首要職責，是保衛領土與主權的完整。九一八事變後，蔣獲知日本出兵攻占瀋陽、長春、營口等地的消息後，「心神哀痛，如喪考妣」，在日記中痛下決心寫道：「苟爲我祖我宗之子孫，則不收回東省永無人格矣。小子勉之。」[8]事變後第二年，一九三二年九月十三日，蔣又在日記中寫道：「預期十年以內，恢復東三省，同爲中華人民血氣之倫，當以此奮勉。而況爲我父母之所生者乎?」「預期中華民國卅一年中秋節恢復東三省，解放朝鮮，收回臺灣，琉球。」

九一八事變後，蔣介石雖然對恢復淪陷的東北失地始終念茲在茲，但對東北邊防軍總司令兼陸海空軍副司令張學良所奉行的「不抵抗政策」並未高調苛責。這主要是因爲張學良當時的處境，與蔣在「濟南慘案」時的遭遇可謂同出一轍，所以有不勝同情之感。一九二八年五月，當國民革命軍勢力向北推進至山東境內後，日本公然出兵加以阻撓，炮轟濟南城，並提出要求中國軍隊「撤退濟南周圍廿里軍隊與禁止反日運動」等屈辱條件。日軍在濟南慘殺中國軍民的暴行雖然激起了蔣內心強烈的民族主義情感，他在日記中痛陳道：

「濟南七日記之恥辱慘痛，甚於揚州十日記。凡我華人得忘此仇乎？」然而，面對現實中兩國實力之間的巨大差距，蔣介石不得不忍辱負重，「決取不抵抗主義宣告中外，而各軍渡河北伐完成革命爲惟一方針」，率軍繞道繼續北伐。[9]

作爲弱國的領袖，蔣有一個基本觀點，即認爲：弱國的國防不能像強國那樣「重邊疆」，「取攻勢」，只能「重核心」，「取守勢」。[10]在東北邊疆已失的既定事實面前，蔣主張「東北失地任國聯以政治方法解決，不願以武力反攻收回」。蔣認爲，眞正攸關存亡的是關內的華北，如果日本「欲在關內再進」，「則必死力抵抗，雖被其全國占領封鎖，亦所不恤」。[11]

中原大戰爆發後，蔣爲了拉攏張學良共同打擊閻錫山和馮玉祥的聯合反叛，委任張爲陸海空軍副總司令，並將華北軍政大權委託其全權處理，[12]甚至有培養張爲自己接班人的想法。據蔣在日記中記載，一九三〇年十二月四日，蔣與來京參加三屆四中全會的張學良敘別時，「托以萬一我去後或死後之國事，又告其各將領之性質，並贈其完人模範一書，未知彼能有何感覺。」

九一八事變後，作爲蔣之政治盟友的張學良，因失土之責而遭受粵方的攻訐。一九三二年一月錦州失守後，粵方元老鄒魯在四屆一中全會上提出懲辦張學良案，張之地位因此岌岌可危。此時，蔣雖已自身不保，因粵方反對而宣告下野，但依然設法保張。一月八日，蔣致電宋子文，告以：「此時以鞏固漢卿（張學良，作者注）地位爲惟一要旨，如漢卿能不辭職，務望勿辭。」在蔣看來，粵方之所以力主懲張是欲「借外侮之名先掃除其所謂蔣派勢力，北方則由馮主持以倒張；南方則由粵桂出兵兩湖，以除蔣也。」[13]

一九三二年一月中旬，蔣介石聯手汪精衛，重返政治舞臺，由汪出任行政院長，蔣任軍事委員會委員長，形成蔣主軍、汪主政的政治格局。在這一政治格局下，蔣對日堅持「一面交涉、一面抵抗」的外交方針，[14]對內基本政策為「統北綏南」，[15]「對南部妥協，對北部親善、放任」。蔣在力所不及的情況下，對胡漢民、陳濟棠等人割據兩廣，只能暫取妥協、聯絡的態度，而對北方則力主維持現狀，繼續支持張學良。值得注意的是，此時蔣對桂系負責與中央聯絡的政客王季文所述「階段鬥爭急於民族鬥爭，暫失東北，令倭寇為我防範蘇赤，未始非計」的看法，表示贊許之意，認為王「有幾分觀察能力」，「皆中肯之談也」。[16]

蔣這一「統北綏南」的戰略部署為汪精衛與張學良之間的衝突所打破。一九三二年五月，《中日上海停戰及日方撤軍協定》簽署後，日本軍隊對南方的侵擾暫告平息，將目標轉向北方的熱河。六、七月間，行政院長汪精衛因不滿於張學良對日軍侵熱的消極敷衍，力主撤換。此時，蔣正坐鎮漢口部署新一輪的剿共攻勢。他對汪、張之間的矛盾感到左右為難，一方面他對張學良的懦弱和無所作為深感遺憾，認為「不能不管」，「如放任則又恐變為東北第二」；但是「如管理則時間不許，實力亦差，而與縮小範圍之旨相反」。在蔣看來，「如能假我三月至半年時間，則事可為也」。[17]

隨著熱河危機的加劇，汪、張關係終至破裂。八月六日，汪精衛公開致電張學良，高調宣稱「毋使熱河平津爲東北錦州之續」，願辭去行政院長的職務來勸告張同時下野。面對驟然爆發的汪、張衝突，蔣以「在剿匪期間，決不能回京」爲由，[18]坐鎮武漢，沉機觀變。蔣力主繼續維持現狀，「中央處理，以汪複行政院爲宜，否則只有自任；北方處理，以留張在平爲宜，如不能留，則只有以余自任委員長」，「繼持現狀，待剿匪成功之後，再問北方之事也。」[19]爲了保持北方的安定，同時因汪之去張背後其實別有用心，[20]蔣對張學良採取了去名存實的處理方法，先令張辭職，撤銷北平綏靖公署，後改設軍事委員會北平分會，委員長由蔣自兼，張以私人名義代爲主持。

蔣雖一再督促張學良出兵入熱，但並非要求其與日本展開大規模的決戰，確保熱河不失，只是希望張能犧牲一部分自己的部隊，使日本人進占熱河時一定要付出相當之代價，爲自己爭得一些面子而已。實際上，蔣對熱河局勢早已「預備其失守」，甚至做好失地後被反動勢力攻擊得體無完膚的心理準備。蔣認爲，即使遭受如此侮辱，也要「卓立不動」，「以貫澈余攘外必先安內，抗日必先清匪之主張，先鞏固革命基礎，整頓革命陣容，再與倭寇決戰也。」[21]

但事與願違，奉軍毫無鬥志，凌源、承德在毫無抵抗的情況下，相繼失守。蔣實在忍無可忍，認爲「此種失地，誠不能爲天下後世諒也」，[22]於是決定北上保定。三月六日午夜，蔣由漢口乘車北上，途徑新店、信陽，於七日晚上十時到鄭州。經過一夜顛簸，蔣於八日下午三時到高邑。五時後抵達石家莊。九日下午三點由石家莊出發，於七時到保定。蔣在保定、石家莊之間停留了大約半個月，直至廿五日才乘機離開。

蔣北上保定後，以熱河失守爲由，撤換了張學良，對北方政局由「放任」轉爲統制，欲「鎮攝北方爲革命基礎」。[23]蔣因念及張翊贊中央維護統一之前功，其內心對去張頗爲「懸念不定」，甚感「公私之間爲難」。蔣既擔心張「不能諒解」，又怕張不願離職，「不能速決其行也」。[24]張離職後，蔣曾動念藉機改編東北軍，但因擔心此舉會引起內爭，其內心甚感不安，「決以大公示之，乃即中止，此或一良知所致也」。[25]

對於「蔣北上與張下野」，蔣的政治對手兩廣輿論喉舌的解讀雖有故意挑撥的意味，但也可從中窺見若干眞相。兩廣方面認爲：

> 蔣之北上，固全在乘機接管東北軍及攘奪平津防區也。自唐、李、白、馮、閻等勢力先後被蔣氏所摧毀之後，環顧國中，所差堪與蔣對峙者，僅張學良一人，數年來蔣之對張時存天下英雄唯操與使君之念，野心若蔣氏，詎容兩雄之並立。彼雖德張氏之壓北平擴大會議，唯德之愈深則忌之愈切，固一面恩於張氏使作不叛之臣，一面則伺隙而動，思所以去之而接管其所部。[26]

張下野後，兩廣反蔣勢力的政治領袖胡漢民曾托人轉告：「蔣北行只謀對內，攫得津平，並犧牲漢兄（張學良，作者注），求解於敵。西南同志聞漢辭職，均謂如此適售其奸，此時不特要決心且須決計。能即起抗之，上也；次策亦當如西南，成立華北國防委會，聯同韓、閻，以爲後圖，俟其與敵妥協成，則聲罪致討，南北並起救國，亦以自救也。」[27]張學良與兩廣方面的聯絡情形，雖受史料方面的限制，不得而知。但張之下野，爲日後蔣、張關係埋下隱憂，則當屬實情。三月卅一日，蔣在日記中寫道：「漢卿尙無覺悟，不知其喪國失土之罪，而又一意怪人之對他不起，是誠以怨報德，不足與交也。以後軍事之難，仍以馮系與奉系爲害政誤國之根，當力加研究也。」

張學良去職後，蔣即親自指揮北上的中央軍參加長城一線的保衛戰。三月十一日，他在日記中記稱：「連日古北上與喜峰二口戰事激烈。廿五師關師長在古北口受傷四處，不勝悲憤。中央軍犧牲之價值，此爲初試也。」三月十六日，又記曰：「宋哲元部，在喜峰口激戰七日，擊退倭寇，足以挫寇鋒而張軍譽也。」爲確保關內安全，蔣對長城抗戰態度堅定，大有寧爲玉碎不爲瓦全之勢。三月廿日，蔣在日記寫道：「今日對倭一面交涉之方針，已失其效，惟有抵抗之一面而已。與其坐而待亡，不如抵抗而亡，以留中華民族光榮歷史最後之一頁，況抵抗決無滅亡之理，而且惟有抵抗爲圖存之道。」

長城抗戰最後雖仍以中方的妥協退讓告終，但中央軍在長城一線誓死抵抗，浴血奮戰，「犧牲之價值」是充分表明了中方抵抗的決心，令日本方面不得不有所戒懼。《塘沽協定》的簽署令日本對關內的侵擾暫告一段落，爲蔣贏得了寶貴的「整頓準備」的時機。六月五日，蔣在日記中寫道：「上星期以來，協定發表後，停戰政策得告段落，國民乃得比較安定。國際當有進步，對內對外得此整頓準備之餘裕，復興之基，其立於此。」

貳、坐鎮華中

九一八事變後，面對內憂外患、南北分崩之局面，蔣堅持「第一步肅清赤匪，整理政治，以鞏固基本勢力，保全中心區域」。[28] 一九三二年六月《上海停戰協定》剛一簽訂，蔣便離京南下，在廬山稍事修整後，於廿八日啓程前往武漢。蔣常駐武漢辦公達半年之久，直至年底召開四屆三中全會前夕才回到南京。

駐漢期間，蔣採取嚴厲措施，整治湖北政治。七月一日，蔣召見湖北黨委和清鄉促進委員會後，對湖北政治深感失望，在日記中寫道：「所見所聞皆腐敗官僚，與幼稚黨委、新官僚，湖北政治非用嚴厲手段決無起色也。」蔣對湖北省兩位主政者何成濬和夏鬥寅更是深惡痛絕，認爲：「湖北情形複雜，腐敗紛亂，至不可言狀，何、夏不自知其過，尚欲爭權暗鬥，竟使湖北不可收拾。余意在此期間，能在政治上稍植善種，則以後無論如何，皆可爲湖北事也。」蔣爲了重新收拾湖北政局，召見了張難先和王陸一，「詢王以黨務與民衆運動意見，詢張以湖北清鄉與政務事」，並欲委任張、王二人爲政務委會常委，擬以張群、蕭紉秋、仇鼇、楊暢卿、劉健群、羅貢華、俞大維、張靜愚、斐物恒爲委員，「對胡北財政、軍政、公路、清鄉善後諸務應切實考慮詳審，期速解決，俾政務得以迅即進行也」。[29]

為了整頓湖北地方政治，蔣還召見了各縣保薦的士紳。由於北伐期間兩湖地區曾為桂系所控制，因此湖北的基層地方官員多為以前桂系軍人，蔣對此表示稱：「余不異視，使其為鄉國效力也。」[30]

消滅長江流域的中共武裝，是蔣實現其「保全中心區域」戰略目標的第一步。一九三二年五月，蔣就任鄂豫皖三省剿匪總司令，開始積極準備發動新一輪「圍剿」攻勢。蔣吸收了前幾次「剿共」失敗的教訓，不同於以往僅側重於軍事方面的圍剿，提出軍事、政治、經濟、社會等方面措施互相配合的總體進剿戰略。[31]蔣駐守武漢指揮「圍剿」期間可謂勵精圖治，宵衣旰食。七月廿三日在日記中寫道：「今日為岳母逝世週年，時日如滾，忽忽一年，不能再見此賢母，哀哉。不能上山與妻共同盡禮，以剿匪任務，與倭寇擾熱問題，不敢以私慶公，亦不敢畏暑偷懶耳。」在蔣親自指揮下，國民黨軍隊先後攻占了洪湖、新集、金家寨等地，鄂中「剿匪」略告段落。[32]

江西南昌是蔣常川駐守的另一華中重鎮。一九三三年一月，面對日本侵逼熱河，蔣決定「先剿赤而後對日」，於一月廿九日動身前往江西剿共。四月三日，蔣北上保定處理完張學良後，因「江西新淦失守，情形緊急」，決定「前往震懾」。蔣抵達南昌後第二天便與江西省主席熊式輝急馳撫州，聽取各將領的報告後，決定先收復新淦，並肅清永樂間的共軍。蔣還「甚思以後剿匪戰術編制與組織有所改正，以期奏效也。戰略應準備三個縱隊，分置南城、宜黃與永豐三點，以待赤匪之弱點而進襲之。」[33]整個一九三三年，蔣除了曾於三月間北上保定處理北方政局外，始終無聲無臭，在江西埋頭「剿共」。

與氣候炎熱的武漢、南昌相比，江西廬山是名副其實的避暑勝地。蔣曾在日記中記稱：「山下嶺上氣候實差廿度，不啻有天壤之別矣。」[34]廬山怡人的氣候和清麗的山水成爲蔣在內憂外患、萬事繁錯之中放鬆身心、靜心思慮的場所。蔣曾爲此而發「政治事業不能脫離，而此心未嘗一日忘於林泉之間」之慨。一九三二年六月九日，蔣在發動新一輪「剿共」攻勢前，曾攜同家人前往廬山休整，至廿七日才下山赴漢。蔣身處廬山林泉之間，慨歎道：「性情雅逸，精神愉爽，故心思專一，對於政治與國防皆能發幽抉微，雖勞不疲，山水之有助於人如此，殊足貴也。古人著作多成於山林間，諒哉。」[35]同年七月廿四日，蔣因不堪忍受武漢的酷暑，偷得一日之閑，回山一覽，不禁感慨「更覺古人所謂清閒靜幽之福，眞不易得而享受也」。五天之後，蔣又重上牯嶺。他站在九十九峰亭眺望漢陽峰與鄱陽湖時，頓覺「心神怡悅，思想開展」，關於如何闡發建國中心理論的計畫醞釀於胸，「擬著中山學社從書，題名『國防爲一切建設之中心』，而以建國大綱爲『政治建設』。又以民族爲三民主義之主體，所謂民權與民生皆不能離開民族而獨立也。」[36]

廬山對蔣來說不僅僅是純粹地理意義上的休閒空間，更是開展整軍、討論決定黨國大計的重要政治空間。借「剿共」之機整頓基本部隊是蔣對日忍辱負重、臥薪嚐膽背後的用心所在。一九三三年二月廿二日，蔣思考出處時，認爲：「以剿匪整軍未完，當以不出爲原則」。蔣還在日記中多處強調：「整理部隊與地方，以及基本組織，此三者如能按期進行，埋頭做去，必有得濟之時。」[37]第四次「圍剿」失利後，蔣下決心對國民黨軍隊進行全面整編。一九三三年七、八、九三個月，蔣在廬山舉辦了三期暑期軍官訓練團。他對在廬軍官的訓練不辭辛勞，用心「耕耘」。七月廿三日，蔣於早上四點半起床，靜坐、早餐後，五點半由觀音橋出發，經白鹿洞至海會寺軍官訓練團駐地後，對軍官團訓話時間長達一個半小時之久。中午十一時，蔣又對軍官團的教官訓話約半小時。經過一上午緊張而忙碌的訓話後，蔣雖自感體力漸強，「不覺其疲勞」，但陪同其前往的戴季陶卻以其「過勞與舌齒音混爲慮」。蔣駐廬山三個月期間，共培訓軍官七千五百餘名，他對訓練的結果充滿信心，在日記中寫道：「三月來，所組織之廬山軍官團，至今日已三期完畢，自信訓練之後，必於剿匪建國有一進步也。」[38]

一九三三年九月初，蔣召集吳稚暉、汪精衛、宋子文等黨國要人，齊集廬山，商談國家大計。九月八日，蔣在日記中記曰：「此次牯嶺會商外交財政，與棉麥借款，及五全大會等問題，皆得一具體結果，乃是一佳象。惟子文不能如其意也。」廬山會議決定國民黨第五次全國代表大會展期舉行。會議期間，蔣和宋子文爲棉麥借款的用途產生爭執，宋堅決反對將棉麥借款用於國防經費和償還舊欠，甚至「以辭職相要脅」。蔣在日記中痛斥宋子文「年少氣盛，四年來誤黨誤國之政策，尚不知覺悟，而仍自詡其能，不肯變更謙和，余負其責，蒙亡國失土之罪，而彼仍一意徑行，以余爲傀儡，而強從其政策，把持財政。」[39]會後不久，十月廿九日，宋子文辭去行政院副院長和財政部長的職務，由孔祥熙接任。

個性頑梗的宋子文辭職後，蔣如釋重負地在日記中寫道：「後患豫（預）防乃一關係存亡之事，十年隱患清於一旦，亦可告慰於先人也。」[40]

蔣在北方危機不斷的情形下，之所以選擇坐鎮華中，一方面固然是為了「安內」，剿除中共的武裝，同時也是為了避責，避免成為對日妥協政策攻擊的目標。一九三二年，蔣、汪在「共赴國難」的口號下再次攜手合作後，大致形成了蔣專責剿共、汪負責對日交涉的分工格局。時任中央黨部秘書的王子壯對汪蔣合作時局的觀察可謂一針見血，指出：「蔣先生的意思是要汪先生在南京為其『背黑鍋』，且在此時亦無人能在南京勝其任」。[41]汪在南京獨守空城，背了四年的「黑鍋」，曾在家書坦陳其中的艱辛藉以表白自己的「貢獻」道：「數年以來，因剿匪軍事關係，南京實際等於空城。我以赤手空拳，支柱其間，最大責任，在使後方不至淪陷，前方軍事不至因而擾動，其餘皆放在第二著。此是數年以來我對於國家之最大責任，亦即我鞠躬盡瘁之最大貢獻。」[42]

一九三四年六月間，日本駐南京總領事須磨因書記生藏本在京失蹤一事，來勢洶洶，一日數電國民政府外交部，提出嚴厲交涉。日本海軍出動第三艦隊的旗艦「出雲」號，在南京附近的長江上遊弋。[43]此時，南京幾乎是座無兵把守的空城，只有軍官學校學生三四千人可以臨時應戰。蔣尚在廬山，原定於六月十三日左右回京，參加軍官學校十週年紀念。[44]藏本事件發生後，蔣為了預防日方待其回京後提出哀的美敦書，認為「余回京無益而有害」，於是決定暫緩回京。[45]十三日下午，藏本在京為中國警方尋獲，事件平息後，蔣方於十五日回到南京。

一九三五年下半年，國民黨五全大會召開前夕，隨著「剿共」軍事的逐漸收束，國民黨的兵力才陸續回防南京。十月卅一日，汪精衛遇刺的前一天，蔣對汪表示：「我們以後不必再和六月間一樣受氣了，我們的兵已陸續調回來了。」蔣所謂「和六月間一樣受氣」，是指一九三五年六月日本增兵華北，逼迫中央軍南移，並要求撤銷河北省黨部。在此中日衝突一觸即發之際，蔣尚在成都，「不特南京無兵，北京亦將得力軍隊抽調將盡，而倉猝不能調之使回」。[46]當時負責北平軍分會的何應欽迫於無奈，只好一面令北平駐兵撤至河南，同時爲了躲避日本強逼簽字，擅自回京。蔣獲知中央軍南撤和河北省黨部撤銷的消息後，「悲憤欲絕」，幾乎「無力舉筆覆電」，其妻宋美齡更是悲憤落淚，「徹夜未寐」。[47]

隨著南京由空城變爲實城，蔣在具備了一定抵抗基礎的前提下，開始思索對日外交由「被動」轉爲「主動」之道：「外交之欲轉移對方方針，可以我而致之，若求人與懼人，則被動而陷溺矣」。[48]此前汪所負對日折衝樽俎之功效，在蔣看來，「已失其常態，似無常識」，「事事喪權辱國，爲人所賤。思之刺激疾首，豈國之將亡，而由其人先變卑劣而害及其國乎？」[49]一九三五年十一月一日，四屆六中全會開幕當日，汪精衛之突然被刺，爲蔣、汪合作的終結蒙上一層極具戲劇性的悲劇色彩。國民黨五全大會後黨政權力重組過程中，汪派勢力受到明顯削弱。汪之驟然失勢道盡了政治鬥爭成王敗寇的殘酷與無情。王子壯對汪之遭遇感慨萬千，認爲：「以汪之因公被刺而竟遭此苛遇，是蔣之遇人殊欠圓滿。說者謂外交緊急已達蔣個人獨立對外之時，無庸汪來撐持其間，此說亦自有理。不過汪先生年來為國努力，備極辛苦，一切措施莫不唯蔣之命是從，一旦情勢變遷而遽出此，似覺太忍，縱知政治之為物的、為強者之工具，實無道義之可言也。」[50]

參、巡視西北與華北

中原大戰結束後，蔣於十月三日發表「江電」，提出要召開國民會議、制定約法等一系列政治主張，但遭到時任立法院長胡漢民的強烈反對。蔣因感憤環境之惡劣，一度曾有「另辟途徑，致力遐荒」的想法。[51]十二月十日，蔣致電顧祝同稱：「中擬帑日後來潼關、西安視察，擬在西安渡歲，預備率部入甘，實行開發西北，以身為宣導也。」[52]其後蔣雖未能如其所願，前往開發西北，但西北開始為國人所注意，從事開發與經營，則因蔣之宣導而實行。一九三一年三月廿日，蔣又通過令敕各學術機關遴派專門人員，酌給旅費，組織西北學術考察團，實地考察西北地理、地質、生物、古物、人種各項學術案。[53]

東北淪陷後不久，九月廿六日，蔣便開始考慮「移首都於西北」。十月三日，蔣與手下幕僚熊式輝討論備戰計畫時，表示「余意無論此次對日和與戰，而西北實為我政府第二根據地，萬一首都陷落，即當遷於洛陽，將來平時亦以洛陽與西安為備都也。」一九三二年一月廿八日午夜，日方以要求中國軍隊撤出閘北為由，再起衝突，上海告急。蔣於是決定遷都洛陽。蔣於二月二日淩晨五時抵達洛陽。在洛期間，蔣獲知「自黑石關以東至汜水之間地形複雜，雖有飛機大砲亦無所施其技，更知爲遷都西北之必要也。」[54]

蔣雖從國防角度考慮到西北戰略地位的重要，但對西北的地理概貌所知甚少。一九三二年六月十九日，蔣通過邀請翁文灝來講學，才得知「東北與西北農產地之分量，據其以氣候與雨量而論，則西北只可移數百萬之民爲屯墾防邊之用，絕非如世人所理想者可容八九千萬之移民也。」一向擇人苛刻的蔣介石對翁稱讚不已，在日記中寫道：「翁實有學有識之人才，不可多得也。」蔣瞭解到西北資源貧乏後，開始考慮僅將西北作爲應急之地，將目光轉向四川。一九三三年八月四日，在日記中寫道：「西北爲復國之基礎，雖經濟缺乏，不足久持，然急起力謀，是亦一道也，務愼籌之。」八月十七日，又在日記中寫道：「大戰未起以前，如何掩護準備，使敵不甚加注意，其惟經營西北與四川乎？」

爲了加強西北的經濟建設，將西北建成國防據點，在一九三四年一月召開的國民黨四屆四中全會上，蔣介石提出要將國民經濟中心逐漸西移。他認爲：國家及私人大工業今後避免集中海口；開闢道路、航路，完成西向幹線；建設不受海上敵國封鎖的出入口；於經濟中心區附近不受外國兵力威脅之地區，確立國防軍事中心地；全國大工廠、鐵路及電線等項建設，均應以國防軍事計畫及國民經濟計畫爲綱領等等。[55]

這年十月，蔣巡視了洛陽、西安、蘭州等西北要塞，前往「規定陝南修路與經濟方略」。[56]十月十日上午九時，蔣到洛陽參加閱兵國慶典禮後，感覺「氣象更新矣」。十一日下午，蔣到孝義視察軍用化學新廠後，認爲「規模宏遠」，「願得如期生效也」。十二日上午九時，蔣抵達潼關後，先登東門，眺望「第一關風陵渡北之中條山與南十二塞。黃雒、渭水由西北會匯於此，直注東流」的雄偉景象後，頓生「如此形勝而不圖保存固守，何以對先人耶？」之感。遊覽完潼關後，蔣乘車向西安行進，華山雄偉奇麗的風光和關中平原「沃野千里、土地膏腴」，令他「注視不倦」，油然而生「大可經營」之慨歎。

十七日，蔣由西安飛抵蘭州，視察完黃河後，其內心澎湃不已，在日記中寫道：「至此更知中國之偉大與可爲也。左公規模之大尤爲心領。黃河形勢雄壯，西北物產之豐，倭俄雖侵略倍至，如我能自強則無如我何也，極思經營西北以爲復興之基地。」十九日，蔣由甘肅飛寧夏視察，見到久未謀面的馬鴻逵母子後，感到「到此親愛無比」，認爲「寧夏政治漸上軌道，或在陝甘之上，可慰也」。親眼見到「賀蘭山之雄巍，與黃河之深長」，他內心「興奮萬千」，立下誓言稱：「見賀蘭山之雄偉而不起漢族復興之念者，非黃帝子孫也。」[57]廿一日，蔣結束西北視察前夕，前往咸陽拜謁茂陵和周陵後，「敬親追先之念油然勃興」，在日記中寫道：「謁文武周公之陵，而不思發揚光大其先人之基業者，非吾族類矣。」

視察完西北後，蔣又馬不停蹄，繼續前往華北視察。華北一直處於地方實力派掌控之下，在蔣看來，山西閻錫山、山東韓複榘都有成爲「邊藩之第二」的可能，提醒自己：「可不慎乎？」[58]爲增強華北的向心力，蔣於十月廿四日由濟南飛抵北平。在北平期間，他先後視察了紫禁城東南角、朝陽門和瀛州白塔等地的工事，認爲：「以如此形勢與堅城，若棄之不守，誠非黃冑矣。」[59]十一月三日，蔣在懷仁堂召集全體軍官訓話後，從西直門坐火車前往居庸關。登臨長城後，他感慨長城之雄偉與精堅，提筆寫下：「未登長城不知中華民族之偉大，一入潼關更覺黃漢歷史之光榮」二語。

過了長城，蔣繼續向北，經過宣化、張家口，抵達張北。蔣自一九二七年出任國民革命軍總司令、軍事委員會委員長等軍政最高領導職位後，雖曾於一九二八年七月和次年六月兩次蒞臨北平，但都止步於長城，未曾踏足關外地區。蔣第一次領略塞北風光，見「桑乾河水清流與高山之環繞平原，草木茂盛，土地肥美，且能種水稻」，不禁聯想到了江南故鄉的風貌。[60]十一月五日，蔣從張家口繼續向西，經柴溝堡、永嘉堡、高城前往大同，沿途山河秀麗，土地膏腴，令蔣印象深刻，感慨道：「如果再有森林，則江南不及此矣。」七日，蔣在綏遠會見了榮王、德王、潘王等蒙人與黨政人員，並對各主席和邊外將領指導一切。德王盛讚蔣是二百餘年來第一位來蒙邊巡視的國家最高領袖。[61]

十一月八日，蔣由綏遠飛抵太原，他對閻錫山在山西所從事的各項建設，印象深刻，認爲：其規模與經營都很遠大，只是惋惜其「奈何不用之於全國與民族之上也」。九日，蔣前往閻的故鄉河邊村，探望其封翁之病。途中，閻向他陳述三點建國主張：「一、對日不主準備武力，免日仇忌，使倭對我無法可施，而後我乃有法對倭，專重黃老之說也。二、對內中央有力，地方有權，注重集中人力，消除階級鬥爭，獎勵科學人才與造產，建設發展物力，而其造產方法，爲以物品代幣鈔之信用基金。三、剿匪完成時召開救國會議，使地方軍政長官免除中央救國障礙，中央爲地方消除行政困難，如此則地方如不從令一致，是其自外救國之道，必爲國人所共棄云。」蔣聽後，認爲其「研究頗深」，但對閻所慮「倭寇擁溥逆入關，對各省地方分地封爵，使各地受爵者有與僞倭存亡榮辱關係，不能不力護僞倭而抗革命」，又慮「倭於倭俄戰前不僅占領華北，而且必占領南京」，蔣不以爲然，認爲是其「杞憂過甚之言，而於內外現狀未甚注意也」。62

巡視西北、華北歸來後，蔣開始思索「制定進行整個之計畫」，研究「政治全部之設計與方針」，並提醒自己「政治進行方略不可忘了本末先後之程式」。他所關注的問題有：「一、改組中央乎？二、收復西南乎？三、規畫川相黔乎？四、西北準備建設計畫；五、華北方針；六、晉察綏蒙之設計；七、整軍設計與方針；八、對倭對俄之研究與人選；九、定川方針；十、禁絕鴉片計畫；十一、改組浙府；十二、蒙古指導長官；十三、全部之政治與經濟計畫。十四、軍事機關之根本改造；十五、江西善後設施。」

通過親身巡視西北、華北各地，蔣深刻體悟到，由於中國各地差異太大，不適宜照搬西方現成的法規。他在日記中寫道：「中國幅員之大，社會複雜，人情不同，不但自然地理關係，施政應分別彼此，而且時間與程度關係，亦應因時因地與因人而定其法律與制度也。故今日中國之法制應有重新產生自訂，決不能抄襲現在歐美所定之法制，否則未有不謬杜鼓瑟，徒見其治絲益棼而已。」63

蔣上述關於中央與地方關係的全面思考，在其與汪精衛聯名發表的「劃分中央與地方權責宣言」中得到體現。國民黨四屆五中全會召開前夕，十一月廿七日，蔣、汪聯名發表的「感電」，明確宣示：「救國之道莫要於統一，而實現統一，端在乎和平。吾人當此歷史空前未有之國難，若非舉國一致，精誠團結，避免武力爲解決內政之工具，消弭隔閡，促成全國眞正之和平統一，實無以充實國力，樹立安內攘外之根基。」在和平統一的前提下，蔣進一步將孫中山所提出的籠統而缺乏實際界限的中央與地方之間均權理論，具體列舉了法制、用人、行政、財政、軍隊五方面的內容，作爲過渡期間的變通辦法。蔣強調「國內問題取決於政治，不取決於武力」這一原則，不僅適用於解決中央與地方間的關係，「即人民及社會團體間依法享有言論結社之自由，但使不以武力及暴動爲背景，則政府必當予以保障，而不加以防制」。他還明確表示：「中國今日之環境與時代，實無產生意俄政制之必要與可能」。[64] 誠如已有論者指出：「感電」雖僅爲一紙電文，沒有實質的約束力，但可謂是蔣自「九一八」以來對國事最爲積極的一次表態，指示著國民政府總體思路的發展方向。[65]

肆、經營西南

「西南問題」是一九三〇年代蔣介石在推進統一政策過程中的主要障礙。粵方陳濟棠與桂系李宗仁結成聯盟，援引胡漢民等元老爲奧援，成立「國民政府西南政務委員會」與「中國國民黨中央執行委員會西南執行部」，與中央分庭抗禮。同時，標舉「西南」招牌，向外號召，力圖拉攏川、滇、黔西南諸省，組成西南反蔣大聯盟。蔣雖「急思統一廣東」，[66]但因日本對北方的侵略毫無緩和跡象，不得已出之「統一北方緩和南方」的政策。[67]對粵桂暫時放任，「西南之事，只可聽之一時，以力所不及，時所未到之事，雖強勉無益，而更不容其忿怒也」。[68]

本來，江西中央蘇區的存在客觀上爲粵桂與中央之間提供了一個緩衝的空間。粵方對「剿共」依違兩可，甚至借共以自重，陳濟棠曾得意宣揚：「有共產黨攔住」，蔣「因共不能即來」，「我非合力剿共，實則我欲占地盤耳」。[69]然而，一九三四年下半年，隨著紅軍向西轉移，蔣借「追剿」紅軍之機，整頓川、滇、黔三省政治，開始經營西南根據地。是年六月九日，蔣在日記中寫下「下任不做總統，亦不做院長，專意建設西南」之語。自七月十日起，蔣每日將「平粵計畫」列入日記的注意欄內，「以爲自檢」。在蔣看來，「非平定兩廣，不能與倭交涉」，「粵非速征不可也」。[70]蔣的行事風格講求謀定而後動，其對粵方針之思考逐漸明確，認爲：「對粵方針，應分大小先後，而重在基本之是否穩定，若問罪與其時間，則尚在其次，然粵不平定，則軍事無從整理也。」[71]

十二月一日，時任北平政務整理委員會秘書長的何其鞏密呈條陳，建議蔣在安定北方、鞏固中部的基礎上，著手經營西南。何在呈文中指出：

長江中部既爲根本所在，與爲犄角之西北，文化經濟皆落後不足道，斯西南後衛之經營尚矣。西南統湘粵桂川滇黔而言，湘鄂緊接，兩湖一體，殆有不可分之勢；粵桂爲一翼，川滇黔爲另一翼，而重要性則同。……川滇黔三省擁有七千萬以上之人口，形險而地腴。煤鹽油礦以及各種金屬皆不缺乏，足爲國防之最後支撐點。宜乘徐匪猖獗之時，或在贛匪西竄之時，力加經營。即鈞座不能親往，亦宜派遣忠義大員統率重兵入川。第一步清剿共匪，第二步整理三省軍政，第三步發展交通及一切產業。在彼建立國防重工業之主要部門，一旦國際大戰發生，乃能處於可戰、可守、可進、可退之地，爭取最後之勝利，達到復興民族之目的。

蔣對何的條陳非常欣賞，認爲「頗中肯綮，足備參考」。[72]是年年底，除舊迎新之際，蔣在日記中將「追剿」紅軍、抗日準備與控制西南三者巧妙結合：「若爲對倭計，以剿匪爲掩護抗日之原則言之，避免內戰，使倭無隙可乘，並可得衆同情，乃仍以親剿川、黔殘匪以爲經營西南根據地之張本，亦未始非策也。」[73]

蔣轉戰西南的實際經歷遠非預想得那般精準巧妙。一方是動如脫兔、行動敏捷的紅軍，一方是相互防範、反應遲鈍的地方軍隊與手下各部，蔣的西南之行可謂「驚心吊膽，寢食不安」，被其視爲「一生用兵莫大之恥辱」。[74]由於進剿不利，加之黔軍腐敗無狀，令蔣「性燥心暴」，「打罵惡習」屢犯未改。[75]一九三五年四月卅日，蔣在視察醫院時，看到腐敗情形，「憤恨不能自禁」，「以手杖擊其看護」。五月五日，蔣視察部隊營房時，見到「其內務之腐敗無狀出人意料」，又一時憤激難耐，「手批其官長之頰」。蔣接連「杖擊」、「手批」其手下的暴戾舉止，令陪伴左右的宋美齡因驚恐而致病。[76]

蔣的西南之行雖然毫無當年敉平閩變時「從容乎疆場之上」的淡定，[77]但好在天道酬勤，蔣的埋頭苦幹、不辭辛勞收穫了堪稱滿意的回報。一九三五年三、四月間，蔣親自坐鎮貴陽，借王家烈剿匪大敗之機，斷然改造黔局。黔局的改造可以說是蔣在經歷了入黔剿匪的那些「憂愁忙迫時現於聲色」的日日夜夜後的莫大安慰。[78]蔣在是月的「反省錄」中記道：「貴州省政府完全改組，廿五軍亦得如期改編，王家烈自動知難退職，從此貴州軍政皆得整理如計，是國家之福利、亦一最大之進步也。」[79]

五月，蔣又前往昆明，與龍雲相談融洽。蔣在日記中稱讚龍雲是「明達精幹、深沉識時之人，而非驕矜放肆之流」。蔣在昆明憑弔南明永曆皇帝的骨灰，遊覽了圓通寺和滇池大觀樓公園。還乘飛機由昆明經富明、元謀、金沙江、會理、永定營，前往德昌。蔣對雲南印象頗佳，「沿途土地肥美，到處皆有水田森林，人煙亦不稀少，道路亦甚平坦，實與未見前所想像者完全不同，中華地大物博，何處皆可立國圖強，倭寇必欲急急滅亡於我者，其果能乎，適足自召其亡耳，小子勉旃。」[80]

通過雲南之行，蔣「對滇感想實益關切，經濟方面應力謀發展，交通尤為重要」，並自認：「此來得民眾信仰倍增，結果對於國家前途之關係實大也。」[81]蔣於是月反省錄中寫道：「滇行完成，實關乎國家之統一、剿匪之完成與個人之歷史，皆有莫大之益也」，「昆明形勢雄偉，氣象清明，秩序整然，雖進步未完，但古風猶存，而其物產豐富，人性樸厚，實增吾復興民族之信念甚大也。」[82]

蔣對四川的整理也初見成效。蔣認爲：「四川暮氣太深，非平常辦法所能挽救也」，「對川方針，只督其開發公路，協助其整頓軍警，不干涉政治。」[83]考慮到「四川內容複雜，軍心不固，後患可慮」，蔣認爲：應當委任劉湘一人主持川局，「而中央除整理金融統一幣制，籌備其經濟實業之發展以外，對於軍人不宜植勢，以示大公」。至是年九月廿七日，蔣完成了「入川以來重要之處理」，規定了四川各綏靖區與日期，並改組了廿一軍。蔣於是月反省錄中記稱：「本月最大之成績是爲峨眉軍訓團訓練完畢，川中各軍處置妥定，與四川地方鈔幣糾紛解決，軍事與財政同時統一耳。」[84]

一九三六年，兩廣六一事變後，蔣又將粵桂收歸中央。[85]八月十一日下午一點四十分，蔣飛抵廣州，五時往弔黃花岡與朱執信、鄧鏗、胡漢民等之墓。這是蔣自一九二六年出師北伐後第一次回到廣州，他在日記中寫道：「十年舊地，今日重臨，感慨無限，不覺悲喜交集。」[86]兩廣事變和平解決後，蔣自認爲：「兩廣收服，統一告成，如此大業，若無大患阻礙，實爲歷史鮮有。」[87]中國歷史上鮮有之統一大業經由自己親手締造，蔣內心之自豪感與成就感躍然紙上。他在日記中感慨地寫道：「六月一日以來，兩粵謀叛稱兵，全國動搖，華北冀察以及川湘幾乎皆已回應，其態度與兩粵完全一致，黨國形勢岌岌危殆。

時經三月幸得上帝佑我中國，乃至本月廣西李白拜命就範，一場惡潮至已平息，兩廣乃得統一，革命基礎於此已定。十三年來之惡戰苦鬥，從此內憂果能告一段落，是誠上天不負苦心之人也。」[88]

西南局勢之穩定對蔣的整體抗日戰略的影響至爲關鍵。蔣對華北危機的態度，之所以由置身事外轉變爲挺身負責，與西南形勢的好轉密不可分。蔣巡視華北後，一九三五年十月中旬，負責與華北聯絡的參謀本部次長熊斌明告山西省主席徐永昌稱：「蔣先生看定日本是不戰而屈中國之手段，所以抱定戰而不屈的對策。前時所以避戰，是因爲與敵成爲南北對抗之形勢，實不足與敵持久。自川黔剿共後，與敵可以東西對抗，自能長期難之，只要上下團結，決可求得獨立生存，戰敗到極點亦不屈服。」[89]一個月過後，十一月十九日，蔣在國民黨五全大會中發表「最後關頭」演說，宣稱：「和平未到完全絕望之時，決不放棄和平，犧牲未到最後關頭亦決不輕言犧牲」，「以抱定最後犧牲之決心，而爲和平最大之努力，期達奠定國家復興民族之目的」[90]。

蔣在成功分化廣東軍事力量後，一九三六年七月十三日在國民黨五屆二中全會又進一步明確「最後關頭」的「最低限度」是：「保持領土主權之完整，任何國家要來侵擾我們領土主權，我們絕對不能容忍。我們絕對不訂立任何侵害我們領土主權的協定，並絕對不容忍任何侵害我們領土主權的事實。再明白些說，假如有人強迫我們欲訂承認僞國等損害領土主權的時候，就是我們不能容忍的時候，就是我們最後犧牲的時候。」[91]

伍、建設東南

東南既是國民政府首都的所在地，又有令蔣魂縈夢牽、依依難捨的故土——浙江奉化。富庶的東南諸省既是支撐蔣氏權力基礎的核心區域，又是令蔣之身心得以自由舒展的精神空間。

蔣對國民政府的首都南京情有獨鍾，讚歎不已：「南京風景之美，甲於全國，亦於此見之，雄壯巍巍，誠不愧爲首都也」，[92]「金陵形勢與風景並勝，實世界無雙之首都也。」[93]一九三四年七月五日，蔣留下遺囑稱：「余死後，不願國葬，而願與愛妻美齡同葬於紫金山紫霞洞之西側山腹之橫路上。」

蔣筆下的故鄉山水既雄壯渾厚，又奇麗無比，「山雲中陽光影射，山空一如雨布，遠山尖峰爭白，余朝望越遠越秀，松風溪水聲靜如弦，心境爲廓然，妙高臺之暮景冬色，至此方領略其優明無匹也。」[94]故鄉的山水是蔣戎馬倥傯、心力交瘁之際無可替代的心靈「休息之地」。國民黨第五次全國代表大會是在國難危機關頭召開的一次關鍵性會議。黨國的內外大計、黨政人事的調整，均待由大會及其後的一中全會來決定。大會開幕前夕，一九三五年十月廿五日，蔣回到故鄉，潛心思慮，「獨觀千丈岩瀑布約半小時，心淨境空，慮忘形釋，得益非鮮也」。[95]四屆六中全會、第五屆全國代表大會與一中全會期間的四十個日日夜夜，令蔣備受煎熬，「忍受復忍受，悲痛又悲痛，幸得免於橫決」。[96]至次年三月中旬，蔣因軍政繁忙而感心力交瘁，認爲「非暫離京休息必致貽誤大事」，遂下決心「急回鄉掃墓，以慰先人之靈也」。回到故鄉後，他與妻子一起「游法華庵竹山，掘冬筍，在廠下泉潭對飲，泉清竹深，塵心頓息。」[97]

江浙既是南京政府的政治、經濟中心，又是令蔣魂縈夢牽的精神家園，東南地區自然成爲整個國防計畫之重心所在。一九三四年年初，蔣開始考慮「東南國防之政治與軍事計畫」。此後，蔣多次在日記中提醒自己要注意「東南國防計畫」、「東南建設步驟」。[98]同年八月，蔣開始計畫東南公路。[99]次年八月，蔣決心「以五百萬園建築首都要塞」。[100]蔣在「剿匪」已「達到七分之成功」後，於一九三六年將工作中心轉向「抗倭」。[101]是年二月，蔣在南京堅守了整整一個月。這對他來說可能是非常少有的情況，爲此，他在日記中特意記道：「本月全月在京，無敢或懈，盡忠職責，無愧於心也。」[102]

論者有謂，南京作爲中國的政治中心，打破了中國近千年來形成的傳統政治地理格局。民國政治中心的南移，造成國家政治輻射與對外防禦的式微。[103]國民政府將政治與經濟中心置於東南沿海地區，確實令國家的對外防禦功能大受影響。何其鞏在密呈蔣介石的條陳中即指出：「就對日國防形勢而言，北方居於前衛，江浙平時爲財賦所從出，戰時立成前衛，與北方同。」[104]考慮東南地區戰時將成爲日本從海上入侵的最前沿，蔣自一九三六年十月起便開始預定各院部遷移計畫，並預備將瓦斯和漢陽藥廠等一批重要企業遷往內地。[105]與此同時，他還親自督建東南地區國防工事，曾先後視察了雨花臺、江陰和烏龍山等戰略要塞。三月七日，蔣視察紫金山麓工事後，認爲「位置不當」，痛感：「軍事幹部只知敷衍與權利，而毫不肯爲其任務略加思考，事之痛心，莫甚於此也，如何使之良心復現也。」十五日，蔣又登富貴山，視察地下室工程，認爲「此乃久大之業也」。十七日，他又前往挹江門內與雞鳴寺下視察地下室，看到工程皆未完成，深感部屬之「欺妄可痛」，下令「再催各區工事，日夜趕築」。[106]

爲了防禦日軍從空中襲擊東南沿海地區，蔣非常注重保護東南地區的領空權，同時加強整頓中國空軍。一九三五年十月，當蔣得知外交部方面認爲上海福岡之間通航問題即將作爲普通交通要求簽字的消息後，「燥急非常」，痛斥何應欽「不惟愚庸，而且卑劣根性必亡國家也」。在蔣看來，上海福岡之間的通航意味著「長江流域領空之被占」。[107]日本方面因中國拒絕通航簽字而咆哮恫嚇，甚至威脅要使用武力，蔣不爲所動，「決心與之周旋」。汪精衛認爲因通航問題與日方關係破裂，有些「太過」。蔣則不以爲然，認爲「彼實不知領土喪失尚限於一部，而中部領空喪失一點，則全國受其控制，可立而致亡也，以此說明彼當能瞭然乎？」[108]自一九三六年十月起，蔣開始有計畫巡視和整頓航空學校。十二日上午七時，蔣便到航空學校閱兵，觀看飛行表演。當蔣看到中國空軍「試驗轟射成績漸著」後，非常欣慰地表示：「以三年精神與夫妻合力而得有今日成績，五年之內欲趕上倭空也」，「自信空軍之基立矣」。

陸、餘論

一九三〇年代，蔣處於內憂外患交相逼迫之中，通過考察其政治空間觀念，蔣應對危機局勢的整體戰略考量概略可見：對於淪陷的東北失地，他希望通過國聯用政治方法解決；面對日軍向關內的咄咄進逼，他以寧爲玉碎的姿態，確保平津的安全；堅守「攘外必先安內」的方針，坐鎮華中，一面指揮剿共，同時也有避責的考慮；力主建設西北，作爲將來政府的第二根據地；對於華北，他通過巡視加以遙制與鎮攝，使其內向；對於西南，他借「剿共」之機，積極加以整頓與改造，使之成爲日後民族復興的根據地。

巡視是蔣在一九三〇年代加強對地方統制的重要手段。蔣於一九三二年十月下旬巡視湖南後，認爲「頗有所得」，對湖南的教育、行政、軍隊、交通、自治和黨務等方面的實情，「皆得知其大略」，而「精神影響所及，尤爲重要」，「以後對各省巡閱，至少每年應有一次也。」[109]此後，蔣又遍歷西北的陝甘寧綏、華北的豫冀魯晉和西南的川滇黔等十餘省。透過蔣在地理空間上巡視的軌跡與範圍，可以看出，其「安內」政策的重心經歷了從「統北綏南」到「北守南進」的轉變，同時出於對日防禦的需要，其戰略重心從「建設東南」逐漸轉爲經營西南。

從一九二〇年代所奉行的「武力統一」，到一九三〇年代公開標舉「和平統一」，蔣之「安內」政策的轉變當然離不開救亡圖存問題所帶來的巨大外在壓力，同時也不能忽視蔣作爲一個政治領袖自身經驗的增長與運籌決策能力的進步。與蔣同時代的政治學家錢端升先生曾撰文稱讚蔣「近幾年來所得到的進步」，「五六年前的武力統一的政策，他的急於求功的設施，我個人也嘗引爲失著，但這幾年來的沉毅堅苦，和平寬厚，已使他成了另一個人，使他能擔負以前所不能擔負的大任。」[110]作爲自由主義知識分子的代表胡適也很贊同錢的說法，認爲：「蔣介石先生在今日確有做一國領袖的資格」，這並不是因爲「他最有實力」，而是因爲「他長進了，氣度變闊大了，態度變和平了」，「在這幾年之中，全國人心目中漸漸感覺到他一個人總在那裡埋頭苦幹，挺起肩膊來挑擔子，不辭勞苦，不避怨謗，並且『能相當的容納異己者的要求，尊重異己者的看法』。在這一個沒有領袖人才教育的國家裡，這樣一個能跟著經驗長進的人物，當然要逐漸得著國人的承認。」[111]

綜觀蔣在一九三〇年代的政治空間戰略構想，因其「昔日識淺見少」，有「坐井觀天之錯誤」，[112]對日本強占東北的野心估計得不夠充分。蔣對東北的資源瞭解甚少，直至一九三二年六月，通過翁文灝的講述才得知，東三省煤礦和鐵礦的產量占全國總產量的百分之六十以上，全國鐵礦的百分之八十二以上都爲日本人所有。蔣得知東北煤鐵資源如此豐富後，「驚駭莫名」，恍然醒悟道：「倭寇安得不欲強占，中正夢之今日始醒，甚恨研究之晚，而對內對外之政策錯誤也。」[113]

受制於當時的國家地位與實力，加之其自身傳統本藩之別觀念的局限，蔣的政治空間觀念對邊疆問題缺乏深謀遠慮，造成了難以挽回的巨大損失。一九三〇年代，中國邊疆局勢危機四伏，險象環生。在蔣看來，東北「溥儀稱帝」與內蒙「德王勾倭」、新疆「俄寇入伊犂」、「疏勒獨立」和西藏「藏人勾英」都同屬「藩制」範疇，「如藩制不定，則不數年必盡失邊疆矣」。[114]在當時自身國力有限，無力顧及的情況下，蔣主張「最好實行『五族聯邦』制，藉以維繫邊疆。即以此放任政策羈縻其人心，使邊疆問題不致日趨惡化，待將來國家實力充足，再作澈底之解決。」[115]蔣擬準備以十年為限在滿、蒙、藏試行「地方自治」，「如能於此期間果能自強自治，不為外族所侵占壓迫，則准其完全自治，但其土地仍屬於中華民族，而其人民意志則完全自由也」。[116]由於蔣對內蒙「允與自治」，[117]一九三四年四月「蒙古地方自治政務委員會」（簡稱「蒙政會」）在百靈廟宣告成立。事後，蔣對此後悔不已，在日記中反省道：「對內蒙自治會當時不深考慮清代詔蒙各個分立之原則而貿然通過整個組織，實失策也」，「建國規模與方略，愧無深謀遠慮之經綸，一著失算，始謀不臧，貽誤全域，不知何時再得補救，可不慎乎！」[118]

經營新天地——論一九三五年蔣介石的西南行

■楊維真
國立中正大學歷史學系副教授

惟信徒與義士，乃得見新天地。

——《蔣中正日記》，民國廿四年四月一日雪恥條

壹、西南新天地

自一九〇五年同盟會成立以來，由於兩湖、兩粵及四川的會員數突出，幾乎占全部會員的三分之二，[1]從而使革命黨人在西南地區紮下深厚的根基。因此，辛亥革命爆發前後，革命行動以西南地區最爲激烈。民國肇建後，反對袁世凱亂政的護國運動（一九一五－一六），亦以西南爲主戰場，實與此形勢密切相關。一九一七年孫中山因反對段祺瑞毀

棄臨時約法，乃率部分國會議員南下護法，開府廣州，冀望固結西南團體以對抗北方，於是形成「一國兩府」，南北亦告正式分裂。此後，南方廣州政府雖屢有更迭，但仍具有對抗北京政府的象徵意義及一定的政治影響力。[2]一九二五年七月，廣州國民政府成立，將所轄各軍統編爲國民革命軍時，其麾下六個軍分屬湘（二、六軍）、粵（四、五軍）、滇（三軍）系，僅第一軍爲黨軍擴編而成，凡此均足見西南地方勢力與廣州國府之緊密關係。

一九二五年七月七日，蔣介石以中國國民黨軍事委員會委員身分，向軍事委員會提出〈革命六大計畫〉時，即建議廣州國府首要之務莫過於固結西南團體，發展西南革命勢力，以抗拒帝國主義及軍閥，這是蔣介石第一次公開發表他的西南觀。至於其具體的進行步驟有三：（一）三個月內（即一九二五年十月以前）肅清廣東境內之殘逆；（二）盡本年（一九二五年）內，將廣西軍政整理完竣，建設事業亦次第興辦，使兩廣同爲革命政府根據地；（三）盡一九二七年內，將貴州、雲南、湖南、四川等省一律置於國民革命之下，使西南重行團結，與北方國民軍得相銜接。[3]顯見蔣介石對於西南地區革命勢力的看重。

不僅如此，在蔣介石的西南觀中，早已將西南、西北視爲未來中國革命的根據地。在前述〈革命六大計畫〉中，蔣就表示當日中國革命運動受到帝國主義壓迫愈甚，因此沿海、沿江、沿鐵路各交通地點的革命怒潮，特別高於內地；但這些地帶僅能爲革命運動的中心，不能爲革命之根據地，因其很容易就成爲帝國主義攻擊的目標。故而，如國民革命欲保持革命永久的根據地，則應預備強固可恃，交通可達，而帝國主義炮艦政策無可用武之地，準備與帝國主義作五年、十年的長期對抗。此種地利，在西北爲甘陝察綏，在西南則爲桂林、成都。[4]足見蔣介石對於建構西北、西南革命根據地的重視。惟蔣雖於一九二八年完成北伐，開府南京，但中央實際的控制區域僅及長江中下游，廣大的西南、西北地區因交通阻隔、僻處邊陲，中央控制力薄弱，仍長期維持半獨立的狀態。及至一九三三至一九三四年，隨著政府軍先後圍剿豫鄂皖蘇區及江西蘇區的軍事行動獲勝，共軍被迫向西出走，遂打開了國府中央西向發展的道路。一九三五年春，剿共戰事波及四川、貴州、雲南各省，蔣介石爲督率剿共戰事的進行，乃有此年春、夏的西南之行。蔣此次行程始於三月二日啓程赴川，三月廿四日飛貴陽指揮軍事，五月十日飛滇視察，廿一日復返貴陽，廿二日由黔飛川督導剿共戰事，以迄十月七日離川赴陝爲止，總計蔣此行在西南停留時間長達七月餘。這是蔣介石首度蒞臨川、滇、黔諸省，在這次旅程中，蔣對西南此一新天地將有貼身的觀察，並進行經營的擘畫。

貳、剿共萬里行

戰前國民政府從事國家再統一運動的過程中，剿共戰事曾發揮重要的作用。先是一九三三年秋，張國燾、徐向前所部中共紅四方面軍爲政府軍擊潰，被迫放棄豫鄂皖蘇區，轉向川北發展，結果連敗川軍，造成川省震動。爲此，蔣介石除任命劉湘爲四川剿匪總司令

（後兼任四川省主席），統合各部川軍協剿共軍外，並派遣軍事委員會委員長行營參謀團入川，協助作戰。[5]繼則次（一九三四）年十月，江西政府軍第五次圍剿奏效，中共紅一方面軍西走，國府乃組織追剿軍，由薛岳任追剿軍前敵總指揮，率九師中央軍尾追而至，中央勢力開始進入西南。[6]十二月初，共軍突破湘江防線，雖損失慘重，部隊減員一半，但仍取道湘西直逼黔東黎平、劍河地區；而薛岳則率周渾元、吳奇偉兩個縱隊八個師的中央軍尾隨而至（另一師已他調歸建）。據軍委會委員長侍從室第一處主任晏道剛回憶，就在共軍入黔之際，蔣介石曾對侍從室第二處主任陳布雷說道：

> 川、滇、黔三省各自爲政，共軍入黔我們就可以跟進去，比我們專爲圖黔而用兵還好。川、滇爲自救也不能不歡迎我們去，更無從藉口阻止我們去，此乃政治上最好的機會。今後只要我們軍事、政治、人事、經濟調配適宜，必可造成統一局面。[7]

足見蔣介石之計慮所在。事實上，蔣介石在一九三四年十二月廿九日的記事中亦稱：

> 以剿匪爲掩護抗日之計，親剿川黔殘匪，且我軍既入黔，不患不能制桂，又可避免內戰，經營西南根據地，未始非策也，當再熟籌之！[8]

而蔣對西南諸省的布局，也隨著剿共戰事的進行而逐步獲得落實。

先是，共軍自入黔後攻勢凌厲，連克黎平、劍河、臺拱、鎮遠、施秉、黃平、餘慶等縣，黔軍一觸即潰。貴州省主席、第廿五軍軍長王家烈雖多次派兵增援，亦無濟於事。王氏有鑒於共軍兵鋒銳不可當，然其入黔後並未指向貴陽，而是由餘慶向北，企圖渡過烏江，因此研判共軍只是越境而過，無須與之硬拚。加以尾隨共軍入黔的薛岳追剿軍於行抵鎮遠時，有甩開共軍，進向貴陽的趨勢。[9]於是王家烈除急調所部柏輝章師回築，鞏固貴陽外圍外，並轉回貴陽坐鎮，對黔北剿共戰事「取觀望態度」。[10]一九三五年一月初，共軍強渡烏江，與黔軍侯之擔部發生激戰。經三度強攻，黔軍防線崩潰，共軍渡過烏江後立即北上，進占黔北重鎮遵義。[11]

遵義陷落後，西南各省為之大震，蔣介石乃糾集各省軍隊，準備從川南、黔北、滇東、湘西四面合圍共軍。一九三五年一月十九日，共軍主動放棄遵義，準備渡過赤水，由四川轉進雲南，黔軍遂於一月下旬順利收復遵義。為應付新形勢，蔣介石決定調動滇軍三旅開赴滇東北，川軍十餘旅布防川南，黔軍兩師據守黔北，另有中央軍吳奇偉、周渾元兩縱隊分道跟蹤追擊，務必以雄厚兵力分進合圍，壓迫共軍，「聚殲於長江南岸及（川南）永寧以西、横江以東之地區內」。[12]為此，蔣介石於同年二月二日對剿共兵力做了重要調整，任命雲南省主席龍雲為剿匪軍第二路軍總司令，薛岳為第二路軍前敵總指揮兼貴州綏靖主任，作戰序列也重新劃分，中央軍吳奇偉部為第一縱隊、周渾元部為第二縱隊、滇軍孫渡部為第三縱隊，黔軍王家烈部為第四縱隊（其後陸續增加第五縱隊湘軍李雲杰部、第六縱隊川軍郭勳祺部，及第七縱隊湘軍李韞珩部），統歸龍雲節制，而由薛岳在黔指揮。[13]蔣特別囑咐薛岳，要其「速與滇龍主席切實聯繫，事事表示敬意，受其指導為要。」[14]

就在蔣介石調集各路大軍，準備捕捉共軍主力加以圍殲之際，共軍為打破蔣合圍之謀，決定停止向川南發展，回師黔北，轉而在川、滇、黔三省邊區建立根據地，待機消滅黔、川、滇及中央追剿部隊，並將打擊目標首先指向戰鬥力最薄弱的王家烈部黔軍。一九三五年二月十八日，中共中央軍委電令所部「迅速渡赤水，爭取有利陣勢，以便集中全力消滅黔軍一部，開展戰局。」[15]各部共軍遂於二月廿日前後渡過赤水，揭開黔北戰役的序幕。蔣介石乃於廿一日急命王家烈親率所部，在松坎、趕水一線堵截，王家烈並趕赴遵義親任指揮。同時，由於黔軍力量單薄，蔣復於二月廿三日電令薛岳派第一縱隊吳奇偉率二師中央軍馳援遵義，並命周渾元縱隊由前向遵義靠攏，以為黔軍奧援。[16]廿五日，共軍攻占桐梓，兵鋒指向遵義，黔軍嚴陣以待。廿六日拂曉，共軍向遵義門戶婁山關發動猛烈攻擊，遵義戰役爆發。自二月廿六至廿八日，黔軍與共軍在婁山關、遵義等地爆發激烈戰鬥，「激戰三晝夜，（黔軍）各級傷亡官兵千餘人」；[17]結果黔軍慘敗，遵義失守。廿八日，吳奇偉部中央軍趕到，與黔軍協力反攻遵義。共軍趁中央軍立足未穩，除以奇兵包抄後路，更發動全面出擊。結果中央軍潰不成軍，一路敗退至烏江南岸，人員損失慘重，武器輜重遺棄無算；而黔軍則四處潰散，王家烈僅以身免。此役共軍大獲全勝，中央軍、黔軍損兵折將，元氣大傷，吳奇偉、王家烈兩部傷亡損耗在萬人以上，實為川、滇、黔圍剿戰事最大的失敗，蔣介石更視為「國軍追擊以來的奇恥大辱」。[18]為此，蔣決定親赴西南，指導剿共戰事。

一九三五年三月一日，蔣介石在漢口主持軍事委員會委員長武昌行營成立事宜，並電北平軍政部長何應欽曰：「中（正）訂明日赴湘轉川，或赴黔一行，亦未定也。」[19]二日上午十時半，蔣由漢口乘機飛川，下午三時到重慶。此行係蔣介石首度入川，其在日記中稱：「不到夔門巫峽，不知川路之險也。」蔣此次入川，主要爲督導西南各省剿共行動，在同日致電長沙湖南省主席何鍵時即稱：「遵義又陷，是圍剿良機，中（正）決入川督促各軍前進。」[20]就此揭開蔣介石西南行之序幕。

對於西南剿共戰局，蔣介石除決定將共軍行動限制於黔北，以形成「外鎖內攻」策略外，並通令各部隊趕築據點碉堡工事，實施在江西剿共大爲奏效的「碉堡戰術」。[21]如三月廿六日，蔣電令貴州綏靖主任薛岳儘速修築碉樓：「甲、希速令各縣長每個縣城須即築九座碉樓，但不得藉端向人民派款，限四月十日以前完成，具報。乙、沿烏江南岸渡口須嚴令團隊每個渡口建築三座碉樓。丙、凡軍隊所到地點，務迅速構成野戰工事後，即繼續建築碉樓。希飭屬切實遵辦爲要。」[22]又三月廿八日，蔣亦致電第二縱隊總指揮周渾元，電文謂：

> 鴨溪至長幹山間之聯絡碉堡，如不能構築完成，則應在其後方相當地點扼要構築第二防線，且不必要成直線，如能使各堡互相犄角，犬牙相錯，使匪竄入我第二防線

時，正可設法一網打盡。昨晚令注重沙土、官村、安底諸點與井埧、吳馬口、永安寺者，亦即為此。可照此意設計趕築，如不能在一線上作工，則可略築在後方，而以據點已成之碉堡為之掩護，則必可築成也。[23]

再如四月六日，蔣電湖南省主席何鍵、湘軍將領劉建緒稱：

匪如東竄，必圖與蕭賀合股，故此時兄處布置，應注意江口銅仁與麻陽之線，但不必一線配備，可以隨地形前後層次不規則之配備。最要為沿途各村落之築碉與堅壁清野之法，匪現不敢竄入川滇邊境者，即為此也。與其集中兵力，正式要擊，不如化整為零，以一連一排一班為單位，令其與民眾合力防守與游擊，尤以伏兵為最能奏效。如能使江口至麻陽、晃縣至松桃以及印江至鳳凰，縱橫三百里之間，到處堅清與埋伏，明拒暗出，則可必制匪之死命。[24]

此外，並要求各部靈活運用在江西剿共卓有成效的別動隊，發揮「三分敵前、七分敵後」，「三分軍事、七分政治」之策略，以偵查敵情，蒐集情報。如同年三月廿三日，蔣介石在電斥第一縱隊總指揮吳奇偉時稱：

養戍電悉。前令二郎灘、太平渡一帶，先派兵防守，現雖時間不及，兵力不足，不能達此任務，但該處等地，如為正式戰術原則言，無論如何，應派別動隊前往偵

> 查。而兄乃到茅仁三日以上，對於如此重要地點，被匪全部渡河，兄竟一未察覺，此種指揮，何能作戰？若其不爲全域計，亦應爲本軍自身生命計，應早照令往偵，何延誤一至於此。此後若不切實痛改，竊恐全軍官兵爲兄等葬身於川黔之間，能不寒心。今來電仍未詳報明晰，其布置零亂散漫可知。望自茅臺、仁懷、譚廠至倒流水、長幹山一帶，分隊築碉，晝夜分班輪流不息，限期完成。而對於該線之東北卅里至五十里之間，應多派別動隊盡力活動。各別動隊至少應置於大垻、平垻、三元場、兩河口一帶，其活動區域當然要在此前方卅里以外，如此方得謂之剿匪也。並望與楓香垻一帶之周縱隊切實聯繫，而與遵義李抱冰部亦可派員約定地點會哨也。希實行之，毋再誤事，如何布置，詳覆。[25]

顯見別動隊在剿共戰事中所能發揮的積極功用。四月四日，蔣介石代電諭貴州綏靖主任薛岳，命其澈底檢討剿共戰事之缺失：

> 查現在大部股匪任意竄渡大河巨川，而我防守部隊不能於匪竄渡之際，及時制止；或於匪過渡之際，擊其半渡；甚至匪之主力已經渡過，而我軍迄無察覺。軍隊如此腐敗，古今中外實所罕見。推原其故，乃由各級主管長官事前不親自巡查沿河地形，詳詢渡口，而配置防守部隊。及至部隊配置後，又不時時察其部下之是否盡職，並不將特須注意之守則，而授於該防守官兵。於是上下相率懶慢怠忽，敷衍塞

責，股匪強渡，乃至一籌莫展，誠不知人間有羞恥事。軍人至此，可謂無恥之極。此次匪由後山附近渡河，在一晝夜以上，而我駐息峰之主管長官，尚無察覺，如此昏昧，何以革命。著將該主管長官黃團長道南革職嚴辦，以為昏惰失職者戒，並通知各部知照。此令。[26]

對於剿共戰術，蔣介石認為「匪慣用乘虛抵隙之計，飄忽於無人之境，無路之地，應研究設法制止。」[27]而蔣的辦法則是「剿匪川中戰略，應對匪之主力取守勢，其餘各方取攻勢，仍以戰略取攻勢，戰術取守勢之原則為宜也。」[28]簡言之，仍採取碉堡戰術以穩紮穩打，並逐步縮小包圍圈，故蔣於六月七日表示：「對匪決先封鎖與轟炸政策」。[29]封鎖、碉堡、別動隊，再佐以飛機轟炸，成為蔣介石延續江西經驗，進行西南剿共的主要作戰方法。

參、經營大西南

在國府中央派遣追剿軍追剿共軍之際，蔣介石也藉此良機插足西南，運用各種方式擴大中央勢力，積極經營大西南。其主要成就有：

一、控制貴州

貴州地處西南中心，分別與川、滇、湘、桂接壤，戰略位置十分重要。只要控制了貴州，北可窺視四川，西可威逼雲南，東可進圖湘、桂。尤其重要的是，在南京國民政府成立後，貴州主政者由於地緣因素，與桂系往來較密、關係較佳，並於一九三四年春與粵、桂當局達成協議，簽訂〈三省軍事協定〉，規定攻守同盟，若中央對粵、桂、黔三省任何一方用兵，必須互相支援。[30]桂系長期與蔣對立，故圖黔亦能制桂。一九三四年十月，貴州省主席王家烈接獲蔣介石來電，告知江西共軍已離贛西進，有入黔跡象，命王調派黔軍擇要防堵。王家烈乃依〈三省軍事協定〉與粵、桂當局聯繫，結果廣西允諾由桂軍軍長廖磊率兵二師開至貴州都勻、榕江策應聯防，廣東則派粵軍軍長張達率部推進廣西桂平，必要時可進至柳州策應。[31]由於粵、桂有編組聯軍，藉追剿共軍入黔搶占貴陽之勢，蔣介石恐黔省落入桂系手中，乃密令薛岳入黔後逕取貴陽。同年底，中央軍尾隨共軍入黔後，即依蔣介石指示，撇開正面，逕取貴陽，並張貼標語曰：「不問匪竄方向如何，本軍總以入貴陽為目的」。[32]

一九三五年一月七日，薛岳搶得機先，率大隊中央軍進抵貴陽，隨即接管城防，並發表中央軍將領郭思演任貴陽警備副司令，完成對貴陽的控制。[33]一月十四日，武昌行營陸軍整理處主任陳誠電蔣介石呈報貴州政情時，曾對中央軍入黔後之相關形勢提出建議：

密。最近薛總指揮（岳）時由貴州來電，報告部隊行動，並黔政腐敗，影響軍事，種種困難情形。職以不明鈞座意旨，未加指示，乞逕行詳諭，俾便處理。查黔省為西南五省之軸心，為國防之內室，無論軍政，均未容忽視。職意伯陵（薛岳）所率之中央部隊，固應努力於追剿，以引起地方部隊之觀感，而資表率，但貴陽仍不可輕於放棄，似可以後方為名，控置一部作為根據，將來西南之軍政上裨益必多。鈞座總攬全域，示人以公，或不便出此，可否由職祕密示意伯陵辦理，乞電示遵。34

蔣對陳誠建議頗為重視，乃於二月二日任命薛岳兼貴州綏靖公署主任，取得對黔省軍政的控制大權。二月三日，蔣致電薛岳，指示進駐貴陽主持後方交通運輸。二月七日，蔣再電薛岳，指示中央軍入黔部署：

我駐貴陽、貴定各部隊，應祕密布置防範，以防萬一，桂態殊難測也。（黔軍）王家烈部主力最好另其與中央部隊一路前進，使其離黔追剿，與其任務，暫不返黔，但不可稍露形跡，免其畏懼。35

八日，命薛岳對黔軍各部及其雜色部隊如何改編整理，應速製方案呈報；並指示因粵、桂皆有聽取電機（可截聽無線電報），今後漢口、長沙、貴陽間每星期航空通信二次，凡祕密重要事件皆用航信，不宜發無線電報，揭開中央處理貴州政局的序幕。36

關於如何處置黔省主政者王家烈，此際蔣介石尚無確切方案，直至一九三五年二月廿日四川省政府秘書長鄧漢祥獻策中央，提供平黔方案，始加速事態的演進。鄧氏係貴州人，雖長期在四川任職，但因桑梓情深，對黔局甚爲關懷，其平黔方案爲：

> 黔事既暫採虞電第二方式，似應先將猶（國材）、蔣（在珍）、侯（之擔）各部加以整理，並稍充實其力量，聯成片段，使與川、滇相啣接，方能發生作用。猶部在盤江八屬有四團，到土城者約三團餘。蔣（在珍）本人已來渝，所部亦到溫水，整理甚易，當商甫公（劉湘）與元靖（賀國光，入川參謀團主任）允力予布置。黔人對王某（指王家烈）早有偕亡之意，所部尤懷怨望。此時中央軍既已入黔，內有猶、蔣供驅策，外有川、滇爲聲援，委座對黔有所主持，必可辦到，請勿顧慮。至接統王部，以何知重爲最適當，何奉命後，必能服從中央，與猶、蔣合作。果黔局解決，則西南形勢大變，積極消極皆可制某方（指桂系）死命，不可不早爲著手也。甫公處已去電囑其與薛伯陵（岳）切取聯絡。[37]

對此內外交攻的平黔策略，蔣介石頗爲拜服，除電復「甚佩」外，並囑薛岳詳加考慮鄧氏所擬處理黔軍辦法；同時亦指示此後凡川、黔事合作事宜，可逕與鄧氏函電聯絡。故日後中央解決王家烈、改組貴州省政府，大體係依鄧漢祥此建議方案進行。適二月底黔軍在婁山關戰役慘敗，王部犧牲慘重、潰不成軍，更無力抗拒中央的壓力。惟蔣仍注意接濟王家烈經費，「勿使其生變」。[38]三月廿四日，蔣介石親率中央要員入黔，坐鎮貴陽，並預定「商編黔軍與解決黔政」。[39]廿七日，蔣訓戒王家烈，並稱「王被公（指蔣）言感動，澈悟以至流淚」。[40]其間共軍雖曾兩次度過赤水，奔襲黔西，甚至一度還南下威脅貴陽；但至四月間，共軍已全數入滇，黔境已無敵蹤，蔣開始著手改組貴州軍政。四月六日，王家烈電辭黔省主席職。四月十七日，行政院通過王家烈請辭貴州省政府委員兼主席，遺缺由中央要員吳忠信接替。據侍從室第二處主任陳布雷觀察，此係「因黔、桂接壤，禮卿（吳忠信）先生與李（宗仁）、白（崇禧）諸人有交誼，可免除（桂系）心理上之不安」。[41]五月一日，新任貴州省主席吳忠信宣誓就職，貴州省政府改組正式完成。次日，蔣介石在一九三五年四月反省錄中稱：「貴州省府，完全改組，第廿五軍亦如期改編，王家烈知難自退，從此貴州軍政，統制於中央，是國家之福利，亦余一最大之進步也。」[42]

二、防範粵桂

蔣介石自主政以來，對粵桂當局夙有忌憚，尤其對廣西主政者李宗仁、白崇禧防範更深。如一九三四年十二月一日，蔣思考兩廣問題時，即表示「如收桂，則粵必中立不助桂，如收粵，則桂必助粵，故不如先定桂。」而「欲定桂，應置部隊於湘黔為備，一面授桂以指揮湘黔以慰之，是將欲取之，必先與之之道乎？」[43]次日，更對定桂擬具下列程序：「定桂先從湘黔入手，最先入黔，次定湘，而後收桂，則得因利乘便之道。」[44]這是日後蔣介石必欲改組貴州軍政的重要關鍵之一。先是一九三四年春，粵、桂、黔簽訂〈三省軍事協定〉，規定攻守同盟。及至同年底共軍入黔後，粵桂援〈三省軍事協定〉，編組兩廣聯軍，意圖先入貴陽，控制貴州。蔣介石對兩廣聯軍入黔頗為防範，多方應對，除命薛岳先占貴陽、取得戰略要點外，並以「黔北之匪不日既可肅清，則粵、桂軍不必入黔」，[45]希望制止桂軍繼續前進。一九三五年三月二日，蔣介石有鑒於粵桂軍威脅，乃電追剿軍總指揮薛岳曰：

> 東戌貴機電悉，如粵桂軍果推進，則我軍留駐貴陽部隊，應閉城固守。一面應嚴令周縱隊與吳縱隊會攻遵義之匪，然後再言其他。此時對於王家烈必須密為注意，並可派員與廖磊連絡，而查其實情。[46]

午刻，又電薛岳：「前電關於對桂軍處置閉城固守辦法，事前切勿慌忙，務望沈著應付，尤須嚴防貴陽城內雜部，祕密籌畫，不可稍露形跡，此時仍以先破赤匪為要也。」[47]同日，電駐香港代表蔣伯誠：「中刻到重慶，據王紹武稱，廖軍長自南寧儉電稱，敝軍及粵軍決向前推進，除王贊斌師尅日開赴都勻外，弟亦定日內趕回都勻，布置一切等語。據兄來電稱，伯南已令粵軍班師回粵，其實情如何，希詳詢即覆。」[48]另電南昌江西省主席熊式輝：「據王家烈消息，桂軍已於儉日動員向都勻前進，其或乘匪回竄之機打劫，亦未可知。但據伯誠儉電稱，伯南已令在桂粵軍班師云，未知其實情如何，請與墨三兄詳商之。」[49]三月六日，蔣直指桂軍意圖在進占貴陽：「桂軍廖磊部，思逞貴陽，殊堪痛心。」[50]為此，蔣重新調整黔省軍政佈署，用意之一即在應付粵桂威脅。

另一方面，蔣亦不放棄和平希望，乃採籠絡手法，一度考慮委由廣東陳濟棠出面調處，或甚至予桂系李宗仁相當名義以解決紛爭。如一九三五年二月六日，蔣電蔣伯誠，即稱：

> 黔省境內赤匪肅清，粵、桂軍無須入黔，以後中央與粵、桂各軍無論政治與軍事，皆應切實聯絡，免有誤會。聞桂軍恐中央乘機襲桂，頗有戒備，可否請伯南（陳濟棠）兄從中調處，或委德鄰（李宗仁）以桂黔區相當名義以慰之，何如？請與伯南兄切商電復。[51]

二月廿四日，蔣擬於入黔時，約李宗仁、白崇禧二人中一人相會。[52]廿七日，蔣稱「聞廣西政治進步，寸心愉悅，彼雖為統一之梗，然能努力自治，乃為國家之福，當派員視察」。[53]廿八日，預定「令各省參閱大公報桂省視察記」。[54]三月十日，蔣在日記「注意」中寫道：「三、粵桂態度，令其參加進剿」，並電白崇禧曰：

> 頃接虞電，無任感慰，國家多故，憂患頻仍，每想賢勞，懷念無已。近日匪情，其大部於魚日已向黔西方面竄去，思達其原定西竄之目的。後因我周部與滇軍孫部在

> 黔西與仁懷一帶堵截，乃又回竄遵城鴨溪附近。此匪已成釜底遊魂，如其果盤踞遵城，不難一網打盡，正爲我殲匪良機。尚望兄等共同努力，一致進行，完成使命。對於進剿意見，請兄等籌精詳告，期得至當。德鄰兄近駐何地？伯璿有來邕否？[55]

三月廿六日，蔣決定「對桂方針照舊，使之就範」。[56]凡此種種，俱可見蔣對桂系的優遇籠絡。最後決定因勢利導，及至四月間共軍離黔，貴州軍政改組，兩廣聯軍遂無入黔藉口。對此，蔣自覺「對桂運用，略有進步。」[57]

三、建設四川

一九三五年三月入川之初，蔣介石對於西南地方建設頗爲用心，尤將重點置於四川。如三月三日，蔣介石在日記記載七項「注意」，與四川有關的即有四項：㈠四川財政與中央關係，㈡四川軍政整理與番號，㈢四川交通公路之規畫，㈣治川方鍼。次（四）日，蔣在日記「注意」項下載明：㈠對川方鍼，只督其開發公路，協助其整頓軍警，不干涉政治。㈡川省實業計畫。[58]同日，蔣介石出席四川黨務辦事處擴大紀念週，演講〈四川應做復興民族之根據地〉時稱：

> （前略）就四川地位而言，不僅是我們革命的一個重要地方，尤其是我們中華民族立國的根據地，無論從那方面講，條件都很完備。人口之眾多，土地之廣大，物產

之豐富，文化之普及，可說爲各省之冠，所以自古即稱「天府之國」，處處得天獨厚。我們既然有了這種優越的憑藉，如果各界同志大家能夠本著「親愛精誠」的精神，共同一致的努力向上，不僅可以使四川建設成功爲新的模範省，更可以四川爲新的基礎來建設新中國。中國自古有一句話說：「天下未亂蜀先亂，天下已治蜀後治」，……我們無論從歷史的事實來證明，或從四川在全國中所處的地位來看，四川的治亂，確可以影響全國的安危。所以要統一國家，完成革命，必須四川同胞先來負起這個責任。……兄弟這次入川，除督剿殘匪以外，首以解除四川同胞之痛苦爲唯一目的。第一步入手的辦法，就是要使四川除剿匪軍事以外，再不見其他的戰亂。此後戰亂不生，消極方面便可以免除民眾的痛苦和犧牲，積極方面便可以從事建設，增進民眾的福利。所以兄弟一方面要以全力協助省政府劉主席建設四川，解除四川同胞的痛苦；一方面要使全川的軍隊本親愛精誠的精神，促進團結，共同一致爲國家民族盡到軍人保國衛民的天職。從此以後，使四川同胞轉禍爲福，爲國家確立復興之鞏固基礎，這是兄弟入川唯一的方針，亦即今日四川唯一之急務。[59]

一九三五年三月五日晚，蔣記二月反省錄：「五、發展地方經濟，先使各省能自給自足，與互助通惠，不計關稅之減少。而中央以統制金融與統一幣制爲財政之命脈，此策或亦不誤也。」七日下午，往老鷹岩視察公路工程，蔣稱亦一偉觀也，惜乎川中不能全用其力於建設。爲此，乃致電財政部長孔祥熙，通融川省建設公債之發行：

親譯。四川財政與金融方案，必須派得力而負責人員前來，俾乘中在川期間，得以解決一切。此時整理川中金融，應以統一幣制與統制匯兌爲唯一要件，財政猶在其次。對於整理川省金融與財政之公債，只要其幣制與匯兌能照中央方案，則不妨由中央正式承認其發行。如何？[60]

三月十四日，蔣在日記「注意」中亦稱：「治川程序，助人者人必助之，況此乃本人之責任乎！」十八日上午，蔣介石到參謀團紀念週訓話，演講「建設新四川之當前要務」，申明：

禁煙乃四川當前之要政，此舉果能成功，則四川一切革命建設工作，必然無不成功。……其次，吾人欲刷新川政，必首先取消最惡劣最落伍之防區制，使全省事權統一於省府。……復次，予前次業已述及，今日爲政之要，在能善用當地民眾之勞力，以完成當地各種建設事業。……今後刷新川政，首當減輕人民之捐稅，善用人民之勞力，徵工即爲運用民力最重要之方法。……再次，凡社會國家之建設，首在國民精神之健全，欲求精神之健全，又在乎體質之強健；欲體質之強健，必須人民有衛生之常識、清潔之習慣與公共之道德，此即新生活運動中清潔運動之要旨所在。……以上禁絕鴉片、取消防區、實行徵工與推行新運，實為建設新四川之當前四大要務。[61]

因此，禁絕鴉片、取消防區、實行徵工及推行新生活運動等四大要務，乃成爲爾後蔣介石推動建設「新四川」的重要工作內涵。在一九三五年五月反省錄中，蔣介石對四川形勢作了通盤考量，認爲：

四川內容複雜，軍心不固，後患可憂，當一本既定方針，扶助其中之一人，主持川政。而中央除整理金融，統一幣制、籌備其經濟實業之發展以外，對於軍事，不宜植勢，以示大公。[62]

是以，蔣此後一力扶植四川省主席劉湘，推進川省建設事業，希冀爲國家復興奠定鞏固基礎。

四、結好滇龍

雲南自一九二八年龍雲主政以來，即與中央維持良好關係，並屢次奉命興討桂之師，是中央在西南堅定的盟友，故蔣介石此次西南行對龍雲頗有結好之意。如一九三五年一月卅一日，蔣介石即囑令薛岳，速與雲南省主席龍雲切實聯繫，事事表示敬意，受其指導爲要。二月九日，蔣介石派黃實（滇人，曾任朱培德第三軍副軍長，乃朱氏副手）赴雲南聯絡龍雲。十二日，電薛岳以滇黔一體，應切實聯繫龍雲。四月五日，為貴州軍政改組致電派赴昆明代表黃實，轉達龍雲推薦貴州省府委員合適人選：

極密。黔政急宜整理，否則劉匪難有成效。紹武辭意懇切，決辭去主席職，專帶軍隊，故中央擬改組政府。如果改組時，志舟（龍雲）主席如有得力人員，請其先行密示，以便保任省府委員，以資滇黔聯絡，俾得切實合作。如何盼復。63

顯見蔣氏對龍雲籠絡之用心。

五月十日，蔣介石偕妻宋美齡由黔飛滇，龍雲與其妻顧映秋親赴巫家壩機場候迎，到場歡迎者尚有雲南省政府各省委廳長、各指委、各機關首長，以及駐滇各國領事等。這是蔣介石第一次來滇，也是中央領袖首度蒞臨雲南，故雲南省府舉行盛大的歡迎儀式。據《大公報》記者報導：

學生民眾往歡迎者，由三元街到巫家壩列隊約十里之長，市內歡迎民眾塞滿街巷，家家張燈結綵，國旗飄揚，彩亭牌坊，奐美異常，歡聲雷動，為滇中從來所未有。……由機場至城中沿途有軍警、童子軍及男女學生列隊歡迎。城中懸旗結綵，並張掛大紅燈多盞，街上紮有五色牌樓多座，人民均欲一瞻蔣氏丰采，城中幾萬人空巷，爲昆明空前盛況。[64]

此情此景，令蔣介石夫婦留下深刻印象。《大公報》乃於翌日（十一日）以〈蔣委員長抵昆明〉爲題，發表社評，以誌當日之盛，並稱：「政府領袖入滇，此爲第一次，象徵統一之完成，鼓舞邊省之進步，甚盛事也。」[65]宋美齡對昆明似乎甚有好感，在寫給南京國民革命軍遺族學校學生的信函中提到：

> 我們坐汽車進（昆明）城，街道兩旁，排列著一群一群穿白制服的學生，其中也有穿藍色的。進了城門，即見人山人海，塞滿了街道，家家户户的門首，飄揚著國旗，街坊上高懸著燈綵。這種熱烈的表示，使我們異常感動。昆明市的街道，很整潔，有秩序，房子都是一色的，頗壯觀瞻，比較在他處所見雜亂無章的房子好得多了，街上行人分著左右，進退很有秩序。[66]

蔣介石來滇後與龍雲多次晤談，並深入了解雲南省政及滇省工業化推動成效。[67]經數日相處，蔣對龍雲評價甚高，在五月十三日記事中謂：「志舟明達精幹，深沈識時之人，而非驕矜放肆之流。」[68]顯然對龍雲印象甚佳。蔣介石於五月廿一日離滇飛黔，在雲南共待了十一天，似乎對此次雲南之行甚爲滿意。在五月反省錄中，蔣介石稱：「滇行完成，實關乎國家之統一，剿匪之前途與個人之歷史，皆有莫大之益也。」[69]事後回憶遊滇種種，猶覺印象深刻，乃於同年六月十一日寫下這段記載：

昆明形勢雄偉，氣象清明，秩序井然，雖進步未見，然古風猶存，而其物產豐富，人性樸厚，增益吾復興民族之信念甚大也。[70]

由於推動貴州軍政改組，以及結好龍雲、爭取滇省的支持，遂使中央得以在西南建立鞏固的基礎及堅強的支持力量，這是蔣介石此次西南行最大的收穫之一。

肆、結論

一九三五年蔣介石的西南行，主要是爲了督導西南剿共戰事的進行。從這年三月二日首途入川，迄十月七日離川飛陝，蔣在西南待了七個多月，超過二百天。這麼長的一段時間，除讓蔣介石對西南情勢有了更充分的瞭解外，其間還改組、控制貴州省政府，拉攏與川、滇主政者的關係，奠下了中央權威及國家統一的重要基礎。此外，此次西南行對蔣介石尚有下列四點影響：

一、人身領導的重視

蔣介石此次西南行花費七個多月時間，親歷川、黔、滇各省，所到之處對地方政治、軍事、社會、建設等事項多所考察，深覺親見親聞、親力親爲之重要。一九三五年三月十八日，蔣介石在四川演講「建設新四川之當前要務」時即稱：「凡軍政長官欲盡救國救民之職責，必先洞達人民疾苦與社會之弊病，故實地視察，非常必要。予在贛時，曾規定凡主管長官必須每日每週每年均有三分之一的時間在室外運動來實地考察一切，最好各同志亦本此意去實行。且外出時必要多從步行，蓋惟此可以隨時隨地細密觀察社會與民衆之一切情況也。」[71]三月廿九日，蔣介石電追剿軍縱隊指揮周渾元稱：

（前略）以後對於重要陣地與全線處置，必須分段親自巡視嚴督，以免疏失。須知拿破崙指揮部隊其每日騎乘統計在三百里以上，故能周到無失，何況我軍官兵教育有欠缺，全賴指揮官之勤巡嚴督，臨機敏捷，乃能補其不足也。千萬誌之。[72]

法軍係一近代化勁旅，拿破崙尚且堅持親臨前線，何況國軍素質遠不及法軍。此或可說明蔣氏何以始終秉持親臨前線、堅持人身領導之原因。

二、抗戰根據地之策定

抗戰爆發後，蔣介石於一九三七年十一月十九日發表〈國府遷渝與抗戰前途〉演講時曾稱：

自從「九一八」經過「一二八」以至於長城戰役，中正苦心焦慮，都不能定出一個妥善的方案來執行抗日之戰。關於如何使國家轉敗為勝轉危為安，我個人總想不出一個比較可行的辦法。……但後來終於定下了抗日戰爭的根本計畫。這個根本計畫什麼時候才定下來的呢？我今天明白告訴各位，就是決定於廿四年入川勦共之時。到川以後，我才覺得我們抗日之戰，一定有辦法。因為對外作戰，首先要有後方根據地。如果沒有像四川那樣地大物博人力眾廣的區域作基礎，那我們對抗暴日，祇能如「一二八」時候將中樞退至洛陽為止。而政府所在地，仍不能算安全。所以自民國廿一年至廿四年入川勦共為止，那時候是絕無對日抗戰的把握。……到了廿四年進入四川，這才找到了眞正可以持久抗戰的後方。[73]

一九三五年七月九日，蔣介石在思考對日作戰方略時表示：

如對倭作戰，以長江以南與平漢線以西地區為主要線，以洛陽、襄樊、荊宜、常德為最後之線，而以川黔陝三省為核心，甘滇二省為後方，作持久之計，未有不勝者也。[74]

據此，顯見蔣介石在一九三五年即已擘畫以西南、西北作為對日作戰的根據地與大後方。因此，蔣於一九三九年十一月十五日的記事中，曾對一九三五年西南之行及前一年

（一九三四）的西北之行留下這段日後回憶：

凡余所經遊之地，無不時時念之，尤以自北平跨八達嶺，越長城，經宣化、張北、大同，而至歸綏一段遊程，至今雖相隔已有五年，而腦海歷歷，如在目前。此種錦繡河山，民族遺產，何能放棄尺寸與片刻也；倭寇乃欲強占而有之，其可能乎？如余當民國廿三、四年時，不徧歷西北西南，亦不知我國力之雄厚與偉大，恐不能決定抗戰之大計，因此更知遊歷之功效，較任何努力爲大也。[75]

三、新生活運動的推行

在江西剿共後期，蔣介石推動新生活運動，深覺其成效斐然，故此次西南行亦思將新運推行至西南諸省。一九三五年三月三日，蔣介石在四川演講〈四川應做復興民族之根據地〉時稱：「新生活運動的目的，就是要由此造成新的國民，建立新的國家。……新生活運動乃復張四維的運動，也就是精神國防的建設運動。」十八日上午，蔣介石到參謀團紀念週演講「建設新四川之當前要務」時，亦稱：

凡社會國家之建設，首在國民精神之健全，欲求精神之健全，又在乎體質之強健；欲體質之強健，必須人民有衛生之常識、清潔之習慣與公共之道德，此即新生活運動中清潔運動之要旨所在。

廿三日上午，到重慶青年會新生活運動（促進）會，演講「新運的意義與推行之方法」：

（前略）故救亡復興之道，首在恢復民族固有之美德，以提高我民族精神，發揚我歷史文化，新生活運動即係應此時代要求，而以復興民族為其旨歸者也。新生活運動者，乃以「禮義廉恥」為基本精神，以「軍事化、生產化、藝術化」為中心目標，以「整齊清潔簡單樸素迅速確實」為實施原則，要求全國國民實現之於「衣食住行」等日常生活，而完成其現代國民的修養，以奠定新中華民國之基礎的生活革命運動。……惟關於推行新運，有數點必須注意者，……第一，實行新生活，應首先由「禮」字做起。……第二，新運之目標，在使國民之生活軍事化、生產化與藝術化。……第三，在中國內地一般普通外僑，其生活習慣精神行動，無不合乎新生活之原則，吾人應取人之長，補我之短，以外僑之生活，為新生活之實際模範。……第四，今後推行新運，應注重以身作則，來提倡勞動之習慣與為社會服務之精神。……以上為推行新運之一般要務。茲再有渝市亟應注意改善之兩件事實：第一，現在渝市各處香菸廣告極少，此為至可欣慰之現象。但在另一方面，關於醫治各種不名譽的疾病之靈丹妙藥的廣告極多，而各種與學術文化教育有關之廣告，卻不易發現，……即此可見社會道德文化之墮落與員警之無能，實為政府與我各界民眾之恥辱。吾人應知廣告之內容與形式，無形中對於人民之精神與心理有莫大之關係。……第二，現在渝市之無業遊民，以及乞丐甚多，政府當局與各界領袖，以及新運促進會各同志，應共同設計，本勞動服務之要旨，予以勸導、組織和訓練，使其從事各種建設事業，人人有工可作，有飯可吃。[76]

此際，蔣介石對新生活運動的推動，不僅著眼於對抗共軍騷亂，更有「造成新的國民，建立新的國家」之深意，實與建立抗戰根據地及推動民族復興運動息息相關。

四、情愛遊憩的慰藉

蔣介石此次西南行，在其情愛遊憩方面亦有豐碩的收穫，尤其是對其妻宋美齡的依依愛戀。如一九三五年三月五日晚，蔣介石記二月反省錄，即稱：「對家人常懷愧怍之心，而於先慈尤難為懷也。惟夫妻和睦，愛情日篤，足以自慰。」[77]事實上，當三月二日蔣介石離漢飛渝時，宋美齡因身體不適未能同行，而是另行乘船入川。自此之後，迄三月十日宋美齡抵渝（蔣乘船下駛迎宋），蔣幾乎每日電宋。如二日，電宋藹齡：「弟已安抵重慶，三妹乘船入川，亦今日由漢起程。」復電宋美齡：「已於三時平安到達。」三日，電宋美齡：「昨電諒達，各方情形甚好，一路風景更佳，貴恙諒可告痊。刻到何處，盼覆。」四日，電雲陽盤渡永綏艦宋美齡：「本晚究泊何處？巫峽風物以今明兩日為最佳麗，貴體諒已復原。」又電：「今日已到宜昌否？貴恙如何？盼覆。」五日，電覆宋美齡：「支亥電欣悉。何時由宜昌起椗，請即覆。」六日，臨睡，又電覆宋美齡曰：「微戌電悉。玉體甚好，欣慰之至。此間情形亦好，明晚泊何處，請預告，便通電也。」八日，下午，電宋美齡：「昨晚泊何處？未接報。今日到何處？甚念，盼覆。」九日，電宋美齡：「今晚諒可泊長壽，明午可相晤，望珍重。」十日十時，到珊瑚壩乘船下駛，未到廣元壩，即遇宋美齡船，乃即過船與之同船。[78]而宋美齡的到來與相伴，確實使蔣油然而生幸福感受。如十八日薄暮，與宋美齡等由嘉陵江邊小徑，登佛圖關，四周眺望。蔣有感而發曰：「仰視明月，左顧夫人，望長江之浩蕩，觀塗山之巍峨，實一樂也。」[79]

在遊憩方面，蔣介石一向喜好尋幽訪勝，即在兵馬倥傯之際亦不例外。如三月六日傍晚，步登佛圖關之鵝頂頭，離佛圖約三里，暮色蒼然，即回寓所。蔣稱其地勢雄壯，為重慶之要隘，則不誣也。此關抗戰後改名復興關，為中央訓練黨政軍人員之重地也，蔣手署其名於關上。八日下午，往遊江北縣公園。九日下午，遊江南岸之老君洞，俯瞰重慶與大江，實一勝景；塗山塔名振武塔，即在其西峰並峙。十八日薄暮，與宋美齡等由嘉陵江邊小徑，登佛圖關，四周眺望。廿三日下午，到黃桷埡與字水遊覽，登黃桷埡廣益中學內之文峰塔，蔣稱重慶風景，以此為最也。廿五日下午，蔣稱貴陽風景秀則過於桂林，麗則不如也。其城之西南高中附近之風景，為尤佳也。廿六日下午，往遊黔靈山，風景幽雅。廿七日，駐節貴陽，稱貴陽風景之美麗，勝於桂林，且其山峰形勢亦多相若；而其奇特則不如桂林。[80]

最後，宋美齡此行留有〈西南漫遊〉一文的記載，歷述其親見親聞，頗可補官方資料之不足。

抗戰前十年蔣介石在湯山的生活

■王正華
國史館纂修

壹、前言

南京湯山，以溫泉聞名，溫泉別墅又以「陶廬」著稱。[1]陶廬，是江寧名人陶保晉於一九二〇年所建中西合璧的私人溫泉別墅，因景仰和紀念先德陶淵明「吾愛吾廬」之意，取名陶廬。其後，爲了擴大溫泉的奇特療效以濟渡衆生而舉家遷出，陶廬迅速成爲以療養身心而聞名的名勝。一九二八年以後，黨國要員慕名而來，出入陶廬沐浴。又黨國大老張人傑將其在湯山的私人公館，於一九二七年十二月贈送蔣介石作爲官邸。此外，另有公共浴池「湯泉館」，供政府官員使用。[2]在民國史上著名的「湯山事件」，即因胡漢民被軟禁於南京的湯山，掀起寧粵分裂的政潮。

國民政府奠都南京以後，湯山是蔣介石重要的休憩處所。蔣介石爲何要去湯山？他是獨處，還是和哪些人在一起？他在湯山做些什麼事？從一九二七年五月蔣介石初至陶廬，至一九三七年七月抗戰爆發，蔣介石何時在湯山時間最長？其原因為何？本文主要藉蔣介石在湯山的生活，瞭解他休憩時的生活面相。

在無法閱讀到《蔣中正日記》的情況下，本文主要依據國史館出版的《蔣中正總統文物：事略稿本》的記載，參照五記，爬梳蔣介石在湯山的生活。

貳、初到湯山陶廬

自國民政府北遷，形成兩個領導中心，國民革命軍總司令蔣介石受制武漢，備受攻擊，大局未明之際，南京於一九二七年三月廿三日克復，發生南京事件。蔣介石廿五日乘艦由蕪湖赴南京。程潛、何應欽、魯滌平等來艦，報告戰鬥經過及一切情形。他靠岸而未登陸，又直接啓椗到上海。這幾個月來，他憂慮時局，「數月來愁悶苦痛極矣。今日見各將領愛護之殷，為之稍慰。」[3]

蔣介石決定驅逐蘇聯顧問鮑羅廷（Mikhail Borodin），反共清黨後，於四月九日正式進駐南京，並邀各委員到此地籌商一切。正是國共勢力面臨攤牌時刻，他的處境是「內部紛歧，殘敵壓境，環境險惡，內外交迫」，外表「鎮靜處事如常」，內心實「太息不止」。[4]十一日，他遊鍾山，謁明陵，這是十五年前舊地重遊；十二日，得浦口失守的消息，他評估敵軍不敢渡江南來，反而前往雨花臺觀察形勢，然遇大風雨而折回。[5]

四月十八日，國民政府奠都南京，黨政中樞在開始運作，隨後軍事委員會於廿一日由粵遷寧辦公，江蘇兼上海財政委員會成立，江蘇省政府成立，政府組織初備。[6]廿四日，蔣介石登眺天保城，南京形勢，瞭如指掌，認為：「南京稱為天險，此乃中之要阨也。」[7]

寧漢對峙，內外情勢混沌不明，諸事紛擾，蔣介石五月一日午睡時被砲聲吵醒，又為財政上的問題，心煩意亂，感謂：「部屬欺上，大敵當前，內部紛亂，欲罷不能，精神痛苦，心田不暢，尤以今日為最也！」[8]三日，蔣介石又遊雨花臺，登石子岡上四望，認為形勢不如天保城之險要；晚與李宗仁、白崇禧、朱紹良研議下一步北伐作戰計畫，主張先向津浦路前進；五日，遊雞鳴寺，登北極閣，看到：「全城在望，而城郭之雄峻，山水之壯麗，實所罕見。」因而體會到孫中山要以南京為都的原因，決意將盡全力建設南京。[9]

連日來承受巨大壓力，五月八日，蔣介石「出朝陽門，行五十里，遊湯山，尋溫泉之源。還入太平門，觀蠶桑研究所。」[10]這是蔣介石到南京後第一次遊湯山的記錄。在《事略稿本》中記載，當日，蔣介石往南湯泉，與胡漢民、李煜瀛、伍朝樞、王寵惠共商時局。他思考著：如奉敗而漢勝，可以無慮；如漢敗而奉勝，則要研究處置之道。[11]此時亦正是馮玉祥國民軍動向的關鍵時刻，蔣也要特別注意。軍務倥偬之際，勞神思慮，至五月十一日晚，蔣介石甚感精神疲乏，謂：「今日精神，疲乏異甚，時刻自覺不支也。」[12]十三日，蔣介石決定重要人事，推伍朝樞為外交部長，王寵惠為司法部長，王伯羣為交通部長，期許：「惟願同志團結，中樞強健也。」[13]百忙之中休得半日閒，十四日下午四時往湯山，沐溫泉浴；晚與戴傳賢、邵力子同住於陶廬。蔣介石正式提到留宿於陶廬。蔣介石對戴、邵二人表示，自到南京以來，「無日不在震盪搖撼之中」，到湯山沐浴，「然得處此幽靜之地，飽受山野風味」，舒緩連日的工作壓力，遂在湯山停留了二日。[14]翌日，蔣出則乘馬攝景，入則與戴、邵二人笑談，是二個月來最快樂的日子。十六日，再沐浴後，才返城。[15]即便在休息的時候，十四日晚，得英駐華公使藍浦生（Miles Wedderburn Lampson），於外交部長伍朝樞就職以後，即到上海，蔣表示：「余甚欲提出收回之權也。」十五日陳銘樞來湯山談，告以李宗仁見朱培德於湖口，其在於「保贛拒我，中立袒共」蔣歎道：「益之何愚拙乃爾？殊堪惋惜！」另有張人傑談黨事及軍隊，蔣謂：「靜江兄頗有中肯語也。」[16]同時，蔣介石不忘思考大局，提示應注意之點：一、武漢共產軍之計畫；二、入豫叛軍之進退；三、朱培德在江西之態度；四、川、黔軍討伐武漢之進度；五、馮玉祥之態度；六、奉、魯軍之動作；七、英、日外交之方針；八、本政府強健之方法。[17]

五月廿一日，蔣介石又至湯山，沐溫泉浴後，夜宿陶廬。這晚，他考慮急於推動的要務：「極想將組織、訓練、建設、檢閱諸端，分時實行；政治、黨務、經濟、社會、哲學、軍事，分科研究。」[18]廿二日，還謁明陵。[19]

六月十一日，經上海，蔣介石約李煜瀛、黃郛同赴杭州，在車中商時局；十二日，約蔡元培、李煜瀛、張人傑同遊西湖，在船中又商時局。[20]十三日，過上海，返南京，車中與李煜瀛談學術，蔣佩服他「學有根柢」。晚，應伍朝樞部長宴。[21]回到南京，蔣介石感到「精神甚不暢也。」[22]時馮玉祥在鄭州和武漢方面會議，十六日得馮玉祥電約會於開封，蔣介石當晚即渡江北上。十九日，馮玉祥到徐州會蔣，廿日中央各委員亦到。廿一日，續開會議，蔣介石承諾每月發兩百萬元資助馮，[23]馮表示由彼個人武漢政府取消，與公聯名北伐。徐州會議遂告完成。[24]

徐州會議後，蔣介石回到南京。六月廿三日，觀察各方報告，情勢發展對自己不利，他分析：「內部不一，或與共黨妥協而謀我之說甚盛，部屬且有驕橫專斷者，世事變幻，誠不知其所止？余自入寧以來，危疑震撼，無日無之。嗚呼！外侮易禦，惟內奸最難治也！」[25]廿六日，往訪李烈鈞、李煜瀛、蔡元培諸人後，即往湯山，開財政會議。[26]在湯山沐浴後，下午游句容寶華山慧居寺，登寺前釋經臺，東望鎮江，西顧金陵，「誠偉觀哉！」。[27]寶華山成爲蔣介石很喜歡從湯山去的一個景點。當晚回宿於湯山。[28]

七月間，蔣介石公開和宋美齡交往。廿四日徐州失守，蔣復北上蚌埠督師，雖數日不得好眠，時武漢分共，亦去鮑羅廷，寧漢之間醞釀合作，要他去職的政治氛圍正在形成，較之南京濡暑酷熱的天氣，他言道：「余此次北上督戰，戰機急迫，無暇遊覽，然較之悶處南京，暢快多矣。」[29]八月六日蔣介石回到南京。時武漢汪兆銘等求馮玉祥來電，表示願來寧合作，蔣主張寬容。七日上午訪李烈鈞、葉楚傖，往湯山，研究對武漢宣言。[30]

寧漢合作，蔣介石下野，隨後有赴日本之行。十一月十日返回上海，十二月一日和宋美齡舉行大婚。一九二八年一月四日重返南京，復任國民革命軍總司令職，「暇輒觀察京城形勢，尤時勘察總理陵墓。」[31]而此時，陶廬成為湯山俱樂部，佈署就緒，成為聚會議事的場所。[32]

蔣介石在公務繁忙之餘，二月廿五日偕宋美齡遊靈谷寺之後，共宿於湯山。[33]蔣喜歡到湯山的原因之一，是此地「林泉幽靜，頭腦便於思慮」。[34]翌日，國民政府主席譚延闓和何香凝同來湯山，遂與蔣、宋偕行，同遊寶華山慧居寺，蔣介石舊地重遊，「甚有所感」，登拜經臺，眺望長江，曰：「浩浩宏遠，神曠心愉。」廿七日清晨自湯山回城，順遊夫子廟後，參加賀耀組就職首都衛戍司令典禮。[35]

二次北伐正緊鑼密鼓，蔣介石日理萬機之餘，一九二八年三月十日上午對軍官團訓話，講「我們的毛病及應改進的地方」。下午，往訪張之江，囑其轉電馮玉祥，希合力先取山東，將以山東交馮整理，又分電嶽維峻、曹萬順後，忙裡偷閒，便出遊中山林，見植樹茂盛且有計畫，顯示建設的進步。此日為星期六，且時間將晚，然蔣介石突感不安，當此準備北伐之際，應該珍惜時光，自己白天便服出遊，將何以為表率？[36]晚宿湯山，蔣自思：「昔者揚雄有言：『君子為國，張其綱紀，議其教化，導之以仁，則下不相賊；蒞之以廉，則下不相盜；臨之以正，則下不相詐；修之以禮義，則下多德讓。此君子所當學也。』余今身負黨國之重，於軍事方面固已確有把握；而於政治尚當大用其心，亦為君子所當學者。勉以學之可乎。」[37]翌日，蔣介石在湯山早起，「眺山林曉景，頗思閒散之樂」。立刻又自省自覺不可貪戀山林，自戒之謂：「叛逆未滅，何以樂為？基礎未固，軍隊不整，更無樂趣可言。故目前處境，祇有憂患耐苦以求自強。昔者霍去病尙知匈奴未滅，不求家室之樂。吾今何可貪山林乎！先天下之憂而憂，後天下之樂而樂，固吾之夙志也。今豈中道而渝乎！戒之，戒之。一念之動，非慎不可。」遂於上午回城。[38]由上可見，蔣介石長期處在精神緊張的狀態，自我要求也很高，不似年輕時的放浪，他以戒慎恐懼的態度，即便偶而放鬆一下，也立即提醒自己。

三月十二日下午，蔣介石與宋美齡往謁總理陵墓。復至中山陵參加紀念會及植樹節，手植柏樹五株，以為倡導。順道視察南湯山小學校，見其清潔整齊，甚有成績，當面嘉獎校長張壽一。[39]其後即在湯山沐浴，「心甚樂也」。[40]十七日，偕宋美齡往造林場遊覽，又往湯山沐浴，謂：「攜三妹，入鄉村散步，日薄暮矣，興味猶未盡也。」[41]這時蔣介石難得放鬆心情。

愉悅的時光總是短暫的，蔣介石三月卅一日步上征途，北伐大軍進入山東，五三慘案發生，蔣介石不得不委曲求全，對日本忍辱負重。六月一日、二日分訪閻錫山和馮玉祥後，六月三日夜回到南京，得張作霖退出北京消息。四日，因張人傑反對由王正廷接任外交部長，蔣介石心中甚為苦惱；是日中午，日人重藤千秋來見，[42]態度驕傲，蔣心中甚感厭惡，以「見之令人欲嘔」形容。自歎：「日人對我如此，余何以能完此責任耶！」最後決然道：「其在立志養氣，息怒負重，以為自強之本而已。昔者程明道定性篇，以戒怒為下手功夫，余今亦宜戒怒，勉誤黨國大事。」[43]白天諸多令人心煩之事，蔣介石藉暫時離開南京，改換環境，到湯山調劑身心。當晚宿於湯山，自謂：「棲憩山林，能一清心胸，振作精神云。」[44]五日，蔣介石白天回京處理公務，晚仍宿於湯山，陳景韓、葉琢堂、吳忠信三人來討論時局。時蔣有意辭去總司令等職，三人不贊成，「以全軍總司令可辭，而兵權則不可放棄」；更進言應該「興學造人，練兵修政，以雪國恥」；又中央經費必使各省擔任公平，方得爲政之平。[45]六日早起，在湯山手擬致閻錫山、馮玉祥、朱培德、李宗仁、白崇禧、戴傳賢、吳敬恆等電稿多件，尤其是關於北京、天津等人事問題，上午回到南京拍發。[46]

六月十九日，蔣介石在南京官邸，早起，「覺心中悶甚」，「在山水清幽之處，則心神恬適；在城市擾攘之所，則胸懷悶煩」。他自責自己不能自主，自爲精神的主宰。[47]下午，與宋美齡往中山陵園眺望，宋勸蔣：「大丈夫作事不可常常以悔憤而墮氣。」傍晚至湯山，處理公務至深夜，分電馮玉祥、白崇禧、朱培德、李廷玉、曹萬順等人；決定隨赴北京人員、軍事整理處人選等，最後反躬自省，決定從明日起按時辦事，再不灰心墮氣，又決定雪恥之條：不偷懶，不動氣，不遷怒。[48]然觀察蔣介石的個性，「不偷懶」較沒有問題，「不動氣」和「不遷怒」很難做到。廿日，蔣在湯山，早起記事畢，回城；上午出席中央政治會議；下午會客，往黃埔同學會會議後，回總部，批閱公文；晚至湯山宿，考慮人定勝天之道。[49]廿一日，在湯山，早起，「散步花木間，見朝露珠明，晨曦玉映，萬物更充滿生氣，心甚怡樂」。[50]調適好心情，吃過早餐，回城面對新的一天。廿三日，下午參加沙基慘案三週年紀念後，回總部會客。思及「沙面英人橫暴如故，其將何以對死者而雪國恥」，整日心情「憤悶」。[51]傍晚，覺疲乏不適，與宋美齡往遊中山陵園，晚至湯山宿。整晚思考雪恥之最有效辦法，認為：「事在人為，今日中國之一般人雖尚未具備雪恥之力量，然訓練組織以培養之，是余之責任也。且余自信人定必能勝天。以後余之雪恥條，以人定勝天為目標，向此大道上邁進可也。」[52]翌日早起，在湯山批閱公文多件後，上午八時返城。[53]

一九二八年六月廿六日，蔣介石和宋美齡由下關啓程，轉漢口北上。七月三日到北平，六日，蔣介石率馮玉祥、閻錫山、李宗仁、白崇禧等各將領於西山碧雲寺孫中山靈前致祭。十二日，與馮、閻、李於釣魚臺討論裁兵問題。廿五日十一時夜車南還，廿八日回到南京。[54]停留北平期間，四度宿於以溫泉為名的北湯山（現名小湯山）。

一九二八年十月十日，五院制國民政府成立，蔣介石就任國民政府主席。往湯山的記錄，要到十月卅日，上午在軍事委員會辦公；下午，往湯山；回城，巡查軍校及勵志社；回官邸，會客，又會見學生。[55]十一月八日，蔣介石出發視察各地，至卅日夜由安慶乘艦回南京。[56]十二月一日，為結婚週年紀念，下午巡視軍校、陵園、湯山等處，他不滿「以外出近一月，而京內各事未見有進步。」[57]二日下午，蔣介石復往湯山會客。[58]

十二月三日，蔣介石注意事項有對日本政界床次竹二郎來華之應付；五日，記有「聞日本田中懇求床次來華，以爲挽救地步，乃其不得已最後之辦法。」[59]蔣介石於十一日會見床次，談畢，認爲：「此人頗實也。」[60]十二日下午，床次來湯山再次與談，蔣特惜日本政治家之敦厚不多，「更覺其爲仁厚人也。」晚宿湯山，蔣介石考慮外交事宜，直至夜半。[61]十三日，蔣在湯山，早起，看書；上午，由湯山回京，到中央黨部開常務會議。[62]是日，蔣第三次與床次深談，表示：「余甚望其成功，得以解決中日問題也。」[63]

十二月十五日，蔣介石下午往湯山，馮玉祥、閻錫山在湯山商議編遣委員會辦法。閻氏決辭內政部長職，以由趙戴文接任。[64]廿二日上午，宋美齡由滬到京，與蔣介石同遊陵園，旋在湯山憩息；下午，與孔氏諸甥在湯山山亭中野餐。是日晚，蔣介石由湯山回京，宴軍官團教官。[65]廿三日下午事畢，蔣介石又往湯山休息。廿四日，早起在湯山看書。上午回京，主持軍校紀念週，又主持國府紀念週。[66]廿九日，東北通電易幟，全國統一告成。卅日下午，蔣介石復往湯山休息，看書，記事，回溯本年軍國大事記於日記，檢討謂：「今年自一月四日入京至今，全國統一、對外各國，除日本阻礙反抗外，其餘皆承認我國稅自主與放棄領事裁判權，吾人如能努力做去，則民國廿年，必能獨立乎？」[67]翌日晨，蔣由湯山回京，上午主持國府紀念週。[68]

自南京定都以後，蔣介石在南京公務繁忙，湯山是最近南京的溫泉地，提供蔣在舒緩壓力，調劑身心的去處。湯山地處近中山陵，明孝陵，往遊有地利之便。他在湯山沐浴溫泉外，賞景、看書，也記事。而宋美齡的大姊宋藹齡到南京，母親倪桂珍，都曾於一九二八年五月底住過湯山。[69]

參、編遣會議到中原大戰前後

一九二九年元旦，國軍編遣委員會成立，編遣會議爲裁軍與統一財政問題，造成中央和地方軍系的衝突。五日開第一次編遣會議，爭議不斷，蔣介石晚宿湯山，思及「軍閥習慣性成，除不能勝除，余乃爲內外夾攻之人，思之，但有鬱悶而已。」[70]

李濟深在北伐時堅定支持蔣介石，使他無後顧之憂。當第四集團軍坐擁兩湖，由於李濟深和桂系有深厚的淵源，[71]加上他袒護桂系和馮玉祥部隊之數額，與蔣介石意見相左，返粵後對蔣亦有所批評。[72]二月湘變爆發前，蔣介石已對李不放心，認爲李濟深爲桂系奧援，一月九日指責李：「任潮把持廣東，事事反抗，余不得已，已面斥其爲反革命之所爲矣。」[73]蔣介石並於十一日訪吳敬恆談李濟深反抗編遣事，吳應該對蔣有所指點，並支持蔣的作法，故蔣謂：「任潮倨傲異常，不肯裁兵，對統一財政，又持異議，余既派私人與之接洽，明告以利害，仍不覺悟，不得已面斥之矣！稚老聞余言，深爲感動，以余之言行爲公道，並表示其一致堅決助我之意，是老德性可感也！」[74]吳敬恆自反共清黨以來，可謂蔣左右重要謀士之一。十日上午朝會後，蔣致李濟深函後，往湯山休息。下午二時回京，見瑞士公使，並召見憲兵官長，主持財政會議。[75]討論統一辦法，蔣復批評李：「任潮仍倨傲驕矜，毫無覺悟，不知其何所恃而為此也！」當晚，蔣以氣悶早睡，然整夜未能安眠。[76]

二月七日，下午蔣介石遊明孝陵，晚宿湯山，針對白崇禧稱病請辭，蔣電白在北平鎮攝訓練，負責整頓，並就便調養；又電李濟深，請速返南京，商決一切。次日晨，蔣自湯山回京，開國務會議。[77]二月廿二日湘變事起，李濟深成為中央與桂系之間的重要溝通管道，其動向亦深受關注。蔣介石派蔡元培、李煜瀛、吳敬恆、張人傑四大老赴上海和李濟深共商解決之道，並力邀李濟深到南京，李氏亦希望能作為中央和桂系之間的調人，和平化解紛爭。[78]

三月十三日李濟深抵達南京，出席中國國民黨中央政治會議，討論解決湘變方案，蔣介石並晚宴李濟深等，至十一時方散。[79]在兩湖風雲生變之際，蔣介石十七日下午，往湯山沐浴；晚，宴客。[80]然到廿日夜，蔣介石認為李濟深勾結桂系，盤據兩廣、兩湖，以武漢為中心，意圖叛變。[81]廿一日，晨特召其來寓，責其密通桂軍，所為不義，並令留任京中，暫不返粵；旋吳敬恆來請保釋，乃許與之同往湯山。下午二時，開編遣會議，處置湘變，蔣介石表達個人意見，謂：「中央所求者，惟在確立中央之政權，完成國家之統一，厲行中央之命令，實施中央決議；中央之所求者，余必以全力促其實現。個人之地位權力與生命，皆可以犧牲，而國家之法令，決不能廢弛；本黨之主義，決不能違反；國家之統一，決不能破壞。故余可犧牲一切，以厲行主義，保障統一。」[82]三月廿六日，中央下令討伐桂系。[83]李濟深被扣湯山，其統治下的粵政即由陳濟棠繼起。第三次全國代表大會結束後，國民黨委員馬超俊曾在四月廿五日往湯山陶廬探視李濟深，並在溫泉沐浴。時吳敬恆、張人傑亦在，共餐之餘，吳敬恆暗指李濟深被扣原因，是主粵任內，以粵省公帑，撥濟桂軍餉項，而有勾結桂系之嫌。[84]直到兩湖事變底定，李濟深才於七月卅一日恢復自由。[85]

十月，東北有俄軍侵入滿洲里，西北有馮玉祥的反叛，國家多事之秋，廿四日，蔣介石與宋美齡忙裡偷閒，同遊湯山，湯王廟後山，[86]紅葉綠松，相互掩映，其山巔平勻，遠眺萬山，可為靜養之所，蔣對宋表示：可築茅舍五間，擬平定西北後，構屋而居。下午回京。[87]

一九三〇年一月在討伐唐生智的戰役中，十二日上午得蔣鼎文電，鄭城唐生智部隊複雜，恐另生變故，蔣介石心甚不安，下午往湯山沐浴，心仍不安。夜回京，處置前方各事。[88]不久，馮、閻聯合反蔣事起，二月十日蔣介石感到「事煩心悶」，故往湯山休息，俾以安神。十一日上午批閱公文後，遊湯山，與宋子文談時局；下午遊句容；晚得閻錫山電，以禮讓為國之說為辭，勸蔣介石與其同時下野。[89]蔣介石十二日覆電閻後，即於十三日上午發動員令，指揮討閻軍事布置畢，偕宋美齡往湯山，下午遊句容城。[90]十四日上午，蔣介石往寶華山遊覽，到拜經臺略坐，預備房屋，以為他日靜養休息之地；傍晚回湯山，得閻錫山十三日覆電，仍要脅共同下野。蔣得電後，乃回京，約吳敬恆、胡漢民等磋商辦法。[91]

三月七日，上午處理公事畢往湯山，沐浴，休息；下午，乘車出遊湯山之陽，風景頗佳；歸來看書，並與戴傳賢談話，見戴體弱多病，深爲其心憂。[92]三月廿日，蔣介石日由南京回奉化故里掃墓。八時由湯山出發，經句容，十時到鎮江。[93]

五月一日，蔣介石下令討伐閻馮，點燃中原大戰戰火，及反蔣勢力集結，召開擴大會議，至張學良發表九一八巧電擁護中央，率東北軍進兵平津。十月三日，中央軍占領開封，勝利在望，蔣介石在蘭封軍次發表江電，主張召集國民會議，頒布憲法之時期及制定約法。[94]此舉無疑地爲政壇投下了震撼彈。蔣介石九日下午一時由鄭州出發，五時回到南京。十二日下午，蔣介石考察遺族學校後，到湯山，批閱公文。[95]征戰凱旋的蔣介石，回到南京，即有接不完的政務要處理，需要到湯山相較平靜的環境。

中原大戰結束，中國國民黨在南京召開三屆四中全會，張學良親赴南京與會，蔣介石連日與之深談。十一月十四日，蔣介石明告北方之事，原則由中央決定，而一切以全權信託於他，不加干涉。十六日，蔣又與張學良深談三小時，記有：「今日所談，眞切有趣。」[96]十九日上午蔣會客，張學良來談；下午，往湯山遊覽；晚，宴客。[97]廿二日晚，蔣介石擬與張學良談話大意六點如下：一、須向統一方面做去，事事以中央爲念，須知自身即爲中央之一體，中央者，非任何一人之中央也。二、懇託以後共負政治進行之責任。三、若事事能以中央爲體，不失中央政策，則各事皆可予以放手辦去。四、必待以手足之情。五、勸其立志立品，修性養心。六、須在黨中盡力，增高黨的地位，以固政治基礎。蔣相信能以誠意感動張學良。[98]

四中全會召開期間，黨內聲音紛雜，蔣介石感諸事不盡如意，和胡漢民之間的齟齬已起，十一月廿二日，夜眠不安。[99]廿三日晨起，蔣介石即赴湯山沐浴，並於是日週末，特邀在南京各要人在湯山小餐。計蒞會者有張學良夫婦及胡漢民、戴傳賢、王寵惠、宋子文、何應欽等數十人，各夫人亦同往。[100]這場宴會冠蓋雲集，是爲中原大戰勝利的慶功宴，是款待張學良感謝他的支持，也是祝賀蔣介石出任行政院長，應該是湯山最熱鬧的一次盛會；下午，參觀農場展覽會，晚宿於湯山。蔣介石翌日上午七時由湯山回南京，八時在軍校紀念週訓誡後，到國民政府就行政院長職。[101]

十二月五日，蔣介石下午往湯山，訪戴傳賢後，即乘船溯長江而上，前往南昌督師剿共。[102]卅日下午，蔣介石會客後，赴湯山，電陳濟棠商實現統一捲菸稅徵收辦法，晚宿於湯山。[103]

一九二九年至一九三〇年，外有中東路事件，內有各地軍系的連番挑戰中央，戰火不絕，四月至九月間，蔣介石均未到湯山。

肆、湯山事件到二次下野

蔣介石在中原大戰結束後，主張召開國民會議並制頒訓政時期約法，因為立法院長胡漢民的堅決反對，掀啓一九三一年寧粵對峙的政潮。

一九三一年二月十一日，回到南京的蔣介石，下午三時往湯山，擬定對軍校學生訓話綱要，又規定軍校畢業生之出路，曰：「不限於軍事，將於社會與經濟各方面求其發展可也。」[104] 十六日早起，蔣介石考慮山西、西北軍編遣問題，事可告一段落。[105] 是日下午會客，蔣介石接見一位被信奉者稱為「段師尊」者，為進一步瞭解此人底蘊，翌日下午三時往湯山，再會見段某，與之深談，發現段某「以格致誠正之名，而雜以陰陽奇異之說」，並不合時代。[106] 蔣介石其後於廿五日正午往湯山，與閻錫山代表南桂馨談話；下午就在湯山閉戶讀書。[107]

當一切正朝著蔣介石預定的目標進行著，一場政治大風暴也正在形成。先是，一九三〇年十一月十六日，蔣介石對新修改的國民政府組織大綱，不滿自己的提案未被採納，認為都是出自胡漢民的反對，他批評胡「書生之見」，「其於國事政治，祇求苟安，消極防人，以期不反，而又不能自立奮起，可憫！可歎！」四中全會開會以來，蔣介石更為忙碌，他廿日抱怨：「繁劇未得稍暇，尙能自勝，惟人人以把持為心，一反其意，則怨謗以起，實難堪也。」廿一日，更道：「余之天性強果不屈，而乃必欲強余委曲牽就，任彼一人把持，展堂之強人所[illegible]余寧願獨善其身，置天下人類於不顧之一日也！余於是甚自憂，亦甚自憐焉！」蔣介石任[illegible]爲行政院長，蔣胡之間失去譚氏的緩衝作用，直接對立。廿六日，蔣介石與胡漢民討論張[illegible]樹翰加入爲國民政府委員問題，胡漢民竭力反對，並告之吳敬恆，甚形憤激。於是蔣亦[illegible]敬恆說：「展堂挑撥搗亂，誠小人之尤者，使人不可耐矣！」蔣在廿八日記有：「展堂鄙陋[illegible]可與共事，亦無怪總理之憤恨也。」[108]十二月二日，開國務會議畢，蔣介石認爲：「軍隊組[illegible]政府改組未定，大小各事，皆須親理，而用人則受掣肘，不能自主，今日見彼輩薦人不當[illegible]能決絕之，其責任則惟余一人負之，嗚呼！苦悶極矣！」三日，開政治會議畢，又道：「多[illegible]惟知爭權奪利，而國事疲廢，無人負責，能不使余消極而悲觀哉！嗚呼！苟有良心，稍[illegible]自愛，決不願幹此政治工作，余亦何苦必背我之天良，而爲他人作嫁衣裳也！」[109]蔣[illegible]對胡漢民不滿的情緒正在積累，約法之爭更成爲破裂的導火線。

一九三一年二月一日，蔣介石中午往湯山，與陳濟棠談大局，並詳告對[illegible]覺大之衷曲。[110]七日早起，考慮對俄交涉甚久；下午，往湯山遊覽半日，傍晚始回京[illegible]自言：「山水清靜之中，盤桓半日，使精神得一調養，甚有益也。」[111]八日，出席伯力[illegible]議的莫德惠，來商談中東路交涉事宜，這棘手的外交問題，也令蔣煩心，然蔣更關切的約法問題，正面臨胡漢民嚴峻的挑戰。自二月九日到十七日期間《困勉記》（或與日記對[illegible]原文），蔣介石爲胡漢民反對約法事，內心的憤懣之情，充斥於紙上，其記錄臚列如下[illegible]

九日　看人面目，受人束縛，小人不可與共事也！今日紀念週時，幾欲痛哭，強忍而止，嗚呼！何人能知我之痛苦至此耶？

十日　公私蝟集，幾無安身之處。胡專欲人為其傀儡，而自出主張，私心自用，顛倒是非，欺妄民眾，圖謀不規，危害黨國，投機取巧，妄知廉恥，誠小人之尤也。惟余心暴躁發憤，幾忘在身矣，戒之。[112]

十二日　惜我所部，無大才，亦無顧大體之人，心有憤怒，輒以發洩為快，此何能託付以重任也？」

十三日　彼借委員制之名而把持一切，逼人強從，此對中央全會與國民會議諸決議案之能顯而可見者，至其挑撥內部，詆毀政治，曲解遺教，欺惑民眾，一面阻礙政治之進行，凡有重要之案，皆擱置不理，使之不能推行；一面則誹謗政府之無能，政治之遲滯，不知其惡劣卑陋至此，是誠小人之尤者。貪天之功，侵人之權，總理對胡汪之所以痛恨者，此也。阻礙革命，謀危傾黨國，其罪不可恕也。[113]

十四日　自彼加入政府之後，政府即形不安，黨部因之內訌。二年來，內戰不息者，其原因固不一端，而推究總因，實在其政客私心自用，排除異己之所致。吾人不察，竟上其當，且受不白之冤，年來犧牲部下與人民損失如此之多，痛定思痛，莫能自己，而彼不自悟，仍用舊日手段，挑撥我內部，賣好我屬部，使我成為怨受，必欲推倒政府，而其身取以代之為快，如其果有此能力，則我求退不得，而此實萬難之事也，奈何？[114]

十五日 (胡)破壞黨國，阻礙革命，陰險小人，終不自覺，為之奈何？繼以司大令自居，而視人為托爾司基，故對中外人士，皆稱余為軍人，而不知政治，並詆毀政治之無能，而其一面妨礙政治，使各種要案不能通過執行，其用心之險，殊堪寒心。余以國民會議之議案，必須自由提案，自由決議，不加限制，並議定訓政時期之約法也。各省黨部選舉絕對自由，不再宜圈定，一切議案亦絕對公開，此方足以平亂。不貫澈江電之主張，決不能杜絕亂源也。余誓必貫澈主張，以救國家。彼輩雖百端撓之，吾亦不暇顧也。嗚呼！孔子曰：惟仁者能好人，能惡人。吾自勉為仁者而已。[115]

十六日 今日為舊曆除夕，余乃孤苦伶仃，舉目無親，世人之可憐，未有如今之我者也！來見者無非要錢，來電者無非索欠，余今日誠為天下之大債戶，欠人之債，作人之奴隸矣！[116]彼阻礙四中全會之提案，明既簽字，暗又反對，今又把持國民會議，人為其名，彼受其實，此誠小人之尤者也。[117]

十七日 開國務會議畢，部長驕矜，竟學胡漢民之樣，是誠政不成政矣！[118]

至二月十八日，蔣介石意識到自己情緒激化到瀕臨爆發，故以心煩，午刻往湯山，自謂：「近日性氣躁急，恐將僨事，故赴湯山暫憩，以便自爲檢省也。」下午在湯山閉戶自省。[119]他提醒自己：「此時祇應存心養性，一以靜敬之，深思熟慮，以保持大局則幸矣。躁急反以僨事，戒之。」[120]蔣介石十九日續在湯山休養，舒緩情緒，覺「精神略爽，不復如昨日躁煩」。他自謂：「知止而後有定，定而後能靜，靜而後能安，安而後能慮，慮而後能得，大學之言，其眞不我欺也。」上午李煜瀛來見，與談二小時。李去後，電魯滌平。下午看《中國哲學概論》，楊永泰來見，與之暢談。[121]廿日晨六時起床，蔣介石由湯山回城，開國務會議；下午，再往湯山，看書二小時後，乃執筆自述民國元二、三年之經過事略，載於日記雜錄欄，吐瀉心中鬱積已久的感歎：「國事之憂患，人事之牽制，不足以阻撓我之勇氣也。惟願於家事得以慰我先慈耳。嗚呼！君子之交淡如水，其於家人之道，亦如此可乎？」。[122]廿一日早起，蔣介石思考對特別訓練班訓話大綱後，由湯山回城；下午會客後，往湯山，繼續自述民國四、五年之經過事略，載於日記雜錄欄。是日晚宿於湯山，考慮胡漢民破壞黨國陰謀，認爲：「周公之於管蔡，石碏之於石厚，孔子之於少正卯，皆出於不得已也。」[123]在此之前，蔣介石還一再克制，到此時刻，他已在爲採取斷然手段找合理性。

廿二日晨，蔣介石由湯山回京，宋美齡則自上海回京，然後同往湯山；下午看書；晚蔣介石繼續自述十六歲自十九歲之事略。回憶過去，「可痛可泣，可歌可悲」，記至午夜，夫人再三催睡，猶未能罷書。[124]翌日晨，蔣介石自湯山回京，上午主持軍校、國府紀念週。[125]廿四日晨，李煜瀛來商對胡漢民陰謀事，吳敬恆亦來，蔣介石認為吳敬恆所言有「政治見解」，謂：「對黨國，對大局，對政治，對人民，惟稚暉先生之言甚當也。」[126]蔣介石和李煜瀛、吳敬恆共商，兩人的意見應對蔣下決心有關鍵的作用。是日下午，蔣介石赴湯山會客，客有談對日本外交者，蔣表示：「余對日外交，甚思調和，使東亞局勢，團結穩固，以防止共產黨與強權國家之侵略；然而日本如不覺悟，則與虎謀皮矣，奈何！」[127]晚上，蔣考慮責任問題，是否應對胡漢民採取行動，他為合理化自己的動念，謂：「孔子之於少正卯，孔明之於馬謖，其皆迫於責任乎？吾則制止其作惡之機而保全身可也。」[128]廿五日晨，蔣介石由湯山回京，上午開政治會議。[129]

胡漢民不知危險將至，廿五日公開對《中央日報》記者發表談話，表示追隨孫中山數十年，從未聞國民會議應討論約法，仍堅持反對制定約法。[130]蔣介石被胡漢民阻礙到底的發言激怒，廿五日下午會客後，蔣介石將往湯山休息，思及胡漢民堅決反對約法，終至令蔣忍無可忍。「晚，胡漢民來寓，乃留止之，勿使其外出搗亂」。[131]由於《事略稿本》、《困勉記》，都將蔣介石扣留胡漢民記在二月廿五日晚，與事實顯然不符，故二月廿六日至廿八日《事略稿本》的記錄，亦都有問題。暫保留如下：

廿六日晨，蔣介石往湯山，上午在湯山俱樂部講述胡漢民之罪狀，言及禍黨國妨總理之處，忠憤填膺，幾為之髮指而泣下；正午，與邵力子談及胡漢民，「心為之碎」。廿七日晨，蔣由湯山回京，上午往國府開國務會議；十時，在國府辦公；下午，與宋美齡同往湯山。[132]廿八日晨，蔣介石在湯山考慮大局；上午往國府辦公；午往湯山；下午，吳敬恆、李煜瀛、蔡元培等來湯山議事，蔣介石手書致胡漢民函，勸其悔改自新，以利黨國；晚宿湯山，考慮安定立法院人心之方法，歎謂：「堂堂中國，志在奉公爲國者少，而祇圖私利，以感情意氣用事者多也。」[133]是條所記蔣介石白天的行止，大致不偏離事實，「晚宿湯山」則是不正確的。

胡漢民是二月廿八日晚被蔣介石扣在南京羊皮巷總司令部官邸，蔣中正日記記錄爲：「終日在湯山修正致胡函，與吳、李、蔡等議事。」又簡單記下：「本晚宴客，留胡漢民在家，勿使其外出搗亂也。」[134]透露蔣介石扣留胡漢民之前，是有和大老吳敬恆、李煜瀛、蔡元培三人商議。

親歷事發當天的邵元沖，二月廿八日日記有詳實的記錄，補《蔣中正日記》的不足：

晚六時，季陶在寓約餐。七時應介石邀全體中央委員晚餐之招，赴總司令部。八時頃，同人集畢，展堂至，介石獨令高秘長淩百，吳警廳長思豫招待之於別室。旋介石出一致展堂函示諸同人，中歷陳展堂操縱黨權，把持立法院，抗言國民會議不應討論約法等罪過，累累十九頁，由介親簽名，且有親添注之處，列坐傳閱一過，皆噤不作一言。介石並謂此函已與展堂閱過，並欲余往徵展堂之意。展謂：「中所列舉，乃悉無故實，余二載來以維持中樞，始終黽勉支持，若同人中猶有不滿因而毀謗者，余亦惟有自行引退，然是非不可誣也。」等語，余乃出。旋由介石與同人會餐，並力陳國民會議應討論約法，吳、李、蔡、葉、戴諸君皆附其說，十時頃散。是夕，展堂止宿於總司令部介石宅中。余出，偕叔同至季陶寓，旋蘆隱、超俊亦來，研討良久，皆莫識事變之眞因。旋同至稚暉寓，靜江亦在坐，立夫、布雷亦來，共商補救之道。稚暉言，此事既破裂，則已無法彌縫，惟有力圖減少困難及誤會，展堂既主辭職，則以靜居雙龍巷寓次爲宜，立法院事作爲請假，而由子超以副院長代理之，較爲不著痕跡，並謂明晨當與介石言之。二時後始散，臨行時，立夫告余，謂介石約余及楚傖，明晨十時至湯山晤談而別。歸與默相對歎惋，澈夕不寐。[135]

從邵元沖的日記觀之，原先蔣介石是約邵和葉楚傖三月一日上午十時至湯山晤談，然當天早上七時，邵接到總司令部來電，蔣介石改約邵等上午八時在國府會談，經過情形如下：

晨七時頃，總司令部來電，謂介石約於上午八時在國府會談。至則介石出示展堂辭國府委員及立法院長本兼各職書，並謂擬准其辭，而欲余任立法院副院長兼代院長，余辭不堪命，介石謂幹部諸長老均皆贊成，似宜勿辭。談頃，稚暉、季陶、哲生、楚傖先後皆至，共討論良久。[136]

因此《事略稿本》三月一日條：

在湯山，早起。再四考慮胡案，歎曰：「今日之胡漢民無異昔日之鮑羅廷，余前後遇此二奸，誠一生之不幸也。鮑使國民黨受惡名，而共產黨受其實惠。今胡則使國民黨受害，而彼個人自其利。鮑使國民黨革命破壞而不能建設，胡則使國民黨革命阻礙而不能統一。」

午，由湯山回京，到國府會議，胡漢民提出辭職，依法轉陳中央常會解決。下午。往湯山，考慮曰：「今日全國鐵道商運會議及全國軍醫會議，皆在京開幕。事關民貨交通與軍隊衛生，惜余無暇出席指導。[137]

三月一日「在湯山，早起」，「午，由湯山回京，到國府會議」，地點和時間都非事實。據《邵元沖日記》，二月廿八日晚和三月一日晨，蔣介石應該都在南京總令部官邸，胡漢民亦被留置在此處，這是「湯山事件」的第一現場。胡漢民是在三月一日由邵元沖及總部侍衛長王世和伴送至湯山俱樂部。其詳情如下：

又因展堂亟宜休養，遂囑余及總部侍衛長王世和伴送之於湯山俱樂部。余乃先至總部介石官邸，時展堂方寂處一室，新成集曹全碑詩一章，余乃與之共馳車赴湯山，十時頃抵俱樂部，共餐及洗沐。下午四時頃別展堂進城，又至介石寓一談，並訪季陶，七時頃歸。[138]

三月二日晨，蔣介石由湯山回京，主持國府紀念週，報告胡漢民反對約法與其辭職經過；復開中常會，准胡漢民辭職；並通過約法，起草委員會委員名單，發表通告全黨同志書。[139]胡漢民自三月一日起移居湯山俱樂部，即爲陶廬所在。時任國民黨中央訓練部長的馬超俊，胡漢民被扣留的當晚亦在場，曾於三月四日獲准前往陶廬探視胡，並沐溫泉浴。[140]是日，蔣介石本已同意邵元沖於第二天接胡漢民回京寓休養，但臨時生變，蔣介石當晚約邵及各立法委員晚餐，並談胡漢民因主張國民會議不應討論約法，與中央政策不合，因而辭職。[141]即至八日，得蔣介石同意，下午一時邵元沖偕戴傳賢及首都員警廳長吳思豫同至湯山，接胡漢民返南京雙龍巷寓次。[142]此後，胡漢民形同軟禁，連邵元沖前往探視都受到限制。[143]

蔣介石在二月間密集往湯山，自二月十八日至三月二日，每天都在湯山，也反應他極度需要改換環境，舒緩情緒上的不安。胡漢民回到南京靜居，蔣介石於三月十一日下午三時出席追悼會後，往湯山；傍晚回京，再檢查體格。[144]十七日，甚覺精神不振，蔣歎道：「內憂外患交迫而來，余心何能安懌也。」乃決定往湯山休息半日，晚，往開政治學校校務會議。[145]

由於粵系的黨政軍要員對胡漢民軟禁於南京一事，紛起聲援，也對蔣介石表達強烈不滿，以粵籍爲主的反蔣勢力又再次集結。廿六日晨，邵元沖接到蕭紉秋自湯山俱樂部打來的電話，謂有事相談，邵乃驅車往，兼洗沐。蕭謂介石囑其轉告，不要邵往視胡漢民，其內容則彼亦不知。下午，蔣介石來到湯山，復痛論胡漢民事，要邵最好不要與之往來。六時頃分別返城。[146]此事不見於《事略稿本》和《困勉記》。四月底，粵籍黨政軍界集結反對南京中央。

五月二日晚，蔣介石往湯山宿。第二天適爲五三慘案紀念日，蔣在湯山早起，思國恥未報，泫然言曰：「今日何日，非日本殘殺我濟南軍民之紀念日乎！余今以粵事將亂，全力思量，幾忘身受之國恥日矣。何以對我父母與死難之軍民也。」遂自記大過一次；上午，登湯山，籌建新校舍；正午，與張學良在山上野餐。[147]四日，蔣介石聽從吳敬恆之勸，往訪胡漢民，晤談十五分鐘。蔣謂：「始見似甚不悅，中則互相含淚，終則似甚勉強，但爲黨國統一計，不能不屈志往訪也！」又道：「此一事，爲余一生至難能之事，但訪晤後，自覺歡慰，以忍人之所不能忍，耐人之所不能耐也。」然胡漢民不肯恕諒。[148]五日起，國民會議在南京召開，一場政治大秀在蔣介石的主導下，通過約法，爲訓政時期的最高法典，亦修改「國民政府組織法」，提高國民政府和行政院的權責。

由於廣州另立國民政府對抗南京中央，國民會議的召開因之不無遺憾。六月六日下午，蔣介石與宋美齡同往湯山，夫人勸蔣「以革命不能澈底爲戒」，言多有理，蔣表示：「其理甚是，但中國環境，實所不許，余當勉圖之耳。」[149]七日上午，蔣介石在湯山批閱畢，視察湯山小學，遊覽句容以東山水；下午往紫霞洞遊覽後，回官邸。[150]十九日，下午發各電畢，蔣介石往湯山休息；晚回城，宴黨國重心諸君子。[151]廿一日，蔣介石自南京以軍艦西上，向南昌出發，進行剿共。

九一八事變之後，內憂外患交相逼迫，對蔣介石而言，無疑是更艱鉅的挑戰。為了化解和粵方的僵持，蔣介石先於十月十三日和胡漢民晤談，雖然尷尬，然謂：「兄弟鬩牆，外侮其禦，初雖勉強，而神明自泰然也。」十四日，蔣再訪胡漢民，又談半小時，以過去是非曲直，皆自己一人承擔，自認錯誤，並釋放胡漢民，派人送至上海。[152]蔣介石希望促進團結，共禦外侮，結果粵方在胡漢民領導下，要求蔣下臺的聲浪更高。

國難當前，第四次全國代表大會召開，以實現寧粵黨政的統一。開會期間，由於前夜十二時沒睡，十一月十六日晨四時而醒，蔣介石覺腦暈甚烈且痛，欲起床不能，六時聞鐘聲勉強而起；上午在代表會時，惟恐稍見病態，有礙於黨務進行，勉強支持，會後終至體力不支，即往湯山暫憩，此刻的蔣介石是身心兩勞，當晚即宿於湯山。[153]十七日早起，觀國聯理事會報告；上午，往開四全大會第三次正式會議；下午，又往湯山休息，時宋美齡患病在醫院，蔣「既念其病，又若寂寞」，自己長年征戰在外，夫妻聚少離多，深感：「今日夫人不能同來，夫婦之未得時刻同住，是人生一切不幸之所由起也。」[154]是日晚，蔣介石召集各同志談話，決定誠意退讓，期與粵方合作，一致對外，並電囑陳銘樞赴滬，邀請汪兆銘來南京，主持中央。[155]

十一月廿九日下午，蔣介石往湯山及句容飛機場視察，傍晚回南京。[156]卅日，夜宿湯山。十二月一日，爲蔣氏夫婦結婚四週年紀念日，上午九時兩人同由湯山乘汽車而出，十二時半至宜興縣城，出城遊湖，歸南京時已日暮時分。[157]這是蔣介石難得與宋美齡一起輕鬆度過屬於二人的日子。

爲了促成和平統一，在粵方的堅持下，蔣介石毅然於十二月十五日辭卸國民政府主席和行政院長本兼各職，第二次下野。廿日，上午宋美齡自滬回京，蔣親往車站迎之，再同往湯山，並召陳布雷來，命擬致一中全會函稿，引咎自劾；[158]下午，往句容；回湯山後，召周駿彥談話；晚回南京，宴各國公使。[159]

蔣介石於十二月廿四日回到奉化武嶺。

伍、出任委員長到抗戰前夕

一九三二年一月一日，新任國民政府主席林森及行政院長孫科等就職，廣州中央黨部及國民政府宣佈撤銷，然實際上仍然維持其特殊組織，改稱爲中國國民黨中央執行委員會西南執行部，及國民政府西南政務委員會，廣東仍保持半獨立狀態。[160]孫科主持下的南京中央，外交、財政無力應付，蔣介石一月十三日自奉化移駐杭州，圖以一己之力從旁協助。十七日汪兆銘來訪，兩人取得共維艱鉅的諒解，並聯名致電香港胡漢民，盼一同入京，共支危局。[161]但未得胡之回應。

國事危急至此，蔣介石得到宋美齡的支持，不計個人毀譽成敗，決意赴京相助。[162]廿一日由杭州乘汽車前往南京，晚七時後，車到湯山，遂止宿湯山。翌日，朱培德、何應欽、陳銘樞到湯山來謁，蔣介石告誡陳銘樞：「國家大事當澈底細思，實事求是，斷非粗疎貪躁者所能一蹴而幾也。」[163]蔣介石此次入京，可謂：「忍痛已極，今覺痛苦倍增矣！」時陳友仁倡言對日絕交，孫科臨難去職，匿居上海，蔣氣憤道：「此甚於逃脫矣，而置黨國於不顧，使余進退兩難，可歎之至。」[164]日本發動一二八上海戰事，汪兆銘廿九日到行政院視事，中央政治會議是日宣佈設立軍事委員會，任命蔣介石等爲委員。[165]然組織並未建立，蔣以無名之身調度軍隊，對軍事外交負全責。[166]

蔣介石二月十一日在徐州，感歎時局之艱困，其謂：「今日在車上，終日思慮，對日殊無良法，戰則無可戰條件，和則國人所反對，如不戰不和，任倭寇進迫，則國家人民之被害，日重一日。嗚呼！奈何！此時無人敢主張言和，惟憑虛氣，一味要戰，無智識、無程度之國民，是非不分，利害不明，吾故曰治民智之國易，治民愚之國亦易，而治半智半愚，一知半解之國實難。嗚呼！惟有待亡已！」[167]蔣介石廿四日病傷風其劇，力疾與汪兆銘、何應欽、李濟深、陳銘樞商談，主張：「此次滬戰雖獲勝利，但應照原定方針，不放棄交涉。惟欲進行交涉，當先示弱與願和平之意，不可刺激倭寇，而一面準備抵抗到底，以免外強中乾之弊！」陳銘樞、李濟深皆反對。廿六日，訪汪兆銘，見他態度冷淡，蔣感慨道：「余以滿腔熱忱，往與切商，而季新乃冷淡相待，使我無由進言，可歎！」[168]

連日得電淞滬戰事慘烈，陣地全毀，傷亡甚重，面對日軍的優勢武力，不得不撤退守軍，蔣介石自三月一日以來，終日悲憤隱痛，「每得前方一電，輒一為心慟」，甚至宋美齡都擔心蔣介石將集眾矢之的。[169]在內外壓力糾結，「眾怨紛起，無可排洩」，蔣介石三月三日往湯山遊覽，獨上山巔，遙望大江，不覺胸臆豁然，謂：「振衣千仞岡，濯足萬裡流，此其志之高也。海闊任魚躍，天空從鳥飛，此其量之大也。志高而量大，自不至聞譽而蕩神，聞毀而喪心，精神務宜寶惜。……古者大有為之君，所以根源治道者，一言以蔽之，此心之精神而已。余奈何為孫科、陳友仁等之濁流是非而引起怨謗，而損及我心之精神乎哉！」不禁自笑歸。蔣介石排解胸中鬱積之氣，回去講給宋美齡聽，亦解夫人的憂慮；晚與力行社幹部談話。[170]然從遊湯山回京邸，天暮風寒而感冒，因而病了二日。[171]七日下午，到湯山憩息，續看《俾斯麥傳》，傍晚視察學校回京。[172]蔣介石此時閱《俾斯麥傳》自解，是希望學習其鐵血政策，謀國家的統一富強。

四屆二中全會於三月五日通過軍事委員會暫行組織大綱；中央政治會議六日決議任蔣介石為軍事委員會委員長。他於三月十八日通電就職，並兼參謀總長。[173]開蔣、汪合作共治，汪兆銘主持政務，蔣介石專責軍國重事。

當中日停戰會議在上海舉行之際，蔣介石三月廿五日往湯山，與朱培德，德國總顧問佛采爾（George Wetzell）討論整軍計畫；晚則宿於湯山。[174]翌日上午六時，由湯山乘車向杭州進發。途經宜興城，下車遊覽，經鼇山廟，觀鼇山文照閣；經湖州，引頸遙望。下午一時抵杭州，遊覽錢塘江畔，宋美齡與宋藹齡自滬來會。蔣介石同時也密令魯滌平、蔣鼎文、衛立煌會於杭州，指示機宜，「以實力爲外交之後盾，余既仍任統帥，一切由余負責，爾輩安心祕密布置可也。」又指示張群處置滬上要點，並與之詳議生聚教訓、臥薪嘗膽之實施方法。[175] 廿七日，棹舟遊西湖，觀小瀛洲，曰：「其結構頗精雅。」遊畢，以汽車返，遊太湖，野餐於湖畔。[176] 蔣介石此次百忙中特往杭州一遊，一面處理軍務，一面藉遊山玩水，調劑身心，同時從自然界領悟「元亨利貞」之意義，謂：「處此外交內政叢脞困難之際，亦唯有以此四德自勉。」在回程車中，對於外交內政，均煞費思慮。下午五時到湯山，日未落，沐溫泉浴後，才回到南京。[177] 是年再去湯山，是四月廿四日。蔣介石下午赴湯山視察；回見民方耕桑，應加以保護。[178]

其後，蔣介石於一九三二年五月廿四日兼任豫鄂皖三省剿匪總司令，策定第四次剿共，自六月初到十二月十二日返京，六個月間經常往返於漢口與廬山、牯嶺之間。十二月廿六日，蔣介石返浙回鄉掃墓，於一九三三年一月初，經杭州返京，六日夜抵湯山。七日上午到京會客、議事；下午往訪林森主席，會客後，復往湯山。[179] 砲兵學校一九三二年在湯山創立，一九三三年一月八日，蔣介石上午視察湯山砲兵射擊場，見工程遲緩，甚爲不快；廿五日上午蔣介石檢閱砲兵第一、第五團；晚，宿湯山，分析日本謂：「觀倭今日之驕橫，非其眞欲與世界各國爲敵，彼不自量力，必欲以其爲亞洲之主宰，而效法美國門羅主義，不問其地與時之能否，如此倒行逆施，殆自取滅亡爾。」[180]蔣介石一月廿七日前往南昌督師，此時日軍侵犯熱河，華北告急，而有華北之行。三月廿六日返抵南京，廿七日上午出席國防委員會，報告各方情勢；下午批閱公文後，往湯山休息。[181]四月四日起蔣介石前往南昌，主持剿共軍事。五月廿一日，軍事委員會委員長南昌行營成立；七月十八日，廬山軍官訓練團開始，蔣介石在南昌和廬山、牯嶺間活動，直至一九三四年六月十五日才回到南京。是年唯一一次到湯山的記錄，即六月十八日下午，訪友，赴湯山遊覽。[182]

一九三五年大半年，蔣介石在各地奔波，直到十月十六日，上午在南京會客，商談黨務與財政；下午，往湯山巡視砲兵學校，應查辦監工人員與撤換湯山小學校長；傍晚，與汪兆銘商談外交與黨務。[183]四屆六中全會十一月一日開幕，攝影時發生汪兆銘遇刺的意外，由於蔣介石沒有參加照相，發生事故，難免啓人疑竇。幸汪無大礙，蔣連訪汪數次，「精神甚受刺激」，當日指示陳立夫必須即早破案。二日，蔣又往訪汪傷三次。陳璧君且疑及組織部所爲。[184]三日爲星期日，六中全會休會，蔣介石爲汪案勞神，其謂：「精神之受打擊，其痛苦較甚於槍彈之入肺腑數倍。此次之彈如穿入於我心身，則我心安樂，必比任何事爲快也。」下午往湯山巡視；傍晚，又訪汪。[185]六日，四屆六中全會閉會，組織特種委員會辦理刺汪案，決定對日本協商原則；下午，蔣介石赴湯山，沐浴，得刺汪主使人賀坡光已被捕，刺汪眞相得以大白。[186]十二月一日，蔣介石在南京，是日爲夫婦結婚八週年紀念日，晚宿湯山。[187]七日，五屆一中全會閉幕，下午會客，晚宴桂人，又商設湘黔桂邊區剿匪事宜；往湯山宿。[188]八日，上午在湯山，見宋子文，會客；下午往句容閱兵。[189]廿一日，上午往砲兵學校，下午往工兵學校訓話；晚，宿湯山，批閱、讀書。蔣謂：「武漢、杭州、成都、南昌各地，學潮繼起，殊堪顧慮。但此心泰然，不如往昔之愁迫也。」[190]廿二日，下午見陳景韓，論及對日政策，蔣認爲：「景韓以不談抵抗而使主和者，亦談非戰不可時，以爲持久之計。其理未錯而事實不易也。」晚，宿湯山。[191]

一九三五年底，日本策動華北自治運動，侵華日亟，北平、京滬、杭州、武漢等各地學生遊行請願，學運風潮不斷。一九三六年二月，蔣介石有五次往湯山。二日，早起心情不佳，「近來心境憂慮」，上午在航委會開會，出席訓話；正午，宴客後，與劉峙談話；下午，與宋美齡步遊湯山；晚，考慮應注意國內外各方面的問題，如中共情勢、滇事、胡漢民態度、日本和蘇聯關係、法俄協定、俄德同盟、山西情勢、華北與內蒙近況、日本之策動等等，諸事煩心。[192]九日，上午會客畢，批閱致何鍵、陳誠、陳果夫三電；午，會客；下午，到湯山休沐。[193]十五日，上午授教導總隊旗畢，聽農業實驗所報告；午，宴客畢，決定預定政務和人事事項；下午，往湯山休沐。[194]蔣介石和宋美齡感情好，更增加他工作效率，其言：「夫妻和愛，足以增強一切工作之效能矣。」[195]十六日上午，批閱積案後，蔣介石研究上海作戰計畫，以對日本不免一戰，而上海作戰爲世界觀瞻所繫也；午，到燕子磯野餐後，視察蒙藏學校；下午，往湯山休沐。[196]廿三日上午，蔣介石會客後批閱公事；下午，往湯山休沐。[197]均是利用下午時間，去湯山休沐，沒有留宿。

一九三六年三月和五月，蔣介石各有四次到湯山。三月一日，上午對縣長班訓話後，處理公務；下午，往湯山休沐，考慮應注意項事三：一、日本二月少壯軍人政變和對蘇聯關係的發展；二、國家預算的推行；三、調整機構與智囊團。[198] 八日，上午往軍校紀念週講演一時半後，清理積案；下午，觀察「我國桐油之輸出統計」後，往湯山而回，吳忠信來談；晚，考慮國際和內政要務。[199] 蔣介石注意到桐油作爲國防物資的重要性。十五日，早起考慮晉方事；八時往軍校主持紀念週；九時登富貴山，視察地下室工程；下午，往湯山沐浴。晚，考慮應注意綏遠德王和日本關係及注視晉閻態度。[200] 廿九日，上午到軍校紀念黃花岡七十二烈士畢，又到中央黨部作紀念；十時召見將官班學員十餘人，個別接談；午，決定預定要處理政務；下午，到湯山休沐。[201] 四月八日起，蔣介石西上視察川、滇、黔各省政務，直到五月五日返回南京。五月十日，上午主持地方高級行政人員會議開幕典禮，謁陵並致詞；中午，宴客；下午，批閱公文，送戴傳賢言別；晚，宿湯山，觀察地方高級行政會議本日下午會議報告，又考慮國際情勢和國內政情，尤要注意兩廣政情發展。[202] 十一日上午，由湯山返京，出席國府紀念週，對地方高級行政人員會議訓話。[203] 廿二日，上午檢閱首都公務人員與壯丁訓練隊，共四萬人，逾四小時始畢；晚，在湯山夜餐後回京。[204] 廿四日上午，往中央軍校爲京滬江蘇學生集中軍訓團開學典禮訓話；午，決定政務七項事；下午，批閱公文後，往湯山沐浴；晡，回京，三次巡視軍校；晚，再考慮政事。[205] 蔣介石每日在滿檔的工作時程下，往往利用半日時間去湯山，沐溫泉浴，又回到南京處理公務，並不過夜，僅留宿一次。

六月兩廣異動，政局又掀波瀾，蔣介石四日早起，自記：「靜如山」又謂：「心地光明，態度堅定，以應橫逆之來。」上午，會商處置兩廣異動的方法，發電指示各方，令砲兵第一團試射新重砲，觀察後，往湯山；中午在湯山，考慮因應兩廣異動之道；下午回京，會客，指示宣傳方針。[206]其後，蔣介石和平處理兩廣問題，十月到西安視察，十二月西安事變發生。

西安事變後，蔣介石回到故鄉休養，一九三七年二月十四日返回南京，至盧溝橋事變起，蔣介石僅二次到湯山。三月廿一日，上午出席軍校擴大紀念週；下午，與宋美齡到明孝陵看梅，登吳王陵眺望，又巡視陣亡將士公墓，繼而赴湯山，至夜回京。[207]五月廿一日，上午會客，蔣介石與劉湘談話，以一腔熱忱與之詳談，「使其能知感」，事後自覺談話太長；下午，往湯山，「覺甚疲乏，未批閱」。[208]此時令蔣介石勞神的事，對內是共黨和晉閻二問題，對外是日本與蘇俄問題，他先於十九日和汪兆銘、張群商談，認為此四大問題「均應澈底分析而運用之」；廿日，「研究閻共倭俄四大問題，夜不成眠」。廿一日，又研究此四大問題，「覺甚疲乏」。[209]

由於蔣介石在南京時，經常要去湯山休息，砲兵學校也設在湯山，因而注意湯山的建設，尤其是公路交通，湯山至南京、句容的公路。蔣介石曾在一九三二年一月四日電江蘇省主席顧祝同，湯山至句容路基最壞，須重修，甚至要求嚴辦該段前包工與監工。[210]一九三三年四月廿六日，蔣再電顧，江蘇公路皆名不副實，工程壞而經費貴，京湯路（南京至湯山）即其一例。[211]是年七月三日。蔣介石電令軍政部次長陳儀，湯山砲兵校舍與砲兵兩團營房限當年內完成。[212]至少到一九三四年九月，由湯山至寶華山汽車道路，長十公里，土路修成大半，蔣介石電令江蘇省政府主席陳果夫，將公路再由寶華山延長至龍潭，不特培植名勝，且便利交通，統由江蘇省政府趕緊興修。[213]湯山至龍潭的公路，是首都防衛的一環，在一九三五年的首都演習檢討中，是尚未興工正在計畫中的軍用道路，被評列為要提早完成的公路。[214]蔣介石原要求一九三五年底要完成，然至一九三六年二月仍未完成，蔣介石不滿施工太慢，要求施工品質外，並要特別加強該路路身與橋樑，方便十五公釐砲通過。[215]砲兵學校設在湯山，並有砲兵營駐在湯山。

關於湯山的規畫，蔣介石曾有意將湯山由江寧縣府畫歸南京管理，並改善市容。但內政部和南京市政府都認為湯山距南京較遠，管理困難。陳果夫建議如使江寧縣府對於湯山公安特加注意，局長人選或由蔣自己交委；至建設事業，由江寧縣府擬具計畫呈核後，請中央補助，或由蔣自已津貼，則湯山市容改善的理想，與屬市府管轄，或可達同一目的。[216]陶廬的原主人陶保晉，在一九三六年一月提出「湯山建設計畫」，分二期進行：

第一期設計：1. 救濟溫泉水荒，開拓泉源，寬儲水量，便利通水。2. 改善公共浴室，以重衛生。3. 疏濬河道，並可在山上建水塔儲水，以利接管通水而供飲料。4.

增籌馬路，沿山腳一帶加寬並增築行人道，與湯王廟銜接，以利交通。5.假定風景區。6.畫定商業區。7.建築市場。8.造風景林。
第二期設計：1.建游泳池。2.網球場。3.建圖書館。4.設療養院。5.建迎賓館。6.廣闢林道。
以上設計，應有統一機關，擬請設湯山設計委員會，集中人才，寬籌經費，而收實效。[217]

直到一九三七年六月十一日，蔣介石指示軍政部長何應欽，提前辦理湯山湯王廟之建築賓館與湯山俱樂部之改造，以及蒙藏會館與蒙藏委員會之建築，經費總共約五十萬元，請從速設計進行，須限當年完成，並請考試院長戴傳賢主持。[218]戴傳賢、何應欽、吳忠信等廿三日電蔣介石，成立興建湯山賓館及蒙藏館等工程委員會，戴傳賢、張繼、章嘉、葉楚傖、何應欽、安欽、馬超俊、吳忠信、戴不廉等九人任委員，由戴傳賢任主席委員。[219]蒙藏委員會、蒙藏會館、湯山賓館及俱樂部建築委員會，首次會議即於六月廿九日在蒙藏委員會舉行，蔣介石准由軍需署在特別費項下支付建築經費。[220]此案進行快速，然已經到了七月廿四日，中日戰爭開始，計畫趕不上時局的變化。

陸、結論

南京湯山溫泉，可以達到放鬆、舒壓的效果。抗戰前的陶廬或湯山俱樂部，並非蔣介石個人專屬，黨國要人都可以去沐浴或留宿。

蔣介石喜歡去湯山，南京有公務纏身，城市又為擾攘之所，使他胸懷悶煩，需要到有山林的自然環境，轉換環境，舒解壓力。一九二七年到一九三七年之間，湯山對蔣介石而言，是一個林泉幽靜之地，停留半日，即可達到一清心胸，振作精神的作用，亦使頭腦便於思慮。蔣介石是喜歡自然山水的人，常在壓力最大，甚至戰爭的時刻，要回歸自然靜思，調劑身心。湯山可謂他在南京的避風港，有困難時，即往湯山排解。

湯山處於地理之便，蔣介石大多利用下午時間去湯山，沐溫泉浴後，晚上即可回到南京。如留宿湯山，早上一小時的時間即可回到南京，展開上午的活動，一點不會耽誤政事。蔣介石喜歡到句容寶華山、宜興旅遊，甚至到杭州往返，回奉化故里掃墓，湯山都是進出南京的必經之地，或從湯山出發，或回到湯山後，再進南京城。

蔣介石在湯山，有純為休浴、休憩，也讀書，處理公事。也會在此地會客，接見特定人士。他也在此地軟禁反對他的人，先後有一九二九年三月至七月的李濟深和一九三一年三月一日至八日的胡漢民，胡漢民因軟禁在湯山八天，而整個事件也因之稱為「湯山事件」。湯山事件前夕，蔣介石因和胡漢民對約法的爭端，情緒已至臨界點，他避居湯山，努力想要自我克制，終還是爆發和胡漢民的衝突。

綜計蔣介石在湯山的日子，一九三一年最多，爲卅二天，尤以二月的十三天最高，最爲密集，而且連續過夜有十天；次爲一九二八年的廿六天。一九三二年以後，蔣介石督師漢口、南昌，廬山、牯嶺的重要性日增，相形之下，蔣介石到湯山次數減少。即便如此，蔣介石只要在南京，大多會抽空到湯山休浴，一九三六年一月至七月間，還有十四次之多。從記載顯示，早年蔣介石較常留宿湯山，宋美齡陪同的次數並不多；一九三二年以後，蔣介石大都是半天去休沐，難得留宿。在一九三七年六月間，蔣介石曾指示興建湯山湯王廟賓館與湯山俱樂部的改造計畫案，連經費都核撥，因戰爭而無法實現。

【討論】

汪朝光：

我現在覺得呂芳上請黃金麟來真是太重要了。黃金麟專門做概念的研究，我對理論是毫無知識，必須要惡補，我對文章很有興趣，時間和空間是一個具體的、客觀的事物，但是時間觀和空間觀是個主觀的概念。譬如說我老汪今天在理想大地待了一天，那可是具體的描述；我在理想大地待了一天，我對這一天有什麼樣的認知，這才是我的時間觀或空間觀。所以如果分析這一天，完全是客觀的。假如醫生告訴我明天就要死了，我現在就恍然大悟，啊！我這一天是最後一天，我等一下花點時間做什麼事，這是我的時間觀。所以我看羅敏的文章，很多時候看到蔣介石到東北如何，蔣介石到華北如何，我雖然可以知道蔣介石對東北的認知是什麼，蔣介石對華北的認知是什麼，要怎麼看到更多蔣介石對西北的認知？以我個人理解，這不代表空間觀或者空間概念。那他對東北有什麼樣的認知？這個認知反過來如何註定蔣介石的決策，或者妨礙他的決策，這才是他的空間觀。這方面我提出來更多或者更深入的理解蔣介石的空間觀或者時間觀。

黃克武：

我順著汪朝光的話來談。的確，空間觀跟時間觀的界定意涵，可能要抓得更準確一點。因為羅敏的文章講到東南西北，講到各地的情況，可是這就牽涉到時間觀的意涵，就像汪朝光所講，有抽象的那一面。其實包含得更廣。我覺得羅敏的文章其實談的是蔣介石對中國戰略地理觀。如果講空間觀，就牽涉到他對於世界、日本、歐美以及對整個世界的戰略，大到這層面，小到他對個人空間、家庭裡面的布置、狗到哪裡去要怎樣安排，這都是時間觀的概念。

王建朗：

空間觀跟時間觀是個很大的概念，對於羅敏的文章我可以貢獻一點意見。如果對戰略時間觀，或者國防戰略空間、國防空間觀等進行精確的具體討論，也許比現在籠統地說空間觀更好。就細節部分而言，我也有一點疑問，就是蔣介石對東北的認知。以前念相關的史料，得出的一個結論是，蔣介石立志要收復東北。可是，我對於蔣介石一直堅定不移地持有收復東北的想法這種說法有一點懷疑。在一篇日記中，蔣介石立志要收復東北，發誓十年之後，一九四二年中秋節的時候就要收回東北。可是，另外一篇日記中，蔣介石卻說華北絕對不會讓，但東北還是由國聯政治解決吧。蔣介石對東北有很多的說法，一會兒說東北我要收回來，一會兒又說，如果華北可以保有，東北可以不要。這樣的話講過很多次，最後他又收回，說不會跟日本人妥協。這樣看起來蔣介石的東北觀有點含糊，依據不同史料會有不同看法。我想，蔣介石對東北是想收回，但相對於關內地區還是有區別，這個區別今天的我們可能難以體會。我想，不光是蔣介石，當時的許多人對東北、關內地區的想法也是有差別的。所以這個時候很難說蔣介石立志以後一定要收回東北。這種想法其實還不是很清晰。蔣介石收復東北的想法最清晰的時候應該是三〇年代後期甚至到一九四〇年。

黃金麟：我抱著學習的態度來，對我來講一沒唸過蔣介石的日記，二對很多細緻的部分不是那麼熟悉，所以今天早上特別早起，進入我自己的時間跟空間條件，粗略翻了一下這兩篇論文。羅敏的文章我比較困惑的是，我完全同意前面三位的討論，本文主要在談國防空間、戰略空間，甚至包括蔣介石面對一九三〇年代中國的區塊治理上，他必須面對的限制。有一些是他無能為力，有一些是他面對地方的掣肘，他就鞭長莫及，產生局限。因為他想說的，跟他實際上能做的不是一致的狀況。因為整個的設定是以中國做一個區塊形成的討論，所以空間設定是非常宏觀，是大空間，比較沒有像剛剛黃克武提到因為空間有很多種層次，然後每一個層次都有不同的討論設定。因為你現在談的是大戰略、大空間，又鎖定在三〇年代這一部分，也許可以考慮把時間拉長，從一九二〇年代蔣介石所謂中山艦事變之後，他主掌了整個軍權，他對整個中國的認識，在空間這塊到底有什麼樣的變化。比方說，你談到蔣介石知道東北的重要性，第一個是礦產，他在一九三二年才知道這個部分，所以在一九二五年後慢慢要掌握中國政治發展，包括所謂戰略布局這一部分。也許可以在不改變太大的框架下面，是不是能夠把時間拉長，去讓其他周邊活動的重要性表現出來。我一直覺得如果以《蔣中正日記》來講蔣介石，也許有些精采的東西在裡面的。因為包括金以林也談過，寫出來的日記是何意義？所以大家還覺得說史料可能是蔣介石寫下想要讓後人知道的部分，他的讀者是誰，事實上他也想過了。所以當你在談的時候，把時間拉長，從一九二〇年至一九四〇年，我會覺得把四〇年代放進來，包括對日抗戰的整個戰略構思，甚至包括策略整體考慮，然後以空間換取時間，這些都可以考量到。這整個複雜度、張力，甚至對整個中國的認知以及重要性的考量、戰略重要性的選擇，放棄哪裡留哪裡，這都會變得相對有趣。所以，如果只談三〇年代，我會覺得討論的趣味跟複雜會相對降低，因為只有談十年左右，時間和史事都被壓縮。如果能夠把二〇年代跟四〇年代再放進來，那就看得出來對整個中國的掌握是有一個歷史軸線，而不是因為他到哪裡就留下一個軌跡，然後你去按圖索驥，那我覺得好像是找一個直達路，也許可以考慮把線再擴大一點，然後二〇年到四〇年分三個階段，看他對中國的戰略空間包括國防空間這部分的變化有何看法？

徐思彥：

剛剛黃克武談到時間安排跟時間觀念，我覺得這是非常有意義的問題。我想到毛澤東的時間觀我們沒有研究，但是時間安排我們大概知道。我們不能說毛澤東的時間就是全國人民的時間，但是可以說毛澤東的時間安排就是政治局的時間安排。幾乎每一個政治局常委，都有這樣的經歷，吃了安眠藥以後，只要一個電話，就被叫到毛澤東那裡去開會、討論問題。我記得一九六九年的時候開九大，九大是下午開的，一九六九年三月一日，當時我們就覺得很奇怪，這樣一個重要會議為什麼是下午開？後來有人提到好像是跟毛澤東的作息安排有關係。在這個問題上，給我印象最深的一件事是劉少奇在地上睡覺。王光美的回憶錄講到，劉少奇本來是在床上睡覺的。毛澤東要找他商量事情，因為吃了安眠藥，迷迷糊糊的，就從床上跌下來了，而且受了傷。他為了解決這個問題，就在地上搭了個鋪，這樣他吃了安眠藥再起床的時候，就不會受傷了。也就是說，這裡面毛澤東的時間安排，其實是他背後控制的東西，可能更值得我們去研究。

我看《蔣中正日記》都是從大家文章裡看到的，我沒有看過原件，不知道蔣介石的時間安排，是一種什麼狀況？是一種真正的社會時間，還是另外一種情況？我想這不僅僅是一種時間觀、時間安排的問題。

陳進金：

我的問題要請教呂紹理。從剛剛黃克武提到，就是說當時的中國是一個農業為主，過的是農業時間，那蔣介石要推動守時，社會基礎不夠怎麼推。我想到，嘉慶曾經在一條上諭中表明他對鐘錶、機械玩具的看法，他說：「朕從來不貴珍奇，不愛玩好，乃天性所稟，非矯情虛飾。粟米布帛，乃天地養人之物，家所必需；至於鐘錶，不過考察時辰之用，小民無此物者甚多，又何曾廢其曉起晚息之恆業乎？」我想請教呂紹理研究日本在臺灣推動守時觀念的時候，臺灣的社會基礎夠嗎？日本政府在臺灣怎麼做？就我粗淺瞭解，他會在車站、學校設有時鐘，提醒民眾注意時間觀念。社會基礎不夠，還是可以推動，那推動方向是要把中國推向現代中國、現代世界，也是當時領導者的一個高瞻遠矚。這是我的想法，再請呂紹理幫我們解惑。

羅　敏：

非常謝謝各位，因為這只是一個論文初稿，之所以拿出來，就是希望拋磚引玉。我又想起上次會議最大收穫，就是在聆聽各位老師講話後，回去以後才知道大家關心什麼，然後在我文章中回應了蔣介石一生的最愛是誰，包括宋美齡的流產。大家討論的熱點我回去都會吸收，然後在文章中再給大家尋找一個答案。這篇文章的寫作也是很匆忙，所以當黃克武提到的問題，確實蔣介石在三〇年代的空間觀還有一個特點，他沒有出國，基本上都是在鄉土之內，而且邊疆也很少，幾乎沒有涉足。我當時在寫的時候，主要就是立了一個想像的異方。

呂紹理：

我簡單回答一下陳進金的問題。的確在日本統治臺灣的時候，臺灣並沒有我們今天所謂標準化的時間，即便是日本，也不過施行卅年。所以日本統治臺灣的時候，把格林威治標準時間這一套新的制度帶進來，也是在跌跌撞撞摸索當中，他自己一邊做一邊學而慢慢推動。不過我想這跟大會所要談的課題還是有一點點差距，的確中國在當時並沒有一個像臺灣相對而言比較靈敏的報時系統跟制度，可以讓蔣介石去推行。在當時籌辦這個主題的時候，我自己一直有一個疑惑，蔣介石日常生活當中，他自己如何得知時間？他從什麼管道得知時間？那時間是標準的嗎？還是他跟別人都不一樣？他部屬底下的手錶時間是跟他一致的嗎？如果不一致，他遲到不應該是部屬的問題，因為本來就沒有標準時間存在。所以我想剛才陳進金問到一個很重要的問題，蔣介石所生活的世紀裡面，會不會有一致的時間可以遵循？如果蔣介石有意識到這個問題，有意去推動，那會是另外一個層次的問題。

我趁陳進金作球給我，來回應一下。第一，有關於空間觀的部分，我剛剛非常快的翻一下王奇生談蔣介石的閱讀，這裡面其實也可以提供一點空間觀、時間觀一個探討。譬如說，蔣介石對於他沒有去過的地方，他透過閱讀得知當地的那些訊息？譬如說，《蒙疆考》、《西北考察》等資料。沒有經歷其境但有經過閱讀得到資訊，東北好像他完全沒有閱讀，所以他不知道東北的重要性。因此，閱讀有沒有對他的空間觀有一些幫助？這是可以探討的地方。

劉維開：

針對張力與楊維真所提出的蔣介石西南、西北巡行，我聯想到一個問題，九一八事變之後，蔣介石對中國的概念與理解，和一九三四、一九三五年以後蔣介石對中國的理解，這個中間有什麼樣的差異性，我想這個是我們在討論蔣介石的時間與空間的時候要注意的問題。據我自己本身的理解，在九一八事變乃至於到一九三三長城戰役之前，蔣介石基本上對中國的理解還是局限於所謂「關內」的概念，也就是說長城以外的地方丟掉沒有關係。但之後日本要進攻關內這就成了問題，這也是後來到了一九三五年所謂最後關頭的底線。可是因為有了西南和西北的巡行以後，讓蔣介石發現還有一個很廣闊的地方，而這個地方是一個將來中日之間開戰後所可能發展的空間，這使得蔣介石的空間概念出現了一些變化，從南北的空間概念轉變為東西的空間概念，這樣的脈絡發展出後來以空間換取時間的概念出現。所以我覺得西南、西北巡行，在整個抗戰前有他重要的意義存在。這是我的第一個問題。

第二個問題，從另外一個角度來看，西南、西北巡行都牽涉到戰前的問題，但當中有很不一樣的地方，西南巡行所留下的影像資料非常有限，但西北巡行留下的影像資料不在少數，包括蔣介石在茂陵照相和與楊虎城的合照等。相對的我們幾乎很少看到蔣介石在西南的影像資料，這是不是可以看出蔣介石的西南和西北巡行兩者間任務不一樣，可能在西南這個地方因為是軍事的狀態所以沒有攝影，但為何西北會留下那麼多影像資料，這也是我對這兩次巡行好奇的地方。另外，蔣介石在一九四二年西北巡行也留下許多影像資料，幾乎每個地方都有，甚至是開軍事會議時的影像他都有。所以就整體來看，蔣介石在西北留下比較多影像，西南相對來講是少的。這是我的兩個問題。

羅　敏：

我主要是對王正華的文章提問，關於湯山到底在一九三〇年代在蔣介石的政治生活中是怎樣的一個空間概念。當事件發生之後，尤其是李濟深和胡漢民被因，蔣介石可能要坐鎮湯山，還有召開國民黨四屆三中全會也是要在湯山，但是當時我在處理坐鎮華中時，蔣介石一年在湯山的時間不多，除去一九二九年和一九三一年有廿多次之外，剩下都是屈指可數的、沒有超過十次。在一九三六年二月分的時候是開四屆六中全會、五全大會、五屆一中全會，蔣介石在湯山待了四十多天，他在日記中居然有這樣的記載：「盡忠職責，無愧於心」，可見得他是不願意待在湯山的，因為待在湯山就意味著蔣介石要擔負著全部的政治責任，他要以剿共的因素一直坐鎮在華中。當然處理非常緊急事件時蔣介石仍是要回湯山，但一般時候他都是會離開湯山，去別處，當然這需要詳細的統計資料與對比，剛剛我看了你的湯山統計資料之後得出這樣的想法，但我沒有做華中的統計資料。

呂紹理：

這十多年來日本學界對「天皇巡幸」有高度的興趣，而且有很多的研究成果出現，把天皇巡幸當作是統治的治術來考慮，臺灣也受這影響，所以不少研究臺灣史的學者就會去研究日本的皇族到臺灣來、或者是總督到各地的視察或考察。這使我聯想到蔣介石一生當中到底有多少次的出巡、考察或旅遊，而這些出巡、考察或旅遊在蔣介石的治術當中扮演了什麼樣的角色，以及這些考察跟後續的效果之間的關聯性在哪裡。

李君山：因為我們是生活史，所以我有一個小問題，到底這些軍閥和蔣介石溝通時，所使用的方言會不會是障礙，我舉一個例子，孫元良是四川人，他應該是聽蔣介石的口音聽得很習慣了，在南京保衛戰時孫元良去見蔣介石，蔣介石叫孫元良從一個地方撤退，結果孫元良聽不明白，蔣介石走到地圖旁指著一個地方叫劃子口，要他從劃子口這個地方過長江退到安徽去，後來八十八師還是留下來了。所以像孫元良這樣一個四川人聽蔣介石的口音是很痛苦的，聽不懂，所以王家烈會聽到痛哭流涕。像北方的軍閥、西北的軍閥和西南的軍閥絕對會有口音障礙，可是我沒有找到任何資料可以證明，我相信這些人在聽訓時大概沒有這個膽子會去反問蔣介石的意思，所以蔣介石喜歡在他身邊用江浙人大概有他的原因在。我不太能瞭解方言這件事情在整個中國政治裡面會不會是一個障礙。

黃克武：我想巡行的問題跟呂紹理問的有些相關，巡行和治術效果間的關聯，其中有一點，剛剛王建朗提到一九四二年的西北巡行好像都跟經濟、邊疆問題有關，因為我最近在研究「社會」的觀念，當然國共兩黨對「社會」的看法是很不一樣的，我覺得從蔣介石的幾次巡行來看，多半是軍事、經濟、外交，他沒有去注意到中國社會的內在，而毛澤東的湖南農民運動考察是有注意到社會內在，毛澤東、蔣介石兩者很不一樣。所以我想蔣介石的這些巡行中，似乎沒有一套論述，是比較表面性的，是從上層政治角度的一個觀察。在場那麼多中共專家，中共這些領導人物的巡行，有一套階級鬥爭方式，第二個他是深入到社會內部，要做一些階級劃分、找到一些中國社會內在矛盾的問題和解決的方法，我不知道這樣的一個觀察是否正確。

呂芳上：

對於巡行問題要深入研究才可以進一步討論，我只提出一兩個問題。蔣介石與中央勢力的擴張是所謂版圖邊境的延伸，這裡有一套治術在裡面，也就是軍事力量到達或收復以後，接者蔣介石會到那裡做視察，或著跟著軍事結構同時到，這裡面有一套思考模式，我們可能要找出來這個模式是怎樣進行的。

另外一個是李君山說的方言障礙問題，我相信中國一定有這個問題，早期在南方護法時，他經常跑回上海去，因為在陳炯明部隊裡最大的問題就是講方言與溝通的問題，他在粵軍中很難跟人溝通，所以引起很多誤會，一旦誤會發生蔣介石往往就會回到上海去，所以很多資料顯示蔣介石在粵軍中因為講話溝通產生很多誤會的地方。

還有一個問題羅敏已經提到了，就是西北或西南地區蔣介石剿共的問題，這裡背後有政治背景，這個背景和中日關係有關，日本在華中或華北地區擴張勢力時，汪精衛當時擔任行政院長，蔣介石就把這問題留給汪精衛處理，蔣介石則跑去四川或是西北、西南地區去處理剿共問題，暫先避開日本的問題，這多少也是一種政治的運用。

楊維真：

謝謝各位，劉維開提到蔣介石對中國的理解我十分贊同，有關南北軸線和東西軸線的轉換不僅影響到剿共時期的國民黨，對日後中日戰爭的影響更大，所以策定西南為抗戰根據地對後來影響深遠。關於影像的問題，我自己的想法應該還是和戰爭有關，蔣介石在西南督導剿共是很緊張的，就算偶而遊山玩水也還是掛念戰事，所以在壓力之下不像去西北一樣輕鬆。

第三提到口音的問題，我相信應該不會有太大的問題，雖然說各省之間的方言差異甚大，但蔣介石的身邊不乏貴州人，像何應欽、劉建群和谷正倫等，彼此溝通上差異性沒有那麼大。雲南、貴州我都去過，當地方言沒有那麼難懂，長期相處後方言應該不會是太大的問題。誠然，蔣介石的口音是常被開玩笑的，黃仁宇就說軍校學生晚上睡覺時會學校長講話，但不影響他們對校長的崇拜。

黃克武提到中共在西南有一套動員民眾的力量，其實一些國軍將領，像孫渡、萬耀煌都有提到，人民歡迎共軍，但是仇視地方部隊，這是可以去觀察的。政治要上軌道，就要能真正為人民著想，蔣介石在這方面的思考是推動新運、建設地方，這是他當時的想法。

呂芳上提到蔣介石的治術，我覺得確實如此，蔣介石在西南剿共中對貴州改組表現的最透澈。貴州被中央掌控後，事實上是中央在西南的一個橋頭堡，就像中原大戰以後河南由劉峙主政，也是北方發揮橋頭堡的作用一樣，這對國府力量的擴大有很大影響。

王正華：

我簡單的回應一下，我看資料從一九三二年以後，蔣介石那時主要的重心是擺在剿共，先是漢口後來就是南昌，他那時喜歡去廬山或牯嶺，其實可以發現蔣介石並不喜歡待在南京，他常常希望逃避南京到湯山去。

蔣介石的時間觀

從委員長的一週談蔣介石的生活作息與時間觀[1]

■林桶法
輔仁大學歷史學系教授兼系主任

壹、前言

西方對時間的定義相當紛歧，有界定爲：時間不過是人爲了便於思維思考這個宇宙，而對物質運動進行的劃分，是人定的規則。愛因斯坦（Albert Einstein）將相對論的概念用在比喻心理時鐘不是絕對的。[2]涂爾幹（Durkeim, E）認爲：自亞里斯多德以來，時間一直被視爲人類理解的分類之一。[3]人類學家吉爾（A. Gell）重視不同文化對時間建構的不同性，[4]勒范恩（Robert Levine）以時間的觀念來評估經濟的發展情形，他認爲：「經濟愈發達的地方，時間的價値就愈高」、「工業化程度愈高，該國居民每天的空閒時間就愈少。」[5]不同時期、不同地區、不同種族對時間的概念也不同，文明社會的作息依鐘錶的時間作規範，較原始的社會可能日出而作，日落而息，渴則飲，饑則食，依身理時間安排作息。時間在不同的情況有不同的論述，因此被分爲物理時間、心理時間、生理時間、社會時間、歷史時間、時鐘時間[6]等等。

雖然胡適以「差不多先生」一文來說明中國缺乏準確的時間觀，但中國並不是世界上最不重視時間的國家，巴西、印度等地區的大眾，以現代化的標準來看更沒有準確的時間觀念。中國對於時間的論述，有如：《說文解字》：「時，四時也」。孟子：「時日支幹行相孤虛之屬」，即說明變化，在傳統中國的歲時觀念中，歲時包含著自然的時間過程與人們對應自然時間所進行的種種時序性的人文活動。[7]傳統中國生活大都以季、月或日爲生活作息的安排，許多的時間安排與中國農業社會、四季、天干地支、節慶有密不可分的關係，以私塾而言，寒暑假及放假是隨著節慶、時序作安排，農曆過年前（大約農曆十二月廿四日）放假，直到元宵節後（農曆一月十五日）後開始授課。每月農曆初一、十五及節慶作爲放假的參考。

近代以來由於受到西方的影響（與宗教有關）開始以週爲時間的安排，公眾的時間亦以週爲準，官府機構、企業公司、人民的生活安排等都以週爲主，週的時鐘時間成爲公務人員及一般大眾遵循的規範。蔣的生活特別是從擔任校長以來，大都以週爲重要的時間安排，不論季節的變化如何（蔣有春季時間、秋季時間的安排），生活作息以週爲主要的規畫，在日記中每週都有反省錄。

蔣介石作爲民國的領導者，對於個人時間的要求甚高，每天按自己要求的時間安排活動，影響所及的是其侍從相關人員，身爲總統之後，雖沒有過去皇權時代的早朝制度，但隨時會召開重要會議，請相關人員進行報告，對侍從室相關人員要求更高，幾乎隨時待命，並規範每天報告的時間。蔣對時間的安排大都與其工作和養生的觀念有關。但由於其擔任領導者，其個人時間的安排，變成政治課表，影響黨政軍重要人員的時間安排。

蔣對時間的安排是中西的結合，傳統的中國有人、鬼、神節，人節爲春節、端午、中秋；鬼節爲清明、中元；神節爲三三、六六、九九。[8]蔣介石甚爲重視清明節、端午、中秋及農曆過年，但他也重視聖誕節及西曆元旦。

蔣的侍從室人員張令澳說：

> 蔣介石集大權於一身，公務紛繁，他每天工作有定時，嚴格按規定程序批閱文件，接見部屬，會見賓客。又經常要赴中央訓練團講話、出席重要會議，而在德安里官邸（南京時期），每星期還要一次工作晚餐，利用吃晚餐的時間，邀約一些高層官員或學者、名流、社會賢達共餐，聽取他們的意見，或有所諮詢，供他決策參考。[9]

另一位侍從室人員周宏濤說：

> 我沒多久就了解蔣公的整個作息，在曾家岩（重慶時期），蔣公每天早晨七時左右起

床，因他的基督教信仰，早操之後讀《聖經》，並唱讚美詩，吃早餐後開始辦公，上午多半是召開各種會議及會客，下午則批覆公文，他非常重視新聞及輿論，尤其喜歡讀《大公報》張季鸞寫的社評及其他持論公平的文章。週末蔣公就到對岸的黃山別墅休息，他其實是利用這段時間作爲思考之用。蔣公愛讀書，也喜歡唐詩，在黃山面對青山蒼松心情好時，就會朗誦一番，他也喜歡靜坐聽鳥鳴或散步於林蔭之間怡然自得。[10]

潘邦正談西安事變發生的原因之一時提到：「蔣中正生活規律，每日早晨五時起床，晚上十時就寢，令人驚訝的是：蔣中正每日過晚上十時就寢即會失眠，由於怕失眠，蔣中正延誤召錢大鈞，叮囑加強行轅安全防衛，追究早上對東北軍產生之疑慮，蔣中正的『失眠』問題間接造成西安事變，影響了自己與國家的命運。」[11]蔣確實叮嚀部屬晚間勿叨擾，蔣致周宏濤秘書（一九五一年九月二日）：「以後非至急公事，晚間不得特別提呈。」[12]但西安事變的發生與此關係應該不大。

本文分成三方面，第一，蔣個人的時間安排，早睡早起身體好，不僅是一個口號，也是蔣生活的一種習慣，這樣的習慣到底是如何養成？第二，蔣對時間觀的看法，蔣的時間觀從何而來？是養生的一部分？還是西方現代化？還是軍事習慣？再次蔣有規律的生活，包括有春季作息表及秋季作息表，從長時間觀察是否一致？平時與戰時時間的安排是否一致？第三，蔣自一九二八年後成為中國的重要領導者，其如何規範黨政軍或民眾的時間？當時中國還未完全現代化，農民居多，一般民眾並沒有正確的時間觀，蔣的規範是否與整個中國社會脫節？

為精確的瞭解蔣的生活作息及其觀念，本文先以蔣委員長的一週作為範例，如何尋找其範例煞費苦心，筆者當時抄錄日記時是以擇抄方式進行，不是每日每句照抄，因此有缺漏之處，最後委員長時期選擇一九三八年一月七日至十三日，從其中看蔣如何安排其生活。這樣的選擇或會有學者質疑是選擇性的記錄，但如果長期閱讀日記者將可感受此並未斷章取義，而確實是蔣的生活的縮影。期待透過更多的討論，集思廣益能有助釐清本文所提的問題。

貳、蔣委員長的一週（一九三八）

蔣介石（一八八七至一九七五）曾參與革命、領導北伐、抗戰與對抗中共，擔任過國民革命軍總司令、軍事委員會委員長、中華民國總統、國民黨總裁等要職。一九二五年七月一日，國民政府正式成立於廣州，設軍事委員會，為國府最高軍事機關。專責以軍事武力統一中國。一九二八年十一月十日軍事委員會職務權責移交國府軍政部、參謀部、軍事參議院等單位後正式結束。一九三二年，「一二八事變」爆發，為了與日本軍隊對抗，國府恢復設立軍事委員會，規定軍事委員會直隸國府，爲全國最高軍事機關，其職掌包括統率、軍費、軍隊編遣之最高決定及少將以上將官任免之權利，蔣介石被任命爲軍事委員會委員長。

一九三七年七月七日，「盧溝橋事變」發生。八月十一日，國民黨中政會第五十一次會議決議，設立國防最高會議，爲全國國防最高決策機關，以軍事委員會委員長爲國防最高會議主席。八月廿七日，國民黨中常會授權蔣介石組織中華民國之戰時政府，將行政權歸於戰時軍事組織下。九月十七日，國民黨中常會第五十一次會議中決議：由軍事委員會委員長行使陸海空軍最高統帥權，授權該委員會委員長蔣介石爲中國戰時政府之最高統領，並擁有中國行政、立法甚至司法權。在此委任下，軍事委員會職權與組織擴張，委員長成爲戰時中國黨政軍的實際領導。

抗戰勝利後爲落實憲政的理想，依照憲法舉行總統選舉，一九四八年四月廿日由國民大會代表在南京市國民大會堂投票。蔣介石以絕對高票當選爲中華民國行憲後第一任總統，領導剿共。

表現在生活方面，蔣的日常生活變化不大，無論在南京、重慶或出外，無論在平時或戰時，無論是蔣委員長或蔣總統，其作息大抵相似，先摘錄日記中所記一週的作息，再進行分析。[13]

一九三八年（武昌時期）一月七日　星期日

雪恥：

注意：一、對德大使【陶德曼】所傳消息，倭寇求和之意甚切乎。二、各部取積極攻勢；三、青年團組織之性質與幹部名單。四、對共黨態度。

手諭軍政部長何應欽，處理傷兵問題。

王寵惠報告與德使陶德曼來晤談話記錄，

晚會報解決戰略部署與紀律問題。

一月八日　星期一

雪恥：領袖運用機關比運用人員更爲重要。

注意：一、津浦路倭寇行動及兵力皆極消極，可知其兵力實不足布防也。二、對韓部【韓復榘】之安置；三、涼州之派兵；四、經濟與黨政組織之改正。

上午與季鸞【張季鸞】談外交，批閱，與何【何應欽】、張【張群】談話。

下午會客，晚會報，令辭修【陳誠】重用德人爲參謀長。九時卅分就寢。

一月九日　星期二

雪恥：政治經濟之政策必須準備人才與組織。

預定：一、政治部各處之人選：陳博生、周佛海、黃季陸、徐培根。

二、與俄接洽人選賀貴嚴、黃琪翔、周至柔；三、政治經濟之改革必須準備人才與加強組織人才方面：朱騮先、張岳軍、俞樵峰、陶希聖、盧作孚、王世杰、翁文灝、宋子良、吳鼎昌、蕭錚此其選也。

注意：一、第五路軍集中江北；二、川越【日大使川越茂】談話之用意；三、倭寇求和甚切；四、倭寇明日又重新檢討對華方針。

上午批閱指示政治部組織要領。

下午會客見孔德成。近日心地安定，只要能自強奮鬥，則成敗利鈍聽之天命，不必懸想也。

一月十日　星期三

雪恥：優柔寡斷，為余對國內政策之大病，戒之，勉之。

注意：一、敵國急於求和而外張威聲，其實外強中乾也。二、不患國際形勢不生變化，而患我國無持久抗戰之決心。三、敵軍愈進，則其對內、對外之危險亦愈大也。四、倭占上海，國際變化更速。

上午，批閱會客，與岳軍【張羣】研究川越【川越茂】談話意義，實有獨到之見。

下午，致子文【宋子文】函。三時由武昌飛開封。

一月十一日　星期四

雪恥：剛愎自用為余對外政策失敗之總因，戒之，勉之。

注意：一、川事應設和平處置之法。二、安慰宋明軒。三、大無畏精神在所寶貴而冒險精神亦不可失卻，但以國家為冒險則太危矣。四、此時應急籌進可以戰、退可以守之道。

至開封，上午會見各高級將領，商決處置韓事【韓復榘】。

下午四時至七時對第一、第五戰區各將領訓話後，乃即下令拿辦韓復榘，及處置一切，得報濟寧已放棄，痛心之至。

一月十二日　星期五

雪恥：

注意：一、對倭之心理與態度之研究：甲、中國眞正放棄容共抗日之政策，表示爲東亞和平計，與日本進行確實提攜態度；乙、保衛日本在東亞實在地位；丙、履行日本所任世界之反共義務。丁、克盡中國善後事宜，故必須取消蔣政權。

：研究對德轉復敵國之意，會餐、訓話，精力尚能支持也。

上午會見軍師長廿餘人。

下午對第一、第五戰區團長以上各將領續講「抗戰檢討與必勝要訣。」

凡是不半途而廢，則最後必能有志竟成。晚至開封。

一月十三日　星期六

雪恥：

注意：一、組織團體之基礎；二、對共黨主張消化而不可排斥；三、倭寇已陷於進退維谷地位。四、豫南須派得力幹部。五、歸德陣地須改正。

朝餐後，召集各團營連長，訓斥其非人所為，語意似乎太重，且其時間不過稍遲，而來之過誤也。心急如此，自誤必大，以後戒之。

上午會見各將領及省府委員等，處理一切，下午三時由開封乘車，晚九時到洛陽宿軍分校。只要能抗戰到底，則國際形勢終必轉變，倭寇必失敗。

蔣中正日記的書寫習慣，除每日的日記外每年寫雜記（附在每年的最後），年初有大事記，月有上月反省錄，週有上星期反省錄。且有中國地圖、世界地圖、革命紀念日、國民公約、新生活運動綱要、中國國民黨黨員守則、國家總動員法、度量衡標準表等。蔣係用當時商務印書館所印的日記本，含有年、月、日、星期、天氣、溫度等，蔣在書寫日記時除天氣外，大都有記載，溫度則用華氏，每季都有每週預定作息表。一九二七年濟南慘案後，為勉勵自己勿忘外侮，日記前書寫「雪恥」項。一九三一年後書寫「注意」項。

如何閱讀或解讀蔣日記甚為重要，每一個人寫日記的過程總會有選擇性的記憶與失憶，當我們在閱讀或使用日記時必須要有幾個重要基礎：其一，必須大量或閱讀所有日記的內容，每個人書寫有其特殊性，長期的閱讀當能找到撰主的風格，也較能掌握其思維的主軸，以蔣日記為例，蔣確實是一位相當有毅力與恆心的領導者，理念中有許多的堅持，堅持民族主義、堅持國家主權的完整性，策略上則常有變動，對日、對人事的處理常有所妥協。從日記中可以知曉自北伐統一後，每天朝課、晚課，早課的內容包括讀聖經、禱告、寫日記等，休閒時喜歡閱讀各類書籍、遊憩，在大陸時期喜歡京劇，來臺後常在家看電影。在日記中對人物的臧否相當的主觀而直接，蔣日記的內容相當豐富，長期閱讀較能掌握眞實的蔣中正。其二，必須要瞭解日記的背景，蔣每天的日記大約二、三百字，不可能詳述所記事物的來龍去脈，有時發生重要的事件，在日記中所提有限，甚至隻字未提，因此要有歷史觀，特別是參酌相關史料進行補正與解讀是絕對必要。其三，不可斷章取義或以偏概全，日記中或有陳述一些想法，如在國共內戰時曾考慮用化學武器對付中共，學者不能以此放大蔣對中共的殘忍，又曾提到史達林是其知己，便以爲史達林眞的是蔣的知己等等，審愼運用、多方查證才是閱讀日記應有的涵養與態度。

從上述一週的日記可以印證：其一，閱讀的習慣，蔣的閱讀世界已有王奇生及本人作一些研究（中正紀念堂，《蔣中正日記專題研究報告》），蔣確實因應各種時期閱讀不同的著作，這一段期間，閱讀《練兵實記》、《拿破崙》、《管子》，《戚繼光治兵語錄》、《三民主義—民生主義》等，閱讀的地點有時在車上，有時在船上。其二，早起的習慣，這段期間，蔣大抵六時左右起床，對於不能早起深至自責。其三，巡視營區及學校。其四，自省，蔣脾氣不好，但懂得自省，如朝餐後，召集各團營連長，訓斥其非人所爲，語意似乎太重，反思「心急如此，自誤必大，以後戒之」。（一月十三日）

委員長時期蔣雖然大部分時間都在武昌或重慶，但隨著時勢的演變，蔣有時會到處巡視，一九三八年一月初，蔣從重慶到武昌及開封，除了處理日常公文及會客外，時間的安排並無特別之處，蔣介石書寫日記，大都只是略記所經歷或所關注的事務，並未記載細的時間安排，但如果配合其預定每週的作息表（如表一），將可清楚看到蔣對時間的安排。

參、蔣的生活作息

蔣介石的生活相當有規律，自訂一套以週為準的作息表，如圖表一：

圖表一：春季作息表

<table>
<tr><th></th><th>七至九</th><th>九至十一</th><th>十一至十二</th><th>十二至十三</th><th>十三至十五</th><th>十五至十八</th><th>十八至廿</th></tr>
<tr><td>星期一</td><td rowspan="6">朝課</td><td>紀念週</td><td></td><td rowspan="5"></td><td rowspan="6">休息</td><td>清案</td><td rowspan="6">晚課</td></tr>
<tr><td>星期二</td><td rowspan="4">考慮時事大局、政策擬訂、批閱公文</td><td rowspan="4">召見外賓、人事安排</td><td rowspan="2">特約人才</td></tr>
<tr><td>星期三</td></tr>
<tr><td>星期四</td><td>研究制度</td></tr>
<tr><td>星期五</td><td>組織訓練</td></tr>
<tr><td>星期六</td><td></td><td></td><td></td><td>視察</td></tr>
<tr><td>星期日</td><td></td><td></td><td></td><td></td><td></td><td></td><td></td></tr>
</table>

廿至廿二	政	策	組	織	人	事	制	度	考	選	校	稿	分配工作

註：朝課：含做操、靜坐、默禱、寫日記、讀經、讀報等。
晚課：含散步、靜坐、閱讀、坐操、修訂文稿等。

這套作息表最早在日記上出現是一九三〇年開始，直到後來有一些調整，但如果看一九三八年及一九四八年等的春季時間表大體相差無幾。

除春季作息之外，另外又有秋季作息表，這樣的表在日記中很少作進一步的說明，只有調整時作說明，如在一九三四年四月五日重訂日課表，其內容：六時起床，靜作默禱；七時看書；八時卅分禱告；九時早餐；十時批閱；十一時卅分會客；下午一時午餐；二時休息；三時批閱看報；四時會客；六時散步；八時晚餐；九時默禱；九時卅分記事；十時就寢。但這樣的調整其實並不大。蔣不僅自己早起，也希望所有重要幹部亦要養成早起的習慣，在一九三三年一月十四日，曾要求：「每星期一晚應集各院長及重要各部部長與常會委員談話，每星期六晨應集各高級將領談話，以期改進軍事政治，應付此患難時局。」[14]

早睡早起成爲蔣的生活習慣，從當黃埔軍校校長即是如此，對於晚起，每次都深自反省，如：「九時後起床。晏安如此，尚能立業耶，戒之！」（一九二五年一月十八日日記）郝柏村回憶說：

蔣公的生活非常規律，清晨起床後先靜坐、禱告，然後吃早餐。報紙一來，秘書先生用紅筆勾選出重要新聞，蔣公吃早飯時有專人讀報，將紅筆畫出來的新聞唸給他聽。[15]

從其作息中，可以看出蔣有許多固定規律的生活方式，而且都能持之以恆，他有堅強的意志，富有精力，花許多時間在籌謀國事，對於所規範之事盡力完成，所排的作息或每天有變化，但確實都能持之以恆，一九三六年五月一日在南昌手撰〈四月分反省錄〉：惟生性堅忍，立志不渝，故革命以來此心此志卅年如一日即寫「日記」與靜坐，亦幾卅年而無或間斷，生活辛勤自本儉約，朝洗冷面不茶不酒不煙亦卅年如一日。[16]

將蔣的日常時間作歸類，有幾件事情已成為其生活的一部分：

其一，寫日記：寫日記是其每天的定課，自一九一五開始寫日記至一九七二年，幾乎不曾間斷。這證實了蔣氏的話：「尚敢自信者，就是有恆一點」。即使外出，也都會簡單記錄，有空再謄寫。[17]西方學者陶涵也觀察到蔣的寫日記習慣，他說：

從一九一八年起，蔣每天以文言文至少寫一頁的日記，這個習慣一直維持到一九七二年，因為健康因素才告終止，除了先前廿四小時發生的大事，以及感想之外，進入二〇年代，日記也列舉自己的缺點，此舉固然反映儒家思想對他的影響，也代表蔣承認自己行為的不成熟，可是，他並沒有太大改進。[18]

蔣用當時商務印書館所印的日記本，含有年、月、日、星期、天氣、溫度等，蔣在書寫日記時，大都有記載，溫度則用華氏。

蔣都在早上寫日記，每天大約用卅至四十分鐘左右書寫日記，每天日記的字數不一，但以一頁爲原則，早期的日記較簡略，北伐成功後日記所記的內容較多，大約二、三百字。自蔣日記開放閱覽後，[19]蔣寫日記的動機，學者的解讀不一，[20]質疑蔣爲他人寫日記者，以爲蔣的日記故意讓家人及部屬閱讀，而且許多重要的事件，蔣日記並未有任何記載，或僅輕描淡寫，然由於日記本來就是選擇性的記載，不可能詳述當天所發生的事物，亦不可能記其來龍去脈，因此不能單以日記爲唯一史料，必須參酌相關史料進行補正與解讀是絕對必要。更不可斷章取義或以偏概全，日記中或有陳述一些想法，如在國共內戰時曾考慮用化學武器對付中共（一九四八年），學者不能以此放大蔣對中共的殘忍，蔣提到史達林是其知己（一九四五年），不能以爲史達林眞的是蔣的知己等等，審愼運用、多方查證才是閱讀日記應有的涵養與態度。不論其寫日記的動機爲何，在世界領導者中，長期寫日記者已不多，蔣介石養成寫日記的習慣，其日記內容豐富，爲研究現代史的重要題材。

其二，批閱公文、準備講稿、開會、往來電文：首先就批示而言，蔣自擔任校長以來日理萬機，有許多待決的公文書，來往電文亦多，蔣日夜都在思索如何處理內外事務，因此許多時間用於批件，一九三四年五月八日，批閱積案百餘件，曰：半月來未批之公文，一日批完，雖微覺腦痛，但精神上甚恬適也。[21] 一九三五年一月二日：「本日清理積案，調製本年工作計畫。」[22] 一九三五年一月七日：「整理設計批閱定課程表讀詩看書未曾稍懈。」批閱公文幾乎成為每天的定課，有時利用星期日清理積案，如一九四五年一月七日（星期日）：「上午朝課後記事，記上週反省錄，正午約方先覺等午餐，下午清理積案、批閱公文。」[23] 隔天（星期一）下午又再批閱公文、清理積案，修核令稿。星期三、星期四、星期五除正常批閱公文外，亦在整理積案（日記），可知，蔣每天花許多時間批閱文件。

蔣的批示有幾種：⑴龍字形批示，有閱的意思；⑵直接批示不簽字，幕僚按其批示進行交辦；⑶手令，北伐及抗戰期間，蔣下手令指示。⑷機要秘書加蓋「蔣中正總統」印，來臺後大部分文件都由機要秘書用印。

為有效了解海內外的重要事務，其管道甚多元，除政府機關的報告外，亦有來自黨、軍、情等系統的資料，根據侍從人員蔣孝肅的回憶：

> 官邸的秘書有兩個，一個叫書記秘書，負責寫文告、見客、陪客、做記錄，有的時候還要改一些高級將領寫的心得，或總統文告，以及負責畫報，大多由湖南人出任，我負責的是機要秘書工作，……我負責的機要，原來是管黨、政、軍、情報的所有公文。後來軍方公文，總統交給侍衛長管，我就只管黨、政、情報方面的公文，黨就是中國國民黨，政就是總統府，還有情報局、安全局的公文都在我手

> 上。……比較重要的他批，比較不太重要的我代總統批。蔣中正圖章就在我手上，我批了蓋章就發出去。[24]

蔣的資料來源甚多，在得到相關訊息時，也會找相關人員討論並了解，然後直接指示或電示。每天蔣花甚多的時間進行一些指示。

其次，就準備演說方面，準備及修整講稿，是蔣的另一項重點工作，一般而言，講稿都由秘書及重要幕僚人員撰擬，但蔣在演講前會修改，演講後亦會再行修改，侍從翁元說：

> 老先生像中學老師似的，一篇文稿在他手中總要看上幾天，經常一有空就會拿起他手邊的紅藍鉛筆，把文書秘書秦孝儀起草、秘書張嬡核定的文告稿子，左塗右抹、上圈下勾，折騰個老半天，字句斟酌，反覆思索，有時秦秘書會筆直地站在一邊，等待老先生最後文章的定稿。[25]

侍從人員應舜仁亦有同樣的描述：「老先生發表文告、文章或是訪問稿，稿子都是秦孝儀寫好後送上給老先生看，老先生看過了，不對就用毛筆修改、圈圈改改，紅鉛筆劃掉，秦孝儀改過以後再呈上去，呈上去仍然不對又改。」[26]

由於中國當時不論黨軍政都需要進行教育，蔣重視言教，因此花許多時間進行演說，並重視演說稿件的內容，舉一九三二年四月及七月分兩個月的重要演說為例，[27]如圖表二：

圖表二：一九三二年四月及七月分兩個月的重要演說

時間	對象	會議及演說內容	頁數（以《事略稿本》為例）
四月二至四日	高級軍官	高級軍事會議開幕及閉幕	十四（頁八至十三、十九至廿八）
四月十一日	軍校師生及首都警察	紀念週－復興中國之道	廿四（頁四七至七〇）
四月十九日	中央政治學校師生	訓示	廿八（頁九六至一二三）
四月廿五日	軍校師生	紀念週－為人之道	三（頁一三三至一三五）
四月卅日	在勵志社對軍隊黨務人員	閉幕－軍隊黨務工作的改進	四九（頁一五六至二〇四）
七月二日	師營長訓話	請剿匪共與整飭部隊之要道	六三（頁二七六至三三八）
七月五日	十三師師營長訓話		八（頁三五〇至三五七）
七月九日	各師聯絡參謀		廿九（頁三七四至四〇四）

七月十二日	湖北縣各縣長		四九（頁四二一至四六九）
七月十六日	湖北縣各縣長		廿五（頁四八七至五一一）

從上表可知其演說，常常長達三小時以上，以對軍隊黨務人員的閉幕詞爲例，長達四十八頁，超過萬餘言。演講前準備，講後又修訂，耗時甚多。蔣紀念週必演講訓話。此外隨時修正其演講稿，如一九三三年七月十九日：晚改正演講稿（日記）。七月廿五日：早上回漢口總部辦公改正講演稿。晚改正演講稿（日記）。身爲一位領導者，或有立德、立功、立言的使命，有鑑於中國軍政有許多問題，透過教育與訓練是改善缺點，鞏固思想核心的重要機會，因此蔣花許多的時間進行演說，少則幾十分鐘，多則三、四個鐘頭，這些講稿，有些是幕僚幫忙撰稿，有些則是自己撰寫，但無論是幕僚或自己撰的稿件，蔣都用心修改，一天的時間有許多花在演說與修改講稿。

其三，重視巡視與遊歷：蔣擔任校長之後，公務繁忙，中國沒有完整的休假制度，但蔣有許多時間用在遊歷與巡視，劉維開教授談到：旅遊是蔣日常生活十分重要的一個部分，以大陸時期戰前、戰後的南京及抗戰時期的重慶爲辦公地點，區分他的旅遊生活，大致可以分爲三類，一是配合行軍或視察等相關活動，在行軍或視察途中進行的遊覽，區域十分廣泛，除了西北的新疆、西藏及東北的黑龍江、吉林等地區外，幾乎都有他的足跡：

一是度假性質的旅遊，放下公務，離開辦公場所到特定的地點，如溪口、廬山等，進行一段較長時期的休息：一是辦公地點，南京或重慶周圍地區，短距離的遊覽活動。[28]胡平生教授分析蔣喜歡抽空遊覽的原因：1.蔣自幼年起及喜好遊覽，積久成習，乃至成為其一生生活中重要的一環。2.蔣愛讀書，對中國地理、歷史、名人文集等，多所涉獵，均增其尋幽訪勝、求睹史蹟的意念。3.蔣所遊覽者，多為其增京居停或舊遊之地，其中當有不少是出於懷舊心理為之，俾撫今追昔，感念緬懷。4.藉此洗煩滌慮，舒緩緊繃的心情，並活絡一下筋骨。5.置身於自然山水，名勝古蹟中，易萌生靈感，獲得啓示，而增進其內涵修養。[29]

巡視的習慣，從小受其母親睡前都會巡視家中門窗的影響，蔣巡視有觀察士兵訓練情形，有觀察地形，有鼓勵士氣，有關心民情等，在巡視中遇有問題當場責斥，一九二五年一月十三日：

> 六時起床，巡查第二團第二營，見士兵尚未起床點名，不勝憤激，幾欲將其連長就地正法。朝餐後，召集各團營連長，訓斥其非人所為，語意似乎太重，且其時間不過稍遲而來之過誤也。[30]

蔣的旅遊除休閒、養目、解憂外，思考國政及考察是其重要目的，一九三四年六月一日蔣在保安會議上說：比方說一天工作十二小時的話，也一定要有六個鐘頭從事實地監督指導，絕不可以再和以前一樣只知道坐在辦工室內作書面的工作。[31]一九三四年十一月二日，到北平，下午，登紫金城東南角視察工事，又至朝陽門視察，再至瀛洲白塔視察，日：以如此形勢與堅城若棄之不守，誠非黃冑。[32]

蔣有許多的時間在遊歷，遊歷是一種休閒，也是工作的一部分，透過遊歷觀察地形，以應付戰爭的思考。另外在山水中思考國策方針，因此有時蔣遊歷中會找一些重要幕僚或來晉見的賓客一起同行，同行中亦會談各方面的問題。借由遊歷中拉攏一些有異議者，如西安事變前，蔣介石到西安巡視，要求張學良及楊虎臣的部屬與其同行遊歷等。考察後亦會召集相關人員要求改善。一九二五年一月十三日：六時起床，巡查第二團第二營，見士兵尚未起床點名，不勝憤激，幾欲將其連長就地正法。[33]一九二八年三月十七日，往軍官團及軍官學校巡視一週，見散漫腐敗情形，不禁憤然曰：國人之無志氣無精神其禍將國亡種滅。[34]一九五○年一月八日車遊淡水歎曰：「赴淡水海濱視察工事，無人管理，可歎。」[35]一九四九年四月八日記到：學校飼牛，自余回鄉以來屢去視察，其瘦疲病毒實不堪入目，督其加料改良，約半月來去視察，而牛瘦疲更甚，不勝痛憤。[36]

旅遊中，除步行、作轎外，車遊甚爲重要，高純淑教授提到：根據日記的記載，蔣喜歡「車遊」，在南京時如此，在重慶時如此，在臺北亦如此，蔣日常生活作息，午課後，大約下午四時左右，如果天氣允許，會和宋美齡坐車到臺北近郊兜風，這是他行之多年的散心方式。[37]

其四，固定的朝課與晚課：朝課：含做操、靜坐、默禱、寫日記、讀經、讀報等。晚課：含散步、靜坐、閱讀、坐操、修訂文稿等。祈禱，一九四五年四月一日，余任經兒自定洗禮之主意，彼乃樂予受洗，以在家每晚隨余跪禱已將一年，當已為聖靈所感召（日記）。一九四五年九月四日，今晨五時未曉起床禱告，願毛共之能悔悟，使國家眞能和平統一。

做操與靜坐方面，翁元有一段回憶：

做體操、唱聖詩約莫廿分鐘，他再回書房靜坐祈禱。靜坐祈禱也是有不少規矩，先是用毛毯把自己膝蓋蓋好，靜坐的第一步驟是點眼藥，他的眼藥水經醫師特別處方，一方面點眼藥，一面用一條白色毛帕輕輕擦拭按摩雙眼，點完眼藥，便閉起雙眼，開始靜坐，他的靜坐時間大約四十分鐘，靜坐時，他口中還念念有詞，念著祈禱文，我從來沒有看見他計時，可是，他靜坐的時間似乎永遠不會誤差，有時連一分鐘都不差，確實讓人不可思議。[38]

靜坐又是其中另一重要的定課，一九四〇年十二月十一日：靜坐已逾卅年，默禱亦有十餘年，最近方晤靈性生活之高超，更覺眞我即在信仰之中，人生到此天人合一之境地方為眞樂。[39]

坐完靜坐和禱告，便在自己書房坐早課，所謂早課，就是寫日記和看報。早課時，只看大標題，如果有興趣的新聞，會特別交代文書秘書把某則消息勾起來，等他吃完早飯的時候，再唸給他聽，所以，唸報紙新聞就是總統文書秘書每一天的第一件差事。[40]

中飯後，通常有睡午覺的習慣，睡午覺的時間有時長有時短，大概在半小時到一個半小時之間，午覺醒來習慣散散步，然後回書房靜坐禱告廿分鐘，結束後就開始辦公。晚課，晚上上床之前，照慣例先做靜坐四十分鐘，再散步片刻，然後才回房入睡。入睡前有一個獨門的健身方法，上床後，先用手在自己的肚子按摩，先是順時按摩廿下，再是反時針廿下，這個按摩法，可以讓腸胃的蠕動順暢，對內臟和消化都有幫助。[41]

其五，閱讀：蔣雖是軍事出身，由於受到正規教育的影響，養成其閱讀的興趣，進入民國之後，蔣自修甚勤，從一九一三年始，有較詳盡的記載其閱讀的情形，日記中並記載其閱讀的種類與心得，隨著年齡的增長，讀書的數量和範圍也愈廣泛。除中國的歷史、經典外，還有政治學、經濟學、社會學、哲學、中外通俗小說，以及一些較新的雜誌如《新青年》、《新潮》等。王奇生列舉其歷年的讀書，一九一五年以前以傳統的經史子集爲主，一九一五年後所讀之書甚廣，舉抗戰時期一九四二年爲例，閱讀《黎洲傳記》、《宋史》、《宋元學案》、《貞觀政要》、《易經》、《印度地志》、《緬甸地志》、《近三百年學術思想史》（梁啓超著）等。[42]根據統計，有記載者閱讀過（含請專家講演）的書籍約二百餘種。雖然有些學者認爲有可能有些閱讀的書並未列在日記之中，因此可能所讀的書比所列者要多。

閱讀後常書寫讀後心得，以一九二九年的閱讀爲例，如圖表三：

圖表三：一九二九年閱讀及其心得[43]

時　間	閱　讀　書　籍	心　得
一月廿四日	《聖武記》	
二月十一日	《中庸》	下午假眠不成，讀《中庸》完，曰：讀至誠頤自成也句，及無生無興至矣等句，甚愧久不讀此書所以了然而日亡也。誌之。
四月一日	《拿破崙傳》	
四月二日	《菜根譚》	謂將印送余妻子及同志，以傳慈母之教也。
四月廿六日		國恥紀念日（五月三日）不放假、不休業，應多增二小時工作，以報效國家，增加生產。
五月三日		到軍校紀念國恥，講五三國恥經過及雪恥之道曰：去年五月三日，日本帝國主義者在濟南殘殺我們的同胞，這是我們中華民族最近最恥辱的一個紀念日。
五月廿七日	《聖武記》（後蔣改名爲清功武功記）	
五月卅日	《聖武記》	
六月七日	《聖武記》	

七月十八日	《朱子全書》	始恍然自覺，久不聖賢書，難怪性心日下。
七月廿四日		檢閱陸軍第五師訓話，最後還希望諸位多多看書，如《中山全書》以及我所著《軍人講話》、《軍人教育》等必須多閱讀多研究，因爲欲作一個眞正國民革命的模範軍人非多看書多研究不可。
十二月六日	《孟子》	甚思將中華中心思想研究一番，以指導民族之出路。電劉峙：請只屬各將士熟讀《曾胡治兵語錄》以自勵也。
十二月十三日	《白沙學案》	頗有所得，自恨修養不早，以致矜燥無常。
十二月廿一日		寫王太夫人家訓：孝、弟、忠、信、禮、義、廉、恥八字於蔣母教子圖。
十二月廿四日	《耶穌之人生哲學》	以人心思亂毫無定力爲憂，惟有宗教以範圍之乎。
十二月廿九日	外姑（倪桂珍——岳母）宋太夫人講基督教義	

蔣甚至抄錄所讀的書，如一九二五年一月十一日（星期日）：「晚摘錄《戚繼光治兵語錄》」[44]一月十八日：「鈔錄《練兵實記》、《將帥之拿破崙》、《管子》。」（日記）

蔣的閱讀習慣，除《聖經》是讀特別的篇章之外，大部分從卷首至卷尾逐字循序，一書讀畢始另看一書。蔣將其看書要訣歸納如下：第一，要有恆心和毅力。現在我們每天要想整天看書，固然不可能，但是每天無論如何忙碌總可抽出一二個鐘頭來看書。講到看書要有毅力，還有一點意思補充，就是我們拿到一本書只要這本書有益的必讀之書，我們就不管它怎樣難解也不管看起來怎樣沒興趣一定要將它看完。簡單的講就是既經開始看這本書，就要看完，如果這本書沒有看完絕不再另看旁的書。第二，看書研究學問要博而能約。我們看一本書要能得到其整個綱領和中心要義，當然看的時後要隨時注意圈點或另作讀書筆記。第三，要將書本所講的道理與自己實際的經驗和閱歷互相印證。第四，讀書要能虛心。[45]

蔣的閱讀習慣與閱讀的方式可能受曾國藩的影響，曾國藩在一八四四年寫給弟弟的家書中談到：

> 我家諸弟此時無論考試之利不利，無論文章之工不工，總以看書爲急。不然則年事日長，科名無成，學問亦無一字可靠，將來求爲塾師而不可得。或經史、或詩集、文集，每日總宜看廿頁。[46]

蔣閱讀要求「一書讀完再念另一書」、「讀書一句不通不看下句」、「多看書」、「多習字」等都可看到曾國藩教育其子弟的影子。蔣介石尊崇曾國藩及王陽明的思想，蔣經國提到：「我回國以後，父親又要我讀曾文正公家書和王陽明全集，尤其對前者特別注重，父親認爲曾文正公對於子弟的訓戒，可作模範，要我們體會，並且依照家訓去實行。」[47]當然蔣的思想不僅受曾國藩的影響，其他的先儒如孔子、孟子、司馬光、王陽明、胡林翼等對其啓發甚多。

蔣的閱讀時間不固定，大部分是下午及晚上，有時早起也會閱讀，閱讀時大部是一至二小時，閱讀地點大部分在住所辦公之處，有時坐船及坐車亦會閱讀，如一九二五年一月十五日：「下午，回黃埔，船中看民生主義第二講完。」隔天，「下午赴省祝光復廣州第二週年紀念（按：到中央黨部）。船上看民生主義第三講完。到省校辦事。晚回長洲。船中看民生主義第四講完。」（日記）閱讀那些書籍都是有規畫，非信手拈來，自一九二五年之後，很少整天都在閱讀，閱讀時少與人討論，心得自記於日記中，有些書會做簡單的批註。

閱讀已成爲其生活的一部分，因此即使在病痛中，仍不忘閱讀。一九三四年十二月四日，本日醫生爲公除去上顎左前方病牙兩枚，因其骨內仍有隱牙，醫生想破骨取去，乃用鐵錘硬拷，終不能破，仍未拔出，而流血較多，公精神仍旺，雖病中仍批閱看書。[48]

不同的時空與情境閱讀不同的書籍，如在日本期間閱讀《日本史》，王太夫人祭日或自己生日時閱讀《孝經》，剿匪期間特別閱讀《曾胡治兵語錄》等戰略相關的書。蔣也會爲了某一目標和計畫而閱讀，如一二八事變發生後於一九三二年二月十九日閱讀《日本侵略滿蒙計畫》，爲建立特務組織，特別看《俾斯麥傳》，另外閱讀《各國情報活動之內幕》，此外也請專家爲其講解政治學、經濟學等，可見蔣會爲某一目標而學習新知。

蔣相當重視進德修業的自持，確實是傳統教育的影響，甚至可能受曾國藩的影響，劉廣京教授研究曾國藩時提到：「曾國藩對諸弟的要求，可以用他所用的名詞來包括，就是進德與修業。」[49]曾國藩再寫信給兒子時提到：「凡富貴功名，皆有命定，半由人力，半由天事；惟學聖賢，全由自己作主，不與天命相干涉。」[50]蔣在一九二六年十一月一日，因病不能早起，自省日：「懷安偷惰，以待來年，德業豈能長進乎。」[51]一九二九年三月十二日提到：「事業高一分，德業低一分，可不恥乎？可不愼乎。」[52]蔣寫給經國、緯國的書信中亦時常以進德修業期勉。一九四一年九月四日經國寫信給蔣：「至於自修方面，除讀曾文正公家書外，最近每日研讀王安石學說。」[53]

除傳統經學之外，蔣也關注新思潮，五四運動時期閱讀《東方雜誌》、《新青年》、《馬克思思想》等書，對於各國革命歷史亦頗感興趣。有時讀書也是一種消遣，閱讀伊索寓言，喜歡講其中的故事作爲啓示。一九三四年七月十八日：近日想用功，而以此念未澄擬，看小說先收放心。八月十五日，以近日氣暴，思讀性理書以養之。[54]蔣雖會欲訂一些讀書計畫，但有時也未完成，如一九三五年七月廿二日，預定購古文觀止與易經，排定暑期所看之書與課程。然整個暑期並未閱讀該書。

不論如何，閱讀已成爲蔣生活的一部分，且是極重要的部分。

其六，散步與娛樂：此外如固定的散步等，蔣習慣飯前及飯後散步，有時一個人，有時與夫人，散步時間的長短不一，有時也會在散步後沈思。侍從人員應舜仁談到：「所以他散步也就是在思考國事，有時候還一邊走一邊唸千家詩、唱唐詩。」[55]散步包括車遊，蔣極喜歡車遊，大陸時期與臺灣時期都一樣，臺灣時期近距離的散步，是坐車子到陽明山、北投、士林繞一圈，頂多三、四十分，大圈子就是從陽明山到北投、淡水，再從忠烈祠大圓環轉過來，差不多一個鐘頭。

娛樂方面以看影劇爲其重要的休閒，蔣在一九三五年二月廿四日即提到：「遊藝與娛樂，俱人生不可少也。」[56]觀看電影就是其中之一，邵銘煌教授研究蔣介石的觀影劇時指出：

> 這個時期（一九二七至一九三六年），蔣中正已經是政治舞臺上的風雲人物，電影出現在他的生活中的頻率，逐漸增加，……就數量言，在大陸時期因動亂不安，觀看影片不及臺灣時期。[57]

觀看電影，對一般人而言，可能純娛樂居多，但對蔣介石而言，看電影本身這件事情具有多重意義，有公、也有私，有社交，有娛樂。[58]來臺時期看電影大都在晚上七時左右，有時一部影片未看完就去就寢。

其七，會見賓客與部屬：雖然在春季時間表中，每天十一至十二時爲召見賓客的時間，但實際上則因應需要隨時都可安排召見部屬或賓客。以抗戰勝利之前爲例，一九四五年七月廿九日：上午記事後，子文（宋子文）、哈雷（赫爾利）來見。卅日：十二時散會回寓後，分別召見熊（熊式輝）、張（張治中）、羅（羅卓英）等指示要務。卅一日，下午到渝寓會客十五人後，召見哈（赫爾利）、魏（魏德邁）與我軍政幹部。[59]可見，雖有預定時程表，但面臨重大事情時，蔣隨時接見賓客與部屬。

蔣雖生活簡約，固定作息，但仍有許多困擾，牙痛：一九三〇年代受牙痛所苦，雖然在西安事變後，將牙齒拔掉，但仍不斷有牙痛的困擾，一九四一年十一月十六日，昨夜夫人病瘧及牙痛幾澈夜不能安眠。[60]失眠：一九三五年八月二日，昨夜未得安眠，故精神不佳。[61]綜觀蔣失眠的原因甚多：如看書用功太勤：一九四〇年十二月十八日，昨夜以研究黑格爾哲學探求其理論深夜歸寢，因又失眠。[62]又如心情不佳：一九四一年一月廿日，傍晚心緒不佳故夜睡不恬。[63]一九五二年二月一日，約鄭曼青中醫來診，以西藥於我失眠皆已無效乃不得不試中藥。又如憂國憂民：三月一日：上星期反省錄：本週對日和約之用心最力，適患失眠症亦最劇。深慮國家民族：一九三二年十二月廿八日，遊雪竇，曰：「風景如舊而意興蕭條憂幻之深，雖家鄉美景亦難消愁，可知世無可為我休息之地也。」夜睡時醒時睡反覆不安，曰：「深慮倭寇急迫華北，余必須北上解決軍分會駐地及平津市長與華北吏治之改革，方得打開局面。」[64]一九三五年八月十六日，在廬山與孔祥熙、宋子文談話太晚，因之夜不安眠。[65]

以上所談只是其生活的大部分，而不是全部，但已可窺其生活之梗慨及對時間安排之哲學。

肆、蔣的時間觀

前面從蔣的一週安排，並分析蔣生活作息的重心，接下來討論蔣對時間的觀念，及蔣的時間觀念是否對當時黨政軍民有何影響？黃克武教授曾提到：「他作為一個現代的軍事科學家，對於這時間的精準的要求，很大一部分是從軍事的要求來的，但那是屬於公領域的，私領域的時間觀基本上是養生。從公私領域分開來看的話，可能可以看到時間觀最後的一些重要的基礎。」[66]時間的概念有生理時間、物理時間，甚至有包括社會時間、農業時間、宗教時間等，蔣的作息屬於生理時間，但從其對時間的安排而言又含有宗教時間（星期日通常不排政治性的活動）與政治時間（如安排軍校的生活）等，本節主要從幾個方面討論：其一，蔣對時間的觀念為何？其二，蔣的時間觀念與一九三〇年代推動的新生活運動是否有關？其三，蔣的時間作息對當時黨政軍是否產生影響，即屬於個人私領域的生理時間，是否對公領域的時間安排？

一、對時間的觀念：

蔣將時間與中國傳統的自強不息的觀念結合，他認為時間是不可隨便浪費，要寶貴時間，利用時間和節省時間，每天廿四小時，不可有一刻一分隨便浪費，必須利用來作有益於我們的身體學問修養或事業的事情。一九三五年三月十一日，蔣在重慶行轅擴大紀念週講〈現代國民應具備的常識〉提到：

> 尤爲注重時間，寶貴時間，須知一切事業皆由時間所生，如浪費時間或延誤時間無異自絕生路，總之凡人如能行必須貫澈到底，至於如何因地制宜，以求效果增多，推行盡善，自亦爲政者應有之斟酌。[67]

他對於時間的安排，第一，分配時間：要有八小時睡眠，再有一小時的運動和正當娛樂，這是有益於我們身體和精神的，便是不浪費時間，多睡多花時間來運動或娛樂便是荒廢和怠惰，便是將有用的時間浪費。從蔣每天晚上十時睡覺，六時左右起床，加上中午午休的時間來看，雖然蔣有失眠問題，但蔣的睡眠時間通常維持在八小時左右。又從其運動而言，蔣用在打球的時間相當少，大部分的運動都是散步與做體操。自蔣擔任校長之後，娛樂以看影劇爲主，大陸時期忙於公務，較少有時間作其他的娛樂。[68]

第二，生活要有規律：即每天要在最適當的一定的時間來做所規定的事情，這是利用時間最經濟的方法。一九三五年九月十五日，蔣在峨嵋軍訓團講〈總理遺教第二講〉提到：

時無虛耗而用得其誼，即每日廿四小時均須按合理之規律而生活無一時一刻不用於有益身心德業之事，事無廢弛而克生其效，最後惟一的目的就是要使天下事事物物皆安排妥當各得其所。[69]

第三，將時間用於勞動與服務：勞動與服務要能發生效果，最要注意時間，過去也有許多人提倡勞動和社會服務，但爲什麼都沒有多大的效果，就是沒有注意時間的關係。所謂注意時間有兩種基本的要義，首先要能找到某一個時間最要緊的事情來先做。其次就是按時做好所做的事情，不可隨便延誤，浪費時間，中國人做事不能得到良好的結果就是因爲不注重時間，不曉得時間就是我們的生命，時間就是我們一切事業之母。所以我們方面要養成勞動的習慣，一方面要提高服務的精神，而同時更要注重時間。[70]

第四，將時間與現代化及現代公民結合在一起：一九三六年五月六日，對縣市行政與兵役實施講習學員講〈非常時期之地方軍政要務〉提到：

時間爲一切事業與生命之母，一個人如果不知道寶貴時間和利用時間，就不配做一個現代的國民，更不配做一個現代的公務員，我們一般學員在這個國家非常時期想要替國家盡到非常的職責，首先就要以非常的精神，唯日不足的來盡量利用時間，無論平時戰時，無論是求學或辦事，我們有一天的光陰就要努力做一天的事，使國家多一天的準備。外國人辦事講究科學方法，最善於利用時間，他們無論辦公或有何約會，無不絕對遵守時間，惟恐耽誤，此外，他們更能不斷的發明並改進各種機器，來代替人力節省時間，可以說因爲科學的進步，機器的發達，他們對於時間的利用已達到發生最高效力的地步。[71]

一九三五年二月一日，到政治校訓話：〈爲學辦事與做人的基本要道〉提到：「科學精神和方法就是要自強不息，貫徹到底，大家曉得宇宙萬物之存在與演變都離不了空間與時間，而人生之一切也都要從自己所占領的極小的空間與極短的時間中創造出來，所以時間空間就是我們整個生命與一切事業之母。我們要發揚自己的生命，成功偉大的事業，就必須善用空間與時間。」

第五，將時間與戰略戰術結合：一九三八年七月三日，蔣出席軍官訓練團紀念週訓講〈治軍要務和辦事要領〉，要求：「辦事必注重時間和空間，力求快當、實在、精確、圓滿。」並提到爲何中國軍隊不如外國軍隊：在武器之外，戰術戰略是沒什麼分別的，能力所不及他們的就是時間的愛惜，他們當作時間是很寶貴的東西，我們中國人卻不當作一回事，外國人得一報告，馬上送到總司令，我們中國人今天睡覺有明天，隔一天還不算事，甚至隔到兩三天一星期，等待時間過了再寫這個報告有什麼用處，所以中國人趕不上外國人就是我們中國人失了時間的效用。……現在中國人尤其是軍人再不注重時間，國家就要亡在自己手裡。[72]一九三六年十一月三日，蔣在鐵道訓練班講〈革新鐵道業務要旨〉：我們平時行車就如同作戰時，如果差了一分一秒就要失敗，大家平時以為行車時間差了幾分鐘無關緊要，殊不知在平時如果沒有寶貴時間，嚴守時間的習慣，到了戰時全國要總動員運輸格外繁忙，交通秩序也轉入非常狀態之下試問如何能迅速確實完成我們鐵路運輸的任務，運輸不能靈便，時間不能準確，雖有百萬大軍不能隨意調遣依時補充，有何用處，所以行車時間能否準確隨時都關係全軍勝敗。[73]並強調：「誰能寶貴時間一切比敵人迅速，誰就可以獲得最後的勝利，其成敗生死的關鍵完全就在時間。」[74]

第六，蔣的時間及作息可能受軍事教育的影響：一九一〇年（宣統二年）冬，蔣被分發至日本陸軍第一三師團、野戰砲兵第一九聯隊見習：

> 紀律的拘束，和生活的單調，乾燥無味，使我當時感覺得太不合理了。但是我今天回憶起來，我平生生活之能夠簡單，工作之能夠有恆，一九五一年如一日，基礎是由於這一年士兵生活的訓練所奠立的基礎。[75]

二、時間與新生活運動

自北伐統一後，蔣有鑑於當時黨政軍及社會生活都出現一些弊病，因此推動新生活運動，「新生活運動」這個名詞，最早見於一九三四年二月十七日，蔣介石在南昌於調查設計會所作的演說《新生活運動發凡》。演說中，蔣介石指出：

所謂革命者，即依據一種進步的新思想（主義），以人力徹底改進各個人以至整個國家之生活形態之謂。簡言之，革命即生活形態之改進也。吾國革命之所以迄今尚未成功，即在於全國國民之生活形態始終無所改進。[76]

二月十九日，蔣在南昌行營擴大總理紀念週以《新生活運動之要義》作演說：「新生活運動之要義，如狂風掃蕩社會的落後狀況，並以柔風鼓吹社會的生活力與正當精神」，一般視之爲新生活運動的正式開始。[77]新生活運動在思想層面上，糅合了中國傳統禮教、以國家利益爲重，日本傳統的武士道精神，以至基督教價值觀的元素。[78]「禮義廉恥」是新生活運動的理論基礎，「三化」就是實踐理論的行動指引。所謂「三化」，就是「生活藝術化、生活生產化、生活軍事化」。爲落實新生活運動的目標，蔣一方面到處演說新生活運動的重要性與內容，發表了《新生活運動之要義》、《新生活運動之中心準則》、《力行新生活運動》等演說，並編成《言論集》廣爲印發。一方面組織來推動，一九三四年七月，「新生活運動促進總會」於南昌正式成立，統領全國各地新生活運動之工作。蔣介石任總會長，江西省政府主席熊式輝爲主任幹事，設調查、設計、推行三個部門。一九三五年年底，蔣介石在南京就任行政院長，當時的新生活運動已發展至全國，新生活運動總會遷至南京，熊式輝任江西省主席，不能赴京兼任新生活運動職務，是以改由錢大昀任主任幹事。次年，二月，新生活運動婦女指導委員會成立，由宋美齡任指導長。一九三七年三月，新運促進總會組織略有變更，改正、副主任幹事為總幹事、副總幹事，由黃仁霖擔任總幹事；改設計、調查為學校、訓練兩部門。

新生活運動還開展了識字、體育、守時、節約、禁煙、禁賭、服用國貨、造林、放足、舉行集體婚禮等卅多項活動，其中蔣極重視守時。一九三四年三月五日，在南昌行營擴大紀念週講演《新生活運動應注意禮樂與時間》：「我們提倡新生活的人，所應當特別注意而以身作則，來教導社會上一般人的就是要寶貴時間，寶貴時間，第一件要緊的事情就是要遵守時間。」

提倡新生活運動一定要使一般國民人人明瞭時間之可貴，人人能及時努力，要養成遵守時間的習慣，自個人的起居作息以至多數人的社會集團的活動，一切都要嚴格的遵守時間，一定的時候要做一定的工作，適當的工作選定適當的時候，如此時間不致浪費，事業也可以辦好。一九三四年三月廿日在各省行政長官行政會議閉幕訓話，特別強調：「時間為一切事業與生命之母。」、「如果不寶貴時間和節省時間就不配做一個現代人。政治上一切的事情如果不能按時間辦好那亦不成為現代的政治。」關於時間應注意的三點：第一就是要準確。無論什麼事我們限定什麼時候做好就一定要在那個時候做好。第二就是要迅速，隨便什麼大小事情我們一方面當然先求做得實在，但實在還不夠，一定還要迅速，很快當的做好，換句話說就是要節省時間。第三就是要有規律，簡切的說就是要在一定的時間做一定的工作。」[79]這些觀念都與新生活運動的內容有關。

三、私的時間觀念用於規範公的領域

身爲當時的重要領袖，希望全民邁向現代化，甚至希望去改造當時不重視時間的陋習，自一九三四年新生活運動發起後，蔣大部分著重在有關時間的呼籲、甚至要求人民與黨政軍要員，可是事實上蔣是離開現實在說道理。因爲回到一九三〇年代的中國，有百分之八十的人來自農村，這些人以農業時間在作他的日常生活規畫，他們手上沒有手錶，絕大部分買不起手錶，可能連中下階級的軍官可能手上也沒手錶。你要他開火車要守時，基本上是沒有一個物質生活或者制度環境，甚至沒有生活條件談時間。所以蔣的時間觀，看起來像唱高調，一個領導人可以做這樣的，甚至很有現代性。可是事實上整個社會，當時的組織型態是在農業社會裡面，農業社會是按照農業時間在過活的。整個守時這一塊，是跟工業生產跟商業活動是連在一塊的。只有工商活動高度發達的社會，才會去談計較時間，甚至去形成效率，農業時間沒有這種。黃金麟教授認爲：「一九三〇年代，蔣介石在作這樣的一個呼籲，顯然就是很清楚他在作一個中國基本上沒有辦法達到的一個水平的要求。」[80]

時鐘指向上午九點，它僅僅只是給出了一個刻度，刻度本身沒有意義。但是當人們因爲人與人之間的關係，被要求在什麼刻度進行什麼行動，甚至進一步地安置出整體社會型態的生活規律時，「時間」便由人們的行動社會性地呈現出其結構性的意義。時間結構不是穩定不變的，而是會隨著權力鬥爭與平衡不斷變動的制度。依照呂格爾（Paul Ricoeur），時間的經驗表達出其足以改變未來的動力，[81]呂紹理的研究指出，臺灣長期以來，人們日常生活的運作都是以自然時間爲主。在清末，雖然已有大量的鐘錶貿易與民間的鐘錶使用，但尚未推動時間標準化。[82]時間觀念具有相當的主觀性，蔣對時間的感受未必與當時人民的感受相同，甚至可以說不同，蔣有帶錶（有時是手錶，有時是懷錶）的習慣，每天每一件事都按照自己意志與需要安排，名爲控制時間，但其實也是被時間所控制。

蔣常用自己的時間觀念來規範部屬：一九三五年二月廿八日，電南京軍校張教育長治中曰：

> 軍校紀念週時間，應改爲每週星期日上午九時至十時舉行，如此則星期一上午完全可以照常上課，俾可增進學業效率，應自三月初起切實施行，以命令行之可也。[83]

同一天，晚間規定侍從室辦公時間與方法，下手令：其一，上午十一時至十二時之間侍從室各室主任與秘書長來辦公廳或住所會報，解決處理一切應呈報與命令各事，如中不在武漢，則以上各事亦應如時到張主任辦公廳會報，呈核一切公文。其二，侍從室研究組每週派一研究秘書於每日上午十時半至十一時到寓所或辦公廳講述時事與專科：（一）中外各報昨今日重要消息。（二）各研究員研究專門學識之心得。（三）特種命題研究之講述。每日講述時間以卅分鐘為限。[84]

由於蔣本人有守時的觀念，也要求部屬信守誠信與守時的原則，一九三五年八月十五日，在廬山會客討論日本情勢，至五時之久接汪兆銘不來開會之電，曰：「爽約失信令人失望。」[85]本身早起，也要求公務人員早起，一九三五年在對貴州綏靖公署擴大總理紀念演講時提到：現在貴州一般民眾往往八九點鐘還不起來，就是在各機關辦事的人往往如此，今後一定要提早，從前八點鐘起來的，以後六點鐘一定要起來，如此每天便可多做兩個鐘頭工作，一年三百六十天，便可以多做一兩個月的事情。[86]這樣的演說其實只是在激勵民眾，並沒有發生實際導正的作用。

伍、結論

蔣介石作為民國的領導者，對個人時間的要求甚高，每天按時間安排活動，民主時代，雖沒有過去皇權時代的早朝制度，由於蔣早睡早起（即使生病或星期日，在日記中常見其未能早起而自責之記載）。因此有時要求幹部一早開會，侍從室相關人員幾乎隨時待命，並規範其報告的時間。蔣的時間安排雖大多屬於個人的生活作息，也就是養生的一部分。但由於其擔任領導者，其個人時間的安排，變成政治課表，影響黨政軍重要人員的時間安排。

蔣介石的生活規律，自訂一套以週為準的作息表，有幾件事情已成為其生活的一部分：寫日記、批閱公文、準備講稿、開會、演講、閱讀、固定的朝課與晚課、散步與觀影劇、會見賓客與部屬等。

不論委員長時期或總統時期，對於時間精準的要求，很大部分與軍政的要求有關，那是屬於公領域，即使私領域的散步、車遊、閱讀也與公領域有關，因為一個領導者很難劃分那些項目是公領域？那些項目是私領域？如觀劇等娛樂看似私領域，但如果與外賓共同觀劇，則又有公領域的動機。但也不完全沒有個人對時間的主觀意識在內。蔣認為睡眠時間八小時，運動或娛樂一小時，其他的時間就要勞動。生活要有規律，每天要在最適當的時間來做規定的事情。蔣身為領袖，將時間與現代化及現代公民結合在一起，在面臨戰爭時，將時間與戰略戰術結合在一起。並強調：「誰能寶貴時間一切比敵人迅速，誰就可以獲得最後的勝利，其成敗生死的關鍵完全就在時間。」

北伐統一後，蔣有見於當時黨政軍及社會生活都出現一些弊病，推動新生活運動，以「三化」為目標，就是「生活藝術化、生活生產化、生活軍事化」，守時成為新生活運動的一部分。準確、規律、迅速是新生活的精神亦是其對時間的重要觀念。

時間觀念具有相當的主觀性，蔣對時間的感受未必與當時人民的感受相同，甚至可以說不同，蔣有帶錶的習慣，每天每一件事都按照自己意志與需要安排，名為控制時間，但其實也是被時間所控制。

生活中仍有許多不規律者或隨著時空而有變化者，委員長時期，由於政務繁忙，觀看影劇較少，來臺擔任總統，特別是一九五〇年年代後期許多事務已較穩定，觀看影劇的時間與次數變多。又如蔣喜歡泡湯，但委員長時期除在湯山與盧山等之外，泡湯的時間較少，來臺後則較為頻繁。心境上，委員長時期，從其自省中可見，時常因小事而動怒，來臺後因年齡增長，心靜修持上較有進步，動怒者較少。其他方面，時間隨著空間（環境）也會作一些改變。

【討論】

黃克武：

林桶法這篇寫得很有趣，裡面也牽涉到剛才汪朝光所講的，怎樣去界定一個時間觀，他一開始以維基百科的描述來闡釋時間的定義，的確有兩個不同的層次。第一個抽象來說，蔣介石對於時間的看法，因為林桶法也提到他的時間觀是屬於中國傳統養生呢？還是現代軍事的考量？這些其實都是影響他對時間看法最重要的兩個部分：個人養生與整體軍事的考量。因為看文中徵引對於時間特別強調的文獻，大概都從新生活運動開始，然後強調時間的精確性，這種精確一定是跟軍事是有關係的，作為一個現代的軍事科學家，對於時間的精準要求，很大一部分是從軍事需要來的，但那是屬於公領域。私領域的時間觀基本上是養生，跟我講的省克、失眠都有關係。所以從公私領域分開來看的話，可以看到時間觀最後一些重要的基礎，這是第一個層次。第二個層次，剛才汪朝光講的，他自己對於時間的安排。那林桶法從兩個部分來講，第一個就是結構性，整體來說他早上從早到晚應該做什麼；第二個，對我們整體性的結構為何，在不同時代的變化為何，我想這是第二個層次的問題。第三個層次，也就是林桶法最後提到比較的時間觀，跟清朝領袖人物或是跟毛澤東，所以我想或許問題意識的把握跟層次再表達清楚一點，可以有更好的鋪陳。

黃金麟：

林桶法的文章，寫得蠻有趣的，但是我不太清楚的是，你選擇性地只用一九二五、一九三八、一九四八年。我會覺得一九二八、一九三八、一九四八年這還比較有道理，因為通常我們在談時間的時候，我們會把它做區隔再談。當然時間有物理時間、生理時間，甚至也包括社會時間、農業時間、宗教時間、政治時間等。當然你的文章討論比較多的是蔣介石的生理時間跟他的政治時間，可是時間本身來講有分很多種，會因人而異、因工作而異。比方說農業時間，那是另外一個外在要再談的時間種類。所以時間這部分在你的文章討論的是，蔣介石的日常生活這部分，比較有意義是他的生理時間跟政治時間，他的日記裡是選擇性地在談，包括他的演講稿裡面，對時間這部分的涉及。我同意剛剛黃克武的一個討論，蔣介石的很多時間考量，可能跟打仗有關。但是也因為這樣，譬如說一九三四年新生活運動之後，很大一部分著重在有關時間這部分的呼籲、甚至要求他的老百姓，對他軍官們也要求，可是事實上，我感覺蔣介石是離開現實在說道理。因為你如果回到一九三〇年代的中國，有百分之八、九十的人來自農村，以農業時間在作日常生活的規畫，可是人民手上沒有手錶，絕大部分也買不起手錶，可能連中下階級的軍官手上也沒手錶。你要他開火車守時，基本上是在沒有物質生活或者制度環境，甚至沒有生活條件的情況下，跟你談時間。所以，蔣介石的時間觀我會覺得是在放高射炮。一個領導人可以很有現代性特質的要求，可是事實上他所生存的社會型態還是在農業社會裡面，農業社會是按照農業時間在過活的。整個守時這一塊，是跟工業生產和商業活動連在一塊的。只有工商活動高度發達的社會，才會去計較時間，甚至去形成效率，農業時間沒有這種必要。一九三〇年代，蔣介石在做這樣的呼籲，顯然就是在做一個中國基本上沒有條件可以達到水準的要求。你也許可以在這個例證上，去看他在三〇年代所作關於時間的考慮跟要求。他面對什麼樣的環境，而不是說他嘴巴上講的，因為講歸講，理念歸理念，整個社會生活是在什麼狀況下才是重要。這個落差可以反映出什麼？反映中國的什麼東西？反映蔣介石什麼樣的狀況？我覺得會有一些張力可以在這裡面表現出來。在一個沒有相對成熟的社會去談這個東西，到底會怎樣？我想這也是可以參考的方面。

林桶法：我這一篇文章概念是來自於張力。每次我寫東西、報告東西，他都覺得你已經寫太好了，那還討論甚麼？所以我這次故意沒有寫好。所以如果完美的部分是張力的功勞，欠缺的部分也是他的問題。

謝謝黃克武，當黃克武的學生是非常幸福的，他看完一篇文章可以在一秒鐘以內就抓出問題，而且點出層次。我會按照要求，公領域、私領域，然後作一個比較，可能會真的比較好。黃金麟果然是專家，把物理時間、生理時間、政治時間這些概念全部都點出，然後加上考慮一九三〇年代蔣介石的這種問題。我想基本上蔣介石是理想主義，我們常常說「君子立長志、小人常立志」。蔣介石可能是一個「小人」，他常常立志但是又沒完成。我想蔣介石的時間也相對影響很多人的時間，譬如說：他要求部屬七點以前要向他會報，七點我還在睡覺。基本上，他自然就會影響到有些部屬比較早睡早起。

蔣介石七十二歲時，張學良送他一隻手錶，張學良的意思大概是你看看時間吧，你把我關那麼久，應該把我放出來了。結果蔣介石就回贈他一支釣竿；總有一天會把你放出來的。所以，總有一天我會把你這個問題搞清楚，謝謝各位。

蔣介石的生活政治觀

剪不斷　理還亂
——從蔣宋關係看生活與政治的勾連

汪朝光
中國社會科學院近代史研究所研究員兼副所長

在中國國民黨於中國大陸當政的廿二年間，蔣介石以其個人獨裁的方式，在大部分時間裡掌控著國家最高權柄，而宋子文則爲輔佐其左右，爲蔣打理財政金融以及內政外交的重臣。在國民黨的「黨治」組織架構和蔣介石的個人獨裁威權統治之下，蔣宋之間更因其家族親緣而形成爲一榮俱榮、一損俱損的個人關係。不過，在表面的親密關係之下，蔣宋之間也因其家庭出身、個性經歷、爲人處事之不同，而有種種外人可知或不知的矛盾衝突。近年來開放的《蔣中正日記》和宋子文檔案，對於研究蔣宋關係和民國高層政治提供了難得的一手資料，本文即在此基礎上，以抗戰後期的蔣宋關係爲個案，探討由蔣宋關係所見之生活與政治的勾連，期以開拓民國史研究的新視界。[1]

壹

蔣介石與宋子文的關係始於一九二〇年代中期，兩人先後投身於孫中山的南方革命陣營之時。惟蔣著重軍事（黃埔練兵），宋專注財政（籌辦中央銀行），雖然都對其後國民黨掌控全國政權助益頗多，但畢竟各有專責，個人之間的關係交集卻未必很多。更有意味的是，在孫中山去世後國民黨內愈演愈烈的「左」、「右」之爭中，蔣介石漸漸成了「右派」的代表，而宋子文則與「左派」關係比較密切。以至在一九二七年四月蔣介石發動「清黨」、北伐革命陣營分裂之際，宋子文的政治態度一度猶豫不決，遠遠談不上是蔣的忠實追隨者。直到一九二七年末，宋子文才下定決心投向蔣介石，並於一九二八年一月出任南京國民政府財政部長（後又在一九二九年五月兼行政院副院長，並在一九三〇年九月、一九三二年八月兩度代理行政院院長），在其任內大力推動各項財政改革，從此成為蔣頗為信賴的財政金融專才。

雖然如此，蔣介石與宋子文之間仍然有諸多相異之處。蔣出身小商人之家，本人長期習武，以帶兵起家，在群雄紛爭中出頭，個性堅毅，講求獨斷，諳熟權勢，自掌權後更是力圖建立個人獨斷威權統治。宋子文出身西化教士之家，畢業於美國頂尖的哈佛大學和哥倫比亞大學，「頭腦精明，非常利害」；自幼浸染於西式文明，英文程度不亞於中文母語，「用英文比用中文更自如」，[2]西洋做派十足，又由於其理財能力和治政功績，兼有相當之自信與自傲。在中國傳統的政治文化環境中，蔣宋之間雖爲上下級關係，但難免因對事物的看法不一及其個性差異而發生矛盾衝突。

國民黨當政後，因爲連年內外戰爭不斷，導致軍費居高不下，在財政開支中所占比例將近一半。應該說，宋子文對盡力籌措軍費，解決財政困難，還是盡心盡力的，但他同時主張，財政開支應有節度，對蔣不講章法隨意動用錢財用於軍事開支的作爲頗不以爲然，因此在蔣看來有不夠「配合」之處。自一九三三年初起，蔣宋關係漸趨緊張，蔣在日記中多次發洩對宋的不滿與怨氣，認爲「子文之跋扈，比任何人爲甚」；「彼冥頑如故，仍無法救藥」；常爲之「憤激自暴」，「自傷心神」。[3]蔣宋矛盾，由小而大，日積月累，起先不過是個人關係受到影響，及至後來則因爲財政動支問題而不斷激化。蔣介石認爲，「軍費竭蹶，子文作梗，……既不負責，又不辭卸，仍欲把持，以致進行無由」，考慮去宋。惟宋子文似無所察，在一九三三年四月至八月出訪歐美，簽訂中美棉麥借款，爭取國際對華援助，表現高調，更惹來蔣的不滿，認爲「子文與歐美派之行動，逕行直前，不顧國家之存亡，與革命成敗之理，危莫甚也。」[4]

蔣宋之間，蔣介石向來以領袖自居，罵人不稍緩和，而宋子文亦頗爲自信自傲，不願忍氣吞聲，甘受責罵，激烈時且乾脆以撂挑子要脅，遂使雙方關係更形惡化。一九三三年九月廿四日，蔣介石召見宋子文，結果不歡而散，蔣自記：「子文年少氣盛，四年來誤黨誤國之政策，尚不知覺悟，……把持財政，以辭職相要脅，本晚忍無可忍，爲之痛責，而彼猶不自悟也，可歎。」其後蔣介石又記：「子文對國防經費與舊欠，皆置之不理，其禍國殃民，害公誤私之罪惡，毫不覺悔悟，而猶固執已意，把持財政，惟所欲爲，此種劣頑實不足以固群也。」[5]十月間，蔣宋關係極度惡化，蔣在日記中已將如何解決宋的問題列爲日日憂思的大事，然又因其地位及過往關係而「頗費躊躇也」。[6]因爲蔣宋雙方都不願退讓，兩人終於攤牌。十月廿七日，宋子文命其妻到南昌，向正在專心指揮「剿匪」的蔣介石提出辭呈。次日，蔣即飛返南京，「決心准辭」，並由孔祥熙接任行政院副院長兼財政部長，認爲此「乃一關係存亡之事，十年隱患清於一旦，亦可告慰於先人也。」[7]由此表述，亦可知蔣心目中對宋積怨之深。

宋子文離任後，有好幾年時間「賦閑」，雖然仍擔當一定職務，但已遠離國民黨決策中樞。一九三六年十二月西安事變爆發，蔣介石被拘押，宋子文親赴西安「救駕」，得蔣好感，惟因其與蔣在對共關係等方面的主張仍不盡一致，事變結束後並未因此而復出。一九三七年七月全面抗戰爆發後，宋子文非但沒有留在國內，反而自十一月起客居香港，度過了二年半不忙不閑的時光。在此期間，蔣介石曾經考慮過宋的復出問題，如擔任廣東省主席，或在行政院部會任職，甚而考慮在改組行政院時，「委孔宋爲正副院長」的問題。但宋的心高氣傲及其與孔祥熙的不睦關係，又使蔣頗爲氣惱，認爲宋「幼稚，可悲」，「各種主張，只有主觀，不察環境，所以無事可成」；「成見與私心自用，不知大局之難也」；故對宋反覆「規戒」敲打，宋的復出未成事實。[8]

直到一九四〇年六月，在抗戰進入相持階段、財政經濟顯見困難、亟須獲取國外援助之時，蔣介石方才重新起用宋子文，命其擔任「私人代表」，赴美交涉美英對華援助事項。因爲宋子文的美國留學經歷及其所受的西方文化和理念之薰陶，又諳熟英文與西洋做派，對於和洋人打交道，確有其長處及能力，也因此而得英美政界的信任。其後，隨著孔祥熙的辦事不力及在外界聲望之日漸低落，重新起用宋子文成爲蔣在考慮調整人事時的選項之一，但對宋的桀驁不馴以及兩人過往關係的歷史，蔣始終存有心結，故其對宋的起用可謂走一步看一步，遠不到積極主動的地步。一九四〇年初，蔣連續約宋談話，提出其「政治出路」問題，告誡他「少年得志，應自知戒愼，切勿驕傲」；「望其改正性行」，「不可固執己見，應聽從成意」，並「諄諄以政治人格相告誡」。宋子文如何反應，從蔣日記中不得而知，但至少未必是那麼服帖，以至在談話過後，蔣的心裡未見輕鬆，反而是「心神鬱結，憂患叢生，每思子文，不禁其痛之至。」[9]

自到美國擔任蔣之「私人代表」後，宋子文與美英先後達成一九四〇年十月的二千五百萬美元「鎢砂借款」、一九四一年二月的五千萬美元「金屬借款」、一九四一年四月的五千萬美元中美平準基金和五百萬英鎊（約合二千五百萬美元）中英平準基金，對支援艱難的中國抗戰可謂雪中送炭，頗有功績。不過，也正因爲如此，宋自覺有功，內心裡對蔣只給了「私人代表」而未有其他正式名義有所不甘，故其向蔣要求正式名義乃爲合情合理之事。不過，宋要求的並非一般名義，而是行政院副院長。其實，在一九三三年十月宋辭職前，擔任的就是行政院副院長，於今要求官復原職在他看來亦不爲過。但蔣介石此時已是國民黨內獨攬大權的強人領袖，實不能容忍宋此等帶有要脅性的個人要求，而且此時擔任行政院副院長的是孔祥熙，如要用宋，勢必去孔，又牽涉到其他諸多複雜關係，爲蔣難下決斷者。不過，格於需要利用宋的外交才能爭取外援，蔣又不便對宋貿然發作，只能是明面敷衍，暗中拖延。一九四一年五月，蔣介石覆電宋子文稱，「副院長事屢想提出而未果者，總以官制不能常變，猶恐爲他人所譏評。且此案必須經過立法手續，決非如普通提議或一紙手令所能發表也。故中於此尚不敢斷行，必須待其他官制亦有改革時提出，乃不著痕跡，其事較易。」[10]宋在覆電中稱，「各事進行之中，尤以特別之對外工作，非無困難波折，有時不得不避免手續問題，向美方軍政最高當局直接商洽，以致引起各方對文越軌之責難，而使事務進行阻滯。……是以反覆思維，四月豔電有副院長名義之瀆請，當時爲公心切，冒昧陳詞，未能顧及立法手續問題，致煩厪慮，委曲成全，尤深感激。」[11]此事雖暫告段落，但在宋心目中還是不無抱怨，他曾爲此對友人表示：「前請介公予我以政治上名義，……無非爲推進國際之活動。未蒙接納，只有謹守範圍，自治其分內應辦之事，免於越俎之嫌耳。」[12]

蔣介石與宋子文關係改善的契機源於太平洋戰爭的爆發。隨著日美關係的惡化，美國對日態度轉趨強硬，蔣介石認為，「內子力助於內，子文輔佐於外，最為有力」。[13]一九四一年十二月七日，日軍攻擊珍珠港，太平洋戰爭爆發，蔣認為美國參戰是其「抗戰政略之成就已達於極點」，但卻責難「外交部之不得力，郭泰祺之無常識，與其官僚成性，毫無活氣，區區說帖擬稿至五小時尚雜亂不清，令人為之腦痛氣悶」。[14]為此，蔣決定以宋代郭任外交部長，以用宋之外交長才，為中國繼續爭取外援，而暫未令其回國。雖然如此，蔣宋關係仍非一帆風順。在宋子文向美交涉五億美元借款時，美方提出以此款直接向中國軍隊發餉，觸動了向來視軍隊為安身立命之本的蔣之嚴重警惕，認為其「用心之鄙吝與侮辱中國已極」。而宋子文對此並無反對，又被蔣認為是「私心與野心不能改變，徒圖私利而置國家於不管」；「喪失國體與人格不顧，痛憤無已。」蔣「本擬電稿痛斥其非」，不過考慮到剛剛任命宋為外長，「乃克制重擬覆電，免致懷恨抱怨也。」[15]

一九四二年十月，宋子文回到重慶，十一月二日正式就任外交部長，在離開中樞近十年之後，又一次躋身於國民黨最高決策層。有意思的是，宋子文再度復出，職掌卻由其諳熟的財政經濟轉向外交。據國民黨中央監察委員會秘書長兼銓敘部政務次長王子壯觀察，宋子文「近年駐美辦理租借物品事，旋得任外交部長，仍留美折衝國際，亦頗得法。如去歲出席魁北克及訪問英國，所至有聲。故宋氏每以戰後之建國責任自負，意氣自豪。」[16]但是，外交決策畢竟牽涉各國各方關係，尤其是在戰時，較財經領域更為蔣介石所關注，由於蔣宋所處地位不同，看問題的角度也不同，故易致衝突。一九四三年夏秋之間，蔣宋先是因「意國停戰問題（意國巴多格裡奧政府成立，決定投降，總司令艾森豪將投降條件交宋子文電蔣先生，如同意即托艾氏為全權代表，簽字於停戰協定，蔣先生只覆電同意，宋再電詢是否委託艾氏為代表，但以戰事緊急，艾已代表英美蘇簽字，吾國不與焉，蔣先生為之不悅」；既又因「緬甸戰區問題（宋子文氏過印返國，在新德里參加軍事會議，蒙巴頓既被任為東南亞之總司令，要求全部緬甸歸彼指揮，中國在緬之大軍均歸其統率。宋以吾國之力有所不逮，口頭允之。歸來報告，蔣先生大怒，因軍事由彼負責，安南、緬甸統歸其指揮，各國同意有案，何得擅作主張。蔣宋破裂，此為主因），對於宋氏大為不滿。」[17]再又因史迪威去留問題而爆發宋接任外長後與蔣最嚴重的衝突。

太平洋戰爭爆發後，中美成為戰略盟友，美國派史迪威來華擔任中國戰區參謀長。但是，由於在參謀長職權、美國援華物資分配、對日反攻戰略等若干方面，史迪威與蔣介石的意見不一，蔣史關係自始即不夠融洽，屢屢發生衝突，曾經為史氏來華居間接洽、又負責外交事務的宋子文，自難避免捲入蔣史衝突。

一九四三年中，蔣介石與宋子文和史迪威之間因為美國援華軍事的重點究在空軍還是陸軍以及反攻緬甸的計畫如何進行而出現意見分歧，蔣介石因感覺自己無法控制史迪威，遂向美方提出撤換史氏的意見，宋子文隨之跟進，力主撤史。不過，事出宋之意外，史迪威在得知蔣的態度後，主動向蔣示好，從而緩和了與蔣的關係。據蔣自記，他先由宋美齡

「召史來談，警告其撤職回美對於其個人之損失程度，如其此時能對余表示悔過改善，則余或有轉回恕宥之可能。彼乃完全承認其錯誤之徹底改過，余乃允宥其過，再予其事最後之機會。」接著，蔣「約史迪威來見，訓誡其往日錯誤，彼承認以後絕對服從也。」史迪威表示「服從」，「態度改變甚速，表現頗好」，滿足了蔣的領袖之尊，加以其他因素的作用，此時蔣還不願與美方搞僵，故作個順水人情，同意繼續留用史迪威。宋子文不知是沒有領悟蔣的意圖，還是自信其個人之見解，此時卻固執於去史，使蔣大為光火，認為「子文必期固執其個人對史之仇恨及其私見，故其任翻譯，終不能實現我之主張，所談結果，仍以非去史不可為定論。」在蔣眼中，「子文之自私與卑劣，至此實不能再為赦宥，如不速去，則黨國之後患將不堪設想矣。」[18]

十月十八日，蔣介石「召子文來商，對史迪威去留問題之政策應加變更，並告以昨晚史對余悔過之事，問其意見如何。彼乃以自悔其對余太忠，以後不能為余赴美再充代表之言。余乃置之，及其最後言之不可與余共事詢，余乃憤怒難禁，嚴厲斥責，令其即速滾蛋，大聲斥逐。此人實不可復教。余自十三年起，受其財權之控制與妨礙，甚至其屢受鮑爾廷之驅策，共同打擊於余不知凡幾，廿年復以其財政問題各種要脅，以致不能不拘胡，而致黨國遭受空前之禍患。今復期以其個人私見，而期黨國外交政策以為其個人作犧牲，是乎可此，誠一惡劣之人，不能變化其氣焰也。」[19]這可謂是蔣在日記中對宋最嚴厲的批評。此後，蔣不斷在日記中發洩對宋的怒氣，其用詞之尖酸刻薄，諸如「奸詐卑鄙」，「怙惡不悛」，等等，[20]即便在素好訓人的蔣筆下也不多見。據蔣的幕僚從旁觀察，「宋部長不知因何使委座見氣，委座摔破飯碗，大怒不已。近年來罕見之事。」「日來委座火氣甚大，宋子文不知因何碰壁」。又據侍從室秘書古達程云，「此次宋部長與委座意見衝突，聞系爲史迪威事。當初委座欲換史參謀長，宋部長不贊成。其後宋部長已向美方交涉撤換。委座以情形變化，不換。宋部長表示難於接受，態度倔強，其中所說何話不知。但委座因而大怒，至今尚未與宋見面。」[21]宋子文亦體會到事態的嚴重，但又不願遽然出面「認錯」，而是由其弟宋子安出面求蔣，期望蔣「召見子文一次」，結果被蔣訓斥爲「幼稚天眞」，「始終未准其來見」。[22]宋子文因此而再度失勢。十一月下旬，蔣介石去開羅參加中英美三國首腦會議，也沒帶上本應隨行的外交部長宋子文，可見蔣對宋怒氣之大。如王子壯的評論：「開羅會議，各國均屬第一流人才，而宋子文身爲外長，不僅不能參加，且竟不能與聞，隨行者除王寵惠外，餘如董顯光、黃仁霖之流，均爲蔣夫人所親信，毫無國際知識。」[23]

不過，此時的宋子文已非十年前，「少年氣盛」多半已被「老成持重」所替，他並未因此而甩手掛冠，反是不斷向蔣「表示悔悟，求見心切」，並有親筆書致蔣「痛切表示」。[24]而蔣還要用宋之長，也不想就此與宋徹底決裂，「乃從宋妻與內子之懇切要求，並爲感宋父母之靈」，「爲其西安共同患難之關係」，於十二月廿四日在孔寓與之相見，「以示寬容」。[25]宋子文因此才能漸漸又得蔣之信任。

抗戰勝利前夕，孔祥熙因聲名已壞而去，蔣介石重新重用宋子文，蔣宋關係也有一度的親密。一九四四年十二月四日，宋子文以「代理」身分開始主持行政院工作（一九四五年六月一日眞除），巧的是，當天也是宋的五十週歲生辰，還在二天前，蔣介石就讓陳布雷爲宋的生辰撰「壽頌」，陳「約（沙）孟海來，囑其撰擬。」[26]此後，蔣似有對宋放手主政的信任，並將「委子文爲代理院長」視爲「乃革命精神之所在，亦政治道德之當然，決不使投機媚外之徒害我國家，否則民族前途危矣。此乃去年政治上之大決斷，亦存亡成敗之一關鍵也。」在宋正式就任行政院長後，又對其當面表示，他「可全權交托」，期「以誠意待之，當能感動其心也。」[27]然不過二年多的時間，因黃金風潮之起，宋再成衆矢之的，蔣又大罵「子文害國之罪不可再恕。」[28]不過那已是値得專門探究的另一段歷史了。

參

論及蔣介石和宋子文的關係，他們的親緣脈絡紐帶是不可忽略的事實。蔣、宋之間雖無血緣關係，但蔣妻宋美齡是宋子文之妹，在一向注重家族親緣關係的中國傳統文化環境中，此等關係的重要性自無可諱言。當蔣介石成爲握有實權的政治領袖之後，一方面是他對宋的重用，一方面是宋對他的支持，所謂一榮俱榮，蓋出於此。但是，蔣對宋的任用和宋對蔣的支持，雖然有利於蔣維持其對政治的掌控，卻也在國民黨內留下了諸多負面影響。因爲蔣既以親緣等關係爲用人標杆，自然阻擋了黨內外正常的政治上升空間，有意循正道上進者難免意態消極，而那些無能低俗之輩則四處尋求關係，從而形成為國民黨用人體制的固化與僵化之局，不以功績而以關係論升遷，非常不利於國民黨與共產黨的生死競爭。國民黨元老丁惟汾感歎：「如蔣先生不以親屬當政，公私猶易分明，謗怨之集，當為稍差。」[29]此則為一損俱損之謂。

不能說蔣介石對宋子文的長短之處完全不知，以蔣與宋相知之久之深，他對宋的長短只能是比別人看得更深刻更透徹。透過《蔣中正日記》中罵宋的記載，剝離那些純屬發洩的憤激刻薄話語，我們仍可發現，其間還是反映出相當的歷史真相與人性真實。對宋及其親屬因經商而舞弊而引致輿論批評的所作所為，蔣也頗為不滿甚而是憤怒。據蔣在日記中所記，宋家孚中等公司「違章舞弊、私批外匯案，余本令行政院澈查……子文自私誤國，殊為可痛，應嚴究懲治，以整紀綱。」「子文私心自用如此，昔以其荒唐誤國，猶以其愚頑而尚未舞弊之事諒之，今則發現此弊實不能再恕，決不能以私害公，故依法行之，以整紀律。」[30]但是，在國共鬥爭的大背景下，蔣總是不憚以敵我矛盾的刻板劃界以及政治鬥爭的僵化思維觀察外界對宋的批評，認為「社會對宋孔豪門資本之攻訐幾乎成為全國一致之目標。共匪宣傳之陰毒與深入如此，以此為倒蔣手段也」；「對孔宋攻訐牽涉內人，凡卑鄙齷齪足以毀滅余全家之信用與人格之誹謗，皆已竭盡其手段矣。是非不明，人心惡毒至此。如無上帝之恩施與耐心毅力，當已悲憤棄世矣。」[31]加以家族親緣關係的牽制，所謂「親戚家庭之難為其情，是不得已也。」[32]蔣對宋也就只能是用其長而不能治其短。著名報人胡政之一針見血地評論爲：「蔣先生作風脫不了一私字，即用人不出親戚及黨同志範圍。……作風已莫可挽救，前途異常可慮。」[33]

在蔣宋的多年關係中，蔣介石以其領袖地位而高居於上，自一九三〇年代以後，這已是國民黨權力架構的既有格局，很難打破。蔣介石自信於其絕對權威，對宋子文只有自上而下的頤指氣使，而難得推心置腹的平等討論。蔣對宋的印象和評價，隨處可見的是「跋扈」、「氣盛」、「驕傲」、「固執」、「狂妄」，等等。宋子文因其治政才能而形成自傲個性，如蔣所言爲「自詡其能，不肯變更謙和」，甚而視蔣爲「傀儡，而強從其政策」。蔣自認是最高領袖，要求下屬「非絕對服從余命令而爲余所能信任者不可」，而宋作爲其下屬，卻屢違其意，屢屢與其發生衝突，甚而在就任行政院長後要脅蔣，「中央銀行總裁必須由彼推薦，否則彼不能擔任行政負責之意。其他種種非強迫即威脅，而以美國外交財政當局是其知交相炫惑。」在蔣看來，無異是「欺制元首，不問政策，一以個人之名位自保，不知國家與政府爲何物事，痛心疾首者莫甚於此也。」[34]尤其是抗戰期間，「宋氏以國際折衝之功，欲在國內政治上有所樹立，而蔣先生似仍有不能容納之勢，……以蔣之個性喜專擅也」。[35]再者，作爲下屬的宋子文，不肯爲自認領袖的蔣介石擔責或「背黑鍋」，更爲蔣所不喜，視宋「處處爲其個人打算」，「成見與私心自用」，所謂「未任事不能聽命，既任事必致衝突」。[36]典型的例證是一九四五年七月的中蘇條約談判，宋子文擔心因對蘇退讓而留罵名，對蔣表示，「對俄交涉如不能依照我方要求辦到，則彼不願再赴俄」，「不願負責簽約」。而且果然在中蘇第二輪談判開始前，斷然辭去外交部長的職務，由王世杰接任，擔當簽約之責，從而被蔣認爲是「重身輕國之行動昭然若揭」；「畏難忌人，其無政治家之擔當負責之魄，甚非我所望也。」[37]因此，蔣宋關係即便是在其最好的時期，也難免是磕磕碰碰，不無矛盾，更不必說在不好的時期，蔣對宋簡直是視若寇仇，動輒責罵，令宋難堪不已。王子壯認爲，「宋子文氏態度倔強，遇事頗自負，此爲與蔣先生不合之遠因」；「二人均有強烈的個性，已見諸第一次北伐以後之合作而有不愉快之結果」。[38]更有人認爲，宋子文「對蔣介石一向看不起，自認爲比蔣聰明，不大聽話，要用錢更不痛快，這裡說要預算，那裡說要有準備。蔣介石的政治事務他要插手，黃埔嫡系軍隊他也要指手畫腳，並且也敢於和蔣介石拍桌子對罵。」[39]宋如此行事，不討蔣的歡心也是勢在必然。

還有一個因素也影響到蔣介石和宋子文的關係。在宋氏兄妹中，宋子文與宋慶齡的關係較爲親近，而宋慶齡自國共分裂後已成國民黨左派領袖，爲蔣所深厭。一九三八年四月，宋慶齡在香港發起成立保衛中國同盟，宣傳中國抗戰，爭取外援，並自任主席，邀時在香港的宋子文任會長。事爲蔣介石所不喜，惟因抗戰初期的大環境，蔣隱忍未發。及至一九四一年一月皖南事變爆發，國共關係惡化，而保衛中國同盟會刊刊文不利於蔣，蔣即電告宋子文，謂共產黨通過反戰大同盟借宋子文名義「在外招搖」，「並作對政府不利之宣傳」，命其「公開聲明退出」。宋子文「聞之不勝惶悚」，回應以「孫夫人等曾發起保衛中國大同盟，因募集國際捐款，囑弟列名，此外弟毫無所聞。」遂以同盟「不應變爲國內政治黨派性的工具」為由，於五月卅日聲明退出。[40]雖然如此，蔣介石的內心世界恐怕仍會以此記上宋子文的一筆賬。而在另一方面，蔣介石又與宋家長女、也是孔祥熙夫人的宋靄齡維持著良好的關係，並且對宋靄齡的意見相當尊重，從而也連帶著對宋靄齡的夫君、也是宋子文的競爭對手孔祥熙另眼相看。蔣介石、宋美齡夫婦與孔祥熙、宋靄齡夫婦，在公務之外還有較為密切的個人往還，體現出日常生活的色彩，或許一些政治的矛盾與尷尬便在此等「日常」生活中化解於無形。

而宋子文夫人張樂怡在蔣宋孔家族的日常生活中有時倒顯得像個「外人」，很少出現在《蔣中正日記》的記載中，因此，宋氏夫婦與蔣孔兩家之間似乎缺乏個人和家庭的密切往還，從而也影響到蔣介石對宋子文的觀感，而作為國民黨內獨斷專行的威權領袖，蔣介石對宋子文的個人觀感，在很大程度上就決定了宋子文的政治命運。

平心而論，宋子文有良好的家庭背景與個人天賦，早年赴美遊學，接受了西方文化尤其是美式文化的薰陶，勤奮努力，能言會道，頗具幹才。投身南方革命陣營後，迅即嶄露頭角，得獲重任，成為國民黨內不可多得之財政和外交領袖人才。在抗戰時期中國所處的艱難環境中，他通過自身的種種努力，為中國堅持抗戰，為抗戰爭取外援，可謂功不可沒。宋子文不太考慮國情與融通，顯得恃才傲物，在派系林立，人際關係複雜，且混合了中國傳統、外來影響與蘇式黨治的國民黨官僚體系內，時有疏離之感，其與國民黨最高領袖蔣介石的關係，也不時表現出隔膜與緊張。如果就蔣宋關係觀察，在一般人眼中有明確邊界的日常生活與政治生活，在如蔣介石這樣的政治領袖人物心中，其邊界可能並不那麼明確，反而有些模糊的色彩。換句話說，在蔣介石那裡，生活中充滿了政治（他的許多政治決策是在「日常」生活的情境下作出的），政治中也不缺「生活」（他作出政治決策的過程可能就是他日常「生活」的一部分）。由此觀之，所謂政治史研究與社會、個人生活史研究是否有或者是否需要畫出明確的界限，其實也是可以討論的，而由蔣介石和宋子文的關係所反映出的家族親緣、日常生活與高層政治的微妙而複雜之處，後人則不可不察。

【神仙會一】蔣介石研究及其相關問題討論

呂芳上：

這一次會議的主題是蔣介石日常生活的研究，我想日常生活這部分，以往在歷史學界很少被關注到，而這次我們特別邀請黃金麟來，主要是因為這次討論範圍涵蓋了社會學的概念，黃金麟的到來將有助於我們的討論。然而有一件重要的事情，就是關於蔣介石的研究，這次的會議算是第二屆。過去我們都是利用有關蔣介石新出版的資料，特別是以日記為中心，作為討論的基礎，討論過去別人不太討論的問題，或者是別人忽視的問題，目前我們正朝這個方向努力。之前第一次討論的成果相當不錯，北京方面出版了《蔣介石的人際網絡》；臺北方面則是出版了《蔣介石的親情、愛情與友情》，兩本書書名雖然不同，但內容其實是大同小異。不過北京出版的這本書比較詳細，詳細得令我感到害怕，因為我在會議中所講的部分內容，若用文字表現出來，我還真有點難為情，但詳細是很珍貴的，這樣也滿好的。當然，我想這次的會議是談蔣介石的日常生活，而日常生活所包涵的範圍相當廣，所以我們也可以看到大家願意提出來討論的方向很多，也許經過兩天的會議後，我們會更認識日常生活對一個國家領導者所造成的影響，或者是日常生活中國家領導者與芸芸大眾之間的關係，這是有意義的，且會啟發我們一些新的想法。非常謝謝遠道從北京來的朋友，參與這個盛會。我也預祝這次會議順利成功，謝謝大家。

王建朗：各位老朋友、新朋友，大家好。首先我要說幾句感謝的話，感謝主辦單位為我們提供一個這麼好的會議環境，真的非常感謝有這麼好的團隊來辦這次活動。我之前因為公務的關係，沒有參加第一次的會議，但是我知道第一次會議的情況。我聽說臺灣出版的《蔣介石的親情、愛情與友情》這本書銷路不錯，我想這也反映出社會對蔣介石研究關注的熱度。而這幾年來對蔣介石的研究不光是熱，我個人的感覺是越來越科學。目前對於近代人物的研究中比較科學、比較客觀，且比較接近真相的，我覺得蔣介石的研究可以算是其中一個。其他一些人物因受限於各種條件的限制，目前還無法客觀看待。而對蔣介石的研究能夠取得這麼好的成果，主要是因為我們有一個非常好的團隊，尤其是在座各位的積極努力，對此我感到非常高興。我覺得這個會議還要繼續舉辦下去，因為這是一個非常好的舉措。在我們北京中國社科院近代史所的學科中，像民國史這樣跟境外學術機構合作舉辦會議，可以說是首創，效果也相當不錯。我也從會議中學到不少東西。我想接下來大家會有許多精彩發言，在此我先預祝這兩天會議圓滿成功，謝謝。

汪朝光：

剛剛兩位帶頭大哥的發言都帶給我們一些啟發。我覺得這是一個非常好的形式，大家對上次會議的神仙會都留下深刻的印象，但我感覺今年的討論好像比去年更加豐盛。我接著王建朗的話，用一個網路語：「讚一個」。「讚一個」什麼啊？就是這度假村確實不錯。我一進屋就感覺這房子相當寬敞，主辦單位提供這麼好的住宿環境，使得我們有充分的精力和時間來進行學術討論，我相信接下來的學術討論將會更有趣、更生動。如我剛剛拿到論文集，隨手一翻，恰好就翻到其中一頁在討論蔣介石談關於放氣的問題。我覺得這個問題好，以前這個問題從不入歷史學家的法眼，但現在我們已經研究到國家領袖也是要放氣的。這看起來似乎是一件小事情，但是歷史中許多大事件可能就是由小事情所決定。假如這一天蔣介石正在跟魏德邁，或者是史迪威商談軍機要事，突然間蔣介石控制不住，當眾放氣了，這可能會引起史迪威的厭惡；反過來說，史迪威也可能也幹過這樣的事，引起蔣介石的厭惡。就我個人理解，人際關係在很多時候就是由這些小的且具體方面的事所造成的，普通人對此可能會覺得無傷大雅，但是兩個國家的領導人，或者是軍隊領袖，他們用個人的好惡來決定事務就會影響到政治或者是軍事的走向，我相信這方面還能夠有更多的討論。今晚的會議可以像上一次一樣，請大家自由發言，包括在座諸位對於日常生活的理解、日常生活與政治、軍事的關係，我覺得這都可以有非常自由的討論。所以我先拋磚引玉，說點個人的想法，接下來就請諸位盡情發言吧。大家喝喝小酒、吃吃零食，然後談論點學術，我覺得文人的理想境界，也不過爾爾。下面看誰有興趣要嘮叨兩句？我覺得作為臺灣《事略稿本》讀書會的成員，劉維開要不要首先說兩句呢？

劉維開：

我們第一次會議已經討論過人際網絡，所以北京出版的書叫《蔣介石的人際網絡》，那麼這次朝人際關係來談蔣介石的日常生活，這兩個議題都比較屬於私人性質。剛剛我也在思考一個問題，就是下次的會議我們希望做一個總結，總結《蔣中正日記》公布後對蔣介石的研究所產生的衝擊。我想這幾年都已經陸陸續續有不少相關的論文出現。我記得楊奎松去年在會議上發表過一篇論文，這篇論文後來在浙江大學舉辦的會議上也引起討論，他所提到的就是《蔣中正日記》公布後，對大陸學界來講是沒有太大的衝擊與變化；相對來講，在相關的研究上好像還不如過去，其原因就是大陸過去在蔣介石的研究上是沒有太多的基礎，所以一旦日記公布後，能夠運用日記，寫出跟過去研究不同文章的人並不多。他以兩個人做例子，一個是金以林，一個是楊天石，他認為這兩位過去已有相當好的基礎，所以他們可以在《蔣中正日記》上做發揮，可是其他方面來說，他認為還是不夠的、不足的。大概像在政治、社會的領域內還是可以有討論的空間。而這樣的說法是不是有他的根據呢？我認為可以再做細部的討論。因此在這樣的情況下，我覺得《蔣中正日記》公布後，海峽兩岸對《蔣中正日記》運用的著眼點和異同是可以做一個思考與討論。

另外一方面來說，我們是不是也可以回過頭來看之前討論的人際網絡跟日常生活，這兩個基本上來說是比較私人的，或者是比較一般性的議題，我們是不是在經過處理之後，可以再回過頭來討論原先我們所想像那些較高層次的東西，也就是蔣介石在決策中的思考，以及蔣介石如何去做決策。譬如說像外交，齊錫生在他的新書《劍拔弩張的盟友》中就直接點出中美關係的處理，也就是對美問題上，蔣介石是乾綱獨斷，完全是他自己在做決定，這是齊錫生看《蔣中正日記》後的心得。我們在這些地方還可以再討論，譬如說外交方面，蔣介石的乾綱獨斷是否對外交造成影響？除此之外，蔣介石是如何去思考政治方面，或者是經濟方面的決策？過去經過幾次的交換意見討論後，我們也許可以重新再思考這些問題，甚至有些新的想法。另外一方面，我們也可以就這麼多陸陸續續公布的資料中，其中若有相關的研究，我們也可以做一個回顧，讓海峽兩岸做民國史研究以及蔣介石研究者可以知道異跟同在哪，我想這個也是可以討論的問題。這是我所想到的一些問題，以下請各位再思考，或者是再提供一些相關的資訊。

汪朝光：

謝謝劉維開剛才的指點。我說我們這兩本書，包括這兩次會議，我覺得能夠成功，除了其他方面因素外，其實還有兩個方面也很重要，一個就是選題，確實跟選題有關係，由日常生活也罷，人際網絡也罷，都是以前大家關注不夠的方面；第二個是形式，就是說我們兩邊出的書都把歷史討論的過程放在裡面，當然就會做一些深入的思考。譬如說關於愛情的問題，關於楊奎松說蔣介石跟宋美齡離不起婚的問題，這個討論本身確實很有意思。另外關於剛剛劉維開說的，我覺得還要補充一點，就是金以林也有一個訪談錄，裡面談到他對《蔣中正日記》的看法，也很有意思，也代表一個層次的思考。

金以林：

前些日子我接受香港報社的採訪，其中也談到《蔣中正日記》。我個人認為日記的新聞價值遠遠大於學術價值。有些學者認為《蔣中正日記》的公開可以顛覆中國近現代史的編寫，我基本認為這個判斷不成立。《蔣中正日記》的公開可以更加豐富我們對蔣介石認識和歷史細節的把握，諸如我們今天討論的許多話題。但是從政治或是軍事史的角度來看，我個人感覺不存在任何顛覆性的重大問題，不論是三二〇事件、四一二事件，或者是西安事變，都沒有顛覆傳統觀點，只是豐富了我們對這段歷史細節的認識。譬如說蔣介石在戰後的日記中曾記載毛澤東去重慶談判，蔣介石計畫要公審毛澤東，就我個人理解，像這種獨裁性格的領袖人物往往會有一種高處不勝寒的感覺，平時也沒人敢跟他談論一些私人間的交心話，所以有的時候面對重大壓力而無法抒發時，往往會通過日記來緩解他內心的壓抑。從他內心來講，肯定是想公審毛澤東，且確實在日記中有過這樣的記錄。我絕不否認《蔣中正日記》的真實性，寫得都是真的，可是真的不一定都寫。我看《蔣中正日記》就發現，許多真實重大的事件他就沒有寫。特別是當他成為國家領袖後，他的情感抒發不會像我們這樣聚在一起喝喝酒，然後胡說八道就可以排解。更多是靠寫日記來抒發或緩解內心的壓力，而這種感受是不能作為他政治行動的依據，事實上從未有過這類的直接行動計畫，這僅是我個人的理解。

林桶法：首先我們要感謝呂芳上。在呂芳上、黃克武，以及王建朗的指導之下，這兩屆的題目都訂得很好。《蔣中正日記》公開後確實有刪動的區塊，如一九五〇年跟一九六〇年蔣介石的書寫方式，包括內政跟外政的問題。但是最重要的是一九五〇年這段，我們在座有很多是政治、軍事、還有外交史的專家，需要運用到各位的專長做最後對比。明年我們作一個總檢討還是很重要，但是如果能夠同時緊扣在我剛剛提到的政治、外交跟軍事的主題上，然後好好的去討論一下，還有就是關於我們現在中生代的學者似乎有很多觀點都比較一致，但是在一致的過程中，其實還是有大同小異的部分，小異的部分到底是我們解讀上的錯誤？還是如何？我想都可以在下一次的會議好好討論。

呂芳上：今天所提到的日常生活問題，我覺得這背後有相當多社會學的理論，我是不是可以請這次聚會我們特別邀請的東海社會系黃金麟談談「日常生活」，因為日常生活不只是我們每天所知道習慣性的變數生活，其實包含了現代性、包含了國族等因素在裡頭。這都是日常生活的問題，其實這是一個多理論的問題，也許我們可以請黃金麟提供一些思考與方向，對我們歷史研究會有幫助。社會學者與歷史學者在這裡碰頭，一定可以碰出一些智慧的火花來。

黃金麟：

在談日常生活問題之前，雖然我對民國史也有涉獵，但是我不敢說像各位那麼熟悉這些史料。然而我比較好奇的是，剛剛我聽大家說明時，好像我們現在討論的範圍都是蔣介石這個人。我想這也是能夠避開兩岸對蔣介石的評價問題，因為自五〇年代，甚至是三〇年國共鬥爭後，雙方都彼此抹黑，甚至決裂，使得兩方都沒有回頭的條件。當然在現實上，現在要去談毛澤東或蔣介石這兩個影響中國近現代史最重要的人物，給他們一個比較公平的評價是比較難，因為時間還沒到，特別在毛澤東這個部分，甚至包括中國大陸在評價蔣介石時，還沒有像臺灣有這麼開放的條件，我知道這是現實上的困境。我比較期待看到，如果《蔣中正日記》的公布能讓大家花更多的心思去閱讀它、或者是窺探它，透過他自己的日記來認識這個人，那只是一個文本創造的歷史。他影響中國歷史發展的程度，我們卻覺得好像不太適合談，或者是說沒有太大的意思，那我是不知道這個答案到底會是什麼。我不知道是不是要在這個時間去踩那條線，因為每個人有每個人的考量。我覺得這個學術討論會，如果有這麼一個重要的檔案，寫了幾十萬字，最後才只是認識一個人，那麼感覺味道就有點不太夠味。一個歷史材料的公布，可以讓我們有新的討論，那麼我們應該看看他的作為，包括當時他自己對於自己生長時代的判斷，以及他的判斷如何去影響時代，這個主題是除了他的教育、他的愛情、他的友情之外，大家可以去討論的課題。不一定現在就要馬上去做，但是我覺得這個日記如果真的具有分量，它的影響力應該不只讓我們來認識這個人，這是我暫時的想法。

汪朝光：

其實我剛才聽黃克武說出版的問題，如果接受剛才金以林說的，就是最後《蔣中正日記》是否能夠出版，或者是沒有出版，對我們的研究其實並沒有根本性的問題，根本性的問題是我們如何透過《蔣中正日記》來認識蔣介石，或是剛剛黃金麟說的怎麼認識這段歷史。今年我們有一個上海的教授叫朱華，是黨校畢業的，也寫了一篇文章，我不知道他有沒有去美國看過日記，他的《蔣中正日記》是從那裡得到的、看到的，我完全不瞭解。但是在北京國家博物館的館刊上，他就比較《蔣中正日記》、蔣的《事略稿本》，還有南京二檔館所藏有關蔣介石的材料來探討四一二事件前後的歷史。他的結論就像金以林剛才說的一樣，就是《蔣中正日記》在四一二事件的問題上沒有什麼特別之處，也是隱私處甚多，基本上對四一二事件沒有太多探討，所以我們更多的研究重心應該放在《蔣中正日記》本身的研究，其實它出版不出版，我確實覺得是沒有什麼。剛才黃金麟說的跟劉維開和林桶法說的倒是有一致之處，也就是說下一次的討論會我們要討論怎麼樣的主題，我們也討論過人際網絡，也討論過日常生活這些比較接近私生活的層面，或者是個人層面，那麼蔣介石畢竟是一個對廿世紀中國歷史有過重大影響的人物，那麼我們是不是應該在他的決策，或者是他跟近代歷史的關係、他跟民國歷史的關係這方面有些新的思考，或者是新的突破呢？這倒是值得我們思考。

陳進金：

《蔣中正日記》的部分，當然開放也好，出版也好，我們都樂觀其成。對於下一次會議的主題，我個人倒是有些建議，剛剛幾位有提到除了私領域的部分，我們是不是可以回過頭來看？這兩次主要是著重在私領域，其實私領域的部分很討喜，書一出來以後坊間是洛陽紙貴，非常暢銷，尤其是滿足大家偷窺欲。臺灣跟蔣介石有關，當然除了寫《一九四九大遷徙》的暢銷著作史學大師之外，一般很少六千冊一口氣就賣完了。我們是不是回過頭開始要去檢討，或者去理解蔣介石跟整個近代廿世紀中國的關係，我們是不是要回到傳統的領域？我覺得其實這樣的議題，從《蔣中正總統文物》開放，尤其《蔣中正日記》開放之後，陸陸續續在臺灣辦很多研討會，這些議題都很熱絡。所以剛剛黃金麟說好像是不是時機未到，其實臺灣已經有好多討論會，包括與來自中國大陸的學者互相討論的情形，其實是很頻繁。我們為什麼這兩次會討論私領域，其實是希望在那麼多傳統的議題裡頭，不是只討論蔣介石個人，因為那個議題已經討論很多了，所以我建議是說下一次有沒有辦法有一個比較大的、宏觀的目標，例如新議題的提出，或者是從蔣檔到《蔣中正日記》開放以後的研究回顧跟評估，然後再去展望。這樣我覺得有一個好處，當時我們有想到可以帶領一些研究生，這樣可以給他們一些基礎，我們希望蔣介石的研究是可以持續的，而這個持續就是需要我們去帶研究生，那如果我們能夠舉辦這樣的研究回顧與展望，討論從蔣檔開放後的一些議題、一些方向，我個人覺得對我們的研究生、對往後蔣介石的研究是有幫助的，以上是我個人的一些想法。

吳淑鳳：

我再補充一下，我覺得我們在看《事略稿本》的時候，可以看到蔣介石在構思怎樣讓國家走向制度化的問題，但是上一次我在思考這個問題的時候，劉維開給了我影響，其實有時候未必是蔣介石的家族，而是部屬所作的一些建議，所以我們可以發現及討論國家建構的過程中，蔣介石是如何把中國從一個傳統的帶向現代的中國？然後他在這個過程當中，是怎樣把混亂的、不統一的，慢慢地帶向制度化，納入軌道的國家。或者說，如果想要做研究回顧的話，可能要跟中國大陸合作，我們可以學習中研院臺史所的作法，他們每一年都做臺灣史的研究回顧，當然他們有一個缺點，就是沒有考慮把中國大陸的研究納入進來，只包含臺灣部分，包涵文學，以及各方面與臺灣史相關的部分。他們的作業方式，是由中研院臺史所把所有的資料收集齊全之後，然後開始分配，有點像認領的方式，誰要認領哪幾篇，到最後可能是同一個議題由三個人合撰，另外有一些像是文字，體例上有點不同，如果是由一個老師來負責整個議題，要把它撰寫清楚的話，當然是最好，可是如果時間不夠的話，那樣的分工方式至少帶有很多益處，對研究回顧能多一點瞭解，對於研究生來講是有很大的提攜。像臺史所的研究回顧，他們每一年都進行，然後採取分工的方式，到目前為止，我個人看起來都還不錯，可以提供給大家參考，謝謝。

呂芳上：

我倒覺得議題的問題，我是覺得蔣介石的研究已經熱幾年了，當然日記真正開放跟出版後還會燒幾年，目前的狀況大概是這樣。所以到目前為止學者下的功夫也滿多的，資料也陸陸續續出來，我覺得下一次做研究回顧是個適當的時機，因為你從一個研究回顧就知道參考的問題，一方面是對史料的檢討，史料本身有什麼問題？《事略稿本》本身怎麼書寫的？它的可信度到什麼程度？都可以重新檢討，所以我們另一方面是研究成果的討論。進一步與史料連結，例如，剛才金以林他們幾位都談到一個問題，或是中國大陸有些學者對《蔣中正日記》的真實記載是有相當大的出入，其實這是很正常的事情，《蔣中正日記》不可能提供所有問題的答案。所以這裡面正好利用這個機會來思考所謂日記的性質，也就是歷史學是不是利用《蔣中正日記》的公布，在近代史研究裡面進而找出一個日記學研究的方向，這個本身就是一個值得討論的問題。日記本身在史學內到底利用到什麼程度？以《蔣中正日記》為例，或者以其他人的日記為例，譬如像《王子壯日記》，大家看起來覺得非常過癮，但是本身我們究竟怎樣去利用日記？這本身也是個大問題。所以我倒覺得可以利用下一次的機會，不一定要走回原來的政治、外交，可以做全部某種整體的回顧，這個回顧還可以包含另外一個問題，我覺得我自己非常有興趣的就是看蔣介石的成敗問題，跟毛澤東做比較問題，均可重新討論。這個毛澤東，你們海峽那邊一定是比我們要熟得多，就是說利用現有對毛澤東的認識，然後再加上目前為止對毛澤東的一些看法，然後來做比較。這是個很有趣的問題，不管是成與敗，而且這也牽涉到這個人本身在同期時代內，究竟有哪些可以長期思考的議題。所以我個人建議是說做一個整體的研究回顧，研究回顧做完以後，對未來的政治家，對未來蔣介石的研究，或是民國史研究都會有幫助的。

王奇生：

我剛剛聽到呂芳上的建議，我是非常贊同的，我想我們這次討論的題目是蔣介石的日常生活，日常生活裡面，我想蔣介石寫日記就是日常生活重要的方面，這個日記是他天天都要寫，但是我們沒有人思考他怎麼去書寫這個日記，然後我們怎麼來解讀他日記，這個問題我覺得都還可以再談的，我們就集中在蔣介石怎麼寫日記，他的書寫方式、他的個性，然後我們怎麼從他的書寫來解剖他的日記，我覺得這可以做一個話題來做討論，因為對《蔣中正日記》的書寫在理解上，我們可能會有分歧情況產生，所以我覺得這個問題是很好。

王建朗：

剛剛想到有些事情可以去做，也是剛才金以林提到的，《蔣中正日記》在哪些問題上做了迴避？這本身就是一個很好的題目。如果你想看四一二事件，或者是中山艦事件，儘管日記裡面沒有，或者是做了某種程度的修飾，但它也從一個側面反映了蔣介石的用心。你把若干重大事件的記與不記做一個串連，這本身就是一個很好的題目。可以說《蔣中正日記》豐富了很多歷史的細節，那我們就可以做一個比較。在看《蔣中正日記》之前，我們對哪些人哪些事有怎樣的認識，看了《蔣中正日記》以後，哪些方面的研究進一步豐富了。如果對蔣介石研究做一個回顧的話，應該做得比較細一點，我想這樣會比較好。

王奇生：

我希望下一次多一點年輕學者參與，非常希望他們直接參與討論。

王文隆：

各位老師，我自己的想法是，因為我是做外交史的，所以我很期待下一次的會議可以轉回到我自己比較熟悉的範圍。當然我覺得人際網絡或是日常生活都很有趣，真的比較能夠引起大家的興趣，或是說一般人對這樣的議題比較可能會有窺探的欲望，但是我自己是做有關外交史的工作，我會想藉這個機會，好好去看出現的新資料，或是討論新的題材，對於我們這些追求傳統，要被打倒的東西，或是舊的傳統史學的發展，到底有沒有帶來一些新的改變或變化。因為在臺灣像我們這種比較傳統的研究方式來說，我們有點後繼無人，我慢慢的發現大部分的學生不喜歡窩在檔案館裡面，因為我到檔案館，不管是到國史館、近史所檔案館，或是黨史館，我發現在那邊坐著看資料的大多是外國人，或是我們的大陸同胞，基本上我們自己的學生在那邊看資料的很少，你去翻簽名簿，名字少得可憐，大概就是那幾個而已，都沒有新的面孔。當然，我覺得做回顧是一件重要的事情，所以我支持呂芳上的意見。

皮國立：

各位老師大家好，我非常感謝主辦單位能夠邀我來做發表。我的研究比較特別，對於政治史我沒有研究。剛才王文隆有講到做外交史比較冷門，其實也不會。我自己的感覺是，現在臺灣好像比較偏重新文化史，新文化史跟以前所謂的知識社會史，現在變成新文化史，越來越偏（指零碎化），像日常生活史也是。而傳統史學像民國史的話，我自己的感覺好像研究的對象真的偏重上層。我有一個同學說，你做的醫療史是新的領域，你可以翻翻以前的碩士論文跟博士論文，其實翻個幾年都翻不到一件，可是我做軍事史，可能一翻，國內外就三、四十件。那我覺得是說，這個東西很奇怪，新文化史在臺灣是剛起步，但慢慢有很多研究生研究，我也不知道這樣的傾向是好還是壞。另外就是說，我觀察到其實像黃克武所做的思想史也是滿紅的，近代思想史就是從各種不同思想角度，或者是文人的角度來看。我在看蔣介石的東西時，我覺得蔣介石是一個很重要的人，他的很多作為跟現代中國的歷史其實是有很大的關係，我是從醫藥的角度看，我不僅看到蔣介石的私生活的部分，還有其他一些牽涉到公與私領域的部分，還看到非常多的日常用品跟藥品，還有各種廣告，其實都跟蔣介石很有關係，因為蔣介石常常講身體要健康，於是，廣告也大量的引用蔣介石的圖像，說明領袖說身體要健康，所以大家要服藥，要吃藥才能讓身體健康，甚至還有很多瓶子都有蔣介石的圖像代言，就說吃了這個以後，領袖說你身體會變健康。各種類似的東西都跑出來，這對我來說是很有趣的探索。所以我有點期待像剛剛呂芳上說的，就是蔣介石的研究可以到了做回顧的時間，應該可以做一個較好的回顧。還有講到成敗的問題，那我想這也是學生會感興趣的部分。像我給學生上課，他們都會問說為什麼蔣介石失敗，而毛澤東成功了，他們覺得有問題，而問題在那裡？有時候我會放毛主席的相片跟蔣介石的相片，我就說你們就看他們的穿著，一個穿得整整齊齊，衣服上一點皺折都沒有；可是毛澤東身上就是皺巴巴的，穿得也不太合身。我說蔣介石是一個軍人，有時候會影響他的個性，當然這可能跟歷史沒有關係，但我也沒有一個好的答案。我只是希望透過大家不斷的討論，能夠更清楚蔣介石的歷史，以及他對整個中國近現代史的影響。

汪朝光：

我覺得剛才的討論，我們只需要再深化，再把它提高，再把它做得更好一些。所以我是覺得，今天我們是不是就暫時先到此告一段落。大家還是可以盡情享受一點日常生活，不要窩在這裡談論太多的學術，諸位看看有什麼意見沒有，要沒有什麼意見，今天晚上咱們的神仙會就暫時告一段落，謝謝大家。

【神仙會二】從社會學視角談日常生活

呂芳上：當初我記得在學校念書一直到幾十歲以後，我們以前的習慣，當向誰鼓掌時被鼓掌的人很少自己鼓掌。這個習慣自從「毛主席」那邊帶過來以後，我們現在也跟著大家一起鼓掌，很有意思的問題。非常謝謝大家參加晚上的神仙會。非常高興，在好山、好水、好地方開會，的確是很不容易的事。我早上大概五點多就起來去散步，早上比任何時間都漂亮。

黃金麟：這地方太大了。

呂芳上：

這地方很大。但我的感覺是好山好水，非常好，鳥語花香，然後荷葉田田，真的是很漂亮的一個地方。我知道汪朝光的名言「大家要怎樣才能長命，就是吃肥肉、睡懶覺、不鍛練」，大家大概都是遵守這個規矩，大家都「晏起」，晚起來，這是有點可惜，明天早上可能沒有這樣漂亮的風景，如果用蔣介石的話來說，他一定會氣憤的在日記裡寫：「這無組織、無人才、無紀律、無情報。不管是藍色臺灣或是紅色中國敗象已生！」我看到大概是一九五〇年的日記裡記下「嗚呼，國已不國、人亦非人，蓋掩面前途已不知所懷，上帝其能救我脫此萬惡之險境乎？最好的辦法是定靜澹一，祈求上帝保佑，局勢環此，待天明再說」。我想我們這兩天聚在一起，討論很多有意思問題，這一天的會議下來，很多重要議題的處理與深入理解，例如公私之間的關係、時空混一的問題，有時不太容易分開公領域、私領域或空間與時間，其實很難劃開。在談到西北與西南問題時，談及權力問題，時間、空間、權力顯然是很難劃分的。另外我們討論很多，以後會慢慢會浮現的是日記的性質問題，蔣介石對的日記本身，我們看過以後，究竟他的內心世界與整個外在環境，如何掛勾？日記本身究竟能表現他的內心世界到什麼程度？我們常常有很多苛求，我們看日記到現在覺得蔣介石的日記，從某個角度無法滿足我們的需要，我想是必然，日記的空間這麼少，又寫很多事情，連古人都慨歎空間不夠，當然我相信也有很多人佩服他，能夠維持這麼久，雖然他的字寫得滿大的，可是越到後來字數也越多。我想大家都有這樣經驗，前面看起來非常快速，一頁寫十幾廿個字都有，他生病時我們尤其高興，只寫「生病、生病、生病」，其他都沒有寫，有好幾次都是這樣，就看得非常快。但是抗戰時期，他真的是寫了好多，齊錫生的新書就討論很多，特別是討論抗戰時期的外交，真的是從用日記裡面的資料，幾乎可以把過去Barbara W. Tuchman所寫《史迪威事件》那本書全面推翻。站在中國人的立場，齊錫生使用美國檔案跟中國檔案，特別加上《蔣中正日記》，的確有新的看法出現。日記本身如果形成對過去歷史不同的看法時，那就很有意思。我也想到我們讀書會連續舉辦了這麼久時間，我們研討會也舉辦第二次，我們的期望就是能慢慢將成績顯現出來。我一直覺得日記開放已經好幾年，究竟我們利用日記所寫出的東西、看法、寫法，有沒有可以去檢討的地方，未來還會維持幾年的熱度，蔣介石畢竟是一個國家的領導人，他在這方面所提出的私人記錄，內心世界所表現出來的是否會影響我們對過去歷史一貫的看法？或是完全一樣？我過去一直講，在臺灣看他的日記，不覺得落差太大，因過去我們看過很多檔案，大約知道一些情形，當然也有很多人，像楊天石就覺得可以改寫過去的民國史，我倒感覺得沒有這麼了不起。不過，大家也知道，看日記不能看一個人的日記，看日記更不是唯一的資料，朝這個方向去思考，日記不過是重要史料的一部分，當然現在學者也都知道，若寫民國史尤其是在蔣介石的那段時間，不利用《蔣中正日記》，特別是政治史與外交史，會覺得有所不足，這是目前大家的感受。不過，也有很多觀念，也可能過去沒有這樣的想法，譬如：外交的部分，過去印象中常常覺得宋美齡是影響蔣介石對美外交非常重要的人，甚至覺得宋子文與宋美齡會左右主導對美的外交，但是現在日記看下來，覺得他們兩人還是聽蔣介石的。蔣介石對美外交完全是他自己在主導，這是很有意思的問題，如果朝這方向去思考一個大的問題時，也許還可以從不同角度去看。另一方面利用日記的多方面思考，怎麼去詮釋未來和過去，仍是一條可以思考的路。當然今晚是大家提供不同面向的問題，或是已討論或是未考慮的問題，及未來要討論可能的方向，提出一些想法，這是我們晚上一個很重要的問題；第二，我們已預約黃金麟為我們講一點日常生活社會學角度出發的理論運用。

黃金麟：

要跟大家致歉，我沒想到情況會變成這樣。我沒帶我的電腦，以這個議程安排，我也沒時間可以上網把我以前知道的東西做一個較好的整理。所以，今晚是奉呂芳上的之命講話。我就按照會議的宗旨，以比較貼近歷史的面向，提供大家一些做生活史研究可以參考的想法。我會做一簡單層次的說明，不會拉到社會學理論，我覺得講純理論對大家可能不是太有關聯性，以及太有參考價值。而我自己也比較喜歡貼近真實在進行歷史考察，做生活史，若以我本科社會學做這項研究時，會有什麼樣的考量，是我可以提供給大家的一點參考。我沒有辦法針對每一篇文章或每一個議題，去做比較仔細的意見提供，我只是抓一些在進行這樣的生活史討論時會關注的議題、觀點和面向來報告。有用沒用就看大家各自的議題，就當參考意見，反正我們是「神仙會」，不必很嚴肅，太嚴肅就講不下去。

談生活史研究時，「生活」就在每一個日常生活行動裡。它到處存在，無所不在。但無所不在不代表無所不重要。在進行生活史研究時，我會先想自己要研究的議題有什麼重要性？相對於大歷史與自己的存在，這個議題有什麼重要？社會學的討論，如果放入歷史，通常會回歸一個基本的出發點，就是這個問題對理解我自己的生命，或理解我自己的來龍去脈，有什麼重要的參考價值？我不太會去花時間寫一個跟我生命沒有關聯的東西。當然做學問不一定要以自己做出發，但我自己的好奇，特別是民國史或臺灣史，我基本的動力，能讓我好幾年黏在一個課題上，不會覺得疲倦與厭煩，通常都會回歸到這個課題對我有什麼重要性？這會構成一種動力去搏鬥，像是談戀愛或仇恨，反正各種情緒都在裡面，但是你能耗個五年六年，然後繼續走下去。所以在做生活史研究或歷史社會學研究時，我通常會先考慮這個關聯性。當然，這世上有這麼多議題，不管是政治史、經濟史、外交史，或者生活史、文化史，我都會仔細想想這個題目跟我的關係如何？我不是說跟我沒關係，那部分就不重要。做為一個研究者，我會去看看並衡量這整個的討論放置在我的生命史，甚至是放在整個學術場域，它可以被評價和被努力的條件。我會回到我自己與相對的學術環境，來評量其重要性。當然，無所不在不代表無所不重要，它有什麼重要性？歷史重要性？文化重要性？這是我首先會考量的問題。這個想法可能對研究生會比較有價值。這裡在座的前輩一大堆，小弟我真是賣弄，請包涵！

研究生活史，我會將生活世界當做是一個力場，一個"force field"，一種各種不同力量在裡面拼湊、比較、或相互搏鬥的場域。這樣的場域，它不會是漂亮且平順的，也許也不會盡如人意。即便是生活，一般講的生活世界是一個，用簡單的現象學概念來說，用自然態度去面對的世界。每天的約定俗成，你視之為當然，甚至用常識性的觀點、角度或概念去認識或行動的世界，你參與組織的世界，這就是生活世界。它可以是你參與其中並經營的世界。即便它不是你參與而是其他人參與與經營的，也是生活世界。譬如說，我們研究的民國世界，是其他人經營的那個世界，我們透過蔣介石去瞭解、去掌握這個世界。不管如何，它是一個力場，一個各種不同力量同時存在並作用的場所。這裡面有不同的條件與層面，可以去分層理解與掌握。因為生活世界包含不同面向與議題在其中，當你將它當做各種力量作用的場域時，時間、空間、階級或性別，或大的議題，甚至包括一般的休閒娛樂，不同的力量與論述，甚至不同的欲望，不同的心態，都混雜在裡頭，形成各種組合和各種可能性。一般而言，存活在生活場域裡面的人，通常都以自己可能不覺得有問題的態度和視角，參與經營自己的生活世界。在社會學看來，這是每個人參與其中，混合主客觀條件形成的世界。當我們去做研究時，通常不是當事人，自然要跳出那個生活場域做相對客觀的考察，這考察回答我最初的出發點。我會看這考察與我的生命有何關聯，並嘗試對這議題做一些掌握。所以，不管是談時間、空間、閱讀、休閒、娛樂等，我都會把它當做是很多不同力量在裡面的交錯。在不同時間形成不同的結構性關係，形成一些串聯，然後慢慢變成我們看到的歷史結果。這裡面，有一些是預期中形塑出來的結果，很多可能是非預期性的結果。形成出來的歷史狀態，不管是預期或非預期的，最後都成為我們要研究的對象或要考察的真實。

面對日常生活中的行動和結果，我在進行社會學考察的時候，通常都會從總體性的範疇來考慮。當然，我們可以把閱讀孤立化來看，也可以把電影孤立化來看，甚至可以把任何東西孤立化來看，孤立化當然有它可以被看到的部分。譬如，我們將蔣介石的日記本身當成一個文本，來看他寫作的方式、寫作的歷史背景，甚至他的心態之類。什麼是他想寫或不想寫的，都可以做仔細的討論。像談基督跟孔子的交會，還是可以用相對孤立化的方式進行文本考察與分析。但進行歷史社會學的討論，我通常會保留總體感。總體感的邊際在那裡，坦白講，我也說不出來。因為每一個事件或課題的總體，跟它串聯在一起的可見與不可見關係，和透過歷史脈絡形成的關聯，是不一樣的。每一個課題都有相關於它的總體性，這部分只有透過多閱讀和思考，不管是一手或二手的資料，慢慢去拼湊那個總體，再把這一塊和你要研究的東西並置，形成拼圖式的掌握。在這面向下，你研究的議題，不管是閱讀史或電影，其中的時間、空間或內容，就不會被孤立化。也在這面向下，我剛剛談的不同力量的運作，或論述在裡面的形成，產生的影響，甚至整個物質環境如何構成這些議題鮮活的發展，甚至是生命場域的發展等，都會獲得認識機會。因為有總體性，才會比較容易抓到整個picture，不會只是孤立化看問題，這是做研究必須拿捏的分寸。

在去年和今年的討論中，我看到大家比較習慣用公私領域來看蔣介石的日記。私生活與公領域交錯的關聯，不管是公影響私，還是私影響公，是社會學常使用的一組概念。社會學常被人罵在搞概念遊戲，或創造很多概念。我通常會替社會學辯解：真正比較成熟的社會學，不是為了創造概念而去創造概念。「語不驚人死不休，不是社會學的本質」。當然文化研究部分，我個人對文化研究這部分沒有太多私人情感，很多時候，它玩過頭了，變成玩文字遊戲。好的社會學研究，最終會回歸到人的處境反省。人必須面對這樣的歷史，他的選擇和什麼樣的條件構成這種歷史的開展？社會學在面對這樣的議題時，如何面對這些問題，並在這個面向上形成概念的建構，讓概念協助我們回歸與解釋真實歷史，或透過概念去想像一些東西，這才是建構和使用概念的目的。我想歷史研究也講究想像性，但我總覺得臺灣與中國大陸的史學界都犯了一樣的毛病，就是不太敢想像，好像離開史料就有不安全的感覺。社會學沒有這種包袱，社會學一直講究想像，沒有社會學想像就沒味道。我覺得歷史學也可以有歷史學的想像，當然，這個想像是建立在有具體的資料上，不能空口說白話。所以，當有具體的史料時，大家可以考慮的是，透過史料去進行新的想像，去把這個史料做不同的觀看，甚至解釋。同樣的東西，有不同的想像力時可解讀出新的面貌。史料是死的，端看你有沒有辦法將它跟其他東西串在一塊。就像不同的力量、論述跟心態的開展，甚至集體意識的形成，甚至包括階級，若做新的串聯，也可能看出一些新的歷史特質。做歷史分析時，想像這部分還可以有繼續表現的空間。歷史學家不是天生只能依靠史料，我覺得史料之外，還可以增加更多可能性，這當然包括公私概念的應用。某種程度這也是一種想像性的表現，即透過分析架構去形成新的觀看可能。

但社會學在這部分有比較有多一點的條件。我們的老祖宗從古典社會學到當代這部分，針對許多當代文明或過去的歷史做討論，建構相當多的概念，提供我們這些後學者運用。但研究決不是隨手拿，如果不是關聯，隨手拿是種誤用甚至是戴帽子，可能產生的危險大家都很清楚。社會學有些傳統的，像是今天談到的公私二分概念，一直存在著。比方說，傳統的二元思考還有結構跟行動，個人跟社會，甚至所謂必然性跟自由，主觀與客觀等，這些概念是我們在觀看或考察一現象時的基本出發點。在生活史的部分，不管是我們課題裡談到的休閒娛樂，或到最後身體的課題或醫療，或者是我們這次研討會沒有涵蓋的其他生活史面向，我都會建議大家去考慮生活史的課題，或這些面向的開展，有什麼結構性的條件主導著力場的形成。歷史一定有其結構，只是如何評價而已。即便不是結構決定，歷史學也可以透過結構關係去鋪陳甚至考察更多隱而不見的底層力量，這些力量同樣影響到政治、經濟的運作。歷史有偶發性，這無人能否認。但除此之外，還有其他長期的結構性因素影響著歷史的發展。像年鑑史學談到的物質生活結構，就是很好的例子。除了結構性的東西外，我們也可以從一些個案研究看到那部分。當然，在談結構性的力量時，我們也不能低估歷史偶然的可能作用。歷史的偶然怎樣創造新的可能性，這兩者之間的辯證，是怎樣在歷史之間展開，也是研究者應該關切的問題。

另外，我會做一些研究去看那些看不見的東西。我自己在接觸歷史材料，甚至包括兩岸的歷史學界的討論時，我發現，也許在座的大家也都有這種感覺，就是絕大多數的討論都是放置在文本或史料的閱讀、分析和比較上。那些不可見的，不會立即呈現在文本與史料上。要怎樣去抓到那些invisible rules，看不見的規則，那些隱而不顯的關聯或力量，怎樣在現象底下慢慢影響現象的開展，並不容易。這些規則、關聯或力量必須放置在總體性中，invisible的部分才會變得慢慢可見。歷史的能與不能，很多時候都在那些可見與不可見的力量與規則交錯下慢慢形成。當然，我談規則並不意味人是遵循規則的動物，如果這樣假定，那歷史就不用玩了。人不是遵循規則的動物，人會有情感、衝動，人就是會不爽，甚至會有很多非理性的成分。歷史的複雜、好玩就來自於規則擺一邊，我要按照沒有規則來玩，因為我要創造歷史。所以就這面向，我覺得歷史很有趣，比做一般的社會學研究有趣。你會看到規則，但很多行事都不按照規則來。怎樣去安置那些規則，就是把規則抓出來，但是又會看到歷史不是完全按照規則來，那這部分有很多文章可以寫。一些看不見的規則，或規範性的理念、理想，如何帶動歷史的發展，是很有趣的題目。人是有欲望的，人是有想像的，甚至有自我期待的使命感，不管你買不買那些使命感，很多人靠這東西過活。你說毛澤東或蔣介石，他們基本上都有濃厚的使命感。近代史基本上是在這些使命感和自我期許，這些帶點神聖的理念，甚至有時是衝突的、矛盾的、對立的、你死我活的過程中交錯出來的。當然，不見得每個課題都會有我剛剛談到的這些面向，但是一個比較大的思考架構，或參考出發點，會讓你的複雜度相對增加。即使面對大家都討論過或運用過的資料或議題，也都會有一些新的東西在裡面被慢慢醞釀出來。

進行生活史研究時，我不會以為它跟政治史、經濟史無關，跟心態史無關，跟社會史無關。這種切割太刻意，一旦切割出去，就會有很多東西事先就被你排除掉。那樣的話，複雜度和想像性關係，甚至你會發現的新面向，就冒不出來。你說你只做生活史，生活史跟經濟史或物質史，跟社會史或家庭史不一樣，跟階級史也沒關係，你當然可以讓這一大堆史都跟你沒關係，歷史可以變得很單調。但當我在進行討論時，我會盡可能地把複雜度放進來，但前提是，你不能複雜到圖像不明。所以，好玩的是你要複雜，但圖像要清楚，然後整個深厚度，甚至那裡面的趣味，可辯論的部分才會顯現出來。社會學裡有個研究方法，同時也是理論，叫做「俗民方法論」。它未必能放置在所有方法中進行搭配實做。這方法論很有趣，我舉個例子。（這時候，黃金麟令人納悶地故意貼近呂芳上而坐，分享呂芳上的座椅，呂芳上莫名所以）他們想要發現這個社會有什麼看不見的規則，他們的研究操作就是故意去碰撞，讓規則顯露。比方說，你怎麼知道生活裡有很多規則？我跟你很陌生吧？我跟你太靠近，就犯了忌。生活裡面有很多規則，譬如上廁所時你不能盯著人家看，或者你在電梯裡面看著對面那個人，他會覺得非常不舒服，會覺得你侵犯我。生活中有很多看不見的規則，你怎知道那些是約定俗成，是不能碰的？故意去碰撞它，碰到後就知道這裡有一條看不見的線。對不起老兄，除非你去碰撞它，因為它不像政治忌諱那樣，那麼清楚可見。它沒有明文化，也沒有法律，它是生活規則。這些看不見的規則很多時候構成生活板塊中相對細瑣的部分。你要研究生活場域或世界，可以用micro的角度，我個人比較習慣用宏觀角度看歷史，即便做生活史我都會用宏觀角度。如果需要談微觀，稍微落實下去，生活史也可用微觀角度來討論。社會學也討論個體。我去年沒參加，談人際互動和交往，所謂儀式和規則，有些是看不到的，但是它們構成整個人際網絡，是人與人可以串在一起的一些條件。像這些結構、不可見的規則，是大家可以放進歷史，看看這些東西是否在那裡？不見得每一個課題都有那些明顯可見的東西，或那些不可見的東西，就看你的本事，有沒有辦法透過你的想像性將枯燥乏味的史料，甚至是死梆梆的、硬梆梆的史料，變成一些有趣味的故事說出來。

社會學談行動，生活也是一種行動。進行生活史研究時，我會一併考量這題目的意義是什麼？這跟當下的社會或傳承下來的meaning system有何關係？因為意義系統會正當化、會否定、會排斥、會拒絕很多行動的開展，所以釐清意義系統有其必要。每個時代都有它的意義系統，但不是千古不變。比方一九四九年前後就有很多意義系統，有些源自傳統，有些源自政治局勢；有些東西也許不變，有些東西則是明顯改變。在進行生活史或行動的研究時，我會去看看當下的意義系統大概處在什麼樣態。我們研究的對象與課題，或者說行動者，對個人的生活世界或自己的行動─對他的所做所為，有什麼樣主觀的認定？這主觀的意義跟當下的意義系統，可能是貼合的，也可能是對立、矛盾和背反的。主觀意義上，一個人如何認定自己的行動，這個所謂的意義，包括他那時的心態，和整個社會的心態是貼合或背反的？貼合有貼合可以開展的歷史，背反也有很多文章可以做。我通常喜歡背反的，因貼合沒太多矛盾可挖掘。你要看這背反是如何產生？出現何種效果？它是怎麼來的，其經歷如何，造就什麼？是無疾而終或是產生什麼漣漪，而這漣漪怎樣開展？這些都是很有趣的問題。整個意義系統對個人行動、生活場域或對個人自身的理解與認定，構成怎樣貼合或對立的條件，形成怎樣不一樣的可能性，都是可以繼續討論的課題。

我前面談了結構、不可見的規則，剛又提到人通常不是按照規則存活的動物，常會去改變規則或創造規則，甚至我們也常說，人會進行理性選擇（rational choice）。人會趨利避害，選擇對自己最有利的，「對我好的就記下來，對我不好的即便是真的，我也不寫」。整個歷史的開展甚至生活場域的經營，都有這種策略性判斷和行動的存在。人的行動必然是策略性的。我以對我最有利的方式行動。就像戰場上，怎樣擬定戰術，以最有利的方式打仗一樣，人總是盡可能在權力範圍內，創造一個對自己最有利的存活條件。不管是小小的人物，或是具有歷史影響力的人物，人面對社會生活和生存競爭時，都是策略動物。人不是按照規則單調生活，雖然規則在那裡。人是按照自己的策略、自己的理念、利益，去形成對生活世界的經營，包括文本的寫作也是如此。策略性行動與生活場域的經營，甚至生活世界的開展，甚至它所形成出來的結果，在進行歷史考察與研究時，都不能忽略這個面向。

另外，我自己最近在念一些共產黨史的資料，看到很多情緒政治（emotional politics）這種東西。人是情緒的動物，很多時候怎樣經營情緒，會影響到理性在怎樣的層次進行開展。如何經營情緒政治，甚至影響人對真實的理解，這部分對某些課題的開展，有十分重要的價值。當然，不見得每個課題都會牽涉到emotion這東西，或情緒政治這問題。階級分析這東西我認為不該丟掉，即便是大家都在講和諧社會時——特別是最近的中國大陸。在社會學裡，階級分析是一古典且永遠不能丟掉的東西。因那東西就是在那裡，不管是在實際生活或人類歷史上，階級就是在那裡。在做歷史分析或生活分析時，階級是很有用的概念分析工具。不必因為這年頭在講究和諧社會，就拋開階級分析，因為它事實存在。只是在進行階級分析時採取什麼樣的立場來運用階級分析，這會有差異。因階級一直跟政治鬥爭連在一塊，如果人們做的是歷史研究，文化的開展，包括社會史、經濟史、政治史，你很難將階級拋到旁邊，然後能把一個東西說得清楚與漂亮。就像性別真的在那裡，世代真的在那裡，不同世代（generation）五〇年出生與八〇年出生就是不一樣。世代真的在那裡，階級真的在那裡，性別真的在那裡，族群真的在那裡，它們未必只是紙面上的概念。這些基本的概念都可以放置在大家的研究裡面，很多生活領域的開展，跟階級、世代、性別、族群是不可分的。一個研究是否有新的可能面向，放上性別、世代、階級、族群時的圖像，一些差異性就會出來。這世界是有差異的，只講一致沒有差異，基本上是騙人的。這是一個差異的世界，我們要承認差異的美感。像研究國術時，不能把國術視為必然，必須要走出張之江的國術。國術被國家收編後變成一個樣子，那國術就不用玩了。國術好玩就是它有生命力來意義化它的差異。每一個人都可以創門派，也許年輕時不需要，年紀大時會有新的想法。一旦講究健康養生，你多多少少會與這類活動牽扯在一塊，所以差異是正常的。在談生活史時，要注意多種層次的差異，只要不搞成一團亂，將差異表現出來，生活史或生活考察的研究肯定會豐富很多。

好的討論必須建立清楚的問題，我最怕的情況是碰到沒有問題的寫作。怎樣建立清楚漂亮的問題，然後讓你的資料透過歷史的想像與社會學的概念，讓討論鮮活起來，甚至形成趣味，讓那些看不到的或不可見的變成可見，我覺得這些東西是進行討論時必須計較的考慮。晚近廿年來，社會學有很大一部分受惠於傅柯（Michel Foucault），包括所謂的論述、權力、欲望這些東西，人是欲望的動物，這不用否認。不管是生理上、權力上的欲望，想像上或理念上的欲望，人是有欲望的動物，這些如何構成歷史的開展？有趣的、有力的，甚至是無力的或無奈的歷史場景，都可以放進來，只要你膽子夠大，有某種程度的接觸，我覺得歷史可寫出不一樣的故事。也許大家可以嘗試一下。

呂芳上：

非常謝謝黃金麟。大家可以順著他的想法，思考理論概念或者是提出其他問題進行討論。各位有什麼想法呢？呂紹理你先說。

呂紹理：

剛剛聽了黃金麟的演講，我自己跟黃金麟比較接近，也是對生活史很關心，也覺得生活史無所不包，剛剛自黃金麟演講找到一課題，擺在《蔣中正日記》來說，像帶頭大哥說的這日記的重要性，放在日常生活的角度來看，既然數十年如一日，是非常重要的特徵，可以作為一討論的面向。另外關於時間、空間的討論，它是我們生活上的結構，其實都是環繞在日常生活結構上的面向討論，我也在想這個問題是有無蔣介石的非常生活？有次常就有非常，有結構就有變異，表現他的正常、他的壓抑？或是說他失去他的江山，那日記上表現出來的波濤洶湧與之前日記上所表現出來的，也許在日常的另一面是非常的。之前很多都談到關於蔣的日記，或是日記交換談，蔣經國或是蔣介石的日記交換看，以《蔣中正日記》為中心，配合其他材料，探討寫日記的風潮或是史料，延伸出既有公又有私或今天我們公私之分，是否有不太一樣。

呂芳上：日記研究可以形成「日記學」，蔣介石研究可以形成「蔣學」，朝這方向發展，試試看究竟有沒有這可能性。我們除了看《蔣中正日記》，還要看其他人日記。不同人的日記，對同一件事，也會不盡相同。你看提到《蔣中正日記》究竟給誰看？我是覺得他是有公開的意圖，羅家倫當他秘書時看到民國十三、十四年的日記，不過現在民國十三年日記已經遺失，我們看不到，他好像是看到過，可問題是羅先生的話可信嗎？

劉維開：

羅先生的回憶裡面很清楚的講到日記裡相關的內容，我們看到羅先生的回憶，那是一九三一年在中央政治學校校務委員的時候，他做的口述，馬星野替他作的筆記，他那篇文章主要是談他對蔣介石的觀察，裡面就提到本來羅先生是滿誠實的一個人，他看過所記的日記內容，其實非常真實，他說日記裡寫到「與潔如糾纏」，這個都記在裡面。所以表示他寫東西是滿真實的一個人，那個資料當時羅先生就交給黨史館，可是一直沒有公開，沒公開的原因，是因羅先生的回憶裡面，涉及到的不僅僅是蔣介石的部分太披露，還包括元老之間及他跟元老之間的關係，這部分就一直沒有公開，到最近羅久蓉徵得羅久華的同意之後才公開，在沒公開前，當時我們看到這部分時，也感到有點奇怪蔣介石的日記會這樣子，後來看到《蔣中正日記》，再跟羅先生的比對後，才知道羅先生講的是真的，日記內容真的有「與潔如糾纏」的內容，兩相對照之後，基本上羅先生講的是有可信度的。另一方面我也舉個例子來說明，蔣介石對於他的日記，基本上來講他是寫給他自己看，但他也願意給別人看，他還印給別人看，我們現在看到還有一個沒有公開的大概是一九四七年，一九四七年有個節錄的版本，有一次我們整理一位黨國先進的遺物，看到過它的封面就是寫蔣介石的日記，一個鉛印的小本，大概是流傳在他們內部看到的。那裡面是針對宋美齡一些事情，他自己在日記裡面提的，我也拿來跟日記裡面對過，更動的情況不嚴重，有點像《事略稿本》的情況，可是那是在《事略稿本》之前出來，基本上不是《事略稿本》。剛剛提到日記的內容是給誰看？我個人是覺得蔣介石的日記，跟我們現在看到其他人的日記，是蔣介石的日記裡面記載了比較多他個人心理的感受，我們相對於看《王世杰日記》、《徐永昌日記》，或著是《王子壯日記》，這些人的日記就比較著重公的方面，公的方面像他出席一些會議，他記錄參加會議的情況或整個開會的狀況，他們的發言如何如何，或著說一些相關的事情，很少去記他內心的感受。相對來講，蔣介石比較願意去記他內心的感受，他不喜歡的人他就直接在日記上罵這個人，可是我們看其他人日記，他不喜歡這個人卻不太在日記罵這個人，或是很隱諱的表示。蔣介石在處理一些事情上，他還記了一些他個人的行動，相對來講看《王世杰日記》裡，其實除了公務外，很少看到私人的行程，包括像《王子壯日記》也是，聽了很多稗官野史也記上，但他不多寫個人的。至於蔣介石，像他去那裡旅遊、看了什麼東西，他都記在上面。這個是我們在看《蔣中正日記》跟其他人比較起來較不同的地方。將來如果能做日記比較，當然是滿好的，蔣介石說了段話，自己在日記裡記很高興；可在《徐永昌日記》裡卻是聽之索然無味；而《王世杰日記》則是不知所云。同樣的東西在不同的日記裡面，不同人去看同件東西，可能有當事人、非當事人，不同角度的想法，這特別在戰後部分，這些日記若能湊在一起，可拼湊的東西就更多。

張　力：過去做政治史本來就要看很多檔案資料，史學方法本來就告訴我們要多看資料，現在多了日記這類史料，如果整個論文都用日記當材料，是滿危險的，也許原本可以是很好的論文，可是完全依照日記，日記怎麼說就這麼說，是會有很大問題。這本來不是問題，而蔣介石的日記裡面，以去年我評論邵銘煌那篇論文所引日記的內容，他說他「誤記」，這可能是亂記，我說日記絕對不是結論，若將它當作結論，後面講的完全不是那回事。在用他的日記時要非常小心。所以要參考更多的東西，而且有很多東西他不可能都記，他的日記一天大概就五百字左右，很多東西都沒記到，在報紙上登了一段他的講話，可他的日記完全沒記，《事略稿本》也沒有，可是它是存在的，像這種東西，都要注意。

呂芳上：日記不是唯一的。

羅　敏：那些人看過日記？是什麼樣的人，是他的家人？侍從？就是日記交換的範圍？

呂芳上：到目前為止，我們所知到看過日記的人，至少有蔣經國、宋美齡、毛思誠、羅家倫、秦孝儀等人。

劉維開：毛思誠看過。臺灣好幾個侍從人員都看過。他們幫他抄日記。他們在回憶錄裡還寫到幫蔣介石抄日記。

呂芳上：他的秘書都看過。

呂芳上：蔣介石的日記有受到傳統宋明理學的影響，基本上，他們的日記本來就是要與人交換看，如果是一般的朋友，例如可以互相砥礪的朋友或父子互相參閱就是要交換看。然後相互指出他的不足之處。這本來就是以前讀書人的一種基本修養。先讓呂紹理講一下，再來黃克武。

呂紹理：

我要講的帶頭大哥已經講了。我順著張力說法，其實我在揣摩帶頭大哥的意思是明年這個會，應該要談的是日記學，在寫日記時每個人的動機、目的可能都不太一樣，這當然是很好的材料，但在拿捏與將它當成重要史料來看時，這史料在什麼脈絡底下發展。而既然他在日記裡記了很多私領域的事，未必他就真的要想公開，一些很私密的事情記載，不代表他當初有給給人看的想法。無論如何要由日記出發來談日記學。我沒去看過日記，這裡面還包括時間順序的問題。另一面，記日記者在記日常生活中的非常事件，經年累月將它視為規則，這或許也是我們在談日記時可以去觀察的。

黃克武：

我自己是看較多是胡適的日記。這些日記的書寫看起來跟明清以來的修身日記有一部分的連續性，這連續性是剛才呂芳上所說的，它不是完全私密性，像胡適會把他的日記給他的好朋友，一些男性友人看，那《胡適日記》的寫法，有規則，他其實是在塑造他自己日後的形象，胡適非常有意識的了解到他的日記將來會被出版，但是他又想要記些東西，所以他用很多縮寫、隱語，余英時把其中一些破解出來，還包括要跟那個女子見面，這些都是用縮寫、隱語，跟陳寅恪的詩一樣，這風格是很不一樣的。蔣介石的日記則是修身傳統的一部分，所以對他來說修身需要記憶，所以他必須盡可能保持他的記憶。在這樣的功能之下，他會讓他的秘書室傳抄，我想這是另外一種的保存，因為他想要在不同的形式之下再閱讀，而其中有一部分是他覺得對他的治國、治軍有幫助，也給蔣經國看，是訓練兒子的方式，日記的功能是非常多，這也許是他不將它視為私密性。但是我覺得很有趣的是他為什麼要將與潔如纏綿這些部分印出來，那部分真是比較私密性，而他是不是讓某些人看，看那些是可以公布，那些是不宜，其實是把這些都刪掉了。侍從室其實是知道那些可以放進《事略稿本》，那些是不可以放進日記類抄。日記功能滿複雜的。我一開始想到一點非常有意思是，《蔣中正日記》裡心裡感受層面特別強，這點我也感覺到，跟胡適比起來，胡適沒有這麼多情緒性的發洩，他不能說完全沒有，但絕不像蔣介石這樣有色彩，那這是《蔣中正日記》跟其他人比較另一種不同的地方。這跟情緒政治有關聯，都可以在歷史研究上產生極大的差異，同一件事，一九五八年蔣介石在胡適中研院院長就任致詞的情況，看到兩個人日記的記載，差別非常大，蔣介石在日記裡大罵胡適，胡適反倒沒寫什麼，相對來說這公私之間的差異，包括蔣介石當天在中研院演講時，表面與當天他對胡適絕對是非常禮遇恭敬的，但他回家後越想越不對，就在日記裡大罵。胡適也滿好玩的，胡適的記錄其實是當面頂撞，照那情況來說，胡適其實不應該當面頂撞蔣介石，可是蔣介石算是很包容他，這的確牽涉到剛才說的情緒政治。這兩個人其實都在操弄情緒，胡適在公開場合去頂撞蔣介石，可能有意去塑造他直言敢諫的形象；蔣介石也很高明，在公開場合笑納，兩三下化解掉，臉上一點都不生氣，回家後再在日記裡發洩情緒，這也是他高明的地方。我想《蔣中正日記》裡面，是有很多情緒性的東西，包括他罵所有人，罵笨，罵孫科，這些都有情緒發洩的部分。我覺得《蔣中正日記》大致上有兩個功能，第一，就是修身記憶，另一是情緒發洩，讓他的日記內容多采多姿，我想我們的確可以將《蔣中正日記》裡呈現的與其他人日記做一對比，應該是能看出一些特點來。

呂芳上：

謝謝黃克武。我非常贊成《蔣中正日記》本身常常帶有感情和情緒，讓歷史學家會一直想看下去的原因。你看《王世杰日記》可能會看不下去，這很有意思，他自己把私人感情都寫出來，滿有意思的問題。

汪朝光：

我就想到一個問題，《蔣中正日記》有沒有顛覆「蔣學」的型態，尤其是現在蔣學的發展就有這問題。《蔣中正日記》是否給別人看，跟《蔣中正日記》是否真實？現在證明日記是給別人看過，因此必定是有考慮的，我想《蔣中正日記》就算沒給別人看過，就蔣介石主觀認定是我要自己寫的，這日記就是真實的嗎？也不完全是真實的。這不是好壞的問題，是人性的問題。他一定在寫作的一剎那之間，下筆時有意識的，就像諸位理解的他把我們後人認為骯髒的事寫進去，所有正大光明的事都沒寫進去，也不代表這是他真實的想法，也許在他個人意識中不認為這些事是見不得人的事，也許他有別的考慮，我覺得日記是非常主觀性的材料，每個人在寫時是有他主觀的考慮。因此即便一個日記沒給別人看過，就是完全私密的，後來我們發現了，我們也不能百分百相信這日記都是真實的。我覺得在運用日記時一定要分外小心。其實我看《蔣中正日記》想到另外一個問題，不僅是其他人日記，包括在中國大陸，前幾年出版的《唐縱日記》，其實蔣介石很多事可以在《唐縱日記》裡得到證實，我們也可以說《唐縱日記》裡很多事是被《蔣中正日記》印證的，這就是很有意思的情況，唐縱是他的貼身幕僚，可能被告知一些事，也可理解成《蔣中正日記》的抄錄他是參與的，就是唐縱在事先就已去謀畫，這兩者間如何去衡量？是挺有意思的。我看《唐縱日記》廿年前在大陸已出版，廿年後由這角度理解《蔣中正日記》，呼應王奇生的說法，還真沒那麼重要。還有我看徐蚌會戰，《蔣中正日記》每天都在破口大罵手下誤了軍機，而你看劉峙是徐蚌會戰最高指揮官，他的日記裡從頭到尾沒有一句話自責，全部都在罵蔣介石，不放權、犧牲部下，仗怎麼打，所以衡量一件事可以多方參照，考量各人位階的差異，如果同一件事真的多找幾本日記來看，我們也未必能夠找到真正所謂的歷史真象，實際上，可能在很多事就不存在真象。

最後，我想說一非常技術性的問題，做小小廣告，我在民國史研究室已工作廿七年（一九八四年進去），當時計畫要編三套書，中華民國史、民國人物傳、民國大事記，這麼多年也沒全部完成，民國大事記最先完成在一九九六年出版；民國人物傳在二〇〇五年出版，民國史拖拖拉拉了，在二〇一一年算是出齊了。在這作小小廣告，一共是卅六本，民國人物傳是八本、民國大事記十二本，一共將近兩千萬字，但從民國史編寫的過程就發現，中國大陸歷史學明顯的變化或進步，就說民國史第一卷出版的時候（一九八一年），它的評價標準，它的遣字造句，到了二〇一一年，其中還沒出版的，用的評判標準，確實有非常明顯的變化。以前一九八一年中華書局版本會說晚清政府瘋狂鎮壓革命黨，可現在會說鎮壓，但不用「瘋狂的」，這是當時時代的認知，這套書就可看出編者們的變化。北大羅志田參加我們其中一卷的編寫，寫其中兩章，前言是他寫的，他在前言裡開宗明義的說，民國史以前主要是國民黨做的，辛亥革命與北洋軍閥的評價都是國民黨做的，羅志田的意思是現在要多研究北洋方面，這是很有意思的。假如我們明年做回顧蔣介石研究，也可能像我們中國大陸做的，可以在更廣的角度去回顧這大的變化。

呂芳上：這個議題的轉變可能不止是貴地的轉變，但貴地卻十分明顯，時代變，潮流變，歷史研究的話語也變了，因為由最早到現在的遣詞用字都不一樣。這是很有意思的問題。這可能是兩岸學術界的一環，特別可能是雙方都有不同的看法，這已牽涉到北洋政府的定位，我們是不是應請唐啟華起個領導作用。

唐啓華：國民黨很多軍隊領導都是保定軍校出身，黃埔軍校跟保定系統有密切的關係，北伐後蔣介石到北京，曾去拜訪他就讀保定軍校時的校長段祺瑞，當時報紙寫道：原來南方之強、北方之強系出同門。過去國共兩黨對北洋評價比較差，然而北洋政府是民初正統的事實不容否認。歡迎大家多加入北洋研究的行列。

王建朗：我認為《蔣中正日記》基本上是真實的，但是他已經成為國家領導人，他已經意識到他的日記後人會要看，且當時已給少數人看了，將來會給更多的人看，在當時下筆的時候，他會有考慮。在公領域，他考慮的是公眾，革命的策略，這個月該幹什麼，相信在公領域他的記載基本是真實的。只有那些他認為極敏感的，他認為不須記下來的，他沒有記載。至於私領域，他即使寫下很多罵人的話，即便他罵很多人，但仍會有所保留。據我瞭解他很少罵宋美齡。剛剛說不知是不是因宋美齡會看日記，唯一對宋美齡有微詞的一次，我看到是宋美齡去美國，蔣介石對宋美齡的活動尤其是跟英國人的活動頗有不滿，但用語比較克制。他罵其他人，罵胡適或其它人，他根本不需忌諱。

呂芳上：

我完全贊成王建朗的看法，他對蔣夫人在美的一些活動，尤其是跟英國人打交道，他不以為然，他會在日記最後寫「女人不可靠也」，帶出一點不滿意味，但講得很客氣。

金以林：

再談一點對日記真實性的看法。就算記錄是真實的，我認為也是相對真實。蔣介石早期的日記諸如性病一類的記載，更多的是一種自我反省，就像我學生時代也記過日記，往往是針對自己總是改不了缺點，在日記中記載以此提醒自己。

這段時間的日記更真實些。但自一九二四年他逐步成為領袖人物後，《蔣中正日記》很少有影響他個人性格或缺點的記錄，即便是罵人的地方很多，我覺得主要還是沒什麼真正的知己，面對內外壓力，憋得難受，就常在日記裡面罵。還是那句話，「寫的都是真的，真的未必都寫」。諸如一些所謂的「陰謀」肯定就不會寫了，因為他知道他的日記是要留給後人的。

羅　敏：《蔣中正日記》或其它蔣介石的籌筆與其他檔案，對某些事物也沒有記錄，是否表示這些研究蔣介石的整個資料很難是完整的史料？這些都是整理過的資料，是否意味將一些較陰謀的或是已有些是已毀滅不會留存，而使我們看不到較陰謀的部分。

呂芳上：那些看不到的部分，如同黃金麟講的要靠想像去推想拼湊。

林桶法：補充一下，現在看日記要看傳主的性格，還有他的地位，像蔣介石的話，孤僻、理性、理想又有點矛盾，這種性格會影響到他記錄的東西，還有他地位的改變也會影響到他的記載。若能像金以林剛提到的在一九三一年之前，他本身地位之故，在私領域部分有些他著墨比較多；可是到一九三一年以後，他可能較少寫私領域，都是憂國憂民，這就是我們看日記每個時期都不同，我一直主張用線性觀察，你不能看一點後就一直無限擴大，譬如，剛剛提到宋美齡，其實在日記裡要抓到蔣介石罵宋美齡的可以抓到十至廿則以上，甚至可能更多，相對於你用線性觀察來看，這部分比較下顯然是愛宋美齡比苛責宋美齡要多一點。另外他沒預測到未來的發展真的會丟掉中國大陸，那段時間在心境上他確實是最寧靜的，只有到四、五月後他內心是焦灼的。因他無法預測到未來的結果。我覺得我們在觀察日記時要懂得線性觀察，去討論他的性格與地位變遷，加上剛剛張力學長所說，我一再強調這「學長」很重要，我剛一看這白頭髮最多的就是我，可我又不是年齡最大的，所以有必要特別強調這兩個字，張力學長提到對日記要從內部考證到外部考證，他寫的東西即便是認識錯誤中記載下來的，我們就不能把它當作結論看待。我的看法還是認為從線性觀察，利用史學方法的基本教育與剛剛黃金麟所提到的多思考，我想會把一些問題釐清，包括現在正在吵的是他為別人還是為自己寫日記，我說都有，你不能二分說真的都是只為自己或只為他人，不能用二分法去分。

註釋

【導言】

〈從另一個角度看歷史〉

1. 有關近代中國日常生活史研究方法的介紹，可參見連玲玲〈典範抑或危機？「日常生活」在中國近代史研究的應用及其問題〉，《新史學》，十七卷四期（二〇〇六年十一月），頁二五五至二八一。盧漢超、王笛、葉文心的相關專著亦可參閱。

2. 大板根會議集結成書，分別以不同書名在臺北及中國大陸出版：呂芳上策畫導讀，《蔣介石的親情、愛情與友情》（臺北：時報文化，二〇一一年）；汪朝光主編，《蔣介石的人際網絡》（北京：科學文獻出版社，二〇一一年）。

【蔣介石的休閒生活】

〈觀影劇——蔣介石生活的一頁〉

1. 《蔣中正日記》，民國廿四年二月廿四日。《蔣中正總統文物——事略稿本》。因日記內文數字汙損難辨，故復參照事略稿本，意旨實無二致。

2. 馬克生，《孫中山在夏威夷》（臺北：近代中國出版社，民國八十九年八月），頁四八至五〇。

3. 一九一一年十月，武昌起義後，梅屋派遣M百代商會的優秀攝影師荻屋堅藏赴中國武漢拍攝，記錄了革命軍在漢口、漢陽英勇戰鬥的實況。

4.《梅屋庄吉文書》。轉引自俞辛焞，《孫中山、宋慶齡與梅屋莊吉夫婦》（北京：中華書局，一九九一年七月），頁四二。
5. Daniel S. Levy著、杜默譯，《雙槍馬坤》（臺北：大塊文化，二〇〇一年八月），頁二〇二。
6.《雙槍馬坤》，頁二一三、二一四。
7.《蔣中正日記》，民國十一年十月十九日及十二年四月六日。
8. 上海《時報》刊載魯潼平撰〈蔣天人等過日再記〉。轉引自王曉華、張慶軍主編，《蔣介石的家事與國事》（北京：團結出版社，二〇一〇年六月），頁七二、七三。報導文中，將影片片名記爲「A Taxi In Kiss」，應屬誤植。
9. 許廣平，〈記魯迅先生的娛樂〉http://www.millionbook.net/mj/l/luxun/001/005.htm。
10. 王振星，〈魯迅與電影〉http://www.millionbook.net/mj/l/luxun/001/005.htm。
11.《事略稿本》第七冊（臺北，國史館典藏），頁三〇一。
12.《事略稿本》第七冊，頁三一六。
13.《事略稿本》第七冊，頁四八五。
14. 董顯光，《蔣總統傳》。
15.《事略稿本》第九冊，頁七九。
16.《事略稿本》第九冊，頁七七。
17.《事略稿本》第九冊，頁四八。
18. 南京《中央日報》第三張第四版，民國廿年二月二日、三日。

19. 南京《中央日報》第三張第四版，民國廿年二月四日。
20. 虞吉等著，《中國電影史綱》（重慶：西南師範大學出版社，二〇〇八年二月），頁二五。
21. 虞吉等著，《中國電影史綱》，頁二六。蠟盤配音，是將聲音錄在特製的蠟盤唱片上，再使用一種與放映機同步的唱機為影片配音。
22. 虞吉等著，《中國電影史綱》，頁二七。
23. 〈蔣中正電陳果夫電影教育多編民族模範及亡國苦痛劇〉，民國廿二年四月十九日（臺北：國史館典藏）。
24. 〈賀衷寒電蔣中正籌畫攝製電影及編撰劇本事宜辦理情形以後關於此事自當商承陳果夫辦理〉，民國廿二年四月十五日（臺北：國史館典藏）。
25. 〈蔣中正電囑陳果夫賀衷寒速設備有聲電影事業〉，民國廿二年五月廿七日（臺北：國史館典藏）。
26. 〈蔣中正電陳果夫限期派人主持電影宣傳與教育〉，民國廿三年九月十二日。《蔣中正總統文物》（臺北：國史館典藏）。
27. 〈蔣中正委員長致朱益之主任電〉，民國廿四年三月十三日。《蔣中正總統文物》（臺北：國史館典藏）。
28. 〈上海特別委員會電蔣中正左翼分子田漢沈端先苗盾錢杏邨混入電影界大量製造普羅影片有宣傳階級鬥爭鼓吹農民暴動暗示貧富對立等意識而電影檢查委員會竟一一予以通過請查明賜予撤職嚴辦〉，民國廿三年二月十三日（臺北：國史館典藏）。
29. 〈邵元沖電蔣中正請中央修改電影檢查法及改組電影檢查委員會〉，民國廿二年十一月廿日（臺北：國史館典藏）。
30. 邵元沖，〈最近宣傳事業之推進〉，民國廿三年三月廿六日在中央總理紀念週講演。中國國民黨中央

31. 黨史委員會編印，《邵元沖先生文集》（臺北：民國七十二年六月），頁二二一。

32. 〈潘公展電蔣中正請立令電檢會撤銷大光明影戲院准映執照禁映生活影片及國際大祕密兩片〉，民國廿四年一月十九日（臺北：國史館典藏）。

33. 〈羅剛電蔣中正遵命禁止大光明影戲院映演國際大祕密及生活影片並調銷執照〉，民國廿四年一月廿二日。《蔣中正總統文物》（臺北：國史館典藏）。

34. 〈蔣中正電陳果夫、熊式輝將南昌總會所徵集之新生活運動劇本與電影片送南京上海各電影公司研究並予獎金〉，民國廿四年二月廿四日。《蔣中正總統文物》（臺北：國史館典藏）。

35. 《蔣中正日記》，民國廿四年一月十七日。

36. 《蔣中正日記》，民國廿五年二月十四日。

37. 南京《中央日報》第二張第一版，民國廿一年十月廿一日。

38. 南京《中央日報》第二張第四版，民國廿三年二月廿五日。

39. 賽珍珠著、尚營林等譯，《我的中國世界》（湖南文藝出版社，一九九一年十一月），頁三一四、三一五。原書名爲*My Several Worlds*，一九五四年出版，爲賽珍珠首部自傳，敘述她在中國、美國、日本的生活經歷，但重心在中國。

40. 南京《中央日報》第二張第三版，民國廿三年二月十一日。

41. 〈蔣中正委員長致中央黨部電影事業指導委員會委員邵元沖電〉，民國廿三年（臺北：國史館藏檔案）。

42. 蕭知緯，〈《大地》拍攝過程中的中美糾紛〉。《廿一世紀雙週刊》總第一〇九期，二〇〇八年十月。

43. 上海《良友》半月刊第八八期（上海：良友圖書，民國廿三年五月十五日），頁二八。

43. 賽珍珠著、尚營林等譯，《我的中國世界》，頁四四九、四五〇。
44. 〈李日明呈蔣中正委員長電〉，民國廿四年六月廿八日，洛杉磯。
45. 嚴彥、熊學莉等著，《陪都電影專史研究》，附錄二：一九三九——一九四五年重慶上映電影目錄，頁一二二（北京：中國傳媒大學出版社，二〇〇九年二月）。
46. 張偉，《談影小集——中國現代影壇的塵封一隅》（臺北：秀威資訊，二〇〇九年十一月），頁二六八。
47. 《蔣中正日記》，民國卅三年一月九日。
48. 《蔣中正日記》，民國卅三年十一月一日。
49. 《蔣中正日記》，民國四十九年十一月十三日。
50. 《蔣中正日記》，民國卅六年三月五日。
51. 《事略稿本》第廿五冊，頁四七八。
52. 《事略稿本》第廿五冊，頁四八〇。
53. 《蔣中正日記》，民國四十九年一月廿七日、廿八日。
54. 臺北，財團法人中正文教基金會保管。
55. 《蔣中正日記》，民國卅九年十二月卅一日。
56. 《蔣中正日記》，民國四十七年一月十六日。
57. 《蔣中正日記》，民國四十八年十一月七日。
58. 《蔣中正日記》，民國四十四年十一月十一日。

59.《中央日報》版八，民國五十年十二月十五日。
60.《中央日報》版八，民國五十一年十二月十二日。
61.《中央日報》版八，民國五十一年十二月十五日。
62.《蔣中正日記》，民國五十一年十一月廿日。
63.《中央日報》，民國五十一年十二月廿七日。
64. 黃仁，《中外電影永遠的巨星》（臺北：秀威資訊，二〇一〇年六月），頁七四至七五。
65. 黃仁，《中外電影永遠的巨星》，頁七八。
66.《蔣中正日記》，民國四十五年十月廿五日。
67. 臺北，財團法人國家電影資料館 http://catalog.digitalarchives.tw。
68.《事略稿本》第廿五冊，頁五〇五。
69.《蔣中正日記》，民國四十二年十月十七日。
70.《蔣中正日記》，民國四十二年十月十八日。
71. 毛思誠，《民國十五年以前之蔣介石先生》卷一，秦孝儀重校本（臺北，民國六十年十月），頁三二。
72.《蔣中正日記》，民國四十三年五月十六日。
73.《碧血黃花》影片（臺北：國家電影資料館典藏）。
74. 陳鵬仁主編，《蔣夫人宋美齡女士言論選集》（臺北：近代中國出版社，民國八十七年五月），頁三五一。
75. 勞森的回憶錄在美國出版後第二年，民國卅二年，在重慶就有譯本，即徐遲、錢能欣合譯，〈我轟

76. 炸東京〉，由時代生活出版社。嚴彥、熊學莉等著，《陪都電影專史研究》，附錄二：一九三九－一九四五年重慶上映電影目錄，頁一二六、一三一。
77. 《蔣中正日記》，民國四十年八月十四日。
78. 秦孝儀總纂，《總統蔣公大事長編初稿》卷五上冊（臺北：民國六十七年十月），頁六一。
79. 秦孝儀總纂，《總統蔣公大事長編初稿》卷五上冊，頁九六。
80. 黃仁，《日本電影在臺灣》（臺北：秀威資訊，二〇〇八年十二月），頁二二七至二二八。
81. 《蔣中正日記》，民國五十四年十二月十日、十二月卅一日，
82. 《蔣中正日記》，民國五十一年十二月卅一日。
83. 《蔣中正日記》，民國五十一年一月廿二日。
84. 《蔣中正日記》，民國五十年十一月廿六日
85. 《蔣中正日記》，民國五十四年十月廿一日及廿三日。
86. 《蔣中正日記》，民國五十三年十二月十九日。
87. 《蔣中正日記》，民國五十八年二月十一日。
88. 《蔣中正日記》，民國五十八年十二月廿一日。
89. 《蔣中正日記》，民國卅九年一月一日。
90. 《蔣中正日記》，民國五十五年九月三日。
91. 王丰，《宋美齡的美麗與哀愁》（臺北：華谷文化，二〇〇三年），頁四六至四七。另參見翁元口述、

王丰記錄，《我在蔣介石父子身邊的日子》（臺北：圓神，二〇〇一年十一月），頁一〇一。翁元說：蔣老先生不受好片子誘惑，就寢時間一到，一定叫暫停，在看過的段落作記號，等明天或改天再看。印象中，老先生很少一次看完一整部電影，要分成好幾處才看完一部。

92. 《蔣中正日記》，民國四十一年四月廿四日。
93. 王丰，《宋美齡的美麗與哀愁》頁四七。
94. 《蔣中正日記》，民國卅八年五月一日、五月五日。
95. 《蔣中正日記》，民國卅八年五月十三日。
96. 王丰，《宋美齡的美麗與哀愁》頁四七。
97. 《蔣中正日記》，民國五十八年九月廿八日。
98. 《蔣中正日記》，民國五十八年十月十七日。
99. 翁元口述、王丰記錄，《我在蔣介石父子身邊的日子》，頁一〇〇。另參見陳宗璀，《士林官邸三十年》（臺北：麥田，二〇〇一年六月），頁一〇三。
100. 陳宗璀，《士林官邸三十年》，頁一〇三、一〇四。
101. 《蔣中正日記》，民國四十四年四月廿一日。
102. 《蔣中正日記》，民國四十七年六月十三日。
103. 《蔣中正日記》，民國卅年一月一日。
104. 《蔣中正日記》，民國卅九年十一月六日。
105. 《蔣中正日記》，民國四十四年十二月廿二日。

106.《蔣中正日記》，民國五十九年八月三日。

107.《蔣中正日記》，民國五十九年七月一日。

108.《蔣中正日記》，民國五十九年七月四日。蔣中正自六月以來，在腸胃及泌尿面均發生異樣，打嗝、血尿使他體力衰弱，日記字跡多呈抖狀。

〈蔣介石與戰後中國電影〉

1. 葉龍彥，《光復初期臺灣電影史》（臺北：國家電影資料館，一九九四年），頁一二八至一四八。

2. 〈中國國民黨第七屆四十八次中央委員會常務委員會會議記錄〉，一九五三年七月廿二日，中國國民黨中央文化傳播委員會黨史館藏。事實上，國民黨中四組從一九五〇年十二月起即參與電檢工作，並於一九五三年起定期召集電影檢查會議，成爲電檢工作幕後主控單位。鄭玩香，〈戰後臺灣電影管理體系之研究（一九五〇—一九七〇）〉（中壢：中央大學歷史研究所碩士論文，二〇〇一年），頁六四。

3. 蔣介石，〈民生主義育樂兩篇補述〉，秦孝儀總編纂，《先總統蔣公思想言論總集》卷三（臺北：中國國民黨中央委員會黨史委員會，一九八四年），頁二三九至二四〇。

4. 蔣介石，〈民生主義育樂兩篇補述〉，頁二四九。

5. 盧非易，《臺灣電影：政治、經濟、美學（一九四九—一九九四）》（臺北：遠流，一九九八年），頁三五至三七。

6. 〈反共抗俄總動員會議第廿八次會報會議記錄〉，一九九五年五月廿五日，中國國民黨中央文傳會黨史館藏，檔號：7.6/53。

7. 《蔣中正日記》，民國四十五年七月一日，本月大事預定表。

8.《蔣中正日記》，民國四十七年六月廿四日。值得注意的是《奔》於一九五六年拍攝完成，但到一九五八年蔣才正式看到。
9.《蔣中正日記》，民國五十年六月十一日。
10. 參見龔弘口述，龔天傑整理，《龔弘回憶錄》（臺北：皇冠文化，二〇〇五年），頁一〇八至一〇九。按：《蚵女》是一九六四年中影製作並上映之電影。
11.《蔣中正日記》，民國卅四年五月卅一日、七月廿八日、十月廿六日、民國卅六年一月三日。
12. 按勵志社放映電影予軍人觀賞，是一九二九年成立後即有工作，並執行影片拍攝工作。總幹事黃仁霖不諱言深得蔣介石夫婦信任，使外間視該社爲領導人家務的外圍。黃仁霖，《黃仁霖回憶錄》（臺北：傳記文學社，一九八四年），頁四五、四九、二三九。
13.《蔣中正日記》，民國卅五年四月四日。
14.《蔣中正日記》，民國四十五年四月廿五日。
15.《蔣中正日記》，民國卅六年十二月二日。
16.《蔣中正日記》，民國卅八年二月廿一日。
17.《蔣中正日記》，民國卅八年七月三日。類似記載亦見民國四十一年一月九日。
18.《蔣中正日記》，民國四十六年十月十二日。
19.《蔣中正日記》，民國四十一年三月卅一日。
20.《蔣中正日記》，民國四十一年一月廿七日、民國四十七年三月卅日。
21.《蔣中正日記》，民國卅九年十二月一日。
22. 據前侍衛室副主任（後任副侍衛長）陳宗璀回憶，通常是每星期三集會，時間一小時。陳宗璀，《士林官邸卅年：陳宗璀回憶錄》（臺北：麥田，一九九六年），頁九七。《蔣中正日記》，民國四十年一月卅一日。

23.《蔣中正日記》，民國卅九年十二月卅一日。

24.《中央日報》版八，民國五十年十二月十五日；版八，民國五十一年十二月十五日。

25.《蔣中正日記》，民國卅三年八月廿三日。

26.《蔣中正日記》，民國卅九年十月廿一日、民國四十一年十一月十三日。

27.《蔣中正日記》，民國四十年十一月二日。

28.〈呈復鈞座指示陸海軍特種訓練與專長訓練拍攝電影辦理情形恭請鑒核由〉，部隊放映影片案，國防部史政室檔案，總檔案號：00049616。

29.《蔣中正日記》，民國卅二年一月三日。程季華稱許《前程萬里》表達香港工人支援抗戰愛國精神，亦揭露香港社會生活黑暗。《塞上風雲》至西北取實景拍攝，著重各民族合作抗日。程季華主編，《中國電影發展史》，卷二（北京：中國電影出版社，一九六三年），頁五三至五四、八五。

30.《蔣中正日記》，民國四十六年十一月十日。事實上，《春去也》是以徐訏小說改編，李湄主演，上映後頗爲轟動，不盡如蔣觀影所言般之「不堪」。

31.葉龍彥，《光復初期臺灣電影史》，頁八九至九九。粵語片影人吳楚帆曾指出：粵語片在拍攝期長，高額場租壓力下，市場小於國語片，故業者裹足不前。國語片業者利用香港的製片廠房拍片，使原拍粵語片工作人員也轉向。直至一九四七年起，粵語片從業人員方逐漸回籠，以「十天一拍」方式降低製片成本。吳楚帆，《吳楚帆自傳》（臺北：龍文，一九九四年），頁一一五至一二四。

32.詳見葉龍彥，《光復初期臺灣電影史》，頁九九至一一〇。其中部分國片是以粵語片加國語拷貝，或以舊影片翻印新拷貝，畫質不佳，令觀眾大倒胃口，導致國片嚴重衰落。陳紀瀅提到，一九四九年八月攜家帶眷從廣州來臺，在臺北半年所見，以美片日片最多，國片較少。造成該一印象，當與二三輪戲院放映日片有關。陳紀瀅，〈十年來的臺灣文藝運動〉收入謝然之編，《臺灣十年》（臺北：臺灣新生報社，一九五五年），頁二六五。

33. 《蔣中正日記》，民國卅三年十月十日。
34. 《蔣中正日記》，民國卅三年十一月一日。
35. 《蔣中正日記》，民國五十二年四月十五日。
36. 潘光哲訪問，溫楨文記錄，〈戴位珩先生訪問記錄〉，收入：黃克武等訪問，周維朋等記錄，《蔣中正總統侍從人員訪問記錄》下（臺北：中央研究院近代史研究所，二〇一二年），頁四四〇。
37. 沈懷玉訪問，周維朋記錄，〈鄭敦浦先生訪問記錄〉，收入：黃克武等訪問，周維朋等記錄，《蔣中正總統侍從人員訪問記錄》上，頁六三六。
38. 《蔣中正日記》，民國四十一年十一月九日。
39. 《蔣中正日記》，民國四十一年十一月，民國五十一年二月廿日、九月十八日。
40. 陳宗瓘，《士林官邸三十年：陳宗瓘回憶錄》，頁一〇四。
41. 蔣自己的日記確有觀影未完即就寢描述，如一九五三年一月三日。翁元口述，王丰筆記，《我在蔣介石父子身邊的日子》（北京：中華書局，一九九四年），頁七九至八〇。
42. 《蔣中正日記》，民國卅九年十一月一日。按前一日即十月卅一日，蔣的陽曆生日。如在士林官邸放映電影時，蔣氏夫婦坐於前方，有親屬或賓客即加放座椅，內務人員與警衛則於後方找地方坐。陳宗瓘，《士林官邸三十年：陳宗瓘回憶錄》，頁一〇三。
43. 《蔣中正日記》，民國四十一年二月三日。

44.《蔣中正日記》，民國卅九年八月十一日。
45.《蔣中正日記》，民國四十年一月十三日。
46. 負責對外交涉的是勵志社出身的袁道生。翁元口述，王丰筆記，《我在蔣介石父子身邊的日子》，頁七九。
47.《蔣中正日記》，民國四十年八月十四日。
48.《蔣中正日記》，民國四十五年十一月八日、十一月九日雜錄。
49.《蔣中正日記》，民國四十五年二月廿三日、四十六年七月十五日。
50.《蔣中正日記》，民國四十年年八月十二日。
51.《蔣中正日記》，民國四十一年二月十五日。
52.《蔣中正日記》，民國四十七年一月九日。
53.《蔣中正日記》，民國四十六年三月廿五日。
54. 前者見陳宗璀，《士林官邸三十年：陳宗璀回憶錄》，頁一〇三。後者見沈懷玉訪問，李品寬記錄，〈應舜仁先生訪問記錄〉，收入：黃克武等訪問，周維朋等記錄，《蔣中正總統侍從人員訪問記錄》上，頁四六四。
55.〈第十二次會報總裁指示〉，一九五三年五月廿日，中國國民黨中央委員會秘書處編，《四十二年度反共抗俄總動員會議會報決議彙編》（臺北：編者印行，一九五四年），頁二四三。
56.〈張厲生、俞鴻鈞呈〉，一九五四年九月廿日，《總裁批簽》，中國國民黨中央文傳會黨史館藏；盧非易，《臺灣電影：政治、經濟、美學（一九四九－一九九四）》，頁六六；黃仁，《電影與政治宣傳》（臺北：萬象出版社，一九九四年），頁三五；沙榮峰，《繽紛電影四十春：沙榮峰回憶錄》（臺北：

國家電影資料館，一九九四年），頁一四。

57. 此部分敘述，歸納自鄭玩香，〈戰後臺灣電影管理體系之研究（一九五〇—一九七〇）〉，頁一三七；陳景峰，〈臺灣電影明星之塑造（一九四九—一九八七）〉（臺北：臺灣師範大學歷史學系博士論文，二〇一〇年），頁一二六至一二八。

58. 國民黨之補助，如一九六三年五月下旬港九自由影劇總會改選完成，海外對匪鬥爭工作統一指導委員會即照「往例」一次過補助港幣二百元。阮毅成遺著，〈中央工作日記（六十一）〉，卷九七期四（二〇一〇年十月），頁一二九。自由總會的重要收入，是在透過片商審查繳付各項證明費，核發證照入臺上映之規定，隨著香港入臺影片數量增多，收入豐厚，得以壯大組織。左桂芳、姚立群編，《童月娟回憶錄暨圖文資料彙編》，頁一四四。

59. 《關山行》仿效美片《巴士站》，但加上海內外影人團結主題。資深影評人及研究者黃仁認爲中影製片類型嘗試迎合世界潮流，並非千篇一律黨八股。黃仁，〈開拓臺灣影業的製片人李葉〉，《傳記文學》卷九五期一（二〇〇九年七月），頁五六至五七。

60. 沙榮峰，《繽紛電影四十春：沙榮峰回憶錄》，頁一一、二七。照童月娟之說，該組織原爲一九五三年夏天由少數粵語和國語臨時演員所組成的工會，因無法維持（會長鄺山笑即因財務問題「投共」），該會交給王元龍與張善琨運作，二人利用拍片時要求員工加入該會，逐步擴大會員振容，一九五七年修改法規准許資方加入，才改用該名。左桂芳、姚立群編，《童月娟回憶錄暨圖文資料彙編》（臺北：財團法人電影資料館，二〇〇一年），頁一四二至一四三；姚鳳磐，〈叱吒卅餘年，演片數百部爲自由影業與匪鬥爭，五六年生命多彩多姿〉，《聯合報》版六，一九五九年七月廿一日。

61. 張冠，〈左道影人採「人釘人」戰術，向自由影人展開拆散攻勢〉，《聯合報》版六，一九五六年五月廿六日。

62. 杜雲飛、盧非易均有此觀察。曾西霸，〈由臺灣六〇年代電影反觀當今的有關問題〉，《電影藝術》，二〇〇五年期六（二〇〇五年十一月），頁一七四。

63. 何滿子，〈招國魂〉，《中央日報》版五（南京），一九四八年十一月十七日；《蔣中正日記》，民國卅七年十二月四日上週反省錄、十二月五日、十二月十一日上週反省錄。

64. 《益世報》（上海），一九四八年十二月廿一日，轉引自程季華主編，《中國電影發展史》，卷二，頁三一七。

65. 《蔣中正日記》，民國五十一年十一月十一日。

66. 《蔣中正日記》，民國五十一年十一月廿六日。龍芳由康樂總隊隊長，轉任臺灣電影製片廠廠長，即是李葉向蔣經國請示之結果。黃仁，〈開拓臺灣影業的製片人李葉〉，頁五〇至五一。影片於該年十二月廿日舉行影片發表會。

67. 〈吳鳳臺北演出收入，將達一百五十萬元。外景壯麗故事感人，女主角張美瑤竄紅〉，《聯合報》版十二，一九六三年一月一日。

68. 姚鳳磐，〈執導彩色國劇影片梁紅玉，卜萬蒼到臺灣來了〉，《聯合報》版八，一九六一年十月廿二日。

69. 姚鳳磐，〈拍攝國劇片梁紅玉，今開技術協調會議〉，《聯合報》版八，一九六二年十月廿四日；姚鳳磐，〈不拿片酬的女主角徐露〉，《聯合報》版八，一九六二年十二月五日。

70. 學者注意到吳越春秋之句踐王在不同時代有強調忍辱雪恥、十年生聚十年教訓、誅殺功臣等不同面向的題材及意義。冷戰時期臺灣強調雪恥以復國，中國強調生聚以反蘇。參見Paul A. Cohen, *Speaking to History: The Story of King Goujian in Twentieth Century China* (Berkeley, CA: University of California Press, 2009), pp. 87-135, 136-176.

71. 姚鳳磐，〈梁紅玉試映〉，《聯合報》版六，一九六三年五月九日。

72. 《蔣中正日記》，民國五十二年二月廿三日。蔣介石曾對徐露在電視平劇《遊園驚夢》的作表評價「甚工」(《蔣中正日記》,民國五十二年八月三日)。時隔僅半年,他確有可能用這種標準來看《梁紅玉》。

73. 《蔣中正日記》,民國五十二年九月廿四日。

74. 〈成名導演,有處人難〉,《聯合報》版六,一九六〇年四月一日。

75. 陳煒智,〈李翰祥〉,臺灣電影筆記 http://movie.cca.gov.tw/files/13-1000-1448.php?Lang=zh-tw,擷取日期:二〇一一年五月十五日。李是各類型均敢嘗試的導演,古裝史詩片又正好碰到彩色寬螢幕拍攝手法在好萊塢大行其道,這一時期港臺古裝片的拍攝也無形與此一趨勢相接軌。

76. 張徹原作,黃愛玲編,《張徹——回憶錄.影評集》(香港:香港電影資料館,二〇〇二年),頁三八。

77. 《蔣中正日記》,民國五十二年十一月四日、十一月十一日、十一月十七日。

78. 《中央日報》,一九六三年十二月廿一日;〈蔣經國主任接見李翰祥〉,《聯合報》版八,一九六三年十二月廿日。

79. 沙榮峰,《繽紛電影四十春:沙榮峰回憶錄》,頁八三至八五。

80. 《蔣中正日記》,民國五十二年四月十四日、十二月六日。

81. 李翰祥,〈「街頭巷尾」觀後〉《中央日報》版七,一九六三年十二月五日。李行前作《王哥柳哥遊臺灣》是臺語片,《街頭巷尾》是首部拍攝國語劇情片。

82. 《蔣中正日記》,民國五十二年十二月八日、十二日。

83. 龔弘口述,龔天傑整理,《龔弘回憶錄》,頁一〇〇。

84. 沙榮峰,《繽紛電影四十春:沙榮峰回憶錄》,頁八二。

85. 〈邵電息爭和解，昨在香港簽約〉，《中央日報》版七，一九六四年三月六日。

86. 蔣介石，〈第十一屆亞洲影展開幕書面致詞〉，一九六四年六月十四日，秦孝儀總纂，《蔣介石先生思想言論總集》，卷四十，頁一三二。

87. 左桂芳、姚立群編，《童月娟回憶錄暨圖文資料彙編》，頁一三六。

88. 沈劍虹回憶，這是蔣介石「唯一一次對他疾言厲色」。沈劍虹，《半生憂患——沈劍虹回憶錄》（臺北：聯經，一九八九年），頁一一七至一一八。蔣於責罵後亦於日記自省當日斥責態度與方式不當，「暴氣失態」。《蔣中正日記》，民國五十三年七月十五、十六日。

89. 沙榮峰，《繽紛電影四十春：沙榮峰回憶錄》，頁八四至八五；黃杰，《中興日記》（臺北：國防部史政局編印，一九九〇年），頁三九七〇至三九七一、三九九五至三九九六；〈蔣部長昨參觀「西施」大場景〉，《中央日報》版七，一九六五年五月廿日；〈蔣經國邀見李翰祥，詢問國聯業務〉，《聯合報》版八，一九六六年十一月廿二日。票房部分見黃仁，〈國聯公司〉，文建會臺灣大百科全書，http://taiwanpedia.culture.tw/web/content?ID=20924，擷取時間：二〇一一年五月廿九日。

90. 黃杰，《中興日記》，頁五〇三一、五〇三五、五一八二；〈國聯獲得貸款 經濟困境解除，即將開始恢復製片〉，《聯合報》版五，一九六八年一月四日；〈統一與國聯間，合作告一段落〉，《聯合報》版五，一九六九年二月廿七日。

【蔣介石的遊憩】

〈蔣介石的旅遊生活〉

1. 本文爲國科會一〇〇年度補助專題研究計畫「蔣介石的旅遊生活」（計畫編號：NSC 100-2410-H-0044-134-）部分研究成果。

2. 旅遊包含旅行與遊覽兩種行爲，定義並非一致，目前國際間所公認者爲瑞士學者漢澤克爾

（W.Hunziker）和克拉普夫（K.Krapf）提出，由旅遊科學專家國際聯合會通過的所謂「艾斯特定義（IASET）」：「旅遊是非定居者的旅行和暫時居留而引起的現象和關係的總和」。「旅遊」一詞正式出現之前，中國古代的旅遊活動，以「游」概括和表現。參見沈祖祥主編，《旅游與中國文化》（北京：旅游教育出版社，二〇〇二年九月），頁一至五。

3. 在日記開放之前，國史館藏《蔣中正總統文物》中的「事略稿本」及日記類鈔「五記」中的「游記」提供了主要的資料。

4. 方新德，〈從《日記》看蔣介石的故鄉情結〉，《浙江學刊》二〇一〇年第五期，頁二三至三〇。

5. 高純淑，〈蔣介石的『古鄉』情懷——從來臺後日記中的觀察〉，《蔣介石與世界國際學術研討會論文集》（臺北：中國文化大學史學研究所暨史學系，民國九十九年十月），頁二六一至二七六。

6. 《蔣中正日記》，民國十九年十一月，美國史丹佛大學胡佛研究所暫存；黃自進、潘光哲編，《游記》（臺北：國史館，二〇一一年十二月），頁四九。

7. 《蔣中正日記》，民國廿五年四月；黃自進、潘光哲編，《游記》，頁九四至九六。

8. 《事略稿本》第四十七冊（臺北：國史館，二〇一〇年七月），頁一九一至一九二。按：本段與《日記》、《游記》相對照，所記略有出入，但文義差異不大，內容上則較爲完整。

9. 黃自進、潘光哲編，《游記》，頁一一六。

10. 《蔣中正日記》，民國廿七年十月十六日。按：《游記》記爲十七日（頁一〇九），應爲誤記。

11. 方新德，〈從《蔣中正日記》看蔣介石的故鄉情結〉，《浙江學刊》二〇一〇年第五期，頁二三。

12. 《蔣中正日記》，民國廿八年十一月七日。

13. 《蔣中正日記》，民國廿八年九月廿二日。

14. 江西省文獻委員會編，《盧山續志稿》（一）（臺北：成文，民國六十四年臺一版），頁五二至五三。

15. 蔣氏在廬山居留時間爲一九三二年六至十月、一九三三年五至九月、一九三四年七至十月、一九三六年七至八月、一九三七年五至七月，見〈國民政府主席林蔣二公歷年駐山起居日錄 二十一年至三十五年〉，江西省文獻委員會編，《廬山續志稿》（一），頁一〇八至一五〇。

16. 《蔣中正日記》，民國廿六年三月六日。

17. 《蔣中正日記》，民國廿六年三月十二日。

18. 〈國民政府主席林蔣二公歷年駐山起居日錄 二十一年至三十五年〉，江西省文獻委員會編，《廬山續志稿》（一），頁一三九。

19. 黃自進、潘光哲編，《游記》，頁六四。

20. 姚欣，〈蔣介石宋美齡夏都行轅——廬山美廬別墅的建築特色〉，《南方文物》二〇一〇年第三期，頁一五三。

21. 江西省文獻委員會編，《廬山續志稿》（一），頁三一二。

22. 黃自進、潘光哲編，《游記》，頁六四。

23. 江西省文獻委員會編，《廬山續志稿》（一），頁三〇〇、三〇四；黃自進、潘光哲編，《游記》，頁七一至七二。

24. 蔣介石初到南京時，官邸暫設於城南三元巷，俟憩廬於一九二九年七月十二日動工興建，十月十四日落成後，蔣介石夫婦即長住於此。見盧海鳴、楊新華主編，《南京民國建築》（南京：南京大學出版社，二〇〇一年八月），頁三四七。

25. 除「國民政府主席官邸」外，小紅山官邸亦有「南京主席官邸」、「主席小紅山官邸」、「主席小紅山公邸」等稱呼。見盧海鳴、楊新華主編，《南京民國建築》，頁三五二。

26. 《蔣中正日記》，民國廿年五月廿日。

27. 玄武湖一名「後湖」，國民政府奠都南京後，一度更名「五洲公園」，蔣介石於日記中有遊覽「後湖」、「五洲公園」，均指玄武湖。

28. 日記中有作萬福寺，應爲同一地，寺內有僧人墓塔多座，爲塔林，「萬福林」應爲萬福寺塔林。該寺位於紫金山馬腰東，建於清代乾隆年間，抗戰爆發後，毀於日軍戰火。參見〈南京伊村飯店爲毛澤東而建火車可直通山洞隱蔽〉中「萬福寺遺址上有四座墓塔」節，《金陵晚報》，二〇一二年四月六日，《中國新聞網》http://big5.chinanews.com:89/cul/2012/04-06/3800087.shtml，二〇一二年十一月四日瀏覽。

29. 孫科，〈正氣亭記〉，盧海鳴、楊新華主編，《南京民國建築》，頁四七二。

30. 蔣介石於是日（民國廿年三月廿二日）日記記道：「（上午）九時到紫霞洞西之山腹正中，與紉秋堪輿，頗覺有趣也。」紉秋爲蕭萱字。據《事略稿本》同日載：「十時，與蕭萱同游紫霞洞，洞西山腹中，形勝可愛。萱知堪輿之術，指畫形勢告公。公笑曰：『山水之形勢，兵家所重，不意堪輿家言之，亦頗有趣。可見凡各專門科學之上，自又有一完整之學理在也。』」。見高素蘭編註，《事略稿本》第十冊（臺北：國史館，二〇〇四年七月），頁三一四。

31. 《蔣中正日記》，民國廿年五月廿三日。據《事略稿本》同日載：「下午，又往紫霞洞，登紫金山中峰，與劉檀君指點形勢，劉識堪輿之術。公稱爲一誠實之堪輿家也。」，但是「與」字以下字句，以毛筆勾除。見高素蘭編註，《事略稿本》第十冊（臺北：國史館，二〇〇四年十月），頁二二〇。按：劉松君，名崧申，曾任軍事委員會陸軍少將參議，爲明代開國功臣劉基後裔，通堪輿之學。生平見〈少將劉崧申君舊居〉，《中國劉基網》，http://www.cnljw.net/News_Blank.asp?ID=1359，二〇一二年十一月四日瀏覽。

32. 記曰：「正午與夫人同游紫霞洞西部正脈之要月野餐，擬建小亭以誌之。」見《蔣中正日記》，民國卅五年十一月十七日。

33. 盧海鳴、楊新華主編，《南京民國建築》，頁四七〇。

34. 盧海鳴、楊新華主編，《南京民國建築》，頁四七一至四七二；〈蔣介石大陸自選墓地之謎〉，《華夏經緯網》，二〇一〇年十月十二日，http://big5.huaxia.com/thpl/jwgc/2010/10/2122381.html，二〇一二年十月十九日瀏覽。

35. 《蔣中正日記》，民國卅六年十二月十三日。按：蕭萱，字紉秋。

36. 《蔣中正日記》，民國卅七年六月十九日：「正午與妻遊視紫霞洞原址，相度面積，擬重建也。在正氣亭野餐，心神爲之舒展，眼界亦甚廣也。」八月廿二日：「晚，設計紫霞洞新屋圖樣，十時就寢。」九月三日：「朝課後記事。到靈谷寺正氣堂致祭陣亡將士畢，巡視西墓與雨農之墓後，遊覽紫霞洞，勘察屋基，再至舊寓視察修屋，指示改正各點。」

37. 黃自進、潘光哲編，《游記》，頁一二四。

38. 〈山洞：小陪都也曾輝煌〉，《天涯社區——天涯論壇——樂游天下》，http://bbs.city.tianya.cn/tianyacity/Content/5111/1/13965.shtml，二〇一二年十月十九日瀏覽。

39. 秦孝儀主編，《國父全集》第九冊（臺北：近代中國出版社，民國七十八年十一月），頁五七九。

40. 林森，《峨嵋青城紀遊》（臺北：前國民政府故主席林森先生百年紀念籌備委員會，民國五十五年二月）。按：該書係由林森手書《峨山日記》及《青城消夏日記》兩部分組成。

41. 馬振犢，〈《蔣中正日記》原本與毛思誠作類抄、年譜比較初探——以一九二六年七月爲例〉，呂芳上主編，《蔣中正日記與民國史研究》（臺北：世界大同出版有限公司，民國一〇〇年四月），頁八五。

42. 《蔣中正日記》，民國十七年七月廿二日。

43. 見劉維開，《編遣會議的實施與影響》（臺北：臺灣商務印書館，民國七十八年三月），頁一四九至一五三。

44.《蔣中正日記》，民國十八年六月廿七日。

45.「此乃廿五年（按：漏一「前」字），余由粵經此，欲登岸遊覽而不可得之所也」，見《蔣中正日記》，民國卅五年十月廿六日。按：蔣氏於一九二一年十月，乘船由廣州赴上海，三日所乘船停靠基隆港數小時，日記記道：「上午十時船到基隆，下午五時開船。船中員役懶慢，器具狼藉，皆不如前。吾以此而知日本國運墮落，敗兆已見矣。」並未提及「登岸遊覽」一事。

46.《蔣中正日記》，民國廿四年七月廿五日。

47.《蔣中正日記》，民國卅五年十月廿一至廿七日。

48.《蔣中正日記》，民國卅五年十月廿四日。

49.《蔣中正日記》，民國廿七年八月廿一日。

50.《蔣中正日記》，民國廿七年八月廿三日。

51.《蔣中正日記》，民國卅五年二月廿二日。

52.《蔣中正日記》，民國廿四年二月廿二日。

53.《蔣中正日記》，民國十八年七月十一日。

54.《蔣中正日記》，民國卅六年五月三日。

55.《蔣中正日記》，民國廿一年二月三日。

56.《蔣中正日記》，民國廿四年五月十一日。按：「永樂帝」爲「永曆帝」之誤，該處立有「明永曆帝殉國處」石碑。

57.《蔣中正日記》，民國廿四年十月廿三日。

58. 《蔣中正日記》，民國廿一年二月四日。
59. 《蔣中正日記》，民國廿五年十一月十三日。
60. 黃自進、潘光哲編，《游記》，頁五十。
61. 《蔣中正日記》，民國廿四年四月廿八日。王陽明在龍場辦龍岡書院，有「千古龍岡漫有名」詩句，居所命名「玩易窩」，作〈玩易窩記〉，《日記》所引「而不知其夷之爲扼」之「扼」應爲「厄」。
62. 《蔣中正日記》，民國卅五年二月廿二日。
63. 胡平生，〈行色匆匆：一九四七年蔣介石的兩次北巡〉，《中央研究院近代史研究所集刊》第六六期（臺北：中央研究院近代史研究所，民國九十八年十二月），頁一一六。
64. 黃自進、潘光哲編，《游記》，頁一。
65. 黃自進、潘光哲編，《游記》，頁一二三。
66. 黃自進、潘光哲編，《游記》，頁一〇。
67. 《蔣中正日記》，民國十四年三月卅一日。
68. 〈軍事教育應用天然景物之重要〉，民國廿三年九月廿三日在廬山軍官團講，《蔣公思想言論總集》，卷十二演講，頁五一五至五一六。
69. 〈風清月朗憶峨嵋〉，民國廿四年九月十三日出席峨嵋軍訓團中秋賞月會講，《蔣公思想言論總集》，卷十三演講，頁四三一至四三二。
70. 黃自進、潘光哲編，《游記》，頁五二。
71. 《蔣中正日記》，民國廿三年五月五日。
72. 《蔣中正日記》，民國廿一年六月九日。

73. 楊奎松，〈關於蔣中正日記的史料價值問題——以一九四九年蔣介石下野及其對北平和談的影響爲內〉，中國社會科學院近代史研究所編，《民國人物與民國政治》（北京：社會科學文獻出版社，二〇〇九年九月），頁三五九。
74. 《蔣中正日記》，民國卅八年三月廿日。
75. 《蔣中正日記》，民國卅八年四月十三至十四日。按：沈明臣，浙江寧波人，明萬曆年間，撰〈四明山遊記〉一文，記述遊覽石窗一路風景。
76. 黃自進、潘光哲編，《游記》，頁四八。按：《日記》僅書「心煩抑鬱」（民國十八年七月卅一日）。
77. 《蔣中正日記》，民國廿年十月十四日。
78. 《蔣中正日記》，民國廿六年八月九日。
79. 《蔣中正日記》，民國廿六年八月十日。
80. 《蔣中正日記》，民國廿六年八月十一日。
81. 黃自進、潘光哲編，《游記》，頁六三。
82. 秦孝儀，〈總統的修持與天趣〉，曹聖芬編，《蔣總統的生活與修養》（臺北：蔣總統對中國及世界之貢獻叢編編纂委員會，民國五十六年十月），頁一九二。
83. 《蔣中正日記》，民國廿六年十二月八日。
84. 《蔣中正日記》，民國廿六年十二月九日。
85. 《蔣中正日記》，民國廿六年十二月十四日。
86. 《蔣中正日記》，民國卅七年二月廿九日後「上月反省錄」。
87. 《事略稿本》民國卅七年二月廿九日，《蔣中正總統文物》，國史館藏。

88. 《蔣中正日記》，民國廿八年十一月十五日。
89. 《蔣中正日記》，民國卅一年九月十三日。
90. 《蔣中正日記》，民國卅一年九月卅日後「本月反省錄」。
91. 《蔣中正日記》，民國廿一年二月五日。
92. 《蔣中正日記》，民國卅八年四月七日。
93. 董顯光只說是在隨國民政府特派考察日本歐美專使杜錫珪出國訪問結束之後，與陳景韓一同到溪口，並未說明確切時間，查杜錫珪係一九三〇年十月返國，據《事略稿本》，陳景韓等係十一月六日至武嶺，而據董氏回憶內容，與《事略稿本》記陳景韓等在溪口活動大致吻合，因此董氏至溪口時間，應爲十一月初。見周琇環編註，《事略稿本》第九冊（臺北：國史館，二〇〇四年十二月），頁一一二至一一六。
94. 董顯光著、曾虛白譯，《董顯光自傳》（臺北：臺灣新生報社，民國六十三年），頁五三。
95. 謝幼田整理，《居正日記書信未刊稿》第四冊（桂林：廣西師範大學出版社，二〇〇四年五月），頁一〇六，民國卅八年四月十四日。
96. 《蔣中正日記》，民國廿二年十二月卅一日。
97. 〈閩邊巡禮〉，《蔣夫人言論集》上集（臺北：中華婦女反共聯合會，民國六十六年十二月二日），頁四六〇至四六一。
98. 郭岱君說：「蔣幾十年的日記裡，一點都不羅曼蒂克。」僅有兩處可以看出蔣的眞情。一處是一九二七年十二月一日，蔣寫道：「見余愛姍姍而出，如雲霞飄落，平生未有之愛情於此一時間並現，不知余身置何處矣。」郭認爲這應是日記裡最羅曼蒂克之處。另一處是在抗戰期間，宋美齡赴美爭取援助，蔣送宋至機場，日記寫道，他與愛妻「低頭不忍相望」，「心甚悽楚」等等。〈從日記看蔣介石剛毅至深顯眞情〉，《旺報》，二○一一年六月六日，http://tw.news.yahoo.com/article/url/d/a/110606/140/2stba.html。

99. 《蔣中正日記》，民國廿四年四月十三日。

100. 〈西南漫遊〉，《蔣夫人言論集》上集，頁四六○至四六一。

101. 《蔣中正日記》，民國廿四年二月廿四日。按：「俱樂」應爲「娛樂」，《游記》記道：廿四日晚，與夫人食於俄國餐館，觀音樂會，曰：「觀之精神悅快，可知游藝與娛樂，亦不可少也。」見黃自進、潘光哲編，《游記》，頁八四。

102. 沈祖祥主編，《旅游與中國文化》，頁四。

〈蔣介石的草山歲月——從日記中的觀察〉

1. 施季言，〈序言〉，《陽明山管理局一年》（臺北：陽明山管理局，一九五○年），頁一。

2. 《臺灣日日新報》於一九二七年八月廿七日公告的臺灣八景爲八仙山、鵝鑾鼻、太魯閣峽、淡水、壽山、阿里山、日月潭、基隆旭岡；十二勝爲八卦山、草山北投、角板山、太平山、大里簡、大溪、霧社、虎頭埤、獅頭山、新店碧潭、五指山、旗山。見宋南萱，《〈臺灣八景〉從清代到日據時期的轉變》（國立中央大學藝術學研究所碩士論文，二○○○年六月）。

3. 郭中端研究主持，《陽明山國家公園日式溫泉建築調查研究》（臺北：內政部營建署陽明山國家公園管理處，二○○三年），頁一。

4. 《蔣中正日記》，民國卅五年十月廿六日後之「上星期反省錄」。

5. 《蔣中正日記》，民國卅五年十月廿二日。

6. 《蔣中正日記》，民國卅五年十月廿六日。

7. 〈蔣介石電陳誠請適心修養不必憂慮時局〉，一九四八年十月卅日，國史館藏《蔣中正總統文物》，典藏號002-080200-0035-108。
8. 《蔣中正日記》，一九四八年十二月十日。
9. 《陳誠回憶錄——建設臺灣》上，（臺北：國史館，民國九十四年七月）〈臺政一年〉，頁一九。
10. 林桶法，〈從溪口到臺北：第三次下野期間蔣介石的選擇〉，《國史館學術集刊》第十三集（二〇〇七年九月），頁一〇六至一〇七。
11. 《蔣中正日記》，民國卅五年十月廿六日。
12. 〈谷正綱、陳雪屏電蔣經國〉，一九四九年六月十三日，國史館藏《蔣中正總統文物》，典藏號002-080200-00660-060。
13. 〈陳舜耕電蔣經國〉，一九四九年七月廿一日，國史館藏《蔣中正總統文物》，典藏號002-080200-00661-012。
14. 〈蔣經國電陳舜耕〉，一九四九年十一月廿八日，國史館藏《蔣中正總統文物》，典藏號002-080200-00640-046。
15. 《蔣中正日記》，民國卅八年八月一日。
16. 《蔣中正日記》，民國卅八年八月二日。
17. 國防研究院自民國四十八年四月十五日正式開學，迄至六十一年九月卅日奉令停辦，共舉辦十二期之教育，受訓研究員達七三三人，歷年編纂專書及研究專篇共二二〇〇種，收藏珍貴圖書達十八萬冊。
18. 興建委員會由國軍退除役官兵輔導委員會主任委員趙聚鈺陽明山管理局局長潘其武、國防研究院主任張其昀、行政院秘書長謝耿民、總統府侍衛長郝柏村、中央銀行總裁徐柏園、中央黨部秘書長谷鳳翔、中國國民黨中央常務委員黃朝琴、國防部副部長馬紀壯、考試院考試委員盧毓駿等十人組成。

19. 施季言（一八九〇—一九八三），江蘇海門人。一九四八年起擔任武嶺學校校務長，一九四九年八月出任草山（陽明山）管理局局長，一九五二年任東吳大學校長。

20. 周碧（一八八二—一九八〇），字瑞璧，和尚洲（今蘆洲）人。早年追隨基隆顏家顏雲年（一八七四—一九二三）、顏國年（一八八六—一九三七）兄弟，主持雲泉商會改組。日本藤田組技師近江時五郎評爲顏雲年事業成功的「三羽烏」之一。一般認爲顏雲年承接藤田組事業，周碧與翁山英（一八八五—？）的籌畫周旋，關係尤大。日本人譽周碧爲「顏雲年身上之懷刃，能斬奸與除邪」。昭和中助臺陽礦業抗衡日本礦業株式會社；戰後助顏欽賢復興事業，有云「無周碧將難有日後之臺陽」，周碧一生成爲顏家的事業功臣與守護神。

21. 施季言，《陽明山管理局一年》（臺北：陽明山管理局，一九五〇年），頁八五。

22. 施季言，《陽明山管理局一年》，頁一。

23. 張其昀，〈陽明山區新方志序〉，中華學術院臺灣新方誌編輯委員會，《陽明山新方誌》（臺北：中華學術院，一九七二年二月），頁一。

24. 蔣君章，〈沿革〉，中華學術院臺灣新方誌編輯委員會，《陽明山新方誌》（臺北：中華學術院，一九七二年二月），頁三。

25. 陳保泰（一九〇九—一九八〇），浙江諸暨人。一九五〇年初，奉派浙江省舟山群島防衛司令部任秘書長職，一九五〇年八月至一九五一年四月任高雄市市長。一九五二年八月接任陽明山管理局局長。

26. 周象賢（一八八五—一九六〇），別名企虞，定海（今浙江舟山）人。一九二七年，先後任盧山管理局局長、治淮委員會主任、揚子江水利委員會主任等職。並於一九二八年十一月至一九三〇年八月、一九三四年二月至一九三七年十二月、一九四五年九月至一九四八年十月三度任杭州市長。

27. 潘其武，福建長樂人，交通大學畢業，曾任軍統局主任秘書、保密局副局長、保密局辦公廳主任等要職。

28. 施季言，《陽明山管理局兩年》，頁一五三。

29. 詳見〈臺北縣李建興昆仲捐獻陽明山公園用地記〉（總統府秘書長華陽張嫙撰文、總統府資政至德許世英書丹）：「臺灣爲中華民國復興基地，生聚教訓底於殷盛，臺北市乃中樞所在，實比陪都，居人逾百萬，四郊多名勝，暇日登臨發舒情志，而陽明山公園尤擅林壑之美，花時遊覽者特眾，園地廣袤逾三公頃，先爲日人山本炭礦株式會社所有，臺灣光復歸工礦公司接管，迨政府實施耕者有其田政策，公司轉售民營，遂歸臺北縣李君建興兄弟之海山煤礦，民國五十二年臺灣光復節，李君偕其弟建成、建川、建和，姪儒聰等復以之呈獻總統。自言微總統神武光復斯土，建興兄弟寧有今日，少承先人之教，略知大義，感戴盛德，追念親恩不能自己，遂有茲舉。李君之父母劬勞致富，善行至今爲州里所稱，故其家風篤美。總統嘉納李君用意，乃命將所獻土地交與地方政府，使公園名實相符，並頒匾額褒其義舉。夫專丘壑擅園林以快其私，人情之常，李氏兄弟有此勝地而獻諸總統，總統復使歸諸國家眾樂之宏抱尚義之淳風，上下交美，宜有所紀，謹述其本末刊石以告來者。中華民國五十三年甲辰仲秋穀旦。」

30. 《蔣中正日記》，民國四十四年一月八日。

31. 《蔣中正日記》，民國四十六年一月一日。

32. 王宇高、王宇正同編，《蔣總統游記》卷一，一九二〇年十一月廿三日。

33. 王宇高、王宇正同編，《蔣總統游記》卷一，一九二〇年八月十三日。

34. 施季言，《陽明山管理局兩年》（臺北：陽明山管理局，一九五一年八月），頁一五三。

35. 《蔣中正日記》，民國四十八年三月廿日。

36. 施季言，《陽明山管理局兩年》，頁一五三。
37. 施季言，《陽明山管理局兩年》，頁一五三。
38. 《蔣中正日記》，民國四十七年六月廿八日。
39. 《蔣中正日記》，民國四十六年六月廿七日。
40. 《蔣中正日記》，民國四十八年六月廿二日。
41. 陳保泰，《陽明山管理局三年》（臺北：陽明山管理局，一九五二年八月），頁四。
42. 陳保泰，《陽明山管理局三年》，頁四。
43. 《蔣中正日記》，民國卅五年十月廿二日。
44. 《蔣中正日記》，民國卅九年三月卅一日。
45. 蔣在日記中曾言：「第一賓館（前草山）擬名爲草堂，而名後草山住室爲草廬也。」而實際上常常混用各種稱呼。《蔣中正日記》，民國卅八年十一月一日。
46. 《蔣中正日記》，民國卅八年十月廿九日。
47. 《蔣中正日記》，民國卅九年二月廿日。陽明山管理局時在原草山公共浴池辦公。
48. 《蔣中正日記》，民國卅九年三月五日。
49. 《蔣中正日記》，民國卅八年八月十四日。
50. 本表根據《蔣中正日記》整理，惟作者尚未閱畢相關年代日記，統計資料不全。
51. 黃克武訪問，周維朋記錄，〈郝柏村先生訪問記錄〉，《蔣中正總統侍從人員訪問記錄》上冊（臺北：中央研究院近代史研究所，二〇一二年六月），頁三八。

52. 沈懷玉訪問，李品寬記錄，〈應舜仁先生訪問記錄〉，《蔣中正總統侍從人員訪問記錄》上冊（臺北：中央研究院近代史研究所，二〇一二年六月），頁四六四。
53. 《蔣中正日記》，民國卅九年三月一日。
54. 《蔣中正日記》，民國四十四年三月七日。
55. 《蔣中正日記》，民國卅九年一月八日。
56. 《蔣中正日記》，民國卅九年一月廿二日。
57. 《蔣中正日記》，民國卅九年二月十二日。
58. 《蔣中正日記》，民國卅九年二月廿五日。
59. 陳三井訪問，李郁青記錄，《熊丸先生訪問記錄》（臺北：中央研究院近代史研究所，一九九八年五月初版），頁八八。
60. 《蔣中正日記》，民國五十二年一月廿六日。
61. 樓文淵，〈陽明書屋懷舊〉，《近代中國》第一三三期（民國八十八年十月廿五日），頁一九三。
62. 國史館藏《蔣中正總統文物》，典藏號002-050101-00076-050、002-050101-00076-054、002-050101-00076-055、002-050101-00076-056、002-050101-00076-057。
63. 樓文淵，〈陽明書屋懷舊〉，《近代中國》第一三三期，頁一九四。
64. 樓文淵，〈陽明書屋懷舊〉，《近代中國》第一三三期，頁一九四。
65. 樓文淵，〈陽明書屋懷舊〉，《近代中國》第一三三期，頁一九四。
66. 國史館藏《蔣中正總統文物》，典藏號002-050101-00078-254、002-050101-00078-255。

67. 樓文淵，〈陽明書屋懷舊〉，《近代中國》第一三三期，頁一九五。
68. 樓文淵，〈陽明書屋懷舊〉，《近代中國》第一三三期，頁一九五。
69. 王宇高、王宇正同編，《蔣總統游記》卷一，一九二〇年八月十三日。
70. 《蔣中正日記》，民國四十二年十二月十二日。

〈蔣介石在臺行館之初探（一九四九—一九七五）〉

1. 洪維健編導，《風雲行館》（臺北：二〇〇四年），國立臺灣大學總圖書館庋藏。
2. 《最後的禁地：蔣介石臺灣行館揭秘》（臺北：財團法人公共電視文化事業基金會，二〇一一年十二月）。
3. 汪士淳，《漂移歲月：將軍大使胡炘的戰爭紀事》（臺北：聯合文學出版社，二〇〇六年十一月，初版），頁一三〇。
4. 政治行動委員會，〈臺灣防禦戰中最高統帥指揮位置選定之意見具申．摘要〉（一九五〇年十月九日），《蔣經國總統檔案．忠勤檔案》九六「軍事——建軍綱領與陸軍部隊狀況分析等」，檔號005-010100-00096-005，國史館庋藏。
5. 仝上檔。
6. 仝上檔。
7. 仝上檔。
8. 仝上檔。
9. 仝上檔。

10. 張玉法、陳存恭訪問；黃銘明記錄，《劉安祺先生訪問記錄》（臺北：中央研究院近代史研究所，一九九一年六月，初版），頁二〇〇。

11. Barbara W. Tuchman, *Stilwell and the American experience in China, 1911-1945* (New York: Bantam Books, 1971), p.456.

12. 郭廷以，《近代中國史綱》（香港：中文大學出版社，一九八〇年），頁七六七。

13. 汪士淳，前引書，頁一五二至三。

14. 蔣經國，〈危急存亡之秋〉，一九四九年五月十七日條。收入李雲漢等編，《蔣經國先生全集》一（臺北：行政院新聞局，一九九一年一月），頁四三九。

15. 〈陳誠自臺北致蔣介石四月卯艷電〉（一九四九年四月廿九日），收入何智霖編，《陳誠先生書信集：與蔣介石先生往來函電》下（臺北：國史館，二〇〇七年十二月），頁七三〇。一說蔣抵臺之初，陳誠曾提供各地賓館八所，以便其起居休憩。

16. 學者分析當初貴賓館、招待所地點的選擇，大致是以能體現日人「皇族榮光」、「統治展示」、「國策事業」、「軍力視察」及「特殊需求」等五類要素為主。見陳煒翰，《日本皇族的殖民地臺灣視察》（臺北：國立臺灣師範大學臺灣史研究所碩士論文，二〇一一年六月），頁四六。

17. 如一九二七年票選結果，「八景」分別為基隆旭岡、淡水、八仙山、日月潭、阿里山、壽山、鵝鑾鼻、太魯閣峽。「十二勝」為草山北投、新店碧潭、大里簡（今宜蘭縣大里）、太平山、大溪、角板山、五指山、獅頭山、八卦山、霧社、虎頭埤、旗山等。見陳煒翰，前引書，頁六〇。

18. 另外，同屬八景的，還有嘉義阿里山、高雄壽山、屏東鵝鑾鼻，實際都和蔣介石在臺賓館的設立，有其地緣、歷史關係。惟因與本書主題距離稍遠，討論只能從略。

19. 陳煒翰，前引書，頁六〇至六二。

20. 陳煒翰，前引書，頁一三〇。

21. 一九二三年四月，裕仁皇太子蒞臺十二日，行程爲基隆→臺北→新竹→臺中→臺南→高雄→屏東→馬公→基隆→臺北。或許基於安全考量，活動幾全限於大都市；住宿則選擇總督、州知事官邸，甚至軍艦。行程的詳盡介紹，見吳馥旬，《由一九二三年裕仁皇太子臺灣行啓看都市空間之變化》（臺南：國立成功大學建築研究所碩士論文，二〇〇五年七月）。

22. 「草山御賓館」係一九二三年爲裕仁皇太子蒞臺而建，地點在今陽明山新園街一號。但裕仁當初因行程滿檔，在該館並未久留。其後充爲總督府接待日本皇族的主要招待所。一九四九年蔣介石曾在該館短暫駐留，惟未久即移居今陽明山湖底路「草山行館」。御賓館改稱「總統府第一賓館」，後供考試院長孫科家族長期住用。御賓館興建和利用過程，見吳馥旬，前引書，頁附二至二四、二五。

23. 陳煒翰，前引書，頁一一二。

24. 陳煒翰，前引書，頁六七。

25. 公共電視，《最後的禁地：蔣介石臺灣行館揭秘》。

26. 有關蔣之行止與來臺，俱見秦孝儀編，《總統蔣公大事長編初稿》卷下（臺北：中正文教基金會，二〇〇二年），頁二八一至三〇三。

27. 陳煒翰，前引書，頁五六。

28. 〈本府高雄西子灣賓館交接協調會議記錄〉（一九七五年七月卅一日），《賓館管理相關事宜》，總統府檔，0058/2215362/1/3/060，該府度藏。

29. 〈總統府第三局致國防部（58）臺府三字第〇七三三號函〉（一九六九年九月五日），《賓館管理相關事宜》，總統府檔，0058/2215362/1/3/010，該府度藏。

30. 〈高雄西子灣開放為海濱公園座談會記錄〉（一九七五年七月廿六日），《賓館管理相關事宜》，總統府檔，0058/2215362/1/3/060，該府度藏。

31. 洪維健編導，《風雲行館》。關於彭清約小傳，可見楊士養編、林信堅修訂，《信仰偉人列傳》（臺南：人光出版社，一九九五年一月），頁三五五至八。惜於西子灣賓館，並無線索。

32. 〈總統府第三局致國防部（58）臺府三字第○七三三號函〉（一九六九年九月五日），《賓館管理相關事宜》，總統府檔，0058/2215362/1/3/010，該府度藏。

33. 蔡龍保，〈日本殖民地下的臺灣人企業——以桃崁輕便鐵道會社為例〉，《國史館學術集刊》期一一（臺北：國史館，二○○七年），頁一五至一六。

34. 陳煒翰，前引書，頁六一。

35. 〈總統府第三局致府秘書長（71）臺統三字第三四○號呈〉（一九八二年六月廿九日），《大溪警衛隊浴廁及福安畸零地處理》，總統府檔，0070/22153610２/10/1/020，該府度藏。

36. 秦孝儀編，前引書，卷九，頁一五。

37. 〈總統府第三局致府秘書長（63）臺統三字第一九二號呈〉（一九七四年六月五日），《各賓館修繕工程》，總統府檔，0062/2215382/3/2/010，該府度藏。

38. 秦孝儀編，前引書，卷七（下），頁三一一至五。

39. 汪士淳，前引書，頁一四二。

40. 〈總統府第三局長吳順明致秘書長張群等（51）臺府三字第○一八號呈〉（一九六二年一月十二日），《賓館管理相關事宜》，總統府檔，0050/2215362/1/2/020，該府度藏。

41. 〈總統府第三局長施覺民致參軍長桂永清簽呈〉（一九五二年五月廿七日），《防護安全》，總統府檔，0044/2215375/1/1/080，該府度藏。

42. 〈總統府第三局長施覺民致參軍長桂永清等簽呈〉（一九五二年四月十三日），《防護安全》，總統府檔，0044/2215375/1/1/060，該府度藏。

43. 陽明營房和大埔賓館，位今臺七乙線，三峽大埔至角板山途中，鄰近大秋根遊樂區。其之興建，參考拙著，〈遷臺前期中樞防空之規畫（一九四九—一九九六）〉，收入中國文化大學史學研究所，《蔣介石與世界國際學術研討會論文集》（臺北：該所印行，二〇一〇年十月），頁一七五至二〇二。

44. 〈總統府第三局長劉牧群致秘書長張群等（47）臺府三字第六四八號呈〉（一九五八年十二月十三日），《本府通訊保密及防護》，總統府檔，檔號0040/22153680l/4/18/240，該府度藏。澂清樓之興建，傳聞係因西子灣賓館近海發現中共潛艇，引起共軍登陸突襲的安全顧慮，始捨海就湖，另於大貝湖設立賓館。其說見公共電視，《最後的禁地：蔣介石臺灣行館揭秘》。

45. 〈總統府秘書長張群致交通部長袁守謙函〉（一九五九年五月廿三日），《本府通訊保密及防護》，總統府檔，檔號0040/22153680l/4/18/260，該府度藏。

46. 汪士淳，前引書，頁一二七。

47. 按：博愛路賓館位於臺北市博愛路一三三號。該處原係光復後，規畫爲美國駐臺北領事官邸用地，惟最終並未如計。蔣介石伉儷以其距離總統府較近，遂充作午休之所，稱爲「博愛賓館」。早年包括孔祥熙、蔣廷黻、顧維鈞回國，皆曾借此暫住。臺、美斷交後，一九七九年三月「北美事務協調委員會」成立，乃以之爲會址至今。其始末見劉達人口述；潘志焜記錄，〈博愛賓館歷史訪談記〉，《外交部通訊》廿四．三（臺北：外交部，二〇〇一年八月）。

48. 〈總統府第三局致各賓館管理員（47）臺府三字第三三九號令〉（一九五八年四月八日），《賓館管理相關事宜》，總統府檔，0047/2215362/1/1/020，該府度藏。

49. 〈總統府第三局長吳順明致秘書長張群等（51）臺府三字第〇一八號呈〉（一九六二年一月十二日），《賓館管理相關事宜》，總統府檔，0050/2215362/1/2/020，該府度藏。

50. 陳立夫，〈慈湖紀念碑文〉（一九八五年），《賓館管理相關事宜》，總統府檔，0053/2215362/1/4/130，該府度藏。按：該碑原議立於慈湖陵寢停車場前，惟今未見，或立碑之事終未施行。

51. 〈總統府第三局長劉牧群致蔣介石（44）臺府三字第三一九號呈〉（一九五五年八月八日），《大溪陵寢不動產撥用代管案》，總統府檔，檔號0044/2215361O2/7/2/010，該府度藏。

52. 〈臺灣省政府主席黃杰致總統府秘書長張群函〉（一九六三年十一月廿九日），《慈湖地區公共工程》，總統府檔，0052/2215362/7/8/010，該府度藏。

53. 〈總統府第三局長劉牧群致秘書長張群簽呈〉（一九五五年七月五日），《大溪陵寢不動產撥用代管案》，總統府檔，檔號0044/2215361O2/7/2/010，該府度藏。

54. 許雪姬編，《臺灣歷史辭典》（臺北：行政院文化建設委員會，二〇〇四年五月），頁四七〇，「林平侯」條。

55. 陳立夫，〈慈湖紀念碑文〉（一九八五年），《賓館管理相關事宜》，總統府檔，0053/2215362/1/4/130，該府度藏。

56. 〈臺灣省政府秘書長劉兆田致總統府第三局（75）秘事字第一四四七八六號函〉（一九八六年三月廿日），《大溪陵寢不動產撥用代管案》，總統府檔，檔號0044/2215361O2/7/2/210，該府度藏。

57. 〈臺灣省政府秘書長謝東閔致總統府第三局副局長俞濱東函〉（一九五五年七月廿九日），《大溪陵寢不動產撥用代管案》，總統府檔，檔號0044/2215361O2/7/2/010，該府度藏。原檔內本有業主名姓，因考慮隱私問題，姑隱其名。

58. 〈總統府第三局長劉牧群致秘書長張群等簽呈〉（一九五五年十月廿四日），《大溪陵寢不動產撥用代管案》，總統府檔，檔號0044/2215361O2/7/2/030，該府度藏。

59. 彭大年編，《塵封的作戰計畫：國光計畫——口述歷史》（臺北：國防部史政編譯室，二〇〇五年十二月），頁二八至三一，〈王河肅將軍訪問記錄〉。

60. 例如一九六二年的後慈湖開發案，最初係由總統府侍衛室向國防部作戰次長室，下達蔣介石口諭。國防部完全不明層峰意向，僅能表示「本室未曾經辦此項建築案件」；並揣度「經研判該五處整平後，可能爲戰備工事、或防空設施之需要等」，因此要求後勤次長室接辦。見〈國防部作戰次長室便簽〉（一九六二年十一月七日），《慈湖防空洞工程案》，國防部檔，檔號 0000/1050.2/8033/1，國防部史政編譯室庋藏。

61. 〈總統府第三局長劉牧群致秘書長張群等簽呈〉（一九五八年二月六日），《防護安全》，總統府檔，0043/2215375/1/2/030，該府庋藏。

62. 〈行政院致總統府秘書長臺（47）歲三字第四七五號函〉（一九五八年二月廿七日），《防護安全》，總統府檔，0043/2215375/1/2/030，該府庋藏。

63. 〈總統府第三局長劉牧群致秘書長張群等（47）臺府三字第〇七七號呈〉（一九五八年三月一日），《防護安全》，總統府檔，0043/2215375/1/2/030，該府庋藏。

64. 〈總統府第三局長劉牧群致秘書長張群簽呈〉（一九五八年八月六日），《大溪陵寢不動產撥用代管案》，總統府檔，檔號0044/221536102/7/2/050，該府庋藏。

65. 〈行政院國軍退除役官兵就業輔導委員會承辦福安里招待所房屋及設備移交清冊〉（一九六一年十二月廿七日），《賓館管理相關事宜》，總統府檔，0050/2215362/1/2/020，該府庋藏。

66. 〈總統府第三局長吳順明致秘書長張群等（53）臺府三字第一三一號呈〉（一九六四年五月五日），《賓館管理相關事宜》，總統府檔，0053/2215362/1/4/020，該府庋藏。

67. 汪士淳，前引書，頁一二八至三〇。

68. 劉紹唐編，《民國大事日誌》二（臺北：傳記文學出版社，一九七九年三月），頁一〇八二。

69. 汪士淳，前引書，頁一八五。

70. 秦孝儀編，前引書，卷九，頁二八三至四。蔣並記：「據考劉銘傳來此提名『角板』，余意測之乃為『角畈』，而非角板。以其地正在山中之尖角，成為小型田畈，故名為角畈，其義乃近耳」。
71. 瓦歷斯·諾幹、余光弘著，《臺灣原住民史：泰雅族史篇》（南投：國史館臺灣文獻館，二○○二年十二月），頁七○至一、一五六。
72. 陳煒翰，前引書，頁三八、五八、六二、一二七。
73. 〈總統府第三局致桃園縣政府（64）臺統三（管）字第○六四七號函〉（一九七五年七月廿八日），《角板山賓館收購及接管》，總統府檔，檔號0058/2215362/33/1/060，該府度藏。
74. 秦孝儀編，前引書，卷十二，頁一一五。
75. 秦孝儀編，前引書，卷十二，頁二二六。
76. 吳國楨口述；吳修垣譯，《從上海市長到臺灣省主席（一九四六——一九五三年）——吳國楨口述回憶》（上海：上海人民出版社，一九九九年十一月），頁一三五至七。
77. 秦孝儀編，前引書，卷十二，頁一一三。蔣廷黻為該時中華民國駐聯合國大使。
78. 秦孝儀編，前引書，卷十二，頁一一五。
79. 秦孝儀編，前引書，卷十二，頁二三六。
80. 彭大年編，前引書，頁十一至二，〈朱元琮將軍訪問記錄〉。
81. 汪士淳，前引書，頁一八二。
82. 〈行政院國軍退除役官兵就業輔導委員會致總統府第三局（51）輔工字第○九三九號函〉（一九六二年四月卅日），《賓館管理相關事宜》，總統府檔，0050/2215362/1/2/030，該府度藏。
83. 〈總統府第三局長張復致秘書長蔣彥士（82）華總三字第○九七號呈〉（一九九三年二月九日），《介壽館警衛安全》，總統府檔，檔號0077/2215367/7/3/270，該府度藏。

84. 〈總統府第三局借用大同之家傢俱清冊〉（一九六二年五月八日），《賓館管理相關事宜》，總統府檔，0050/2215362/1/2/040，該府度藏。「大同之家」始建於一九一五年，原為臺灣銀行董事長配住宿舍，包含一維多利亞式三層白色洋樓，及其周邊增建的若干建物、網球場、庭園等。一九五〇年後，成為該時臺銀董事長嚴家淦的官邸與招待所。目前和緊鄰的「自由之家」（愛國西路、博愛路口）同為臺北市定古蹟。

85. 秦孝儀編，前引書，卷七（下），頁五〇九；卷九，頁二至八。

86. 劉秀英、應致德，《涵碧春秋》（南投：涵碧樓大飯店，二〇〇五年七月），頁四至五。

87. 一九五一年三月，時任總統府第二局局長的俞濟時，隨侍蔣介石至涵碧樓賓館。當時侍衛室猶需隨帶炊具及伙伕，自辦伙食。但因日月潭辦伙不便，飯店經理王作民乃屢向俞建議，可將府發隨從人員每日伙食費廿五元，交飯店代辦。不料蔣聞悉後，面責俞有向飯店「打秋風」之嫌。經俞再三解釋之後，蔣始釋然。此例適可解釋賓館與飯店一官一民的關係。見俞濟時，《八十虛度追憶》（臺北：國防部史政編譯局，一九八三年十二月），頁一四三至四。

88. 劉秀英、應致德，前引書，頁八、七八。

89. Chester Bowles, "The 'China Problem' Reconsidered", *Foreign Affairs* 38:3 (April 1960), pp.476-486.

90. 傳言因甘迺迪對於艾森豪政府協防金、馬的政策，每加批評，引致當時住居紐約的孔祥熙，曾發動華僑遊行，支持對手尼克森。甘迺迪勝出後，駐美大使葉公超曾往解釋云。見蔣匀田，《中國近代史轉捩點》（香港：友聯出版社，一九七六年十一月），頁二六九。

91. 王正華，〈從「蔣中正日記」看一九六一年對美交涉〉，收入呂芳上編，《蔣中正日記與民國史研究》下（臺北：世界大同出版社，二〇一一年四月），頁六九八至九。

92. 汪士淳，前引書，頁一七六至八。

93. 王正華，前引文，頁六九八至九。

94. 蔣在稍後日記中，指魯斯克覆電「其幼稚、無聊已極，予乃以嚴詞駁斥」。見王正華，前引文，頁七〇三。

95. 汪士淳，前引書，頁一五二至三。

96. 汪士淳，前引書，頁一五三。

97. 汪士淳，前引書，頁一五五至六。

98. 王正華，前引文，頁六九九。

99. 汪士淳，前引書，頁一五六。

100. 蔣在涵碧樓接到甘迺迪函前後，曾自記：「美國對我代表權問題、及其對外蒙建交問題之政策，如有根本改變，則其於克萊恩回美，對白宮之直接報告實情之舉，殊有重大影響。可知美國情報人員對其國策，乃有其決定力量也」。王正華，前引文，頁七〇三。

101. "Memorandum From the President's Special Assistant for National Security Affairs (Bundy) to President Kennedy" (July 7, 1961), United States Department of State ed., *Foreign Relations of the United States, 1961-1963, Vol. XXII, China; Korea; Japan* (Washington, D.C.: U.S. Government Printing Office, 1996), pp. 89-91. 但原書注記，該文件並未有經甘迺迪總統批閱過的跡象。

102. 汪士淳，前引書，頁一八三至四。今福建省漳浦縣有將軍灣、將軍澳，位於金門島以南、東山島以北，「將軍沃」似指其地。至於福州馬尾，本爲閩江內港，似不宜登陸；今長樂國際機場周邊，有地名「港尾」，則「港尾半島」似指長樂縣一帶。

103. 王正華，前引文，頁七一四。

104. 汪士淳，前引書，頁一八八。

105.〈總統府第三局長吳順明致秘書長張群等(51)臺府三字第○一八號呈〉(一九六二年一月十二日),《賓館管理相關事宜》,總統府檔,0050/2215362/1/2/020,該府度藏。

106.〈總統府第三局長吳順明致秘書長張群等簽呈〉(一九六二年五月十六日),《防護安全》,總統府檔,0051/2215375/1/8/200,該府度藏。

107.〈總統府機要室致第三局(51)臺統機字第一三四號函〉(一九六二年四月十九日),《內柵檔案庫修繕工程》,總統府檔,0051/2215382/16/1/100,該府度藏。

108.〈總統府第三局長劉牧群致秘書長張群(47)臺府三字第三九九號呈〉(一九五八年八月二日),《大溪陵寢不動產撥用代管案》,總統府檔,檔號0044/22153610 2/7/2/040,該府度藏。

109.〈財團法人林公熊徵學田致總統府第三局臺林學庶字第155號函〉(一九五八年九月廿二日),《大溪陵寢不動產撥用代管案》,總統府檔,檔號0044/22153610 2/7/2/060,該府度藏。

110.汪士淳,前引書,頁一三○至一。

111.〈行政院國軍退除役官兵就業輔導委員會致總統府第三局(51)輔產字第三六八七號函〉(一九六二年八月廿五日),《賓館管理相關事宜》,總統府檔,0050/2215362/1/2/050,該府度藏。

112.〈總統府第三局致府秘書長(71)臺統三字第三四○號呈〉(一九八二年六月廿九日),《大溪警衛隊浴廁及福安畸零地處理》,總統府檔,0070/22153610 2/10/1/020,該府度藏。

113.〈總統府第三局長吳順明致秘書長張群等簽呈〉(一九六二年五月十六日),《防護安全》,總統府檔,0051/2215375/1/8/200,該府度藏。

114.蔣介石,〈我們復國的精神志節和建國的目標方略——對第九次全國代表大會的指示〉(一九六三年十一月十二日),收入中國國民黨黨史委員會編,《先總統蔣公思想言論總集》卷廿八「演講——中華民國五十一年—五十五年」(臺北:該會印行,一九八四年),頁二三四。

115. 汪士淳，前引書，頁一九四。

116. 〈總統府第三局長吳順明致秘書長張群等（51）臺府三字第〇一八號呈〉（一九六二年一月十二日），《賓館管理相關事宜》，總統府檔，0050/2215362/1/2/020，該府度藏。

117. 〈總統府秘書長張群致蔣介石（51）臺府三字第〇四〇三號呈〉（一九六二年十一月廿日），《防護安全》，總統府檔，0051/2215375/1/8/010，該府度藏。

118. 〈總統府秘書長張群等致蔣介石呈稿〉（一九六三年一月廿四日），《防護安全》，總統府檔，0051/2215375/1/8/050，該府度藏。

119. 一九六四年十一月，總統府曾向臺北「中國物產股份有限公司」訂購地毯一批，預定用於總統辦公廳、士林官邸、慈湖賓館和慈湖招待所。其中招待所部分，註明爲客房二張、客廳一張，計六百九十八點二五方呎，可知該處已非一般辦公用途。分見〈總統府第三局致國防部軍事工程局（52）臺府三字第九三五號函〉（一九六三年八月六日），《慈湖地區公共工程》，總統府檔，0052/2215362/7/1/030；〈中國物產股份有限公司致總統府第三局（54）臺中物總字第五四〇七八號函〉（一九六五年七月十六日），《賓館管理相關事宜》，總統府檔，0053/2215362/1/4/040，該府度藏。

120. 〈總統府第三局長吳順明致秘書長張群等（52）臺府三字第二五七號呈〉（一九六三年八月五日），《慈湖地區公共工程》，總統府檔，0052/2215362/7/13/050，該府度藏。

121. 〈總統府侍衛室致國防部（51）侍丑字第八九〇號函〉（一九六二年十一月六日），《慈湖防空洞工程案》，國防部檔，檔號0000/1050.2/8033/1，國防部史政編譯室度藏。

122. 〈國防部作戰次長室便簽〉（一九六二年十一月七日），《慈湖防空洞工程案》，國防部檔，檔號0000/1050.2/8033/1，國防部史政編譯室度藏。

123. 〈陸軍總司令部致參謀總長（52）拯技字第三一一號呈〉（一九六三年一月廿二日），《大溪陵寢不動產撥用代管案》，總統府檔，檔號0044/22153610２/7/2/140，該府度藏。

124. 〈後次室五處致國防部後勤次長簽呈〉（一九六二年十一月十六日），《慈湖防空洞工程案》，國防部檔，檔號0000/1050.2/8033/3，國防部史政編譯室度藏。

125. 陳守山口述；劉鳳翰訪問；許秀容記錄整理，《臺籍首位上將總司令：陳守山口述歷史》（臺北：國史館，二〇〇二年十一月）下，頁一二〇至一。其緣由可能來自一九六二年三月，蔣介石在某次情報會議中指示：反攻大陸的人力實在不足，應將獄裡服刑的小偷也考慮進去。抓到的小偷，應編成人力隊，在反攻作戰時，充做人力運輸隊云。事見汪士淳，前引書，頁一九三。

126. 橫溪位於三峽與新店之間，陳誠原有鄉間別墅在此。陽明營房建設時，橫溪一併擴建爲副總統疏散辦公室，即今私立辭修中學附近。

127. 陳守山，前引書，頁一二四至五。

128. 〈臺灣銀行總經理毛松年致總統府第三局（52）銀信字第一一四六六號函〉（一九六三年八月廿三日），《慈湖地區公共工程》，總統府檔，0052/2215362/7/13/050，該府度藏。

129. 〈總統府第三局致國防部（52）臺府三字第九六六號函〉（一九六三年十二月五日），《慈湖地區公共工程》，總統府檔，0052/2215362/7/14/120，該府度藏。

130. 〈陸軍總司令部致軍工協調處（53）珠玫部字第三七號令〉（一九六四年四月三日），《慈湖修繕工程》，總統府檔，0053/2215381/79/1/010，該府度藏。

131. 〈總統府第三局便簽〉（一九六四年十月十六日），《慈湖地區公共工程》，總統府檔，0052/2215362/7/14/210，該府度藏。

132. 〈總統府第三局長吳順明致秘書長張群等（52）臺府三字第四四一號呈〉（一九六三年十二月十二日），《慈湖地區公共工程》，總統府檔，0052/2215362/7/14/110，該府度藏。

133. 〈總統府第三局長致秘書長等（60）臺府三字第二〇五號呈〉（一九七一年六月廿三日），《慈湖修繕工程》，總統府檔，0060/2215381/79/10/020，該府度藏。

134. 〈總統府第三局長致秘書長等（61）臺府三字第二八五號呈〉（一九七二年八月七日），《防護安全》，總統府檔，0045/2215375/1/6/030，該府度藏。

135. 〈總統府第三局致府秘書長（66）臺統三字第〇七七號呈〉（一九七七年三月四日），《慈湖修繕工程》，總統府檔，0054/2215381/79/5/020，該府度藏。

136. 早在一九三六年七月廿日，蔣駐節廬山，午後外出散步，偶見新建的國民黨中央傳習所大樓，居然欠缺講堂設備。蔣自記：「甚矣！中央黨部辦事人員之腐敗無能也；嗚呼！何以革命立國哉？」於是翌日，再赴傳習所視察，親自改正屋樣。一週後，復又視察傳習所旁，大禮堂的預定位址。可見蔣對建築的興趣，乃屬一以貫之。分見葉健青等編，《事略稿本》第卅七冊（民國廿五年五月下至七月）（臺北：國史館，二〇〇九年十二月），頁五三三、五三九、五八九。

137. 汪士淳，前引書，頁一三〇。

138. 〈國防部軍事工程局致總統府第三局（52）磊礁字第四五一八號函〉（一九六三年十月十四日），《慈湖地區公共工程》，總統府檔，0051/2215362/7/7/020，該府度藏。

139. 一九六三年八月，當甲房工程僅進行至百分之廿五時，軍工局所列總預算二百八十四萬餘元中，已有五十萬元係屬於「變更設計增加工程費」。見〈國防部軍事工程局致總統府第三局（52）磊碩字第一二二六號函〉（一九六三年八月六日），《慈湖地區公共工程》，總統府檔，0052/2215362/7/1/030，該府度藏。

140. 〈國防部軍事工程局致總統府第三局（53）緒繕字第七三一號呈〉（一九六四年年三月二日），《慈湖地區公共工程》，總統府檔，0052/2215362/7/9/050，該府度藏。

141. 〈國防部軍事工程局致總統府第三局（53）緒繕字第一〇四九號呈〉（一九六四年年三月廿七日），《慈湖地區公共工程》，總統府檔，0052/2215362/7/1/080，該府度藏。

142. 〈國防部軍事工程局致北部工程組（53）嫦字第二七九六號令〉（一九六四年年六月六日），《慈湖地區公共工程》，總統府檔，0052/2215362/7/1/080，該府庋藏。

143. 〈國防部軍事工程局北部工程組致軍工局（54）晉智字第一七五七號呈〉（一九六五年五月廿四日），《慈湖修繕工程》，總統府檔，0053/2215381/79/1/040，該府庋藏。

144. 〈總統府第三局致國防部軍事工程局（54）臺府三字第六八七號函〉（一九六五年九月九日），《慈湖修繕工程》，總統府檔，0054/2215381/79/2/010，該府庋藏。

145. 〈總統府第三局長吳順明致秘書長張群等（54）臺府三字第二二八號呈〉（一九六五年六月廿六日），《慈湖修繕工程》，總統府檔，0053/2215381/79/1/040，該府庋藏。

146. 〈總統府第三局長吳順明致秘書長張群等（54）臺府三字第三五三號呈〉（一九六五年九月廿九日），《慈湖修繕工程》，總統府檔，0054/2215381/79/2/020，該府庋藏。

147. 孔令晟口述；遲景德、林秋敏訪問整理，《孔令晟先生訪談錄——永不停止、永不放棄，為革新而持續奮鬥》（臺北：國史館，二〇〇二年十二月），頁一二九至三〇。

148. 孔令晟，前引書，頁一三〇至三二。另見俞濟時，前引書，頁一三六至六二。

149. 孔令晟，前引書，頁一三一。

150. 〈總統府各賓館（招待所）統一指揮協調會議記錄〉（一九六五年九月一日），《賓館管理相關事宜》，總統府檔，0053/2215362/1/4/050，該府庋藏。

151. 一九六五年六月，總統府第三局長吳順明呈告府秘書長張群：「據侍衛室汪侍衛官祥電話傳諭：慈湖招待所旁側，需新建兵棋室一所，限期完成使用等因。旋經汪侍衛官立即電招軍事工程局工程官，赴現場察看後，遵照總統指示原則，由該局繪製詳圖、編具預算」云，似可佐證侍衛室之特殊地位。見〈總統府第三局長吳順明致秘書長張群等（54）臺府三字第二二八號呈〉（一九六五年六月廿六日），《慈湖修繕工程》，總統府檔，0053/2215381/79/1/040，該府庋藏。

152. 汪士淳，前引書，頁一四五、二〇七。

153.〈國防部軍事工程局北部工程組致軍工局（53）緒繕字第二八六六號呈〉（一九六四年八月廿七日），《慈湖地區公共工程》，總統府檔，0051/2215362/7/7/050，該府度藏。

154.〈國防部軍事工程局致總統府第三局（51）臺總字第二二五八號函〉（一九六二年十月二日），《慈湖地區公共工程》，總統府檔，0051/2215362/7/7/010，該府度藏。

155.〈國防部軍事工程局致總統府第三局（52）磊礁字第四五一八號函〉（一九六三年十月十四日），《慈湖地區公共工程》，總統府檔，0051/2215362/7/7/020，該府度藏。

156.〈國防部軍事工程局致總統府第三局（53）嫦字第一七四三號函〉（一九六四年年四月六日），《慈湖地區公共工程》，總統府檔，0051/2215362/7/7/030，該府度藏。

157.〈國防部軍事工程局北部工程組致軍工局（53）緒繕字第二八六六號呈〉（一九六四年年八月廿七日），《慈湖地區公共工程》，總統府檔，0051/2215362/7/7/050，該府度藏。

158.〈總統府第三局長吳順明致秘書長張群等（55）臺府三字第一二六號呈〉（一九六六年四月一日），《慈湖地區公共工程》，總統府檔，0051/2215362/7/7/110，該府度藏。

159.〈國防部軍事工程局北部工程組致軍工局（53）緒繕字第二八六六號呈〉（一九六四年年八月廿七日），《慈湖地區公共工程》，總統府檔，0051/2215362/7/7/050，該府度藏。

160.〈總統府第三局長吳順明致秘書長張群等（56）臺府三字第二六三號呈〉（一九六七年八月十七日），《購置土地房舍》，總統府檔，0055/2215384/1/3/030，該府度藏。原檔內本有屋主名姓，因考慮隱私問題，姑隱其名。

161.〈總統府第三局長吳順明致秘書長張群等（56）臺府三字第二六三號呈〉（一九六七年八月十七日），《購置土地房舍》，總統府檔，0055/2215384/1/3/030，該府度藏。

162.〈國防部後勤參謀次長室致總統府第三局函．附簽〉（一九六七年二月廿四日），《購置土地房舍》，總統府檔，0055/2215384/1/3/010，該府度藏。

163.〈聯合勤務總司令部工程署致總統府第三局（59）護都字第四一一四五號函〉（一九七〇年十一月十一日），《各賓館修繕工程》，總統府檔，0059/2215382/3/1/010，該府度藏。

164. 一九六五年六月十六日清晨，山東籍的孫姓三輪車夫，闖進士林官邸，奪下衛士葉自強的卡賓槍，開槍將他打死；並走到官邸招待所附近，才被警衛隊擒伏。蔣介石事後震怒，指責警衛人員精神日懈、衛士缺乏訓練，以致槍械被奪。侍衛長胡炘乃與蔣經國研究整頓，奉指示兩星期內擬訂辦法。事見汪士淳，前引書，頁二四一至二。

165.〈總統府侍衛室致第三局（54）侍眞字第八一四號函〉（一九六五年八月五日），《賓館管理相關事宜》，總統府檔，0053/2215362/1/4/050，該府度藏。

166.〈總統府各賓館（招待所）統一管理辦法〉（一九六五年九月一日），《賓館管理相關事宜》，總統府檔，0053/2215362/1/4/050，該府度藏。

167.〈總統府各賓館（招待所）統一指揮協調會議記錄〉（一九六五年九月一日），《賓館管理相關事宜》，總統府檔，0053/2215362/1/4/050，該府度藏。

168. 汪士淳，前引書，頁二二二至三。

169.〈總統府第三局長吳順明致秘書長張群等（55）臺府三字第一二六號呈〉（一九六六年四月一日），《慈湖地區公共工程》，總統府檔，0051/2215362/7/7/110，該府度藏。

170.〈總統府第三局致國防部作戰次長室（60）臺府三字第〇二〇九號函〉（一九七一年三月五日），《各賓館修繕工程》，總統府檔，0059/2215382/3/1/010，該府度藏。

171.〈總統府第三局致府秘書長（60）臺府三字第〇二三三號呈〉（一九七一年七月十五日），《各賓館修繕工程》，總統府檔，0059/2215382/3/1/010，該府度藏。

172.〈陸軍總司令部致總統府第三局（60）橋江字第二一一六九號函〉（一九七一年八月十九日），《各賓館修繕工程》，總統府檔，0059/2215382/3/1/010，該府庋藏。

173.〈總統府第三局致府秘書長（61）臺府三字第〇一一九號呈〉（一九七二年四月十一日），《各賓館修繕工程》，總統府檔，0059/2215382/3/1/010，該府庋藏。

174.〈總統府第三局致府秘書長（61）臺府三字第〇一一九號呈〉（一九七二年四月十一日），《各賓館修繕工程》，總統府檔，0059/2215382/3/1/010，該府庋藏。

175.〈陸軍總司令部角板山及慈湖賓館防護設施工程〉（一九七二年二月九日），《各賓館修繕工程》，總統府檔，0059/2215382/3/1/010，該府庋藏。

176.〈陸軍第一軍團司令部致總統府侍衛室（62）堯創字第三五八四號呈〉（一九七三年三月廿四日），《各賓館修繕工程》，總統府檔，0059/2215382/3/1/010，該府庋藏。

177.目前角板山防空洞展示中，謂當年指揮室擺設地球儀、圖表架、辦公桌椅等等，應屬誤植。實際洞內太過潮濕，一九七三年整修前後，指揮室僅鋪設了地板，處於空置的狀況。見〈陸軍總司令部致總統府第三局（61）藉齊字第二三三五一號令〉（一九七二年十月二日），《各賓館修繕工程》，總統府檔，0059/2215382/3/1/010，該府庋藏。

178.〈總統府第三局長致秘書長等（60）臺府三字第二四三號呈〉（一九七一年七月廿四日），《慈湖修繕工程》，總統府檔，0060/2215381/79/13/010，該府庋藏。

179.〈國防部致總統府第三局（60）勁字字第四六八三號令〉（一九七一年十月八日），《慈湖修繕工程》，總統府檔，0060/2215381/79/13/010，該府庋藏。

180.〈空軍總司令部致總統府第三局（60）紳昇字第八一五〇號呈〉（一九七一年十二月廿三日），《慈湖修繕工程》，總統府檔，0060/2215381/79/13/020，該府庋藏。

181.〈總統府侍衛室致第三局（64）侍嚴字第〇七二八號函〉（一九七五年七月廿六日），《角板山賓館收購及接管》，總統府檔，0058/2215362/33/1/060，該府度藏。

182. 〈桃園縣政府致介壽國小（74）府教國字第八九四五三號函〉（一九八五年七月六日），《防護安全》，總統府檔，0044/2215375/1/5/160，該府度藏。

183. 〈總統府第三局長致秘書長等（77）華總三字第二五四號呈〉（一九八八年五月五日），《慈湖修繕工程》，總統府檔，0060/2215381/79/13/100，該府度藏。

184. 〈總統府第三局長致秘書長等（82）華總三字第〇九七號呈〉（一九九三年二月九日），《介壽館警衛安全》，總統府檔，0077/2215367/7/3/270，該府度藏。

185. 〈總統府秘書長吳伯雄致李登輝呈〉（一九九五年七月廿四日），《大溪陵寢不動產撥用代管案》，總統府檔，檔號0094/2215361102/7/3/020，該府度藏。

〈從蔣介石對戰後觀光事業的指示看戰後觀光事業的發展〉

1. 蔣介石，《民生主義育樂兩篇補述》（臺北：中央文物供應社，一九七九年），頁六六。
2. 薛化元編，《臺灣貿易史》（臺北：外貿協會，二〇〇八年），頁二七〇至二七一。
3. 有外匯支出而無貨物輸入，或是有外匯收入而無貨物輸出，例如資本移動、移轉收支及勞務收支即屬於無形貿易。一般商品的貿易則是有形貿易。
4. 李秋鳳，《論臺灣觀光事業的經濟效益》（臺北：震古，一九七八年），頁三〇至三一。
5. 魯夫，〈我國觀光旅館與觀光事業的發展〉，《自由中國之工業》，卷四十七期三。
6. 尹仲容，〈致東京友人書〉，《我對臺灣經濟的看法》（初編）（臺北：美援運用委員會，一九六三年），頁二八。
7. 民國四十五年八月廿二日總動員運動會報第四十次會報。

8. 民國五十七年三月廿六日國家安全會議第八次會議。
9. 民國五十七年五月廿四日財經會談。
10. 民國四十六年六月廿六日總動員運動會報第四十八次會報。
11. 李國鼎先生贈送資料影本．交通類（廿九）．《觀光事業之發展與風景區之開發／觀光旅館之興建》，國立臺灣大學法學院三民主義研究所整理珍藏，頁九一。
12. 民國四十五年三月廿一日總動員運動會報第卅六次會報。
13. 民國四十五年八月廿二日總動員運動會報第四十次會報。
14. 民國四十五年九月廿六日總動員運動會報第四十一次會報。
15. 黃溪海，《我生之旅：黃溪海七十自述》（臺北：永業，二〇〇一年），頁二〇二。
16. 黃溪海，《我生之旅：黃溪海七十自述》，頁一七四至一七五。
17. 民國五十三年元月四日動員運動會報第七十五次會報。
18. 民國五十六年四月十二日總動員運動會報第八十六次會報。
19. 〈社論〉，《臺灣新生報》，一九六八年二月八日。
20. 民國五十五年七月六日總動員運動會報第八十三次會報。
21. 民國五十九年十二月廿三日總動員運動會報第九十七次會報。
22. 臺灣省觀光事業委員會，《四年來工作報告》（臺北：臺灣省觀光事業委員會，一九六一年），頁二四。
23. 該項計畫經華盛頓國際合作總署正式核准，所有延聘之專家薪津及國際間交通費用，均由美援資助，但規定各接受考察援助國家，亦須提出同等經費，以供考察人員在各該國考察期間住宿膳食交通雜支等之用。臺灣省觀光事業委員會，《四年來工作報告》，頁二四。

24. 一九五一年美國為全力防堵共產勢力擴張，美國將協防重點由歐洲轉至亞洲，遂比照歐洲經援之成功模式，軍援亞洲，國會遂通過「一九五一共同安全法案」，依法成立「共同安全總署」，取代經濟合作總署處理經援業務。一九五五年由於國會堅持處理美援業務必須為長久的政府機構，因此改組為「國際合作總署」，為隸屬於國務院的半獨立機構，負責執行一九五〇年代後半期的經援任務。許雪姬等著，《臺灣歷史辭典》，http://nrch.cca.gov.tw/ccahome/website/site20/contents/001/cca220003-li-wpkbhisdict000001-0041-u.xml，下載日期：二〇〇九年三月一日。

25. 即中國、日本、韓國、菲律賓、琉球、香港、澳門、新加坡、馬來西亞、泰國、高棉、越南、菲濟島（現名為斐濟）、大溪地、紐卡來特尼亞、澳洲、紐西蘭、印尼等十八個國家及地區。

26. 民國五十年八月十二日總動員運動會報第六十九次會報。

27. 民國五十年八月十九日第三一九次中常會。

28. 國史館，《蔣經國總統文物》，典藏號005-010206-00023-007，頁四至五。

29. 民國五十七年五月八日國家安全會議第九次會議。

30. 黃杰，《中興日記》（臺北：國防部史政編譯局，一九九〇年），頁三一二五。民國五十四年十二月廿三日。

31. 民國四十六年六月廿六日總動員運動會報第四十八次會報。

32. 民國四十六年七月卅一日總動員運動會報第四十九次會報。

33. 民國五十二年元月十九日總動員運動會報第七十二次會報。

34. 民國四十四年二月十六日總動員運動會報第廿五次會報。

35. 民國五十四年四月十四日總動員運動會報第七十九次會報。

36. 黃杰，《中興日記》，頁二六七四。民國五十四年九月八日。
37. 民國五十五年七月六日總動員運動會報第八十三次會報。
38. 民國五十三年元月四日總動員運動會報第七十五次會報。
39. 民國五十六年七月五日總動員運動會報第八十七次會報。
40. 殷寶寧，《情欲．國族．後殖民——誰的中山北路？》（臺北：左岸文化，二〇〇六年），頁五九。
41. 黃寶瑜，《建築．造景．計畫》（臺北：大陸書店，一九七五年），頁三一三。
42. 民國五十五年四月六日總動員運動會報第八十二次會報。
43. 民國六十年十一月九日對第二屆世界華商觀光旅遊事業聯誼會訓詞。
44. 交通部觀光局，《中華民國觀光友好訪問團總報告書》（臺北：交通部觀光局，一九七二年），頁二。
45. 交通部觀光局，《中華民國觀光友好訪問團總報告書》，頁一〇六至一〇七。
46. 交通部觀光局，《中華民國觀光友好訪問團總報告書》，頁八七。
47. 交通部觀光局，《中華民國觀光友好訪問團總報告書》，頁三九。
48. 蔣介石，《民生主義育樂兩篇補述》，頁六六。
49. 民國五十七年六月十九日國家安全會議第十次會議。

【蔣介石的讀書生活】

〈蔣介石的閱讀史——以一九二〇—一九四〇年代《蔣中正日記》為中心的探討〉

1. 蔣介石，《西安半月記》，載《先總統蔣公思想言論總集》卷卅五，第一八一至一八二頁。

2. 蔣介石的實際閱讀數量可能多一些，這裡有幾個方面的因素：一是蔣未必將所有閱讀書目都記於日記；二是摘抄日記時，難免有漏抄。
3. 姜義華，〈孫中山的革命思想與同盟會——上海孫中山故居西文藏書的一項審視〉，《史林》二〇〇二年第五期，頁二〇。
4. 一九三七年五月六日蔣介石經蔣經國的信，載《先總統蔣公思想言論總集》卷卅五，頁三一九。
5. 中國第二歷史檔案館編，《蔣介石年譜初稿》（北京，檔案出版社，一九九二年），頁三至二二。
6. 參見拙著《中國留學生的歷史軌跡》（湖北教育出版社一九九二年），頁二五四至二五五。
7. 參見胡適，《藏暉室劄記》卷一。
8. 儒學十三經中，只有《儀禮》、《孝經》、《爾雅》等未見蔣閱覽過。
9. 蔣介石，《大學之道》，載《先總統蔣公思想言論總集》卷六，頁三至二二。
10. 蔣介石，《中庸要旨》，載《先總統蔣公思想言論總集》卷六，頁七八至七九。
11. 《蔣中正日記》，民國廿一年十二月廿七日。
12. 《蔣中正日記》，民國廿三年二月十七日、三月六日。
13. 《蔣中正日記》，民國廿八年一月七日。
14. 《蔣中正日記》，民國廿五年一月廿一日。
15. 《蔣中正日記》，民國廿五年一月廿二日、十二月十八日。
16. 《蔣中正日記》，民國廿八年一月七日。
17. 《蔣中正日記》，民國廿四年三月八日、五月廿九日、九月二日。

18.《蔣中正日記》，民國廿一年十二月十二日。

19.《蔣中正日記》，民國廿一年十二月十一日。

20.《蔣中正日記》，民國廿年二月一日。

21.《蔣中正日記》，民國廿一年九月七日。

22. 如一九二六年八月七日，「看《建國方略》物質建設完畢。……全以經濟爲基礎，而以科學方法建設一切，實爲建國者必需之學。總理規畫在前，中正實行於後，以成總理之志也。」一九二六年八月八日，「今日在船中看建國方略之心理建設，全部完。甚矣！行易知難之理大矣哉！非總理孰能闡明無遺也。」

23. 戴季陶，《孫文主義之哲學的基礎（附民生哲學系統表）》（上海：民智書局，一九二五年七月）。

24.《蔣介石年譜初稿》，頁三九。

25. 周作人，《談虎集》（臺北：里仁書局，一九八二年）上冊，頁二六一至二六五。

26. 參見拙著《「革命」與「反革命」：一九二〇年代中國三大政黨的黨際互動》，《歷史研究》二〇〇四年第五期。

27.《蔣中正日記》，民國十五年八月十一日。

28.《蔣中正日記》，民國十五年六月九日。

29.《蔣中正日記》，民國十六年九月十六日。

30. 蔣介石一九二五年一月十日日記：晚看《列寧叢書》第五種，其言勞農會與赤衛軍之組織與新犧牲之價值，帝國主義之破產原因，甚細密也。一九二五年一月廿一日日記：看《列寧叢書》，其言權力與聯合民眾爲革命之必要，又言聯合民眾以主義的感化與訓練爲必要的手段。皆經驗之談也。

31.《蔣中正日記》，民國十四年一月十二日日記。
32.《蔣中正日記》，民國十五年三月三、四、五日。
33.《蔣中正日記》，民國廿三年五月十、廿五、廿八日。
34.《蔣中正日記》，民國廿七十一月十二、十八日。
35.《蔣中正日記》，民國廿八年一月七日。
36. 延湜，《國民黨借鑑中國共產黨的建設》，《黨史研究與教學》一九九三年第三期，頁七三至七四。
37. 蔣介石民國廿五年一月十日日記。又，民國廿六年底日記的「雜錄」項下，再次寫下這句話，文字略有不同：「從前只知以豪傑自居，而不願以聖賢自待，今日乃以聖賢自待而不願以豪傑自居矣。」
38. 鄭振鐸，《一九一九年的中國出版界》，《新社會》第七號，一九二〇年一月一日；收入《鄭振鐸文集》第四卷（北京，人民文學出版社一九八五年版）頁三〇三至三〇五。
39. 古粹鋒、華狷公：《先天不足後天失調的現代出版界》，《中國新書月報》第一卷第六、七期合刊，頁一至二，一九三一年六月。
40.《青年愛讀書特刊》，《京報副刊》一九二五年三月。最愛讀的十種書依次是：《紅樓夢》、《水滸傳》、《西廂》、《吶喊》（魯迅）、《史記》、《三國志》、《儒林外史》、《詩經》、《左傳》、《胡適文存》。

〈蔣介石與中國傳統兵書〉

1. 蔣介石：《科學的學庸》，《先總統蔣公思想言論總集》第六卷（臺北：國民黨中央黨史委員會一九八四年編印），頁七七。
2. 蔣介石，《軍事教育與軍事教育制度的提示》，《先總統蔣公全集》第二冊（臺北：中國文化大學一九八四年編印），頁二三一三。

3. 蔣介石，《孫子兵法與古代作戰原則以及今日戰爭藝術化的意義之闡明（上）》，《先總統蔣公思想言論總集》第二五卷，頁二七三。
4. 蔣介石，《孫子兵法與古代作戰原則以及今日戰爭藝術化的意義之闡明（上）》，《先總統蔣公思想言論總集》第二五卷，頁二七〇。
5. 戰國時衛國人吳起撰，今本約五千字，共六篇。
6. 又稱《司馬穰苴兵法》，舊題司馬穰苴撰。穰苴，春秋末年齊國人，因任大司馬職，故稱司馬穰苴。
7. 又稱《李衛公問對》，是唐太宗李世民與衛國公李靖論兵的言論輯錄。李衛公即李靖（五七一—六四九年），唐初軍事家。
8. 戰國時梁人尉繚所撰，今本共二四篇。
9. 又稱《黃石公三略》，黃石公即傳說於圯上授張良兵書的老人。該書估計成書於西漢末年。是中國第一部專門從戰略上論兵的兵書。
10. 舊題周呂尚撰，呂尚即姜子牙，估計爲戰國時的著作。分文韜、武韜、龍韜、虎韜、豹韜、犬韜六卷。
11. 蔣介石，《選讀各書目錄》，《先總統蔣公思想言論總集》第三五卷，頁一〇二。
12. 《校長第卅次訓詞》，《黃埔叢書》第一集《精神教育》，國民黨中央陸軍軍官學校一九二五年印行，頁一九三。
13. 蔣介石，《合印紀效新書、練兵實紀序》，《先總統蔣公思想言論總集》第卅五卷，頁一二九。
14. 《蔣中正日記》，民國十八年八月，附錄。
15. 蔣介石，《廬山軍官訓練團的要旨和訓練方法》，《廬山訓練集》（南京：新中國出版社一九四七年版），頁二〇。

16. 蔣介石，《廬山軍官訓練團的要旨和訓練方法》，《廬山訓練集》，頁廿二。

17. 蔣介石，《剿匪成敗與國家存亡》，《先總統蔣公思想言論總集》第七卷，頁十七。

18. 蔣介石，《剿匪成敗與國家存亡》，《先總統蔣公思想言論總集》第七卷，頁十六。

19. 蔣介石，《現代行政人員須知》，《先總統蔣公全集》第一冊，頁八三七。

20. 蔣介石，《自衛新知序》，《先總統蔣公思想言論總集》第卅五卷，頁一四九。

21. 蔣介石，《禦侮與復興之基本要道》，《先總統蔣公思想言論總集》第十四卷，頁三六。

22. 蔣介石，《將官自強與強兵之要旨》，《先總統蔣公思想言論總集》第十二卷，頁四五。

23. 蔣中正條諭陳誠暑期訓練團分送各書籍如康濟錄等書應早預備印行，一九三七年七月三日，國史館：蔣中正文物檔案002020000017047。

24. 蔣介石，《敵人戰略政略的實況和我軍抗戰獲勝的要道》，《先總統蔣公全集》第一冊，頁一〇七六。

25. 蔣介石，《第四次南嶽軍事會議訓詞》，《先總統蔣公全集》第二冊，頁一七一五。

26. 蔣介石，《校長第五次訓詞》，《黃埔叢書》第一集《精神教育》，頁三二。

27. 冷欣，《黃埔軍校五十周年紀念感言》，《戰史論集》（臺北：華岡出版社，一九七六年），頁五八。

28. 蔣介石，《軍事教育的基礎》，《蔣委員長訓詞選輯》第一冊，委員長侍從室一九三五年編印，頁五二〇。

29. 蔣介石，《剿匪成敗與國家存亡》，《先總統蔣公思想言論總集》第七卷，頁廿二。

30. 蔣介石，《剿匪成敗與國家存亡》，《先總統蔣公思想言論總集》第七卷，頁廿二。

31. 蔣介石，《剿匪成敗與國家存亡》，《先總統蔣公思想言論總集》第七卷，頁十一。
32. 蔣介石，《對研讀克勞塞維茨戰爭原理的提示》，《先總統蔣公思想言論總集》第廿四卷，頁一七三。
33. 《蔣中正日記》，民國十八年二月十三日。
34. 《蔣中正日記》，民國四十年七月一日。
35. 《蔣中正日記》，民國四十一年一月一日。
36. 蔣介石：《孫子兵法與古代作戰原則以及今日戰爭藝術化的意義之闡明（上）》，《先總統蔣公思想言論總集》第廿五卷，頁二七九。

〈修身與治國——蔣介石的省克生活〉

1. 本文爲國科會計畫「蔣介石對中國現代國家的建構（一九二八至一九四九）——蔣介石的倫理觀念與實踐」部分之研究成果，承蒙許秀孟與趙席敻同學協助蒐集史料，又得到兩位匿名審查人之指正，敬表謝意。
2. 《蔣中正總統文物：事略稿本》之起迄年代爲一九二七至一九四九年，其間略有缺漏。該套書由國史館自二〇〇三年開始陸續出版，已出版六十餘冊。全書共計八十二冊。黃自進、潘光哲編，《蔣中正總統五記》（臺北：國史館，二〇一一年）。此叢書包括「愛記」、「學記」、「游記」、「省克記」、「困勉記」（上、下冊）。
3. 有關近代中國公與私的複雜關係，請參閱：黃克武與張哲嘉編，《公與私：近代中國個體與群體的重建》（臺北：中央研究院近代史研究所，二〇〇〇年）。
4. 黃自進、潘光哲編，《蔣中正總統五記．省克記》（臺北：國史館，二〇一一年）。亦可參見黃克武，〈省克記的史料價值〉，國史館編，《國史研究通訊》第二期（二〇一二年），頁六八至七一。

5. 陸寶千，〈蔣中正先生對王陽明與基督教之綰合〉，收入蔣中正先生與現代中國學術討論集編輯委員會編輯，《蔣中正先生與現代中國學術討論集》（臺北：蔣中正先生與現代中國學術討論集編輯委員會，一九八六年），頁一六二至一八七。作者認為蔣氏將基督教的上帝與陽明思想中的良知結合為一，是將基督教陽明化，故天與上帝俱在心中，而敬上帝乃致良知。

6. 用梁啓超的話來説，王陽明之後弟子分為兩派，一重本體（王龍谿、王心齋一派）、一重工夫（聶雙江、羅念庵一派），後者即為「江右王學。」梁啓超説：「若啓超則服膺雙江、念庵者。」梁啓超，《德育鑑》（臺北：臺灣中華書局，一九七九年），頁卅。狹間直樹，〈關於梁啓超稱頌『王學』問題〉，《歷史研究》，一九九八年第五期，頁四十至四十六。

7. 黃克武，〈蔣介石與陽明學：以清末調適傳統為背景之分析〉，收入黃自進編，《蔣介石與近代中日關係》（臺北：稻鄉出版社，二〇〇六年），頁一至二六；黃克武，〈蔣介石與梁啓超〉，收入呂芳上主編，《蔣中正日記與民國史研究》（臺北：世界大同出版有限公司，二〇一一年），頁一二一至一三八。

8. 梁啓超，《德育鑑》，頁四六、七四。

9. 蔣介石不但早年在日本接觸到陽明學，而且在一九三二至一九四三年間密集地閱讀《明儒學案》，例如一九三三年一月九日他曾記載：看王陽明語錄，曰：「近日看此，深知存義未發之中之為重要；但時刻用工，而放心暴戾愈甚，《無論講演間談》，常不自覺而至失言失態，事後悔悟無及；若不再從存養省察，益加努力，則暴棄殆盡，何以立業？何以修身？戒之！」黃自進、潘光哲編，《蔣中正總統五記．學記》，一九三三年一月九日，頁三七。

10. 黃自進、潘光哲編，《蔣中正總統五記．省克記》，一九三〇年十月廿四日，頁四八。

11. 朱子的想法見：「人若於日間閑言語省得一兩句，閑人客省見得一兩人，也濟事。若渾身都在鬧場中，如何讀得書！人若逐日無事，有見成飯喫，用半日靜坐，半日讀書，如此一二年，何患不進！」見黎靖德編，王星賢點校，《朱子語類》第一一六卷（北京：中華書局，一九八八年），「郭德元告行」條，頁二八〇六。

12. 黃自進、潘光哲編，《蔣中正總統五記．省克記》，一九一五年，頁一。

13. 「靈修」指基督教信徒於生活中融入《聖經》的教導及對神的體驗，以深化上帝與人之間的關係。靈修的活動包括閱讀《聖經》、默想《聖經》、祈禱、禁食、唱聖詩等。

14. 秦孝儀編著，《先總統蔣公嘉言總輯》（臺北：中國國民黨中央委員會黨史委員會，一九八一年），頁四六。

15. 《蔣中正日記》，民國卅四年四月一日。有趣的是蔣氏在日記中本來寫「耶穌神靈復現於吾身」，後來覺得「身」字不妥，改爲「前」。秦孝儀曾提及蔣介石對宗教信仰之虔誠，他說：「蔣先生一大早起床便開始禱告，在走廊上背誦聖經、聖詠，背完後將小帽脱下，向東方一鞠躬，虔誠到這個程度。一年中有三天，不過中午不見任何人，這三天一定與蔣夫人一塊兒禱告。這三天就是耶穌受難日，他自己的生日也就是母親受難日，還有就是王太夫人的忌日。」見陸寶千，〈蔣中正先生對王陽明與基督教之縮合〉，收入蔣中正先生與現代中國學術討論集編輯委員會編輯，《蔣中正先生與現代中國學術討論集》，頁一八六，秦孝儀先生發言。

16. 楚崧秋在擔任蔣介石秘書期間（一九五四—一九五八）曾觀察蔣氏作息，他說蔣介石早晚均「靜坐默禱」，見呂芳上、黃克武訪問、楚崧秋口述，《楚崧秋先生訪問記錄》（臺北：中央研究院近代史研究所，二〇〇一年），頁六四至六五。

17. Pei-yi Wu, *The Confucian's Progress: Autobiographical Writings in Traditional China* (Princeton: Princeton University Press, 1990).

18. 共產黨員謝覺哉曾寫過〈六十自訟〉來嚴格批判自己，對自訟有一個很好的比喻。他說自訟是在個人的靈魂深處設立一個「特殊法庭」，自己既當「被告」，又當「律師」，也當「法官」，是自己跟自己打官司。謝覺哉，〈六十自訟〉，《謝覺哉文集》（北京：人民出版社，一九八九年），頁五八〇至五八四。

19. Andrew Nathan, "The Counter-Revolutionaries," in *An Online Review at The New Republic*, http://www.tnr.com/book/review/chiang-kai-shek-pakula-taylor.（2011/6/16點閱）
20. 王汎森，〈日譜與明末清初思想家〉，《晚明清初思想十論》（上海：復旦大學出版社，二〇〇四年），頁一八二至一八五。
21. Thomas A. Metzger, *Escape from the Predicament: Neo-Confucianism and China's Evolving Political Culture* (New York: Columbia University Press, 1977), pp. 170-176.
22. Wolfram Eberhard, *Guilt and Sin in Traditional China* (Berkeley: University of California Press, 1967).
23. 有關蔣介石的「戀母情結」與以不孝自譴的詳細描述，請參見王奇生，〈蔣介石的親情〉，收入呂芳上策畫、導讀，《蔣介石的親情、愛情與友情》（臺北：時報，二〇一一年），頁十八至二五。
24. 《蔣中正日記》，民國廿三年十二月十九日。
25. 中國思想傳統中一直有「至孝能感通天地神明」、「不孝遭惡報」等觀念，由此可見「孝」所具有的宗教感。呂妙芬，《孝治天下：《孝經》與近世中國的政治與文化》（臺北：聯經，二〇一一年），頁四七、二七九。
26. 蔣中正，《蘇俄在中國：中國與俄共三十年經歷紀要》（臺北：中央文物供應社，一九五七年），書首插圖。
27. 《蔣中正日記》，民國四十五年十二月七日。
28. 《事略稿本》，第廿六冊（臺北：國史館，二〇〇三年），頁七四。
29. 黃自進、潘光哲編，《蔣中正總統五記·學記》，一九三四年六月十四日，頁六七。
30. 黃自進、潘光哲編，《蔣中正總統五記·學記》，一九三七年二月十一日，頁一〇六。

31. 黃自進、潘光哲編，《蔣中正總統五記．學記》，一九四三年七月四日，頁二九九。
32. 黃自進、潘光哲編，《蔣中正總統五記．學記》，一九三五年三月三日，頁八一。
33. 中譯本譯為「約伯的啓示」(the message of Job）與原文有出入。實際上聖經中有〈約伯記〉與〈約拿書〉，兩者為不同篇章，原文應指後者。見陶涵著，林添貴譯，《蔣介石與現代中國的奮鬥》(臺北：時報出版社，二〇一〇年），頁二九一。
34. Jay Taylor, *The Generalissimo: Chiang Kai-shek and the Struggle for Modern China* (Cambridge: The Belknap Press of Harvard University Press, 2009), p. 260.
35. 黃自進、潘光哲編，《蔣中正總統五記．省克記》，一九三〇年一月一日，頁三五。
36. 蔣介石晚年似乎能將人定勝天與上帝指示結合起來。一九七二年六月廿九日的日記中寫到：「人定勝天之理，只要人能依照眞理，自強不息去行，上帝必能感應成全也。」《蔣中正日記》，民國六十一年六月廿九日。
37. 黃自進、潘光哲編，《蔣中正總統五記．省克記》，一九三一年三月廿一日，頁五一。
38. 黃自進、潘光哲編，《蔣中正總統五記．省克記》，一九二六年十一月一日，頁一一至一二。
39. 黃自進、潘光哲編，《蔣中正總統五記．省克記》，一九二六年十一月三日，頁一一至一二。
40. 黃自進、潘光哲編，《蔣中正總統五記．省克記》，一九二七年十二月十五日，頁一九。
41. 黃自進、潘光哲編，《蔣中正總統五記．省克記》，一九四三年五月十九日，頁二三四。
42. 黃自進、潘光哲編，《蔣中正總統五記．省克記》，一九四〇年二月十九日，頁一六六。
43. 黃自進、潘光哲編，《蔣中正總統五記．省克記》，一九四〇年二月廿二日，頁一六六至一六七。
44. 黃自進、潘光哲編，《蔣中正總統五記．省克記》，一九四〇年二月廿六日，頁一六七。

45. 楊天石，〈宋明道學與蔣介石早年的個人修身〉，《楊天石文集》（上海：上海辭書出版社，二〇〇五年），頁二八四、二九〇至二九一。
46. 黃自進、潘光哲編，《蔣中正總統五記．省克記》，一九三五年二月二日，頁九三。
47. 黃自進、潘光哲編，《蔣中正總統五記．省克記》，一九三五年十二月卅一日，頁一〇四。有關《蔣中正日記》中記載好色、好名、打人等過錯，可參考楊天石的〈宋明道學與蔣介石早年的個人修身〉，《楊天石文集》，頁二八四至三〇二。不過楊氏所謂蔣介石「中世紀的修養方法，無法完全適應近、現代的社會生活」之點有值得商榷之處，筆者認為蔣氏修養有成功的一面，是瞭解其功業的一個關鍵因素。
48. 《蔣中正日記》，民國卅七年一月廿一日。
49. 呂芳上，〈痛定思痛：戰後中國國民黨改造的醞釀（一九四七至一九五〇）〉，《一九四九年：中國關鍵年代學術討論會論文集》（臺北：國史館，二〇〇〇年）；劉維開，〈蔣中正對一九四九年失敗的檢討——以演講為中心的探討〉，《國立政治大學歷史學報》第廿九期（二〇〇八年），頁八五至一二五。
50. 例如一九四五年六月卅日日記之後「本月反省錄」之中即有「秋季課程表」。參見《蔣中正日記》，民國卅四年六月卅日。
51. Jonathan D. Spence, *The Memory Palace of Matteo Ricci* (London: Faber and Faber, 1988), pp. 1-23.
52. 《蔣中正日記》，民國十九年一月五日。
53. 《蔣中正日記》，民國四十一年六月卅日。
54. 黃自進、潘光哲編，《蔣中正總統五記．省克記》，一九二九年一月十四日，頁卅一。
55. 黃自進、潘光哲編，《蔣中正總統五記．省克記》，一九二八年九月十四日，頁廿八。

56. 黃自進、潘光哲編，《蔣中正總統五記．省克記》，一九二六年一月十一日，頁六。
57. 《蔣中正日記》，「四十年總反省錄」，民國四十年十二月卅一日。
58. 黃自進、潘光哲編，《蔣中正總統五記．省克記》，一九一七至一九一八，頁一至二。
59. 《蔣中正日記》，民國卅八年十月六日。
60. 黃自進、潘光哲編，《蔣中正總統五記．省克記》，一九二八年十一月廿一日，頁卅。
61. 在「學記」中曾記錄蔣介石於一九三六年八月卅日：「誦岳武穆滿江紅詞，記曰：待從頭，收拾舊山河，朝天闕，每誦此言，未有不慄之危懼，深恐不能勝任也。」黃自進、潘光哲編，《蔣中正總統五記．學記》，頁一〇〇。
62. 黃自進、潘光哲編，《蔣中正總統五記．省克記》，一九一九年，頁二。
63. 黃自進、潘光哲編，《蔣中正總統五記．省克記》，一九二三年，頁三。
64. 黃自進、潘光哲編，《蔣中正總統五記．省克記》，一九二七年一月四日，頁十二。
65. 黃自進、潘光哲編，《蔣中正總統五記．省克記》，一九二三年，頁三。
66. 蔣介石於一九三六年二月十四日在中央政治學校講〈青年爲學與立業之道〉中提到此句話。見秦孝儀主編，《先總統蔣公思想言論總集》（臺北：中國國民黨中央委員會黨史委員會，一九八四年），演講，卷十四，頁五七。
67 「此次全會以後，益感人心險詐惡劣，畏我者固爲我敵，愛我者亦爲我敵，必欲我皆爲其利用而後快心，稍拂其意則妒忌交至，怨恨並來。政治社會之卑汙毒狠如此，豈我所能堪哉。遁世既不可能，則惟有另辟途徑，獨善其身，而使若輩自爭以還我清白之體。誠意愛輔我者，惟妻一人。」參見《蔣中正日記》，民國十九年十二月九日。

68. 有關宋美齡對蔣介石之規諫與勸誡與兩人齟齬，參見羅敏，〈蔣介石筆下之情愛世界〉，收入呂芳上策畫、導讀，《蔣介石的親情、愛情與友情》，頁七十至七三。
69. 黃自進、潘光哲編，《蔣中正總統五記．省克記》，一九二七年七月九日，頁一七。
70. 黃自進、潘光哲編，《蔣中正總統五記．省克記》，一九三三年十月九日，頁八一。
71. 黃自進、潘光哲編，《蔣中正總統五記．省克記》，一九四三年四月九日，頁二三一。
72. 《蔣中正日記》，民國卅一年七月十日。
73. 《蔣中正日記》，民國四十年二月八至九日。
74. 《蔣中正日記》，民國廿九年八月十八日。
75. 黃自進、潘光哲編，《蔣中正總統五記．省克記》，一九四一年二月十日，頁一八四。
76. 黃自進、潘光哲編，《蔣中正總統五記．省克記》，一九四三年二月五日，頁二三〇。
77. 《蔣中正日記》，民國卅二年九月十六日。
78. 《蔣中正日記》，民國卅三年三月十五日。將毛澤東説成是一條小毛蟲在《蔣中正日記》中還有其他的例子。如一九六八年七月，他記了：「毛賊東、小賤種就是這條小毛蟲。」轉引自呂芳上，〈一宿雖有哭泣 晨起便必歡呼——蔣中正日記反映的「失敗文化」〉（中央研究院近代史研究所「蔣介石與現代中國再評價」國際學術研討會主題演講，二〇一一年六月廿七至廿九日）。
79. 《蔣中正日記》，民國五十八年十月卅日。
80. 徐復觀，〈我所瞭解的蔣總統的一面〉，《自由中國》第十五卷第九期（臺北，一九五六年一月一日），頁六六九。
81. 徐復觀，〈我所瞭解的蔣總統的一面〉，頁六六九。

82. 蔣中正，〈國父一百晉三誕辰暨文化復興節紀念大會致詞〉，《中華文化之復興》（臺北：教育部文化局，一九七一年），頁一三三。

83. 參閱黃克武，《一個被放棄的選擇：梁啓超調適思想之研究》（臺北：中央研究院近代史研究所，二〇〇六年〔一九九四〕）。

【蔣介石的醫療】

〈抗戰前蔣介石的日常醫療經驗與衛生觀〉

1. 行政院衛生署編，《總統指示有關改善環境衛生事項彙編》（臺北：行政院衛生署，一九七一年），頁一。

2. 例如實應泰就書寫大量有關蔣日常生活中的「養生」內容，但較少與政治領域有關之連結，而且無出處註釋，較爲不足。參見氏著，《破譯蔣介石養生密碼》（北京：作家出版社，二〇〇九年）。

3. 私人的經歷與政治領域的事務，本來就是有互相影響的層面。學界關於公與私的一些研究，可參考黃克武、張哲嘉主編，《公與私：近代中國個體與群體之重建》（臺北：中央研究院近代史研究所，二〇〇〇年），特別是引言與頁五九至六一的定義。

4. 參考陶涵（Jay Taylor）著，林添貴譯，《蔣介石與現代中國的奮鬥》（臺北：時報，二〇一〇年）上冊，呂芳上導讀，頁五至一一。而這樣的嘗試，也已有初步的成果，例如呂芳上等合著，《蔣介石的親情、愛情與友情》（臺北：時報，二〇一一年）。

5. 其介紹、運用與一些問題，可參考陳紅民，〈《蔣中正總統文物．事略稿本》中的一則錯誤〉，《史學月刊》第二期（二〇〇七年），頁一三四至一三六。

6. 本文主要採用中國第二歷史檔案館所編的《蔣介石年譜》（北京：中國檔案出版社，一九九四年）爲考察蔣早期日常生活史的主要資料。該書是以蔣介石的啓蒙老師毛思誠所撰《蔣公介石年譜初稿》

爲基礎，並參照《民國十五年以前之蔣介石先生》的有關記載而編成。

7. 參考陳秀芬，〈醫療史研究在臺灣（一九九〇至二〇一〇）——兼論其與「新史學」的關係〉，《漢學研究通訊》二九．三（二〇一〇年），頁一九至二八。

8. 可參考兩文，收入杜正勝，〈作爲社會史的醫療史〉，《從眉壽到長生——醫療文化與中國古代生命觀》（臺北：三民書局，二〇〇五年），頁一至三六。以及〈什麼是新社會史〉，收入氏著，《新史學之路》（臺北：三民書局，二〇〇四年），頁二二至三七。

9. 最近醫療史與政治史結合研究的例子，也開始有所進展，例如金仕起寫的《中國古代的醫學、醫史與政治》（臺北：政大出版社，二〇一〇年）可爲代表。杜正勝寫了一篇長序於書前，即在探討醫療史與政治史之間的關係。其文〈醫療社會文化史外一章——金仕起《中國古代的醫學、醫史與政治》序〉，另收錄於《古今論衡》二一期（二〇一〇年），頁一三三至一五四。至於其他政治與衛生史相關的研究，其實已經有不少成果，詳下。

10. 這樣的研究非常多，牽涉的問題也各有不同，可參考Wendy Parkins, *Fashioning the Body Politic: Dress, Gender, Citizenship.* (Oxford；New York：Berg, 2002) 所收錄的論文。中國史的部分，有王秀雲，從性別醫療角度切入的研究：〈不就男醫：清末民初的傳道醫學中的性別身體政治〉，《中央研究院近代史研究所集刊》五九期（二〇〇八年），頁二九至六六。另外還有楊念群的研究是比較好的，主要從中西近代醫療史來切入，凸顯政治與醫療之關係：《再造「病人」——中西醫衝突下的空間政治（一八三二至一九八五）》（北京：中國人民大學出版社，二〇〇六年）。當然，據筆者目前所蒐集之資料量相當龐大，很難在一篇文章中全部梳理完畢。筆者認爲，這篇文章只要能顯示出：蔣是這樣一個特別而且書寫過去我們所比較少知道的領導人物之面向，對多數讀者而言，具有可讀性和一定的歷史意義存在。

11. 《事略稿本》第二冊（臺北：國史館，二〇〇三年），民國十七年一月三日，頁二二一至二二二。

12. 黃仁宇，《從大歷史的角度讀蔣中正日記》（臺北：時報，一九九四年），頁一三至一四。

13. 秦孝儀主編，〈先妣王太夫人事略〉（民國十年六月廿五日），收入《總統蔣公思想言論總集》（臺北：中國國民黨中央委員會黨史委員會，一九八四年），第卅五卷，頁六三。

14. 例如劉維開，〈蔣中正記憶中的童年〉，收入呂芳上主編，《蔣中正日記與民國史研究》（臺北：世界大同出版有限公司，二〇一一年），頁一三九至一五五。以及王奇生，〈從孤兒寡母到孤家寡人——蔣介石的早年成長經歷與個性特質〉，《南京大學學報（哲社版）》五期（二〇一〇年），頁八三至九三。

15. 中國第二歷史檔案館編，《蔣介石年譜初稿》，頁一六。

16. 魯迅在日本學醫時，有一次上課正播放日俄戰爭的畫片，他看到了中國人被砍頭示眾的情景，日本同學當時高呼「萬歲！」聽在魯迅耳中可是萬分刺耳的。於是他領悟了：「我便覺得醫學並非一件緊要事，凡是愚弱的國民，即使體格如何健全，如何茁壯，也只能做毫無意義的示眾的材料和看客，病死多少是不必以為不幸的。所以我們的第一要著，是在改變他們的精神，而善於改變精神的是，我那時以為當然要推文藝，於是想提倡文藝運動了。」魯迅，〈自序〉，《吶喊》（臺北：風雲時代，二〇〇四年），頁三。

17. 秦孝儀主編，《總統蔣公大事長編初稿》卷一（臺北：民國六十七年），頁十五。

18. 丁福保，《蒙學衛生教科書》（上海：上海文明書局，一九〇六年），頁7b-8a。

19. 關於衛生話語的近代考察，研究很多，特別是著重華人「不衛生」之形象確實是清末以來外國人的主觀認知，參考胡成，〈「不衛生」的華人形象：中外間的不同講述——以上海公共衛生為中心的觀察（一八六〇至一九一一）〉，《中央研究院近代史研究所集刊》五六期（二〇〇七年），頁一至四四。以及李尚仁，〈健康的道德經濟——德貞論中國人的生活習慣和衛生〉，收入《中央研究院歷史語言研究所集刊》七六本第三份（二〇〇五年九月），頁四六七至五〇九。

20. 至於日本對衛生、清潔話語的吸收與定義，開始的很早，而日本人也用這些策略來治理國家，甚至推向殖民地，而成為一種身體控制的日常策略。參考劉士永，〈「清潔」、「衛生」與「健康」——日治時期臺灣社會公共衛生觀念之轉變〉《臺灣史研究》八卷一期（二〇〇一年），頁四一至八八。

21. 中國第二歷史檔案館編，《蔣介石年譜初稿》，頁一四六。

22. 陳三井訪問、李鬱青記錄，《我做蔣介石「御醫」四十年：熊丸先生訪談錄》（北京：團結出版社，二〇〇六年），頁九四。

23. 中國第二歷史檔案館編，《蔣介石年譜初稿》，頁三七至三八。

24. 中國第二歷史檔案館編，《蔣介石年譜初稿》，頁一七一。

25. 中國第二歷史檔案館編，《蔣介石年譜初稿》，頁一四七。

26. 中國第二歷史檔案館編，《蔣介石年譜初稿》，頁八〇。

27. 中國第二歷史檔案館編，《蔣介石年譜初稿》，頁一〇九。

28. 中國第二歷史檔案館編，《蔣介石年譜初稿》，頁一一六。

29. 中國第二歷史檔案館編，《蔣介石年譜初稿》，頁一四六。

30. 秦孝儀主編，《總統蔣公大事長編初稿》卷一，頁二一。

31. 中國第二歷史檔案館編，《蔣介石年譜初稿》，頁二八二。

32. 在秦孝儀主編，《總統蔣公大事長編初稿》卷一，頁八七，記載蔣緯國是出「疹」，這和原記載之「痧」有些不同。「痧」是一種包含多種疾病的統稱，其主因在中國醫學之解釋乃感受夏秋之間的風寒暑濕之氣，或因感受疫氣、穢濁之邪而發生的具有傳染性的溫病。參看李順保主編，《溫病學大辭典》（北京：學苑出版社，二〇〇七年），頁二六八。張綱解釋：明清以來，或有以乾霍亂、「解㑊」，或有以疫喉痧、痲疹爲痧者。然痧名應源自「沙」，他說：「魏晉時期之本所謂沙者，乃沙虱入肌之病耳。以沙虱入肌旋生皮疹而發病，古人遂取茅茗之葉以挑、刮。此病以沙稱之初旨，亦挑痧、刮痧之所由來也。而後世既昧其義，又轉相附會，遂至於痧名無定指，所論之痧人人異矣。」參考氏著，《中醫百病名源考》（北京：人民衛生出版社，一九九七年），頁九八至一〇二。祝平一有過初步的探討，參考氏著，〈痧與其相關問題〉，發表於中央研究院人文社會科學研究中心衛生史研究計畫主辦，「近代華人社會公衛史」學術研討會（臺北：中央研究院人社中心，二〇〇八年十二月廿六至廿七日。會議論文得作者同意引用，於徵詢過程中，復得作者致贈一篇待發表之論文：〈清代的痧：一個疾病範疇的誕生〉，謹致謝忱）。大陸學者紀徵瀚也有許多文章探討「痧」之問題，她的博士論文即探討相關問題：《古代「痧」及治法考》（北京：中國中醫科學院中醫醫史文獻研究所博士論文，二〇〇八年），頁三二至五五。其他論文僅舉一篇做爲代表：〈清代痧症醫籍系統考〉《中醫文獻雜誌》四期（二〇〇九年），頁一至四。筆者自己也有一篇會議論文接續討論這個議題，目前正修改中：〈中西醫學話語與近代商業論述——以《申報》上的「痧藥水」爲例〉，《傳播視野下的中國研究學術研討會會議論文集》（上海：上海社會科學界聯合會、《學術月刊》社等主辦，二〇一二年七月三、四日），頁三六四至三九三。大抵清末以來「痧」是一般下層社會非常喜歡使用的疾病名詞，很多不知名的外感症狀或出疹，都稱爲「痧」。

33. 蔣喜愛讀曾國藩著作的歷史甚久遠，可推至他十八歲時，進入寧波的箭金學校，其師顧清廉系統地講解國學，教導蔣讀書要有次序，循序漸進，推薦《曾文正公家書》等書給蔣閱讀，此後曾國藩成了蔣心目中學習之榜樣。出自陳紅民、張莉，〈蔣介石追憶青少年生活——《蔣中正日記》解讀之七〉，《世紀》六期（二〇一二年），頁四四。

34. 筆者未做過嚴格統計，僅就流覽蔣後來所讀之書做一推測。引文自秦孝儀主編，《總統蔣公大事長編初稿》卷一，頁二七至三二。

35. 中國第二歷史檔案館編，《蔣介石年譜初稿》，頁二八一至二八二。

36. 中國第二歷史檔案館編，《蔣介石年譜初稿》，頁二五六至二五七。

37. 陳潔如，《我與蔣介石的七年之癢：陳潔如回憶錄》（北京：團結出版社，二〇〇二年），頁一〇七。

38. 中國第二歷史檔案館編，《蔣介石年譜初稿》，頁一七九。
39. 中國第二歷史檔案館編，《蔣介石年譜初稿》，頁一七九。
40. 中國第二歷史檔案館編，《蔣介石年譜初稿》，頁四八一。
41. 中國第二歷史檔案館編，《蔣介石年譜初稿》，頁十六。
42. 中國第二歷史檔案館編，《蔣介石年譜初稿》，頁四六二。
43. 中國第二歷史檔案館編，《蔣介石年譜初稿》，頁二五二至二五四。
44. 中國第二歷史檔案館編，《蔣介石年譜初稿》，頁一八〇至一八一。
45. 蔣後來曾說：「日本士官學校，他們對於初入伍的學生，起頭幾個月，完全就是教他怎樣吃飯？怎樣穿衣？怎麼戴帽子？怎麼走路？怎麼洗掃房間？乃至怎樣倒痰盂？要使痰盂洗得怎樣乾淨？盛入幾多水量？他的髮一定要剪短、胸一定要挺起、腰一定要伸直、頭一定要抬高、眼一定要平視。諸如此類種種生活習慣，都很嚴格很瑣細的一樣一樣來教，一樣一樣都要切實做到。而且他們還知一種辦法，即視初入伍的候補生，一定要爲官長和老兵服務，無論是擦皮鞋、疊被褥。種種事情都要他來做，如果做得不對，就要受晰被責。大家要知道，這並不是教他做一個僕人，乃是要他從實際生活中來受訓練，和我們古人所謂『有事弟子服其勞』，完全是這一個意思。由此可見古今中外，對於基本生活的教育，都是特別注重的。」參考周美華，《蔣中正總統文物：事略稿本》第廿三冊，民國廿二年十月二日，頁一七二至一七三。
46. 中國第二歷史檔案館編，《蔣介石年譜初稿》，頁一八三。
47. 蔣在一九二六年一次演講中說：「教育這件事，一定要被教育者自立自治自強，因爲他人是不可靠的，如校中官長對於學生生活非不關心，要是學生自己不注意衛生，不保重身體，無論長官如何關心，也要害病。非特官長不可全靠，就是自己父母，也不可全靠的。因爲自己不能自立自強自治的人，一定不會有根本覺悟的人生觀，來改造他自己惡劣的習慣和環境，這樣就是到老死了，也是個冤枉蟲，決不能會有成功的。」引自中國第二歷史檔案館編，《蔣介石年譜初稿》，頁五一八。

48. 例如蔣曾對學生說：「各位入校時候，是在預備教育期同，當然是很嚴的。預備期滿之後，便要學生養成自治自動的能力，不必等官長來監督。但是現在我看見你們寢室外面的草鞋和裡面的毯子，亂七八糟的放著，而且塵土滿池，還有小便不在小便池裡，如此全無軍人的人格了。」可見蔣認爲好的人格必須奠基在衛生的行爲之上，這些都是軍隊教育的一環。引自中國第二歷史檔案館編，《蔣介石年譜初稿》，頁二九二。

49. 中國第二歷史檔案館編，《蔣介石年譜初稿》，頁一九八。

50. 蔣言：「……要大家時時刻刻保全身體的康健，打仗是不會死的，出征的軍人大都是病死的多，所以第一要緊是保全各位自己身體的康健，然後可以建功立業，完成革命的責任。」出自中國第二歷史檔案館編，《蔣介石年譜初稿》，頁三〇九至三一〇。

51. 中國第二歷史檔案館編，《蔣介石年譜初稿》，頁三六六。

52. 中國第二歷史檔案館編，《蔣介石年譜初稿》，頁一九〇。

53. 中國第二歷史檔案館編，《蔣介石年譜初稿》，頁三四三。

54. 中國第二歷史檔案館編，《蔣介石年譜初稿》，頁三一一。

55. 中國第二歷史檔案館編，《蔣介石年譜初稿》，頁三二〇。

56. 中國第二歷史檔案館編，《蔣介石年譜初稿》，頁三九六。

57. 早在隋代《諸病源候總論》，已有許多地氣、濕氣導致腳氣病的論述。梁其姿研究元代以後的腳氣病，更有地域之分。元代之後的狀況可參考氏著，《面對疾病：傳統中國社會的醫療觀念與組織》（北京：中國人民大學出版社，二〇一二年），頁二二七至二二八。

58. 中國第二歷史檔案館編，《蔣介石年譜初稿》，頁三四二。

59. 中國第二歷史檔案館編，《蔣介石年譜初稿》，頁三七九。又，「調郭琦元後方病院院長。」下月二日，又載：「郭琦元爲代理軍醫處處長（王若儼因營私誤公免職）。」出自該書，頁三八〇、三八三。直至一九二五年七月廿二日，又「呈請任命褚民誼爲軍校軍醫處處長，未到任以前，由金誦盤代理。」見該書頁三九六。

60. 中國第二歷史檔案館編，《蔣介石年譜初稿》，頁四八七。

61. 中國第二歷史檔案館編，《蔣介石年譜初稿》，頁三九七。

62. 參考胡嵩山，〈夏令衛生運動的重要性和夏令衛生的注意點〉，上海申報館編輯，《申報》（上海：上海書店，一九八二至一九八七年），一九三六年六月十六日，第四張。以及陳調元，〈衛生運動與民族復興〉，《申報》第四張，一九三六年六月十四日。

63. 張泰山，《民國時期的傳染病與社會：以傳染病防治與公共衛生建設爲中心》（北京：社會科學文獻出版社，二〇〇八年），頁二四四至二四五。以及朱慧穎，〈民國時期的衛生運動初探——以天津爲例〉，收入餘新忠主編，《清代以來的疾病、醫療和衛生》（北京：三聯書店，二〇〇九年），頁三五八至三五九。

64. 中國第二歷史檔案館編，《蔣介石年譜初稿》，頁四六三。

65. 中國第二歷史檔案館編，《蔣介石年譜初稿》，頁四六五。

66. 中國第二歷史檔案館編，《蔣介石年譜初稿》，頁四七一。

67. 中國第二歷史檔案館編，《蔣介石年譜初稿》，頁五三六。

68. 中國第二歷史檔案館編，《蔣介石年譜初稿》，頁五三九。

69. 中國第二歷史檔案館編，《蔣介石年譜初稿》，頁六〇四。

70. 中國第二歷史檔案館編，《蔣介石年譜初稿》，頁六六六。
71. 中國第二歷史檔案館編，《蔣介石年譜初稿》，頁七〇二。
72. 中國第二歷史檔案館編，《蔣介石年譜初稿》，頁七二一。
73. 中國第二歷史檔案館編，《蔣介石年譜初稿》，頁七二二至七二三。
74. 其他五項專科爲：經理、參謀、交通、軍用化學、炮工等科。見中國第二歷史檔案館編，《蔣介石年譜初稿》，頁四七七。
75. 中國第二歷史檔案館編，《蔣介石年譜初稿》，頁四八二。
76. 這點還需要深入研究，這只是就蔣聘用的人初步討論而已。
77. 王舜祁，《早年蔣介石》（北京：團結出版社，二〇〇八年），頁六二至六三。陳是蔣的同鄉，北伐時擔任過國民革命軍總司令部軍醫處處長。關於其事蹟介紹，參考祖述憲，《思想的果實：醫療文化反思錄》（青島：青島出版社，二〇〇九年），頁一一九至一三三。
78. 陶涵（Jay Taylor）著，林添貴譯，《蔣介石與現代中國的奮鬥》上冊，頁七八。
79. 中國第二歷史檔案館編，《蔣介石年譜初稿》，頁四三七。
80. 中國第二歷史檔案館編，《蔣介石年譜初稿》，頁四六一。
81. 中國第二歷史檔案館編，《蔣介石年譜初稿》，頁五三九。
82. 蔣與部屬談話時嘗謂：「近日性躁心急，若不於此時靜養心性，則後更難期。需於『言不妄發、行戒輕躁』二語勉之。」出自周美華編，《蔣中正總統文物：事略稿本》第二冊，民國十六年九月八日，頁十七。
83. 翁元口述，王豐記錄，《我在蔣介石父子身邊的日子》（臺北：圓神，二〇〇二年），頁五一至五六。

84. 中國第二歷史檔案館編，《蔣介石年譜初稿》，頁五九六。
85. 中國第二歷史檔案館編，《蔣介石年譜初稿》，頁六〇三。
86. 中國第二歷史檔案館編，《蔣介石年譜初稿》，頁六二二。
87. 中國第二歷史檔案館編，《蔣介石年譜初稿》，頁三八三。
88. 中國第二歷史檔案館編，《蔣介石年譜初稿》，頁三九二至三九三與三九六。
89. 陳潔如，《我與蔣介石的七年之癢：陳潔如回憶錄》，頁一九一。
90. 陳潔如，《我與蔣介石的七年之癢：陳潔如回憶錄》，頁一九一至一九二。
91. 中國第二歷史檔案館編，《蔣介石年譜初稿》，頁三六四。
92. 中國第二歷史檔案館編，《蔣介石年譜初稿》，頁四八二至四八三。
93. 中國第二歷史檔案館編，《蔣介石年譜初稿》，頁六〇五。
94. 陶涵（Jay Taylor）著，林添貴譯，《蔣介石與現代中國的奮鬥》上冊，頁七七。
95. 陳潔如，《我與蔣介石的七年之癢：陳潔如回憶錄》，頁一〇五。
96. 據陳潔如言，蔣也眞的做到了，她說：「李大夫在我臂上做了六〇六靜脈注射，向我說：『妳打針十次，就可痊癒，就是說如果你有耐心繼續治療不斷的話。我現在要很坦白地告訴妳，淋病菌進入你的身體——或者確切點說，妳的輸卵管或卵巢之後，可能使你不能懷孕。但是，妳的病情算是輕度的，所如果你繼續治療，就不必爲此擔憂。』事畢後，我走進候診室，輪到介石進入大夫的診療室了。他打過針後，李大夫告訴他：『你在結婚前，本應先完成你前次的治療。但你沒有等待充分的時間，求得完全治癒，因此你傳染了你的夫人。從現在起，你必須繼續這個治療，以求完全康復。你原已患有附睾炎（epididymitics），已經使你不育。今後你恐不可能再生育孩子。』爲了表示他之悔悟，介石對我起誓，如我答應不離開他，從今而後，他將放棄所有烈酒、普通酒，甚至茶和咖啡。」出自陳潔如，《我與蔣介石的七年之癢：陳潔如回憶錄》，頁一〇六至一〇七。陳的回憶不見得完全正確，也有可能是醫生的診斷有誤，因爲蔣日後確實讓宋美齡懷孕，可惜最後以流產告終。見陶涵（Jay Taylor）著，林添貴譯，《蔣介石與現代中國的奮鬥》上冊，頁一〇八。

97. 陳三井訪問、李鬱青記錄，《我做蔣介石「御醫」四十年：熊丸先生訪談錄》，頁一二〇至一二一。

98. 中國第二歷史檔案館編，《蔣介石年譜初稿》，頁四三六。

99. 《事略稿本》第廿六冊，民國廿三年五月廿日，頁一五四至一五五。

100. 《事略稿本》第廿七冊，民國廿三年七月廿五日，頁一五八至一五九。

101. 《事略稿本》第十一冊，民國廿年五月十二日，頁一三二至一三三。

102. 對武嶺學校學生訓話時，蔣談「孝悌力田之道」時說：「……成爲世界上最有用的人，堪爲一般國民的模範，不愧爲武嶺學校的學生，其次我們既然要積極的做好行爲，作一般國民的模範，便絕對不可再學壞的榜樣、做壞的行爲。譬如嫖賭菸酒這一類的習慣，格外不可沾染。」出自周美華編，《事略稿本》第廿八冊，民國廿三年十二月廿五日，頁六二一。

103. 中國第二歷史檔案館編，《蔣介石年譜初稿》，頁四三七。

104. 參考張泰山的《民國時期的傳染病與社會：以傳染病防治與公共衛生建設爲中心》；劉榮倫、顧玉潛的《中國衛生行政史略》（廣州：廣東科技出版社，二〇〇七年）。

105. 張力，《國際合作在中國：國際聯盟角色的考察，一九一九至一九四六》（臺北：中央研究院近代史研究所，一九九九年），頁六五至一二八。

106. 南京國民政府時期的衛生體系建置，例如人口學者吳景超的建議以及蔣介石所發起的新生活運動，很大的程度上就是改善中國衛生的一種運動。出自（日）家近亮子，《蔣介石與南京國民政府》（北京：社會科學文獻出版社，二〇〇五年），頁一五二至一五三的介紹。關於新生活運動，可參考段瑞聰的相關著作，例如：《蔣介石と新生活運動》（東京：慶應義塾大學出版會，二〇〇六年）。全國性視角的研究，可參考Yip Ka-Che, Health and National Reconstruction in Nationalist China: *The Development of Modern Health Services, 1928-1937* (Ann Arbor: Association for Asian Studies, University of Michigan, 1995)。

107. 「國家」與「地方」視角的差別與互相滲透、參照，當是可以持續注意的論題，但現在研究很多仍是從「大城市」（上海、南京、北京、廣州）視角出發，例如：彭善民，《公共衛生與上海都市文明（一八九八至一九四九）》（上海：上海人民出版社，二〇〇七年）、餘新忠主編，《清代以來的疾病、醫療和衛生》，頁一三九至一五六、三五七至三七〇所收錄之論文。另有潘淑華，〈民國時期廣州的糞穢處理與城市生活〉《中央研究院近代史研究所集刊》五十九期（二〇〇八年），頁六七至九六。只有少數研究漸漸開始注意到其他次級的地區或省分之狀態，例如吳鬱琴，〈南京國民政府時期江西衛生防疫體系述論〉，《江西財經大學學報》六期（二〇一〇年），頁八九至九三。

108. 《事略稿本》第廿二冊，民國廿二年九月廿日，頁五二六至五二七。

109. 《事略稿本》第九冊，民國廿年一月十七日，頁四五八至四五九。

110. 《事略稿本》第九冊，民國十九年十月廿日，頁六二至六五。

111. 《事略稿本》第九冊，民國十九年十月廿日，頁六五。

112. 《事略稿本》第六冊，民國十八年八月廿四日，頁四三九至四四〇。

113. 《事略稿本》第六冊，民國十八年八月廿四日，頁四三六至四三七。

114. 《事略稿本》第六冊，民國十八年八月十九日，頁四一九至四二〇。

115. 陳三井訪問、李鬱青記錄，《我做蔣介石「御醫」四十年：熊丸先生訪談錄》，頁五八。

116.《事略稿本》第十冊，民國廿年四月九日，頁四一五。

117.《事略稿本》第十二冊，民國廿年十二月廿四日，頁四八二。

118.《事略稿本》第十三冊，民國廿一年一月六日，頁一七。

119.《事略稿本》第十八冊，民國廿二年一月一日，頁二。

120. 陳三井訪問、李鬱青記錄，《我做蔣介石「御醫」四十年：熊丸先生訪談錄》，頁九八至九九。在記載上，臺版本略有不同，特別是稱謂部分，可以互相參照：《熊丸先生訪問記錄》（臺北：中央研究院近代史研究所，一九九八年），頁九一。

121.《事略稿本》第六冊，民國十八年十月九日，頁五七五至五七六。

122.《事略稿本》第十冊，民國廿年二月十七日，頁一三八。

123.《事略稿本》第廿三冊，民國廿二年一月四日，頁三六六。

124.《事略稿本》第十三冊，民國廿一年三月卅日，頁五一〇。

125. 醫緩與醫和的故事，最早皆出於《左傳》。參考《十三經注疏．左傳》第六冊，卷二六與四一（臺北：藝文印書館，一九八九年），頁四五〇與七〇八至七一〇。可見蔣讀得很細，因爲這兩位醫者的事蹟並無蔣解釋的「和緩」之意。僅有在後世《通志》一書中，表示「緩」和「和」同音，認爲醫緩與醫和可能是同一人，但兩人出現的年代相差甚遠，應該仍是兩人。

126.《事略稿本》第九冊，民國廿年一月十六日，頁四五七。

127.《事略稿本》第十一冊，民國廿年七月七日，頁三六三。

128.《事略稿本》第十冊，民國廿年三月十日，頁二五六。

129.《事略稿本》第十二冊，民國廿年一月十六日，頁三一六。

130. 《事略稿本》第十四冊，民國廿一年四月十一日，頁一七。
131. 《事略稿本》第廿八冊，民國廿三年一月廿八日，頁四九九。
132. 《事略稿本》第廿八冊，民國廿三年一月廿九日，頁五〇一。
133. 《事略稿本》第廿八冊，民國廿三年十二月二日，頁五一四。
134. 《事略稿本》第廿八冊，民國廿三年十二月四日，頁五二一至五二二。
135. 《事略稿本》第廿八冊，民國廿三年十二月六日，頁五二七。
136. 《事略稿本》第廿八冊，民國廿三年十二月七日，頁五二九。
137. 《事略稿本》第廿八冊，民國廿三年十月廿六至廿九日，頁三六五至三七二。
138. 「蔣中正總統文物．蔣中正致宋美齡函」，民國廿五年一月十七日，典藏號002-040100-00005-033。
139. 「蔣中正總統文物．一般資料」，民國廿四年七月三日，典藏號002-080200-00234-066與002-080200-00235-045。
140. 「蔣中正總統文物．籌筆．統一時期（一一六）」，民國廿三年七月一日，典藏號002-010200-00116-075。
141. 「蔣中正總統文物．一般資料」，民國廿四年六月廿八日至廿九日，典藏號002-080200-00233-090。
142. 黃厚璞，〈我爲蔣介石、汪精衛、宋美齡治病經歷〉，《文史精華》一期（二〇〇三年），頁五四。
143. 「國民政府檔．蔣中正骨傷診治」，典藏號001016142023 006a-009a。「牛醫生」指的可能是牛惠霖（一八八九—一九三七），以下黃厚璞的回憶可以證明，但是，根據「特交檔案」中的記載，其弟牛惠生（一八九二—一九三七）於西安事變後曾爲蔣氏所作之健康檢查報告，可以得知「牛醫生」爲「牛惠生」的可能性也相當大。而據張聖芬撰〈民國醫界翹楚牛氏兄弟〉一文中，稱施肇基之子施思明回憶曾在牛惠生處看過蔣氏背部的X光片，所以極可能是其弟牛惠生，或不排除兩人都有參與診治。當然，他兩人同爲民國時期重要之西醫，牛氏兄弟於一九二八年創立了上海骨科醫院，是中國第一家骨科專門醫院；弟弟惠生更是北京協和醫院的第一位骨科醫生。兩人事略參見鄧鐵濤、程之範主編，《中國醫學通史：近代卷》（北京：人民衛生出版社，一九九九年），頁五三三至五三五。以及黃厚璞，〈我爲蔣介石、汪精衛、宋美齡治病經歷〉，頁五四。宋美齡與牛氏兄弟其實是表兄妹關係，牛氏兄弟的母親爲宋美齡姨母，蔣氏對兩兄弟亦十分器重。以上註釋之修飾，感謝審查委員的提醒與指正。

144. 「國民政府檔．蔣中正骨傷診治」，典藏號001016142023 004a-005a。

145. 據陳言，是時壽彰介紹陳給戴認識的。關於戴笠之病狀，陳所言爲一種外科疾病，他說：「我細細地在他那核子上摸了好久，說：『這種核子，輕的叫虛核，小孩子玩得太厲害或發熱之後，常常生這種核；但是大人生的多屬㡘核，俗稱㡘串，會一顆一顆地連串起來，更重的就叫做瘤，成了瘤，便有性命出入了。』這位馬先生機警得很，他問：『某君生過毒瘤，我是不是這個病？』我對他說：『絕對不是，瘤是結塊之狀，推都推不動的。你的核是活動性的，不過是比較大的瘰㡘而已。』馬先生聽了我的話，心就安了下來，說：『用什麼醫法，就由你做主，不過我不願意接受刀割，或是用藥使它腐爛。』我說：『可以可以。』如是者看了半個月之後，㡘核消了一大半。以上故事，出自陳存仁，《我的醫務生涯》（桂林：廣西師範大學出版社，二〇〇七年），頁五四至五五。

146. 「國民政府檔．蔣中正骨傷診治」，典藏號001016142023037a。

147. 據藥品許可證記載，該成藥具有：藏紅花、川七、烏藥、鹿胎。功效正是治療跌打損傷、風濕等藥。出自行政院衛生署編印，《衛生署醫藥證照公告月刊》第三期（一九三六年），頁六五。

148. 「國民政府檔．蔣中正骨傷診治」，典藏號001016142023 007a-008a。

149. 黃厚璞，《按摩術與體育治療》（北京：人民衛生出版社，一九五四年），頁一至二。

150. 黃厚璞，〈我爲蔣介石、汪精衛、宋美齡治病經歷〉，頁五三。

151. 高素蘭編，《蔣中正總統文物：事略稿本》第十冊，民國廿年二月九日，頁三八至三九。

152. 陳三井訪問、李鬱青記錄，《我做蔣介石「御醫」四十年：熊丸先生訪談錄》，頁九八。

153. 黃厚璞，〈我爲蔣介石、汪精衛治病〉，《縱橫》八期（二〇〇二年），頁三七至三八。以及氏著，〈我爲蔣介石、汪精衛、宋美齡治病經歷〉，頁五三至五五。

154. 陳三井訪問、李鬱青記錄，《我做蔣介石「御醫」四十年：熊丸先生訪談錄》，頁九四。

155. 初步研究成果匯集，已有呂芳上主編，《蔣中正日記與民國史研究》上冊，研究意義可參考書前呂芳上序。

【蔣介石的空間觀】

〈蔣介石的政治空間觀念研究——以其「安內」政策為中心的探討〉

1. 胡適：《政制改革的大路》，《獨立評論》第一六三號，一九三五年八月十一日，頁七。
2. 愛德格．斯諾著、黨英凡譯：《紅色中國雜記》（群眾出版社，一九八三年），頁七二至七三，
3. 《蔣中正日記》，民國廿年九月十九日。
4. 《蔣中正日記》，民國廿一年日記的卷首。
5. 《蔣中正日記》，民國廿二年三月廿八日。
6. 《蔣中正日記》，民國廿三年七月十日。
7. 相關成果有：劉維開：《國難期間應變圖存問題之研究》（臺北：國史館，一九九五年）；周美華：《中國抗日政策的形成——從九一八到七七》（臺北：國史館，二〇〇〇年）。楊天石：《盧溝橋事變前蔣介石的對日謀略》，《近代史研究》二〇〇一年第二期，頁一八；黃道炫：《蔣介石「攘外必先安內」方針研究》，《抗日戰爭研究》二〇〇〇年第二期。

8.《蔣中正日記》，民國廿年八月卅一日。
9.《蔣中正日記》，民國十七年五月十、十二日。
10.《蔣中正日記》，民國廿四年七月十一日。
11.《蔣中正日記》，民國廿一年三月十四日。
12. 一九三〇年九月廿日，蔣再電張學良催即日就副司令職，電文稱：「……聞閻已通電下野，但其企圖尚未明瞭，馮尤未必遽能覺悟，我輩態度稍有猶疑，轉恐予以徘徊觀望之機。大局仍難收拾，務望兄即日就副司令職，並促于、王兩軍趨日進占北平、保定與石莊。所有大河以北一切善後事宜，謹以全權託兄處置。」《蔣中正總統文物．事略稿本》第八冊，（下文簡稱《事略稿本》），民國十九年九月廿日，頁五七八。
13.《蔣中正日記》，民國廿一年一月十三日。
14.《蔣中正日記》，民國廿一年二月十六日。
15.《蔣中正日記》，民國廿一年五月二日。
16.《蔣中正日記》，民國廿一年五月廿七日。
17.《蔣中正日記》，民國廿一年六月廿七日。
18.《事略稿本》第十六冊，民國廿一年八月六日，頁三五至三六。
19.《蔣中正日記》，民國廿一年八月十二日。
20. 詳見拙文《蔣介石與一九三二年的汪（精衛）、張（學良）交惡》，待刊稿。
21.《蔣中正日記》，民國廿二年二月十二日。
22.《蔣中正日記》，民國廿二年三月四日。

23.《蔣中正日記》，民國廿二年三月廿八日。

24.《蔣中正日記》，民國廿一年三月九日。

25.《蔣中正日記》，民國廿一年三月十四日。

26.《社論：蔣北上與張下野》，《香港中興報》，一九三二年三月十三日。

27.《胡漢民致劉顯丞電稿》，陳紅民輯注：《胡漢民未刊往來函電稿》第八冊（廣西師範大學出版社，二〇〇五年），頁五四四。

28.《蔣中正日記》，民國廿一年日記的卷首。

29.《蔣中正日記》，民國廿一年七月二日。

30.《蔣中正日記》，民國廿一年七月三日。

31.六月七日，蔣在日記中寫道：「此次剿匪，先求軍紀嚴明，次求吏治清明，再以團警、土地、賑濟、運轉之方補充之，其要在於多設偵察監督機關。又在於得公正勤勞，有正氣，有血氣之人也。對於土地問題二說，一在恢復原狀，歸還地主；一在設施新法，實行耕者有其地主義。對於耆伸亦有二說，一在利用耆紳，招徠士民；一在注重貧民，輕視耆紳，以博貧民歡心。余意二者可兼用也。」次日，又寫道：「以後剿匪方針，決以開闢道路爲首，次以組織民團整頓員警，再次以救濟貧民，施行教育，宣傳主義，平均地權以爲根本之圖。」十一日，又思考認爲：「此次剿匪經費決以半數爲修路，築碉、賑濟之用，而治本之道則注重於清廉縣長與組織保甲、訓練民團，分配土地，施放種籽也。決不求其速剿，只望其漸清也。」

32.九月十二日，蔣在日記中寫道：「上星期，東克麻埠，西克新集，此剿匪第一期計畫，得有進步也。」十四日，又記稱：「英山與商城先後克復，贛南且有一師之眾來降，是乃民族復興，赤匪消滅之一轉機，甚祈天佑中華，俾早日肅清內亂，統一中國，保障東亞，勿使倭奴慘殘人類，欺凌中華也。」廿一日，蔣又記曰：「第十師，昨午克復金家寨，此心爲之一慰，從此江北之匪易清，而抗日之基漸立矣。」
33.《蔣中正日記》，民國廿二年四月六日。
34.《蔣中正日記》，民國廿二年七月十九日。
35.《事略稿本》第十五冊，民國廿一年六月十日，頁七八。
36.《蔣中正日記》，民國廿一年七月卅日。
37.《蔣中正日記》，民國廿二年四月七日、一日和三月廿八、廿九日。
38.《蔣中正日記》，民國廿二年九月十七日。
39.《蔣中正日記》，民國廿二年九月五日。
40.《蔣中正日記》，民國廿二年十月卅日。
41.《王子壯日記》第二冊，一九三五年七月十九日（臺北：中研院近代史研究所，二〇〇一年），頁三八八。
42.《汪精衛函陳壁君》，一九三六年七月十三日，《西安事變前後汪精衛與陳壁君等來往電函》，《近代史資料》總六十號。
43. 松本重治，曹振威、沈中琦等譯：《上海時代》（上海書店出版社，二〇〇五年），頁一六六至一六七。
44.《汪精衛函陳壁君》，一九三六年七月十三日。
45.《蔣中正日記》，民國廿三年六月十三日。
46.《汪精衛函陳壁君》，一九三六年七月十三日。

47.《蔣中正日記》，民國廿四年六月十日。
48.《蔣中正日記》，民國廿四年十月廿一日。
49.《蔣中正日記》，民國廿四年十月廿五日。
50.《王子壯日記》第二冊，一九三五年十一月廿五日，頁五一七。
51.《蔣中正日記》，民國十九年十二月九日。
52.《事略稿本》第九冊，民國十九年十二月十日，頁一九五。
53.《蔣中正日記》，民國廿年三月廿日。
54.《蔣中正日記》，民國廿一年二月五日。
55. 秦孝儀總編纂：《總統蔣公大事長編初稿》卷三，頁五至六。
56.《蔣中正日記》，民國廿三年十月七日。
57.《蔣中正日記》，民國廿三年十月十九、廿日。
58.《蔣中正日記》，民國廿三年二月十七日。
59.《蔣中正日記》，民國廿三年十一月二日。
60.《蔣中正日記》，民國廿三年十一月四日。
61.《事略稿本》第廿八冊，民國廿三年十一月七日，頁四一六。
62.《蔣中正日記》，民國廿三年十一月八、九日。
63.《蔣中正日記》，民國廿三年十一月十二、十三、十四、十五日。

64.《一周間國內外大事述要：汪蔣通電五項建議》，一九三四年十二月三日，《國聞週報》，第十一卷第四十八期。
65. 黃道炫：《蔣介石「攘外必先安內」方針研究》，《抗日戰爭研究》二〇〇〇年第二期，頁五一。
66.《事略稿本》第十四冊，民國廿一年四月二日，頁一四。
67.《事略稿本》第十四冊，民國廿一年五月二日，頁二〇六。
68.《事略稿本》第十八冊，民國廿二年二月七日，頁三〇九。
69.《陳融致胡漢民函》，《胡漢民未刊函電稿》，第十冊，頁四五一、四五四。
70.《蔣中正日記》，民國廿三年七月七日。
71.《蔣中正日記》，民國廿三年七月卅日。
72.《事略稿本》第廿八冊，民國廿三年十二月一日，頁五〇八至五一三。
73.《蔣中正日記》，民國廿三年十二月廿九日。
74.《蔣中正日記》，民國廿四年五月十一日，本週反省錄與下周預定表。
75.《蔣中正日記》，民國廿四年五月四日，「本週反省錄」。
76.《蔣中正日記》，民國廿四年五月九日。
77.《蔣中正日記》，民國廿三年一月五日。
78.《蔣中正日記》，民國廿四年四月廿日。
79.《蔣中正日記》，民國廿四年四月卅日。
80.《蔣中正日記》，民國廿四年五月十三、十九日。

81. 《蔣中正日記》，民國廿四年五月十八、廿五日「本週反省錄」。
82. 《蔣中正日記》，民國廿四年五月卅一日「本月反省錄」。
83. 《蔣中正日記》，民國廿四年三月四、九日。
84. 《蔣中正日記》，民國廿四年九月卅日，「本月反省錄」。
85. 拙文《蔣介石與兩廣六一事變》，《歷史研究》，二〇一一年第一期。
86. 《蔣中正日記》，民國廿五年八月十一日。
87. 《蔣中正日記》，民國廿五年九月十九日，「本週反省錄」。
88. 《蔣中正日記》，民國廿五年九月卅日，「本月反省錄」。
89. 《徐永昌日記》第三冊，一九三五年十月十五日（臺北：中研院近代史研究所，一九九一年編印），頁三一八。
90. 《事略稿本》第卅四冊，民國廿四年十二月十九日，頁二六六至二六七。
91. 《事略稿本》第卅七冊，民國廿五年七月十三日，頁四三八。
92. 《蔣中正日記》，民國廿年五月廿日。
93. 《蔣中正日記》，民國廿四年十一月八日。
94. 《蔣中正日記》，民國廿一年十二月卅日。
95. 《蔣中正日記》，民國廿四年十月廿六日。
96. 《蔣中正日記》，民國廿四年十二月七日。
97. 《蔣中正日記》，民國廿五年三月廿三日。

98. 《蔣中正日記》，民國廿三年一月廿四、廿七日、二月一日、四日、七月二日、十二月廿日。
99. 《蔣中正日記》，民國廿三年八月二日。
100. 《蔣中正日記》，民國廿四年八月卅日。
101. 《蔣中正日記》，民國廿四年十二月卅一日「本年反省錄」。
102. 《蔣中正日記》，民國廿五年二月廿九日「本月反省錄」。
103. 袁成毅：《民國政治中心南移：國家政治輻射與對外防禦的式微》，《歷史檔案》二〇〇三年第一期。
104. 《事略稿本》第廿八冊，民國廿三年十二月一日，頁五〇八。
105. 《蔣中正日記》，民國廿五年十月六、七、八日。
106. 《蔣中正日記》，民國廿五年六月八日。
107. 《蔣中正日記》，民國廿四年十月十八日。
108. 《蔣中正日記》，民國廿四年十月廿四日。
109. 《蔣中正日記》，民國廿一年十一月一日。
110. 錢端升：《對於六中全會的期望》，《獨立評論》第一六二號，一九三五年八月四日，頁六。
111. 胡適：《政制改革的大路》，《獨立評論》第一六三號，一九三五年八月十一日，頁七。
112. 《蔣中正日記》，民國廿一年六月十六日。
113. 《蔣中正日記》，民國廿一年六月十七日。
114. 《蔣中正日記》，民國廿三年二月十七日。

115. 《事略稿本》第廿五冊，民國廿三年三月七日，頁八二至八三。
116. 《蔣中正日記》，民國廿三年五月六日。
117. 《蔣中正日記》，民國廿三年二月十三日。
118. 《蔣中正日記》，民國廿四年十二月廿四、廿五日。

〈經營新天地——蔣介石的一九三五年西南行〉

1. 蔣永敬，《孫中山與中國革命》（臺北：國史館，二〇〇〇年十二月），頁五九三至五九五。
2. 楊維眞，〈蔣介石的地緣關係〉，呂芳上策畫，《蔣介石的親情、愛情與友情》（臺北：時報，二〇一一年三月），頁二〇三。
3. 中國第二歷史檔案館編，《蔣介石年譜初稿》（北京：檔案出版社，一九九二年十二月），民國十四年七月七日記事，頁三八四至三八七。
4. 中國第二歷史檔案館編，《蔣介石年譜初稿》，民國十四年七月七日記事，頁三八五。
5. 鄧漢祥，〈劉湘與蔣介石的鉤心鬥角〉，中國人民政治協商會議（以下簡稱「政協」）全國委員會文史資料委員會編，《文史資料選輯》第五輯（北京：中華書局，一九六〇年五月），頁五七至五八。鄧氏久任四川省政府秘書長，親與密笏，爲劉湘重要幕僚。
6. 李以劻，〈薛岳率軍追堵紅軍的過程〉，政協全國委員會文史資料委員會《圍追堵截紅軍長征親歷記》編審組編，《圍追堵截紅軍長征親歷記——原國民黨將領的回憶》（北京：中國文史出版社，一九九一年一月），上冊，頁三五。
7. 晏道剛，〈蔣介石追堵長征紅軍的部署及其失敗〉，《文史資料選輯》第六十二輯（北京：中華書局，一九七九年六月），頁一五。

8. 黃自進、潘光哲編輯，《蔣中正總統五記：困勉記》上冊，卷卌（臺北：國史館，二〇一一年十二月），民國廿三年十二月廿九日記事，頁四三五。
9. 朱振民，〈蔣在珍部追堵紅軍經過〉，《圍追堵截紅軍長征親歷記——原國民黨將領的回憶》上冊，頁二二四。
10. 王家烈，〈阻截中央紅軍長征過黔的回憶〉，《文史資料選輯》第六二輯，頁八七。
11. 侯漢佑，〈侯之擔部防守烏江的失敗〉，《文史資料選輯》第六二輯，頁一〇〇至一〇一。共軍換上所俘黔軍衣帽，僞裝成侯部士兵，來到遵義城下，於半夜中騙開城門，遂輕取遵義。見萬式炯，〈黔軍阻擊紅軍紀要〉，《圍追堵截紅軍長征親歷記——原國民黨將領的回憶》，上冊，頁二二一。
12. 〈龍雲通知二路軍作戰方略電〉（一九三五年二月七日），雲南省檔案館編，《國民黨軍追堵紅軍長征檔案史料選編（雲南部分）》（北京：檔案出版社，一九八七年一月），頁四九。
13. 〈蔣介石致龍雲冬電〉（一九三五年二月二日）、〈龍雲任命孫渡爲代理第三縱隊司令電〉（一九三五年二月五日），《國民黨軍追堵紅軍長征檔案史料選編（雲南部分）》，頁四四、四五。
14. 高明芳編註，《蔣中正總統文物．事略稿本》第廿九冊，民國廿四年一月至二月（臺北：國史館，二〇〇八年一月），民國廿四年一月卅一日。
15. 〈遵義會議前後的四十一份軍事電報〉，《文獻與研究》一九八五年第一期，轉引自謝本書、馮祖貽主編，《西南軍閥史》（貴陽：貴州人民出版社，一九九四年十月），第三卷，頁二六八。
16. 《事略稿本》第廿九冊，民國廿四年二月廿三日。
17. 〈黔軍王軍長家烈自忠莊鋪（廿七日）電〉（一九三五年二月廿七日），《紅軍長征在貴州史料選輯》頁五九一。轉引自《貴州軍閥史》，頁三五九至三六〇。
18. 晏道剛，〈蔣介石追堵長征紅軍的部署及其失敗〉，《文史資料選輯》第六二輯，頁一七。

19. 《蔣中正總統文物．事略稿本》第卅冊，民國廿四年三月至四月（臺北：國史館，二〇〇八年一月），民國廿四年三月一日，頁四至五。
20. 《事略稿本》第卅冊，民國廿四年三月二日記事，頁二一。
21. 據資料顯示，共軍承認以現有的技術手段，難以擊破政府軍的「堡壘主義」，顯見碉堡戰術的確是遏阻共軍攻勢的利器。楊奎松，《西安事變新探》（臺北：東大圖書公司，一九九五年七月），頁十六。
22. 《事略稿本》第卅冊，民國廿四年三月廿六日，頁二二一至二二二。
23. 《事略稿本》第卅冊，民國廿四年三月廿八日，頁二三六至二三七。
24. 《事略稿本》第卅冊，民國廿四年四月六日，頁三四八至三四九。
25. 《事略稿本》第卅冊，民國廿四年三月廿三日，頁一八八至一九〇。
26. 《事略稿本》第卅冊，民國廿四年四月四日，頁三三三至三三五。
27. 《蔣中正總統五記：困勉記》，上冊，卷三二，民國廿四年五月卅一日記事，頁四五二。
28. 《蔣中正總統五記：困勉記》，上冊，卷三二，民國廿四年六月四日記事，頁四五三。
29. 《蔣中正總統五記：困勉記》，上冊，卷三二，民國廿四年六月七日記事，頁四五三。
30. 王家烈，〈貴州桐梓系軍閥與新桂系軍閥的關係〉，中國政治協商會議廣西壯族自治區文史資料研究委員會編，《廣西文史資料選輯》第九輯（南寧，一九八一年七月），頁一〇〇至一〇一。三方約定貴州所需械彈，可備價由粵、桂磋商接濟。
31. 王家烈，〈阻截中央紅軍長征過黔的回憶〉，《文史資料選輯》第六二輯，頁八五至八六。另見王家烈，〈貴州桐梓系軍閥與新桂系軍閥的關係〉，頁一〇二。

32.〈黔軍鎮遠行營黃參謀長烈侯報告〉，胡羽高編，《共匪西竄記》，近代中國史料叢刊續編第八十七輯（臺北：文海出版社，一九八一年），頁二五六。

33. 王家烈，〈阻截中央紅軍長征過黔的回憶〉，頁八八。

34. 陳誠，〈電呈黔省政情並請示方略〉（民國廿四年一月十四日），陳誠著，何智霖編輯，《陳誠先生書信集——與蔣中正先生往來函電》上（臺北：國史館，二〇〇七年十二月），頁一五三至一五四。

35.《事略稿本》第廿九冊，民國廿四年二月七日，頁二七八。

36.《事略稿本》第廿九冊，民國廿四年二月八日，頁二九一。

37.《事略稿本》第廿九冊，民國廿四年二月廿日，頁四八九至四九一。

38.《事略稿本》第卅冊，民國廿四年三月六日，頁六一。

39.《事略稿本》第卅冊，民國廿四年三月廿六日，頁二一八。

40.《事略稿本》第卅冊，民國廿四年三月廿七日，頁二二六。

41. 陳布雷，《陳布雷回憶錄》（臺北：傳記文學出版社，一九六二年一月），頁一〇一。

42.《蔣中正總統五記：困勉記》，上冊，卷卅二，民國廿四年五月二日記事，頁四四九。

43.《蔣中正總統五記：困勉記》，上冊，卷卅，民國廿三年十二月一日記事，頁四三三。

44.《蔣中正總統五記：困勉記》，上冊，卷卅，民國廿三年十二月二日記事，頁四三三。

45.《事略稿本》第廿九冊，民國廿四年一月卅一日，頁一九〇。

46.《事略稿本》第卅冊，民國廿四年三月二日，頁二一。

47. 同前注，頁二二。

48. 同前注，頁二二至二三。
49. 同前注，頁二三至二四。
50. 《蔣中正總統五記：困勉記》上冊，卷卅一，民國廿四年三月六日記事，頁四四二。
51. 《事略稿本》第廿九冊，民國廿四年二月六日，頁二七二。
52. 《事略稿本》第廿九冊，民國廿四年二月廿四日，頁五一九。
53. 《事略稿本》第廿九冊，民國廿四年二月廿七日，頁五四〇。
54. 《事略稿本》第廿九冊，民國廿四年二月廿八日，頁五四四。
55. 《事略稿本》第卅冊，民國廿四年三月九日，頁七三至七四。
56. 《事略稿本》第卅冊，民國廿四年三月廿六日，頁二一九。
57. 《事略稿本》第卅冊，民國廿四年四月四日，頁三二七。
58. 《事略稿本》第卅冊，民國廿四年三月四日，頁三〇。
59. 《事略稿本》第卅冊，民國廿四年三月四日，頁三一至三六。
60. 《事略稿本》第卅冊，民國廿四年三月七日，頁六四至六五。
61. 《事略稿本》第卅冊，民國廿四年三月十八日，頁一四四至一五二。
62. 高素蘭編註，《蔣中正總統文物．事略稿本》第卅一冊，民國廿四年五月至七月（上）（臺北：國史館，二〇〇八年一月），民國廿四年五月卅一日，頁一八〇。
63. 《事略稿本》第卅冊，民國廿四年四月五日，頁三四三至三四四。
64. 《大公報》（天津），民國廿四年五月十一日，第三版。

65. 社評：〈蔣委員長抵昆明〉，《大公報》，民國廿四年五月十一日，第四版。
66. 蔣宋美齡，〈昆明漫遊〉，轉刊於《雲南文獻》第七期（臺北：雲南旅臺同鄉會，民國六十六年十二月），頁四。
67. 參見楊維真，《從合作到決裂——論龍雲與中央的關係（一九二七至一九四九）》（臺北：國史館，民國八十九年二月），頁一二六至一二七。
68. 《事略稿本》第卅一冊，民國廿四年五月十三日記事，頁六三。
69. 《事略稿本》第卅一冊，民國廿四年五月卅一日記事，頁一八〇。
70. 黃自進、潘光哲編輯，《蔣中正總統五記：游記》卷六（臺北：國史館，二〇一一年十二月），民國廿四年六月十一日記事，頁八七。
71. 《事略稿本》第卅冊，民國廿四年三月十八日，頁一五三至一五四。
72. 《事略稿本》第卅冊，民國廿四年三月廿九日，頁二五三至二五四。
73. 蔣中正，〈國府遷渝與抗戰前途〉（民國廿六年一月十九日），刊於秦孝儀主編，《總統蔣公思想言論總集》第十四卷（臺北：中國國民黨中央委員會黨史委員會，一九八四年十月），頁六五三。
74. 《蔣中正總統五記：困勉記》上冊，卷三三，民國廿四年七月九日記事，頁四五七至四五八。
75. 《蔣中正總統五記：遊記》卷九，民國廿八年一月十五日記事，頁一一六至一一七。
76. 《事略稿本》第卅冊，民國廿四年三月廿三日，頁一七六至一八八。
77. 《事略稿本》第卅冊，民國廿四年三月五日，頁五八。
78. 參見《事略稿本》第卅冊，民國廿四年三月二、三、四、五、六、八、九、十日，頁廿四、廿九、五一、五六、六三、六八、七一、七四。

79.《事略稿本》第卅冊，民國廿四年三月十八日，頁一五四。

80. 參見《事略稿本》第卅冊，民國廿四年三月六、八、九、十八、廿三、廿五、廿六、廿七日，頁六二、六八、七二、一五四、一八八、二一五、二二二、二二五。

〈抗戰前十年蔣介石在湯山的生活〉

1. 現在位於江寧縣湯山鎮溫泉路三號「蔣介石溫泉別墅」，有二種說法的爭議：南京文史專家認爲就是「陶廬」，一九四六年四月改建爲蔣介石和宋美齡專用的溫泉別墅；江寧文史專趙慕明和費仲興表示，此棟並非陶廬，而是張人傑的私人公館，陶廬原址在今溫泉路一號大院內。〈蔣介石南京湯山溫泉別墅暗藏兩大謎團〉，網路訊 http://www.hellotw.com/lybl/mldl/201006/t20100603_574480.htm，二〇一一年六月十八日點閱。

2. 張人傑公館當時位於湯山路八號。有一說是，一九三七年冬日軍攻占南京，張公館被炸毀，日軍司令部則霸占陶廬。戰後陶廬被當作逆產接收，一九四六年四月政府成立「湯山風景區建設籌備處」，張繼爲主任，蔣介石准撥二千萬元專款，整修改造陶廬，並定爲「總統專用溫泉別墅」。陶保晉則以漢奸罪，判刑二年，一九四八年六月猝死。〈陶保晉〉，網路資訊 http://www.mzb.com.cn/html/report/205107-2.htm，二〇一一年六月十八日點閱。

3.《事略稿本》第一冊，民國十六年一月至八月（臺北：國史館，二〇〇三年七月），頁一四四至一四五。

4.《事略稿本》第一冊，民國十六年一月至八月，頁一八四。

5. 王宇高、王宇正同編，〈游記〉卷二；〈困勉記〉卷六，《蔣中正總統文物》，國史館藏。

6.《事略稿本》第一冊，民國十六年一月至八月，頁三五九、三七五、四〇六。

7. 王宇高、王宇正同編，〈游記〉卷二，《蔣中正總統文物》。

8. 王宇高、王宇正同編，〈困勉記〉卷六，《蔣中正總統文物》。
9. 《事略稿本》第一冊，民國十六年一月至八月，頁四一〇至四一一。王宇高、王宇正同編，〈游記〉卷二，《蔣中正總統文物》。
10. 王宇高、王宇正同編，〈游記〉卷二，《蔣中正總統文物》。
11. 《事略稿本》第一冊，民國一六年一月至八月，頁四一六至四一七。
12. 王宇高、王宇正同編，〈困勉記〉卷六，《蔣中正總統文物》。
13. 王宇高、王宇正同編，〈愛記〉卷二，《蔣中正總統文物》，國史館藏。
14. 王宇高、王宇正同編，〈游記〉卷二，《蔣中正總統文物》。《事略稿本》第一冊，民國十六年一月至八月，頁四五六至四五七。
15. 王宇高、王宇正同編，〈游記〉卷二，《蔣中正總統文物》。
16. 王宇高、王宇正同編，〈愛記〉卷二，《蔣中正總統文物》。
17. 王宇高、王宇正同編，〈困勉記〉卷六，《蔣中正總統文物》。
18. 王宇高、王宇正同編，〈困勉記〉卷六，《蔣中正總統文物》。
19. 王宇高、王宇正同編，〈游記〉卷二，《蔣中正總統文物》。
20. 王宇高、王宇正同編，〈困勉記〉卷七，《蔣中正總統文物》。
21. 《事略稿本》第一冊，民國十六年一月至八月，頁五一一。
22. 王宇高、王宇正同編，〈游記〉卷二；〈困勉記〉，卷七，《蔣中正總統文物》。
23. 王宇高、王宇正同編，〈困勉記〉卷七，《蔣中正總統文物》。

24.《事略稿本》第一冊，民國十六年一月至八月，頁五二八。
25. 王宇高、王宇正同編，〈困勉記〉卷七，《蔣中正總統文物》。
26.《事略稿本》第一冊，民國十六年一月至八月，頁五三四。
27. 王宇高、王宇正同編，〈游記〉卷二，《蔣中正總統文物》。
28. 王宇高、王宇正同編，〈游記〉卷二，《蔣中正總統文物》。
29. 王宇高、王宇正同編，〈游記〉卷二，《蔣中正總統文物》。
30.《事略稿本》第一冊，民國十六年一月至八月，頁六五二至六五三。
31. 王宇高、王宇正同編，〈游記〉卷二，《蔣中正總統文物》。
32.「蔣中正電張人傑電」（一九二八年一月十六日），〈特交檔案／一般資料／民國十七年（一）〉，《蔣中正總統文物》，國史館藏，典藏號：002-080200-00029-034。
33. 王宇高、王宇正同編，〈游記〉卷二，《蔣中正總統文物》。
34.《事略稿本》第二冊，民國十六年九月至十七年三月（臺北：國史館，二〇〇三年七月），頁四四六。
35.《事略稿本》第二冊，民國十六年九月至十七年三月，頁四四八。王宇高、王宇正同編，〈游記〉卷二。
36.《事略稿本》第二冊，民國十六年九月至十七年三月，頁四九五至四九六、五〇二。
37.《事略稿本》第二冊，民國十六年九月至十七年三月，頁五〇二至五〇三。
38.《事略稿本》第二冊，民國十六年九月至十七年三月，頁五〇三至五〇四。
39.《事略稿本》第二冊，民國十六年九月至十七年三月，頁五〇九。王宇高、王宇正同編，〈愛記〉，卷三，《蔣中正總統文物》。
40. 王宇高、王宇正同編，〈游記〉卷二，《蔣中正總統文物》。
41. 王宇高、王宇正同編，〈游記〉卷二，《蔣中正總統文物》。
42. 重藤千秋，日本陸軍士官學校第十八期，陸軍大學校第卅期畢業。曾任駐中國公使館副武官，其後任參謀本部中國課長，參與九一八事變。網路資訊 http://zh.wikipedia.org/w/index.php?title=%E6%AD%A5%E5%85%B5%E7%AC%AC33%E9%80%A3%E9%9A%8A&action=edit&redlink=1，二〇一一年六月十日點閱。
43. 《事略稿本》第三冊，民國十七年四月至七月（臺北：國史館，二〇〇三年十二月），頁四七八至四七九。
44. 《事略稿本》第三冊，民國十七年四月至七月，頁四八〇。
45. 王宇高、王宇正同編，〈愛記〉卷四，《蔣中正總統文物》。《事略稿本》第三冊，民國十七年四月至七月，頁四八二。
46. 《事略稿本》第三冊，民國十七年四月至七月，頁四八二至四八三。
47. 《事略稿本》第三冊，民國十七年四月至七月，頁五三二至五三三。
48. 《事略稿本》第三冊，民國十七年四月至七月，頁五三四至五三五。
49. 《事略稿本》第三冊，民國十七年四月至七月，頁五三四至五三五
50. 《事略稿本》第三冊，民國十七年四月至七月，頁五三八。
51. 王宇高、王宇正同編，〈困勉記〉卷十，《蔣中正總統文物》。
52. 《事略稿本》第三冊，民國十七年四月至七月，頁五四二至五四三。

53. 《事略稿本》第三冊，民國十七年四月至七月，頁五四三、五四六。
54. 《事略稿本》第三冊，民國十七年四月至七月，頁五五五、五九一、六二四至六二五、六八九、六九二。蔣介石此行，七月三日至十三日留居碧雲寺之含青舍，七月七日、八日，十一日、十二日，宿北湯山。十四日至十八日因患重傷風在八大山麓西山飯店休養。十八日回含青舍至廿五日。
55. 《事略稿本》第四冊，民國十七年八月至十二月（臺北：國史館，二〇〇三年十二月），頁二九〇、二九七。
56. 《事略稿本》第四冊，民國十七年八月至十二月，頁三五四、四八六。
57. 《事略稿本》第四冊，民國十七年八月至十二月，頁四九七。
58. 《事略稿本》第四冊，民國十七年八月至十二月，頁四九八。
59. 王宇高、王宇正同編，〈困勉記〉卷十一，《蔣中正總統文物》。
60. 王宇高、王宇正同編，〈愛記〉卷四，《蔣中正總統文物》。
61. 《事略稿本》第四冊，民國十七年八月至十二月，頁五三一。
62. 《事略稿本》第四冊，民國十七年八月至十二月，頁五三一至五三二。
63. 王宇高、王宇正同編，〈愛記〉卷四，《蔣中正總統文物》。據筑波大學博士陳群元提供資訊，認爲床次此行是爲了籌措「新黨俱樂部」選舉經費，企圖取代政友會的田中義一。蔣介石提到考慮外交事宜，解決中日問題，有可能和濟南事件的處理有關。
64. 《事略稿本》第四冊，民國十七年八月至十二月，頁五三九。
65. 《事略稿本》第四冊，民國十七年八月至十二月，頁五六七。
66. 《事略稿本》第四冊，民國十七年八月至十二月，頁五六八。

67. 王宇高、王宇正同編，〈困勉記〉卷十一，《蔣中正總統文物》。
68. 《事略稿本》第四冊，民國十七年八月至十二月，頁六〇六。
69. 「蔣中正致宋美齡電」（一九二八年五月卅一日），〈家書／蔣中正致宋美齡函（一）〉，《蔣中正總統文物》，國史館藏，典藏號：002-040100-00001-017；「蔣中正致宋美齡電」（一九二八年五月卅一日），〈家書／蔣中正致宋美齡函（一）〉，《蔣中正總統文物》，國史館藏，典藏號：002-040100-00001-018。
70. 《事略稿本》第五冊，民國十八年一月至五月（臺北：國史館，二〇〇三年十二月），頁五四。王宇高、王宇正同編，〈困勉記〉，卷十一，《蔣中正總統文物》。
71. 陳進金，《機變巧詐：兩湖事變前後軍系互動的分析》（臺北：輔仁大學出版社，二〇〇九年一月），頁一一八至一二一。
72. 郭廷以、王聿均訪問，劉鳳翰記錄，《馬超俊先生訪問記錄》（臺北：中央研究院近代史研究所，一九九二年四月），頁一二五。
73. 《事略稿本》第五冊，民國十八年一月至五月，頁五八。
74. 王宇高、王宇正同編，〈愛記〉卷四，《蔣中正總統文物》。
75. 《事略稿本》第五冊，民國十八年一月至五月，頁五八。
76. 王宇高、王宇正同編，〈困勉記〉卷十一，《蔣中正總統文物》。
77. 《事略稿本》第五冊，民國十八年一月至五月，頁一二八。
78. 《事略稿本》第五冊，民國十八年一月至五月，頁一七一至一七二。
79. 陳進金，《機變巧詐：兩湖事變前後軍系互動的分析》，頁一三一。

80. 《事略稿本》第五冊，民國十八年一月至五月，頁一九八。
81. 《事略稿本》第五冊，民國十八年一月至五月，頁二四〇。郭廷以、王聿均訪問，劉鳳翰記錄，《馬超俊先生訪問記錄》，頁一二一至一二二。
82. 王宇高、王宇正同編，〈困勉記〉卷十一，《蔣中正總統文物》。
83. 關於蔣介石扣李濟深於湯山的原委，詳見陳進金，《機變巧詐：兩湖事變前後軍系互動的分析》，頁一一八至一三八。
84. 郭廷以、王聿均訪問，劉鳳翰記錄，《馬超俊先生訪問記錄》（臺北：中央研究院近代史研究所，一九九二年四月），頁一二六。
85. 《事略稿本》第六冊，民國十八年六月至十月（臺北：國史館，二〇〇三年十二月），頁三五一。
86. 據說，唐朝德宗時候，有一個叫韓滉的浙江觀察使，他的女兒得了「惡疾」，四處求醫，都不見好，後來聽說湯山泉能治，專程送女兒到湯山沐浴，果然很快治好了她的病。爲此，他用爲女兒陪嫁的費用，在這裡修建了「聖湯延祥寺」，俗稱湯王廟。網路資訊 http://tw.chinahotel.com.cn/Attractions-1690.html，二〇一一年五月四日點閱。
87. 《事略稿本》第六冊，民國十八年六月至十月，頁六三一。王宇高、王宇正同編，〈游記〉卷三，《蔣中正總統文物》。
88. 王宇高、王宇正同編，〈困勉記〉卷十三，《蔣中正總統文物》。
89. 周琇環編註，《事略稿本》第七冊，民國十八年一月至十九年三月（臺北：國史館，二〇〇三年十二月），頁四六二。
90. 《事略稿本》第七冊，民國十八年一月至十九年三月，頁四七〇至四七一。
91. 《事略稿本》第七冊，民國十八年一月至十九年三月，頁四七二

92.《事略稿本》第七冊，民國十八年一月至十九年三月，頁五七九。王宇高、王宇正同編，〈愛記〉卷五，《蔣中正總統文物》。王宇高、王宇正同編，〈游記〉卷三，《蔣中正總統文物》。

93.《事略稿本》第七冊，民國十八年一月至十九年三月，頁六二〇。王宇高、王宇正同編，〈游記〉卷三，《蔣中正總統文物》。

94.《事略稿本》第九冊，民國十九年十月至廿年一月（臺北：國史館，二〇〇四年十二月），頁十七至十八。

95.《事略稿本》第九冊，民國十九年十月至廿年一月，頁三七、四七。

96. 王宇高、王宇正同編，〈愛記〉卷五，《蔣中正總統文物》。

97.《事略稿本》第九冊，民國十九年十月至廿年一月，頁一六二。

98. 王宇高、王宇正同編，〈愛記〉卷五，《蔣中正總統文物》。

99. 王宇高、王宇正同編，〈困勉記〉卷十六，《蔣中正總統文物》。

100.《事略稿本》第九冊，民國十九年十月至廿年一月，頁一六六。

101.《事略稿本》第九冊，民國十九年十月至廿年一月，頁一六六。

102.《事略稿本》第九冊，民國十九年十月至廿年一月，頁一七九。王宇高、王宇正同編，〈游記〉卷三，《蔣中正總統文物》。

103.《事略稿本》第九冊，民國十九年十月至廿年一月，頁二四一至二四二。

104.《事略稿本》第九冊，民國十九年十月至廿年一月，頁三三〇。

105.《事略稿本》第九冊，民國十九年十月至廿年一月，頁四五五至四五六。

106.《事略稿本》第九冊，民國十九年十月至廿年一月，頁四五九。王宇高、王宇正同編，〈愛記〉卷六，

107.《蔣中正總統文物》。

108.《事略稿本》第九冊，民國十九年十月至廿年一月，頁五四五。

109.王宇高、王宇正同編，〈困勉記〉卷十六，《蔣中正總統文物》。

110.《事略稿本》第十冊，民國廿年二月至四月（臺北：國史館，二〇〇四年七月），頁四。

111.《事略稿本》第十冊，民國廿年二月至四月，頁二一、二三。王宇高、王宇正同編，〈游記〉卷四，《蔣中正總統文物》。

112.《蔣中正日記》，民國廿年二月十日。轉引自金以林，《國民黨高層的派系政治：蔣介石「最高領袖」地位是如何確立的》（北京：社會科學文獻出版社，二〇〇九年七月），頁一〇四。

113.《蔣中正日記》，民國廿年二月十三日。轉引自金以林，《國民黨高層的派系政治：蔣介石「最高領袖」地位是如何確立的》，頁一〇四至一〇五。

114.《蔣中正日記》，民國廿年二月十四日。轉引自金以林，《國民黨高層的派系政治：蔣介石「最高領袖」地位是如何確立的》，頁一〇五。

115.《蔣中正日記》，民國廿年二月十五日。轉引自金以林，《國民黨高層的派系政治：蔣介石「最高領袖」地位是如何確立的》，頁一〇五。

116.王宇高、王宇正同編，〈困勉記〉卷十六，《蔣中正總統文物》。

117.《蔣中正日記》，民國廿年二月十六日。轉引自金以林，《國民黨高層的派系政治：蔣介石「最高領袖」地位是如何確立的》，頁一〇六。

118 王宇高、王宇正同編，〈困勉記〉卷十六，《蔣中正總統文物》。

119. 《事略稿本》第十冊，民國廿年二月至四月，頁一四二。
120. 王宇高、王宇正同編，〈省克記〉卷四，《蔣中正總統文物》。
121. 《事略稿本》第十冊，民國廿年二月至四月，頁一四三，王宇高、王宇正同編，〈困勉記〉卷十七，《蔣中正總統文物》。
122. 《事略稿本》第十冊，民國廿年二月至四月，頁一四四至一四五。
123. 《事略稿本》第十冊，民國廿年二月至四月，頁一四五、一六一至一六二。
124. 《事略稿本》第十冊，民國廿年二月至四月，頁一六二至一六三。王宇高、王宇正同編，〈困勉記〉卷十七，《蔣中正總統文物》。
125. 《事略稿本》第十冊，民國廿年二月至四月，頁一六三。
126. 《事略稿本》第十冊，民國廿年二月至四月，頁一六五。王宇高、王宇正同編，〈愛記〉卷六，《蔣中正總統文物》。
127. 王宇高、王宇正同編，〈困勉記〉卷十七，《蔣中正總統文物》。
128. 《事略稿本》第十冊，民國廿年二月至四月，頁一六七。
129. 《事略稿本》第十冊，民國廿年二月至四月，頁一六七。
130. 金以林，《國民黨高層的派系政治：蔣介石「最高領袖」地位是如何確立的》，頁一〇六。
131. 《事略稿本》第十冊，民國廿年二月至四月，頁一六九至一七二。王宇高、王宇正同編，〈困勉記〉卷十七，《蔣中正總統文物》。
132. 《事略稿本》第十冊，民國廿年二月至四月，頁一七二、一七四。王宇高、王宇正同編，〈困勉記〉卷十七，《蔣中正總統文物》。

133.《事略稿本》第十冊，民國廿年二月至四月，頁一七四至一八九。

134.《蔣中正日記》，民國廿年二月廿八日。轉引自金以林，《國民黨高層的派系政治：蔣介石「最高領袖」地位是如何確立的》，頁一一〇、一三四。

135. 王仰清、許映湖標註，《邵元沖日記》（上海：上海人民出版社，一九九〇年），頁七一〇至七一一。

136. 王仰清、許映湖標註，《邵元沖日記》，頁七一二。

137.《事略稿本》第十冊，民國廿年二月至四月，頁一九四至一九五、一九八。

138. 王仰清、許映湖標註，《邵元沖日記》，頁七一二。

139.《事略稿本》第十冊，民國廿年二月至四月，頁一九九。王宇高、王宇正同編，〈困勉記〉卷十七，《蔣中正總統文物》。

140. 郭廷以、王聿均訪問，劉鳳翰記錄，《馬超俊先生訪問記錄》，頁一四一至一四二，一四八至一四九。

141. 王仰清、許映湖標註，《邵元沖日記》，頁七一二至七一三。王宇高、王宇正同編，〈困勉記〉，卷十七，《蔣中正總統文物》，則記如下：四日，得古應芬電，曰：「總理一生辛苦，徒勞無成，皆若輩以情感爲重，而置國事於不顧，以致然也。」乃令胡漢民返其京寓居之。因八日沒有記錄，會被誤認四日即讓胡漢民回南京寓所。

142. 王仰清、許映湖標註，《邵元沖日記》，頁七一四。

143. 王仰清、許映湖標註，《邵元沖日記》，頁七一七、七一八。

144.《事略稿本》第十冊，民國廿年二月至四月，頁二六五。

145.《事略稿本》第十冊，民國廿年二月至四月，頁二八一、二八三。

146. 王仰清、許映湖標註，《邵元沖日記》，頁七二七。
147. 《事略稿本》第十一冊，民國廿年五月至八月（臺北：國史館，二〇〇四年十月），頁三三至三四。
148. 王宇高、王宇正同編，〈困勉記〉卷十八，《蔣中正總統文物》。同見王宇高、王宇正同編，〈愛記〉卷六，《蔣中正總統文物》，但所記較略。
149. 《事略稿本》第十一冊，民國廿年五月至八月，頁二五四。王宇高、王宇正同編，〈愛記〉卷六，《蔣中正總統文物》。
150. 《事略稿本》第十一冊，民國廿年五月至八月，頁二五五。
151. 《事略稿本》第十一冊，民國廿年五月至八月，頁三一三。
152. 王宇高、王宇正同編，〈愛記〉卷六，《蔣中正總統文物》。
153. 《事略稿本》第十二冊，民國廿年九月至十二月（臺北：國史館，二〇〇四年十月），頁三一六至三二四。
154. 《事略稿本》第十二冊，民國廿年九月至十二月，頁三二四至三二五。王宇高、王宇正同編，〈愛記〉卷六，《蔣中正總統文物》。
155. 《事略稿本》第十二冊，民國廿年九月至十二月，頁三五二至三五三。
156. 《事略稿本》第十二冊，民國廿年九月至十二月，頁四二六。
157. 《事略稿本》第十二冊，民國廿年九月至十二月，頁四三六至四三七。王宇高、王宇正同編，〈游記〉卷四，《蔣中正總統文物》。
158. 《事略稿本》第十二冊，民國廿年九月至十二月，頁四七五至四七六。
159. 《事略稿本》第十二冊，民國廿年九月至十二月，頁四七六。

160. 李雲漢，《中國國民黨史述》第三編（臺北：近代中國出版社，一九九四年一月），頁一八四。
161. 李雲漢，《中國國民黨史述》第三編，頁一八六。
162. 王宇高、王宇正同編，〈愛記〉卷七，《蔣中正總統文物》。
163. 《事略稿本》第十三冊，民國廿一年一月至三月（臺北：國史館，二○○四年十二月），頁六六。
164. 王宇高、王宇正同編，〈困勉記〉卷二一，《蔣中正總統文物》。
165. 李雲漢，《中國國民黨史述》第三編，頁一九四至一九五。
166. 王宇高、王宇正同編，〈困勉記〉卷二一，《蔣中正總統文物》。
167. 王宇高、王宇正同編，〈困勉記〉卷二一，《蔣中正總統文物》。
168. 王宇高、王宇正同編，〈困勉記〉卷二一，《蔣中正總統文物》。
169. 《事略稿本》第十三冊，民國廿一年一月至三月，頁三三一、三三五、三三八至三三九。
170. 《事略稿本》第十三冊，民國廿一年一月至三月，頁三四二至三四三。
171. 《事略稿本》第十三冊，民國廿一年一月至三月，頁三四四。
172. 《事略稿本》第十三冊，民國廿一年一月至三月，頁三六八、三六九。
173. 李雲漢，《中國國民黨史述》第三編，頁一九五至一九八。
174. 《事略稿本》第十三冊，民國廿一年一月至三月，頁四九五。
175. 《事略稿本》第十三冊，民國廿一年一月至三月，頁四九七至四九九。王宇高、王宇正同編，〈游記〉卷四，《蔣中正總統文物》。
176. 《事略稿本》第十三冊，民國廿一年一月至三月，頁五○一至五○二。

177. 王宇高、王宇正同編，〈游記〉卷四，《蔣中正總統文物》。
178. 《事略稿本》第十四冊，民國廿一年四月至五月（臺北：國史館，二〇〇四年十二月），頁一三二。
179. 《事略稿本》第十八冊，民國廿二年一月二月（臺北：國史館，二〇〇五年十月），頁四三、四四。
180. 《事略稿本》第十八冊，民國廿二年一月至二月，頁一八七、二三二。
181. 《事略稿本》第十九冊，民國廿二年三月至四月（臺北：國史館，二〇〇五年十一月），頁二三〇至二三一。
182. 《事略稿本》第廿六冊，民國廿三年五月至七月（上）（臺北：國史館，二〇〇六年十二月），頁四〇八。
183. 《事略稿本》第卅三冊，民國廿四年九月（下）至十月（臺北：國史館，二〇〇八年十一月），頁五七六至五七七。
184. 《事略稿本》第卅四冊，民國廿四年十一至十二月（臺北：國史館，二〇〇八年十一月），頁四至五、七。陳立夫著，張緒心、馬若孟編述，卜大中譯，《撥雲霧而見青天：陳立夫英文回憶錄（中譯本）》（臺北：近代中國出版社，二〇〇五年七月），頁二二三至二二四。
185. 《事略稿本》第卅四冊，民國廿四年十一至十二月，頁七、一〇至一二。
186. 《事略稿本》第卅四冊，民國廿四年十一至十二月，頁一〇二。
187. 《事略稿本》第卅四冊，民國廿四年十一至十二月，頁五〇四。
188. 《事略稿本》第卅四冊，民國廿四年十一至十二月，頁六〇九。
189. 《事略稿本》第卅四冊，民國廿四年十一至十二月，頁六一七。
190. 《事略稿本》第卅四冊，民國廿四年十一至十二月，頁七二〇。

191.《事略稿本》第卅四冊，民國廿四年十一至十二月，頁七二四。
192.《事略稿本》第卅五冊，民國廿五年一至二月（臺北：國史館，二〇〇九年五月），頁五〇四、五〇七。
193.《事略稿本》第卅五冊，民國廿五年一至二月，頁五五六至五五七。
194.《事略稿本》第卅五冊，民國廿五年一至二月，頁五九四至五九五。
195. 王宇高、王宇正同編，〈愛記〉卷十一，《蔣中正總統文物》。
196.《事略稿本》第卅五冊，民國廿五年一至二月，頁六〇〇。
197.《事略稿本》第卅五冊，民國廿五年一至二月，頁六五三、六五四、六五五。
198.《事略稿本》第卅六冊，民國廿五年三月至五月（上）（臺北：國史館，二〇〇八年十月），頁七至八。
199.《事略稿本》第卅六冊，民國廿五年三月至五月（上），頁七三、七六。
200.《事略稿本》第卅六冊，民國廿五年三月至五月（上），頁一四三、一四四至一四五。
201.《事略稿本》第卅六冊，民國廿五年三月至五月（上），頁二〇八。
202.《事略稿本》第卅六冊，民國廿五年三月至五月（上），頁五七二、五七五、五九一。
203.《事略稿本》第卅六冊，民國廿五年三月至五月（上），頁五九二。
204.《事略稿本》第卅七冊，民國廿五年五月（下）至七月（臺北：國史館，二〇〇八年十月），頁二〇至二一。
205.《事略稿本》第卅七冊，民國廿五年五月（下）至七月，頁三八、六三至六四。

206. 《事略稿本》第卅七冊，民國廿五年五月（下）至七月，頁一七六、一七八。

207. 《事略稿本》第四十冊，民國廿六年一至六月（臺北：國史館，二〇一〇年十二月），頁二七八、二八九。

208. 《事略稿本》第四十冊，民國廿六年一至六月，頁三八七。王宇高、王宇正同編，〈愛記〉卷十二，《蔣中正總統文物》。

209. 王宇高、王宇正同編，〈困勉記〉卷四二，《蔣中正總統文物》。

210. 「蔣中正致江蘇省主席顧祝同電」（一九三二年一月四日），〈籌筆／統一時期（六三）〉，《蔣中正總統文物》，國史館藏，典藏號：002-010200-00063-009；同見〈特交檔案／一般資料／手令錄底（十六）〉，《蔣中正總統文物》，國史館藏，典藏號：002-080200-00411-004。《事略稿本》第十三冊，民國廿一年一月至三月，頁一五。

211. 《事略稿本》第十九冊，民國廿二年三月至四月，頁六〇五。

212. 「蔣中正致軍政部次長陳儀電」（一九三三年七月三日），〈籌筆／統一時期（八七）〉，《蔣中正總統文物》，國史館藏，典藏號：002-010200-00087-024；〈特交檔案／一般資料／手令錄底（十八）〉，《蔣中正總統文物》，國史館藏，典藏號：002-080200-00413-068。《事略稿本》第廿一冊，民國廿二年七月至八月（上）（臺北：國史館，二〇〇五年九月），頁二二。

213. 「蔣中正致江蘇省主席陳果夫電」（一九三四年九月二二日），〈特交文電／領袖事功／國家建設／鞏固國防（一）〉，《蔣中正總統文物》，國史館藏，典藏號：002-090102-00001-301。《事略稿本》第廿八冊，民國廿三年九月（下）至十二月（臺北：國史館，二〇〇七年十一月），頁六九。

214. 「防衛首都各項辦理情形」（一九三五年），〈特交檔案／分類資料／軍事／國防設施報告及建設（四）〉，《蔣中正總統文物》，國史館藏，典藏號：002-080102-00056-001。

215. 「蔣中正致唐生智電」（一九三六年二月十七日），〈籌筆／統一時期（一五二）〉，《蔣中正總統文

物》，國史館藏，典藏號：002-010200-00152-006，

216. 蔣介石批示：照辦，請和考試院長戴傳賢洽商。「江蘇省主席陳果夫致蔣中正養電」（一九三四年十二月廿三日），〈特交文卷／親批文件／民國廿三年十二月（一）〉，《蔣中正總統文物》，國史館藏，典藏號：002-070100-00036-058。

217. 「侍從室錢大鈞呈核電」（一九三六年一月十六日），〈特交檔案／一般資料—呈表彙集（四○）〉，《蔣中正總統文物》，國史館藏，典藏號：002-080200-00467-120。

218. 「蔣中正致軍政部長何應欽電」（一九三七年六月十一日），〈籌筆／統一時期（一七六）〉，《蔣中正總統文物》，國史館藏，典藏號：002-010200-00176-037；〈特交檔案／一般資料／民國廿六年（四）〉，《蔣中正總統文物》，國史館藏，典藏號：002-080200-00279-049。《事略稿本》第四十冊，民國廿六年一至六月，頁四四○。

219. 「侍從室錢大鈞呈核電」（一九三七年六月廿三日），〈特交檔案／一般資料／呈表彙集（五七）〉，《蔣中正總統文物》，國史館藏，典藏號：002-080200-00484-047。

220. 計湯山賓館十萬元，俱樂部五萬元，湯山設計並設備費共五萬元。蒙藏館廿萬元，蒙藏委員會會址十萬元。「吳忠信致蔣中正豔電」（一九三七年六月廿九日），典藏號：001-023330-0009-082；「蔣中正致戴傳賢電」（一九三七年七月一日），典藏號：001-023330-0009-083；「蔣中正致軍需署長周駿彥電」（一九三七年七月一日），「軍需署長周駿彥致蔣中正致電」（一九三七年七月廿四日），典藏號：001-023330-0009-085，〈主計／政務維護費／國防經費／軍事機關特別費〉，《國民政府檔案》，國史館藏。

〈從委員長的一週談蔣介石的生活作息與時間觀〉

1. 本文獲一○一學年度行政院國家科學委員會研究獎勵，特此致謝。

2. 愛因斯坦曾說：「跟一個漂亮女孩並坐兩小時，你會覺得那只是兩分鐘，叫你坐在熱爐上坐兩分

鐘，你會覺得那是兩小時，這就是相對論。」轉引自勒范恩（Robert Levine）著，馮克芸等譯，《時間地圖》（臺北：臺灣商務印書館，一九九七年），頁四〇。

3. *Durkeim, E. The Elementary Forms of Religious Life*. New York: The Free Press,1995, p8.
4. *Gell, A. The Anthropology of Time: Cultural Constructions of Temporal Maps and Images*. Oxford: Berg. 1992, pp. 23-28.
5. 勒范恩（Robert Levine）著，馮克芸等譯，《時間地圖》（臺北：臺灣商務印書館，一九九七年），頁二一、二三。
6. 廿世紀後，雖然仍有人依據潮夕、饑餓、天時的運轉來測時間或生活，但時鐘時間已經成爲一般大眾生活的主導者。
7. 蕭放，《歲時——傳統中國民眾的時間生活》（北京：中華書局，二〇〇七年），頁七。
8. 蕭放，《歲時——傳統中國民眾的時間生活》，頁一五二。
9. 張令澳，《我在蔣介石侍從室的日子》（臺北：周知文化，一九九五年），頁二二。
10. 周宏濤，《蔣公與我》（臺北：天下，二〇〇三年），頁二一一。
11. 潘邦正，〈從蔣宋檔案檢驗西安事變〉《回歸歷史的蔣介石研究國際學術討論會》，頁一一。二〇〇八年四月十三日，中國近代史學會、政大歷史系等合辦。
12. 國史館，《蔣中正總統文物檔》《籌筆——戡亂時期（十八）》，檔號002000000268A。
13. 《蔣中正日記》，民國廿七年一月七日至十三日、民國卅七年十月十三日至十九日。
14. 國史館藏，《蔣中正總統文物》《困勉記》，卷廿四。
15. 黃克武訪問，〈郝柏村先生訪問記錄〉，《蔣中正總統侍從人員訪問記錄》（臺北：中研院近代史研究所，二〇一二年），頁三七。

16.《事略稿本》第卅六冊，頁四九二。其實蔣在臺期間，有時會喝茶，有外國來賓時亦相互飲茶。

17. 從其手稿本中發現蔣外出時臨時書寫日記，有空謄抄時，有一些略有修正之處。西安事變期間，蔣無法寫日記，後來根據蔣宋美齡有關西安事變的紀載及當時一些報告，完成其日記。

18. 陶涵，《蔣介石與現代中國的奮鬥》（臺北：時報，二〇一〇年），頁四七至四八。

19.《蔣中正日記》，共五十五冊，本由蔣經國保管，後由蔣孝勇保管，再交給蔣方智怡，由於日記有部分潮濕受損，為求保存之完整，二〇〇四年蔣方智怡與美國Stanford University Hoover Istitution Archives洽商整理並保管，為使日記能讓世人瞭解，供研究者參考，整理後於二〇〇六年逐步開放查閱，第一年開放一九一七至一九三一年，二〇〇七年開放一九三二至一九四五年，二〇〇八年開放一九四五至一九五五年，二〇〇九年全部整理開放。自日記公開查閱以來，有許多學者以此為題，進行研究，且有相當成果，如大陸方面：楊天石、楊奎松、王奇生、袁偉時、馬振犢、郭必強等，臺灣方面：張玉法、呂芳上、王成勉、林桶法、邵銘煌、劉維開等，日本有段瑞聰、川島眞等，香港方面如鄭會欣等，並有一些記者及文學家以此進行專題報導，掀起民國史研究的高潮，發表有許多著作，形成「蔣日記學」。

20. 一派以為蔣為自己寫日記，宋曹琍璇、郭岱君、潘邦正、楊天石、段瑞聰、吳景平等。另一派以為為他人寫日記，如袁偉時、楊奎松等。

21.《事略稿本》第廿六冊，頁四六。

22.《事略稿本》第廿九冊，頁十五。

23.《蔣中正日記》，民國卅四年一月七日。

24. 沈懷玉，〈蔣孝肅先生訪問記錄〉，《蔣中正總統侍從人員訪問記錄》，頁九十九。

25. 翁元，《我在蔣介石身邊的日子》（臺北：書華出版社，一九九四），頁四三。

26. 沈懷玉訪問，〈應舜仁先生訪問記錄〉，《蔣中正總統侍從人員訪問記錄》，頁四六八。
27. 《事略稿本》第十四冊、第十五冊。
28. 劉維開，〈蔣中正的旅遊生活（一九二八至一九四九）〉《蔣介石日常生活學術研討會》，國立政治大學歷史學系、中正文教基金會、中國社科院近史所民國史研究室，二〇一一年六月廿三至廿五日，頁八三。
29. 胡平生，《行色匆匆：一九四七年蔣中正的兩次北巡》《中央研究院近史所集刊》第六十六期（二〇〇九年十二月），頁一一六。
30. 《蔣中正日記》，民國十四年一月十三日。
31. 《事略稿本》第廿六冊，頁二二五。
32. 《事略稿本》第廿八冊，頁四〇〇。
33. 《蔣中正日記》，民國十四年一月十三日。
34. 《蔣中正日記》，民國十七年三月十七日。
35. 《蔣中正日記》，民國卅九年一月八日。
36. 《蔣中正日記》，民國卅八年四月八日上星期反省錄。
37. 高純淑，〈蔣中正的草山歲月——從日記中的觀察〉《蔣介石日常生活學術研討會》，頁八三。
38. 翁元，《我在蔣介石身邊的日子》，頁八四。
39. 《事略稿本》第四十五冊，頁九二。
40. 翁元，《我在蔣介石身邊的日子》，一九九四，頁八五。
41. 翁元，《我在蔣介石身邊的日子》，頁九二。

42. 王奇生，〈蔣介石的讀書生活〉《蔣介石日常生活學術研討會》，頁二二一。
43. 《事略稿本》第五冊，頁七八、一三〇、三二二、三二九、四一七、四四七、五八八、五九三。第六冊，頁廿七、卅六、一八六、四四一。第七冊，頁一〇五、一五九、二七九、二九八、三一六。第及日記。
44. 《蔣中正日記》，民國十四年一月十一日。
45. 一九三三年十月二日，蔣至行營對將領訓話，《事略稿本》，第廿三冊，頁五〇至五六。
46. 《曾國藩家書》第一冊（臺北：黎明文化事業，一九八六年），頁九三。
47. 蔣經國，《我的父親》（臺北：正中書局，一九七五年），頁一〇三至一〇四。
48. 《事略稿本》第廿八冊，頁五二一至五二二。
49. 劉廣京，〈從曾國藩的家書說起〉《近世家族與政治比較歷史論文集》（臺北：中央研究院近史所，一九九八年），頁九九。
50. 《曾國藩家書》第一冊，頁三二七。
51. 國史館，《省克記》，頁十一至十二。
52. 國史館，《省克記》，頁三二。
53. 國史館，《蔣中正總統文物》〈領袖家書——致蔣經國〉，光牒十七卷。
54. 《蔣中正日記》，民國廿三年七月十八日及八月十五日。
55. 沈懷玉訪問，〈應舜仁先生訪問記錄〉，《蔣中正總統侍從人員訪問記錄》，頁四六四至四六五。
56. 《事略稿本》第廿九冊，頁五一三。
57. 邵銘煌，〈觀影劇——蔣中正生活的一頁〉《蔣介石日常生活學術研討會》（未刊本），頁九至十。

58. 任育德，〈由蔣介石觀影活動產生的聯想〉《蔣介石日常生活學術研討會》（未刊本），頁六八。
59. 《蔣中正日記》，民國卅四年七月廿九日至七月卅一日。
60. 《事略稿本》第四十七冊，頁四六七。
61. 《蔣中正日記》，民國廿四年八月二日。
62. 《蔣中正日記》，民國廿九年十二月十八日。
63. 《蔣中正日記》，民國卅年一月廿日。
64. 國史館，《蔣中正總統五記》《困勉記》上，卷廿四，頁三六四。
65. 《事略稿本》第卅二冊，頁二七八至二七九。
66. 《蔣介石日常生活學術研討會》，林桶法報告時，黃克武教授的對話，二〇一一年六月廿四日，花蓮理想大地渡假村會議室。
67. 《事略稿本》第卅冊，頁八〇至八一。
68. 《事略稿本》第廿九冊，頁二三六至二四〇。
69. 《事略稿本》第卅三冊，頁十三。
70. 一九三五年二月十八日，到勵志分社開幕講〈勞動與服務〉，《事略稿本》第廿九冊，頁四四〇至四四一。
71. 一九三六年五月六日，對縣市行政與兵役實施講習學員講〈非常時期之地方軍政要務〉，《事略稿本》第卅三冊，頁五三九至五四一。
72. 《事略稿本》第十五冊，頁三九二至三九四。

73. 《事略稿本》第卅九冊，頁一二一至一二五。
74. 〈對全國青年遠征軍退伍士兵廣播詞〉，收錄於秦孝儀編，《總統蔣公思想言論集》第卅二卷，頁一五四。
75. 一九三四年三月五日，在南昌行營擴大紀念週講演《新生活運動應注意禮樂與時間》。
76. 秦孝儀主編：《先總統蔣公思想言論總集》卷十二（臺北：中國國民黨中央委員會黨史委員會、中央文物供應社，一九八三年），頁六九。
77. 關志鋼：《新生活運動研究》（深圳：海天出版社，一九九九年），頁七三。《新生活運動之要義》演說內容載秦孝儀主編：《先總統蔣公思想言論總集》，頁七〇至八〇。
78. Thomson, James C., Jr., *While China Faced West – American Reformers in Nationalist China, 1928-1937.* Cambridge, Massachusetts, Harvard University Press, 1969, p.152。
79. 《事略稿本》第廿七冊，頁二六三至二六五。
80. 《蔣介石日常生活學術研討會》，林桶法報告時，黃金麟教授的對話，二〇一一年六月廿四日，花蓮理想大地渡假村會議室。
81. Paul Ricoeur, *Time and Narrative*, Vol. I, (Chicago: the University of Chicago Press, 1984)., pp.5-30.
82. 呂紹理，《水螺響起：日治時期臺灣社會的生活作息》（臺北：遠流，一九九八年）。
83. 《事略稿本》第廿九冊，頁五四五至五四六。
84. 《事略稿本》第廿九冊，頁五四七至五四九。
85. 《事略稿本》第卅二冊，頁二七七。
86. 《事略稿本》第卅冊，頁四七七至四七八。

〈剪不斷理還亂——從蔣宋關係看生活與政治的勾連〉

1. 關於蔣介石及宋子文的研究，學界已有不少成果，尤其是楊天石教授對蔣介石的研究，吳景平教授對宋子文的研究，可謂功力深厚，頗具創見，請參閱楊天石：《蔣氏秘檔與蔣介石眞相》（北京：社會科學文獻出版社，二〇〇二年），《找尋眞實的蔣介石》（太原：山西人民出版社，二〇〇八年）；《宋子文評傳》、《宋子文政治生涯編年》、《宋子文思想研究》（福州：福建人民出版社，一九九八年）。
2. 裴斐、韋慕庭訪問整理、吳修垣譯：《從上海市長到「臺灣省主席」——吳國楨口述回憶》（上海：上海人民出版社，一九九九年），頁十九。
3. 《蔣中正日記》，民國廿二年一月十一日、十三、十五日、十七日，Hoover Archives, Stanford University, California, USA.
4. 《蔣中正日記》，民國廿二年二月十八日，七月廿八日。
5. 《蔣中正日記》，民國廿二年九月五日、廿四日。
6. 《蔣中正日記》，民國廿二年十月二日、八日、十五日、廿二日。
7. 《蔣中正日記》，民國廿二年十月廿八日、卅日。
8. 《蔣中正日記》，民國廿六年九月廿日，民國廿七年一月三日，二月廿九日，四月十九日、廿四日、廿五日，民國廿八年一月十七日、廿四日。
9. 《蔣中正日記》，民國廿九年一月廿七日。
10. 《蔣介石致宋子文電》，一九四一年五月六日，吳景平、郭岱君編：《宋子文駐美時期電報選（一九四〇至一九四三）》（上海：復旦大學出版社，二〇〇八年），頁七八至七九。
11. 《宋子文致蔣介石電》，一九四一年七月六日，《宋子文駐美時期電報選（一九四〇至一九四三）》，頁九五。

12. 《宋子文致錢昌照》，一九四一年八月廿二日，*T.V.Soong Papers*, Box 3,Hoover Archives, Stanford University, California. USA.

13. 《蔣中正日記》，民國卅年一月廿八日。

14. 《蔣中正日記》，民國卅年十二月八日。

15. 《蔣中正日記》，民國卅年一月十五日。

16. 《王子壯日記》第九冊，一九四四年一月八日（臺北：中研院近史所，二〇〇一年），頁一三至一四。一九四三年七月廿四日至八月十三日，宋子文訪問英國；八月廿二日至廿四日，在加拿大魁北克參加盟軍最高軍事會議。

17. 《王子壯日記》第九冊，一九四四年一月八日，第一三至一四。一九四三年七月廿五日，義大利獨裁領袖墨索里尼政權被推翻，九月三日，巴多格裡奧政府向盟軍投降，其時宋子文正在美英進行戰時外交活動。十月九日，宋子文飛抵印度新德里，參加東南亞戰區盟軍總司令蒙巴頓召開的會議。

18. 《蔣中正日記》，民國卅二年十月十七日、廿四日。

19. 《蔣中正日記》，民國卅二年十月十八日。

20. 《蔣中正日記》，民國卅二年十月廿四日，一月六日。

21. 公安部檔案館編注：《在蔣介石身邊八年——侍從室高級幕僚唐縱日記》，一九四三年十月十六日、廿一日，一月五日（北京：群眾出版社，一九九一年），第三八六、三八七、三八九頁。

22. 《蔣中正日記》，民國卅二年一月十六日，十二月廿四日。

23. 《王子壯日記》第九冊，一九四四年一月八日，頁一三至一四。

24.《王子壯日記》第九冊，一九四四年一月八日，頁一三至一四。
25.《蔣中正日記》，民國卅二年十二月廿四日、廿五日。
26.《陳布雷先生從政日記稿樣》，一九四四年十二月二日（臺北：東南印務出版社，無出版年），頁七三九。
27.《蔣中正日記》，民國卅四年一月十二日，七月廿八日。
28.《蔣中正日記》，民國卅六年二月八日。
29.《王子壯日記》，一九四四年五月卅日，第九冊，頁二一五。
30.《蔣中正日記》，民國卅六年八月一日、二日。
31.《蔣中正日記》，民國卅七年一月十一日、十二日。
32.《蔣中正日記》，民國卅七年四月十七日。
33.《張嘉璈日記》，一九四五年四月廿三日，*Chang Kia-ngao Papers*, Box 18, Hoover Archives, Stanford University, California, USA.
34.《蔣中正日記》，民國廿二年二月六日、九月五日；民國卅四年七月十九日、廿五日。
35.《王子壯日記》第十冊，一九四五年七月卅一日，頁二六五至二六六。
36.《蔣中正日記》，民國廿八年一月廿四日；民國廿九年一月廿六日。
37.《蔣中正日記》，民國卅四年七月十九日、廿一日，八月卅一日。
38.《王子壯日記》第七冊，一九四二年十月卅一日，頁五三六；第九冊，一九四四年一月八日，頁一一三至一一四；第十冊，一九四五年七月卅一日，頁二六五至二六六。

39. 徐家涵：《孔祥熙家族與中央信託局》，壽充一編：《孔祥熙其人其事》（北京：中國文史出版社，一九八七年），頁九二。

40. 《宋子文致貝祖詒》，一九四一年五月五日，《宋子文致戴笠》，一九四一年五月十九日，《宋子文致甘介侯》，一九四一年六月十日，*T.V. Soong Papers*, Box 3, Hoover Archives, Stanford University, California, USA.